显隐「老子」

下

文三生 著

中国农业出版社

图书在版编目（CIP）数据

显隐《老子》：全2册/文三生著．—北京：中国农业出版社，2015.2
ISBN 978-7-109-20185-9

Ⅰ.①显… Ⅱ.①文… Ⅲ.①道家②《道德经》—研究 Ⅳ.①B223.15

中国版本图书馆CIP数据核字（2015）第032721号

版权保护登记号：京作登字—2014—A—00229005

中国农业出版社出版
（北京市朝阳区麦子店街18号楼）
（邮政编码100125）
责任编辑 张丽四

北京中兴印刷有限公司印刷 新华书店北京发行所发行
2015年7月第1版 2015年7月北京第1次印刷

开本：787mm×1092mm 1/16 总印张：36.25
总字数：675千字
总定价：110.00元（共二册）

目　录

第四篇　显本《老子》八十一章分说(下)

第1章（下）

［版本对照］

帛甲	道可道也非恒道也名可名也非恒名也无名萬物之始也有名萬物之母也
帛乙	道可道也□□□□□□□□□恒名也无名萬物之始也有名萬物之母也
汉竹	道可道〇非恒道殹名可命〇非恒名也無名萬物之始也有名萬物之母也
河本	道可道〇非常道〇名可名〇非常名〇無名天地〇始〇有名萬物〇母〇
王本	道可道〇非常道〇名可名〇非常名〇無名萬物之始〇有名萬物之母〇
敦本	道可道〇非常道〇名可名〇非常名〇無名天地〇始〇有名萬物〇母〇
唐本	道可道〇非常道〇名可名〇非常名〇無名天地之始〇有名萬物之母〇
宋本	道可道〇非常道〇名可名〇非常名〇無名天地之始〇有名萬物之母〇
元本	道可道〇非常道〇名可名〇非常名〇無名天地之始〇有名萬物之母〇
明本	道可道〇非常道〇名可名〇非常名〇無名天地之始〇有名萬物之母〇
清本	道可道〇非常道〇名可名〇非常名〇無名天地之始〇有名萬物之母〇
普本	道何道也非恒道也名何名也非恒名也无名万物之始〇有名万物之母〇

(1)　(2)　(3)

帛甲	□恒无欲也以觀其眇恒有欲也以觀其所噭〇兩者同出〇異名同胃〇〇
帛乙	故恒无欲也□□□□恒又欲也以觀亓所噭〇兩者同出〇異名同胃〇〇
汉竹	故恒無欲〇以觀其眇恒有欲〇以觀其所僥此兩者同出〇異名同謂〇〇
河本	故常無欲〇以觀其妙常有欲〇以觀其〇徼此兩者同出而異名同謂之玄
王本	故常無欲〇以觀其妙常有欲〇以觀其〇徼此兩者同出而異名同謂之玄
敦本	〇常無欲〇〇觀其妙常有欲〇〇觀其〇曒此兩者同出而異名同謂之玄
唐本	〇常無欲〇以觀其妙常有欲〇以觀其〇徼此兩者同出而異名同謂之玄
宋本	〇常無欲〇以觀其妙常有欲〇以觀其〇徼此兩者同出而異名同謂之玄
元本	〇常無欲〇以觀其妙常有欲〇以觀其〇徼此兩者同出而異名同謂之玄
明本	〇常無欲〇以觀其妙常有欲〇以觀其〇徼此兩者同出而異名同謂之玄
清本	故常無欲〇以觀其妙常有欲〇以觀其〇徼此兩者同出而異名同謂之玄
普本	故常无欲〇以观其妙常有欲〇以观其所徼〇两者同出〇异名同谓〇〇

(4)　(5)　(6)

帛甲	玄之有玄〇衆眇之口
帛乙	玄之又玄〇衆眇之門
汉竹	玄之有玄之衆眇之門　老子下经
河本	玄之又玄〇衆妙之門
王本	玄之又玄〇衆妙之門
敦本	玄之又玄〇衆妙之門
唐本	玄之又玄〇衆妙之門
宋本	玄之又玄〇衆妙之門
元本	玄之又玄〇衆妙之門
明本	玄之又玄〇衆妙之門
清本	玄之又玄〇衆妙之門
普本	玄之又玄〇众妙之门

注：[版本对照] 中，一个〇代表空一字，一个口代表缺一字。下同。

如是我文：

(1) 普及本为何选用“道何道也？非恒道也”？三种识读方式。其一，“道可道，非常道。”可：肯也，表意志之助动词。将“可道”与“常道”对立，认为可名、可说、可行之道不是恒常之道。千年来，这种诠释占主流地位，但争议也颇大，反映出各种诠释的说服力都嫌不足；究其原因，主要是因为传世诸本中，本句的用字既含混，又无法囊括道的全部内涵，导致各说各话。其二，“道：可道，非常道。”认为可道与常道并不矛盾；道既可行、可说，又不同寻常。其三，笔者提供一种新的思路，新的识读方式，即“道何道也？非恒道也？”简本《老子》及其同时代的简书古籍中，“何”均省作“可”；所以，这里识读为“何”，至少有50%的概率。句式由陈述体变为设问体，也更符合《老子》的文风，语言的逻辑性也更强。其四，恒：常也。常：恒也。二字互义，一般可以换用。换字是后世诸本改经的依据之一。帛本中，恒、常二字均有使用，可见二字在最早的使用上，有所不同。常的初始义是下裙；自黄帝始，正襟危坐、垂裳而治，常引申为正常、平常、常态之义。“恒”的古字是天地间一弯弦月的象形；月圆月缺的不变与变，正是“恒”的初始义，即《诗》中所说的“如月之恒，如日之升”。恒道：如恒之道。不变与变，恰恰是道的全部内涵。对“恒”的理解，后人往往强调不变之义，而忽略变化之义。其五，也、殹等诸虚字，简、帛本中多有，传世诸本中多无；可知简、帛本更近《老子》原貌，而传世诸本则多受损本改经以及时代文风的影响。虚字、衬字的加减，多不影响文义。不同时代、不同地区、不同人物有不同的用字习惯、修辞习惯和朗读习惯，只要符合其主要作用，学老者当各有取舍，不必强求一致。经文中，类似的虚字很多，各章各句已做适当处理，或取或舍，一般不再另注。其六，《礼记》："道也者，不可须臾离也。可离，非道也。"《性自命出》："道者，群物之道。凡道，心术为主。道四术，唯人道为可道也。其三术者，道之而已。""所为道者四，唯人道为可道也。……凡人伪为可恶也。……凡人情为可兑也。"《尊德义》："民可使道之，而不可使知之。民可道也，而不可强也。"《韩诗外传》："道者何也？曰：君之所道也。""是何名？何经所在，何篇所居？"《道德真经玄德纂疏》（唐·成玄英）："夫道者何也？虚无之系，造化之根，神明之本，天生之源。"《原道》（唐·韩愈）："曰：斯道也，何道也？曰：斯吾所谓道也，非向所谓老与佛之道也。"可作参考。

（2）普及本为何选用"无，名……有，名……"断句？两种断句方式，均以《庄子》的无有之说为主要依据。老子的学说，基于对天地万物的认知。《庄子》对老子学说的评价是"以本为精，以物为粗"，"建之以常无、有，主之以太一"，意思是说，道与物的本体是由无和有建构的大一；这是对老子学说最简明、最准确、最深刻的诠释，也是本书以数字模式二而一（含三而一）为专用术语的主要依据之一。其一，历来以无名、有名断句为主流，认为《庄子》的无有之说应与下句的无欲、有欲之句直接相关。《史记》引用经文，甚至加一者字以示区隔："此《老子》之所谓'无名者，万物之始'也。"不知是否有据？其二，以"无"、"有"断句，认为《庄子》的无有之说与本句直接相关。其三，无与有的内涵应为并列关系。传统理解，无与有、无名与有名的内涵都是递进关系，其实不然。以"无"、"有"为名，也正与下面的异名之说相契合，"无"与"有"对等，所以才能"同谓"。其四，无名一词，经文中还有三处，即第 32 章的"道恒无名"和"无名之朴"，以及第 41 章的"道隐无名"。这三处的"名"，都是"明"的通同字（理由见该章），很难成为本章"无名"的佐证。

（3）普及本为何选用"万物之始"？其一，定州汉简《文子》："文子曰：'万物者，天地之谓也。'"可见先秦诸子百家的语汇中，万物与天地这两个称谓可以画等号，如第 6 章就有天地根、第 25 章就有天地母的说法。本章与其"天地"与"万物"相对，以增加语言的生动性，不如实实在在如两部帛本"同谓"为万物，以减少歧义。其二，何谓始？其判断要与前后语言逻辑相关联。《老子》并非出自一时一地，也并非出自一人之手，所以经文中同一字往往并非同一义。始：父也，生之阳源。始、父（甫）互义，二字相互换用的例子在经文中几见，如终甫（始）、学父（始）等。这里以父、母作喻，喻说物之二生源。其三，《淮南子》："故至阴飂飂，至阳赫赫，两者交接成和而万物生焉。众雄而无雌，又何化之所能造乎？"可作参考。

（4）普及本为何选用"无欲，……有欲，……"断句？两种断句方式。或以"无"、"有"断句，或以"无欲"、"有欲"断句。两部帛本都用"也"字断句，作"无欲也"、"有欲也"。简、帛、竹本的发现，直接化解了不少千古之争。老子学说中，有为无为多与行的动静有关，有欲无欲多与心的动静有关。第 37 章经文中，传世诸本多作“无（不）欲以静”，可作佐证。

（5）普及本为何选用“所徼”？其一，徼：循也。噭与曒（皦）是同音假借，共同字源为敫：光影流也。汉竹本用僥，同音假借。徼和所徼，意思有所区别：徼强调的是运动；所徼强调的是运动的轨迹，或称之为运动规律。其二，文字的识别无外乎形、音、义。诸本经文对照，可以见到大量的异体字互换使用。很多理解上的分歧，多是由这些异体而来。所谓异体字，主要分为两大类，第一类：同一字的不同写法，如古今字、省（增）笔字、正俗字、异旁字、异域字、繁简字等；第二类：不同字的相互借用，如互义字、通假字（借音、借义、音义同借）等。汉字的构成、演化及其使用，状况十分复杂，历来的分法和称谓各有不同，没有唯一标准，很难界定哪种更科学。这些字在本书《用字字典》中大多一目了然；如何选用？学老者视其具体情况而定，一般不再另注。

（6）普及本为何选用“两者同出，异名同谓”断句？传世诸本与帛本相较，此句经文有异，断句也不同，但内涵相近。其一，两即二。帛本的“两者同出”，意思与第 2 章的“有无相生”同。出：生也。传世本的“同出而异名”，则与“异名同谓”意思相近。其二，《庄子》：“东郭子问于庄子曰：‘所谓道，恶乎在?’庄子曰：‘无所不在。……周遍咸三者，异名同实，其指一也。’”“异名同实”与“异名同谓”相较，句式相同，文义相近，是其强有力的佐证。其三，最大的区别，就在于传世诸本多了“而”和“之玄”三字，断句则多了“同谓之玄”的定义。将“玄”与“同”直接挂钩，是否据第 56 章之“玄同”所改？不得而知。同：共也。其四，《诗》：“载玄载黄，我朱孔阳，为公子裳。”《左传》：“赵简子问于史墨曰：‘季氏出其君，而民服焉。诸侯与之，君死于外，而莫知或罪也。’对曰：‘物生有两，有三，有五，有陪贰。故天有三辰，地有五行，体有左右，各有妃耦。王有公，诸侯有卿，皆有贰也。天生季氏，以贰鲁侯，为日久矣。民之服焉，不亦宜乎？……社稷无常奉，君臣无常位，自古以然。’”《孟子》：“仁也者，人也；合而言之，道也。”《吕吉甫注四卷》：“玄之为色，黑与赤同乎一也。天之色玄，阴与阳同乎一也。名之出玄，有欲与无欲同乎一也。”《东西均》：“两间无不交，则无不二而一者，相反相因，因二以济，而实无二无一也。”“有一必有二，二本于一。岂非天地间之至相反者，本同处于一原乎哉？”可作参考。

第2章（下）

［版本对照］

简甲	天下皆智散之為敚也〇亞已皆智善〇〇〇此丌不善已〇又亡之相生也難𢡺之相成也
帛甲	天下皆知美〇為美〇〇惡已皆知善〇〇〇〇訾不善矣〇有无之相生也難易之相成也
帛乙	天下皆知美之為美〇〇亞已皆知善〇〇〇〇斯不善矣〇口口口口生也難易之相成也
汉竹	天下皆智美之為美〇〇亞已皆智善之為善〇斯不善矣故有無之相生〇難易之相成〇
河本	天下皆知美之為美〇斯惡已皆知善之為善〇斯不善已故有無〇相生〇難易〇相成〇
王本	天下皆知美之為美〇斯惡已皆知善之為善〇斯不善已故有無〇相生〇難易〇相成〇
敦本	天下皆知美之為美〇斯惡已皆知善之為善〇斯不善已〇有無〇相生〇難易〇相成〇
唐本	天下皆知美之為美〇斯惡已皆知善之為善〇斯不善已故有無之相生〇難易之相成〇
宋本	天下皆知美之為美〇斯惡已皆知善之為善〇斯不善已故有無之相生〇難易之相成〇
元本	天下皆知美之為美〇斯惡已皆知善之為善〇斯不善已故有無之相生〇難易之相成〇
明本	天下皆知美之為美〇斯惡已皆知善之為善〇斯不善已故有無〇相生〇難易〇相成〇
清本	天下皆知美之為美〇斯惡已皆知善之為善〇斯不善已故有無〇相生〇難易〇相成〇
普本	天下皆知美之为美〇斯恶已皆知善〇〇〇此其不善已〇有无之相生也难易之相成〇

(1)(2)　　(3)　　(4)

简甲	長耑之相型也高下之相浧也音聖之相和也先遂之相墮也〇〇是以聖人〇居亡為之事
帛甲	長短之相刑也高下之相盈也意聲之相和也先後之相隋〇恒也是以聲人〇居无為之事
帛乙	長短之相刑也高下之相盈也音聲之相和也先後之相隋〇恒也是以耶人〇居无為之事
汉竹	短長之相刑〇高下之相頃〇言聲之相和〇先後之相逾〇〇〇是以聖人〇居無為之事
河本	長短〇相形〇高下〇相傾〇音聲〇相和〇前後〇相隨〇〇〇是以聖人〇處無為之事
王本	長短〇相較〇高下〇相傾〇音聲〇相和〇前後〇相隨〇〇〇是以聖人〇居無為之事
敦本	長短〇相形〇高下〇相傾〇音聲〇相和〇先後〇相隨〇〇〇是以聖人治處無為之事
唐本	長短之相形〇高下之相傾〇音聲之相和〇前後之相隨〇〇〇是以聖人〇處無為之事
宋本	長短之相形〇高下之相傾〇聲音之相和〇前後之相隨〇〇〇是以聖人〇處無為之事
元本	長短之相形〇高下之相傾〇音聲之相和〇前後之相隨〇〇〇是以聖人〇處無為之事
明本	長短〇相形〇高下〇相傾〇音聲〇相和〇前后〇相隨〇〇〇是以聖人〇處無為之事
清本	長短〇相形〇高下〇相傾〇音聲〇相和〇前後〇相隨〇〇〇是以聖人〇處無為之事
普本	长短之相型〇高下之相倾〇音声之相和〇先后之相随〇恒也是以圣人〇处无为之事

(5)　(6)　　(7)　　(8)　　(9)

简甲	行不言之季萬勿㑋〇而弗〇怠也〇〇〇〇為而弗志也成〇而弗居〇
帛甲	行口口口口口口口〇口口〇口也〇〇〇〇為而弗志也成功而弗居也
帛乙	行不言之敎萬物昔〇而弗〇始〇〇〇〇〇為而弗侍也成功而弗居也
汉竹	行不言之敎萬物作〇而弗〇辤〇〇〇〇〇為而弗侍〇成功而弗居〇
河本	行不言之教萬物作焉而不〇辭〇生而不有為而不恃〇功成而不居〇
王本	行不言之教萬物作焉而不為始〇生而不有為而不恃〇功成而不居〇
敦本	行不言之教萬物作〇而不為始〇〇〇〇〇為而不恃〇成功〇不處〇
唐本	行不言之教萬物作〇而不〇辭〇生而不有為而不恃〇功成〇不居〇
宋本	行不言之教萬物作〇而不〇辭〇生而不有為而不恃〇功成〇不居〇
元本	行不言之教萬物作〇而不〇辭〇生而不有為而不恃〇功成〇不居〇
明本	行不言之教萬物作〇而不〇辭〇生而不有為而不恃〇功成而不居〇
清本	行不言之教萬物作焉而不〇辭〇生而不有為而不恃〇功成而不居〇
普本	行不言之教万物作〇而不〇辞〇〇〇〇〇为而不恃〇成〇而不居〇

(10)　　(11)　　(12)　　(13)

简甲	天唯弗居也是以弗去也　　＊15　上接第 63 章，下接第 32 章
帛甲	夫唯〇居〇是以弗去〇
帛乙	夫唯弗居〇是以弗去〇
汉竹	夫唯弗居〇是以弗㚎〇
河本	夫惟不居〇是以不去〇
王本	夫唯不居〇是以不去〇
敦本	夫唯不處〇是以不去〇
唐本	夫唯不居〇是以不去〇
宋本	夫惟不居〇是以不去〇
元本	夫唯不居〇是以不去〇
明本	夫惟不居〇是以不去〇
清本	夫惟不居〇是以不去〇
普本	夫唯不居〇是以不去〇

(14)

如是我文：

(1) 普及本为何选用“知”？智：识词也。知：词也。简本中所有“知”

和“智”都写为“智”，而帛本都写为“知”。“智”、“知”本为一字，“知”为省笔，具有智识和知晓两重含义；其后一分为二，各取一义。古文中，类似的省笔字最多见，古字典中，多标为“×省（文)”、“省作×”、“×省声（省其笔、用其声)”，等等。其中，有些仅是省笔写法，如：“聖”省作“耶”、“勝”省作“朕”；有些则成为另字，又有另义，如：“何”省作“可”，“短”省作“矢”。某字究竟是用其省笔，还是用其另字另义？解经时需仔细辨别。

(2) 普及本为何选用“美”？其一，“美”或作“媺”。“媺”省作“敳”、“敚”、“完”等，或省女旁，或省反文旁，或偏旁全省。简本中多有一些古楚习惯用字，不见诸字典。不难看出，秦以前的古人对同一字的笔画、结构、偏旁部首较为随意，一般称之为六国文字或异域字；使其逐渐规范，已是秦以后的事了。既然是习惯用字，就不见得都与其对应之字有内在规律可循。解经时，这种一字多形、一字多义、一字多用的情况，往往是造成歧义的原因之一。其二，《左传》：“（叔向）其母曰：‘……吾闻之，甚美必有甚恶，……’”《管子》：“桓公曰：‘是何言邪？以缁缘缁，吾何以知其美也？以素缘素，吾何以知其善也？仲父已语我其善，而不语我其恶，吾岂知善之为善也？”《文言》：“亢之为言也，知进而不知退，知存而不知亡，知得而不知丧；其唯圣人乎？知进退存亡，而不失其正者，其唯圣人乎！”《荀子》：“无国而不有治法，无国而不有乱法；无国而不有贤士，无国而不有罢士；无国而不有愿民，无国而不有悍民；无国而不有美俗，无国而不有恶俗；两者并行而国在，上偏而国安，下偏而国危；上一而王，下一而亡。”可作参考。

(3) 普及本为何舍用“之为善”？其一，知“美之为美”，强调的是知其“所以然”；知“善”，强调的是知其“然”。两种不同的表述方式，代表两种不同的内涵。其二，善与不善相对为二；但是，与美丑相对不同，不善并不等于恶，而是“非善非恶”与“恶”。善、恶、非善非恶，于是出现了一个第三者，或称之为“他者”。这个源于无、有互动的“三”，也是运用二而一模式的关键之一。既有二而一，又有其变体三而一，从而使老子的道论更加完善。作为中国哲学的鼻祖，《老子》经文对三而一的表述虽然着墨不多，却已具雏形，如“善”与“不善”一样，经文例说二而一时，其中凡用“不”字分际者，实际都应是例说其变体三而一。

(4) 普及本为何选用“难易”？简本用字中，在本字上加“心”旁或“辵”旁的异体字多见，尤其是加“心”旁，更是如此；如：“难”写为“戁”，“易”写为“惖”，以及下句的“音”写为“意”，等等，似乎是要强调心知（思维）和身行（行为)。此类偏旁部首的运用和换用，既可以视为增笔字，也可以归为异旁字。这种现象，前人已有所察，如：清人王筠在其《说文释例》中就说：“字有不须偏旁而义已足者，则其偏旁为后人递加也。其加偏旁而义遂异者，是为分别文。其种有二：一则正义为借义所夺，别之者也；一则本字义。”追溯源流，汉字字形的演变一直遵循繁—简—繁—简……的规律。诸字相较，是省笔？是增笔？是地域习惯？还是有意强调？抑或就是本字？问题很复杂，非本书主要探讨之课题，知道互为异体字就可以了。

（5）普及本为何选用“短”？“耑”与“短（拪）”相对应，“揣”与“掜”相对应（第9章），可知“耑”与“短”同音同义。宋人欧阳修说：“前后之相随，长短之相形，推而广之，万物之理皆然也。然老子为书，其言虽若虚无，而于治人之术至矣。”一语中的，理在二而一。

（6）普及本为何选用“型”？王弼本的“较”，多找不到其改字的脉络。有的学老者认为，“较”是王弼对长短的解释，误入经文，但缺乏证据。较，强调长短二者之间的态势；型，强调长短二者合用的成果。

（7）普及本为何选用“倾”？浧：通流也。盈：溢也。二字互通。倾：仄也。有高有下，有所倾斜，水才能流动。浧、盈、倾三字强调的角度不同，均可通。《淮南子》：“地平则水不流，重均则衡不倾。”

（8）普及本为何选用“恒也”？点睛之笔，不可缺。“恒”指恒道：不变与变之道；不变的共性之中，各具相异的个性。“恒也”二字，帛本有而简本无，各有所据。究竟是经文，还是窜入的后人注释？都有可能。有一点值得注意：在楚文字中，死（恒）、亟（极）常混用，亙、亚常混用。

（9）普及本为何选用“处无为之事”？其一，本章两处用居（处）。本句之居：为也。下句之居：占有。经文中，一字两用者多见，解经时需仔细辨别。其二，居、处二字常换用，换用与否，以义为先；本句用处，避免与下句之居相混。处：处置，处理。为事与处事义同。其三，无为、不言都是老子学说的重要术语，是圣人处事的最高行为准则和手段。无为，详见第37章，无为而守道。不言，详见第56章，不言道而言德。

（10）普及本为何选用“作”？“昔”是“斮”的省笔。《礼》：“鱼曰作之。”《尔雅》：“鱼则斮之。”可见“斮”与“作”互通。

（11）普及本为何选用“辞”？其一，简本原字作，一般训为怠。简本经文中，以“司”或“台”为主体的字共有八个，计：下心旁三个：第2章之（怠）、第44章之（怠）、第64章之（始）。言旁三个：第32章之（始）、（怠）、第64章之（始）。丝旁两个：第59章之（给）、第64章之（治）。由此可知：早期的合体字尚未规范，结构的选择与搭配较为自由随意，如，心旁与言旁可相通、互换，此处之训为始或怠均可。其二，辞：讼也。讼：争也。怠、始、辝（辞）三字同源，演变脉络，清晰可见。

（12）普及本为何舍用“生而不有”？两个系统。其一，万物作—为—成，意思连贯，一气呵成。其二，“生而不有”夹在其中，断一句为两段；“作—

生”与“为一成”、“不有”与“不居”两两相对。简、帛、竹四种版本证明：此处的“生而不有”四字是乱经，当在第51章。

(13) 普及本为何选用“恃”？志、侍、恃三字同源。就其结构而言，“志(忐)”亦可视之为“恃”的省笔。这种同一字的不同写法常见，如：時又写作旹。

(14) 普及本为何选用“夫”？两个系统。其一，简本作天，天指天帝、天道，是不辞、不恃、不居的主语。全句论述天与万物的关系，符合古人的早期认知。圣人观察天与万物的关系，作为自己的行为准则。其二，多本作夫，不辞、不恃、不居的主语或是天，或是万物，也可以是圣人。两个系统并不矛盾。天辅导万物，万物自然成事，圣人学天，所以无为、不言。其三，或认为，简本的天字是误笔，似嫌草率。由于对古本字迹的误认或误抄，后世经文中确实有一些似是而非的误字或改字，训读时要整体研判，切忌以后证前，望文生义。类似情况一般不再另注。

第3章（下）

［版本对照］

帛甲	不上賢□□□□□□□□□□□民不為□□□□□□民○不亂是以聲人之□□
帛乙	不上賢使民不爭不貴難得之貨使民不為盜不見可欲使民○不亂是以耶人之治也
汉竹	不上賢使民不爭不貴難得之貨使民不為盜不見可欲使○心不亂是以聖人之治也
河本	不尚賢使民不爭不貴難得之貨使民不為盜不見可欲使○心不亂是以聖人○治○
想尔	□□□□□□□□□□□□□□□□□□不見可欲使○心不亂○○聖人○治○
王本	不尚賢使民不爭不貴難得之貨使民不為盜不見可欲使民心不亂是以聖人之治○
敦本	不上寶使民不爭不貴難得○貨使民不○盜不見可欲使○心不亂○○聖人○治○
唐本	不尚賢使民不爭不貴難得之貨使民不為盜不見可欲使○心不亂是以聖人之治○
宋本	不尚賢使民不爭不貴難得之貨使民不為盜不見可欲使○心不亂是以聖人之治○
元本	不尚賢使民不爭不貴難得之貨使民不為盜不見可欲使○心不亂是以聖人之治也
明本	不尚賢使民不爭不貴難得之貨使民不為盜不見可欲使民心不亂是以聖人之治○
清本	不尚賢使民不爭不貴難得之貨使民不為盜不見可欲使○心不亂是以聖人之治○
普本	不尚贤使民不争不贵难得之货使民不为盗不见可欲使民心不乱是以圣人之治○

(1)　　　　　　　　　　　　　　(2)　(3)

帛甲	□□□□□□□□□強其骨恒使民无知无欲也使□□○□□□□□□
帛乙	虛亓心實亓腹弱亓志強亓骨恒使民无知无欲也使夫知○不敢弗為而已
汉竹	虛其心實其腹弱其志强其骨恒使民無智無欲○使夫智○不敢弗為○○
河本	虛其心實其腹弱其志強其骨常使民無知無欲○使夫智者不敢○為也○
想尔	虛其心實其腹弱其志彊其骨常使民无知无欲○使○知者不敢不爲○○
王本	虛其心實其腹弱其志強其骨常使民無知無欲○使夫智者不敢○為也○
敦本	虛其心實其腹弱其志彊其骨常使民無知無欲○使○知者不敢不為○○
唐本	虛其心實其腹弱其志強其骨常使人無知無欲○使夫知者不敢○為○○
宋本	虛其心實其腹弱其志強其骨常使民無知無欲○使夫知者不敢○為也○
元本	虛其心實其腹弱其志強其骨常使民無知無欲○使夫知者不敢○為也○
明本	虛其心實其腹弱其志彊其骨常使民無知無欲○使夫知者不敢○為也○
清本	虛其心實其腹弱其志強其骨常使民無知無欲○使夫知者不敢○為也○
普本	虛其心实其腹弱其志强其骨常使民无知无欲○使夫知○不敢不为而已

(4)　　　　　　　　　　　　　　(5)

帛甲	○○○□□□□□
帛乙	○○○则无不治矣
汉竹	○○○則無不治矣
河本	為無為則無不治○
想尔	○○○則無不治○
王本	為無為則無不治○
敦本	○○○則無不治○
唐本	為無為則無不治矣
宋本	為無為則無不治矣
元本	為無為則無不治矣
明本	為無為則無不治矣
清本	為無為則無不治○
普本	○○○则无不治矣

(6)

如是我文：

(1) 普及本为何选用“贤”？其一，尚贤与否，是春秋时期的重要命题，所以众人对“不尚贤”的理解都很小心。《管子》对尚贤持反对态度，认为为人臣者应该是多忠少欲的不争之官，圣王一味提倡尚贤的结果，只能使臣下少忠而多欲。所以圣王应该用贤而不尚贤。不尚贤而重为，不尚贤人而尚贤能；为善者赏，为不善者罚。《墨子》提倡的平民政治理论之一就是尚贤。认为尚“贤良之士”以事其才能，是治国之本。《庄子》与《墨子》正相反，认为不尚贤能才是治国之本。人也罢，能也罢，各当其位，各当其分就是所谓的“贤”，没有高下的区别。其二，敦本改“贤”为“宝”，另类理解，回避了尚贤与否之争。汉竹本争作𦥑，时俗之体。其三，《管子》：“无功劳于国而贵富者，其唯尚贤乎？……故先王重为。”“使民于不争之官。”《墨子》：“尚欲祖述尧舜禹汤之道，将不可以不尚贤。夫尚贤者，政之本也。”“是在王公大人为政于国家者，不能以尚贤事能为政也。是故国有贤良之士众，则国家之治厚。”“故古者圣王之为政，列德而尚贤。虽在农与工肆之人，有能则举之。”《庄子》：“至德之世，不尚贤，不使能，上如标枝，民如野鹿。”可作参考。

(2) 普及本为何选用“可欲”？三种理解。其一，可：所也。可欲就是所欲，解释虽通，却似是而非。正常的欲望，表示出来又当如何？其二，可为苛的省笔，苛：政烦也。扰也。苛欲用现在的话说，就是胡思乱想，啰里啰唆，乱出主意。其三，在第 46 章中，诸本写为可欲，而简本则写为甚（甚）欲；或因字形相近而误认甚为可。由此可证，可欲就是甚欲、过欲。第 64 章“欲不欲，不贵难得之货”，强调有所欲、有所不欲，也与不过欲相佐证。

（3）普及本为何选用“民心”？三个系统。其一，“使民不乱”，百官不乱其序。其二，“使心不乱”，多认为是不乱圣人心。其三，“使民心不乱”，明指民心。王弼认为，三句排比，讲的都是治民，民心二字合用，则使治民之则细化，即民不争名，不枉行，不乱心。既然讲名、禄，所以此处之民指百官。在朝为官，在野为民。

（4）普及本为何选用“虚”？《想尔》经文原抄为靈，明显手误。历来公认《想尔》有改经之弊，是误，是改？观其注文则可识别。《想尔注》中，彼、微、德、徐、從、徹等字的“彳”旁，均简写为“亻”旁。第 3 章盗作溢，虚作靈。第 7 章私作尸。第 13 章寵作竉。第 15 章客作容，弊作辞。第 16 章王作生。第 18 章癈作瘈。第 21 章冥作寘。第 26 章觀作欟。第 35 章往作佳、住，客作容。第 36 章脱作勝。以上不同之处，或误、或改、或别，不再另注。

（5）普及本为何选用“知不敢不为”？其一，帛本无“者”字。“知”字在这里是动词而非名词，有所不敢、有所不为的人，不仅仅是民中之知（智）者而已，若加上者字，易产生歧义。其二，不敢、弗（不）为与不敢为各有所据，却大有区别，前者的内涵更丰富，而后者似近古义。心有不敢，行有不为；使民知道不敢做什么，不能做什么。“常使……使夫……而已”，前后呼应，语言生动。

（6）普及本为何舍用“为无为”？圣人应使民知道有所为，有所不为；圣人亦应知道自已的有所为，有所不为。加上“为无为”三字以总结全章之义，亦无不可；但是对“为无为”的理解历来争议很大，既然本章观点的表述已很具体，逻辑也较连贯，没必要冒失焦的风险，再用“为无为”来强化，所以还是不加为好。

第4章（下）

[版本对照]

帛甲	口口口口口口口盈也潚呵始萬物之宗銼其〇解其紛和其光同口口口口口或存
帛乙	道沖而用之有弗盈也淵呵佀萬物之宗銼其兌解其芬和其光同其塵湛呵似或存
汉竹	道沖而用之有弗盈〇淵旖佀萬物之宗梩其脱解其紛和其光同其袗湛旖佀或存
河本	道沖而用之或不盈〇淵乎似萬物之宗挫其銳解其紛和其光同其塵湛兮似常存
想尔	道沖而用之又不盈〇渊〇似萬物之宗挫其銳觧其忿和其光同其塵湛〇似常存
王本	道沖而用之又不盈〇淵兮似萬物之宗挫其銳解其紛和其光同其塵湛兮似或存
敦本	道沖而用之又不盈〇淵〇似萬物之宗挫其銳解其忿和其光同其塵湛〇似常存
唐本	道沖而用之或不盈〇淵兮似萬物之宗挫其銳解其忿和其光同其塵湛兮似或存
宋本	道沖而用之或不盈〇淵兮似萬物之宗挫其銳解其紛和其光同其塵湛兮似或存
元本	道沖而用之或不盈〇淵乎似萬物之宗挫其銳觧其紛和其光同其塵湛兮似若存
明本	道沖而用之或不盈〇淵兮似萬物之宗挫其銳解其紛和其光同其塵湛兮似或存
清本	道沖而用之或不盈〇淵乎似萬物之宗挫其銳解其紛和其光同其塵湛兮似或存
普本	道盅而用之又不盈〇渊兮似万物之宗〇〇〇〇〇〇〇〇〇〇〇〇湛兮似常存

(1)　　(2)

帛甲	吾不知口口口子也象帝之先
帛乙	吾不知其誰之子也象帝之先
汉竹	吾不智其誰〇子〇為帝之先
河本	吾不知〇誰之子〇象帝之先
想尔	吾不知〇誰〇子〇像帝之先
王本	吾不知其誰之子〇象帝之先
敦本	吾不知〇誰〇子〇象帝之先
唐本	吾不知其誰之子〇為帝之先
宋本	吾不知〇誰之子〇象帝之先
元本	吾不知其誰之子〇象帝之先
明本	吾不知〇誰之子〇象帝之先
清本	吾不知其誰之子〇象帝之先
普本	吾不知其谁之子〇象帝之先

(3)

如是我文：

（1）普及本为何选用“道：盅……”断句？三种断句方式，两种理解。其一，断在“道”之后，强调“冲”与“盈”的平等相对关系，是对道用耦处理的认知和论述。盈：满器也。盅：器虚也。盡：器中空也。三字字义相较可知，满、虚均作动词用。用百分比作喻，“盈”是逐渐增加之义，至满就是100%；“盅（冲）”是逐渐减少之义，至虚就是0%；中就是50%。若一方冲的同时，另一方盈，此冲彼盈相互制衡，则整体平衡而平衡点位移；二者之间的平衡点不止一个，如，五五开（中）、二八开、三七开、黄金分割点，等等；正如第44章所说，甚爱于身，必大费于货；厚藏于货，必多亡于身。若保持整体平衡而平衡点不变，则用冲，二者对冲，俗称各退一步的妥协艺术。若只减不加，或只加不减，都会失衡。若某方为0%或100%之极端，则大一解体。老子学说的观点之一，则是抓住要点，多做减法，慎用加法。其二，或断在“道冲”之后，或断在“用之”之后，认为道本是冲，所以道用要戒盈；传统之注多如此理解，强调老子的戒盈思想。不盈之说最早见于《诗》：“萧萧马鸣，悠悠旆旌。徒御不惊，大庖不盈。”不盈就是取之有度，不极欲的意思。两种理解其实并不矛盾，区别只是后者的理解较粗犷，强调了某一方的冲与盈，而对另一方的冲与盈有所忽略。

（2）普及本为何舍用“挫其鋭”四句？渊、湛两句一气呵成。“挫其锐”四句夹杂其中，明显为衍文，当在第56章。《老子》经文中多有同文复出者，是否衍文错简？重文复用？应具体分析，区别对待。

（3）普及本为何选用“象帝”？象字究竟何义？象帝究竟何指？到目前为止，说法很多，但都是猜测之辞。其一，象：肖似也。其二，象：形象。帝为天地之母。象帝就是帝之肖象，帝与象如影随形，先后相随。基于这个观念，古代的先帝，其容以象为之，即帝之雕像或牌位，用于供奉。韩非所说的象人，也是这个意思。《系辞上》：“法象莫大乎天地。”《韩非子》：“能象天地，是谓圣人。”其三，河上：“此言道乃先天地生也。”王弼第25章注：“不知其谁之子，故先天地生。”似乎又都认为“象帝之先”就是“先天地生”的另一种表述。象帝就是天地，以象代天，而在甲骨文中，帝是最古老的地字。《诗》：“象之揥也。……胡然而天也！胡然而帝也！”就是天与帝对说。《广雅》：帝、地：諟也。疏证：“謕”与“諟”同。可见二字互通。总之，象帝究竟何义？不必拘泥个别用字的字义，意会全句全章之义即可。

第 5 章（下）

［版本对照］

简甲	○○○○○○○○○○○○○○○○○○○○天埅之夘丌猷囦籊𢍰虚而不屈遑而愈出
帛甲	天地不仁以萬物為芻狗聲人不仁以百□□□狗天地□□□猶橐籥與虚而不淈蹱而俞出
帛乙	天地不仁以萬物為芻狗耶人不仁□百姓為芻狗天地之閒其猷橐籥與虚而不淈動而俞出
汉竹	天地不仁以萬物為芻狗聖人不仁以百姓為芻狗天地之間其猶橐籥虖虚而不屈動而揄出
河本	天地不仁以萬物為芻狗聖人不仁以百姓為芻狗天地之間其猶橐籥乎虚而不屈動而愈出
想尔	天地不仁以萬物爲芻苟聖人不仁以百姓爲芻苟天地之間其猶橐籥○虚而不屈動而愈出
王本	天地不仁以萬物為芻狗聖人不仁以百姓為芻狗天地之間其猶橐籥乎虚而不屈動而愈出
敦本	天地不仁以萬物為芻狗聖人不仁以百姓為芻狗天地之間其猶橐籥○虚而不屈動而愈出
唐本	天地不仁以萬物為芻狗聖人不仁以百姓為芻狗天地之間其猶橐籥乎虚而不屈動而愈出
宋本	天地不仁以萬物為芻狗聖人不仁以百姓為芻狗天地之間其猶橐籥乎虚而不屈動而愈出
元本	天地不仁以萬物為蒭狗聖人不仁以百姓為蒭狗天地之間其猶橐籥乎虚而不屈動而愈出
明本	天地不仁以萬物為芻狗聖人不仁以百姓為芻狗天地之間其猶橐籥乎虚而不屈動而愈出
清本	天地不仁以萬物為芻狗聖人不仁以百姓為芻狗天地之間其猶橐籥乎虚而不屈動而愈出
普本	天地不仁以万物为刍狗圣人不仁以百姓为刍狗天地之间其犹橐籥乎虚而不屈动而愈出

(1)　　　　　　　(2)

简甲	○○○○○○○○○　　　　＊23　上接第 25 章，下接第 16 章
帛甲	多聞數竆不若守於中
帛乙	多聞數窮不若守於中
汉竹	多聞數窮不若守於中
河本	多言數窮不如守於中
想尔	多聞數窮不如守○中
王本	多言數窮不如守○中
敦本	多言數窮不如守○中
唐本	多言數窮不如守○中
宋本	多言數窮不如守○中
元本	多言數窮不如守○中
明本	多言數窮不如守○中
清本	多言數窮不如守○中
普本	多闻数穷不如守于中

(3)

如是我文：

（1）普及本为何选用“刍狗”?“苟”是“猗（狗）”的省笔。什么是刍狗?一般认为，刍狗是无心无情之偶，是草制祭物，有形无性。古籍多有记载，如：《庄子》：“夫刍狗之未陈也，盛以箧衍，巾以文绣，尸祝斋戒以将之。及其已陈也，行者践其首脊，苏者取而爨之而已。”《淮南子》：“譬如刍狗、土龙之始成，文以青黄，绢以绮绣，缠以朱丝；尸祝袀袨，大夫端冕，以送迎之。及其已用之后，则壤土草蓟而已，夫有孰贵之?”“圣人用物，若用朱丝约刍狗，若为土龙以求雨。刍狗，待之而求福；土龙，待之而得食。”也有人认为老子言刍狗，喻其为始用终弃之物，所以“斥为不仁”。过浅了。

（2）普及本为何选用“间”?其一，简本原字作[illegible]，训为夘（外）。外：远也。间：远也。二字互通。另据考证，曾姬无卹壶铭文中的間字即写作外門内夘，“夘”当为其省笔。其二，《乐记》说：“著不息者，天也；著不动者，地也。一动一静者，天地之閒也。”朱熹解释说：“天地之间，不过一动一静而已。……而一动一静，循环无端者，天地之间也。……故圣人言礼乐，必合而言之，未尝析而言之也。”可知，这里的“天地之间”与今人的理解稍有不同，而与第32章“天地相合”义近；“之间”说过程，“相合”说结果。其三，《管子》：“天之道虛，地之道静。虛则不屈，静则不变，不变则无过，故曰‘不忒’。”《国语》：“因阴阳之恒，顺天地之常，柔而不屈，强而不刚，德虐之行，因以为常。”可作参考。

（3）普及本为何选用“闻”?其一，此句简本无，可见意思独立，与前句无必然之逻辑关系。其二，帛本、想尔作聞，他本作言。聞也通作問。闻、问、言，三种意思都可通。其三，多：一字两用，既有多少之义，又有苛求之义。数：一字两用，既指道数，又有责求之义。穷：究也。尽也。其四，《庄子》：“言者所以在意，得意而忘言。”《孟子》：“尽信书，则不如无书。”《韩非子》：“言之为物，以多言。不然之物，十人云‘疑’，百人‘然乎’，千人不可解也。”可作参考。

第 6 章（下）

[**版本对照**]

帛甲	浴神□死是胃玄牝玄牝之門是胃□地之根緜緜呵○若存用之不堇
帛乙	浴神不死是胃玄牝玄牝之門是胃天地之根緜緜呵亓若存用之不堇
汉竹	谷神不死是謂玄牝玄牝之門是謂天地之根緜○虖○若存用之不墐
河本	谷神不死是謂玄牝玄牝之門是謂天地○根綿綿○○若存用之不勤
想尔	谷神不死是謂玄牝玄牝○門○○天地○根綿綿○○若存用之不勤
王本	谷神不死是謂玄牝玄牝之門是謂天地之根緜緜○○若存用之不勤
敦本	谷神不死是謂玄牝玄牝○門○○天地○根綿綿○○若存用之不懃
唐本	谷神不死是謂玄牝玄牝之門是謂天地○根緜緜○○若存用之不勤
宋本	谷神不死是謂玄牝玄牝之門是謂天地○根綿綿○○若存用之不勤
元本	谷神不死是謂玄牝玄牝之門是謂天地○根緜緜○○若存用之不勤
明本	谷神不死是謂玄牝玄牝之門是謂天地○根綿綿○○若存用之不勤
清本	谷神不死是謂玄牝玄牝之門是謂天地○根綿綿○○若存用之不勤
普本	谷神不死是谓玄牝玄牝之门是谓天地之根绵绵○○若存用之不尽

（1）　（2）

如是我文：

（1）普及本为何选用“谷神”？其一，谷：本音为浴。山谷、养也、生也、欲也，传统理解至少有四种之多，可见争议之大；各据其理，各有所据。若从玄牝之谓倒推其义，谷神即道中之神，谷：两山间流水之道也。理顺物质与精神的关系，把握住“神”的本质，就掌握了天地万物的关键。用现实世界之物，喻精神世界之象，是老子论述的一大特色。本体、喻体相混淆，是众多学术纷争的原因之一。其二，《诗》：“糓则异室，死则同穴。”《易》：“君子以果行育德。”《礼》：“儒有澡身而浴德。”可作参考。

（2）普及本为何选用“尽”？堇至少有三种读音，音紧、尽、勤。“堇”究竟是本字，还是省笔？一般认为是“勤”的省笔；结果出现两种解读，勤：劳也，尽也。综合判断，“堇”很可能是本字，或假借为“盡”，或与“盡”字音同形似而混用。异字混用的现象，在楚文字中不乏其例，如恒与極。堇在简、帛本《老子》中至少出现 4 次，即：本章“用之不堇”、第 16 章“各复其堇”、第 41 章“堇能行于其中”、第 52 章“终身不堇”，其义都与尽之义相合。堇字冷僻，而勤字今人又多识读为勤劳之义，为了便于今人识读，遵循前人改经之通则，此处改堇为尽。

第7章（下）

［版本对照］

帛甲	天長地久天地之所以能口且久者以其不自生也故能長生是以聲人芮其身而身先
帛乙	天長地久天地之所以能長且久者以亓不自生也故能長生是以耶人退亓身而身先
汉竹	天長地久天地之所以能長且久者以其不自生也故能長生是以聖人後其身而身先
河本	天長地久天地〇所以能長且久者以其不自生〇故能長生是以聖人後其身而身先
想尔	天長地久天地〇所以能長〇久者以其不自生〇故能長久是以聖人後其身而身先
王本	天長地久天地〇所以能長且久者以其不自生〇故能長生是以聖人後其身而身先
敦本	天長地久天地〇所以能長〇久者以其不自生〇故能長久是以聖人後其身而身先
唐本	天長地久天地〇所以能長且久者以其不自生〇故能長生是以聖人後其身而身先
宋本	天長地久天地〇所以能長且久者以其不自生〇故能長生是以聖人後其身而身先
元本	天長地久天地〇所以能長且久者以其不自生〇故能長生是以聖人後其身而身先
明本	天長地久天地〇所以能長且久者以其不自生〇故能長久是以聖人後其身而身先
清本	天長地久天地〇所以能長且久者以其不自生〇故能長生是以聖人後其身而身先
普本	天长地久天地之所以能长且久者以其不自生〇故能长久是以圣人退其身而身先

(1)　(2)

帛甲	〇〇〇〇〇〇外其身而身存不以其无口輿故能成其私
帛乙	外亓身而身先外亓身而身存不以亓无私輿故能成其私
汉竹	〇〇〇〇〇〇外其身而身存不以其無私虖故能成其私
河本	〇〇〇〇〇〇外其身而身存非以其無私邪故能成其私
想尔	〇〇〇〇〇〇外其身而身存〇以其无尸〇故能成其尸
王本	〇〇〇〇〇〇外其身而身存不以其無私邪故能成其私
敦本	〇〇〇〇〇〇外其身而身存〇以其無尸〇故能成其尸
唐本	〇〇〇〇〇〇外其身而身存非以其無私邪故能成其私
宋本	〇〇〇〇〇〇外其身而身存非以其無私耶故能成其私
元本	〇〇〇〇〇〇外其身而身存非以其無私耶故能成其私
明本	〇〇〇〇〇〇外其身而身存非以其無私耶故能成其私
清本	〇〇〇〇〇〇外其身而身存非以其無私耶故能成其私
普本	〇〇〇〇〇〇外其身而身存非以其无私耶故能成其私

(3)　(4)

如是我文：

（1）普及本为何选用“长久”？其一，“故能长久”是对前面“长且久者”的解答，更符合语言逻辑。《想尔》此处改得合理。其二，对“不自生”有两种理解，一种理解是天不生天而生地，地不生地而生天。《列子》：“《黄帝书》曰：‘形动不生形而生影，声动不生声而生响，无动不生无而生有。’”另一种理解，就是天与地同生共死而非独自而生。《庄子》：“夫道，……自本自根，未有天地，自古以固存。神鬼，神帝；生天，生地。……”可作参考。

（2）普及本为何选用“退”？帛甲本原字为[illegible]。芮、衲（退）同源，也可能是形误。退、后二字义相近，但“退”比“後”的含义更丰富，语意更准确。《论语》：“退而省其私”。

（3）普及本为何舍用“外其身而身先”？帛乙本此句明显是衍文。类似情况不再另注。

（4）普及本为何选用“非……耶”？其一，私、尸都是指自身，不必改。其二，参照第 66 章，两章内容、句式基本一样。此章讲无私，彼章讲不争。内无私而外不争。其三，舆，第 66 章用舆，可知二字相通或随笔。舆也可视为本字。舆：负也。《庄子》：“天无私覆，地无私载，天地岂私贫我哉？”作私载讲亦通，只是有些牵强。

第8章（下）

［版本对照］

帛甲	上善治水水善利萬物而有靜居眾〇之所惡故幾於道矣
帛乙	上善如水水善利萬物而有爭居眾人之所亞故幾於道矣
汉竹	上善如水水善利萬物而有爭〇眾人之所惡故幾於道矣
河本	上善如水水善利萬物而不爭處眾人之所惡故幾於道〇
想尔	上善若水水善利萬物又不争處衆人之所悪故幾於道〇
王本	上善若水水善利萬物而不爭處眾人之所惡故幾於道〇
敦本	上善若水水善利萬物又不爭處眾人之所惡故幾於道〇
唐本	上善若水水善利萬物而不爭處眾人之所惡故幾於道〇
宋本	上善若水水善利萬物而不爭處衆人〇所惡故幾於道〇
元本	上善若水水善利萬物而不争處眾人之所惡故幾於道〇
明本	上善若水水善利萬物而不爭處眾人之所惡故幾於道〇
清本	上善若水水善利萬物而不爭處眾人之所惡故幾於道〇
普本	上善若水水善利万物而有静居众〇之所恶故几于道〇

（1）　　　　（2）（3）

帛甲	居善地心善潚予〇〇〇善信正善治事善能踵善時夫唯不靜故无尤〇
帛乙	居善地心善淵予善天言善信正善治事善能動善時夫唯不爭故无尤〇
汉竹	居善地心善淵予善天言善信正善治事善能動善時夫唯不爭故無尤〇
河本	居善地心善淵與善仁言善信正善治事善能動善時夫唯不爭故无尤〇
想尔	居善地心善渕與善仁言善信政善治事善能動善時夫唯不争故無尤〇
王本	居善地心善淵與善仁言善信正善治事善能動善時夫唯不爭故無尤〇
敦本	居善地心善淵與善仁言善信政善治事善能動善時夫唯不爭故無尤〇
唐本	居善地心善淵與善仁言善信政善治事善能動善時夫唯不爭故無尤〇
宋本	居善地心善淵與善仁言善信政善治事善能動善時夫惟不爭故無尤矣
元本	居善地心善淵與善人言善信政善治事善能動善時夫惟不争故無〇矣
明本	居善地心善淵與善仁言善信政善治事善能動善時夫惟不爭故無尤〇
清本	居善地心善淵與善仁言善信政善治事善能動善時夫惟不爭故無尤〇
普本	居善地心善渊予善天言善信政善治事善能动善时夫唯不争故无尤〇

（4）

如是我文：

（1）普及本为何选用“若”？其一，帛甲本作治，因与下面的“治”字并列，可能是串行误抄。或如河上之注，治为本字。也有人考证，台、以同字，治、似同音，所以是借“治”为“似”。其二，“上善若水”有两种理解：最高层次的善，就像水之善。崇尚善的人，以水为榜样。其三，《系辞》：“一阴一阳之谓道，继之者善也，成之者性也。仁者见之谓之仁，知者见之谓之知。”《五行》：“德之行，五和谓之德；四行和，谓之善。善，人道也；德，天道也。”可作参考。

（2）普及本为何选用“有静”？有：取也。有静就是取静、处静。从有静、有争到不争，可以清楚地看到经文演变的脉络。观帛本可知，静、争可以互换；帛本此处均用“有”，本章末句均用“不”，可见此处并无笔误。此处本义是有静，言水之状态。或省笔为争，后人演绎其义，认为“有”字不妥，改为“不”字。有静与不争的区别，只是角度不同而已，一个是正言其态，一个是反言其势。《淮南子》：“得在时，不在争。”恰逢其时，不争自得；时机不对，争亦不得。

（3）普及本为何选用“众”？水能帮助万物去除所有的丑恶、厌恶之事；众指万物，自然也包括人。

（4）普及本为何选用“予善天”？无论是水，还是人，所需要遵循的又何止七善？善之例证尚多，版本有所不同；所以，予善天和与善仁，均可。人：仁也。

第9章（下）

［版本对照］

简甲	朱而涅之不不若已湍而羣之不可長保也金玉涅室莫○能獸也貴福○喬自遺○咎也
帛甲	植而盈之不口口口口口口之不可長葆之金玉盈室莫之○守也貴富而驕自遺○咎也
帛乙	植而盈之不若亓已掬而兌之不可長葆也金玉口室莫之能守也貴富而驕自遺○咎也
汉竹	持而盈之不如其已梪而允之不可長葆○金玉盈室莫○能守○富貴而驕自遺○咎○
河本	持而盈之不如其已揣而銳之不可長保○金玉滿堂莫之能守○富貴而驕自遺其咎○
想尔	持而滿之不若其已揣而悅之不可長寶○金玉滿堂莫之能守○富貴而驕自遺○咎○
王本	持而盈之不若其已揣而銳之不可長保也金玉滿堂莫之能守○富貴而驕自遺其咎○
敦本	持而滿之不若其已揣而挩之不可長寶○金玉滿堂莫之能守○富貴而驕自遺○咎○
唐本	持而盈之不如其已揣而銳之不可長保○金玉滿堂莫之能守○富貴而憍自遺其咎○
宋本	持而盈之不如其已揣而銳之不可長保○金玉滿堂莫之能守○富貴而驕自遺其咎○
元本	持而盈之不如其已揣而銳○不可長保○金玉滿堂莫之能守○富貴而驕自遺其咎○
明本	持而盈之不如其已揣而銳之不可長保○金玉滿堂莫之能守○富貴而驕自遺其咎○
清本	持而盈之不如其已揣而銳之不可長保○金玉滿堂莫之能守○富貴而驕自遺其咎○
普本	持而盈之何不若已揣而群之不可长保○金玉满堂莫之能守○贵富而骄自遗其咎○

(1)　(2)　(3)　(4)

简甲	攻述○○身退天之道也　　＊37　上接40章
帛甲	功述○○身芮天口口口
帛乙	功遂○○身退天之道也
汉竹	功遂○○身退天之道也
河本	功成名遂身退天之道○
想尔	名成功遂身退天之道○
王本	功遂○○身退天之道○
敦本	名成功遂身退天之道○
唐本	功成名遂身退天之道○
宋本	功成名遂身退天之道○
元本	功成名遂身退天之道○
明本	功成名遂身退天之道○
清本	功成名遂身退天之道○
普本	功遂○○身退天之道○

如是我文：

（1）普及本为何选用“持”？其一，持有二音，在此处应读为本音（直之切）。搘：持也；“”为“植”的异体，音执；简本中，手旁、木旁常换用或省用。“植”与“殖”通。兴生财利曰殖。持盈即殖盈。古有所谓的持盈之道、持盈之术。持盈又称持满，先秦诸书中多见，是春秋战国时代的重要命题。所谓持盈，就是量的累积过程。欲质变，则增量促其变；不欲质变，则减量滞其变。老子多强调“已”，“退”，“不（欲）盈”，“损之”。其二，《管子》：“持而满之，乃其殆也。名满于天下，不若其已也。名进而身退，天之道也。”此段话与本章极其相似，似乎二者之间有其内在关联。其三，《管子》：“天之道，满而不溢，盛而不衰。明主法象天道，故贵而不骄，富而不奢，行理而不惰。故能长守贵富，久有天下而不失也。故曰：‘持满者与天。’”《孔子家语》：“孔子观于鲁桓公之庙，有欹器焉。……子路进曰：‘敢问持满有道乎？’……此所谓损之又损之之道也。”“调其盈虚，不令自满，所以能久也。”《国语》：“用能援持盈以没，而骤救倾以时。”“夫国家之事，有持盈，有定倾，有节事。”“持盈者与天，定倾者与人，节事者与地。王不问，蠡不敢言。天道盈而不溢，盛而不骄，劳而不矜其功。夫圣人随时以行，是谓守时。”《荀子》：“孔子观于鲁桓公之庙，有欹器焉。孔子问于守庙者曰：‘此为何器？’守庙者曰：‘此盖为宥坐之器。’孔子曰：‘吾闻宥坐之器者，虚则欹，中则正，满则覆。’孔子顾谓弟子曰：‘注水焉！’弟子挹水而注之。中而正，满而覆，虚而欹。孔子喟然而叹曰：‘吁！恶有满而不覆者哉？’子路曰：‘敢问持满有道乎？’孔子曰：‘聪明圣知，守之以愚；功被天下，守之以让；勇力抚世，守之以怯；富有四海，守之以谦。此所谓挹而损之之道也。’”《史记》：“此持满之术也。”可作参考。

（2）普及本为何选用“何不若已”？简本原字为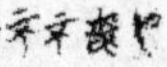，毫无疑问，四字中必有误写之处。一般认为应从诸本，作“不若（如）其已”。但二者相较，四字之中，简本连错两处的可能性不大，而且“若”字本身就有“其”义，没有必要重复使用。细读上下文，且对照下一句的“（不可）”字形，较大的可能性就是前两个不字必有一误，而以第一个“不”字为“可（何）”字之误写的可能性最大，当为“何不若已”。《左传》之“不如已也”，《墨子》之“子不若已”，《尊德义》之“爰不若也”，《国语》之“其归若已”，都有类似说法。“何不若已”的意思与“不若其已”基本相同，只是一为设问句，一为陈述句，各有优劣。

（3）普及本为何选用“揣而群之”？其一，简本的“湍”，或训为本字：急流曰湍。《孙子兵法》：“激水之疾，至于漂石者，势也。”《淮南子》：“稻生于水，而不能生于湍濑之流。”《孟子》：“性，犹湍水也。”水湍之处，团聚的状态是不能长久保持的。其二，与诸本相较，湍字更可能是“揣”的同音假借。揣：聚貌，耑声，与团、抟通。字源上，耑、専可以互换。为什么学老者多忽视此音此义？关键在于后面的字究竟是群，还是锐？其三，群：聚也。帛乙本原字为，与第四章之、第23章之相较，上有空间，似为“兑（兊）”的残字。兑：聚也；意思正与群同。后人多理解兑为省笔而非本字，这才有了各版本的棁、挩、锐。后人不知原字是群或兑，所以忽略了团聚之义，强化了锤打或放入衣服里的意思。“揣而锐之”与“脱颖而出”义近。其四，汉竹本作“梪而允之”。“允”是“兊（兑）”的省笔。梪本是豆的或字，古文中手旁与木旁常换用，此处的梪应训为“拪”，与“揣”互通。

（4）普及本为何选用“贵富”？两种理解。其一，“贵”作名词用，既富且贵。其二，“贵”作动词用，“贵富”与“不贵难得之货”等句的用法相同。《论语》：“富而无骄。”

第10章（下）

［版本对照］

帛甲	□□□□□□□□□□□□□能○嬰兒乎脩除玄藍能毋○疵乎□□□□□□□□□
帛乙	載營袙抱一能毋离乎槫氣至柔能○嬰兒乎脩除玄監能毋有疵乎愛民栝國能毋以知乎
汉竹	載熒魄抱一能毋離虖槫氣致柔能○嬰兒虖脩除玄鑑能毋有疵虖愛民沽國能毋以智虖
河本	載營魄抱一能無離○專氣致柔能如嬰兒○滌除玄覽能無○疵○愛民活國能无○知○
想尔	載營魄抱一能無離○專氣致柔能○嬰兒○滌除玄覽能无○疵○愛民治國而无○知○
王本	載營魄抱一能無離乎專氣致柔能○嬰兒乎滌除玄覽能無○疵乎愛民治國能無以智乎
敦本	載營魄抱一能無離○專氣致柔能○嬰兒○滌除玄覽能無○疵○愛民治國而無○知○
唐本	載營魄抱一能无離乎專氣致柔能○嬰兒乎滌除玄覽能无○疵乎愛民治國能无○為乎
宋本	載營魄抱一能無離乎專氣致柔能如嬰兒乎滌除玄覽能無○疵乎愛民治國能無○為乎
元本	載營魄抱一能無離乎專氣致柔能如嬰兒乎滌除玄覽能無○疵乎愛民治國能無○為乎
明本	載營魄抱一能無離乎專氣致柔能○嬰兒乎滌除玄覽能無○疵乎愛民治國能無○為乎
清本	載營魄抱一能無離乎專氣致柔能○嬰兒乎滌除玄覽能無○疵乎愛民治國能無○為乎
普本	载营魄抱一能毋离乎抟气致柔能如婴儿乎修除玄鉴能毋有疵乎爱民治国能毋以知乎

（1）　（2）　（3）　（4）　（5）

帛甲	□□□□□□□□□□□□□□□□□○生之畜之生而弗□○○○○□□□□□
帛乙	天門啟門能為雌乎明白四達能毋以知乎○生之畜之生而弗有○○○○長而弗宰也
汉竹	天門啟閉能為雌虖明白四達能毋以智虖故生之畜之生而弗有○○○○長而弗宰○
河本	天門開闔能為雌○明白四達能无○知○○生之畜之生而不有為而不恃長而不宰○
想尔	明白四達而无○爲天地開闔而爲○雌○○生之畜之生而不有爲而不恃長而不宰○
王本	天門開闔能為雌乎明白四達能無以為乎○生之畜之生而不有為而不恃長而不宰○
敦本	明白四達而無○為天門開闔而為○雌○○生之畜之生而不有為而不恃長而不宰○
唐本	天門開闔能為雌乎明白四達能无○知乎○生之畜之生而不有為而不恃長而不宰○
宋本	天門開闔能為雌乎明白四達能無○知乎○生之畜之生而不有為而不恃長而不宰○
元本	天門開闔能無雌乎明白四達能無○知乎○生之畜之生而不有為而不恃長而不宰○
明本	天門開闔能無雌乎明白四達能無○知乎○生之畜之生而不有為而不恃長而不宰○
清本	天門開闔能為雌乎明白四達能無○知乎○生之畜之生而不有為而不恃長而不宰○
普本	天门开阖能为雌乎明白四达能毋以为乎○○○○○○○○○○○○○○○○○○

（6）　（7）（8）

帛甲	口口口德
帛乙	是胃玄德
汉竹	是謂玄德
河本	是謂玄德
想尔	是謂玄德
王本	是謂玄德
敦本	是謂玄德
唐本	是謂玄德
宋本	是謂玄德
元本	是謂玄德
明本	是謂玄德
清本	是謂玄德
普本	○○○○

如是我文：

（1）普及本为何选用“载营魄抱一”？两种理解。其一，载：句首语助词。“营魄抱一”与“抟气致柔”的句式完全相同。载与哉互通，或为句末语助词。唐玄宗曾据此改载为哉，认为当在上一章之句尾。其二，载：承也。营：绕也。抟：圆也。营、抟都是团聚之义。其三，魄，帛乙本原字为袙（袙）。鬼的古文为魂，袙应为魄的别体，或省鬼，或省示。魄并非孤魄，而是魂魄的省说；如此用法经文多见，没必要将营与魂强行挂钩。人类祖先认为，万物皆有“神”。老子学说以此为前提，认为人类生存的世界，是有“神”的物质世界；万物都是实有之“质”与虚无之“神”的有机混合体，即二而一。质指基本物质，是载体；神分阳魂阴魄，代表基本物质的精神内核。魂谓人之精神能离形体而存在者也，魄谓人之精神依附形体而存在者也。质朴载而团之其魂魄，有机结合而为一。一般多引《楚辞》“载营魄而登霞兮”为佐证；但很多学者考证，该辞为东汉时期的班嗣所作而非屈原，从时间来看，作为佐证似嫌力度不足。其四，《管子》也有类似六问：“能专乎？能一乎？能毋卜筮而知凶吉乎？能止乎？能已乎？能毋问于人而自得之乎？”据《庄子》记载，老子曾有九问：“卫生之经，能抱一乎？能勿失乎？能无卜筮而知吉凶乎？能止乎？能已乎？能舍诸人而求诸己乎？能翛然乎？能侗然乎？能儿子乎？”卫生之经，也就是修身养生之术。两处都明言一或抱一，却没有“载营魄”之说，可见此三字出自后《老子》。

（2）普及本为何选用“抟”？两个系统。其一，槫、抟义近。专为抟之省笔：聚也。其二，专：壹也。《管子》：“专于意，一于心。”《列子》：“其在婴孩，气专志一，和之至也；物不伤焉，德莫加焉。”其三，后人多有认为抟气就是炼气术，或称之为气功。行气之说，最早见于战国时期的《行气玉佩铭》：“行气：深则適，適则神，神则下，下则定，定则固，固则明，明则长，长则退，退则天。天丌舂在上，地丌舂在下；顺则生，逆则死。”適：行貌。

（3）普及本为何选用“如”？成人毕竟不是婴儿，经文用婴儿比喻返璞归真，所以加如字有道理。婴儿具有自然属性，尚无社会属性。人类的大多问题，都是出自具有社会属性之后。社会属性服从自然属性；自然属性是身内之物，社会属性是身外之物，是可寄而不可累的。本句与第55章之“心使气曰强（僵）”相对应，“柔”与“僵”对，一正一反。

（4）普及本为何选用“修除玄鉴”？其一，修除与涤除的意思相近，区别不大，都是扫除，只不过“涤”还有洗的意思。其二，监的本义有二。监：视也，以水为镜，审视自己。《尚书》：“人无于水监，当于民监。”监：镜也，或以水，或以铜。何为玄鉴？是以心为镜，还是以道为镜？修除者何？是心之疵，还是身之疵？是照着镜子去审视自身有无可修可除之处；还是擦拭镜子，检查心镜是否有瑕疵？其说不一，各有其理。传世诸本多改监（鉴）为览，取其审视之义，避免了对镜鉴的界定。

（5）普及本为何选用“治”？两个系统。其一，帛乙本原字为栝，以帛乙本之惯例，当为祮，音活。据《释文》记载：“治，河上本又作活。”汉竹本作沽，即盈国。沽，古作夃（盈）。祮、沽、活三字字形相近。活国或沽国都是国家兴旺的意思。爱：惠也。《战国策》有“忧国爱民”之说。其二，爱：隐也。或为省笔。薆：蔽不见也。暧：日不明。其三，六问之中，只有此问是治国之问而非治身之问，夹在中间，似嫌突兀，与“明白四达”句之间，“为”或“知”的改经之惑，似源于此。两治并重，行文却为五比一，此句极可能是窜文，或疑应置于第65章之首，误置于此。爱民与愚之义近。

（6）普及本为何选用“为雌”？无雌明显有误。知其雄守其雌，有雄有雌，以雌为主轴。《文子》也说：“退让守柔为天下雌。”天门何解？其说不一，很可能与卫生之中的行气术有关。

（7）普及本为何选用“毋以为”？毋以知、无以为，还是毋以为？争论很大，各有所据。其一，明白四达的意思是“知常：明也”、“知和曰明”、“自知者明”；也就是说，为道者的明，不仅仅是视之明，更是心之明，主要靠知与不知。所以《老子》又说“言之者不知”、“以不知治国，国之德”、“知不知，尚矣；不知不知，病矣”、“博者不知”。毋以知就是以不知；《老子》既肯定知，又肯定不知，对作为专用术语的“不知”，非常重视。其二，“以为”二字连用者，全经计 21 处。其中，作为实词者 5 处，均可训为知和思；其余 16 处均为虚词。能毋以为乎（10）、上德无为而无以为、上仁为之而无以为、上义为之而有以为（38）、以其上之有以为（75），“以为”作为专用术语，就是知和思；现在人们还常说我以为如何如何，我认为、我想、我觉得如何如何。其三，知与为相对照，一个是思考，一个是行动。毋以为就是不靠“为”去通、去明，如现在常说的，做事不能一味蛮干，要多动脑子。见也是动作之一，所以《老子》才又有不出户、不窥牖，“不见而明，无为而成”的议论。

（8）普及本为何舍用“生之……”一段？此处是窜文，观其前后逻辑，全句当在第 51 章。

第11章（下）

［版本对照］

帛甲	卅〇□□□□□其无□□之用□𡎺埴〇為器當其无有埴器□□□
帛乙	卅〇楅同一轂當亓无有車之用也𡎺埴而為器當亓无有埴器之用也
汉竹	卅〇輻同一轂當其無有車之用也挻殖〇〇器當其無有殖器之用也
河本	三十輻共一轂當其无有車之用〇埏埴以為器當其无有〇器之用〇
想尔	卅〇輻共一轂當其无有車之用〇埏殖〇爲器當其无有〇器之用〇
王本	三十輻共一轂當其無有車之用〇埏埴以為器當其無有〇器之用〇
敦本	卅〇輻共一轂當其無有車之用〇埏殖以為器當其無有〇器之用〇
唐本	三十輻共一轂當其无有車之用〇挻埴以為器當其无有〇器之用〇
宋本	三十輻共一轂當其無有車之用〇埏埴以為器當其無有〇器之用〇
元本	三十輻共一轂當其無有車之用〇埏埴以為器當其無有〇器之用〇
明本	三十幅共一轂當其無有車之用〇埏埴以為器當其無有〇器之用〇
清本	三十輻共一轂當其無有車之用〇埏埴以為器當其無有〇器之用〇
普本	三十辐共一毂当其无有车之用〇埏埴以为器当其无有〇器之用〇

（1）　　（2）

帛甲	□□□〇〇〇當其无有□□用也故有之以為利无之以為用
帛乙	鑿戶牖〇〇〇當亓无有室之用也故有之以為利无之以為用
汉竹	鑿戶牖〇〇〇當其無有室之用也故有之以為利無之以為用
河本	鑿戶牖以為室當其无有室之用〇故有之以為利无之以為用
想尔	鑿戶牖以爲室當其无有室之用〇〇有之以爲利无之以爲用
王本	鑿戶牖以為室當其無有室之用〇故有之以為利無之以為用
敦本	鑿戶牖以為室當其無有室之用〇〇有之以為利無之以為用
唐本	鑿戶牖以為室當其无有室之用〇故有之以為利无之以為用
宋本	鑿戶牖以為室當其無有室之用〇故有之以為利無之以為用
元本	鑿戶牖以為室當其無有室之用〇故有之以為利無之以為用
明本	鑿戶牖以為室當其無有室之用〇故有之以為利無之以為用
清本	鑿戶牖以為室當其無有室之用〇故有之以為利無之以為用
普本	凿户牖以为室当其无有室之用〇故有之以为利无之以为用

（3）

如是我文：

（1）普及本为何选用“当其无”断句？两种断句方式，两种理解。其一，断在“无”之后。当：主也。“当其无”强调的是“以无为主”。其二，断在“无有”之后。当：偶也。敌也。无、有相偶。“当其无有”，强调无与有的共同作用，明示“无”与“有”同等重要，与本章末句相呼应；缺点是语法不顺。经文这里似乎强调的是第一种，因为人们往往容易认识到有的作用而忽视无的作用。两种断句方式并不矛盾，殊途同归。

（2）普及本为何选用“埏埴”？其一，“然”字俗作“燃”，“撚”与“燃”，土旁、火旁互换。诸多瓦器都是先用土和水，然后烧制而成。经文不是探讨瓦器的制作过程，所以“燃”或“埏”都可以。《管子》《庄子》《荀子》《淮南子》诸书中多有类似之说，均用“埏”。其二，敦本所用的“殖”字为同音假借，或随笔。因为本书的敦本是多本所集，而各种手抄之敦本，由于学老者水平参差不齐，良莠互见，所以这种随笔字在诸敦本中多见，一般不再另注。

（3）普及本为何选用“以为室”？“以为室”似为后人所加。古《老子》行笔粗犷，重质不重文；所谓排比、对仗之类的修辞方法，大都是后人润色。户、牖是空，室内更是一空；室之用，既包括户、牖之无，也包括室内之无；加“以为室”三字，使其朗读更顺畅，内涵更丰富。河上前句认为，有毂中空，有辇中空，亦是如此发挥。

第 12 章（下）

［版本对照］

帛甲	五色使人目明馳騁田臘使人□□□難得之價使人之行方五味使人之口呥
帛乙	五色使人目盲馳騁田臘使人心發狂難得之貨使人之行仿五味使人之口爽
汉竹	五色令人目肛敺騁田獵令人心發狂難得之貨令人○行方五味令人之口爽
河本	五色令人目盲五音令人○耳聾五味令人○口爽馳騁田獵令人心發狂○○
想尔	五色令人目盲五音令人○耳聾五味令人○口爽馳騁田獵令人心發狂○○
王本	五色令人目盲五音令人○耳聾五味令人○口爽馳騁畋獵令人心發狂○○
敦本	五色令人目盲五音令人○耳聾五味令人○口爽馳騁田獵令人心發狂○○
唐本	五色令人目盲五音令人○耳聾五味令人○口爽馳騁田獵令人心發狂○○
宋本	五色令人目盲五音令人○耳聾五味令人○口爽馳騁田獵令人心發狂○○
元本	五色令人目盲五音令人○耳聾五味令人○口爽馳騁田獵令人心發狂○○
明本	五色令人目盲五音令人○耳聾五味令人○口爽馳騁田獵令人心發狂○○
清本	五色令人目盲五音令人○耳聾五味令人○口爽馳騁田獵令人心發狂○○
普本	五色使人目盲五音使人○耳聋五味使人○口爽驰骋田猎使人心发狂○○

(1)　　　　　　　　　　(2)

帛甲	五音使人之耳聾○○是以聲人之治也為腹○不□□故去罷○耳此
帛乙	五音使人之耳□○○是以耶人之治也為腹而不為目故去彼而取此
汉竹	五音令人之耳聾○○是以聖人○○○為腹○不為目故斉被○取此
河本	難得之貨令人○行妨是以聖人○○○為腹○不為目故去彼○取此
想尔	難得之貨令人○行妨是以聖人○○○爲腹○不爲目故去彼○取此
王本	難得之貨令人○行妨是以聖人○○○為腹○不為目故去彼○取此
敦本	難得之貨令人○行妨是以聖人○○○為腹○不為目故去彼○取此
唐本	難得之貨令人○行妨是以聖人○○○為腹○不為目故去彼○取此
宋本	難得之貨令人○行妨是以聖人○○○為腹○不為目故去彼○取此
元本	難得之貨令人○行妨是以聖人○○○為腹○不為目故去彼○取此
明本	難得之貨令人○行妨是以聖人○○○為腹○不為目故去彼○取此
清本	難得之貨令人○行妨是以聖人○○○為腹○不為目故去彼○取此
普本	难得之货使人之行妨是以圣人之治○为腹而不为目故去彼而取此

(3)

如是我文：

（1）普及本为何选用“盲”？其一，帛甲本原字为[illegible]，训为瞍。瞍：左右视也。眼花缭乱。盲：茫也。二字义相近，瞍之义更准确。瞍是冷僻字，现已鲜用。其二，目、耳、口、心、行五句，各版本的顺序多有不同，选择最符合现代人识读习惯的顺序即可。以下各章类似之处，一般不再另注。其三，《文子》：“故五色乱目，使目不明；五音乱耳，使耳不聪；五味乱口，使口生创；趣舍滑心，使行飞扬。”《庄子》：“且夫失性有五：一曰五色乱目，使目不明；二曰五声乱耳，使耳不聪；三曰五臭薰鼻，因惾中颡；四曰五味浊口，使口厉爽；五曰趣舍滑心，使性飞扬。此五者，皆生之害也。”《国语》：“夫耳目，心之枢机也，故必听和而视正。听和则聪，视正则明。聪则言听，明则德昭。听言昭德，则能思虑纯固。”《吕氏春秋》：“是故圣人之于声色滋味也，利于性则取之，害于性则舍之，此全性之道也。”可作参考。

（2）普及本为何选用“猎”？“腊”或音猎，与“猎”同音假借。

（3）普及本为何选用“圣人之治”？两种理解。其一，治民，或认为此句与第 3 章相呼应。其二，治己，认为是说圣人自己的作为。传世诸本干脆去掉之治二字，以明其义。与第 3 章相较，彼处之腹是实说，此处之腹是喻说。身中曰腹。腹实受于内，目虚受于外；腹重内，目重外。其实，与第 3 章治的内涵不同，此处对治的理解应该宽泛一些，己、国、官、民，都应以守中为要务。

第13章（下）

[版本对照]

简乙	人憩辱若纓貴大患若身可胃憩辱○○憩○為下也○○○○㝵之若纓遊之若纓
帛甲	○僱辱若驚貴大梡若身苛胃僱辱若驚僱之為下○○○○○得之若驚失口若驚
帛乙	○弄辱若驚貴大患若身何胃弄辱若驚弄之為下也○○○○得之若驚失之若驚
汉竹	○寵口若口貴大患若身何謂寵辱○○寵○為下○是謂寵辱得之若驚失之若驚
河本	○寵辱若驚貴大患若身何謂寵辱○○辱○為下○○○○○得之若驚失之若驚
想尔	○寵辱若驚貴大患若身何謂寵辱○○○○爲下○○○○○得之若驚失之若驚
王本	○寵辱若驚貴大患若身何謂寵辱若驚寵○為下○○○○○得之若驚失之若驚
敦本	○寵辱若驚貴大患若身何謂寵辱○○寵○為下○○○○○得之若驚失之若驚
唐本	○寵辱若驚貴大患若身何謂寵辱○○寵○為下○○○○○得之若驚失之若驚
宋本	○寵辱若驚貴大患若身何謂寵辱○○寵○為下○○○○○得之若驚失之若驚
元本	○寵辱若驚貴大患若身何謂辱寵○○○○為下○○○○○得之若驚失之若驚
明本	○寵辱若驚貴大患若身何謂寵辱○○辱○為下○○○○○得之若驚失之若驚
清本	○寵辱若驚貴大患若身何謂寵辱若驚寵○為下○○○○○得之若驚失之若驚
普本	○宠辱若缨贵大患若身何谓宠辱若缨宠之为下○○○○○得之若缨失之若缨

(1)　(2)　(3)　(4)

简乙	是胃憩辱一纓口口口口口若身虗所以又大患者為虗又身○返虗亡身○或可口
帛甲	是胃僱辱若驚何胃貴大梡若身吾所以有大梡者為吾有身也及吾无身○有呵梡
帛乙	是胃弄辱若驚何胃貴大患若身吾所以有大患者為吾有身也及吾𣞤身○有何患
汉竹	是謂寵辱若驚何謂貴大患若身吾所以有大患者為吾有身○及吾無身吾有何患
河本	是謂寵辱若驚何謂貴大患若身吾所以有大患者為吾有身○及吾無身吾有何患
想尔	是謂寵辱若驚何謂貴大患若身吾所以有大患○爲我有身○及我无身吾有何患
王本	是謂寵辱若驚何謂貴大患若身吾所以有大患者為吾有身○及吾無身吾有何患
敦本	是謂寵辱若驚何謂貴大患若身吾所以有大患○為我有身○及我無身吾有何患
唐本	是謂寵辱若驚何謂貴大患若身吾所以有大患者為吾有身○及吾无身吾有何患
宋本	是謂寵辱若驚何謂貴大患若身吾所以有大患者為吾有身○及吾無身吾有何患
元本	是謂寵辱若驚何謂貴大患若身吾所以有大患者為吾有身○及吾無身吾有何患
明本	○○○○○○何謂貴大患若身吾所以有大患者為吾有身○及吾無身吾有何患
清本	是謂寵辱若驚何謂貴大患若身吾所以有大患者為吾有身○及吾無身吾有何患
普本	是谓宠辱若缨何谓贵大患若身吾所以有大患者为吾有身○及吾忘身○又何患

(5)

简乙	口口口口口為天下〇若可以厇〇天下矣悉以身為天下〇若可以迲〇天下矣
帛甲	故貴為身於為天下〇若可以迈〇天下矣愛以身為天下〇女何以寄〇天下〇
帛乙	故貴為身於為天下〇若可以橐〇天下口愛以身為天下〇女可以寄〇天下矣
汉竹	故貴以身〇為天下〇若可以橐〇天下〇愛以身為天下〇若可以寄〇天下〇
河本	故貴以身〇為天下者則可〇寄於天下〇愛以身為天下者乃可以託於天下〇
想尔	故貴以身於〇天下〇〇〇〇〇〇〇〇〇愛以身爲天下〇若可〇寄〇天下〇
王本	故貴以身〇為天下〇若可以託〇天下〇愛以身為天下〇若可以寄〇天下〇
敦本	故貴以身於〇天下〇若可〇託〇天下〇愛以身為天下〇若可〇寄〇天下〇
唐本	故貴以身〇為天下〇若可〇寄〇天下〇愛以身為天下〇若可〇託〇天下〇
宋本	故貴以身〇為天下〇若可〇寄〇天下〇愛以身為天下〇若可〇託〇天下〇
元本	故貴以身〇為天下〇若可〇寄〇天下〇愛以身為天下〇若可〇託〇天下〇
明本	故貴以身〇為天下〇則可以寄〇天下〇愛以身為天下〇乃可以託〇天下〇
清本	故貴以身〇為天下者〇可以寄〇天下〇愛以身為天下者〇可以託〇天下〇
普本	故贵为身于为天下〇则可以托〇天下〇爱以身为天下〇则可以去〇天下〇

(6)　　　　　　　　　　　　　　　　　(7)

简乙	**5　上接20章，下接41章

如是我文：

(1) 普及本为何舍用“人”？简本的断句符号在人之前，读作，从而引出人字的归属问题。或认为属本句，读作“人：……”，如“道：……”、“水：……”等，为人之立论。或认为简本断句有误，人字当属第20章尾，帛乙本、汉竹本之“人之所畏，亦不可以不畏人”可为佐证。本章似言为官者如何修身，句首用“人”，似宽泛了些。

(2) 普及本为何选用“宠辱若缨”？究竟何解？众说纷纭。其一，憩、儱、龍、寵，四字声形同源，与“弄”同音。宠：爱也，荣也。其二，缨：系也，有所系著也。“缨”与“婴”、“攖”通，与“惊”同音。攖：乱也。惊：乱貌。其三，多本作“宠辱若惊”，简、帛、竹本出土，为学老者提供了新思路。“婴（缨）”与“弄”的先后出现，绝非偶然，因为“弄”与“婴”有着直接关联。弄：玩也。从収（廾）持玉。《诗》：“载弄之璋。”“载弄之瓦。”生了儿子，就让男婴手中抓持一块璋玉；生了女儿，就让女婴手中抓持一块瓦玉。所谓“弄辱若婴”，就是荣辱之于修身养性者，就像璋、瓦之于初生婴儿，既不知璋、瓦的价值，也不知璋、瓦的内涵，只是无心而弄的玩物；这也就是《列子》所说：“其在婴孩，气专志一，和之至也；物不伤焉，德莫加焉。”其四，《墨子》："被甲婴胄，将往战。"《庄子》："其名为撄宁。撄宁也者，撄而后成者也。""女慎无撄人心。""不以人物利害相撄。""吾固告汝曰：'能儿子乎？'儿子动不知所为，行不知所之，身若槁木之枝而心若死灰。若是者，祸亦不至，福亦不来，祸福无有，恶有人灾也！"《国语》："闻一善若惊，得一士若赏，有过必悛，有不善必惧，是故得民以济其志。"《吕氏春秋》："（桀为无道，）众庶泯泯，皆有远志；莫敢直言，其生若惊。大臣同患，弗周而畔。"《韩非子》："以詹子之术，婴众人之心，华焉殆矣！故曰：'道之华也。'""夫龙之为虫也，柔可狎而骑也；然其喉下有逆鳞径尺，若人有婴之者，则必杀人。"《荀子》："是以位尊则必危，任重则必废，擅宠则必辱，可立而待也，可炊而竟也。"《淮南子》："夫忧患之来撄人心也。"可作参考。

（3）普及本为何选用"贵大患若身"？两种理解。其一，"梡"与"患"同音假借。贵：重也。患：忧也，祸也；前后句患字两用。贵什么？贵的不是患或身，贵的是"大患若身"这个道理。大患就是宠辱如影随形缠系于身，怎么能不重视呢？其二，"贵"为"遗"的省笔。遗：亡也，忘也。有身则有患，忘身则无患；所以后句经文进一步明释："及吾忘身，又何患？"值得注意的是，河上与想尔都认为此处"贵"的字义应该是"畏"，而畏恰恰与遗同音。

（4）普及本为何选用"宠之为下"？本句说的是臣下与君上的利害关系。诸本相较可知，本章有乱经多处，导致诸家理解分歧过大，或加字，或改义，用心良苦。两个系统。其一，"宠为下也"，为下指宠辱均为轻贱之举。宠：爱之下者，是宠辱的省说。汉竹本认为"为下"就是辱，宠为下就是宠辱。其二，"宠之为下"，即宠辱对于为臣下者而言。君上以轻贱之举对待臣下，必然会随意施赏、施罚，也就是第 17 章所说的"侮之"。想尔删宠字，将为下与后半句直接挂钩。下既指臣下，又指下贱之举，并不矛盾。

（5）普及本为何选用"忘身"？其一，"返"是"及"的增笔。其二，"亡"是"忘"的省笔。物理之身不可无，社会（公私）之身则可忘。现在也常说忘我。《吕氏春秋》："伯禽将行，请所以治鲁，周公曰：'利而勿利也。'荆人有遗弓者，而不肯索，曰：'荆人遗之，荆人得之，又何索焉？'孔子闻之曰：'去其荆而可矣。'老聃闻之曰：'去其人而可矣。'故老聃则至公矣。"可作参考。

（6）普及本为何选用"故贵为身于为天下"？两个系统。其一，为：治也。治身与治天下相比较，身治则天下治。所以《文子》直引治天下，《庄子》直言治身。其二，传世诸本多引经文为"以身为（于）天下"，与下句相同，所以对上下两句的理解也多相近。其三，《吕氏春秋》："尝试观上古记，三王之佐，其名无不荣者，其实无不安者，功大也。……三王之佐，皆能以公及其私也。……皆患其身不贵于国也，而不患其主之不贵于天下也；皆患其家之不富也，而不患其国之不大也；此所以欲荣而愈辱，欲安而愈危。安危荣辱之本在于主。”以此观之，本章似言上士，即圣人之佐。

（7）普及本为何选用“托……去……”？简、帛本出土后，可知此两句的寄、托二字，原作托、去，正反相对。最后一句更加证实，简、帛本的经文之义相近，而其他诸本则大相径庭。这也正是需重新探讨经文内涵的动因之一。其一，“寄”与“托”同义。“自爱不自贵”，所以两句中，寄、托二字只用其一，并非二字全用。上句言入世，下句言出世。其二，女：如也。如的省笔。帛甲本的“何以寄天下”之反问，意思与简本的“可以去天下”之正说同，互为佐证。其三，“迲”是“去”的增笔。据考证，战国姓名私玺中，“去”多刻为“迲”，如，宋迲疾、王迲病等。其四，去之、去天下的用法诸书多见，除第2章“不去”外，再如《易》：“弗去也。”《孙子兵法》：“将听吾计，用之必胜，留之；将不听吾计，用之必败，去之。”《列子》：“汤、武爱天下，故王；桀、纣恶天下，故亡。”“詹何对曰：‘臣未尝闻身治而国乱者也，又未尝闻身乱而国治者也。故本在身，不敢对以末。’楚王曰：‘善。’”《吕氏春秋》：“惟不以天下害其生者也，可以託天下。”“汤问于伊尹曰：‘欲取天下若何？’伊尹对曰：‘欲取天下，于天下不可取。可取，身将先取。’凡事之本，必先治身，啬其大宝。”“凡国之亡也，有道者必先去，古今一也。”《荀子》：“天下归之之谓王，天下去之之谓亡。”《韩诗外传》：“（尊之，安之，亲之，乐之，）四统者具，而天下往之。四统无一，而天下去之。往之谓之王，去之谓之亡。”可作参考。

第14章（下）

［版本对照］

帛甲	視之而弗見名之曰𢕺聽之而弗聞名之曰𢁉搢之而弗得名之曰夷〇三者不可至計
帛乙	視之而弗見口之曰微聽之而弗聞命之曰𢁉搢之而弗得命之曰夷〇三者不可至計
汉竹	視〇而弗見命之曰夷聽〇而弗聞命之曰希摶〇而弗得命之曰微〇叁也不可致計
河本	視之〇不見名〇曰夷聽之〇不聞名〇曰希摶之〇不得名〇曰微此三者不可致詰
想尔	視之〇不見名〇曰夷聽之〇不聞名〇曰𢁉悔之〇不得名〇曰微此三者不可致詰
王本	視之〇不見名〇曰夷聽之〇不聞名〇曰希摶之〇不得名〇曰微此三者不可致詰
敦本	視之〇不見名〇曰夷聽之〇不聞名〇曰希摶之〇不得名〇曰微此三者不可致詰
唐本	視之〇不見名〇曰夷聽之〇不聞名〇曰希摶之〇不得名〇曰微此三者不可致詰
宋本	視之〇不見名〇曰夷聽之〇不聞名〇曰希摶之〇不得名〇曰微此三者不可致詰
元本	視之〇不見名〇曰夷聽之〇不聞名〇曰希摶之〇不得名〇曰微此三者不可致詰
明本	視之〇不見名〇曰夷聽之〇不聞名〇曰希摶之〇不得名〇曰微此三者不可致詰
清本	視之〇不見名〇曰夷聽之〇不聞名〇曰希摶之〇不得名〇曰微此三者不可致詰
普本	视之〇不见名之曰微听之〇不闻名之曰希搢之〇不得名之曰夷〇三者不可至计

(1)　(2)

帛甲	故園口口一一者其上不攸其下不物尋尋呵〇不可名也復歸於无物是胃无狀之狀
帛乙	故緍而為一一者亓上不謬亓下不物尋尋呵〇不可命也複歸於无物是胃无狀之狀
汉竹	故渾而為一叁也其上不杲其下不没台台微微不可命〇復歸於無物是謂無狀之狀
河本	故混而為一〇〇其上不皦其下不昧繩繩〇〇不可名〇復歸於無物是謂無狀之狀
想尔	故混而爲一〇〇其上不曒其下不忽蠅蠅〇〇不可名〇復歸於无物是〇无狀之狀
王本	故混而為一〇〇其上不皦其下不昧繩繩〇〇不可名〇復歸於無物是謂無狀之狀
敦本	故混而為一〇〇其上不曒其下不忽繩繩〇〇不可名〇復歸於無物是〇無狀之狀
唐本	故混而為一〇〇其上不皦其下不昧繩繩〇〇不可名〇復歸於无物是謂无狀之狀
宋本	故混而為一〇〇其上不皦其下不昧繩繩兮〇不可名〇復歸於無物是謂無狀之狀
元本	故混而為一〇〇其上不皦其下不昧繩繩兮〇不可名〇復歸於無物是謂無狀之狀
明本	故混而為一〇〇其上不皦其下不昧繩繩兮〇不可名〇復歸於無物是謂無狀之狀
清本	故混而為一〇〇其上不皦其下不昧繩繩兮〇不可名〇復歸於無物是謂無狀之狀
普本	故混而为一一者其上不皦其下不昧寻寻兮〇不可命也复归于无物是谓无状之状

(3)　(4)　(5)　(6)

帛甲	无物之□□□□□□□□□□□□而不見其首執今之道以御今之有以知古始是胃□□
帛乙	无物之象是胃沕望隋而不見亓後迎而不見亓首執今之道以御今之有以知古始是胃道紀
汉竹	無物之𤇾是謂没芒隨而不見其後迎而不見其首執古之道以御今之有以智古以是謂道紀
河本	無物之象是為忽恍迎之不見其首隨之不見其後執古之道以御今之有能知古始是謂道紀
想尔	无物之像是謂惚慌迎〇不見其首隨〇不見其後執古之道以御今之有以故古始是謂道紀
王本	無物之象是謂惚恍迎之不見其首隨之不見其後執古之道以御今之有以知古始是謂道紀
敦本	無物之像是謂惚恍迎〇不見其首隨〇不見其後執古之道以御今之有以知古始是謂道紀
唐本	无物之象是謂忽恍迎之不見其首隨之不見其後執古之道以御今之有能知古始是謂道紀
宋本	無物之象是謂恍惚迎之不見其首隨之不見其後執古之道以御今之有能知古始是謂道紀
元本	無物之象是謂忽恍迎之不見其首隨之不見其後執古之道以御今之有能知古始是謂道紀
明本	無象之象是謂惚恍迎之不見其首隨之不見其後執古之道以御今之有能知古始是謂道紀
清本	無物之象是謂惚恍迎之不見其首隨之不見其後執古之道以御今之有能知古始是謂道紀
普本	无物之象是谓忽恍迎而不见其首随而不见其后执今之道以御今之有以知古始是谓道纪

（7）

如是我文：

（1）普及本为何选用“……微；……希；……夷”？其一，帛本与其他诸本相较，“微”与“夷”的位置不同，都可以。傅奕本作“视之不见名曰幾。”幾、微同义。诸本都在试图寻找较为相配的描述与界定，既然都是不可至计，所以不必深究。其二，㣲、㣲当为古楚之微。“希”是“希（希）”的别体。“捪（音民）”与“搏”义相近，都有抚摸之义。“搏”字此处似形误。其三，《文子》：“道者，所谓无状之状，无物之象也，无达其意，天地之间，可陶冶而变化也。”《列子》：“视之不见，听之不闻，循之不得，故曰易也。”《庄子》：“故有焱氏为之颂曰：‘听之不闻其声，视之不见其形，充满天地，苞裹六极。’”“光曜问乎无有曰：‘夫子有乎？其无有乎？’……终日视之而不见，听之而不闻，搏之而不得也。”《礼记》：“子曰：‘鬼神之为德，其盛矣乎！视之而弗见，听之而弗闻，体物而不可遗。’”《吕氏春秋》：“道也者，视之不见，听之不闻，不可为状。有知不见之见，不闻之闻，无状之状者，则几于知之矣。道也者，至精也，不可为形，不可为名，强为之名，谓之太一。故一也者制令，二也者从听。先圣择两法一，是以知万物之情。”《淮南子》：“是故视之不见其形，听之不闻其声，循之不得其身。”“所谓无形者，一之谓也。所谓一者，无匹合于天下者也。”可作参考。

（2）普及本为何选用“计”？传世诸本多作诘问讲。计：算也。描述一的角度岂止三处？随之而来的名称又岂止三个？实在数不胜数，所以才要混而为一。

(3) 普及本为何选用“一者”？两个系统。其一，“一”已经成为最重要的学术概念之一，所以必须强调，以便学老者重视。傅奕本也作“一者，……”“一”究竟指物，还是指道？历来分歧虽大，其实并不矛盾。物不离道，道不离物；以水为例：水的构成是 H_2O；称其物质为水，称其构成规律法则为 H_2O，即字之为道。无论是水（物），还是 H_2O（道），说的都是同一个主体。古人只能见到水之实体，不能见到 H_2O 之构成，所以才导致对物与道的关系，说不清，道不明。其二，汉竹本作“叁也”，或误，或为另类理解。

(4) 普及本为何选用“……皦，……昧”？上、下二字在这里属时空范畴。“攸”为“悠”的省笔。《庄子》有“谬悠之说，荒唐之言，无端崖之辞”之论，可见谬、悠义近。悠、谬与忽，杲、没与皦（皎）、昧，表达的意思相近。描述“一”的存在状态，古人多靠想象或形象喻说。忽忽悠悠不着边际，明明暗暗不清不楚；悠、忽：无限小、无限大。皎、昧：如光一样，若隐若现。汉竹本中，忽皆作没。有人用通假说来统一各版本之异字，似不可取。

(5) 普及本为何选用“寻寻”？寻、绳：继也，都有不绝之义。“寻”还有求的意思，内涵更丰富。不同时代有不同的用字习惯，作为形容词，寻寻或绳绳，加不加呵或兮，都可以。汉竹本作台台微微，台音夷，此处似夷的借字，似乎是对首句之命的否定，即无论夷、希，还是微，实际上都不能作为“一”的命名。

(6) 普及本为何选用“无状之状”断句？两种断句方式。其一，传统将“无状之状，无物之象”断为一句，似是而非。两个“是谓”，相互冲突；“无物”是谓“无物之象”，也不合逻辑。严遵诸人有见于此，甚至改“无物之象”为“无象之象”，也佐证了原断句方式，确有商榷之处。其二，断在“无状之状”，以释无物之名曰状，属上句；“无物之象”是进一步申说物与道的关系，属下句。老子学说中，所谓“象”，既包括想象，又包括形象（镜象）；认为物质世界与精神世界之间、物与道之间，或靠象来维系，或用象来比喻，或称道为象。其三，惚恍之说，又见第 21 章之“道之物，唯恍唯忽”，或认为是对物与道之关系的描述，或认为只是对道的形容，各有其理。忽恍是一种很复杂、很模糊、说不清、道不明的感受：似实似象，亦实亦象，虚虚实实，如影如形，若有若无，若即若离，或迎或随，或先或后，无始无终，无穷无尽。总之，象与忽恍，既是对客观世界与主观世界、物与道的关系，也是对道的存在状态，以及人类精神状态的恰当比喻与描述。

(7) 普及本为何选用“执今”？其一，一字之差，差之千里，“古”字明显为后人所改。老子强调变，而后学者多尊古守成，明显与老子本义不合。先秦重今，汉以后尊古之风盛行，“高远其所从来”，甚至因循守旧，不思进取。现应反本还源：尊传统，应尊先秦“执今之道，以御今之有”之传统，而非汉后“执古之道，以御今之有”之传统。其二，御：主也。与无物相对应，有就是有物，就是具象的万物。其三，《系辞》：“变通者，趋时者也。”《论语》：“我非生而知之者，好古，敏以求之者也。”《文子》：“故先王之法度，有变易者也，……因时而变者也。”《庄子》：“至人不留行焉。夫尊古而卑今，学者之流也。”《吕氏春秋》：“有道之士，贵以近知远，以今知古，以益所见，知所不见。”《战国策》：“古今不同俗，何古之法？帝王不相袭，何礼之循？”《韩非子》：“是以圣人不期修古，不法常可，论世之事，因为之备。”《淮南子》：“世俗之人，多尊古而贱今，故为道者，必托之于神农、黄帝而后能入说。”“故圣人法与时变，礼与俗化。”“天下岂有常法哉！”《太史公自序》：“圣人不朽，时变是守。”可作参考。

第 15 章（下）

［版本对照］

简甲	長古之善為士者必非溺玄達深不可志○○○○○是以為之頌○夜唬○奴各涉川
帛甲	○□□□□□□○□□□□深不可志夫唯不可志故強為之容曰與呵其若冬□□
帛乙	○古之善為道者○微眇玄達深不可志夫唯不可志故強為之容曰與呵亓若冬涉水
汉竹	○古之○爲士者○微眇玄達深不可識夫唯不可識故强爲之頌曰就虖其如冬涉水
河本	○古之善為道者○微妙玄通深不可識夫唯不可識故強為之容○與兮○若冬涉川
想尔	○古之善爲士者○微妙玄通深不可識夫唯不可識故強爲之容○豫○○若冬涉川
王本	○古之善為士者○微妙玄通深不可識夫唯不可識故強為之容○豫焉○若冬涉川
敦本	○古之善為士者○微妙玄通深不可識夫唯不可識故強為之容○豫○○若冬涉川
唐本	○古之善為士者○微妙玄通深不可識夫唯不可識故強為之容○豫兮○若冬涉川
宋本	○古之善為士者○微妙玄通深不可識夫惟不可識故強為之容○豫兮○若冬涉川
元本	○古之善為士者○微妙玄通深不可識夫惟不可識故強為之容○豫兮○若冬涉川
明本	○古之善為士者○微妙玄通深不可識夫惟不可識故強為之容○豫兮○若冬涉川
清本	○古之善為士者○微妙玄通深不可識夫惟不可識故強為之容○豫○○若冬涉川
普本	○古之善为士者必微弱玄达深不可志○○○○○是以为之颂曰豫兮其若冬涉川

（1）　（2）　（3）　（4）

简甲	猷唬丌奴愄四叏敢唬丌奴客[illegible]唬丌奴○○○懌屯唬丌奴樸○○○○○坉唬丌奴濁
帛甲	□□□□畏四□□□其若客涣呵其若○○淩澤王呵其若楃湷□□□□□□□若浴
帛乙	猷呵亓若畏四叏嚴呵亓若客涣呵亓若○○淩澤沌呵亓若樸湷呵亓若濁湛呵亓若浴
汉竹	猶虖其如畏四隣嚴虖其如客涣虖其如冰之○澤杶虖其如樸沌虖其如濁廣虖其如浴
河本	猶兮○若畏四隣儼兮其如客涣兮○若冰之將釋敦兮其若朴曠兮其若谷渾兮其若濁
想尔	猶○○若畏四鄰儼○○若客散○○若冰○將汋混○○若樸曠○○若谷忳○○若濁
王本	猶兮○若畏四鄰儼兮其若容涣兮○若冰之將釋敦兮其若樸曠兮其若谷混兮其若濁
敦本	猶○○若畏四鄰儼○○若客散○○若冰○將汋混○○若樸曠○○若谷忳○○若濁
唐本	猶○○若畏四鄰儼○○若客涣○○若冰○將釋敦兮其若樸曠兮其若谷渾兮其若濁
宋本	猶兮○若畏四鄰儼○○若容涣○○若冰○將釋敦兮其若樸曠兮其若谷渾兮其若濁
元本	猶兮○若畏四鄰儼兮其若客涣兮○若冰○將釋敦兮其若樸曠兮其若谷渾兮其若濁
明本	猶兮○若畏四鄰儼兮其若客涣兮○若冰之將釋敦兮其若樸曠兮其若谷渾兮其若濁
清本	猶○○若畏四鄰儼○○若客涣○○若冰○將釋敦兮其若樸曠兮其若谷渾兮其若濁
普本	犹兮其若畏四邻严兮其若客望兮其若○○○怿沌兮其若朴旷兮其若谷浑兮其若浊

（5）　（6）　（7）　（8）

简甲	竺能濁以○青者𤀹悇清竺能死以○迬者𤀹悇生保此衍者不谷㙙呈
帛甲	○○濁而○情之○余清○○女以○重之○余生葆此道○不欲○盈
帛乙	○○濁而○靜之○徐清○○女以○重之○徐生葆此道○口欲○盈
汉竹	孰能濁以○靜之○徐清孰能安以○動之○徐生抱此道者不欲○盈
河本	孰能濁以止靜之○徐清孰能安以久動之○徐生保此道者不欲○盈
想尔	○○濁以○靜之○徐清○○安以○動之○徐生保此道者不欲○盈
王本	孰能濁以○靜之○徐清孰能安以○動之○徐生保此道者不欲○盈
敦本	○○濁以○靜之○徐清○○安以○動之○徐生保此道者不欲○盈
唐本	孰能濁以○靜之○徐清孰能安以久動之○徐生保此道者不欲○盈
宋本	孰能濁以○靜之○徐清孰能安以○動之○徐生保此道者不欲○盈
元本	孰能濁以○靜之○徐清孰能安以○動之○徐生保此道者不欲○盈
明本	孰能濁以○靜之○徐清孰能安以○動之○徐生保此道者不欲○盈
清本	孰能濁以○靜之○徐清孰能安以久動之○徐生保此道者不欲○盈
普本	孰能浊以○静之将徐清孰能安以○动之将徐生保此道者不欲○盈

(9) (10) (11)

简甲	○○○○○○○○○○○○○ ＊8 上接30章，下接64章
帛甲	夫唯不欲口口口口口口口○成
帛乙	○○○○○是以能𢿅而不○成
汉竹	夫唯不○盈是以能敝○不○成
河本	夫唯不○盈故○能蔽○不新成
想尔	夫唯不○盈○○能𢍰○復○成
王本	夫唯不○盈故○能蔽○不新成
敦本	夫唯不○盈○○能弊○○復成
唐本	夫唯不○盈故○能弊○不新成
宋本	夫惟不○盈故○能敝○不新成
元本	夫惟不○盈故○能弊○不新成
明本	夫惟不○盈故○能敝○不新成
清本	夫惟不○盈故○能敝○不新成
普本	○○○○○○○○○○○○○

如是我文：

（1）普及本为何选用“古”？简本原字为，断句符号在长之前，读为“长古”，似误。参见第 13 章之错符。其他诸本均无长字。关于长字之归属，参见第 30 章。

（2）普及本为何选用“士”？士包括所有精英分子，无论在朝，还是在野。君有君之道，士有士之道。有道才能善为君、善为士。善为士者主要指尽能行于道的上士，见第 41 章。简本此段与“以道佐人主者”（第 30 章）一脉相承，论士之为，士之道，士之修。既非泛论，还是用士字为好。为士、为臣之道，又何尝不是为君、为主之道？位置不同而已。

（3）普及本为何选用“微、弱、玄、达”？两种理解。其一，四字两义。玄达，就是通达于玄，即通晓二而一之道。微妙，简本作“非溺”；一般认为，“微妙”是“非溺”的同音假借。妙（眇）：微也。“微妙”为强化复合词组，这在古《老子》中很少见。古文多一字一义，复合词的用法后出。其二，四字四义。非、溺均理解为本字而独立，非与微通：隐也。隐行也。溺即弱。隐和弱同样是《老子》提倡的品质。玄达同样一字一义，玄指道之玄，达指“尽能行于其中”之达，即执行力。其三，《庄子》：“古之道术有在于是者。关尹、老聃闻其风而悦之，建之以常无有，主之以太一；以濡弱谦下为表，以空虚不毁万物为实。”《太一生水》：“天道贵弱。”《韩非子》：“且世之所谓贤者，贞信之行也；所谓智者，微妙之言也。”可作参考。

（4）普及本为何选用“豫”？“夜”又音豫，同音假借。與、豫相通。“豫”与下句的“犹”字相对，就是现在常用的犹豫二字，谨慎的样子。《易·豫》：“由豫，大有得。勿疑，朋盍簪。”“就”是蹴的省笔。蹑手蹑脚，同样是一副小心谨慎的样子。

（5）普及本为何选用“客”？其一，王本经文的容字明显有误。王注曰：“凡此诸若，皆言其容象不可得而形名也。”容象二字说的是前文中“为之容”的“容”，“诸若”明显指的是七句之若，而非仅此一句；只不过此句注文恰恰写在“四邻”句之后，后人不察，误客为容。其二，《文子》：“古之善为天下者，无为而无不为也，为天下有容。能得其容，无为而有功；不得其容，动作必凶。为天下有容者：豫兮其若冬涉大川，犹兮其若畏四邻，俨兮其若容，涣兮其若冰之液，敦兮其若朴，混兮其若浊，广兮其若谷。此为天下容。”可作参考。

（6）普及本为何选用“望……怿”？两个系统。从简本—帛本—汉竹本—传世本，可以清晰看出该句演变的线索。其一，怿—泽—释，字源相同，一目了然。由于对怿的误认，导致所对应的“𧢼”一步步变为“涣”、“散”。其二，“𧢼”究竟是个什么字？或为远，如简本《五行》中有左视右袁之字，训为远。但更有可能训为望。望：远视也。如此造字亦有佐证，如辩：巧言也。俗字为䜌。誇：大言也。古文为奢。而且，帛本第 20 章就有“望”的用字。

（7）普及本为何选用“朴”？帛甲本中朴多写为楃或握（第 32 章），木、手旁互换，随笔或习惯，经文中多见。《老子》多借“朴”为基本物质的统称。

（8）普及本为何选用“旷兮其若谷”？其一，简本无此句。所用形容词与前后两句相互混淆，很可能是窜句。因为是赞美诗，所以多一句、少一句均可。帛本“旷”作“湴”。根据简、帛本中特殊用字的造字习惯，可知“湴”当为“莊”的增笔。其二，犹与豫、庄与严、浑与沌，一一相对，都是心态。用混（浑）沌形容朴与浊，屯、杶、坉、盹、湷，此处都训为沌的同源异体字。春：本作萅，可知“湷”与“沌”同源。

（9）普及本为何选用“安”？其一，简本的[illegible]到底是什么字？说法很多，其中尤以“死”字值得注意。“死”字的古文为“𣦼”，与[illegible]形近。不活动者曰死，与下面的“生”对应，正如前句的“浊”与“清”相对应一样。本句似以气作喻，不动之气谓之死气，今人常说死气沉沉。但训死字尚需旁证。其二，帛本的“女”为“安”的省笔。安：坐也；生：起也；亦相对应。从坐到站，要靠动。其三，《管子》：“得之必生，失之必死者，何也？唯气。”《庄子》：“生也死之徒，死也生之始，孰知其纪？人之生，气之聚也。聚则为生，散则为死。若死生为徒，吾又何患？故万物一也。”《关尹子》：“生死者，一气聚散耳。”《白虎通》：“死之言澌，精气穷也。”《释名》：“死者，澌也，若冰释澌然尽也。”可作参考。

（10）普及本为何选用“动”？动：行也。迬（往）：行也。二字互通。“重”为“動”的省笔。

（11）普及本为何选用“不欲盈”？其一，“尚”究竟是什么字？一说为合文，一说为堂，一说为常。“[illegible]”或为“尚（上）”。呈：平也；或为“浧（盈）”的省笔。费解之处切忌强解，要体会全章总体意思。其二，简本止于此句。一般认为，后句是对“不欲盈”的申论，极可能为后学所加。越简单明确，越符合原义，古人没有“做学问”的动因，故舍。

第16章（下）

［版本对照］

简甲	至虛死也獸沖筥也萬勿方乍居以頃○遉也天道員員各遉○○丌堇＊24
帛甲	至虛極也守情表也萬物旁作吾以觀其復也天物雲雲各復歸於其口
帛乙	至虛極也守靜督也萬物旁作吾以觀亓復也天物秐秐各復歸於亓根
汉竹	至虛極○積正督○萬物竝作吾以觀其復○天物云云各復歸○其根
河本	至虛極○守靜篤○萬物並作吾以觀其復○夫物芸芸各復歸○其根
想尔	致虛極○守靜篤○萬物並作吾以觀其復○夫物云云各○歸○其根
王本	致虛極○守靜篤○萬物竝作吾以觀其復○夫物芸芸各復歸○其根
敦本	致虛極○守靜篤○萬物竝作吾以觀其復○夫物云云各○歸○其根
唐本	致虛極○守靜篤○萬物並作吾以觀其復○夫物芸芸各復歸○其根
宋本	致虛極○守靜篤○萬物並作吾以觀其復○夫物芸芸各○歸○其根
元本	致虛極○守靜篤○萬物並作吾以觀其復○夫物芸芸各○歸○其根
明本	致虛極○守靜篤○萬物竝作吾以觀其復○夫物芸芸各○歸○其根
清本	致虛極○守靜篤○萬物並作吾以觀其復○夫物芸芸各○歸○其根
普本	至虚极也守静督也万物并作居以颁○复○天道纭纭各复○○其尽

(1)　(2)　(3)　(4)　(5)　(6)

帛甲	○○口口靜是胃復命復命○常也知常○明也不知常芇芇作兇
帛乙	○○曰靜靜是胃復命復命○常也知常○明也不知常芒芒作凶
汉竹	○○曰靜靜○曰復命復命○常也智常○明也不智常○忘作兇
河本	歸根曰靜○是為復命復命曰常○知常曰明○不知常○妄作凶
想尔	歸根曰靜靜○曰復命復命曰常○知常○明○不知常○妄作凶
王本	歸根曰靜靜○曰復命復命曰常○知常曰明○不知常則妄作凶
敦本	歸根曰靜靜○曰復命復命曰常○知常○明○不知常○忘作凶
唐本	歸根曰靜靜○曰復命復命曰常○知常曰明○不知常○妄作凶
宋本	歸根曰靜靜○曰復命復命曰常○知常曰明○不知常○妄作凶
元本	歸根曰靜靜○曰復命復命曰常○知常曰明○不知常○妄作凶
明本	歸根曰靜靜○曰復命復命曰常○知常曰明○不知常○妄作凶
清本	歸根曰靜靜○曰復命復命曰常○知常曰明○不知常○妄作凶
普本	○○曰静静是谓复命复命○常也知常○明也不知常妄妄作凶

(7)　(8)

帛甲	知常〇容容乃公公乃王王乃天天乃道口口口沕身不怠
帛乙	知常〇容容乃公公乃王口口天天乃道道乃口没身不殆
汉竹	智常曰容容乃公公乃王王乃天天乃道道乃久没而不殆
河本	知常〇容容乃公公乃王王乃天天乃道道乃久没身不殆
想尔	知常〇容容能公公能生生能天天能道道能久没身不殆
王本	知常〇容容乃公公乃王王乃天天乃道道乃久没身不殆
敦本	知常〇容容能公公能生生能天天能道道能久没身不殆
唐本	知常〇容容乃公公乃王王乃天天乃道道乃久殁身不殆
宋本	知常〇容容乃公公乃王王乃天天乃道道乃久没身不殆
元本	知常〇容容乃公公乃王王乃天天乃道道乃久没身不殆
明本	知常〇容容乃公公乃王王乃天天乃道道乃久没身不殆
清本	知常〇容容乃公公乃王王乃天天乃道道乃久没身不殆
普本	知常〇容容乃公公乃王王乃天天乃道道乃久没身不殆

如是我文：

（1）普及本为何选用“至虚：极也”断句？两种断句方式。其一，“至虚极也，守静督也。”如宋代苏辙所言：“致虚不极，则有未亡也。守静不笃，则动未亡也。”达至虚之极，守持静之督，强调百分之百的虚和百分之百的静。其二，“至虚：极也；守静：督也。”强调至虚与守静是两种正确的前提和手段。两种断句方式所强调的重点，大同小异。

（2）普及本为何选用“守静：督也”？两个系统。其一，简本作守冲。守冲与至虚相较，“冲”与“虚”义同，不同的是“至”与“守”，动作递进。其二，多本作守静。守静与至虚是两件事，静不等于虚。如，铁船漂停水面，此时并非铁的重量消失，而是被浮力对冲，古人称这种现象为虚。虚，绝非一无所有。静则指重力与浮力之间动态平衡的静，即小一之间的静；而非船行船停之静，即大一整体的静。其三，“督”与“笃”互通，且字义更丰富。“表”或认为是“裂”的误字。极：中也，正也。表：正也。督：察也，中也，正也。正（定）：安静也。由此可知，经文诸字多有中正、安静二义。多本明言守静，将安静之义前置，而使“极”、“督”专作价值判断，逻辑性似更强。汉竹本作积正，正积则厚。其四，《洪范》：“无偏无党，王道荡荡；无党无偏，王道平平；无反无侧，王道正直。会其有极，归其有极。”《系辞》：“变动不居，周流六虚，上下无常，刚柔相易，不可为典要，唯变所适。”《管子》：“毋先物动，以观其则。动则失位，静乃自得。”“处虚守静。”“时则动，不时则静。”“是以圣人之治也，静身以待之。”“修概水土，以待乎天；堇反五藏，以视不亲。”“静民观时，待令而起。”《黄帝四经》：“君臣当位谓之静。”“君臣易位谓之逆。”《吕氏春秋》：“正则静，静则清明，清明则虚，虚则无为而无不为也。”《荀子》：“职而教之，须而待之。”“以类行杂，以一行万；始则终，终则始，若环之无端也。”“人何以知道？曰：心。心何以知？曰：虚壹而静。”《韩非子》：“不离位曰静。”“天下有道，无急患，则曰静。”《论六家要旨》：“虚者，道之常也。”可作参考。

（3）普及本为何选用“并”？“方”是“旁”的省笔。並，此处音傍，用法与旁同，极言其多。旁作之说，最早见于《尚书》：“旁作穆穆。”旁：无方所也，因上下四方为言；也就是《系辞》中所说的“旁行而不流”、“周流六虚”。

（4）普及本为何选用“居以颁复”？两个系统。其一，頒，简本原字为[illegible]（[illegible]）。“颁”与“纷”通。颁：音坟，众貌。纷：众也。乱也。纷纭：多且乱貌。旁、並、纷（颁）、纭都是同一用义。作：动也。居：安也，静也。纷纷运用静的手段复归各自运动过程之终点。“居以颁复”，从客观角度，诠释万物的运动变化。或训颁为須，与《系辞》的“待时而动”义同。颁：鬓也。須、鬓常并称，形义也相近。其二，吾，似是对“居”的误认。由于视角的变化，直接导致前后经文的诸处改动。“观”字的出现，明显源于“督”。在永恒的虚空中探求“和”的规律，要靠自身的观察。“吾以观其复”，从“我”的主观角度，观察万物的运动变化。

（5）普及本为何选用“天道”？两个系统。其一，天道指道，即万物运行的轨迹和规律。上句说万物，本句则进一步讲万物之天道，说明万物各行其道；由表及里，层层深入，直指本质。《诗》：“维天之命，于穆不已。”天命即天道，命：道也。其二，天物指物，后人误抄为夫物，意思未变。《礼记》：“田不以礼，曰暴天物。”天物一词至今常用，如“暴殄天物”。

（6）普及本为何选用“尽”？“堇”借为“尽”（见第6章）。两种理解。其一，尽：极也。极：中正也。“尽”与“命”相呼应，下句“复命”的意思与“各复其尽”义相近，复其道之正。其二，尽：终也，指过程的终点。尽与根，义相近；根：本也。《庄子》有“万物云云，各复其根”之说，很可能是后人以后证前，作为改经之依据。从不同角度观察根本与终点，二者区别明显。根本：俯视，为重叠之一点。终点：侧视，为螺旋上升同位置之数点，每一次过程的终点似是而非，既是此过程之终点，同时又是下一过程之始点。就“尽”之二义而言，每一个终点都是新的平衡点，二者并不矛盾。归：终也。

（7）普及本为何选用“曰：静静”？以下简本无，似是对首句的申论；或另有所本，承前句而来，或内容相近而集于一章。两个系统。其一，帛乙本、汉竹本直书“曰：静静”，无空格。帛甲本恰恰在此处缺两字，后有一个重复记号，参照诸本，当是“静”字的重复记号。“曰：静静”，句式完整，是从道用的角度论静静之术。第一个“静”为动词，第二个“静”为名词；这种用法古文多见，如，君君、臣臣、父父、子子，等等。与第 45 章“静静为天下正”，互为佐证。其二，传世诸本作“归根曰静”。归根二字似承前句而来，归其根本就能达到静的状态，与静静强调的重点不同。

（8）普及本为何选用“妄”？芇、茫（芒）、忘互通，与“妄”同源。忘：志不在也。妄：乱也。不知常的话，就是不明；糊里糊涂，茫然四顾，就会乱做错事。多本减一“妄”字，反而显得帛本的重点更突出，逻辑性更强，语气更顺。这种顶针句式，是《老子》语言特点之一。

第17章（下）

［版本对照］

简丙	大上下智又之亓即新○譽之亓既愄之亓即叐之○信不足安又不信○猷唬亓貴言也
帛甲	大上下知有之其次親○譽之其次畏之其下母之○信不足案有不信○口口其貴言也
帛乙	太上下知又口口口親○譽之亓次畏之亓下母之○信不足安有不信○猶呵亓貴言也
汉竹	大上下智有之其次親○譽之其次畏之其下母之○信不足安有不信○猶虖其貴言○
河本	太上下知有之其次親而譽之其次畏之其次侮之○信不足焉有不信○猶兮其貴言○
想尔	太上下知有之其次親之譽之其次畏之○○侮之○信不足○有不信○猶○其貴言○
王本	太上下知有之其次親而譽之其次畏之其次侮之○信不足焉有不信○悠兮其貴言○
敦本	太上下知有之其次親之譽之其次畏之○○侮之○信不足○有不信○猶○其貴言○
唐本	太上下知有之其次親之譽之其次畏之○○侮之○信不足○有不信○猶○其貴言○
宋本	太上下知有之其次親之譽之其次畏之○○侮之故信不足焉有不信○猶兮其貴言○
元本	太上下知有之其次親之譽之其次畏之○○侮之故信不足焉有不信○猶兮其貴言○
明本	太上不知有之其次親之譽之其次畏之○○侮之○信不足焉有不信焉猶兮其貴言○
清本	太上不知有之其次親之譽之其次畏之其次侮之○信不足○有不信○猶兮其貴言○
普本	太上下知友之其次亲○誉之其次威之其下侮之○信不足○有不信○犹兮其贵言也

（1）（2）　　（3）　　（4）

简丙	成事述[illegible]而百告○曰我自肰也　　＊＊＊1　此段下接18章
帛甲	成功遂事而百告○胃我自𤊧○
帛乙	成功遂事而百姓○胃我自然○
汉竹	成功遂事○百姓○曰我自然○
河本	功成事遂○百姓皆謂我自然○
想尔	成功事遂○百姓○謂我自然○
王本	功成事遂○百姓皆謂我自然○
敦本	成功遂事○百姓○謂我自然○
唐本	功成事遂○百姓○謂我自然○
宋本	功成事遂○百姓皆曰我自然○
元本	功成事遂○百姓皆謂我自然○
明本	功成事遂○百姓皆謂我自然○
清本	功成事遂○百姓皆謂我自然○
普本	成事遂功而百姓皆曰我自然也

（5）

如是我文：

（1）普及本为何选用“友之”？两种理解。其一，有，古作又。上下相处，不掺杂任何感情因素，天道无亲，一切公事公办。只不过“有之”有些理想化。其二，友，古作“叐”，省作“又”。战国时期，侯王尊礼士人为师、友、臣。《左传》：“是不有寡君也。”正是“有”作“友”。其三，《管子》：“人主者，温良宽厚则民爱之，整齐严庄则民畏之。故民爱之则亲，畏之则用。……故曰：‘且怀且威，则君道备矣。’”《黄帝四经》：“帝者臣，名臣，其实师也；王者臣，名臣，其实友也；霸者臣，名臣也，其实［宾也；危者］臣，名臣也，其实庸也；亡者臣，名臣也，其实虏也。”《孟子》：“费惠公曰：‘吾于子思，则师之矣；吾于颜般，则友之矣；王顺、长息，则事我者也。’”《战国策》：“帝者与师处，王者与友处，霸者与臣处，亡国与役处。……此古服道致士之法也。”可作参考。

（2）普及本为何选用“其次”？其一，“太上……其次……”的用法并非《老子》所独有，春秋诸书均有所用，只不过是语言逻辑顺序之连词，如今人常用的“首先……其次……”，不必过度解读。其二，从经文可知，“即”与“既”可以混用；“其即”与“其次”的用法相同，很可能是古楚的习惯用语。最后用“其下”，使其用语更生动，层次感更强。其三，《左传》：“太上有立德，其次有立功，其次有立言。”《墨子》：“太上无败，其次败而有以成，此之谓用民。”《吕氏春秋》：“凡用民，太上以义，其次以赏罚。”《战国策》：“太上，伐秦；其次，宾秦；其次，坚约而详讲与国，无相离也。”《韩非子》：“是故禁奸之法，太上禁其心，其次禁其言，其次禁其事。”《孔子家语》：“太上以德教民，而以礼齐之；其次以政焉。”可作参考。

（3）普及本为何选用“威”？“愄”是“畏”的增笔。“畏”或作“威”，上威则下畏。角度不同，用字不同。

（4）普及本为何舍用“焉”？两种断句方式，或“信不足焉，有不信”，或“信不足，焉有不信”，均可。“焉”在这里不是疑问词，而是连接词。简本中所有的“安（焉）”字都写作（丙本）、（甲本），而“安”的本字则写作（甲本之64章）。帛甲本的“焉”常用于句尾，如第25章；“案（安）”常用于句首，如第18、35章。为避免歧义误导，普及本从损本，除第35章外，第18、25、79章，各章相应之“焉（安、案）”全部省去不用，不再另注。

（5）普及本为何选用“自然”？物内合于自道，谓之自然。自然的本义就是然于自、自使之然、自以为然、自然而然，而非今天所说的大自然之自然。然：如是也。“肰”是本字，“[illegible]”与“然”都是增笔，“然”之义最初可能与祭祀有关。帛甲本中的“祭”均写为“[illegible]”。《荀子》：“大有天下，小有一国，必自为之，然后可，则劳苦耗悴莫甚焉；如是，则虽臧获不肯与天子易势业。

以是县天下，一四海，何故必自为之?”有助理解自然之义。圣王谨守无为、不言之则，理顺上下关系，不指手画脚、横加干预；臣下百官则“自为之，然后可”，这才是上下和谐之道。

第18章（下）

［版本对照］

简丙	古大道發安又急義〇〇〇〇〇〇〇六新不和安又孝㝇邦豪緍囗安又正臣
帛甲	故大道廢案有仁義知快出案有大僞六親不和案有畜茲邦家悶亂案有貞臣
帛乙	故大道廢安有仁義知慧出安有囗囗六親不和安又孝茲國家悶亂安有貞臣
汉竹	故大道廢安有仁義智慧出安有大僞六親不和安又孝茲國家揞亂安有貞臣
河本	〇大道廢〇有仁義智慧出〇有大僞六親不和〇有孝慈國家昬亂〇有忠臣
想尔	〇大道癈〇有仁義智慧出〇有大僞六親不和〇有孝慈國家昬亂〇有忠臣
王本	〇大道廢〇有仁義智慧出〇有大僞六親不和〇有孝慈國家昬亂〇有忠臣
敦本	〇大道廢〇有仁義智慧出〇有大僞六親不和〇有孝慈國家昬亂〇有忠臣
唐本	〇大道廢〇有仁義智慧出〇有大僞六親不和〇有孝慈國家昏亂〇有忠臣
宋本	〇大道廢〇有仁義智慧出〇有大僞六親不和〇有孝慈國家昏亂〇有忠臣
元本	〇大道廢〇有仁義智惠出〇有大僞六親不和〇有孝慈國家昬亂〇有忠臣
明本	〇大道廢〇有仁義智慧出〇有大僞六親不和〇有孝子國家昏亂〇有忠臣
清本	〇大道廢〇有仁義智慧出〇有大僞六親不和〇有孝慈國家昏亂〇有忠臣
普本	故大道废〇有仁义〇〇〇〇〇〇〇六亲不和〇有孝子国家昏乱〇有忠臣

（1）　（2）　（3）

简丙	＊＊＊2　上接17章，下接35章

如是我文：

（1）普及本为何舍用“智慧出，有大僞”？简本无此句。对智慧的批判，多出自《庄子》，已成共识。

（2）普及本为何选用“孝子”？孝：畜也。“孝”与“畜”互通。“孳”古作“㝇”。“子”古作“㝇”，与“慈”互通。“兹”为“孳”或“慈”的省笔。孝子、孝慈均可。若为孝慈，也不是今天的父慈子孝的用法，而是既孝且慈。《论语》：“孝慈，则忠。”《墨子》：“是以入则不慈孝父母，出则不长弟乡里。”

（3）普及本为何选用“忠臣”？贞：正也。“贞”与“正”互通。“正臣”与“忠臣”稍有区别，正臣即六正之臣，包括忠臣和贞臣。“人臣之义有六正，谓：圣臣、良臣、忠臣、智臣、贞臣、直臣也。”后世常混称之为忠贞之臣、忠正之臣。

第19章（下）

[版本对照]

简甲	𢇍𣉻弃支○民利百伓𢇍攷弃𥝢覜恳亡又𢇍𢡺弃𢝊○民复季子
帛甲	絕聲棄知○民利百負絕仁棄義○民復畜茲絕巧棄利盜賊无有
帛乙	絕耶棄知而民利百倍絕仁棄義而民復孝茲絕巧棄利盜賊无有
汉竹	絕聖棄智○民利百倍絕仁棄義○民復孝茲絕巧棄利盜賊無有
河本	絕聖棄智○民利百倍絕仁棄義○民復孝慈絕巧棄利盜賊無有
想尔	绝聖棄知○民利百倍絶仁棄義○民復孝慈絶巧棄利盜賊无有
王本	絕聖棄智○民利百倍絕仁棄義○民復孝慈絕巧棄利盜賊無有
敦本	絕聖棄智○民利百倍絕仁棄義○民復孝慈絕巧棄利盜賊無有
唐本	絕聖棄知○民利百倍絕仁棄義○民復孝慈絕巧棄利盜賊无有
宋本	絕聖棄智○民利百倍絕仁棄義○民復孝慈絕巧棄利盜賊無有
元本	絕聖棄智○民利百倍絕仁棄義○民復孝慈絕巧棄利盜賊無有
明本	絕仁棄義○民復孝慈絕聖棄智○民利百倍絕巧棄利盜賊無有
清本	絕聖棄智○民利百倍絕仁棄義○民復孝慈絕巧棄利盜賊無有
普本	绝知弃辨○民利百倍绝伪弃诈○民复孝慈绝巧弃利盗贼无有

(1)　(2)　(3)

简甲	○三言○以為叓不足或命之或唬豆视𦃞保𤗏少厶○𡨴欲　＊1 此段下接66章
帛甲	此三言也以為文未足故令之有所屬見素抱□□□□□□
帛乙	此三言也以為文未足故令之有所屬見素抱樸少厶而寡欲
汉竹	此叁言○以為文未足故令之有所屬見素抱樸少私○寡欲
河本	此三者○以為文不足故令○有所屬見素抱朴少私○寡欲
想尔	此三言○○爲文未足故令○有所屬見素抱樸少私○寡欲
王本	此三者○以為文未足故令人有所屬見素抱樸少私○寡欲
敦本	此三言○○為文未足故令○有所屬見素抱樸少私○寡欲
唐本	此三者○以為文不足故令○有所屬見素抱朴少私○寡欲
宋本	此三者○以為文不足故令○有所屬見素抱樸少私○寡欲
元本	此三者○以為文不足故令○有所屬見素抱樸少私○寡欲
明本	此三者○以為文不足故令○有所屬見素抱朴少私○寡欲
清本	此三者○以為文不足故令○有所屬見素抱樸少私○寡欲
普本	○三言○以为使不足或命之或呼矣视素保朴少私○寡欲

(4)　(5)(6)　(7)

如是我文：

（1）普及本为何选用“绝知弃辨”、“绝伪弃诈”？其一，简本原字㡭，本应是“𢇍（继）”的省笔；既然与“弃”相对应，此处㡭当训为“绝”。古人书写，左右之分较为随意，刀旁既可写在左，亦可写在右。基于此，所以“绝（㡭）”与“继（𢇍）”常混用；如何确认？要根据其语言环境和语言逻辑。这种混用字还很多，如教与学，治与乱，等等。其二，简本最古，经文反映出《老子》对道、德、仁、义、礼五个层次是包容而非绝弃。《荀子》说：“无国而不有治法，无国而不有乱法；无国而不有贤士，无国而不有罢士；无国而不有愿民，无国而不有悍民；无国而不有美俗，无国而不有恶俗；两者并行而国在，上偏而国安，下偏而国危；上一而王，下一而亡。”由此可知，真正继承了老子道论的人，曾三任稷下学宫祭酒的荀子是其中之一。其三，《庄子》：“故绝圣弃知，大盗乃止。”“故曰‘绝圣弃知而天下大治。’”传世诸本两句经文的改动，很可能源于《庄子》之说，而非老子学说的道德取向。总之，《老子》经文是对绝弃二字有所扬弃，至于绝什么、弃什么，不是问题的核心，不必过于纠缠。“人人之不善，何弃之有？”知道这一点也就够了。其四，《管子》：“故曰：孰能去辩与巧，而还与从人同道？”“凡治国之道，必先富民。民富则易治也，民贫则难治也。奚以知其然也？……是以先王知众民、强兵、广地、富国之必生于粟也，故禁末作，止奇巧，而利农事。”“与人交，多诈伪无情实，偷取一切，谓之乌集之交。”《礼》：“作淫声异服，奇技奇器，以疑众，杀。”《文子》：“绝圣弃智，民利百倍。”《韩非子》：“止诈伪，莫如刑。”“圣人之道，去智与巧。智巧不去，难以为常。”“巧诈不如拙诚。”“繁礼君子，不厌忠信；战阵之间，不厌诈伪。”《吕氏春秋》：“故辨而不当理则伪，知而不当理则诈，诈伪之民，先王之所诛也。理也者，是非之宗也。……夫其多能不若寡能，其有辩不若无辩。周鼎著倕而龁其指，先王有以见大巧之不可为也。”可作参考。

（2）普及本为何选用“巧”？其一，简本中，提手旁和反文旁可换用，如，收之古文即为扌丩；所以攷在这里应是扝（巧）的别体。另，简本中，凡是与人有关的字，多换为心旁以强调心的作用，如偽与憠。其二，民利、弃利，两用利字，义各不同。《唐虞之道》：“尧舜之王，利天下而弗利也。”《吕氏春秋》：“利而勿利也。”两个利字的用法正与经文同，一个是利民之利、利用之利，即百姓之利用；一个是利己之利、贪利之利。民利百倍就是百倍利（用）民之倒装。

（3）普及本为何选用“盗贼”？覜惻应是古楚方言用字。贼字从戈，则声。

（4）普及本为何选用“使”？其一，文似是叏的误认。叏或训为吏，是使的省笔；又见第 55 章。或为叓（事）的变体。古文字中，史、使、吏、事四字同源。使：令也，行也。使、文相较，各有优劣。其二，《书》：“非知之艰，行之惟艰。”《左传》：“非知之实难，将在行之。夫子知之矣，我则不足。《书》曰：‘欲败度，纵败礼。’我之谓矣。夫子知度与礼矣，我实纵欲而不能自克也。”《管子》：“言，然后使；使，然后治。”可作参考。

（5）普及本为何选用“或命之，或呼矣”？两个系统。其一，“有所属”三字似为后学者所改，但未伤其原义。属：足也。三言无论不足还是未足，《老子》都要使之足。其二，或令、或呼有其语言上的逻辑性，代表两种不同态度，当为相应的两小句，而不是后世认为的一整句。“或”与“或”相对应，“令”与“呼”相对应，“之”与“矣（昱）”相对应。“昱（）”是“豆”的古字，当为豈的省笔；或识读为亴，音嘱。简本中，矣有三种写法，或矣，或豈（简本《性自命出》中，矣均写为豈），或亴（如第64章的）。两句的关键字是命和呼，句末虚字即使有差别，也不易影响本义。其四，《礼记》：“父命呼，唯而不诺，手执业则投之，食在口则吐之，走而不趋。”可作命、呼的佐证。父亲或命或呼，无论来硬的，还是来软的，做晚辈的都要立即过去听命。

（6）普及本为何选用“视素”？两种理解。其一，简本原字为。据考证，立人为视，跪人为见。见：视也。“祇”古作“示”，与视通：安也。安于素，守于朴。又见第59章之“长生久视”。其二，见与现通：显也。外素、内朴。其三，《韩非子》：“去好去恶，臣乃见素。”“去好去恶，群臣见素。”《韩非子》中的“见素”二字，不知引经何处。不过，其“见素”即“现愫”，也就是显现其真情的意思。如何才能做到“见素”呢？要既无好，又无恶。

（7）普及本为何选用“寡”？其一，字简本中共出现两次。与第16章之（颁）不同，这里的“”当是“寡”的省笔。寡：少也；从宀，从頒。简本《尊德义》中有“”字，也训为“寡”。其二，本章经文诸本差异极大，但殊途同归，重点均在“视素保朴，少私寡欲”。从文中之义及重点字词，如：绝、弃、三言、不足、素、朴、私、欲等来看，诸版本之义大体一致。其三，《庄子》：“其民愚而朴，少私而寡欲。”《孟子》：“养心莫善于寡欲。”可作参考。

第20章（下）

［版本对照］

简乙	㡭學亡惪唯○𠮷可○相夳幾可㓻○𠮷亞○相夳可若人之所𥚃亦不可以不𥚃一人
帛甲	口口口口唯○與訶其相去幾何美○與惡其相去何若人之口口亦不口口口口口口
帛乙	絕學无憂唯○與呵亓相去幾何美○與亞亓相去何若人之所畏亦不可以不畏○人
汉竹	絶學無憂唯○與何其相夻幾何美○與惡其相夻何若人之所畏○不可以不畏○人
河本	絕學無憂唯之與阿○相去幾何善之與惡○相去何若人之所畏○不可○不畏○○
想尔	絶學無憂唯之與何○相去幾何美之與悪○相去何若人之所畏○不可○不畏○○
王本	絕學無憂唯之與阿○相去幾何美之與惡○相去何若人之所畏○不可○不畏○○
敦本	絕學無憂唯之與何○相去幾何美之與惡○相去何若人之所畏○不可○不畏○○
唐本	絕學无憂唯之與阿○相去幾何善之與惡○相去何若人之所畏○不可○不畏○○
宋本	絕學無憂唯之與阿○相去幾何善之與惡○相去何若人之所畏○不可○不畏○○
元本	絕學無憂唯之與阿○相去幾何善之與惡○相去何若人之所畏○不可○不畏○○
明本	絕學無憂唯之與阿○相去幾何善之與惡○相去何若人之所畏○不可○不畏○○
清本	絕學無憂唯之與阿○相去幾何善之與惡○相去何若人之所畏○不可○不畏○○
普本	○○○○唯之与诃○相去几何美之与恶○相去何若人之所畏亦不可以不畏○人

（1）　　　　　　　　　　　　　　　　　　　　　　　　　　　　（2）

帛甲	口口口口口口眾人巸巸若鄉於大牢而春登臺我○泊焉○未佻若口口○口口纍○呵
帛乙	朢呵亓未央才眾人巸巸若鄉於大牢而春登臺我○博焉○未垗若嬰兒○未咳纍○呵
汉竹	芒虖○未央哉眾人巸巸若鄉○大牢而萅登臺我○䬂旖○未佻若嬰兒之未眩絫○旖
河本	荒兮其未央哉眾人熙熙如享○太牢如春登臺我獨怕兮其未兆如嬰兒之未孩乘乘兮
想尔	莽○其未央○衆人熙熙若亨○大牢若春登臺我○魄○○未兆若嬰兒○未孩䰰○○
王本	荒兮其未央哉眾人熙熙如享○太牢如春登臺我獨泊兮其未兆如嬰兒之未孩儽儽兮
敦本	莽○其未央○眾人熙熙若亨○太牢若春登臺我○魄○○未兆若孆兒○未孩魁○○
唐本	荒兮其未央哉眾人熙熙如享○太牢如春登臺我獨怕兮其未兆如嬰兒之未孩乘乘兮
宋本	荒兮其未央哉衆人熙熙如享○太牢如春登臺我獨怕兮其未兆若嬰兒之未孩乘乘兮
元本	荒兮其未央哉眾人熙熙如享○太牢如登春臺我獨泊兮其未兆若嬰兒之未孩乘乘兮
明本	荒兮其未央哉眾人熙熙如享○太牢如登春臺我○泊兮其未兆如嬰兒之未孩乘乘兮
清本	荒兮其未央哉眾人熙熙如享○太牢如春登臺我獨泊兮其未兆如嬰兒之未孩乘乘兮
普本	望兮其未央哉众人熙熙如享○太牢而春登台我○泊焉其未兆若婴儿之未咳儽○兮

（3）

帛甲	如□□□□□皆有餘○我獨○遺我禺人之心也○惷惷呵鬻□□□□□□閽呵
帛乙	佀无所歸眾人皆又余○○○○○我愚人之心也○湷湷呵鬻人昭昭我獨若閲呵
汉竹	台無所歸眾人皆有餘而我蜀○遺我愚人之心也○屯屯虖猷人昭昭我蜀若昏○
河本	如無所歸眾人皆有餘而我獨如遺我愚人之心也哉沌沌兮俗人昭昭我獨如昏○
想尔	○无所歸衆人皆有餘○我獨若遺我愚人之心○○純純○俗人照照我獨若昏○
王本	若無所歸眾人皆有餘而我獨若遺我愚人之心也哉沌沌兮俗人昭昭我獨昏昏○
敦本	○無所歸眾人皆有餘○我獨若遺我愚人之心○○純純○俗人照照我獨若昏○
唐本	若无所歸眾人皆有餘○我獨若遺我愚人之心也哉純純兮俗人昭昭我獨若昏○
宋本	若無所歸衆人皆有餘○我獨若遺我愚人之心也哉純純兮俗人昭昭我獨若昏○
元本	若無所歸眾人皆有餘○我獨若遺我愚人之心也哉沌沌兮俗人昭昭我獨若昏○
明本	若無所歸眾人皆有餘○我獨若遺我愚人之心也哉沌沌兮俗人昭昭我獨昏昏○
清本	若無所歸眾人皆有餘而我獨若遺我愚人之心也哉沌沌兮俗人昭昭我獨若昏○
普本	若无所归众人皆有余而我独○遗我愚人之心也哉沌沌兮俗人昭昭我独若昏○

(4)　　　　　　　　(5)

帛甲	鬻人蔡蔡我獨閲閲呵忽呵其若□朢呵其若无所止□□□□□○□□□以悝
帛乙	鬻人察察我獨閩閩呵沕呵亓若海朢呵○若无所止眾人皆有以○我獨閞以鄙
汉竹	猷人計計我獨昏昏○没旖其如晦芒旖其○無所止衆人皆有以而我獨抏以鄙
河本	俗人察察我獨悶悶○忽兮○如海漂兮○若無所止眾人皆有以而我獨頑似鄙
想尔	俗人察察我獨悶悶○忽○○若晦冢○○○無所止衆人皆有已○我獨頑以鄙
王本	俗人察察我獨悶悶○澹兮其若海飂兮○若無○止眾人皆有以而我獨頑且鄙
敦本	俗人察察我獨悶悶○忽○○若晦寂○○○無所止眾人皆有已○我獨頑似鄙
唐本	俗人察察我獨悶悶○忽○○若晦寂兮○似无所止眾人皆有以○我獨頑似鄙
宋本	俗人察察我獨悶悶○澹兮其若海飂兮○似無所止衆人皆有以○我獨頑且鄙
元本	俗人察察我獨悶悶○澹兮其若海飂兮○似無所止眾人皆有以○我獨頑似鄙
明本	俗人察察我獨悶悶○漂乎其若海飂兮○若無所止眾人皆有以○我獨頑似鄙
清本	俗人察察我獨悶悶○忽兮○若晦寂兮○似無所止眾人皆有以○我獨頑似鄙
普本	俗人察察我独闷闷○忽兮其若海望兮○若无所止众人皆有以○我独顽似鄙

(6)

帛甲	我欲獨○異於人而○貴○食○母
帛乙	吾欲獨○異於人而○貴○食○母
汉竹	我欲獨○異於人而唯貴○食○母
河本	我○獨○異於人而○貴○食○母
想尔	我欲○○異於人而○貴○食○母
王本	我○獨欲異於人而○貴○食○母
敦本	我○獨○異於人而○貴○食○母
唐本	我○獨○異於人而○貴求食於母
宋本	我○獨○異於人而○貴求食于母
元本	我○獨○異於人而○貴求食於母
明本	我○獨○異於人而○貴○食○母
清本	我○獨○異於人而○貴○食○母
普本	我欲独○异于人而○贵○食○母

(7)

简乙	**4 上接 48 章，下接 13 章

如是我文：

（1）普及本为何舍用“绝学无忧”？四字的归属，历来争论很大。根据简本，此句应在第 48 章，是对“学者日益”的进一步申论。

（2）普及本为何选用“不畏人”？帛本与汉竹本均作“不畏人”。简本断句符号位置有误，“不畏人”与“人宠辱……”相较，前者的逻辑性更强。侯王与百官、百姓应相互敬畏。《黄帝四经》：“曰不知畏人。”《诗经》：“凡百君子，各敬尔身。胡不相畏，不畏于天?”

（3）普及本为何选用“望”？“朢呵”以下明显与上段不联，既是赞美诗，又是自白书。望、芒、荒、莽，有的版本作“忙”，都是形容词，均可，不必深究。

（4）普及本为何选用“我独遗”？其一，不是“若遗”，而就是“遗”，也就是“为道者日损”之义。众人皆得之、益（馀）之，我独失之、损（弃）之。当得则得，当失则失。其二，对“我愚人之心”的理解：“愚”字在此处是动词，不是我有一颗愚蠢之人的心，而是如何让百姓不了解我。《荀子》：“是是、非非谓之知，非是、是非谓之愚。”

（5）普及本为何选用“俗”？两种理解。其一，欲。俗：欲也。鬻同音假借为欲。犹：图谋。与欲之义相近。其二，俗。不雅曰俗。《文子》：“故天地之间有二十五人也。”其中并不包括俗人而有众人。《论语》中没出现俗字，而有庶人之说。本段前后三处用众人，两处用俗人，稍显突兀，不太谐调。“众人”与“我独”相对而言，“俗人”也与“我独”相对而言，似乎证明此处俗人之义与众人相同。从版本顺序判断，俗人当为后起义。其三，《荀子》：“诸侯俗（欲）反。”“由俗（欲）谓之道，尽嗛矣。”“故有俗人者，有俗儒者，有雅儒者，有大儒者。”文中既有本字之用，又有欲字之借。

（6）普及本为何选用“顽似鄙”？两种理解。其一，“以”是本字。顽以鄙：既顽且鄙。上句之“有以”：有所作为，过分之为。其二，“以”是“似”的省笔。全诗对“我”的形容，或加如、若、似、欲等假设之辞，逻辑统一。被褐怀玉，以示假象。其三，《管子》：“故人皆服之，而管子则之；人皆有之，而管子以之。”《淮南子》：“是故君臣异道则治，同道则乱，各得其宜，处其当，则上下有以相使也。”《荀子》：“少见曰陋。”可作参考。

（7）普及本为何选用“贵食母”？食母何义？诸家之注过于繁杂。其实，食母之谓，古已有之。《礼记》：“大夫之子有食母，士之妻自养其子。”“食”音“四”，食母就是乳母，此处喻道。

第21章（下）

[版本对照]

帛甲	孔德之容唯道是從道之〇物唯望唯忽口口口呵〇中有象呵望呵忽呵〇中有物呵
帛乙	孔德之容唯道是從道之〇物唯望唯沕沕呵望呵〇中又象呵望呵沕呵〇中有物呵
汉竹	孔德之容唯道是從道之〇物唯詤唯没没旖詤旖其中有象旖詤旖没旖其中有物旖
河本	孔德之容唯道是從道之爲物唯怳唯忽忽兮怳兮其中有象〇怳兮忽兮其中有物〇
想尔	孔德之容唯道是從道之爲物唯慌唯惚慌〇惚〇〇中有物〇惚〇慌〇〇中有像〇
王本	孔德之容惟道是從道之為物惟恍惟惚惚兮恍兮其中有象〇恍兮惚兮其中有物〇
敦本	孔德之容唯道是從道之為物唯恍唯惚恍〇惚〇〇中有物〇惚〇恍〇〇中有像〇
唐本	孔德之容唯道是從道之為物唯恍唯忽忽兮恍兮其中有象〇恍兮忽兮其中有物〇
宋本	孔德之容惟道是從道之為物惟恍惟惚惚兮恍兮〇中有象焉恍兮惚兮〇中有物兮
元本	孔德之容惟道是從道之為物惟恍惟忽忽兮恍兮其中有象〇恍兮忽〇其中有物〇
明本	孔德之容惟道之從道之為物惟恍惟惚恍兮惚兮其中有物〇惚兮恍兮其中有象〇
清本	孔德之容唯道是從道之為物惟怳惟惚惚兮怳兮其中有象〇怳兮惚兮其中有物〇
普本	孔德之容唯道是从道之〇物唯恍唯忽忽兮恍兮其中有象〇恍兮忽兮其中有物〇

（1）

帛甲	灣呵鳴呵〇中有請吔其請甚真其中口口自今及古其名不去以順眾仪
帛乙	幼呵冥呵亓中有請呵亓請甚真亓中有信自今及古亓名不去以順眾父
汉竹	幽旖冥旖其中有請旖其請甚真其中有信自今及古其名不夻以說眾父
河本	窈兮冥兮其中有精〇其精甚真其中有信自古及今其名不去以閲眾甫
想尔	窈〇冥〇〇中有精〇其精甚真其中有信自古及今其名不去以閲終甫
王本	窈兮冥兮其中有精〇其精甚真其中有信自古及今其名不去以閲眾甫
敦本	窈〇冥〇〇中有精〇其精甚真其中有信自古及今其名不去以閲終甫
唐本	杳兮冥兮其中有精〇其精甚眞其中有信自古及今其名不去以閲眾甫
宋本	窈兮冥兮〇中有精兮其精甚真其中有信自古及今其名不去以閲衆甫
元本	窈兮冥兮其中有精〇其精甚真其中有信自古及今其名不去以閲眾甫
明本	窈兮冥兮其中有精〇其精甚真其中有信自古及今其名不去以閲眾甫
清本	窈兮冥兮其中有精〇其精甚真其中有信自古及今其名不去以閲眾甫
普本	幽兮冥兮其中有情〇其情甚真其中有信自古及今其名不去以顺终甫

（2）

帛甲	吾何以知眾佽之綮〇以此
帛乙	吾何以知眾父之然也以此
汉竹	吾何以智眾父之然哉以此
河本	吾何以知眾甫之然哉以此
想尔	吾何以知終甫之然〇以此
王本	吾何以知眾甫之肰哉以此
敦本	吾何以知終甫之然〇以此
唐本	吾何以知眾甫之然哉以此
宋本	吾何以知衆甫之然哉以此
元本	吾何以知眾甫之然哉以此
明本	吾何以知眾甫之然哉以此
清本	吾何以知眾甫之然哉以此
普本	吾何以知终甫之然哉以此

如是我文：

（1）普及本为何选用“道之物”？本章与第14章有直接关联，或本为同一段落。其一，之：于也。为：与也。“道之物”就是道对于物来说，与“无物之象”互为补充；“道之为物”，就是道与物二者之间的关系，两种说法并不矛盾。其二，后人学老，已经意识到道与物、道与神的异同，以及它们之间的关系。唐代的成玄英有一段精辟的议论：“道不离物，物不离道；道外无物，物外无道；用即道物，体即物道。道虽窈冥恍惚，而甚有精灵，智照无方，神功不测也。”

（2）普及本为何选用“情”？其一，“请”与“情”通。古文中，心旁与言旁常互换。“情”与“精”，同而异。情：情实也，精：真气也；都是真实存在，都可信。有情强调情感，即后人所说的天人感应；“有精”强调精神的客观存在。二字均可。其二，《文子》：“夫道，……无为而无不为，莫知其情，莫知其真，其中有信。”“由是观之，道之于人，无所不宜也。”《庄子》：“夫道，有情，有信；无为，无形。”《韩非子》：“言之为物，以多言。不然之物，十人云‘疑’，百人‘然乎’，千人不可解也。”《淮南子》：“忽兮怳兮，不可为象兮；怳兮忽兮，用不屈兮；幽兮冥兮，应无形兮。”“是谓至精，窈窈冥冥，孰知其情！”《语丛二》：“情生于性，礼生于情。”可作参考。

第22章（下）

［版本对照］

帛甲	曲則金枉則定洼則盈㡀則新少則得多則惑是以聲人執一以為天下牧不口視故明
帛乙	曲則全汪則正洼則盈㢲則新少則得多則惑是以耶人執一以為天下牧不自視故章
汉竹	曲則全枉則正洼則盈㡀則新少則得多則或是以聖人執一以為天下牧不自見故明
河本	曲則全枉則直窪則盈弊則新少則得多則惑是以聖人抱一〇為天下式不自見故明
想尔	曲則全枉則正窐則盈弊則新少則得多則或是以聖人抱一〇爲天下式不自是故章
王本	曲則全枉則直窪則盈㡀則新少則得多則惑是以聖人抱一〇為天下式不自見故明
敦本	曲則全枉則正窪則盈弊則新少則得多則或是以聖人抱一〇為天下式不自是故章
唐本	曲則全枉則直窪則盈弊則新少則得多則惑是以聖人抱一〇為天下式不自見故明
宋本	曲則全枉則直窪則盈弊則新少則得多則惑是以聖人抱一〇為天下式不自見故明
元本	曲則全枉則直窪則盈弊則新少則得多則惑是以聖人抱一〇為天下式不自見故明
明本	曲則全枉則直窪則盈㡀則新少則得多則惑是以聖人抱一〇為天下式不自見故明
清本	曲則全枉則直窪則盈㡀則新少則得多則惑是以聖人抱一〇為天下式不自見故明
普本	曲则全枉则直洼则盈㡀则新少则得多则惑是以圣人执一以为天下牧不自见故明

（1）　　　　　　　　　　　　　　（2）　　　（3）

帛甲	不自見〇故章不自伐故有功〇弗矜故能長夫唯不爭故〇〇莫能與之爭
帛乙	不自見也故明不自伐故有功〇弗矜故能長夫唯不爭故〇〇莫能與之爭
汉竹	不自視〇故章不自發故有功〇弗矜故〇長夫唯無爭故天下莫能與之爭
河本	不自是〇故彰不自伐故有功不自矜故〇長夫唯不爭故天下莫能與之爭
想尔	不自見〇故明不自伐故有功不自矜故〇長夫唯不争故〇〇莫能與〇争
王本	不自是〇故彰不自伐故有功不自矜故〇長夫唯不爭故天下莫能與之爭
敦本	不自見〇故明不自伐故有功不自矜故〇長夫唯不爭故〇〇莫能與〇爭
唐本	不自是〇故彰不自伐故有功不自矜故〇長夫唯不爭故天下莫能與之爭
宋本	不自是〇故彰不自伐故有功不自矜故〇長夫唯不爭故天下莫能與之爭
元本	不自是〇故彰不自伐故有功不自矜故〇長夫惟不争故天下莫能與之争
明本	不自是〇故彰不自伐故有功不自矜故〇長夫惟不爭故天下莫能與之爭
清本	不自是〇故彰不自伐故有功不自矜故〇長夫唯不爭故天下莫能與之爭
普本	不自是〇故彰不自伐故有功不自矜故能长夫唯不争故天下莫能与之争

（4）

帛甲	古口口口口○口口口○語才○誠金○歸之○	帛书为第23章
帛乙	古之所胃曲○全者幾○語才○誠全○歸之○	帛书为第23章
汉竹	古之所謂曲○全者幾○語邪○誠全○歸之也	
河本	古之所謂曲則全者豈虛言哉○誠全而歸之○	
想尔	古之所謂曲則全○豈虛語○故成全而歸之○	
王本	古之所謂曲則全者豈虛言哉○誠全而歸之○	
敦本	古之所謂曲則全○豈虛語○故成全而歸之○	
唐本	古之所謂曲則全者豈虛言哉○誠全而歸之○	
宋本	古之所謂曲則全者豈虛言哉○誠全而歸之○	
元本	古之所謂曲則全者豈虛言哉故誠全而歸之○	
明本	古之所謂曲則全者豈虛言哉○誠全而歸之○	
清本	古之所謂曲則全者豈虛語哉○誠全而歸之○	
普本	古之所谓曲○全者岂虚语哉○诚全○归之○	

(5)

如是我文：

(1) 普及本为何选用“枉则直”？其一，“定”与“正”通。正：直也。枉：曲也。曲直之曲。则：等画物也。“枉则直”，就是曲与直相对等，意思与“大直若屈”（第45章）相近。后人多推衍为“矫枉过正”之说。其二，《书》：“木曰曲直。”《左传》：“师直为壮，曲为老。岂在久乎？”《孟子》：“且《志》曰：‘枉尺而直寻’，宜若可为也。’”《文子》：“故处众枉，不答其直。”“举枉与直，如何不得；举直与枉，勿与遂往。”《庄子》：“其小枝卷曲而不中规矩。”“仰而视其细枝，则拳曲而不可以为栋梁。”《淮南子》：“托小以包大，在中以制外；行柔而刚，用弱而强；转化推移，得一之道而以少正多。”“所谓自得者，全其身者也；全其身，则与道为一矣。”“一则定，两则争。”可作参考。

(2) 普及本为何选用“执一”？其一，一指二而一的大一。执一与抱一，稍有不同。执一是指治国之道，抱一（守一）是指治身之道，治国多言执一，治身多言抱一。其二，《孟子》：“子莫执中，执中为近之。执中无权，犹执一也。所恶执一者，为其贼道也，举一而废百也。”有人据此认为，儒家反对执一，主张执中。其实有所误解，《老子》指的是执大一即二而一的壹，而儒家反对的是执小一即二中之一，也就是所谓的偏执不变。其三，观先秦诸书，多有“执一”之说，可见当为其时之常语。《管子》：“执一之君子，执一而不失，能君万物，日月之与同光，天地之与同理。”“化不易气，变不易智，唯执一之君子能为此乎!”《文子》:“故圣王执一，以理物之性情。”《韩非子》:“用一之道，以名为首。名正物定，名倚物徙。故圣人执一以静，使名自命，令事自定。”《荀子》:“执一无失，行微无怠，忠信无倦，而天下自来。”《吕氏春秋》:“王者执一，而为万物正。”“圣王执一，四夷皆至者，其此之谓也。执一者至贵也。至贵者无敌。”“先王不能尽知，执一而万物治。使人不能执一者，物感之也。”可作参考。

(3) 普及本为何选用“牧”?两种理解：其一，牧：治也。与“执一”相对应。“为天下牧”是治理天下的意思。其二，式：法也。与“抱一”相对应。“为天下式”是以身作则的意思。

(4) 普及本为何选用“故能长”?“长”在这里音“掌”，指能为首长。视：是也。察是非也。

(5) 普及本为何选用“诚”?两种理解。其一，诚：实也。确实。用曲之术，确实能归之于全。岂……诚……，句式前后呼应。其二，成：就也。意思与归之相近。成全一词至今在用。

第23章（下）

[版本对照]

帛甲	希言自然○飄風不冬朝暴雨不冬日孰為此○○○天地□□□□□□□□□
帛乙	希言自然○剽風不冬朝暴雨不冬日孰為此○○○天地而弗能久有兄於人乎
汉竹	希言自然故剽風不終朝趨雨不終日孰為此○○○天地○弗能久而兄於人虖
河本	希言自然○飄風不終朝驟雨不終日孰為此者天地天地尚不能久而況於人乎
想尔	希言自然○飄風不終朝趍雨不終日熟爲此○天地天地尚不能久而況於人○
王本	希言自然故飄風不終朝驟雨不終日孰為此者天地天地尚不能久而況於人乎
敦本	希言自然○飄風不終朝趨雨不終日熟為此○天地天地尚不能久而況於人○
唐本	希言自然○飄風不終朝驟雨不終日孰為此○天地天地尚不能久而況於人乎
宋本	希言自然故飄風不終朝驟雨不終日孰為此者天地天地尚不能久而況於人乎
元本	希言自然○飄風不終朝驟雨不終日孰為此者天地天地尚不能久而況於人乎
明本	希言自然○飄風不終朝驟雨不終日孰為此者天地天地尚不能久而況於人乎
清本	希言自然○飄風不終朝驟雨不終日孰為此者天地天地尚不能久而況於人乎
普本	希言自然○飘风不终朝骤雨不终日孰为此○○○天地尚不能久又况于人乎

(1)　　　　　(2)

帛甲	故從事而道者○○同於道德者同於德者者同於失
帛乙	故從事而道者○○同於道德者同於德失者同於失
汉竹	故從事而道者○○同於道得者同於德失者同於失
河本	故從事於道者道者同於道德者同於德失者同於失
想尔	故從事而道○○○○○○○○○○○○○○○○○○
王本	故從事於道者○○同於道得者同於得失者同於失
敦本	故從事而道者○○○○○○○○○○○○○○○○○
唐本	故從事於道者道者同於道德者同於德失者同於失
宋本	故從事於道者道者同於道德者同於德失者同於失
元本	故從事於道者道者同於道德者同於德失者同於失
明本	故從事於道者道者同於道德者同於德失者同於失
清本	故從事於道者道者同於道德者同於德失者同於失
普本	故从事而道者○○同于道得者同于得失者同于失

(3)　　(4)

帛甲	○○○○○○○○○○同口口口道亦○德之同於口者道亦○失之○○○○○○○○
帛乙	○○○○○○○○○○同於德者道亦○德之同於失者道亦○失之○○○○○○○○
汉竹	故同於道者道亦○得之○○○○○○○○○同於失者道亦○失之信不足安有不信○
河本	○同於道者道亦樂得之同於德者德亦樂得之同於失者失亦樂失之信不足焉有不信焉
想尔	○○○○○○○○得之同於德者德○○得之同於失者道○○失之信不足○有不信○
王本	○同於道者道亦樂得之同於德者德亦樂得之同於失者失亦樂得之信不足焉有不信焉
敦本	○○○○○道○○得之同於德者德○○得之同於失者道○○失之信不足○有不信○
唐本	○同於道者道亦○得之同於德者德亦○得之同於失者失亦○得之信不足○有不信○
宋本	○同於道者道亦○得之同於德者德亦○得之同於失者失亦○得之信不足○有不信○
元本	○同於道者道亦○得之同於德者德亦○得之同於失者失亦○得之信不足焉有不信焉
明本	○同於道者道亦○得之同於德者德亦○得之同於失者失亦○得之信不足焉有不信焉
清本	○同於道者道亦樂得之同於德者德亦樂得之同於失者失亦樂得之信不足○有不信○
普本	○○○○○○○○○○同于得者道亦○得之同于失者道亦○失之○○○○○○○○

(5)

帛甲	帛书为第 24 章
帛乙	帛书为第 24 章

如是我文：

（1）普及本为何选用“希言，自然”断句？“希言”二字作何理解？众说纷纭，核心之义，都是强调要“自”然，按万物各自内在规律办事。两种理解。其一，希其言者，自然也。希：止也。行：言也。对“言”字的理解，古人较宽泛，主要指文字、语言或言行。“言”字或用作名词，即政令、文书、格言等义；或用作动词，言说、言行之义。其二，本章乱经严重，或以此四字为一句，不设语言环境而独立成句。自然指道，希言自然就是不言道，知之者不言，参见第 56 章。其三，本章似与第 17 章“犹兮，其贵言也。成事遂功，而百姓曰‘我自然’也”有所关联，也恰恰佐证了本章与该章为什么都有“信不足，有不信”之句。本章帛本为第 24 章，下接第 25 章，与“道法，自然”互为印证。掌握其行止者：道，道以“自”之然为法。

（2）普及本为何舍用“天地”？两种理解，关键在于对“此”的界定。其一，“此”指风雨。天地源于天地之道而生成风雨。其二，“此”指“不终”，也就是后面所说的“不能久”。风雨的动作兴灭，源于风雨之道，而非天地。“此”在这里似指是风雨的动作兴灭，而非风雨自身。

（3）普及本为何舍用“道者”？普及本此段从帛本。传世诸本多加道者二字，改变了原有的语言逻辑，理解的意思也就截然不同。

（4）普及本为何选用“得”?“德”与“得”互通。《韩非子》：“德者，内也；得者，外也。”得为德之初始本义。本章论的是道，并非论德；得与失相对，论得失之道。下两句是对“同于得”、“同于失”的引申。传世诸本之所以多出一句，似源于汉竹本“道者”之误笔。

（5）普及本为何舍用“信不足，有不信”?此句在第17章中已出现，有简、帛三本为证。这里帛本无，当为重文，与本章经文无必然关联。

第 24 章（下）

［版本对照］

帛甲	炊者不立〇〇〇〇自視〇不章囗見者不明自伐者无功自矜者不長
帛乙	炊者不立〇〇〇〇自視者不章自見者不明自伐者无功自矜者不長
汉竹	炊者不立〇〇〇〇自見者不明自視者不章自發者無功〇矜者不長
河本	跂者不立跨者不行自見者不明自是者不彰自伐者無功自矜者不長
想尔	喘者不久跨者不行自見〇不明自是〇不彰自饒〇無功自矜〇不長
王本	企者不立跨者不行自見者不明自是者不彰自伐者無功自矜者不長
敦本	喘者不久跨者不行自見〇不明自是〇不彰自饒〇無功自矜〇不長
唐本	跂者不立跨者不行自見者不明自是者不彰自伐者无功自矜者不長
宋本	跂者不立跨者不行自見者不明自是者不彰自伐者無功自矜者不長
元本	跂者不立跨者不行自見者不明自是者不彰自伐者無功自矜者不長
明本	跂者不立跨者不行自見者不明自是者不彰自伐者無功自矜者不長
清本	跂者不立跨者不行自見者不明自是者不彰自伐者無功自矜者不長
普本	跂者不立〇〇〇〇自见者不明自是者不彰自伐者无功自矜者不长

（1）　（2）

帛甲	其在道〇曰粽食贅行物或惡之故有欲者囗居〇	帛书为第 22 章
帛乙	亓在道也曰粽食贅行物或亞之故有欲者弗居〇	帛书为第 22 章
汉竹	其在道也〇斜食叕行物或惡之故有欲者弗居〇	
河本	其在道也日餘食贅行物或惡之故有道者不居也	
想尔	其在道〇曰餘食餟行物有悪之故有道〇不處〇	
王本	其於道也曰餘食贅行物或惡之故有道者不處〇	
敦本	其在道〇曰餘食餟行物有惡之故有道〇不處〇	
唐本	其於道也曰餘食贅行物或惡之故有道者不處〇	
宋本	其在道也曰餘食贅行物或惡之故有道者不處也	
元本	其於道也曰餘食贅行物或惡之故有道者不處也	
明本	其於道也曰餘食贅行物或惡之故有道者不處也	
清本	其在道〇曰餘食贅行物或惡之故有道者不處〇	
普本	其在道〇曰馀食赘行物或恶之故有欲者不居〇	

（3）　（4）

如是我文：

（1）普及本为何选用“跂”？“炊者不立”似古谚语，诸版本用字不同，理解也不同，众说纷纭，各有其合理性。其一，企：举踵也。“企”或作“跂”。所谓踮起脚尖站立，不是立之常态，所以不可久立。今人多作此理解。其二，跂：音枝，足多指也。所谓跂者，正与下句的馀赘相呼应，用以喻说有余；而“馀食赘形”在道之说，正是对“跂者不立”的申论。立：住也。住：止也，居也。居，古作凥，“立”或训为“居”的省笔。不立即是不居，正与末句的不居相呼应。其三，帛、竹三本均作炊，似非巧合。“炊”或为本字，或训“炊”为“吹”，甚至有人认为是古代的导引术。《荀子》：“可立而待也，可炊而傹也。”《淮南子》：“故或吹火而然，或吹火而灭。所以吹者异也。”王弼在第5章注中也说：“若橐籥有意于为声也，则不足以共吹者之求也。”可见确有吹者之说。出气急曰吹，缓曰嘘。急则有余。想尔作喘，似与吹有关。其四，提供一种新思路：炊与欲形似而误认。《说文》炊：爨也。从火、吹省声。由此可知，“炊”的初字应为焁或欰。《广韵》欰：贪者欲食貌，乞人见食貌。《集韵》欰：音枝或希，欲食也。《说文》欲：贪欲也。贪：欲物也。乞：求取也。诸字之义都与后句中的“馀食”、“有欲”密切关联，似非巧合。炊者不立即是欲者不居，正与末句的“有欲者不居”相呼应，也使得“有欲者”之说有了合理性，不必再为是欲是道纠缠不清。其五，《老子》集录有大量古语，有的老子有明示，有的老子有诠释，更多的只是单独成句，并无参照句，加之古字多随意、多省笔，所以费解者多。据《集韵》，炊、吹、欰、跂、枝、歧同属上平声支部，这是目前诸本用字相交集的主要线索，从中可以窥测到炊、跂、喘、企诸字演变的源流。诸字之用，都是后学者试图理解文义而做的努力；各有所本，不可一概而论。

（2）普及本为何舍用“跨者不行”？以帛本观之，此句很可能为后世所加，明显作了演绎，局限了对“跂者不立”的理解。有的版本干脆把两句合二为一，作跨者不立。

（3）普及本为何选用“馀食赘行”？其一，粽字诸字典未载，可能尚保存于韩、日之中文用字。“米”与“食”通，“粽”似为“馀”的别体。其二，赘：缀也。赘、缀（叕）二字互通。馀剩物谓之赘物，行不当谓之赘行。有的版本行作形；“形”与“行”二字互通，如《列子》之太形（行）山。斜食：不当之食，义近。斜或为馀之误笔。其三，《庄子》：“彼以生为附赘悬疣，以死为决疣溃痈。”“骈拇枝指，出乎性哉而侈于德；附赘悬疣，出乎形哉而侈于性。多方乎仁义而用之者，列于五藏哉而非道德之正也。”“故此皆多骈旁枝之道，非天下之至正也。彼至正者，不失其性命之情。故合者不为骈，而枝者不为跂；长者不为有余，短者不为不足。是故凫胫虽短，续之则忧；鹤胫虽长，断之则悲。”晋·司马彪认为：“骈拇、枝指、附赘、悬疣，此四者各出于形性，而非形性之正，于众人为侈耳。”有先天之有余，如骈拇、枝指、盲肠；有后天之有余，如瘊子、悬疣，或残羹剩饭。《庄子》之论，似是对本章要旨的发挥，有助对本章的理解。

（4）普及本为何选用“有欲者”？三种理解。其一，欲本字。居：安静也。《系辞》：“君子所居而安者，易之序也；所乐而玩者，爻之辞也。是故，君子居则观其象而玩其辞，动则观其变而玩其占。”“变动不居，周流六虚，上下无常，刚柔相易，不可为典要，唯变所适。”其中之居，都训为安静。有欲则不静，持批判态度。其二，“欲”与“裕”通。裕本字：衣物饶也。馀：饶也。有裕者即是有余者，言对馀食赘形等有余的处理。其三，《广雅》裕：道也。传世诸本或据此直接改为有道者，大而化之，笼而统之。

第25章（下）

[版本对照]

简甲	又𤖯蟲成先天埅生敓○繆○蜀立○不亥○○○○○可以為天下母○未智丌名○
帛甲	有物昆成先天地生繡呵繆呵獨立□□□○○○○○可以為天地母吾未知其名○
帛乙	有物昆成先天地生蕭呵漻呵獨立而不垓○○○○○可以為天地母吾未知亓名也
汉竹	有物綸成先天地生肅○覺○獨立而不猤偏行而不殆可以為天地母吾不智其名○
河本	有物混成先天地生寂兮寥兮獨立○不改周行而不殆可以為天下母吾不知其名○
想尔	有物混成先天地生宊○漠○獨立○不改周行○不殆可以爲天下母吾不知其名○
王本	有物混成先天地生寂○寥○獨立○不改周行而不殆可以為天下母○不知其名○
敦本	有物混成先天地生寂○漠○獨立○不改周行○不殆可以為天下母吾不知其名○
唐本	有物混成先天地生寂兮寥兮獨立而不改周行而不殆可以為天下母吾不知其名○
宋本	有物混成先天地生寂兮寥兮獨立而不改周行而不殆可以為天下母吾不知其名○
元本	有物混成先天地生寂兮寥兮獨立而不改周行而不殆可以為天下母吾不知其名○
明本	有物混成先天地生寂兮寥兮獨立而不改周行而不殆可以為天下母吾不知其名○
清本	有物混成先天地生寂兮寥兮獨立而不改周行而不殆可以為天下母吾不知其名○
普本	有物混成先天地生寂○寥○独立○不侅○○○○○可以为天地母○未知其名○

(1)(2)　　　　　　(3)　　　(4)

简甲	○孳之曰道虗勥為之名曰大大曰龖龖曰遠遠曰反○天大埅大道大王亦大
帛甲	○字之曰道吾強為之名曰大大曰筮筮曰□□□□○□□天大地大王亦大
帛乙	○字之曰道吾強為之名曰大大曰筮筮曰遠遠曰反○道大天大地大王亦大
汉竹	其字○曰道吾强為之名曰大大曰慸慸曰遠遠曰反○天大地大道大王亦大
河本	○字之曰道○強為之名曰大大曰逝逝曰遠遠曰反故道大天大地大王亦大
想尔	○字之曰道吾強爲之名曰大大曰逝逝曰遠遠曰反○道大天大地大生○大
王本	○字之曰道○強為之名曰大大曰逝逝曰遠遠曰反故道大天大地大王亦大
敦本	○字之曰道吾強為之名曰大大曰逝逝曰遠遠曰反○道大天大地大王○大
唐本	○字之曰道○強為之名曰大大曰逝逝曰遠遠曰返故道大天大地大王亦大
宋本	○字之曰道○強為之名曰大大曰逝逝曰遠遠曰反故道大天大地大王亦大
元本	○字之曰道○強為之名曰大大曰逝逝曰遠遠曰返故道大天大地大王亦大
明本	○字之曰道○彊為之名曰大大曰逝逝曰遠遠曰反故道大天大地大王亦大
清本	○字之曰道○強為之名曰大大曰逝逝曰遠遠曰反故道大天大地大王亦大
普本	○字之曰道吾强为之名曰大大曰逝逝曰远远曰返○道大天大地大生○大

(5)　　　　　(6)

简甲	囿中又四大安〇王居〇一安人法埅埅法天天法道道法自肰　＊21　上接32章，下接5章
帛甲	國中有四大〇而王居〇一焉人法地地法□□法□□法□□
帛乙	國中有四大〇而王居〇一焉人法地地法天天法道道法自然
汉竹	或中有四大〇而王居〇一焉人瀍地地瀍天天瀍道道瀍自然
河本	域中有四大〇而王居其一焉人法地地法天天法道道法自然
想尔	域中有四大〇而生處〇一〇人法地地法天天法道道法自然
王本	域中有四大〇而王處其一焉人法地地法天天法道道法自然
敦本	域中有四大〇而王處〇一〇人法地地法天天法道道法自然
唐本	域中有四大〇而王居其一焉人法地地法天天法道道法自然
宋本	域中有四大〇而王處〇一焉人法地地法天天法道道法自然
元本	域中有四大〇而王居其一焉人法地地法天天法道道法自然
明本	域中有四大〇而王居其一焉人法地地法天天法道道法自然
清本	域中有四大〇而王居其一焉人法地地法天天法道道法自然
普本	域中有四大〇而生处其一〇人法地地法天天法道道法自然

(7)　　　　　　　　　　　　(8)

如是我文：

(1) 普及本为何选用“物”？三个系统。其一，状，专指先天之物，也就是第14章所说的无物、无状之状。简本原字为[illegible]，与本章的[illegible]（道）相对照，可以判定该字当写为牄。牄与牆（酱）、莊、汉竹本之状极为相似；本章与第14、21章直接关联，综合判断，训为状。牂、牆、莊、狀四字互通。其二，物。多本的物字并没有用错，只是稍宽泛，表述易含混。既然“先天地生”，所以这个物应该是先天之物的物。其三，道。河上、想尔似持此义。以右边的“首”为主而推测，简本原字或训为道。道本来就有多种写法，但直接牵扯到对道之概念的界定和理解，问题较为复杂。

(2) 普及本为何选用“混”？“蟲”与“蚰（蜫）”通，“蚰”音“昆”。“昆”为“混”的省笔。“混”或作“緄”，与“纶”互借。元气未分曰混。经文混字共出现四处，汉竹本分别对应作運、沌、綸、渾。

(3) 普及本为何选用“寂寥、独立、不侅”？诸多形容，属不同系统，均可通。其一，敓字楚简古籍屡见，或训为夺，或训为“悦”。“敓”与“锐”通：精也。缪：细也。古书“穆”多作“缪”。观其字形可知，“纅”似为“穆”、“缪”的别体。其二，帛本与汉竹本同一系统。繡、蕭、肅三字字形同源，繆、漻、覺三字字音同源。简本强调的是其质精细，其他诸本强调的是深远清静。其三，“亥”是省笔字，本字似为“佅”：奇佅，非常也。“佅”音怪，奇佅现在常写为奇怪。“佅”或作“赅”，帛本作“[illegible]”，玉、贝偏旁可互换。汉竹本作犬旁，还是以“亥”为字源。“改”当为“亥”的借音字，训“改”为本字，理解自然有别。不佅就是平淡无奇，平常，平凡，普通。也有人认为是“垓”的省笔，不垓即无边无际之义，亦通。总之，简本用字较客观，其他诸本的人文色彩则较浓。

(4) 普及本为何舍用“周行而不殆”？简、帛本均无此句，汉竹本始有，似与前句“不改”相对仗，有静有动。是否另有所据？还是后人所加？此层意思既然已在后句有所表述，此处可依前三本。

(5) 普及本为何选用“逝”？其一，曰：为也。逝：往也。指其运动状态。远、反，指其运动规律，反复其道。“筮”是“遾”的省笔，“[illegible]”为同音假借。“遾”与“逝”通。“逝”或作“遰”，与“帶”通。其二，逝—远—返，与“周行不殆”意思相近，就是有始有终、无始无终、终而复始，也可以概括成流动性、阶段性和周期性。参照第 65 章的深、远、与物反。

(6) 普及本为何选用“生”？两个系统。其一，生。生：性也，活也。人：天地之性最贵者也。《想尔》此处及第 16 章经文改王为生，并非无据。王与生，字义有相通之处：“王”是“㞷”的省笔，“生”与“㞷”形、义相同。其二，王。王：人主，人中最尊贵者也。生、人、王三字，此处都代表有生命之物。

(7) 普及本为何选用“域”？简本的[illegible]，或训为“国”，或训为“囿”。域、国二字同义，异体同源。宇内称为域中。如前句之天地与天下，或侧重物论，或侧重人论，均可。

(8) 普及本为何选用“道法：自然”？两种理解。其一，自法。“道法：自然”自成一句，是法的总原则。自：己也。物不离道，物各有道，各以自道为法。其二，互法。“道法自然”与前三“法”顺读，为一整句。自：始也。人—地—天—道—人，周而复始。

第 26 章（下）

［版本对照］

帛甲	口為至根清為趮君是以君子衆日行〇不離其甾重唯有環官燕處口口若
帛乙	重為輕根靜為趮君是以君子冬日行〇不遠亓甾重雖有環官燕處則昭若
汉竹	重為輕根靜為趮君是以君子冬日行而不遠其輜重唯有榮馆燕處〇超若
河本	重為輕根靜為躁君是以聖人終日行〇不離其輜重雖有榮觀燕處〇超然
想尔	重爲輕根靜爲躁君是以君子終日行〇不離〇輜重雖有榮觀燕處〇超然
王本	重為輕根靜為躁君是以聖人終日行〇不離〇輜重雖有榮觀燕處〇超然
敦本	重為輕根靜為躁君是以君子終日行〇不離〇輜重雖有榮觀燕處〇超然
唐本	重為輕根靜為躁君是以君子終日行〇不離〇輜重雖有榮觀燕處〇超然
宋本	重為輕根靜為躁君是以君子終日行〇不離〇輜重雖有榮觀燕處〇超然
元本	重為輕根靜為躁君是以君子終日行〇不離〇輜重雖有榮觀燕處〇超然
明本	重為輕根靜為躁君是以君子終日行〇不離〇輜重雖有榮觀燕處〇超然
清本	重為輕根靜為躁君是以聖人終日行〇不離〇輜重雖有榮觀燕處〇超然
普本	重为轻根静为躁君是以君子终日行〇不离其辎重虽有环官燕处则昭若

(1) (2) (3) (4)

帛甲	若何萬乘之王而以身巠於天下巠則失本趮則失君
帛乙	若何萬乘之王而以身輕於天下輕則失本趮則失君
汉竹	奈何萬乘之王而以身輕於天下輕則失本趮則失君
河本	奈何萬乘之主而以身輕〇天下輕則失臣躁則失君
想尔	如何萬乘之主〇以身輕〇天下輕則失本躁則失君
王本	奈何萬乘之主而以身輕〇天下輕則失本躁則失君
敦本	如何萬乘之主〇以身輕〇天下輕則失本躁則失君
唐本	奈何萬乘之主而以身輕〇天下輕則失臣躁則失君
宋本	如何萬乘之主而以身輕〇天下輕則失臣躁則失君
元本	奈何萬乘之主而以身輕〇天下輕則失臣躁則失君
明本	奈何萬乘之主而以身輕〇天下輕則失根躁則失君
清本	奈何萬乘之主而以身輕〇天下輕則失根躁則失君
普本	奈何万乘之王而以身轻于天下轻则失本躁则失君

(5) (6)

如是我文：

(1) 普及本为何选用“君子”？君子泛指侯王。圣人当为侯王中的圣者、得道者，即所谓内圣外王、有道明君。圣人是不会终日行的。

(2) 普及本为何选用“虽”？“雖”从虫，唯声。“唯”与“雖”同，是雖的省笔。二字混用，经文常见。

(3) 普及本为何选用“环官”？三种理解。其一，作处所解。环：周回也。“荣”与“营”通。周回为营，可以理解作围墙。馆：客舍也。“官”为“馆”的省笔。“馆”与“观”互通，所宿之行馆。即使客舍再“荣”，也非侯王所宜居之处所。其二，作卫士和处所解。环：官名，宫卫之官，负责保卫的近卫军、御林军。君王整日行于外，宿营时，警戒再森严也不安全。其三，作卫士解。营：卫也。“官”或为“管”的省笔，管：掌次舍帷幕之官。其四，《周礼》：“环人：掌送逆邦国之通宾客，以路节达诸四方。舍，则授馆，令聚柝；有任器，则令环之。凡门关无几，送逆及疆。”“环人掌致师，察军慝，环四方之故。”《仪礼》：“管人布幕于寝门外。”《左传》：“穆王立，以其为大子之室与潘崇，使为大师，且掌环列之宫。”“庆氏以其甲环公宫。”“公薨之月，子产相郑伯以如晋，晋侯以丧故，未之见也。子产使尽坏其馆之垣而纳车马焉。士文伯让之，……宾至如归，无宁灾患？……乃筑诸侯之馆。”《国语》：“宿于重馆。”《战国策》：“今有人操随侯之珠，持丘之环，万金之财，特宿于野，内无孟贲之威、荆庆之断，外无弓弩之御，不出宿夕，人必危之矣。”《韩非子》：“昔者卫灵公将之晋，至濮水之上，税车而放马，设舍以宿。”《淮南子》：“天子处于郊亭，则九卿趋，大夫走，坐者伏，倚者齐。当此之时，明堂太庙，悬冠解剑，缓带而寝。非郊亭大而庙堂狭小也，至尊居之也。”《史记》：“(黄帝)迁徙往来无常处，以师兵为营卫。”《正义》：“环绕军兵为营以自卫，若辕门即其遗象。”可作参考。

(4) 普及本为何选用“昭若”？其一，从客观角度而言，昭若指昭然若揭之险。《庄子》：“今汝饰知以惊愚，脩身以明汙，昭昭乎若揭日月而行也。”《国语》：“君多私，今以胜归，私必昭。昭私，难必作，吾恐及焉。”其二，从主观角度而言，超然有正反两种理解，或超然自得而不知险，或怅然若失而有所虑。超：怅也。超然即怅然，如《庄子》：“武侯超然不对。”其三，燕处：休闲，休息。《周礼》：“王燕出入，则前驱而辟。”傅奕本作“宴处”。“燕”与“宴”通。

(5) 普及本为何选用“于”？此处的“天下”二字，是地理范畴的天下，不是社会范畴的天下。君王终日躁行于天下各地，是轻其身的作为，不足取。不加于字，容易误解。

(6) 普及本为何选用“本”？两个系统。其一，本。本：根也。君：主也。泛论主从关系，与首句相呼应。其二，臣。具体为君臣关系，以例证作结。

第 27 章（下）

［版本对照］

帛甲	善行者无𧗾迹口言者无瑕適善數者不以檮箖善閉者无闗籥而不可啟也
帛乙	善行者无達迹善言者无瑕適善數者不用檮笄善閉者无闗籥而不可啟也
汉竹	善行者無𧗾迹善言者無瑕適善數者不用檮筴善閅者無闗鍵○不可啟○
河本	善行者無轍迹善言者無瑕讁善計者不用籌策善閉者無關揵而不可開○
想尔	善行○無徹迹善言○無瑕適善計○不用籌竿善閅○無關揵○不可開○
王本	善行○無轍迹善言○無瑕讁善數○不用籌策善閉○無關楗而不可開○
敦本	善行○無徹迹善言○無瑕適善計○不用籌竿善閉○無關楗○不可開○
唐本	善行○无轍迹善言○无瑕讁善計者不用籌筭善閅者无關揵而不可開○
宋本	善行○無轍迹善言○無瑕讁善計○不用籌筭善閉○無關楗而不可開○
元本	善行○無轍迹善言○無瑕讁善計○不用籌策善閅○無關楗而不可開○
明本	善行○無轍迹善言○無瑕讁善計○不用籌策善閉○無關鍵而不可開○
清本	善行○無轍迹善言○無瑕讁善計○不用籌策善閉○無關楗而不可開○
普本	善行者无辙迹善言者无瑕谪善计者不以筹算善闭者无关键而不可开○

帛甲	善結者口口約而不可解也是以聲人恒善怵人而无棄人○○○○物无棄財是胃怈明
帛乙	善結者无纆約而不可解也是以耶人恒善怵人而无棄人○○○○物无棄財是胃曳明
汉竹	善結者無繩約○不可解○○故聖人恒善救人而無棄人○○○○物無棄財是謂欲明
河本	善結者無繩約而不可解○是以聖人常善救人故無棄人常善救物故無棄物是謂襲明
想尔	善結○無繩約○不可解○是以聖人常善救人而無棄人常善救物而無棄物是謂襲明
王本	善結○無繩約而不可解○是以聖人常善救人故無棄人常善救物故無棄物是謂襲明
敦本	善結○無繩約○不可解○是以聖人常善救人而無棄人常善救物而無棄物是謂襲明
唐本	善結者无繩約而不可解○是以聖人常善救人故无棄人常善救物故无棄物是謂襲明
宋本	善結○無繩約而不可解○是以聖人常善救人故無棄人常善救物故無棄物是謂襲明
元本	善結○無繩約而不可解○是以聖人常善救人故無棄人常善救物故無棄物是謂襲明
明本	善結○無繩約而不可解○是以聖人常善救人故無棄人常善救物故無棄物是謂襲明
清本	善結○無繩約而不可解○是以聖人常善救人故無棄人常善救物故無棄物是謂襲明
普本	善结者无绳约而不可解○是以圣人常善救人故无弃人常善救物故无弃物是谓袭明

(1) (2) (3)

帛甲	故善口〇〇口口之師〇不善人〇善人之齎也不貴其師不愛其齎唯知乎大眯是胃眇要
帛乙	故善人〇〇善人之師〇不善人〇善人之資也不貴其師不愛其資雖知乎大迷是胃眇要
汉竹	〇善人〇〇善人之師也不善人〇善人之資也不貴其師不愛其資唯智必大迷此謂眇要
河本	故善人者〇善人之師〇不善人者善人之資〇不貴其師不愛其資雖智〇大迷是謂要妙
想尔	〇善人〇不善人〇師〇不善人〇善人之資〇不貴其師不愛其資雖知〇大迷此謂要妙
王本	故善人者不善人之師〇不善人者善人之資〇不貴其師不愛其資雖智〇大迷是謂要妙
敦本	〇善人〇不善人之師〇不善人〇善人之資〇不貴其師不愛其資雖知〇大迷此謂要妙
唐本	故善人〇不善人之師〇不善人〇善人之資〇不貴其師不愛其資雖知〇大迷是謂要妙
宋本	故善人〇不善人之師〇不善人〇善人之資〇不貴其師不愛其資雖智〇大迷是謂要妙
元本	故善人〇不善人之師〇不善人〇善人之資〇不貴其師不愛其資雖智〇大迷是謂要妙
明本	故善人〇不善人之師〇不善人〇善人之資〇不貴其師不愛其資雖知〇大迷是謂要妙
清本	故善人〇不善人之師〇不善人〇善人之資〇不貴其師不愛其資雖知〇大迷是為要妙
普本	故善人者〇善人之师〇不善人者善人之资〇不贵其师不爱其资唯知乎大迷是谓眇要

（4）　　　　　　　　　　　　　　　　（5）

如是我文：

（1）普及本为何选用“救”？两种理解。其一，求：用也。求、俅、救互通。《左传》：“郑驷歂杀邓析，而用其竹刑。君子谓：‘……故用其道，不弃其人。……’”其二，救：助也，护也。

（2）普及本为何选用“常善救物”？此句为后人演绎，较之帛本，更易理解。天地万物各有所用。世上没有垃圾，只有用之不当的资源。

（3）普及本为何选用“袭明”？“曳”是“愧”的省笔。“愧”与“袭”通。愧：习也，明也。袭明就是明明或重明，也就是下面所说的要明白两种人，谁是善人之师，谁是善人之资。也可以大而化之，理解为合于明。袭：重也，合也。欲明与袭明义近。“欲”与“裕”通：饶也，宽也。

（4）普及本为何舍用“不”？帛本语义顺畅，都是针对善人而言，即：善人可以从善人与不善人那里得到借鉴，而非善人与不善人相互借鉴。这样的例子还有第71章的“不知”，等等。

（5）普及本为何选用“唯知乎”断句？两个系统。其一，“虽智（知）大迷，是谓要妙。”传统断句方式的语言逻辑似有欠缺。要：切要也。《孝经》：“先王有至德要道。”要妙应为妙要：微妙要道。不贵、不爱则迷，所以要明白这个微妙之道。或训为好貌，其要之妙。《淮南子》：“崇台榭之隆，侈苑囿之大，以穷要妙之望。”总之，大迷与要妙之义，一般从一反一正、或用两个主语释之。其二，“唯知乎？大迷是谓眇要。”帛本多一“乎”字，为断句方式提供了新选择。唯在这里是本字。“（其）唯……乎”的用法古籍多见，如：《易》：“其唯圣人乎？”“其唯君子乎？”《论语》：“唯何甚？”《老子》：“唯有道者乎？”（第77章）《庄子》：“其唯大人乎！”等。眇要与要妙，二字颠倒，用字不同，其义相反。“眇”在这里是本字。眇：远也。远其典要，意思就是抓不住重点，渺茫而不明。大迷即是眇要，与袭明相对应，一反一正。做不到袭明，能算是知吗？其三，汉竹本乎作必，眇要之文未变，是两种断句方式的转折点。“唯智必大迷，此謂眇要”，貌似智，实则迷，所以只能算是眇要；改经思路，不言自明。

第28章（下）

[**版本对照**]

帛甲	知其雄守其雌為天下溪為天下溪恒德不雞恒德不雞復歸○嬰兒知其日守其辱為天下浴
帛乙	知亓雄守亓雌為天下雞為天下雞恒德不离恒德不离復口○口口口亓白守亓辱為天下浴
汉竹	智其雄守其雌為天下谿為天下谿恒德不離○○○○復歸於嬰兒智其白守其辱為天下谷
河本	知其雄守其雌為天下谿為天下谿常德不離○○○○復歸於嬰兒知其白守其黑為天下式
想尔	知其雄守其雌爲天下奚○○○○常德不離○○○○復歸於嬰兒知○白守其黑爲天下式
王本	知其雄守其雌為天下谿為天下谿常德不離○○○○復歸於嬰兒知其白守其黑為天下式
敦本	知其雄守其雌為天下奚○○○○常德不離○○○○復歸於嬰兒知其白守其黑為天下式
唐本	知其雄守其雌為天下谿為天下谿常德不離○○○○復歸於嬰兒知其白守其黑為天下式
宋本	知其雄守其雌為天下谿為天下谿常德不離○○○○復歸於嬰兒知其白守其黑為天下式
元本	知其雄守其雌為天下谿為天下谿常德不離○○○○復歸於嬰兒知其白守其黑為天下式
明本	知其白守其黑為天下式為天下式常德不忒○○○○復歸於無極知其雄守其雌為天下谿
清本	知其雄守其雌為天下谿為天下谿常德不離○○○○復歸於嬰兒知其白守其黑為天下式
普本	知其雄守其雌为天下溪为天下溪恒德不离○○○○复归于婴儿知其荣守其辱为天下谷

(1)

帛甲	為天下浴恒德乃口恒德乃口口口口口○知其○守其黑為天下式為天下式恒德不貣
帛乙	為天下浴恒德乃足恒德乃足復歸於樸○知亓白守亓黑為天下式為天下式恒德不貸
汉竹	為天下谷恒德乃足○○○○復歸於樸○智其白守其黑為天下武為天下武恒德不貣
河本	為天下式常德不忒○○○○復歸於無極知其榮守其辱為天下谷為天下谷常德乃足
想尔	○○○○常德不貸○○○○復歸於无極知其榮守其辱爲天下谷爲天下谷常德乃足
王本	為天下式常德不忒○○○○復歸於無極知其榮守其辱為天下谷為天下谷常德乃足
敦本	○○○○常德不貸○○○○復歸於無極知其榮守其辱為天下谷為天下谷常德乃足
唐本	為天下式常德不忒○○○○復歸於无極知其榮守其辱為天下谷為天下谷常德乃足
宋本	為天下式常德不忒○○○○復歸於無極知其榮守其辱為天下谷為天下谷常德乃足
元本	為天下式常德不忒○○○○復歸於無極知其榮守其辱為天下谷為天下谷常德乃足
明本	為天下谿常德不離○○○○復歸於嬰兒知其榮守其辱為天下谷為天下谷常德乃足
清本	為天下式常德不忒○○○○復歸於無極知其榮守其辱為天下谷為天下谷常德乃足
普本	为天下谷恒德乃足○○○○复归于朴○知其白守其黑為天下式为天下式恒德不忒

帛甲	恒德不貣復歸於无極楃散口口〇口口人用〇則為官長〇夫大制无割
帛乙	恒德不貸復歸於无極樸散則為〇器耶人用〇則為官長〇夫大制无割
汉竹	〇〇〇〇復歸於無極樸散則為成器聖人用〇則為官長〇〇大制無畍
河本	〇〇〇〇復歸於朴〇朴散則為〇器聖人用之則為官長〇故大制不割
想尔	〇〇〇〇復歸於樸〇樸散〇爲〇器聖人用〇〇爲官長是以大制无割
王本	〇〇〇〇復歸於樸〇樸散則為〇器聖人用之則為官長〇故大制無割
敦本	〇〇〇〇復歸於樸〇樸散〇為〇器聖人用〇〇為官長是以大剬無割
唐本	〇〇〇〇復歸於樸〇樸散則為〇器聖人用之則為官長〇故大制不割
宋本	〇〇〇〇復歸於樸〇樸散則為〇器聖人用之則為官長〇故大制不割
元本	〇〇〇〇復歸於樸〇樸散則為〇器聖人用之則為官長〇故大制不割
明本	〇〇〇〇復歸於樸〇樸散則為〇器聖人用之則為官長〇故大制不割
清本	〇〇〇〇復歸於樸〇樸散則為〇器聖人用之則為官長〇故大制不割
普本	〇〇〇〇复归于无极朴散则为成器圣人用〇则为官长〇夫大制无割

(2)　　　　(3)　　　(4)

如是我文：

(1) 普及本为何选用“荣”？其一，“日”是“白”的误字。以白造缁曰辱，辱代黑色。本句与经文“大白若辱”合说。傅奕本辱作黷，认为“手字之误，动经数代，况‘辱’字少‘黑’字乎？”可见其必有所据。其二，“无极”之句似晚出，历来学老者对该句的出处多有怀疑。白与辱，荣与辱，白与黑相对应，有重复、混乱之嫌。细研《庄子》、《淮南子》所引有关经文，均为两句；溪与谷相对，婴与朴相对，均为喻体。式与无极的出现，用字不类，稍显突兀，多有不谐之处。溪（川）、谷、婴、朴之说，经文多见；无极之说，经文仅此一处。改白用荣，以兼顾前、后《老子》之全貌。其三，《庄子》：“一之间，无敢设也。奢闻之：‘既彫既琢，复归于朴。’”可作参考。

(2) 普及本为何舍用“之”？两种理解。其一，“朴散则为器”连读，理解为散的是朴。“则为”二字合用，为连词。其二，“朴：散则，为器”分读，理解为散的是朴之则。如何运用朴之则？要散之于万物诸器。“则为”二字分用，则为名词，法则。《老子》中，“则”字单用者，共有 31 处；“则为”二字相连者，只有本句 2 处。作连词用的“以为”共有 21 处，所以“则为”等同于“以为”的可能性不大。“圣人用则”似为本义；后人加“之”代“朴”或“则”，理解不同。其三，《诗经》：“伐柯伐柯，其则不远。”“彼求我则，如我不得。”“不识不知，顺帝之则。”“成王之孚，下土之式；永言孝思，孝思维则。”“敬慎威仪，维民之则。”“不僭不贼，鲜不为则。”《系辞》：“天生神物，圣人则之。”《左传》：“《书》曰：‘圣作则。’无宁以善人为则，而则人之辟乎？匹夫为善，民犹则之，况国君乎？”可作参考。

（3）普及本为何选用“夫”？故与“是以”的用法一样，但与夫的用法在这里有所不同。故的意思是总结，前因后果。“大制无割”似古语，首字用夫，将其断为独立之句。这种用法经文中多见，有时放在最前，有时放在最后，多以夫字为引。又如，古籍之序多置于文章之末，而后世则置于文章之前。

（4）普及本为何选用“无割”？无、不二字，此处稍有区别。无割既有二者缺一不可之义，又强调混而为一，使之无法分割之义，内涵更丰富。界：分也，与割义同。汉竹本此句归于下章之首。

第29章（下）

［版本对照］

帛甲	將欲取天下而為之〇吾見其弗口口口口口口器也非可為者也為〇者敗之執〇者失之
帛乙	將欲取口口口口口〇口口口口得已夫天下神器也非可為者也為之者敗之執之者失之
汉竹	將欲取天下而爲之〇吾見其不得已〇天下神器〇非可爲〇〇爲之者敗之執之者失之
河本	將欲取天下而為之〇我見其不得已〇天下神器〇不可為〇也為〇者敗之執〇者失之
想尔	將欲取天下而爲之〇吾見其不得已〇天下神器〇不可爲〇〇爲〇者敗之執〇者失之
王本	將欲取天下而為之〇吾見其不得已〇天下神器〇不可為〇也為〇者敗之執〇者失之
敦本	將欲取天下而為之〇吾見其不得已〇天下神器〇不可為〇〇為〇者敗之執〇者失之
唐本	將欲取天下而為之〇吾見其不得已〇天下神器〇不可為〇也為〇者敗之執〇者失之
宋本	將欲取天下而為之者吾見其不得已〇天下神器〇不可為〇也為〇者敗之執〇者失之
元本	將欲取天下而為之〇吾見其不得已〇天下神器〇不可為〇也為〇者敗之執〇者失之
明本	將欲取天下而為之〇吾見其不得已〇天下神器也不可為〇也為〇者敗之執〇者失之
清本	將欲取天下而為之〇吾見其不得已〇天下神器〇不可為〇也為〇者敗之執〇者失之
普本	将欲取天下而为之〇吾见其不得已夫天下神器也非可为者也为之者败之执之者失之

(1)

帛甲	〇物或行或隨或炅或口口口口口或杯或擶是以聲人去甚去大去楮
帛乙	故物或行或隋或熱或碰〇〇〇〇或陪或墮是以耶人去甚去大去諸
汉竹	〇物或行或隨或熱或炊或强或桎或伓或隋是以聖人夻甚夻奢夻泰
河本	故物或行或隨或响或吹或強或羸或載或隳是以聖人去甚去奢去泰
想尔	夫物或行或隨或嘘或吹或強或羸或接或隨是以聖人去甚去奢去泰
王本	故物或行或隨或歔或吹或強或羸或挫或隳是以聖人去甚去奢去泰
敦本	夫物或行或隨或嘘或吹或彊或羸或接或墮是以聖人去甚去奢去泰
唐本	故物或行或隨或煦或吹或強或羸或載或隳是以聖人去甚去奢去泰
宋本	故物或行或隨或嘘或吹或強或羸或載或隳是以聖人去甚去奢去泰
元本	故物或行或随或嘘或吹或強或羸或載或隳是以聖人去甚去奢去泰
明本	凡物或行或隨或响或吹或強或羸或載或隳是以聖人去甚去奢去泰
清本	故物或行或隨或响或吹或強或羸或載或隳是以聖人去甚去奢去泰
普本	凡物或行或随或嘘或吹或强或羸或培或堕是以圣人去甚去奢去泰

(2)　　　(3)

如是我文：

（1）普及本为何选用“为之者败之，执之者失之”？此两句经文又见简甲本、简丙本第 64 章。败、失是对“不得”的补充说明。本段之义又见第 48、57 章，为之与有事（有为之事）正相对。有为之事与无为之事（第 2 章）反相对。

（2）普及本为何选用“嘘”？其一，两两正反相对，进一步阐述二而一的表现形式。前与后，嘘与吹，现与隐，缓与急，强与弱，成与败，增与减，聚与散等，只是版本不同、例证有所不同而已。其二，《吕氏春秋》：“先圣择两法一。”《荀子》：“类不可两也，故知者择一而壹焉。”可作参考。

（3）普及本为何选用“奢”？楮、諸、奢三字字源相同。甚、泰、奢，都是过限之词：过也。

第30章（下）

［版本对照］

简甲	以衍差人宔者不谷以兵強於天下○○○○○○○○○○○○○○○○○○○○
帛甲	以道佐人主○不○以兵□□天下□□□□□□所居楚朸生之○○○○○○○○
帛乙	以道佐人主○不○以兵強於天下亓□□□□□□□□棘生之○○○○○○○○
汉竹	以道佐人主○不○以兵强於天下其事好睘師之所居楚棘生之○○○○○○○○
河本	以道佐人主者不○以兵強○天下其事好還師之所處荊棘生焉大軍之後必有凶年
想尔	以道佐人主者不○以兵彊○天下其事好還師之所處荊楙生○○○○○○○○○
王本	以道佐人主者不○以兵強於天下其事好還師之所處荊棘生焉大軍之後必有凶年
敦本	以道佐人主者不○以兵彊○天下其事好還師之所處荊棘生○○○○○○○○○
唐本	以道佐人主者不○以兵強○天下其事好還師之所處荊棘生焉大軍之後必有凶年
宋本	以道佐人主者不○以兵強○天下其事好還師之所處荊棘生焉大軍之後必有凶年
元本	以道佐人主者不○以兵強○天下其事好還師之所處荊楙生焉大軍之後必有凶年
明本	以道佐人主者不○以兵強○天下其事好還師之所處荊棘生焉大軍之後必有凶年
清本	以道佐人主者不○以兵強○天下其事好還師之所處荊棘生焉大兵之後必有凶年
普本	以道佐人主者不欲以兵强于天下○○○○○○○○○○○○○○○○○○○○

(1) (2)

简甲	○善者果而已○不○以取強○○果而弗發果而弗喬果而弗矝○○○○○○○
帛甲	○善者果而已矣毋○以取強焉○果而毋驕果而勿矜果而□□果而毋○得已居
帛乙	○善者果而已矣毋○以取強焉○果而毋驕果而勿矜果□□伐果而毋○得已居
汉竹	○善者果而已○不○以取強○故果而毋矜果而毋驕果而毋發果而毋不得已○
河本	○善者果而已○不○以取強○○果而勿矜果而勿伐果而勿驕果而○不得已○
想尔	故善者果而已○不○以取彊○○果而勿驕果而勿矜果而勿伐果而○不得已○
王本	○善者果而已○不○以取強○○果而勿矜果而勿伐果而勿驕果而○不得已○
敦本	故善者果而已○不○以取彊○○果而勿驕果而勿矜果而勿伐果而○不得已○
唐本	故善者果而已○不敢以取強○○果而勿矜果而勿伐果而勿憍果而○不得已○
宋本	故善者果而已矣不敢以取強焉○果而勿矜果而勿伐果而勿驕果而○不得已○
元本	故善者果而已○不敢以取強焉○果而勿矜果而勿伐果而勿驕果而○不得已○
明本	○善者果而已○不敢以取彊○○果而勿矜果而勿伐果而勿驕果而○不得已○
清本	○善者果而已○不敢以取強○○果而勿矜果而勿伐果而勿驕果而○不得已○
普本	○善者果而已○不○以取强○○果而勿伐果而勿骄果而勿矜○○○○○○○

简甲	是胃果而不強丌事好長○○○○○○○○○○○○○○○○○○	*6　上接46章，下接15章
帛甲	是胃口而不強○○○○物壯而老是胃之不道不道蚤已○	
帛乙	是胃果而○強○○○○物壯而老○胃之不道不道蚤已○	
汉竹	○○○○○○○○○○○物壯則老○謂之不道不道蚤已矣	
河本	○○果而勿強○○○○物壯則老是謂○不道不道早已○	
想尔	是○果而勿彊○○○○物壯則老○謂之非道非道早已○	
王本	○○果而勿強○○○○物壯則老是謂○不道不道早已○	
敦本	是○果而勿彊○○○○物壯則老○謂之非道非道早已○	
唐本	是○果而勿強○○○○物壯則老是謂○不道不道早已○	
宋本	○○果而勿強○○○○物壯則老是謂○非道非道早已○	
元本	○○果而勿強○○○○物壯則老是謂○不道不道早已○	
明本	是謂果而勿彊○○○○物壯則老是謂○不道不道早已○	
清本	○○果而勿強○○○○物壯則老是謂○不道不道早已○	
普本	是谓果而不强其事好长○○○○○○○○○○○○○○○○○○	

(3)(4)

如是我文：

(1) 普及本为何选用“佐”？三种字义，均可通。其一，差：择也。臣以道的标准选择人主。其二，佐：助也。臣行道以辅助人主。其三，作：为也。俞樾说：“按唐景龙碑，作‘以道作人主者’，乃古本也。河上公注曰：‘谓人主能以道自辅佐也。’则河上公亦是‘作’字。若曰‘以道佐人主’，则是人臣以道辅佐其主，何言人主以道自辅佐乎？”总之，治国用兵是君臣共同的事，要靠君臣共同完成，所以不必在枝节上纠缠不清。

(2) 普及本为何舍用“师之所处”两句？全章多抽象论述，除人物外，只有“兵”字牵扯到具体事物，究竟如何理解？其一，多本错简严重、衍文驳杂，源于将兵强具体落实为用兵之诫，进而反对战争；但本章是针对以道佐人主者而言，用兵者只是其中之一。其二，以兵强喻强中强、过强，似与第76章有关，兵强则不胜，与果而不强义近。全经强字共用20处。古强字的写法、用法很宽泛，主要分褒、贬二义，有强盛、强壮、强大之强，有强暴、强争、强硬之强，以及强弱、勉强、僵硬等。简本前后连贯、逻辑合理，明显优于多本。普及本于本章经文的取舍、顺序，以简本为主要母本。

(3) 普及本为何选用“其事好长”？两个系统。其一，多本作其事好还，位置在首句之末，与首句为前因后果。还：偿也。一般训为返还之义。其二，简本作（其事好长），位置在全段之末。长字前面的断句符号明显误标。长字若放置后一章，训为长古，是孤证。作为总结句，果而不强与其事好长互为因果，表达更合理，且押韵。简本下接“古之善为士者”段，进一步深入阐述，两段层层递进、前后连贯。简本中的标符，错误不止此一处，还是以行文是否符合逻辑为先。好：竟也。伐、骄、矜、强、长，似与第 22 章等相对应。

（4）普及本为何舍用“物壮”一句？此三句与第 55 章重。所不同者，简本此处无，帛本此处写为“物壮而老”，彼处写为“物壮则（即）老”。现据简本两段内容相较，当在第 55 章，以谈修身似更合理。

第31章（下）

［版本对照］

简丙	○○○○○○○○○○○○○○○○○○○○○○君子居則貴左用兵則貴右
帛甲	夫○兵者不祥之器口物或惡之故有欲者弗居○○○君子居則貴左用兵則貴右
帛乙	夫○兵者不祥之器也物或亞口口口口口口口○○○口口居則貴左用兵則貴右
汉竹	夫觟美○不恙之器也物或惡之故有欲者弗居也是以君子居則貴左用兵則貴右
河本	夫佳兵者不祥之器○物或惡之故有道者不處○○○君子居則貴左用兵則貴右
想尔	夫佳兵者不祥之器○物或恶之故有道○不處○○○君子居則貴左用兵則貴右
王本	夫佳兵者不祥之器○物或惡之故有道者不處○○○君子居則貴左用兵則貴右
敦本	夫佳兵者不祥之器○物或惡之故有道○不處○○○君子居則貴左用兵則貴右
唐本	夫佳兵者不祥之器○物或惡之故有道者不處○○○君子居則貴左用兵則貴右
宋本	夫佳兵者不祥之器○物或惡之故有道者不處○是以君子居則貴左用兵則貴右
元本	夫佳兵者不祥之器○物或惡之故有道者不處○○○君子居則貴左用兵則貴右
明本	夫佳兵者不祥○○○物或惡之故有道者不處也○○君子居則貴左用兵則貴右
清本	夫佳兵者不祥之器○物或惡之故有道者不處○○○君子居則貴左用兵則貴右
普本	○○○○○○○○○○○○○○○○○○○○○○君子居则贵左用兵则贵右

(1)

简丙	古曰兵者口口口口口○○○○○○○○口以已而用之銛纅為上○○弗敚也○○敚之○
帛甲	故○兵者非君子之器也口口不祥之器也不得已而用之銛襲為上○○勿美也若○美之○
帛乙	故○兵者非君子之器○兵者不祥口器也不得已而用之銛儱為上○○勿美也若○美之○
汉竹	○○兵者非君子之器也○○不恙之器也不得已而用之恬僂為上○○弗美○若○美之○
河本	○○兵者不祥之器○○○非君子之器○不得已而用之恬惔為上勝而不美○而○美之者
想尔	○○兵者不祥○器○○○非君子之器○不得已而用之恬惔爲上○故不美○若美必樂之
王本	○○兵者不祥之器○○○非君子之器○不得已而用之恬淡為上勝而不美○而○美之者
敦本	○○兵者不祥之器○○○非君子之器○不得已而用之恬惔為上○故不美○若美必樂之
唐本	○○兵者不祥之器○○○非君子之器○不得已而用之恬淡為上勝而不美○而○美之者
宋本	○○兵者不祥之器○○○非君子之器○不得已而用之恬淡為上○故不美也若美必樂之
元本	○○兵者不祥之器○○○非君子之器○不得已而用之恬淡為上勝而不美○而○美之者
明本	○○兵者不祥之器○○○非君子之器○不得已而用之恬淡為上勝而不美○○○美之者
清本	○○兵者不祥之器○○○非君子之器○不得已而用之恬澹為上勝而不美○而○美之者
普本	故曰兵者不祥之器○○○○○○○○○不得已而用之恬淡为上○○勿美也若○美之○

(2)　　　　(3)　　　　(4)

简丙	○○○○○○是樂殺人○夫樂囗○○○囗囗以乂志於天下○○古吉事上左喪事上右
帛甲	○○○○○○是樂殺人也夫樂殺人○○不可以得志於天下矣是以吉事上左喪事上右
帛乙	○○○○○○是樂殺人也夫樂殺人○○不可以得志於天下矣是以吉事囗囗囗囗囗囗
汉竹	是樂之樂之○是樂殺人○是樂殺人○○不可以得志於天下○是以吉事上左喪事上右
河本	○○○○○○是樂殺人○夫樂殺人者則不可使得志於天下矣○○吉事尚左凶事尚右
想尔	○○○○○○是○煞人○夫樂煞○者○不可○得意於天下○○故吉事尙左喪事尙右
王本	○○○○○○是樂殺人○夫樂殺人者則不可以得志於天下矣○○吉事尚左凶事尚右
敦本	○○○○○○是樂煞人○夫樂煞○者○不可以得意於天下○○故吉事尚左喪事尚右
唐本	○○○○○○是樂殺人○夫樂殺人者○不可○得志於天下○○○吉事尚左凶事尚右
宋本	○○○樂之者是樂殺人也○樂殺人者○不可○得志於天下矣○○吉事尚左凶事尚右
元本	○○○○○○是樂殺人○夫樂殺人者○不可○得志於天下矣○○吉事尚左凶事尚右
明本	○○○○○○是樂殺人也○樂殺人者○不可以得志於天下矣○○吉事尚左凶事尚右
清本	○○○○○○是樂殺人○夫樂殺人者○不可○得志於天下矣○○吉事尚左凶事尚右
普本	○○○○○○是乐杀人○夫乐杀人者○不可以得志于天下○○故吉事尚左凶事尚右

(5)

简丙	是以卞牆軍居左○上牆軍居右言○○○○以喪豊居之也古殺囗○囗○則以依悲位之
帛甲	是以便將軍居左○上將軍居右言○○○○以喪禮居之也○殺人○眾○○以悲依立之
帛乙	是以偏將軍居左而上將軍居右言○○○○以喪禮居之也○殺囗○囗○○囗囗囗立之
汉竹	○○扁將軍居左○上將軍居右言○○○○以喪禮居之○○殺人○眾○則以悲哀立之
河本	○○偏將軍居左○上將軍居右言○○○○以喪禮處之○○殺人○眾○○以悲哀泣之
想尔	是以偏將軍居左○上將軍居右言○○○○以喪礼處之○○煞人○衆多○以悲哀泣之
王本	○○偏將軍居左○上將軍居右言○○○○以喪禮處之○○殺人之眾○○以哀悲泣之
敦本	是以徧將軍居左○上將軍居右言○○○○以喪禮處之○○煞人○眾多○以悲哀泣之
唐本	○○偏將軍處左○上將軍處右言○○○○以喪禮處之○○殺人○眾多○以悲哀泣之
宋本	是以偏將軍處左○上將軍處右言居上勢則以喪禮處之○○殺人○衆多○以悲哀泣之
元本	是以偏將軍處左○上將軍處右言居上勢則以喪禮處之○○殺人○眾多則以悲哀泣之
明本	○○偏將軍處左○上將軍處右○○○○○○○○○○○○殺人○眾多○以悲哀泣之
清本	○○偏將軍處左○上將軍處右言居上勢則以喪禮處之○○殺人○眾多○以悲哀泣之
普本	是以偏将军居左○上将军居右言○○○○以丧礼居之○故杀人○众多则以哀悲位之

(6)

简丙	戰[乘力]則以喪豊居之　　＊＊＊6　上接35章，下接第64章
帛甲	戰勝〇以喪禮處之
帛乙	口朕而以喪禮處之
汉竹	戰勝〇以喪禮居之
河本	戰勝〇以喪禮處之
想尔	戰勝〇以喪礼處之
王本	戰勝〇以喪禮處之
敦本	戰勝〇以喪禮處之
唐本	戰勝則以喪禮處之
宋本	戰勝〇以喪禮處之
元本	戰勝則以喪禮處之
明本	戰勝〇以喪禮主之
清本	戰勝〇以喪禮處之
普本	战胜则以丧礼居之

如是我文：

（1）普及本为何舍用“夫兵者”三句？诸本经文明显错乱，歧处甚多，甚至连王弼都怀疑本章并非老子所作，清人纪昀研究后也认为“似有注语杂入”。普及本以简本为母本，缺字处，则选择较为合理之字句替补。“夫兵者不祥之器”与后句重。“物或恶之，故有道者不处”与第22章重。

（2）普及本为何选用“故曰”？“古”为“故”的省笔。前两句应是建言；从这句开始，是对建言的进一步阐述和理解。《老子》通篇多建言集句，以语录体、论述体为主；所以，有曰字之处都宜保留，以突出其体例及语言之流畅。

（3）普及本为何舍用“非君子之器”？其一，简本此处只残缺五字，证明后世诸本的两个“之器”必有一衍。兵非不可用，不得已而用，用之则有道。兵事乃国之大事，如何不是君子之事？“兵者”是君子不得已而用之的凶器、不祥之器。“君子”二字是“器”的主语，不是“器”的定语，“非君子之器”之说，表达上易含混不清；这一点，文子、河上已有觉察。两个“兵者”，亦可见其衔接之错乱。所以“非君子之器”当为衍文。其二，《墨子》：“然即之交孝子者，果不得已乎？”“利之中取大，非不得已也。害之中取小，不得已也。”《左传》：“其及赵氏，赵氏与焉；然不得已，若德，可以免。”《黄帝四经》：“道之行也，由不得已。”《称》：“兵者不得已而行。”《庄子》：“有为也欲当，则缘于不得已。不得已之类，圣人之道。”《吕氏春秋》：“凡兵，天下之凶器也；勇，天下之凶德也。举凶器，行凶德，犹不得已也。”《韩非子》：“故曰：‘兵者，凶器也。不可不审用也。’”《淮南子》：“兵者，凶器也。”《史记》：“故《老子》曰：‘美好者，不祥之器。’”可作参考。

（4）普及本为何选用“恬淡”？从字形可以看出，以汉竹本为转折，之前的简、帛本自成一系，当为古楚用语；之后的传世诸本多有改动，思路有迹可寻。本句讲的对象究竟是兵器、兵法，还是用兵者的心态？什么为上？见解明显不同。其一，简、帛本作憩、銛，互为增省。銛：利也。憩：善自用之意也。善自用即实用。纕、襲、㦝三字同源。纕：音虫，重也。袭：重也。銛襲就是重利。强调兵器要以利为上、以实用为上。在第4章注中，玄宗就是用銛利二字训锐。其二，汉竹本作恬倭。“恬”为“銛”之变。恬：安也。止也。“倭”借为“镂”：刚铁可以刻镂。强调兵器只要是刚铁制作即可，不必雕刻文饰，以实用为主。注意：早期的兵器多为铜器，所以强硬而易折。其三，传世诸本承继恬字，又对第二个字再做改动。“銛”或作“錟”。惔、澹（憺）、淡互通。至此，“恬淡”二字已与兵器毫不沾边，而是用兵者之心态，以静为上，慎重为上。对经文的理解，从物质层面上升到精神层面，应该说是一种进步。其四，《韩非子》：“世之所为‘烈士’者，虽众独行，取异于人，为恬淡之学，而理恍惚之言。臣以为：恬淡，无用之教也；恍惚，无法之言也。……恍惚之言，恬淡之学，天下之惑术也。”《韩非子》对恬淡持否定态度，似佐证传世诸本的恬淡二字有误。其五，《墨子》：“今有五锥，此其銛，銛者必先锉。”《庄子》：“夫虚静、恬淡、寂漠、无为者，万物之本也。”“兵莫憯于志，镆铘为下。”《史记》：“卢生说始皇曰：‘……今上治天下，未能恬倓。愿上所居宫毋令人知，然后不死之药殆可得也。’于是始皇曰：‘吾慕真人，自谓真人，不称朕。’”可作参考。

（5）普及本为何选用“凶事”？这里的事指的是祭事，而非用兵之事；左右指的是办事时各人所站的位置。五礼：吉、凶、宾、军、嘉。徐铉曰：“五礼莫重于祭，故从礻；豊者，其器也。”凶事包括用兵之事，用凶与吉相对应，更准确。

（6）普及本为何选用“位”？其一，简本作位，帛、竹本作立，传世诸本作泣。莅或作位、蒞、涖，诸字之关联，明晰可见。杀敌为主，辅之以善念，不使之过。位：正也。纠正自己之义。或认为本字为莅：临也。以恻隐之心对待对手，亦通。其二，《礼记》：“祭礼之礼，居丧之服，哭泣之位，皆如其国之故，谨修其法而审行之。”“大夫、士去国，逾竟，为坛位，乡国而哭。”既有位，又有泣，可作参考。

第32章（下）

[版本对照]

简甲	道亙亡名樸唯妻〇天埅弗敢臣厌王女能獸之萬勿㯓自賔天埅相會也以逾甘零
帛甲	道恒无名梪唯□□□□□□□□王若能守之萬物將自賓天地相谷〇以俞甘洛
帛乙	道恒无名樸唯小而天下弗敢臣侯王若能守之萬物將自賓天地相合〇以俞甘洛
汉竹	道恒無名樸唯小〇天下弗敢臣侯王若能守之萬物將自賓天地相合〇以俞甘露
河本	道常無名朴雖小〇天下不敢臣侯王若能守之萬物將自賓天地相合〇以降甘露
想尔	道常无名樸雖小〇天下不敢臣王侯若能守〇萬物將自賔天地相合〇以降甘露
王本	道常無名樸雖小〇天下莫能臣侯王若能守之萬物將自賓天地相合〇以降甘露
敦本	道常無名樸雖小〇天下不敢臣王侯若能守〇萬物將自賓天地相合〇以降甘露
唐本	道常无名樸雖小〇天下不敢臣侯王若能守〇萬物將自賓天地相合〇以降甘露
宋本	道常無名樸雖小〇天下莫能臣侯王若能守〇萬物將自賓天地相合〇以降甘露
元本	道常無名樸雖小〇天下莫能臣侯王若能守〇萬物將自賓天地相合〇以降甘露
明本	道常無名朴雖小〇天下不敢臣侯王若能守〇萬物將自賓天地相合〇以降甘露
清本	道常無名樸雖小〇天下不敢臣侯王若能守〇萬物將自賓天地相合〇以降甘露
普本	道恒无名朴虽小〇天地不敢臣侯王若能守之万物將自宾天地相合〇以降甘露

(1)　　　　　　　　　　　　　　　　　　　　　　　　　　　　(2)

简甲	民莫之命天自均安詒斲又名名亦既又夫亦㯓𢘓止𢘓止所以不訡
帛甲	民莫之□□□□焉始制有□□□□有夫□□□□□□所以不□
帛乙	□□□令而自均焉始制有名名亦既有夫亦將知止知止所以不殆
汉竹	民莫之令而自均安始正有名名亦既有夫亦將智止智止所以不殆
河本	民莫之令而自均〇始制有名名亦既有天亦將知之知之所以不殆
想尔	民莫之令而自均〇始制有名名亦旣有夫亦將知止知止〇〇不殆
王本	民莫之令而自均〇始制有名名亦既有夫亦將知止知止所以不殆
敦本	民莫之令而自均〇始制有名名亦既有夫亦將知止知止〇〇不殆
唐本	人莫之令而自均〇始制有名名亦既有夫亦將知止知止所以不殆
宋本	人莫之令而自均〇始制有名名亦既有夫亦將知止知止所以不殆
元本	人莫之令而自均〇始制有名名亦既有夫亦將知止知止所以不殆
明本	人莫之令而自均〇始制有名名亦既有夫亦將知止知止所以不殆
清本	人莫之令而自均〇始制有名名亦既有夫亦將知止知止所以不殆
普本	民莫之命而自均〇始制有名名亦既有夫亦将知止知止所以不殆

(3)　　　　(4)　　　　　　　　(5)

简甲	卑道之才天下也猷少浴之异江海○　　＊18　上接2章，下接25章
帛甲	俾道之在□□□□□浴之與江海也
帛乙	卑□□在天下也猷小浴之與江海也
汉竹	避道之在天下○猶小谷之與江海○
河本	譬道之在天下○猶川谷之與江海○
想尔	譬道○在天下○猶川谷○與江海○
王本	俾道之在天下○猶川谷之與江海○
敦本	譬道○在天下○猶川谷○與江海○
唐本	譬道之在天下○猶川谷之與江海○
宋本	譬道之在天下○由川谷之與江海也
元本	譬道之在天下○猶川谷之於江海也
明本	譬道之在天下○猶川谷之與江海○
清本	譬道之在天下○猶川谷之於江海○
普本	俾道之在天下○犹小谷之与江海○

（6）

如是我文：

（1）普及本为何选用“道恒无名”？两种理解。其一，无名。无名就是没有名字，传统多作此解，最直观，争议也最大；或认为无名就是没有具名，或认为无名就是以无为名，或对无名之说，持根本否定态度。宋人吕吉甫就曾指出：“道常无名，名之为道，则与道乖矣。”既名之为道，又怎能算作无名？这也正是早期哲学术语言不尽意之处。其二，无明。无明就是隐。名：明也，显也。无名二字连用，经文共出现4处，除第1章断为“无，名”外，本章“无名”、第37章“无名之朴”、第41章“道隐无名”3处，名均可与明相通；对此，河上的观点最具代表性：“道潜隐，使人无能指名也。”因其无明，所以无法名；可见，“无名”与“无明”直接相关，关键在于无明，而不在于无名。其三，“朴”即第37章的无名之朴。两章共论无名之道与无名之朴的关系与特质。言道必言朴，是道不离物、物不离道的另类表述，也是一种隐的叙述手法。其四，“妻”与“小”互不相关。本章经文中已有小（少）的使用。在同一章里，似乎没有必要将两个“小”，一个写成妻，一个写成小。较合理的解释，就是“妻”是“棲”的省笔，这也为断句提供了新思路，即“道恒无名（之）朴，唯栖天地，不敢臣”。断句虽不同，强调的要点却多相同，殊途同归。

（2）普及本为何选用“以降甘露”？其一，降：落也。“俞”是“逾”的省笔。逾：越也，坠也。其二，“零”或作“落”，省作“洛”。“零”为“露”的省笔。甘露一词，至今常用。

（3）普及本为何选用“而”？两种理解。其一，天。简本的天为正字，讲人与天的关系，认为后句的自均，是对前句天地降甘露的申论；自均乃天地自均，而非人力所为。其二，而。“天”为误字，认为前句天地降甘露是比喻，喻说侯王与民的自均关系。此句可参见第 51 章“夫莫之爵而恒自然也”。

（4）普及本为何选用“制”？“浙”或作“淛”，可见“折”与“制”可以换用。汉竹本作正。制：正也。

（5）普及本为何选用“知止”？参照第 37 章之“夫亦将知足”，可知“夫亦將知止”为正。“足”与“止”互通，二字既同又异。“足”指心足，对冲盈之间恰当比例的认知；止指行止，达到该比例的时机和节点。知足而后知止。河上理解不同，认为说的是天与人之间的关系，所以改夫为天，改止为之。是否另有所据？抑或如简本前句“天自均”？存疑。止：静也，制也。静止于其制。

（6）普及本为何选用“俾”？两种理解。其一，以俾字置句首者，先秦古籍中多见。“卑”是“俾”的省笔。俾：使也，行也。王弼“行道于天下者”即作此解。其二，俾：假设之辞。譬：喻也。“避”与“譬”互通。“譬”与“犹”似嫌重复。道本来就无处不在，何用假设？

第33章（下）

［**版本对照**］

帛甲	○知人者知也自知□□□□□者有力也自勝者□□□□□□也強行者有志也
帛乙	○知人者知也自知○明也朕人者有力也自朕者強也知足者富也強行者有志也
汉竹	故智人者智○自智者明○勝人者有力○自勝者强○智足者富○强行者有志○
河本	○知人者智○自知者明○勝人者有力○自勝者強○知足者富○強行者有志○
想尔	○知人者智○自知者明○勝人○有力○自勝者彊○知足者富○彊行○有志○
王本	○知人者智○自知者明○勝人者有力○自勝者強○知足者富○強行者有志○
敦本	○知人者智○自知者明○勝人○有力○自勝者彊○知足者富○強行○有志○
唐本	○知人者智○自知者明○勝人者有力○自勝者強○知足者富○強行者有志○
宋本	○知人者智○自知者明○勝人者有力○自勝者強○知足者富○強行者有志○
元本	○知人者智○自知者明○勝人者有力○自勝者強○知足者富○強行者有志○
明本	○知人者智○自知者明○勝人者有力○自勝者彊○知足者富○彊行者有志○
清本	○知人者智○自知者明○勝人者有力○自勝者強○知足者富○強行者有志○
普本	○知人者智○自知者明○胜人者有力○自胜者强○知足者富○强行者有志○

帛甲	不失其所者久也死○不忘者壽也
帛乙	不失其所者久也死而不忘者壽也
汉竹	不失其所者久○死而不亡者壽○
河本	不失其所者久○死而不亡者壽○
想尔	不失其所者久○死而不亡者壽○
王本	不失其所者久○死而不亡者壽○
敦本	不失其所者久○死而不亡者壽○
唐本	不失其所者久○死而不亡者壽○
宋本	不失其所者久○死而不亡者壽○
元本	不失其所○久○死而不亡者壽○
明本	不失其所者久○死而不亡者壽○
清本	不失其所者久○死而不亡者壽○
普本	不失其所者久○死而不妄者寿○

(1)

如是我文：

（1）普及本为何选用“妄”？亡、忘、妄互通。两种理解。其一，妄：乱也。唐代马总所辑录的《老子》经文，就是“死而不妄者寿”（《意林》）。《尚书》：“五福：一曰寿，二曰富，三曰康宁，四曰攸好德，五曰考终命。”本章与五福密切相关，是对如何得到五福的答案。五福都是生之事，“死”或是“至死”的省说，也就是五福中的考终命。死：终也。寿：久也。其二，亡：失也。忘：志不在也。都是精神不死、其志犹存之义。战国以来，言不死之道者，甚嚣尘上，与对此句经文的理解，是否有关？或身死而人不忘，或身死而道不亡，表达如此内涵，先秦古籍多用“死而不朽”。其三，《史记》：“为文王木主，载以车，中军。武王自称太子发，言奉文王以伐，不敢自专。”可知，周人有“事死如事生”的礼制，与寿无关。其四，《左传》：“古人有言曰：‘死而不朽’，何谓也？……大上有立德，其次有立功，其次有立言，虽久不废，此之谓不朽。”“若弗杀弗亡，君之惠也，死且不朽。”《国语》：“若得归骨于楚，死且不朽。”《列子》：“昔人言有知不死之道者，燕君使人受之，不捷，而言者死。”《论语》：“吾十有五而志于学，三十而立，四十而不惑，五十而知天命，六十而耳顺，七十而从心所欲，不踰矩。”《孔子家语》：“民赖其利，百年而死；民畏其神，百年而亡；民用其教，百年而移。故曰黄帝三百年。”可作参考。

第 34 章（下）

［版本对照］

帛甲	○道口口口口口口口○○○○○○○○○口口遂事而弗名有也○○萬物歸焉而弗為主
帛乙	○道渢呵亓可左右也○○○○○○○○○成功遂口口弗名有也○○萬物歸焉而弗為主
汉竹	○道泛旖其可左右○萬物作○而生○弗辤成功○○而弗名有○愛利萬物○○而弗為主
河本	○道汜兮其可左右○萬物恃之而生而不辭功成○○○不名有○愛養萬物○○而不為主
想尔	大道汜○其可左右○萬物恃○以生而不辞成功○○○不名有○衣被萬物○○○不爲主
王本	○道汜兮其可左右○萬物恃之而生而不辭功成○○○不名有○衣養萬物○○而不為主
敦本	大道汜○其可左右○萬物恃○以生而不辭成功○○○不名有○衣被萬物○○○不為主
唐本	大道汎兮其可左右○萬物恃之以生而不辭功成○○○不名有○愛養萬物○○而不為主
宋本	大道汎兮其可左右○萬物恃之以生而不辭功成○○○不居○○衣被萬物○○而不為主
元本	大道汎兮其可左右○萬物恃之以生而不辭功成○○○不居○○衣被萬物○○而不為主
明本	大道汎兮其可左右○萬物恃之以生而不辭功成○○而不居○○衣被萬物○○而不為主
清本	大道汎兮其可左右○萬物恃之以生而不辭功成○○而不名有○愛養萬物○○而不為主
普本	○道泛兮其可左右也○○○○○○○○○成功遂事而不名有也○○万物归焉而不为主

（1）　　（2）　　（3）　　（4）

帛甲	則恒无欲也可名於小○萬物歸焉口口為主可名於大○是口聲人之能成○大也
帛乙	則恒无欲也可名於小○萬物歸焉而弗為主可命於大○是以耶人之能成○大也
汉竹	故恒無欲矣可名於小○萬物歸焉而弗為主可名於大○是以聖人○能成○大也
河本	○常無欲○可名於小○萬物歸焉而不為主可名於大○是以聖人○○○○○○
想尔	○○○○○可名於小○萬物歸之○不爲主可名於大○是以聖人○○○○○○
王本	○常無欲○可名於小○萬物歸焉而不為主可名於大○○○○○○○○○○○○
敦本	○○○○○可名於小○萬物歸之○不為主可名於大○是以聖人○○○○○○
唐本	○常无欲○可名於小○萬物歸之○不為主可名於大○是以聖人○○○○○○
宋本	故常無欲○可名於小矣萬物歸焉而不知主可名於大矣是以聖人○○○○○○
元本	故常無欲○可名於小矣萬物歸焉而不知主可名於大矣是以聖人○能成其大也
明本	○常無欲○可名於小矣萬物歸焉而不知主可名於大矣是以聖人○能成其大也
清本	○常無欲○可名於小○萬物歸焉而不知主可名於大○是以聖人○○○○○○
普本	○○○○○可名于小○万物归焉而不为主可名于大○是以圣人之能成○大○

（5）

帛甲	以其〇不〇為大也故能成〇大
帛乙	以亓〇不〇為大也故能成〇大
汉竹	以其〇不〇為大〇故能成〇大
河本	〇〇終不〇為大〇故能成其大
想尔	〇〇終不〇爲大〇故能成其大
王本	以其終不自為大〇故能成其大
敦本	〇〇終不〇為大〇故能成其大
唐本	〇〇終不〇為大〇故能成其大
宋本	〇〇終不〇為大〇故能成其大
元本	以其〇不自〇大〇故能成其大
明本	以其〇不自〇大〇故能成其大
清本	〇〇終不〇為大〇故能成其大
普本	以其〇不自为大〇故能成其大

如是我文：

（1）普及本为何舍用“大”？其一，大道与道的概念不尽相同。早期哲学尚在草创之中，术语、概念均未定型，所以用法粗犷，多有含混。道的内涵最多，相关的术语也最多。概念、术语的规范，有待以“执今之道，以御今之有，以知古始”的原则梳理。其二，《庄子》：“东郭子问于庄子曰：‘所谓道，恶乎在?’庄子曰：‘无所不在。’东郭子曰：‘期而后可?’庄子曰：‘在蝼蚁。’曰：‘何其下邪?’曰：‘在稊稗。’曰：‘何其愈下邪?’曰：‘在瓦甓。’曰：‘何其愈甚邪?’曰：‘在屎溺。’东郭子不应。庄子曰：‘夫子之问也，固不及质。正获之问于监市履狶也，每下愈况。汝惟莫必，无乎逃物。至道若是，大言亦然。周遍咸三者，异名同实，其指一也。”可作参考。

（2）普及本为何舍用“万物”一句？与有关表述相含混，似乱句窜入，以帛本为准。

（3）普及本为何选用“不名有”？两种理解。其一，名：明也。不明有就是不明其本。其二，不名有就是名弗有，如《淮南子》“功立而名弗有”，意思是不占有其功名。

（4）普及本为何选用“万物归焉”？两种说法都可通，只不过“归焉”强调“道”的被动性，“爱利”诸字强调“道”的主动性。老子学说多强调被动，如下、反、弱等。归：合也。万物合于道。

（5）普及本为何舍用“常无欲”？从诸句的语序和语言逻辑分析，本句疑点重重。无欲之说杂于道论之中，指人而非指道，如第 1 章。由此推断，本句似衍文；若为错简，似当在“圣人”句之后，即“是以圣人之能成大，则恒无欲也；以其不自为大，故能成其大”。暂从想尔、敦本。详见第 57 章。

第 35 章（下）

[**版本对照**]

简丙	秇大象天下往往而不害安坪大樂𠬞餌怂客止古道口口口〇〇淡可丌縶味也
帛甲	執大象口口往往而不害安平大樂與餌過格止故道之出言也曰談呵其无味也
帛乙	執大象天下往往而不害安平大樂與口過格止故道之出言也曰淡呵亓无味也
汉竹	埶大爲天下往往而不害安平大樂與餌過客止〇道之出言〇曰淡旖其無味〇
河本	執大象天下往往而不害安平太樂與餌過客止〇道之出口〇〇淡乎其無味〇
想尔	執大象天下往佳而不害安平大樂與珥過客止〇道〇出言〇〇淡〇〇无味〇
王本	執大象天下往往而不害安平太樂與餌過客止〇道之出言〇〇淡兮其無味也
敦本	執大象天下往往而不害安平太樂與珥過客止〇道〇出言〇〇惔〇〇無味〇
唐本	執大爲天下往往而不害安平泰樂與餌過客止〇道之出口〇〇淡乎其无味〇
宋本	執大象天下往往而不害安平泰樂與餌過客止〇道之出言〇〇淡乎其無味〇
元本	執大象天下往往而不害安平泰樂與餌過客止〇道之出口〇〇淡乎其無味〇
明本	執大象天下往往而不害安平泰樂與餌過客止〇道之出口〇〇淡乎其無味〇
清本	執大象天下往往而不害安平泰樂與餌過客止〇道之出口〇〇淡乎其無味〇
普本	执大象天下往往而不害安平太乐与饵过客止故道之出言〇曰淡乎其无味也

(1)　(2)　(3)　(4)(5)

简丙	視之不足見〇聖之不足䎽〇〇〇而不可既也	＊＊＊4　上接第 18 章，下接第 31 章
帛甲	口口不足見也聽之不足聞也用之〇不可既也	
帛乙	視之不足見也聽之不足聞也用之〇不可既也	
汉竹	視之不足見〇聽之不足聞〇用之〇不可既也	
河本	視之不足見〇聽之不足聞〇用之〇不可既〇	
想尔	視〇不足見〇聽〇不足聞〇用〇〇不可既〇	
王本	視之不足見〇聽之不足聞〇用之〇不可既〇	
敦本	視〇不足見〇聽〇不足聞〇用〇〇不可既〇	
唐本	視之不足見〇聽之不足聞〇用之〇不可既〇	
宋本	視之不足見〇聽之不足聞〇用之〇不可既〇	
元本	視之不足見〇聽之不足聞〇用之〇不可既〇	
明本	視之不足見〇聽之不足聞〇用之〇不可既〇	
清本	視之不足見〇聽之不足聞〇用之〇不可既〇	
普本	视之不足见〇听之不足闻〇〇〇而不可既也	

(6)

如是我文：

（1）普及本为何选用“执”？其一，简本原字为秇，与同简中的埶、埶稍有不同。据《集韵》，“執”古作“秇”，“埶”古作“秇”，二字互通。执：处置也。埶：种也。树为榜样。另据有关学者考证，古籍中“执”与“设”互通，用设字解，其义更明。其二，象是形象、影象、镜象之象，在这里相当于复制文字。据《周礼》记载，每年的正月初一，大宰就要派人“悬治象之法于象魏”。象魏就是天子及诸侯宫门两侧的观阙。古人颁布文告，要将法典文字誊抄或雕刻于木板等物之上，称之为治象或治象之法，然后将之悬置于高处，以便众人观看。这种做法又称之为设象。治象相当于后世印刷或誊抄出来用于广泛张贴的纸质文告。所以，大象也引申为国家之大法。象：法也。如《诗》：“象服是宜，子之不淑，云如之何？”法度之服称之为象服。其三，往：归向也。指万民归向。也有人理解为行道者游说其道于天下。其四，《周礼》：“大宰之职，掌建邦之六典，以佐王治邦国：……正月之吉，始和布治于邦国都鄙，乃悬治象之法于象魏，使万民观治象，挟日而敛之。乃施典于邦国，……乃施法于官府，……”“正岁，（小宰）帅治官之属，而观治象之法，徇以木铎，曰：‘不用法者，国有常刑。’”《系辞》：“圣人设卦观象，系辞焉而明吉凶。”《管子》：“比校民之有道者，设象以为民纪。”《文子》：“老子曰：悬法设赏而不移风易俗者，诚心不抱也。”《国语》：“比校民之有道者，设象以为民纪。”《孔子家语》：“（身、妻、子）三者，百姓之象也。身以及身，子以及子，妃以及妃，君以修此三者，则大化忾乎天下矣，昔太王之道也。如此，国家顺矣。”可作参考。

（2）普及本为何选用“安”？两种理解。其一，平安之安。《吕氏春秋》：“人民禽兽之所安平。”其二，“安”与“焉”通。简本中，所有的“焉”字都写成安、，而安的本字则写作。由此可知，此处的“安”，同“焉”的可能性更大。此处保留安字，便于朗读。

（3）普及本为何选用“过客”？两种理解。其一，简本的“過”都以“化”为字源。格：式也，正也。如何娱乐与饮食？都有一定的法式和要求，过正则止。出格一词，今人仍常用。若本句自成一段而与其他诸句无关联，亦通。其二，过客。“格”与“客”同音假借（入声陌部）。与其他诸句相关联，用乐、饵与道相比较，一个吸引人，一个不吸引人。其三，《周礼》：“以乐侑食。”《礼记》：“奏而食。”“天子饮食，用礼乐。”可作参考。

（4）普及本为何选用“曰”？这里的“言”，指语言文字，或典籍，或张榜公布出来的文字。后三句不是“言”的具体内容，而是对“言”的评价。

（5）普及本为何选用“淡”？帛甲本之谈，或为本字。语之枯燥无味，亦通。

（6）普及本为何舍用“用之”？两个系统。其一，简本无“用之”。既：尽也。不可既，同样是不足之义，是对前两句“不足”的总结。道之义一旦落实到语言文字上，必然受到语言文字的局限，所以有些见解极端的古学者才认为书中所记全是糟粕，有书不如无书。其二，多本加“用之”，认为应是三句排比，与第 14 章的“视之不见”等三句义近。

第36章（下）

[版本对照]

帛甲	將欲拾之必古張之將欲弱之口口強之將欲去之必古與之將欲奪之必古予之是胃徹明
帛乙	將欲擒之必古張之將欲弱之必古強之將欲去之必古與之將欲奪之必古予口是胃徹明
汉竹	將欲歙之必古張之將欲弱之必古强之將欲廢之必古舉之將欲奪之必古予之是謂徹明
河本	將欲噏之必固張之將使弱之必固強之將欲廢之必固興之將欲奪之必固與之是謂微明
想尔	將欲翕之必固張之將欲弱之必固彊之將欲癈之必固興之將〇奪之必固與之是謂微明
王本	將欲歙之必固張之將欲弱之必固強之將欲廢之必固興之將欲奪之必固與之是謂微明
敦本	將欲翕之必固張之將欲弱之必固彊之將欲廢之必固興之將欲奪之必固與之是謂微明
唐本	將欲歙之必固張之將欲弱之必固強之將欲廢之必固興之將欲奪之必固與之是謂微明
宋本	將欲歙之必固張之將欲弱之必固強之將欲廢之必固興之將欲奪之必固與之是謂微明
元本	將欲歙之必固張之將欲弱之必固強之將欲廢之必固興之將欲奪之必固與之是謂微明
明本	將欲歙之必固張之將欲弱之必固彊之將欲廢之必固興之將欲奪之必固與之是謂微明
清本	將欲歙之必固張之將欲弱之必固強之將欲廢之必固興之將欲奪之必固與之是謂微明
普本	将欲翕之必故张之将欲弱之必故强之将欲废之必故兴之将欲夺之必故予之是谓微明

(1) (2)

帛甲	𠁣弱勝〇強〇〇〇魚不口脫於〇潚邦〇利器不可以視人
帛乙	柔弱朕〇強〇〇〇魚不可說於〇淵國〇利器不可以示人
汉竹	耎弱勝〇强〇〇〇魚不可說於〇淵國之利器不可以視人
河本	柔弱勝剛強〇〇〇魚不可脫於〇淵國之利器不可以示人
想尔	柔弱勝剛彊〇〇〇魚不可勝於〇渕國有利器不可以視人
王本	柔弱勝剛強〇〇〇魚不可脫於〇淵國之利器不可以示人
敦本	柔弱勝罰彊〇〇〇魚不可脫於〇淵國有利器不可以視人
唐本	柔弱勝剛強〇〇〇魚不可脫於〇淵國之利器不可以示人
宋本	柔之勝剛弱之勝強魚不可脫於〇淵國之利器不可以示人
元本	柔弱勝罰強〇〇〇魚不可脫於〇淵國之利器不可以示人
明本	柔〇勝剛弱〇勝彊魚不可脫於〇淵國之利器不可以示人
清本	柔〇勝剛弱〇勝強魚不可脫於深淵邦之利器不可以示人
普本	柔弱胜〇强〇〇〇鱼不可脱于〇渊国之利器不可以示人

如是我文：

（1）普及本为何选用“故”?“固”与“故（古)”互通。故又有故意之义，强调权谋，意境更丰富。

（2）普及本为何选用“废”？其一，废：去也。废举、兴废二说，至今常用，均可。“與”是“舉”的省笔。据《辞海》记载：“废，谓物贵而卖之；举，谓物贱而买之。”先秦古籍中，相同或类似的说法多见，可知本章经文多是当时流行的格言或俗语，尤其是有些书中提及“《周书》曰”、“《诗》曰”、“《军谶》曰”等，更证明有些格言是《老子》之前的古语，同样为《老子》所引用。其二，《管子》：“故知予之为取者，政之宝也。”《孙子兵法》：“予之，敌必取之。”《庄子》：“我必先之，彼故知之；我必卖之，彼故鬻之。若我而不有之，彼恶得而知之？若我而不卖之，彼恶得而鬻之?”《礼记》：“凡祭，有其废之，莫敢举也；有其举之，莫敢废也。”《国语》：“今旱而听于君，其天道也。君若弗予，而天予之。”《战国策》：“《周书》曰：‘将欲败之，必姑辅之；将欲取之，必姑与之。’”《文子》：“故知与之为取，后之为先，即几于道矣。”《吕氏春秋》：“《诗》曰：‘将欲毁之，必重累之；将欲踣之，必高举之’，其此之谓乎？累矣而不毁，举矣而不踣，其唯有道者乎!”《淮南子》：“钓者静之，罛者扣舟，罩者抑之，挂者举之：为之异，得鱼一也。”“以微知明，以外知内。”“事或夺之而反予之，或予之而反取之。”《黄石公三略》：“《军谶》曰：‘柔能制刚，弱能制强。’”《太一生水》：“天道贵弱。”《国语》：“因阴阳之恒，顺天地之常，柔而不屈，强而不刚，德虐之行，因以为常。”《吕氏春秋》：“善持胜者，以弱术强。”可作参考。

第37章（下）

［版本对照］

简甲	衍亙亡為也〇〇〇矦王〇能守之而萬勿㸂自𢡺𢡺而雒复〇㸂貞之以亡名之𡡉
帛甲	道恒无名〇〇〇〇侯王若能守之〇萬物將自𢡺𢡺而欲□□□□□□无名之楃
帛乙	道恒无名〇〇〇〇侯王若能守之〇萬物將自化化而欲作吾將闐之以无名之樸
汉竹	道恒無爲〇〇〇〇矦王若能守之〇萬物將自化化而欲作吾將寘之以無名之樸
河本	道常無為而無不為侯王若能守〇〇萬物將自化化而欲作吾將鎮之以無名之朴
想尔	道常无爲而无不爲王侯若能守〇〇萬物將自化化如欲作吾將鎮之以无名之樸
王本	道常無為〇〇〇〇矦王若能守〇則萬物將自化化而欲作吾將鎮之以無名之樸
敦本	道常無為而無不為王侯若能守〇〇萬物將自化化而欲作吾將鎮之以無名之樸
唐本	道常无為而无不為侯王若能守〇〇萬物將自化化而欲作吾將鎮之以无名之樸
宋本	道常無為而無不為侯王若能守〇〇萬物將自化化而欲作吾將鎮〇以無名之樸
元本	道常無為而無不為侯王若能守〇〇萬物將自化化而欲作吾將鎮之以無名之樸
明本	道常無為而無不為侯王若能守〇〇萬物將自化化而欲作吾將鎮之以無名之樸
清本	道常無為而無不為侯王若能守〇〇萬物將自化化而欲作吾將鎮之以無名之樸
普本	道恒无为〇〇〇〇侯王若能守之〇万物将自化化而欲作吾将贞之以无名之朴

(1)　　　　　　　　　　(2)

简甲	〇〇〇〇〇〇〇夫亦㸂智足智足以青萬勿㸂自定　＊13 上接第64章，下接第63章
帛甲	〇〇〇无名之楃夫〇將不辱不辱以情天地將自正
帛乙	闐之以无名之樸夫〇將不辱不辱以靜天地將自正　道 二千四百廿六
汉竹	〇〇〇無名之樸夫亦將不辱不辱以靜天地將自正　凡二千三百三
河本	鎮之以無名之朴〇亦將不欲不欲以靜天下將自定
想尔	〇〇〇无名之樸〇亦將不欲无欲以靜天地〇自正　老子道經上　想爾
王本	〇〇〇無名之樸夫亦將無欲不欲以靜天下將自定
敦本	〇〇〇無名之樸〇亦將不欲無欲以靜天地〇自正　老子道經上 老子德經下
唐本	〇〇〇无名之樸〇亦將不欲不欲以靜天下將自正
宋本	〇〇〇無名之樸〇亦將不欲不欲以靜天下將自正
元本	〇〇〇無名之樸〇亦將不欲不欲以靜天下將自正
明本	〇〇〇無名之樸〇亦將不欲不欲以靜天下將自正
清本	〇〇〇無名之樸〇亦將不欲不欲以靜天下將自正
普本	〇〇〇〇〇〇〇夫亦将知足知足以静万物将自定

(3)

如是我文：

（1）普及本为何选用“无为”？重大分歧之一。其一，三个系统：或无为，或无名，或无为而无不为。其二，无为究竟是道的特质，还是圣人之德的准则、圣人为道的手段？首先应从《老子》经文中找答案。经统计，无为二字连用者，全经计11处。其中，与道的概念直接有关者1处，见本章。与德（行为准则）的概念直接有关，同时又与为之相对应者1处，见第38章。与圣人处事有关者9处（包括与为道的手段同时有关者2处），见第2、43、47、48、57、63、64章。分析可知，“道恒无为”与“道常無為而無不為”两个系统，极可能都是由第48章“为道者日损；损之又损，以至于无为。无为而无不为”压缩讹变而来。“为道者无为”，损是为道者的手段，无为是损之极；之后经文又说“取天下也，恒无事”，无事就是圣人所治的无为之事，前后连贯。两帛本似乎有所觉察，干脆回避无为二字，而重复使用无名如第32章。作为老子学说的重要术语之一，无为应是圣人处事为道的最高行为准则和手段之一，属上德之为；由于道用与德常混说，于是无为也就自然与道有了直接关联，正如《管子》所谓“道之与德无间，故言之者不别也”。其三，什么是无为？统计各家之说，无为就是无之为、无有之为、至极之损、至为、止之为、止之之为、不动、不先物为、顺势而为、不为、无作为、无行为、无所为、无须人为、无须己为等等，或归于三种认知：无为就是行止，就是静，或静静；无为就是顺势而为；无为就是不为具体事务。总之，无为的核心就是辅自然之自化。无为与自化相对应，其义自明。其四，《系辞上》：“《易》无思也，无为也，寂然不动，感而遂通天下之故。非天下之至神，孰能与于此？”《论语》：“无为而治者，其舜也與？夫何为哉？恭己正南面而已矣。”《管子》：“无为者帝，为而无以为者王，为而不贵者霸。”“德者，道之舍。”“无为之谓道，舍之之谓德，故道之与德无间，故言之者不别也。”《列子》：“至言去言，至为无为。”《庄子》：“万物殊理，道不私，故无名。无名故无为，无为而无不为。”《韩非子》：“故曰吾无从知之，惟无为可以规之。”《吕氏春秋》：“圣人之相知，岂待言哉？……故至言去言，至为无为。”《淮南子》：“漠然无为而无不为也，淡然无治也而无不治也。所谓无为者，不先物为也；所谓无不为者，因物之所为。所谓无治者，不易自然也；所谓无不治者，因物之相然也。”《史记》：“（李斯）乃从荀卿学帝王之术。……辞于荀卿曰：‘……久处卑贱之位，困苦之地，非世而恶利，自託于无为，此非士之情也。故斯将西说秦王矣。’”可作参考。

（2）普及本为何选用“贞”？两个系统。其一，“贞”或为本字。贞：正也。其二，“貞”或为“寘”的省笔，“寘”与“窴（闐）”互为增省，“窴（填）”与“镇”互通，诸字先后演变而来。寘（窴）：置也。镇：安也。

（3）普及本为何选用“知足……自定”？其一，知足、不辱、不欲（无欲）

三个系统，或侧重果，或侧重因，角度不同而已。不欲则无欲，无欲则知足，知足则不忧。忧：辱也。其二，正与定互通，二字既同又异。正之以不欲，定之以知足。自正：自我纠正机制。自定：自我平衡机制。其三，《管子》："心能执静，道将自定。"《书》："咸秩无文。"

第38章（下）

［版本对照］

帛甲	□□□□□□□□□□□□□□□□德
帛乙	上德不德是以有德下德不失德是以无德
汉竹	上德不德是以有德下德不失德是以無德
河本	上德不德是以有德下德不失德是以無德
指归	上德不德是以有德下德不失德是以無德
王本	上德不德是以有德下德不失德是以無德
敦本	上德不德是以有德下德不失德是以無德
唐本	上德不德是以有德下德不失德是以无德
宋本	上德不德是以有德下德不失德是以無德
元本	上德不德是以有德下德不失德是以無德
明本	上德不德是以有德下德不失德是以無德
清本	上德不德是以有德下德不失德是以無德
普本	上德不德是以有德下德不失德是以无德

帛甲	上德无□□无以為也○○○○○○○○○上仁為之□□以為也
帛乙	上德无為而无以為也○○○○○○○○○上仁為之而无以為也
汉竹	上德無為而無以為○下德□之而無以為上仁為之而無以為○
河本	上德無為而無以為○下德為之而有以為上仁為之而無以為○
指归	上德無為而無不為○下德為之而有以為上仁為之而無以為○
王本	上德無為而無以為○下德為之而有以為上仁為之而無以為○
敦本	上德無為而無以為○下德為之而有以為上仁為之而無以為○
唐本	上德無為而無以為○下德為之而有以為上仁為之而無以為○
宋本	上德無為而無以為○下德為之而有以為上仁為之而無以為○
元本	上德無為而無以為○下德為之而有以為上仁為之而無以為○
明本	上德無為而無以為○下德為之而有以為上仁為之而無以為○
清本	上德無為而無以為○下德為之而有以為上仁為之而無以為○
普本	上德无为而无以为○○○○○○○○○上仁为之而无以为○

(1)　　　　(2)

帛甲	上義為之而有以為也上禮□□□□□□□□攘臂而乃之故失道而后德失德而后仁
帛乙	上德為之而有以為也上禮為之而莫之瘫也則攘臂而乃之故失道而后德失德而句仁
汉竹	上義為之而有以為○上禮為之而莫之應○則攘臂而乃之故失道而後德失德而後仁
河本	上義為之而有以為○上禮為之而莫之應○則攘臂而仍之故失道而後德失德而後仁
指归	上義為之而有以為○上禮為之而莫之應○則攘臂而仍之故失道而後德失德而後仁
王本	上義為之而有以為○上禮為之而莫之應○則攘臂而扔之故失道而後德失德而後仁
敦本	上義為之而有以為○上禮為之而莫之應○則攘臂而仍之故失道而後德失德而後仁
唐本	上義為之而有以為○上禮為之而莫之應○則攘臂而仍之故失道而後德失德而後仁
宋本	上義為之而有以為○上禮為之而莫之應○則攘臂而仍之故失道而後德失德而後仁
元本	上義為之而有以為○上禮為之而莫之應○則攘臂而仍之故失道而後德失德而後仁
明本	上義為之而有以為○上禮為之而莫之應○則攘臂而仍之故失道而後德失德而後仁
清本	上義為之而有以為○上禮為之而莫之應○則攘臂而仍之故失道而後德失德而後仁
普本	上义为之而有以为○上礼为之而莫之应○则让避而仍之故失道而后德失德而后仁

(3)　　　　(4)

帛甲	失仁而后義□□□□□□□□□□□□□而亂之首也□□□道之華也而愚之首也
帛乙	失仁而句義失義而句禮失禮者忠信之泊也而亂之首也前識者道之華也而愚之首也
汉竹	失仁而後義失義而後禮夫禮○忠信之淺○而亂之首也前識者道之華○而愚之首也
河本	失仁而後義失義而後禮夫禮者忠信之薄○而亂之首○前識者道之華○而愚之始○
指归	失仁而後義失義而後禮○禮者忠信之薄○而亂之首○前識者道之華○而愚之始○
王本	失仁而後義失義而後禮夫禮者忠信之薄○而亂之首○前識者道之華○而愚之首○
敦本	失仁而後義失義而後禮夫禮者忠信之薄○而亂之首○前識者道之華○而愚之始○
唐本	失仁而後義失義而後禮夫禮者忠信之薄○而亂之首○前識者道之華○而愚之始○
宋本	失仁而後義失義而後禮夫禮者忠信之薄○而亂之首也前識者道之華○而愚之始也
元本	失仁而後義失義而後禮夫禮者忠信之薄○而亂之首也前識者道之華○而愚之始也
明本	失仁而後義失義而後禮夫禮者忠信之薄○而亂之首也前識者道之華○而愚之始也
清本	失仁而後義失義而後禮夫禮者忠信之薄○而亂之首也前識者道之華○而愚之始也
普本	失仁而后义失义而后礼失礼者忠信之薄○而乱之首○前识者道之华○而愚之始○

(5)

帛甲	是以大丈夫居亓厚而不居亓泊居亓實○不居亓華故去皮○取此
帛乙	是以大丈夫居□□□□居亓泊居亓實而不居亓華故去罷而取此
汉竹	是以大丈夫居其厚○不居其薄居其實○不居其華故厺被○取此　　老子上经
河本	是以大丈夫處其厚○不處其薄處其實○不處其華故去彼○取此
指归	是以大丈夫處其厚○不處其薄處其實○不處其華○去彼○取此
王本	是以大丈夫處其厚○不居其薄處其實○不居其華故去彼○取此
敦本	是以大丈夫處其厚○不處其薄居其實○不居其華故去彼○取此
唐本	是以大丈夫處其厚○不處其薄居其實○不居其華故去彼○取此
宋本	是以大丈夫處其厚○不處其薄居其實○不居其華故去彼○取此
元本	是以大丈夫處其厚○不處其薄居其實○不居其華故去取○彼此
明本	是以大丈夫處其厚○不處其薄居其實○不居其華故去彼○取此
清本	是以大丈夫處其厚○不處其薄居其實○不居其華故去彼而取此
普本	是以大丈夫居其厚而不居其薄居其实而不居其华故去彼而取此

（6）

如是我文：

（1）普及本为何选用“无以为”？分析各句之语言逻辑和用字，都是“为”与“以为”相对应。经统计，“以为”二字连用者，全经共21处；其中合而不分者5处，其余16处均为以（之）为。吕叔湘认为：“‘以……为’有‘致使’（见于事实）和‘意谓’（存于心中）两种意思。”“‘以为’二字，合而不分，只有意谓之意（与以之为不同）。……这样合用的‘以为’，白话里也还说。”（《文言虚字》）如：我以为、我认为如何如何，所以，以为二字，可以理解为主观之思。无以为就是《系辞》所说的无思；按严遵的理解，就是“心不知欲，志不知为”（见第48章）。

（2）普及本为何舍用“下德为之而有以为”？四大行为准则是上德、上仁、上义、上礼。本段经文论述的正是四大行为准则的层次位置和区别。下德出现在首段，是对伪德的批判，这里的界定，又与上义相同，逻辑错误明显。

（3）普及本为何选用“让避”？三种理解。其一，攘：推也。以力服人，以河上的上下忿争为代表。既然称之为上礼，就已肯定其地位，何忿之有？而且，前三句说的都是自身身心之作为，此句亦无理由例外，自身的攘臂举动，应该针对自身的莫之应，我于身虽为，于心或可不应，也就是韩非子说的“礼以貌情”，而不是我为而别人不应。攘臂：揎袖出臂也。《前汉·邹阳传》：“攘袂而正议。”又见第69章“襄无臂”。其二，攘臂，是恭敬手足之礼，以韩非子为代表，严遵也有“攘臂执圭”之说。其三，让避，也是恭敬之礼。“讓”古作“攘”：谦也，退也。辟、臂、避互通。《礼记》：“君出就车，则仆并辔授绥，左右攘辟。”攘辟就是让避。避让是礼。君王出行，左右侍驾诸臣，见车欲进行，皆退却避车，不妨碍车行。《诗》：“宛然左辟。”让而避者必左。其四，《左传》：“让，礼之主也。”“叔向曰：‘子叔子知礼哉！吾闻之曰：‘忠信，礼之器也；卑让，礼之宗也。’辞不忘国，忠信也；先国后己，卑让也。《诗》曰：‘敬慎威仪，以近有德。’夫子近德矣。’”《礼记》：“道德仁义，非礼不成。”“君子恭敬撙节退让以明礼。”“长者问，不辞让而对，非礼也。”“凡与客入者，每门让于客。”“若主人拜，则客还辟，辟拜。”“博闻强识而让，敦善行而不怠，谓之君子。”“送葬不辟涂潦。”“（子）八年，出入门户，及即席饮食，必后长者，始教之让。”《管子》：“虚无无形谓之道，化育万物谓之德，君臣父子人间之事谓之义，登降揖让、贵贱有等、亲疏之体谓之礼。简物、小大一道，杀僇禁诛谓之法。”“故德者，得也。”《庄子》：“而儒墨乃始离跂攘臂乎桎梏之间。”《孟子》：“无辞让之心，非人也。”“辞让之心，礼之端也。”“晋人有冯妇者，善搏虎，卒为善士。则之野，有从逐虎。虎负嵎，莫之敢撄。望见冯妇，趋而迎之。冯妇攘臂下车众皆悦之，其为士者笑之。”《孔子家语》：“古之御天下者，以六官总治焉。冢宰之官以成道，司徒之官以成德，宗伯之官以成仁，司马之官以成圣，司寇之官以成义，司空之官以成礼。”“夫礼者，理也；乐者，节也。无礼不动，无节不作。”可作参考。

（4）普及本为何选用“后”？“句”是“后”的反写。

（5）普及本为何选用“失礼者”？其一，从语言顺序角度分析，应该是五失，而不是四失。对此，严遵就有着清醒的认知和明确的表述。“失礼而后×”，这个×，《老子》并未命名，只是称之为失礼者。从失道到失礼，层层递减，礼是行为准则的最后一道关口，这正是《老子》强调的要点，所以，经文前四句为一段落，后两句是对“失礼”和“礼”的补充说明，至于究竟是经文原有还是窜注？并不重要。其二，从语言逻辑角度分析，第五句的“夫（失）礼者”与第六句的“前识者”的主体应该不同。首，一字两用。谁是乱之祸首？是失礼者。谁是教民之始？是礼。如第 65 章经文所说：“为道者，非以明民，将以愚之。”所谓“曲礼三千”，制礼用以规范社会秩序，使百姓因仍，有样学样，亦步亦趋，是“愚之”的重要一步。失礼则致乱，制礼以治乱，两者的作用截然不同。如果将两句话的主体均界定为礼，逻辑不通。其三，从语言文字角度分析，帛乙本原字为“夫道……夫德……夫仁……夫義……夫禮者……”五“夫”俱同，没有理由认为前四个“夫”都是“失”的省笔，而第五个“夫”却是本字。“失”省笔为“夫”的写法，直到唐代仍在广泛使用，如《干禄字书》记载，“规”的俗字“䂓”，“夫”即写为“失”。清光绪十九年鸿文书局据华亭张氏本校印的线装本《老子》，即为“失礼者”，而附后的《校改》，也并未有所异议。或误认为夫礼，或有意训为夫礼，有心者以此为反礼之口实，结果却连带出更多逻辑混乱和解释不清之处。其四，从老子思想角度分析，《老子》并不反礼，而多处言礼。据《尚书》记载，常礼有五种：吉、凶、军、宾、嘉；祭礼有三种：祀天神、享人鬼、祭地祇。《老子》问世之始，天下尚无学术之辩，谈不上百家之分，更何况儒家思想也是从老子学说中发展而来。其五，从礼的发展角度分析，任何事物都是物极必反，作为封建社会最重视的礼，更是如此，既不能全盘肯定，也不能全盘否定。经文并无对上礼的批判，而是对繁礼、失礼的批判，礼过则乱。《书》：“礼烦则乱，事神则难。”纵观全章，似非一时之作，也非出自一人之手，使得本章概念过于驳杂，自相矛盾之处多见，改经痕迹明显，似非《老子》经文原貌。对此，前人多有置疑。如明代焦竑在其《老子翼》中就曾明确指出：“庄子举老子此言而论之曰：‘今已为物也，欲复归根，不亦难乎！其易也，其惟大人乎！’虽然，既归其根，孰为物？孰为非物？故又曰：‘远而不可不居者，义也；亲而不可不广者，仁也；节而不可不积者，礼也；中而不可不高者，德也；一而不可不易者，道也。’此数者，虽有上下先后之异，而以圣人用之，皆道也。盖圣人百虑同归，二际俱泯，岂复有彼此去取邪？”

（6）普及本为何选用“大丈夫”？大丈夫之称谓，全书仅出现一次，如韩非子所解，认为大丈夫就是有大智慧的人；或如《孟子》：“富贵不能淫，贫贱不能移，威武不能屈，此之谓大丈夫。”居：治也，当也。

第39章（下）

［版本对照］

帛甲	昔之得一者天得一以清地得□以寧神得一以霝浴得一以盈○○○○○○
帛乙	昔○得一者天得一以清地得一以寧神得一以霝浴得一○盈○○○○○○
汉竹	昔○得一者天得一以精地得一以寧神得一以靈谷得一以盈○○○○○○
河本	昔之得一者天得一以清地得一以寧神得一以靈谷得一以盈萬物得一以生
指归	昔之得一者天得一以清地得一以寧神得一以靈谷得一以盈○○○○○○
王本	昔之得一者天得一以清地得一以寍神得一以靈谷得一以盈萬物得一以生
敦本	昔之得一者天得一以清地得一以寧神得一以靈谷得一以盈萬物得一以生
唐本	昔之得一者天得一以清地得一以寧神得一以靈谷得一以盈萬物得一以生
宋本	昔之得一者天得一以清地得一以寧神得一以靈谷得一以盈萬物得一以生
元本	昔之得一者天得一以清地得一以寧神得一以靈谷得一以盈萬物得一以生
明本	昔之得一者天得一以清地得一以寧神得一以靈谷得一以盈萬物得一以生
清本	昔之得一者天得一以清地得一以寧神得一以靈谷得一以盈萬物得一以生
普本	昔之得一者天得一以清地得一以宁神得一以灵谷得一以盈○○○○○○

（1）

帛甲	侯□□□而以為□□正亓致之○也
帛乙	侯王得一○以為天下正亓至○○也
汉竹	矦王得一○以為○○正其致之○也
河本	侯王得一○以為天下正其致之○○
指归	侯王得一○以為天下正其致之○○
王本	矦王得一○以為天下貞其致之○○
敦本	侯王得一○以為天下正其致之○○
唐本	侯王得一○以為天下正其致之○○
宋本	王侯得一○以為天下正其致之一也
元本	侯王得一○以為天下貞其致之一也
明本	侯王得一○以為天下貞其致之一也
清本	侯王得一○以為天下貞其致之一也
普本	侯王得一○以为天下正其致之○也

（2）

帛甲	胃天毋已清將恐囗胃地毋囗囗將恐囗胃神毋已霝囗恐歇胃浴毋已盈將恐渴
帛乙	胃天毋已清將恐蓮○地毋已寧將恐發○神毋囗囗囗恐歇○谷毋已囗將○渴
汉竹	○天毋已精將恐死○地毋已寧將恐發○神毋已靈將恐歇○谷毋已盈將恐渴
河本	○天無已清將恐裂○地無已寧將恐發○神無已靈將恐歇○谷無已盈將恐竭
指归	○天無以清將恐裂○地無以寧將恐發○神無以靈將恐歇○谷無以盈將恐竭
王本	○天無以清將恐裂○地無以寍將恐發○神無以靈將恐歇○谷無以盈將恐竭
敦本	○天無以清將恐裂○地無以寍將恐發○神無以靈將恐歇○谷無以盈將恐竭
唐本	○天無以清將恐裂○地無以寧將恐發○神無以靈將恐歇○谷無以盈將恐竭
宋本	○天無以清將恐裂○地無以寧將恐發○神無以靈將恐歇○谷無以盈將恐竭
元本	○天無以清將恐裂○地無以寧將恐發○神無以靈將恐歇○谷無以盈將恐竭
明本	○天無以清將恐裂○地無以寧將恐發○神無以靈將恐歇○谷無以盈將恐竭
清本	○天無以清將恐裂○地無以寧將恐發○神無以靈將恐歇○谷無以盈將恐竭
普本	○天毋已清将恐裂○地毋已宁将恐发○神毋已灵将恐歇○谷毋已盈将恐竭

(3)

帛甲	○○○○○○○○胃侯王毋已○○○貴囗囗囗囗囗○故必貴○而以賤為本
帛乙	○○○○○○○○○侯王毋已○○○貴以高將恐欮○故必貴○○以賤為本
汉竹	○○○○○○○○○矦王毋已○○○貴以高將恐厥是故必貴○○以賤為本
河本	萬物無已生將恐滅○侯王無已○○○貴○高將恐蹷○故必貴○○以賤為本
指归	○○○○○○○○○侯王無以為正而貴○高將恐蹷○故○貴○○以賤為本
王本	萬物無以生將恐滅○矦王無以○○○貴○高將恐蹶○故○貴○○以賤為本
敦本	萬物無以生將恐滅○侯王無以○○○貴○○將恐蹷○故○貴○○以賤為本
唐本	萬物無以生將恐滅○侯王無以○○○貴○高將恐蹷○故○貴○○以賤為本
宋本	萬物無以生將恐滅○侯王無以為正而貴○高將恐蹷○故○貴○○以賤為本
元本	萬物無以生將恐滅○侯王無以○貞而貴○高將恐蹶○故○貴○○以賤為本
明本	萬物無以生將恐滅○侯王無以為貞而貴○高將恐蹷○故○貴○○以賤為本
清本	萬物無以生將恐滅○侯王無以○貞而貴○高將恐蹷○故○貴○○以賤為本
普本	○○○○○○○○○侯王毋已○○○贵○高将恐蹶○故必贵矣而以贱为本

帛甲	必高矣而以下為基夫是以侯王自胃口寡不橐此亓○口口口口口口故致數與○无與
帛乙	必高矣而以下為基夫是以侯王自胃孤寡不橐此亓○賤之本與非也故至數輿○无輿
汉竹	必高○○以下為基○是以矦王自謂孤寡不穀此其○賤之本邪非也故致數輿○無輿
河本	必高○○以下為基○是以侯王自稱孤寡不轂此非以賤為本乎非乎故致數車○無車
指归	○高○○以下為基○○○侯王自謂孤寡不穀唯斯以賤為本與非耶故造○輿於無輿
王本	○高○○以下為基○是以矦王自謂孤寡不穀此非以賤為本邪非乎故致數輿○無輿
敦本	○高○○以下為基○是以侯王自謂孤寡不轂此其以賤為本耶非○故致數與○無譽
唐本	○高○○以下為基○是以侯王自謂孤寡不穀此其以賤為本邪非乎故致數與○無興
宋本	○高○○以下為基○是以侯王自稱孤寡不穀此其以賤為本邪非乎故致數譽○無譽
元本	○高○○以下為基○是以侯王自稱孤寡不穀此其以賤為本耶非乎故致數譽○無譽
明本	○高○○以下為基○是以侯王自稱孤寡不穀此其以賤為本耶非乎故至○譽○無譽
清本	○高○○以下為基○是以侯王自謂孤寡不穀此其以賤為本邪非乎故致數輿○無輿
普本	必高矣而以下为基○是以侯王自谓孤寡不谷此其○贱之本耶非也故致数誉○无誉

（4）　（5）

帛甲	是故不欲口口若玉硌口口口
帛乙	是故不欲祿祿若玉硌硌若石
汉竹	○○不欲祿祿如玉口口口口
河本	○○不欲琭琭如玉落落如石
指归	○○不欲碌碌如玉落落如石
王本	○○不欲琭琭如玉珞珞如石
敦本	○○不欲祿祿如玉落落如石
唐本	○○不欲琭琭如玉硌硌如石
宋本	○○不欲琭琭如玉珞珞如石
元本	○○不欲琭琭如玉落落如石
明本	○○不欲琭琭如玉珞珞如石
清本	○○不欲碌碌如玉落落如石
普本	是故不欲琭琭如玉硌硌如石

（6）

如是我文：

（1）普及本为何舍用“万物得一以生”？帛本、汉竹本、严本均无此句。与《系辞》“天地之大德曰生”义相近，似是对具体诸例证之总结。下句“万物无以生将恐灭”与之对应，亦舍。

（2）普及本为何选用“其致之也”？三种理解。其一，致：深审也。要深入研究。其二，致：极也。达到极致，以至于此。之字代“得一”，宋本以后诸本，干脆明加“一”。其三，致：诫也。确实如此。河本作“致：诫也”，不知何据？是否注文本为诚，而书者误识为诫？以下文所说为诫，亦通。

（3）普及本为何选用“毋已”？“已”与“以”篆文相同，后人根据其义分为两字，以示区别。两种理解。其一，以为本字，以为。以清为例：无以清是相对前段“以清”的否定之说，就是说，如果无清、不清的话，就如何如何。其二，已为本字，已：止也。毋已即不止。毋已（无已）清的意思就是清而不止，过于清。老子强调清浊之间要把握平衡度，切勿失衡。不“过”是大原则。

（4）普及本为何选用“此其贱之本耶？非也”？两个系统，都是一问一答。其一，“贱之本”，贱作动词用。君王如此自谓，究竟是不是自贱其本、自改其本？答案是否定的。其二，“以贱为本”，贱作名词用。贵与贱为一，万物之本，各有不同，贱、贵均可为本。

（5）普及本为何选用“誉”？譽、與、輿、車，诸字字形相近，或为增省，导致两个系统，两种理解。其一，车舆。河上等注家均作此解。其二，称誉。与前面的自谦之词相呼应。傅奕本亦作“故致數譽無譽”。傅奕所用古本，与其他古本相合度较高，有参考价值。其三，数：责求。求之而不得，适得其反。

（6）普及本为何选用“琭琭”？其一，形容之词，皆可。既说玉，则以琭为优；既说石，则以硌为优。其二，《孔子家语》：“子贡问于孔子曰：‘敢问君子贵玉而贱珉，何也？为玉之寡而珉多欤？’孔子曰：‘非为玉之寡，故贵之；珉之多，故贱之。夫昔者，君子比德于玉。’”可作参考。

第40章（下）

［版本对照］

简甲	返也者道〇僮也溺也者道之用也天下之勿生於又〇生於亡　*37 上接44章，下接78章
帛甲	囗囗囗道之勭也弱也者道之用也天囗囗囗囗囗囗囗囗囗囗　帛书为第41章
帛乙	反也者道之勭也囗囗者道之用也天下之物生於有有囗於无　帛书为第41章
汉竹	反〇者道之動也弱〇者道之用也天下之物生於有有生於無
河本	反〇者道之動〇弱〇者道之用〇天下萬物生於有有生於無
指归	反〇者道之動〇弱〇者道之用〇天地之物生於有有生於無
王本	反〇者道之動〇弱〇者道之用〇天下之物生於有有生於無
敦本	反〇者道之動〇弱〇者道之用〇天地之物生於有有生於無
唐本	反〇者道之動〇弱〇者道之用〇天下之物生於有有生於無
宋本	反〇者道之動〇弱〇者道之用〇天下之物生於有有生於無
元本	反〇者道之動〇弱〇者道之用〇天下之物生於有有生於無
明本	反〇者道之動〇弱〇者道之用〇天下萬物生於有有生於無
清本	反〇者道之動〇弱〇者道之用〇天下之物生於有有生於無
普本	反〇者道之动〇弱〇者道之用〇天下万物生于有〇生于无

（1）　　　　　　　　　　　　　　　　　　　　（2）

如是我文：

（1）普及本为何选用“反”？“返”与“反”互通。反，一字两用，既有正反之义，又有往返之义；保持物的常态平衡，离不开正反与往返。道用基于道本，有了有与无正反相对的两个点，才有两点之间的轨迹线，才有轨迹线上平衡点的往返移动。

（2）普及本为何选用“生于无”？两个系统。其一，简本作“生于有，生于无”，排比句式，并列关系。与异名同谓、有无相生诸观点一脉相承，互为佐证。其二，多本作“物生于有，有生于无”，顶针句式，递进关系。同意此观点者，以后证前，断定简本“又”下漏了重复符号；若此理由成立，是否也不能排除经文还有漏抄、误抄的另一种可能性，即物或作无。天下与天地混说而与万物义同；“勿”与“无”音近义同，“无生于有，有生于无”与“生于有，生于无”，殊途同归。而且，物与有究竟何指，是什么关系？也值得推敲。总之，理解不能断章取义，不能脱离经文之佐证，更不能脱离老子一贯思想脉络和语言环境、语言逻辑。其三，《列子》：“《黄帝书》曰：‘形动不生形而生影，声动不生声而生响，无动不生无而生有。'”《文子》:“故道者，虚无、平易、清静、柔弱、纯粹、素朴。此五者，道之形象也。”“柔弱者，道之用也。反者，道之常也；柔者，道之刚也；弱者，道之强也。”“故有生于无，实生于虚。”“道者，一立而万物生矣。”“德之中有道，道之中有德，其化不可及；阳中有阴，阴中有阳，万事尽然，不可胜明。”《淮南子》:“是故有生于无，实出于虚。”“由此观之，物莫不生于有也，小大优游矣。”“由此观之，无形而生有形，亦明矣。”“阳生于阴，阴生于阳，阴阳相错，四维乃通，或死或生，万物乃成。”可作参考。

第41章（下）

[版本对照]

简乙	上士昏道堇能行於丌中中士昏道若昏若亡下士昏道大芺之弗大芺不足以為道矣
帛甲	口口口口口口口口○○口口口口口口口口口口口口口口口口○口口口口口口○
帛乙	上口口道堇能行之○○中士聞道若存若亡下士聞道大芺之弗○芺口口以為道○
汉竹	上士聞道堇能行○○○中士聞道若存若亡下士聞道大芺之弗○芺不足以為道○
河本	上士聞道勤而行之○○中士聞道若存若亡下士聞道大笑之不○笑不足以為道○
指归	上士聞道勤而行之○○中士聞道若存若亡下士聞道大笑之不○笑不足以為道○
王本	上士聞道勤而行之○○中士聞道若存若亡下士聞道大笑之不○笑不足以為道○
敦本	上士聞道懃能行○○○中士聞道若存若亡下士聞道大咲之不○咲不足以為道○
唐本	上士聞道勤而行之○○中士聞道若存若亡下士聞道大笑之不○芺不足以為道○
宋本	上士聞道勤而行之○○中士聞道若存若亡下士聞道大笑之不○笑不足以為道○
元本	上士聞道勤而行之○○中士聞道若存若亡下士聞道大咲之不○笑不足以為道○
明本	上士聞道勤而行之○○中士聞道若存若亡下士聞道大笑之不○笑不足以為道○
清本	上士聞道勤而行之○○中士聞道若存若亡下士聞道大笑之不○笑不足以為道○
普本	上士闻道尽能行于其中中士闻道若存若亡下士闻道大疑之不○疑不足以为道○

(1)　(2)　(3)

简乙	是以建言又之○明道女孛迟道女繢口道若退上悳女浴大白女辱封悳女不足建悳女口
帛甲	口口口口口口口口口口口口口口口口口口口口口口口口口口口口口口口口口口口口
帛乙	是以建言有之曰明道如費進道如退夷道如纇上德如浴大白如辱廣德如不足建德如口
汉竹	是以建言有之曰明道如沬進道如退夷道如類上德如谷大白如辱廣德如不足建德如榆
河本	○故建言有之○明道若昧進道若退夷道若類上德若谷大白若辱廣德若不足建德若揄
指归	○故建言有之○明道若昧進道若退夷道若類上德若谷大白若辱盛德若不足建德若偷
王本	○故建言有之○明道若昧進道若退夷道若纇上德若谷大白若辱廣德若不足建德若偷
敦本	是以建言有之○明道若昧進道若退夷道若類上德若俗大白若辱廣德若不足建德若偷
唐本	○○建言有之○明道若昧進道若退夷道若纇上德若谷大白若辱廣德若不足建德若偷
宋本	○故建言有之○明道若昧夷道若纇進道若退上德若谷大白若辱廣德若不足建德若偷
元本	○故建言有之○明道若昧夷道若纇進道若退上德若谷大白若辱廣德若不足建德若偷
明本	○故建言有之○明道若昧進道若退夷道若纇上德若谷大白若辱廣德若不足建德若偷
清本	○故建言有之○明道若昧進道若退夷道若類上德若谷大白若辱廣德若不足建德若偷
普本	是以建言有之曰明道若昧进道若退夷道若纇上德若俗大白若辱盛德若不足建德若揄

(4)　(5)　(6)　(7)

简乙	口貞女愈大方亡禺大器曼成大音祇聖天象亡埜道詒亡口口口口口口口口	
帛甲	口口口口口口口口口口口口口口口口口口口口口口口口口口道善口口口口	为 40 章
帛乙	質口口口大方无禺大器免成大音希聲天象无刑道褒无名夫唯道善始且善成	为 40 章
汉竹	桎真如輸大方無隅大器勉成大音希聲天象無刑道殷無名夫唯道善貣且〇成	
河本	質直若渝大方無隅大器晚成大音希聲大象無形道隱無名夫唯道善貸且〇成	
指归	質真若渝大方不矩大器晚成大音希聲大象無形道褒無名夫唯道善貸且〇成	
王本	質真若渝大方無隅大器晚成大音希聲大象無形道隱無名夫唯道善貸且善成	
敦本	質真若渝大方無隅大器晚成大音希聲大象無形道隱無名夫唯道善貸且〇成	
唐本	質真若渝大方無隅大器晚成大音希聲大象無形道隱無名夫唯道善貸且〇成	
宋本	質真若渝大方無隅大器晚成大音希聲大象無形道隱無名夫惟道善貸且〇成	
元本	質真若渝大方無隅大器晚成大音希聲大象無形道隱無名夫惟道善貸且〇成	
明本	質直若渝大方無隅大器晚成大音希聲大象無形道隱無名夫惟道善貸且〇成	
清本	質真若渝大方無隅大器晚成大音希聲大象無形道隱無名夫唯道善貸且〇成	
普本	质贞若渝大方不矩大器免成大音希声大象无形道隐无名夫唯道善始且善成	

(8)　(9)　(10)　(11)　(12)　(13)

简乙	**9　上接 13 章，下接 52 章

如是我文：

（1）普及本为何选用“尽能行于其中”？其一，堇、勤：尽也。理由见第 6 章。其二，“闻”与“问”互通，学问一说，至今在用，古人常称之为问学。对于闻道而言，有上中下三个层次，不同学习水平的士，闻道后的作为各有不同。上中下或理解为士的行政等级，似可商榷。真理面前，人人平等。其三，《管子》：“信能行之，五谷蕃息。”“尽行之而天下服。”“小取者小利，大取者大利，尽行之者有天下。”《文子》：“深行之则厚得福，浅行之则薄得福，尽行之天下服。”《战国策》：“子之于学者，将尽行之乎？”《老子》佚文：“上士闻道，受之以神；中士受之以心；下士受之以耳。”（《太平御览》卷 659）可作参考。

（2）普及本为何选用“存”？其一，简本“闻”字似误笔。三句话说的都是士闻道后的心态和行动，若存若亡的意思是掌握了一部分，但还不是全部。其二，《管子》：“道者，一人用之，不闻有余；天下行之，不闻不足。”“道之所言者，一也，而用之者异。有闻道而好为家者，一家之人也；有闻道而好为乡者，一乡之人也；有闻道而好为国者，一国之人也；有闻道而好为天下者，天下之人也；有闻道而好定万物者，天地之配也。”“圣人之道，若存若亡，援而用之，殁世不亡。”《论语》：“朝闻道，夕死可矣。”《列子》：“太古之事灭矣，孰志之哉？三皇之事若存若亡，五帝之事若觉若梦，三王之事或隐或显，亿不识一。”可作参考。

（3）普及本为何选用“疑”？三种理解。其一，传世诸本作笑，多作贬义理解，似可商榷。笑本作笑：喜也。喜：乐也。闻过则喜。闻道则喜。《性自命出》：“笑，礼之浅泽也；乐，礼之深泽也。”其二，简、帛、竹本作芺。据《康熙字典》，“芺”是“疑”的古文。但查遍《集韵》，却无此字，不知《康熙》之出处何来？似非凭空捏造。下士大疑，中士半疑，上士实行。其三，“笑”与“芺”，形似之辨。“矢”的本音为疑。矢：古作矦、芺。或作笑。“疑”可省作“矣”，或作“笑”。“笑”与“笑”之形极为相似，易误认。细观简本原字、帛乙本原字、汉竹本原字𥬇、唐本原字芺，完全一样。“𥬇(芺)”上既非草头，也非竹头，而是双手对举，作拉弓之状，下为“矢(芺)”，讹作“犬”。《六书通》载王庶子碑等就是如此写法。或写为夫，如《隶辨》。简本《缁衣》等均有疑字，均写为“矣”，或“悘”。用作语已辞的“矣”字，有时写为“岦”，如《尊德义》P. 19 中的两个“矣”字，一个训矣，一个训疑。又如《性自命出》P. 36、48、49、51 等处，“矣”都写为“岦”。《性自命出》P. 22、24 有两处“笑”字，写法与此处原字同，但均训为“笑”。唐玄宗本肯定对“笑”字有所疑问，故两处各用一字以示存疑。笑：喜也。疑：惑也。不知是否巧合，真心喜欢（笑），充满好奇心（疑），正是闻道的两个必备前提。《老子》经文多疑问句，可谓身体力行矣。

（4）普及本为何选用“昧”？本段都是正反相对而言，正言若反，是对有无相生、两者同出的进一步阐释。明道不是明之道，而是道之明而孛。“孛”是“哱”的省笔。“费”与“昁”互通。哱、昁、沬、昧，都是不明之义。《吕氏春秋》：“事多似倒而顺，多似顺而倒。有知顺之为倒，倒之为顺者，则可与言化也。至长反短，至短反长，天之道也。”正是最好的注脚。

（5）普及本为何选用“夷道若纇”？“夷”或作“尸”，“迟”或作“遅”；二字互通：平也。纇：丝节也；類：偏也，二字都是不平之义。“繢”字原缺，是后学者再次对竹简残片拼凑整理出来的，为织馀之义，与纇同。《易·泰》：“无平不陂，无往不复。”

（6）普及本为何选用“俗”？德之上，其上如下。浴、谷、俗均有下之义。上下相辅，大雅对大俗。《礼记》：“一道德以同俗。”

（7）普及本为何选用“盛”？其一，封：富厚也。广：阔也。盛：多也。三字稍有区别，对应不足来说，盛字为优。其二，《系辞》：“盛德大业，至矣哉！富有之谓大业，日新之谓盛德。”《孟子》：“盛德之士，君不得而臣，父不得而子。”“动容周旋中礼者，盛德之至也。”可作参考。

(8) 普及本为何选用“建德若揄，质贞若渝”? 其一，榆、揄、偷、媮、愈、渝、輸、输，诸字同源于俞，两句经文似一而二，各有传承，不必强解。傅奕本作“建德若媮，质真若输”。其二，建：置也，安也。揄：动也。其静若动。其三，建：覆（復）也，厚也。偷（媮）：薄也。其厚若薄。其四，道：直也。贞、真、直，似为悳（德）字之讹。简本《五行》P.21、34 中的悳即训为直。汉竹本第 49 章中，也是直与德对应。质直就是质德。质：成也。渝：变也。《广雅》输：更也。其成若变。其五，键：闭也。楗：闭塞。輸：开裂。其闭若开。

(9) 普及本为何选用“免”? 两种理解。其一，曼：无也。免：止也。汉竹本作勉，通作免。大器无成。《论语》：“子曰：‘君子不器。’”其二，改“免”为“晚”，明显是后人将免误认为晚的省笔。勉或为本字：强也。强成或晚成还是成，而非无成，与其他三“大”义有冲突。积非成是，屡见不鲜，如“每下愈况”和“每况愈下”的演变一样，大器晚成之说，如今已是家喻户晓，成为新成语，与原义早已疯马牛不相及了。

(10) 普及本为何选用“希”? 希：止也。祇、祗二字互通，一个本音为只，一个本音为歧。据《文言虚字》，“祇”后世常用来代“止”，作“只”讲。大音止声。声音一旦超过人类所能接收的分贝范围，自然听不到。

(11) 普及本为何选用“大象”? 两个系统。其一，天象。天象无形与道隐无名为上下句。《系辞》：“天垂象，见吉凶，圣人象之。”“在天成象，在地成形，变化见矣。”其二，大象。大方、大器、大音、大象四大，用法相同，都是最高层次的意思。大象就是大形，与第 35 章的大象之义有所不同。最高层次的形，就是不见其形。

(12) 普及本为何选用“隐”? 两种理解。其一，隐：蔽也。名：明也。“道隐无名”的意思与“道恒无名”相近。其二，“隐”与“殷”互通。殷：盛大也。裒：聚也，多也。“大道无名”与“大象无形”相对应。其三，简本原版本来从此字起缺损，后有研究者又补认两字，此字是“诒”还是“始”，抑或不在此处? 暂搁置。

(13) 普及本为何选用“善始且善成”? 两个系统。其一，善始善终。始：初也。成：终也。其二，善施善成。贷：施也。《战国策》：“臣闻善作者不必善成，善始者不必善终。”

第42章（下）

［版本对照］

帛甲	□□□□□□□□□□□□□□□□□□□□中氣以為和
帛乙	道生一一生二二生三三生□□□□□□□□□□□以為和
汉竹	道生一一生二二生三三生萬物萬物負陰○抱陽中氣以為和
河本	道生一一生二二生三三生萬物萬物負陰而向陽中氣以為和
指归	道生一一生二二生三三生萬物萬物負陰而抱陽沖氣以為和
王本	道生一一生二二生三三生萬物萬物負陰而抱陽沖氣以為和
敦本	道生一一生二二生三三生萬物萬物負陰而抱陽沖氣以為和
唐本	道生一一生二二生三三生萬物萬物負陰而抱陽沖氣以為和
宋本	道生一一生二二生三三生萬物萬物負陰而抱陽沖氣以為和
元本	道生一一生二二生三三生萬物萬物負陰而抱陽沖氣以為和
明本	道生一一生二二生三三生萬物萬物負陰而抱陽沖氣以為和
清本	道生一一生二二生三三生萬物萬物負陰而抱陽沖氣以為和
普本	道生一一生二二生三三生万物万物负阴而抱阳冲气以为和

(1)

帛甲	天下之所惡唯孤寡不橐而王公以自名也○○勿或敗之□□○□之而敗
帛甲	○人之所亞唯□寡不橐而王公以自□□○□□□□○□云○云之而益
汉竹	○人之所惡唯孤寡不穀而王公以自命也是故物或損○而益或益○而損
河本	○人之所惡唯孤寡不轂而王公以為稱○○故物或損之而益或益之而損
指归	○人之所惡唯孤寡不穀而王公以名稱○○○○○損之而益○益之而損
王本	○人之所惡唯孤寡不穀而王公以為稱○○故物或損之而益或益之而損
敦本	○人之所惡唯孤寡不穀而王公以自名○○故物或損之而益○益之而損
唐本	○人之所惡唯孤寡不穀而王公以為稱○○故物或損之而益○益之而損
宋本	○人之所惡唯孤寡不穀而王公以為稱○○故物或損之而益○益之而損
元本	○人之所惡唯孤寡不穀而王公以為稱○○故物或損之而益或益之而損
明本	○人之所惡惟孤寡不穀而王公以為稱○○故物或損之而益○益之而損
清本	○人之所惡惟孤寡不穀而王公以為稱○○故物或損之而益或益之而損
普本	○人之所恶唯孤寡不谷而王公以自名○○○物或损之而益或益之而损

帛甲	故人口口教夕議而教人故強良者不得〇死我口以為學父
帛乙	口口口口口口口口口口口口口口口口口口口將以口口父
汉竹	〇人之所教亦我而教人故强粱者不得〇死吾將以為學父
河本	〇人之所教我亦〇教人〇強梁者不得其死吾將以為教父
指归	〇人之所教亦我〇教之〇強梁者不得其死吾將以為教父
王本	〇人之所教我亦〇教人〇強梁者不得其死吾將以為教父
敦本	〇人之所教亦我義教之〇彊梁者不得其死吾將以為學父
唐本	〇人之所教亦我義教之〇強梁者不得其死吾將以為教父
宋本	〇人之所教亦我義教之〇強梁者不得其死吾將以為教父
元本	〇人之所教亦我義教之〇強梁者不得其死吾將以為教父
明本	〇人之所教我亦〇教之〇強梁者不得其死吾將以為教父
清本	〇人之所教我亦〇教之〇強梁者不得其死吾將以為教父
普本	〇人之所教我亦〇教人〇强良者不得〇死我將以为学甫

（2）　　　　（3）　　　　（4）

如是我文：

（1）普及本为何选用“冲”？两种理解。其一，中：内也，和也。“中”为本字，强调气和于中，有机交融于内。其二，冲：涌摇也，和也。“中”或为省笔，强调有机交融于动。其三，和是周初人对解决各种冲突的原始认知，后为老子学说所用。“和”是道与物的常态。以为和就是得一、混而为一。一般认为本句与前句各自独立成句，作递进式议论。两句或似为一整句，互为补充，作逝远返式的完整表述。其四，《左传》中，史墨有一段名言，值得重视：“物生有两，有三，有五，有陪贰。故天有三辰，地有五行，体有左右，各有妃耦。王有公，诸侯有卿，皆有贰也。天生季氏，以贰鲁侯，为日久矣。民之服焉，不亦宜乎？”按一些学者推测，其时正是老子晚年，可见当时的史学家对万物的生成已经有了较为深刻的研究，开始用抽象数字表述。其五，《系辞》：“一阴一阳之谓道。”《管子》：“明一者皇，察道者帝，通德者王，谋得兵胜者霸。”“道生天地，德出贤人。道生德，德生正，正生事。是以圣王治天下，穷则反，终则始。”“清神生心，心生规，规生矩，矩生方，方生正，正生历，历生四时，四时生万物。圣人因而理之，道遍矣。”《列子》：“清轻者上为天，浊重者下为地，冲和气者为人；故天地含精，万物化生。”“《黄帝书》曰：‘形动不生形而生影，声动不生声而生响，无动不生无而生有。’”《老子衍》：“当其为道也，函三以为一。”可作参考。

(2) 普及本为何选用“我亦”? 流传有误，以至诸版本都难读顺。两个系统。其一，亦：又也。“亦我”、“我亦”，即我也是如何如何。“人教我，我亦教人”，句式与第 20 章“人畏我，我亦畏人”一样。其二，“夕”同“昔”。议：言也，谋也。昔议与建言一样，似古书名，或昔言古语。古人有八议之法，昔议之说可能与此类议法有关。其三，《周礼》：“以八辟丽邦法，附刑罚：一曰议亲之辟，二曰议故之辟，三曰议贤之辟，四曰议能之辟，五曰议功之辟，六曰议贵之辟，七曰议勤之辟，八曰议宾之辟。”《易·节》：“君子以制数度，议德行。”《礼记》：“公事不私议。”《管子》：“法制不议，则民不相私。”“君一置其仪，则百官守其法。”《庄子》：“六合之内，圣人论而不议。”可作参考。

(3) 普及本为何选用“强良”? 两种理解。其一，帛甲本、汉竹本作“不得死”。强：弱之反。良：善也。强良就是善于用强。“不得（其）死”与“不失其所”（第 33 章）的句式相同，与“无死地”（第 50 章）同义。不失即得，不得即失，失死即活，存活率高。作为圣人的学之始，这种理解似乎更符合实际。其二，良：甚也。彊：暴也。《诗》：“咨女殷商：曾是彊禦?”古注：彊禦：彊梁也，暴虐之臣也。彊梁者，任威使气之貌。参见第 55 章“心使气曰彊”。《金人铭》：“强梁者不得其死，好胜者必遇其敌。”强梁与好胜相对应，证明古俗语的本字应该是“良”，意思是过于强，争强好胜。争强好胜的人不会有好结果。现在强梁多指强横、强暴、横行霸道之人，应是引申义。一般认为，《金人铭》是“道家附会之辞，伪迹显然，不可信”，而且此铭文为后出，似是对古俗语的继承和演义。人不可过于用强而要善于用强，两种理解一正一反，殊途同归。

(4) 普及本为何选用“学甫”?“父”与“甫”通：始也。教：上所施，下所效也。学：觉悟也。学与教互通。圣人有所学，然后才能有所教。教，强调对人；学，强调对己。帛、竹本均作学；老子提倡圣人行不言之教，故此处以学为优。

第 43 章（下）

［版本对照］

帛甲	天下之至柔□骋於天下之致堅无有入於无間○五是以知无為□□益也
帛乙	天下之至□馳騁乎天下□□□□□□□□无間○吾是以□□□□□□□也
汉竹	天下之至柔馳騁於天下之至堅無有入於無間○吾是以智無為之有益也
河本	天下之至柔馳騁○天下之至堅無有入○無間○吾是以知無為之有益○
指归	天下之至柔馳騁○天下之至堅無有入於無間○吾是以知無為之有益○
王本	天下之至柔馳騁○天下之至堅無有入○無間○吾是以知無為之有益○
敦本	天下之至柔馳騁○天下之至堅無有入○無間○○是以知無為○有益○
唐本	天下之至柔馳騁○天下之至堅無有入於無間○吾是以知無為之有益○
宋本	天下之至柔馳騁○天下之至堅無有入於無間○○是以知無為之有益也
元本	天下之至柔馳騁○天下之至堅無有入於無間○吾是以知無為之有益○
明本	天下之至柔馳騁○天下之至堅無有入於無間○吾是以知無為之有益也
清本	天下之至柔馳騁○天下之至剛無有入於無間也吾是以知無為之有益○
普本	天下之至柔驰骋于天下之至坚无有入于无间○吾是以知无为之有益○

(1)

帛甲	不□□教无為之益□下希能及之矣
帛乙	不□□□□□□□□□□□□□□矣
汉竹	不言之教無為之益天下希○及之矣
河本	不言之教無為之益天下希能及之○
指归	不言之教無為之益天下希○及之○
王本	不言之教無為之益天下希○及之○
敦本	不言之教無為之益天下希○及之○
唐本	不言之教無為之益天下希○及之○
宋本	不言之教無為之益天下希○及之矣
元本	不言之教無為之益天下希○及之○
明本	不言之教無為之益天下希○及之○
清本	不言之教無為之益天下希○及之○
普本	不言之教无为之益天下希能及之○

如是我文：

（1）普及本为何选用“无有”？其一，“无有”有多种理解：无有之有、无为之有、一无所有、虚无、道、无物、无实物、无形之物等，似难对号入座，所以多喻说，一般认为，至柔指水，无有指气。《淮南子》两引经文，一处作“无有入于无间”，一处作“出于无有，入于无间”。傅奕本作“出于无有，入于无间”，理解稍有不同，但不影响核心之义。其二，《说苑》：“韩平子问于叔向曰：‘刚与柔孰坚？’对曰：‘臣年八十矣，齿再堕而舌尚存。老聃有言曰：‘天下之至柔，驰骋乎天下之至坚。’又曰：‘人之生也柔弱，其死也刚强；万物草木之生也柔脆，其死也枯槁。’因此观之：‘柔弱者生之徒也，刚强者死之徒也。’’”用齿与舌作比，喻说经文。这是春秋时期，最早引用《老子》经文的实证。学术界一般认为，孔子出生于公元前 551 年，而晋国大夫叔向卒于公元前 526 年左右。

第44章（下）

[**版本对照**]

简甲	名𢌿身管新身𢌿貨管多旹𢌿亡管疠○○昆悉必大賫𠩤贓必多貢
帛甲	名與身孰親身與貨孰多得與亡孰病○○甚□□□□□□□□亡
帛乙	名與□□□□□□□□□□□□□○○□□□□□□□□□□
汉竹	身與名孰親身與貨孰多得與亡孰病是故甚愛必大費多臧必厚亡
河本	名與身孰親身與貨孰多得與亡孰病○○甚愛必大費多藏必厚亡
指归	名與身孰親身與貨孰多得與亡孰病是故甚愛必大費多藏必厚亡
王本	名與身孰親身與貨孰多得與亡孰病是故甚愛必大費多藏必厚亡
敦本	名與身熟親身與貨熟多得與亡熟病是故甚愛必大費多藏必厚亡
唐本	名與身孰親身與貨孰多得與亡孰病是故甚愛必大費多藏必厚亡
宋本	名與身孰親身與貨孰多得與亡孰病是故甚愛必大費多藏必厚亡
元本	名與身孰親身與貨孰多得與亡孰病是故甚愛必大費多藏必厚亡
明本	名與身孰親身與貨孰多得與亡孰病是故甚愛必大費多藏必厚亡
清本	名與身孰親身與貨孰多得與亡孰病是故甚愛必大費多藏必厚亡
普本	名与身孰亲身与货孰多得与亡孰病○○甚爱必大费厚藏必多亡

(1)

简甲	古智足不辱智止不殆可以長舊　＊35 上接 55 章，下接 40 章
帛甲	故知足不辱知止不殆可以長久
帛乙	□□□□□□□□□□□□□
汉竹	故智足不辱智止不殆可以長久
河本	○知足不辱知止不殆可以長久
指归	故知足不辱知止不殆可以長久
王本	○知足不辱知止不殆可以長久
敦本	故知足不辱知止不殆可以長久
唐本	○知足不辱知止不殆可以長久
宋本	○知足不辱知止不殆可以長久
元本	○知足不辱知止不殆可以長久
明本	○知足不辱知止不殆可以長久
清本	○知足不辱知止不殆可以長久
普本	故知足不辱知止不殆可以长久

如是我文：

（1）普及本为何选用“得与亡”？两种理解。其一，亡：失也。名利之得与名利之失相对应。其二，“亡”指亡身，与第13章同，得名利与亡身相对应。其三，本章简本多用古楚字，如管、岦、贞、㾐（疠）、贾、𠩄，等等。古楚字寻源，均可参照对应诸本用字。

第 45 章（下）

［版本对照］

简乙	大成若夬丌用不𢼝大涅若沖丌用不穷大攷若仳大成若詘大植若屈
帛甲	大成若缺亓用不幣大盈若溫亓用不𥨌大直如詘大巧如拙大贏如㶽
帛乙	□□□□□□□□□□盈如沖亓□□□□□□□□□如拙□□□絀
汉竹	大成如缺其用不敝大盈如沖其用不窮大直如詘大巧如拙大盛如絀
河本	大成若缺其用不弊大盈若沖其用不窮大直若屈大巧若拙大辯若訥
指归	大成若缺其用不弊大盈若沖其用不窮大直若屈大巧若拙大贏若詘
王本	大成若缺其用不弊大盈若沖其用不窮大直若屈大巧若拙大辯若訥
敦本	大成若䨥其用不弊大滿若沖其用不窮大直若屈大巧若拙大辯若訥
唐本	大成若缺其用不獘大盈若沖其用不窮大直若屈大巧若拙大辯若訥
宋本	大成若缺其用不敝大盈若沖其用不窮大直若屈大巧若拙大辨若訥
元本	大成若缺其用不敝大盈若沖其用不窮大直若屈大巧若拙大辯若訥
明本	大成若缺其用不敝大盈若沖其用不窮大直若屈大巧若拙大辯若訥
清本	大成若缺其用不敝大盈若沖其用不窮大直若屈大巧若拙大辨若訥
普本	大成若缺其用不敝大盈若盅其用不穷大直若屈大巧若拙大辩若讷

(1)

简乙	喿勳滄青勳然〇清清〇〇〇為天下定　　**13 上接第 52 章，下接第 54 章
帛甲	趮勝寒靚勝炅〇請〇靚可以為天下正
帛乙	趮朕寒□□□〇□〇□□□□□□□□
汉竹	趮勝寒靜勝熱〇清〇靜〇〇為天下政
河本	躁勝寒靜勝熱〇清〇靜〇〇為天下正
指归	躁勝寒靜勝熱能靜能清〇〇為天下正
王本	躁勝寒靜勝熱〇清〇靜〇〇為天下正
敦本	躁勝寒靜勝熱〇清〇靜〇〇為天下政
唐本	躁勝寒靜勝熱〇清〇靜〇〇為天下正
宋本	躁勝寒靜勝熱〇清〇靜〇〇為天下正
元本	躁勝寒靜勝熱〇清〇靜〇〇為天下正
明本	躁勝寒靜勝熱〇清〇靜〇〇為天下正
清本	躁勝寒靜勝熱〇清〇靜〇〇為天下正
普本	躁胜寒静胜热〇静〇静〇〇为天下正

(2)　　(3)

如是我文：

（1）普及本为何选用“大辩若讷”？若：而也。都是二而一的例证；只有例证不同之别，而无对错之分，均可通。其一，成、盛、盈、赢、嬴，相互关联；拙、倔、屈、绌、诎、讷相互关联。多字为一字两用，均可寻找到其演变的脉络。大成若诎之成，是盛的省笔。简本两次出现大成，证明了《老子》的集萃特点。其二，帛本作大赢如炳，“炳”为“朒”的假借。《荀子》：“缓急赢绌。”赢朒或赢绌，是我国古代处理盈余与亏损问题的一种算术方法。赢：多也。朒：缩也。绌：短也。传世诸本多用大辩若讷。“辩”与“讷”对用。

（2）普及本为何选用“躁胜寒，静胜热”？其一，躁静之说，是古人的习惯用语，今人习言动静。“喿”是“躁”的省笔，“青”是“静”的省笔。第26章：“静为躁君。”《前汉·天文志》：“用兵静，趮凶。”其二，滄、然二字在同时出土的《太一生水》中亦多次出现，或直接训为寒、热，或折中训为滄、热。滄、热二字古人亦常对用。然：烧也。爇：烧也；省笔为热。可见然、热二字可以互通。其四，《礼》：“凡为人子之礼，冬温而夏凊。”《管子》：“躁者不静。”“静则得之，躁则失之。”《吕氏春秋》：“夏不衣裘，非爱裘也，暖有余也。冬不用箑，非爱箑也，凊有余也。”可作参考。

（3）普及本为何选用“静静”？清：静也。此处与第16章的“静静”同。正、定古文相同。《文子》：“无为者，守静也，守静能为天下正。”

第 46 章（下）

［版本对照］

帛甲	天下有□□走馬以糞○天下无道戎馬生於郊
帛乙	□□□道卻走馬□糞○○○无道戎馬生於郊
汉竹	天下有道卻走馬以糞○天下無道戎馬產於鄗
河本	天下有道却走馬以糞○天下無道戎馬生於郊
指归	天下有道却走馬以糞○天下無道戎馬生於郊
王本	天下有道卻走馬以糞○天下無道戎馬生於郊
敦本	天下有道却走馬以糞○天下無道戎馬生於郊
唐本	天下有道却走馬以糞○天下無道戎馬生於郊
宋本	天下有道却走馬以糞○天下無道戎馬生於郊
元本	天下有道却走馬以糞○天下無道戎馬生於郊
明本	天下有道却走馬以糞車天下無道戎馬生於郊
清本	天下有道却走馬以糞○天下無道戎馬生于郊
普本	天下有道却走马以粪○天下无道戎马生于郊

简甲	○辠莫屋唬昆欲咎莫嶮唬谷凵化莫大唬不智足○智足之為足此亙足矣
帛甲	○罪莫大於可欲懸莫大於不知足咎莫憯於欲得○□□□□□○恒足矣
帛乙	○罪莫大○可欲禍□□□□□□□□□□□□○□□□□□○□足矣
汉竹	故罪莫大於可欲禍莫大於不智足咎莫僭於欲得故智足之○足○恒足矣
河本	○罪莫大於可欲禍莫大於不知足咎莫大於欲得故知足之○足○常足○
指归	○罪莫大於可欲禍莫大於不知足咎莫大於欲得○知足之○足○常足矣
王本	○○○○○○○禍莫大於不知足咎莫大於欲得故知足之○足○常足矣
敦本	○罪莫大於可欲禍莫大於不知足咎莫大於欲得○知足之○足○常足○
唐本	○罪莫大於可欲禍莫大於不知足咎莫大於欲得故知足之○足○常足矣
宋本	○罪莫大於可欲禍莫大於不知足咎莫大於欲得故知足之○足○常足矣
元本	○罪莫大於可欲禍莫大於不知足咎莫大於欲得故知足之○足○常足矣
明本	○罪莫大於可欲咎莫大於欲得禍莫大於不知足故知足之○足○常足○
清本	○罪莫大于可欲禍莫大于不知足咎莫大于欲得故知足之○足○常足矣
普本	○罪莫大于甚欲咎莫大于欲得祸莫大于不知足○知足之为足此恒足矣

(1)　　(2)　　(3)

简甲	*5　上接第 66 章，下接第 30 章

如是我文：

（1）普及本为何选用“甚欲”？两个系统。其一，可欲。与简本相较，多本作可。可欲之说并无否定之义。正当的欲望人人皆有。严遵也说，“未有不欲得而全其性命者也”。其二，甚欲。“可”或与“䂓（甚）”形似而误认，或为“苛”字之省笔，苛：烦也。《韩非子》：“有欲甚，则邪心胜”，“邪心诱于可欲”；可知此处的可欲就是欲甚。参见第 29 章“去甚，去奢，去泰”和第 61 章“不过欲”。甚欲、欲得、不知足，三句三个层次，关键在于心。内心有了过分的欲望，就必然极力去争、去占有；过分而无限制的占有，必然会使内心永远得不到满足。罪不在欲而在甚，所以要“去”。

（2）普及本为何选用“祸”？“化”音“祸”，是“货”的省笔。简本“祸”常写为“化”。简、帛本中，“咼”多省写为“**匕**”。

（3）普及本为何选用“知足之为足”？两个系统。其一，知“足之为足”，知道为什么叫做足。其二，知足之足，知道什么叫做足。

第 47 章（下）

［版本对照］

帛甲	不出於戶以知天下不規於牖以知天道
帛乙	不出於戶以知天下不規於□□知天道
汉竹	不出於戶以智天下不規於牖以智天道
河本	不出○戶以知天下不窺○牖以見天道
指归	不出○戶○知天下不窺○牖○見天道
王本	不出○戶○知天下不闚○牖○見天道
敦本	不出○戶○知天下不闚○牖○知天道
唐本	不出○戶○知天下不窺○牖○見天道
宋本	不出○戶○知天下不窺○牖○見天道
元本	不出○戶○知天下不窺○牖○見天道
明本	不出○戶○知天下不窺○牖○見天道
清本	不出○戶○知天下不窺○牖○見天道
普本	不出于户以知天下不窥于牖以知天道

帛甲	亓出也[illegible]遠○亓□□□□□□□□□□□□□□□□為而□
帛乙	亓出○[illegible]遠者亓知[illegible]□□□□□□□□□□□而名弗為而成
汉竹	其出○[illegible]遠○其智[illegible]少是以聖人弗行而智弗見而命弗為而成
河本	其出○彌遠○其知彌少是以聖人不行而知不見而名無為而成
指归	其出○彌遠○其知彌少是以聖人不行而知不見而名不為而成
王本	其出○彌遠○其知彌少是以聖人不行而知不見而名不為而成
敦本	其出○弥遠○其知弥少是以聖人不行而知不見而名不為而成
唐本	其出○彌遠○其知彌少是以聖人不行而知不見而名不為而成
宋本	其出○彌遠○其知彌少是以聖人不行而知不見而名不為而成
元本	其出○弥遠○其知弥少是以聖人不行而知不見而名無為而成
明本	其出○彌遠○其知彌少是以聖人不行而至不見而名不為而成
清本	其出○彌遠○其知彌少是以聖人不行而知不見而名不為而成
普本	其出○弥远者其知弥少是以圣人不行而知不見而明无为而成

(1)

如是我文：

（1）普及本为何选用“无为”?《老子》常用术语，专指圣人处事为道的最高行为准则和手段之一。《周礼》：“坐而论道，谓之王公；作而行之，谓之士大夫。”

第48章（下）

［版本对照］

简乙	○學者日益為道者日員員之或員○以至○亡為也亡為而亡不為○㡭學亡惪
帛甲	□□□□□□□□□□□□□□□○□□□□□○□□□□□□□○○○○○
帛乙	為學者日益聞道者日云云之有云○以至於无□○□□□□□□□○○○○○
汉竹	為學者日益為道者日損□之有損之○至於無□○□□□□□□□○○○○○
河本	為學○日益為道○日損損之又損之以至於無為○無為而無不為○○○○○
指归	為學○日益為道○日損損之又損之○至於○○○無為而無以為○○○○○
王本	為學者日益為道者日損損之又損○以至於無為○無為而無不為○○○○○
敦本	為學○日益為道○日損損之又損之以至於無為○無為○無不為○○○○○
唐本	為學○日益為道○日損損之又損之以至於無為○無為而無不為○○○○○
宋本	為學○日益為道○日損損之又損○以至於無為○無為而無不為矣○○○○
元本	為學○日益為道○日損損之又損○以至於無為○無為而無不為矣○○○○
明本	為學○日益為道○日損損之又損○以至於無為○無為而無不為矣○○○○
清本	為學○日益為道○日損損之又損○以至於無為○○○而無不為矣○○○○
普本	○学者日益为道者日损损之又损之以至于无为○无为而无不为○继学无忧

(1) (2)

帛甲	○○取天下也恒□□□□□□□□□○□□□□□□□
帛乙	○○取天下○恒○无事及亓有事也○□足以取天□
汉竹	○○□□□□□□□無事及其有事○有不足以取天下
河本	○○取天下○常以無事及其有事○○不足以取天下
指归	將欲取天下者常以無事及其有事○○不足以取天下
王本	○○取天下○常以無事及其有事○○不足以取天下
敦本	○○取天下○常以無事及其有事○○不足以取天下
唐本	○○取天下○常以無事及其有事○○不足以取天下
宋本	○故取天下者常以無事及其有事○○不足以取天下
元本	○故取天下者常以無事及其有事○○不足以取天下
明本	○○取天下者常以無事及其有事○○不足以取天下
清本	○故取天下者常以無事及其有事○○不足以取天下
普本	○○取天下也恒○无事及其有事○○不足以取天下

简乙	**3　上接第 59 章，下接第 20 章

如是我文：

（1）普及本为何选用“学者日益”？两个系统。其一，简本作学者，是学道者的省说，学道与为道相对应。老子从未反对过教与学。学什么？从本段语言逻辑推断，应是学道。宋人苏辙的见解很有代表性：“若夫圣人未尝不学，而以道为主。”学与行相辅相成，都是针对道而言。本段与第 41 章同在简乙本，似是对闻道三层次的总括。要益其问学，损其行为。其二，多本作为学者，与为道者相对应。学与道是否对立关系？答案似否。

（2）普及本为何选用“继学无忧”？从语言逻辑推断，简本此句位置正确。在简本中，此句之后紧接第 20 章“唯与诃”一段。古人早就注意到该句位置可疑，所以才有第 19、20 或 48 章之争。两种理解。其一，继学。简乙本原字为[illegible]（㡭）。繼，古作㡭。《说文》：反𢇍（絕）为㡭（繼）。“继”与“絕”的区别，详见第 19 章。本句位置确定后，同时亦证明了此字为继而非绝。以学接学，是对前面学的肯定与补充。按本章简本语序，“继学忘忧”接“学者日益”一段之后，继学是学者日益的简说，日益正是继之义。释语在前，古谚在后，前后呼应，相互佐证，是《老子》经文中的惯例。其二，绝学。如前所论，老子对绝弃持保留态度，也从未反对过教学。老子学说，强调有无相生共存，此若绝，彼必不存，一灭俱灭。正因为如此，历来大多注家虽然肯定绝弃之义，但多对绝学之说加以改造，或限制学的范围，以自圆其说，或以褒义将绝学训为绝妙之学、空前绝后之学、独一无二之学，终究不如继学简明。绝学之新义已被今人所接受，《老子》就是一部名副其实的继万世之绝学。其三，《礼记》：“玉不琢，不成器；人不学，不知道。是故古之王者建国君民，教学为先。《兑命》曰：‘念终始典于学。’其此之谓乎！”《左传》：“谚曰：‘唯食忘忧。’吾子置食之间三叹，何也？”“夫学，殖也，不学将落，原氏其亡乎？”《论语》：“孔子曰：‘生而知之者，上也；学而知之者，次也；困而学之，又其次也；困而不学，民斯为下矣。’”“君子学道则爱人，小人学道则易使也。”《墨子》：“有力者疾以助人，有财者勉以分人，有道者劝以教人。”《国语》：“人有言曰：‘唯食可以忘忧。’吾子一食之间而三叹，何也？”“人不可以不学。”“人之有学也，犹木之有枝叶也。”《孔子家语》：“孔子读《易》，至于《损》、《益》，喟然而叹。子夏避席问曰：‘夫子何叹焉？’孔子曰：‘夫自损者必有益之，自益者必有决之，吾是以叹也。’子夏曰：‘然则学者不可以益乎？’子曰：‘非道益之谓也，道弥益而身弥损。’”可作参考。

第49章（下）

[版本对照]

帛甲	ㄖㄖㄖㄖㄖ以百ㄖ之心為ㄖ善者〇〇善之不善者〇亦善ㄖㄖㄖㄖㄖㄖ〇ㄖㄖㄖㄖㄖ
帛乙	ㄖ人恒无心以百眚之心為心善ㄖ〇〇ㄖㄖㄖㄖㄖ〇ㄖㄖㄖㄖ善也信者〇信之不信者
汉竹	聖人恒無心以百生之心為心善者虖亦善之不善者虖亦善之直善也信者虖信之不信者
河本	聖人常無心以百姓〇心為心善者吾〇善之不善者吾亦善之德善〇信者吾信之不信者
指归	聖人無常心以百姓〇心為心善者吾〇善之不善者吾亦善之得善矣信者吾信之不信者
王本	聖人常無心以百姓〇心為心善者吾〇善之不善者吾亦善之德善〇信者吾信之不信者
敦本	聖人無〇心以百姓〇心為心善者吾〇善之不善者吾亦善之得善〇信者吾信之不信者
唐本	聖人無常心以百姓〇心為心善者吾〇善之不善者吾亦善之德善矣信者吾信之不信者
宋本	聖人無常心以百姓〇心為心善者吾〇善之不善者吾亦善之德善矣信者吾信之不信者
元本	聖人無常心以百姓〇心為心善者吾〇善之不善者吾亦善之德善矣信者吾信之不信者
明本	聖人無常心以百姓之心為心善者吾〇善之不善者吾亦善之得善矣信者吾信之不信者
清本	聖人無常心以百姓〇心為心善者吾〇善之不善者吾亦善之德善矣信者吾信之不信者
普本	圣人恒无心以百姓之心为心善者〇〇善之不善者〇亦善之得善也信者〇信之不信者

(1)　(2)

帛甲	〇ㄖㄖㄖㄖ信也ㄖㄖ之在天下〇愉愉焉為天下渾〇心〇百姓皆屬〇耳目焉
帛乙	〇亦信之德信也耶人之在天下也欲欲焉ㄖㄖㄖㄖ〇ㄖ〇ㄖㄖ皆注亓ㄖㄖㄖ
汉竹	虖亦信之直信也聖人之在天下也匧匧然為天下渾〇ㄖ而百姓皆屬其耳目焉
河本	吾亦信之德信〇聖人〇在天下〇怵怵〇為天下渾其心〇百姓皆注其耳目〇
指归	吾亦信之得信矣聖人〇在天下〇惵惵乎為天下渾〇心〇百姓皆注其耳目〇
王本	吾亦信之德信〇聖人之於天下〇歙歙焉為天下渾〇心〇百姓皆注其耳目焉
敦本	吾亦信之得信〇聖人〇在天下〇惵惵〇為天下混〇心而百姓皆注其耳目〇
唐本	吾亦信之德信矣聖人〇在天下〇惵惵〇為天下渾其心〇百姓皆注其耳目〇
宋本	吾亦信之德信矣聖人之在天下〇惵惵〇為天下渾〇心〇百姓皆注其耳目〇
元本	吾亦信之德信矣聖人之在天下〇惵惵〇為天下渾其心〇百姓皆注其耳目〇
明本	吾亦信之得信矣聖人之在天下〇歙歙焉為天下渾其心〇百姓皆注其耳目〇
清本	吾亦信之德信矣聖人〇在天下〇惵惵〇為天下渾其心〇百姓皆注其耳目〇
普本	〇亦信之得信也圣人之在天下〇欲欲焉为天下混其心〇百姓皆注其耳目〇

(3)　(4)

帛甲	聖人〇□□□
帛乙	□□〇□□□
汉竹	聖人而皆晐之
河本	聖人〇皆孩之
指归	聖人〇皆駭之
王本	聖人〇皆孩之
敦本	聖人〇皆咳之
唐本	聖人〇皆孩之
宋本	聖人〇皆孩之
元本	聖人〇皆孩之
明本	聖人〇皆孩之
清本	聖人〇皆孩之
普本	圣人〇皆孩之

(5)

如是我文：

(1) 普及本为何选用“恒无心”？其一，细研各家注，似均应为无心，与简、帛本同，传世诸本的常字的位置明显颠倒了。无常心是有其心却变来变去，而无心才是圣人之所为。顺序颠倒，意思大变之又一例。其二，《管子》：“岂无利事哉？我无利心。岂无安处哉？我无安心。心之中又有心。意以先言。意，然后形；形，然后思；思，然后知。”《庄子》：“故曰，古之畜天下者，无欲而天下足，无为而万物化，渊静而百姓定。《记》曰：‘通于一而万事毕，无心得而鬼神服。’”《国语》：“丕郑曰：‘我无心。是故事君者，君为我心，制不在我。’”《荀子》：“天下无二道，圣人无两心。今诸侯异政，百家异说，则必或是或非，或治或乱。”可作参考。

(2) 普及本为何选用“得”？“得”与“德”同，在这里得是本字，是得失之得，得到全善。五行和曰德，四行和曰善；用德字，似与善、信二字冲突。“德”古作“悳”，汉竹本用“直”，似为其省笔。这种写法在第 41 章“质直若渝”也出现过。

(3) 普及本为何选用“歙歙焉”？形容词，都可以。歙：合也。

(4) 普及本为何选用“混其心”？三种理解。其一，浑圣人之心。以河上为代表。其二，浑百姓之心，也就是第 65 章所说的非以明民，将以愚之的意思。加上其字，其指向性更明确。其三，“浑”与“混”同。圣人之心与百姓之心混而为一。

（5）普及本为何选用“孩”？其一，晐、孩、骇、核四字同源，孰本孰借？晐：咸备。晐之，即一个不能少，较为中性。骇（核）之即威之，孩之即慈之，恩威并重。三义均可通。其二，《国语》：“夫耳目，心之枢机也，故必听和而视正。听和则聪，视正则明。聪则言听，明则德昭。听言昭德，则能思虑纯固。”“若先，则恐国人之属耳目于我也，故不敢。”可作参考。

第50章（下）

[版本对照]

帛甲	口生口口口口口口有口口口徒十有三而民〇生生〇勭皆之死地之〇十有三夫何故也
帛乙	口生入死生之口口口口口之徒十又三而民〇生生〇僮皆之死地之〇十有三口何故也
汉竹	出生入死生之徒十有三死之徒十有三而民〇姓生焉動皆之死地之〇十有三夫何故也
河本	出生入死生之徒十有三死之徒十有三〇人之求生〇動〇之死地〇〇十有三夫何故〇
指归	出生入死生之徒十有三死之徒十有三而民〇生〇〇動〇之死地〇〇十有三夫何故〇
王本	出生入死生之徒十有三死之徒十有三〇人之生〇〇動〇之死地〇亦十有三夫何故〇
敦本	出生入死生之徒什有三死之徒什有三〇人之生〇〇動〇之死地〇〇什有三夫何故〇
唐本	出生入死生之徒十有三死之徒十有三〇人之生〇〇動〇之死地〇〇十有三夫何故〇
宋本	出生入死生之徒十有三死之徒十有三〇民之生〇〇動〇之死地〇亦十有三夫何故〇
元本	出生入死生之徒十有三死之徒十有三〇人之生〇〇動〇之死地〇亦十有三夫何故〇
明本	出生入死生之徒十有三死之徒十有三〇人之生〇〇動〇之死地〇亦十有三夫何故〇
清本	出生入死生之徒十有三死之徒十有三〇人之生〇〇動〇之死地者亦十有三夫何故〇
普本	出生入死生之徒十有三死之徒十有三〇民之生生〇动皆之死地者亦十有三夫何故也

（1）

帛甲	以亓生生〇〇也蓋口口執生者陵行不口矢虎入軍不被甲兵矢无所椯其角虎无所昔亓蚤
帛乙	以亓生生〇〇〇蓋聞善執生者陵行不辟𧰲虎入軍不被兵革𧰲无口口口口口口口口亓蚤
汉竹	以其姓生〇〇也蓋聞善聶生者陵行不避𧰲虒入軍不被兵革虒無所错其蚤𧰲無所椯其角
河本	以其求生之厚〇蓋聞善攝生者陸行不遇兕虎入軍不被甲兵兕無所投其角虎無所措其爪
指归	以其生生之厚〇蓋聞善攝生者陸行不避兕虎入軍不被甲兵兕無所投其角虎無所措其爪
王本	以其生生之厚〇蓋聞善攝生者陸行不遇兕虎入軍不被甲兵兕無所投其角虎無所措其爪
敦本	以其生生之厚〇蓋聞善攝生者陸行不遇兕虎入軍不被甲兵兕無所駐其角虎無所错其爪
唐本	以其生生之厚〇蓋聞善攝生者陸行不遇兕虎入軍不被甲兵兕無所投其角虎無所措其爪
宋本	以其生生之厚〇蓋聞善攝生者陸行不遇兕虎入軍不被甲兵兕無所投其角虎無所措其爪
元本	以其生生之厚〇蓋聞善攝生者陸行不遇𧰲虒入軍不避甲兵兕無所投其角虒無所措其爪
明本	以其生生之厚〇蓋聞善攝生者陸行不避兕虎入軍不避甲兵兕無所投其角虎無所措其爪
清本	以其生生之厚〇蓋聞善攝生者陸行不遇兕虎入軍不避甲兵兕無所投其角虎無所措其爪
普本	以其生生〇〇也盖闻善执生者陵行不避兕虎入军不被甲兵兕无所投其角虎无所措其爪

（2）　　（3）（4）　（5）　　　　（6）

帛甲	兵无所容口口口何故也以亓无死地焉
帛乙	兵口口口口口口口口也以亓无口口口
汉竹	兵無所容其刃夫何故也以其無死地焉
河本	兵無所容其刃夫何故〇以其無死地〇
指归	兵無所容其刃夫何故哉以〇無死地〇
王本	兵無所容其刃夫何故〇以其無死地〇
敦本	兵無所容其刃夫何故〇以其無死地〇
唐本	兵無所容其刃夫何故〇以其無死地〇
宋本	兵無所容其刃夫何故〇以其無死地〇
元本	兵無所容其刃夫何故〇以其無死地〇
明本	兵無所容其刃夫何故〇以其無死地〇
清本	兵無所容其刃夫何故〇以其無死地〇
普本	兵无所容其刃夫何故也以其无死地焉

如是我文：

（1）普及本为何选用“民之生生”？生生、姓生、求生、生；理解不同，经文不同。有生者、死者、生生者、厚生者、执生者；时时刻刻，五种人同时存在，这就是人生。本段讲的是前三种人。生生就是活在从生到死的运动过程之中，按现在的话说，就是活着，生活。生生的用法与第16章的静静同。姓：人所生也。

（2）普及本为何选用“以其生生也”？加“之厚”二字，理解有误，可能与第75章“求生之厚”混。求生之厚指对“生”的过分追求，即所谓的厚生。本段讲的是客观生理现象，而非对厚生的批判。

（3）普及本为何选用“执生”？执是古《老子》的常用字。执：守也，处也。聂：摄也。摄：安也，敛也。执生与摄生义近。执生与厚生明显不同：执生者，心中有生有死、无生无死；厚生者，心中有生无死、贪生怕死。

（4）普及本为何选用“陵”？陵、陆二字形似，均言地势。

（5）普及本为何选用“避”？遇字理解有误，遇或不遇，由不得自己。

（6）普及本为何选用“投”？椯、投、驻三字义有不同，均不影响理解。措：投也。投与措相对应，似优。

第51章（下）

［版本对照］

帛甲	道生之而德畜之物刑之而器成之是以萬物〇〇尊道而貴囗囗之奡〇德之貴也
帛乙	道生之〇德畜之物刑之而器成之是以萬物〇〇尊道而貴德道之尊也德之貴也
汉竹	道生之〇德畜之物刑之〇熱成之是以萬物〇〇奡道而貴德道之奡〇德之貴〇
河本	道生之〇德畜之物形之〇勢成之是以萬物莫不尊道而貴德道之尊〇德之貴〇
指归	道生之〇德畜之物形之〇勢成之是以萬物〇〇尊道而貴德道〇尊〇德〇貴〇
王本	道生之〇德畜之物形之〇勢成之是以萬物莫不尊道而貴德道之尊〇德之貴〇
敦本	道生之〇德畜之物形之〇熟成之是以萬物〇〇尊道〇貴德道〇尊〇德〇貴〇
唐本	道生之〇德畜之物形之〇勢成之是以萬物莫不尊道而貴德道之尊〇德之貴〇
宋本	道生之〇德畜之物形之〇勢成之是以萬物莫不尊道而貴德道之尊〇德之貴〇
元本	道生之〇德畜之物形之〇勢成之是以萬物莫不尊道而貴德道之尊〇德之貴〇
明本	道生之〇德畜之物形之〇勢成之是以萬物莫不尊道而貴德道之尊〇德之貴〇
清本	道生之〇德畜之物形之〇勢成之是以萬物莫不尊道而貴德道之尊〇德之貴〇
普本	道生之而德畜之物形之而器成之是以万物莫不尊道而贵德道之尊〇德之贵〇

（1）

帛甲	夫莫之时〇而恒自祭也〇道生之〇畜之長之遂之亭囗囗囗囗囗囗囗〇囗囗弗有也
帛乙	夫莫之爵也而恒自然也〇道生之〇畜之囗囗囗之亭之毒之養之復之〇囗囗囗囗〇
汉竹	夫莫之爵〇而恒自然〇故道生之〇畜之長之逐之亭之孰之養之復之故生而弗有〇
河本	夫莫之命〇而常自然〇故道生之〇〇〇長之養之成之孰之覆之育之〇生而不有〇
指归	夫莫之爵〇而常自然〇〇道生之德畜之長之育之成之熟之養之覆之〇生而不有〇
王本	夫莫之爵〇而常自然〇故道生之德畜之長之育之亭之毒之養之覆之〇生而不有〇
敦本	夫莫之爵〇而常自然〇故道生之〇畜之長之育之成之熟之養之覆之〇生而不有〇
唐本	夫莫之爵〇而常自然〇故道生之〇畜之長之育之成之熟之養之覆之〇生而不有〇
宋本	〇莫之爵〇而常自然〇故道生之〇畜之長之育之成之熟之養之覆之〇生而不有〇
元本	夫莫之爵〇而常自然〇故道生之〇畜之長之育之成之熟之養之覆之〇生而不有〇
明本	〇莫之命〇而常自然〇故道生之〇畜之長之育之成之熟之養之覆之〇生而不有〇
清本	夫莫之命〇而常自然〇故道生之〇畜之長之育之亭之毒之養之覆之〇生而不有〇
普本	夫莫之爵〇而常自然〇〇道生之德畜之长之遂之亭之毒之养之覆之〇生而不有〇

（2）

帛甲	為而弗寺也長而弗宰也此之謂玄德
帛乙	□□□□○□□弗宰○○是胃玄德
汉竹	為而弗持○長而弗宰○○是謂玄德
河本	為而不恃○長而不宰○○是謂玄德
指归	為而不恃○長而不宰○○是謂玄德
王本	為而不恃○長而不宰○○是謂玄德
敦本	為而不恃○長而不宰○○是謂玄德
唐本	為而不恃○長而不宰○○是謂玄德
宋本	為而不恃○長而不宰○○是謂玄德
元本	為而不恃○長而不宰○○是謂玄德
明本	為而不恃○長而不宰○○是謂玄德
清本	為而不恃○長而不宰○○是謂玄德
普本	为而不恃○长而不宰○○是谓玄德

（3）

如是我文：

（1）普及本为何选用“器”？两个系统。其一，器。制物有形而终成其器。《系辞》：“形而上者谓之道，形而下者谓之器。”其二，势。势：形也。制物有形而终成其形。汉竹本作埶，不知何解？埶、勢、熟形似。

（2）普及本为何选用“德”？两种理解。其一，无德字，认为生之以下，都是道的作用，但似与本章首句冲突。其二，有“德”字，认为本句与首句同。其三，长之、遂之以下，是对器物形成过程的具体描述，诸版本用字，字义多有重复者，这也正是《老子》多建言集句的特征之一。一般认为，長、育指体魄，亭、毒指品质，養、覆指全其性命。其四，《管子》：“畜之以道，养之以德。畜之以道则民和，养之以德则民合。”《文子》：“文子问德，老子曰：畜之养之，遂之长之，兼利无择，与天地合，此之谓德。”《淮南子》：“夫道之与德，若韦之与革。”《孔子家语》：“夫道者，所以明德也。德者，所以尊道也。是以非德道不尊，非道德不明。”可作参考。

（3）普及本为何选用“恃”？其一，寺、持、恃三字同源。“寺”是“恃”的省笔。此段与第10章重，当在此处。与第2章经文相近，都是论德，只不过第2章具体落实到圣人。其二，经文中，玄德共用3处（另见第65章），均与“道”直接相关。玄德就是有道之德。前老子时代，有好德，有凶德。《老子》之德，专指有道之德，称之为玄德或德。

第52章（下）

[版本对照]

帛甲	天下有始〇以為天下母𢚩得亓母以知亓口〇〇〇〇復守亓母沒身不殆
帛乙	天下有始〇以為天下母既得亓母以知亓子既知亓子復守亓母沒身不殆
汉竹	天下有始可以為天下母既得其母以智其子既智其子復守其母歿身不殆
河本	天下有始〇以為天下母既知其母復知其子已知其子復守其母沒身不殆
指归	天下有始〇以為天下母既得其母以知其子既知其子復守其母没身不殆
王本	天下有始〇以為天下母既得其母以知其子既知其子復守其母沒身不殆
敦本	天下有始〇以為天下母既得其母以知其子既知其子復守其母沒身不殆
唐本	天下有始〇以為天下母既得其母以知其子既知其子復守其母沒身不殆
宋本	天下有始〇以為天下母既得其母以知其子既知其子復守其母歿身不殆
元本	天下有始〇以為天下母既得其母以知其子既知其子復守其母沒身不殆
明本	天下有始〇以為天下母既得其母以知其子既知其子復守其母沒身不殆
清本	天下有始〇以為天下母既得其母以知其子既知其子復守其母歿身不殆
普本	天下有始〇以为天下母既得其母以知其子〇〇〇〇复守其母没身不殆

简乙	閟丌門賽丌迸夂身不丞啓丌迸賽丌事夂身不逨　**13　上接第41章，下接第45章
帛甲	塞亓悶閉亓門終身不堇啟亓悶濟亓事終身口口
帛乙	塞亓垅閉亓門冬身不堇啟亓垅齊亓口口口不棘
汉竹	塞其脫閇其門終身不僅啟其脫齊其事終身不來
河本	塞其兌閉其門終身不勤開其兌濟其事終身不救
指归	塞其兌閉其門終身不勤開其兌濟其事終身不救
王本	塞其兌閉其門終身不勤開其兌濟其事終身不救
敦本	塞其兌閉其門終身不懃開其兌濟其事終身不救
唐本	塞其兌閉其門終身不勤開其兌濟其事終身不救
宋本	塞其兌閉其門終身不勤開其兌濟其事終身不救
元本	塞其兌閇其門終身不勤開其兌濟其事終身不救
明本	塞其兌閉其門終身不勤開其兌濟其事終身不救
清本	塞其兌閉其門終身不勤開其兌濟其事終身不救
普本	塞其兑闭其门终身不勤启其兑济其事终身不来

(1)　　　(2)　　　(3)

帛甲	□小曰□守柔曰強用其光復歸其明毋遺身央是胃襲常
帛乙	見小曰明守□□強用□□□□□□□遺身央是胃□常
汉竹	見小曰明守柔曰强用其光復歸其明毋遺身央是謂襲常
河本	見小曰明守柔日強用其光復歸其明無遺身殃是謂習常
指归	見小曰明守柔曰強用其光復歸其明無遺身殃是謂襲常
王本	見小曰明守柔曰強用其光復歸其明無遺身殃是為習常
敦本	見小曰明用柔曰彊用其光復歸其明無遺身殃是為襲常
唐本	見小曰明守柔曰強用其光復歸其明無遺身殃是謂襲常
宋本	見小曰明守柔曰強用其光復歸其明無遺身殃是謂襲常
元本	見小曰明守柔曰強用其光復歸其明無遺身殃是為襲常
明本	見小日明守柔日彊用其光復歸其明無遺身殃是謂襲常
清本	見小曰明守柔曰強用其光復歸其明無遺身殃是謂襲常
普本	见小曰明守柔曰强用其光复归其明毋遗身央是谓袭常

（4）

如是我文：

（1）普及本为何选用“兑”？塞兑、闭门两句，简甲本、简乙本都有，又见第56章，稍有不同，可见当为时语。兑、门要与事配合理解。其一，兑：道也，行也。逆，根据古楚字的书写习惯，此字应是兑的古文或增笔。帛甲本用闷，似另有所据。句义为塞路关门，或引申为人的感官，视之为守母之门户，亦可。《论语》中有“树塞门”之说，所谓塞门就是今天的影壁、照壁。其二，《诗经》：“行道兑矣。”《礼》：“孟冬天地不通，闭塞成冬。”《管子》：“明君者，闭其门，塞其途。”“‘洁其宫，开其门’：宫者，谓心也。心也者，智之舍也，故曰‘宫’。洁之者，去好过也。门者，谓耳目也。”《韩非子》：“绝其望，破其意，毋使人欲之。不谨其闭，不固其门，虎乃将存。不慎其事，不掩其情，贼乃将生。弑其主，代其所，人莫不与，故谓之虎。”“闭其门，夺其辅，国乃无虎。”“人主之道，静退以为宝。”可作参考。

（2）普及本为何选用“勤”？两个系统。其一，“⿺乚矛”是“嵍”的省笔，同侮。侮：伤也。终身不伤。其二，堇、僅、勤互通。勤：劳也，终身不劳。勤：尽也。终身不尽，其用不穷的意思。

（3）普及本为何选用“来”？两个系统。其一，“来”古作“逨”。“棘”俗作“麳（棘）”，增笔。来：至也，还也。终身不至，达不到目的。其二，救：

助也。终身无助。其三，《易》：“萃聚而升不来也。”“小往大来。吉。亨。”“大往小来。”《管子》：“形不正者，德不来；中不精者，心不治。”“翼然自来，神莫知其极，昭知天下，通于四极。”“敬除其舍，精将自来。”《庄子》：“终身不反。”可作参考。

(4) 普及本为何选用“央”？两种理解。其一，“央”是本字，中央也。存明于身心之中而毋失。遗：失也。其二，殃：害也。“央”是“殃”的省笔。不给身心带来伤害。遗：与也。两种理解并不冲突。

第53章（下）

[版本对照]

帛甲	使我㩜〇有知□□大道唯□□□□□甚夷〇民甚好解
帛乙	使我介〇有知行於大道唯池是畏大道甚夷〇民甚好懈
汉竹	使我介〇有智行於大道唯蛇是畏大道甚夷而民〇好街
河本	使我介然有知行於大道唯施是畏大道甚夷而民〇好徑
指归	使我介然有知行於大道唯施是畏大道甚夷而民〇好逕
王本	使我介然有知行於大道唯施是畏大道甚夷而民〇好徑
敦本	使我爪然有知行於大道唯施甚畏大道甚夷〇民甚好徑
唐本	使我介然有知行于大道唯施甚畏大道甚夷〇民甚好徑
宋本	使我介然有知行於大道唯施是畏大道甚夷而民〇好徑
元本	使我介然有知行於大道唯施是畏大道甚夷而民〇好徑
明本	使我介然有知行於大道唯施是畏大道甚夷而民〇好徑
清本	使我介然有知行于大道惟施是畏大道甚夷而民〇好徑
普本	使我介〇有知行于大道唯池是畏大道甚夷〇民甚好解

（1）　（2）　　　　　　　　　　　　（3）

帛甲	朝甚除田甚芜倉甚虛服文采帶利□□□食〇□□□□□□□□□〇〇□□□□
帛乙	朝甚除田甚芜倉甚虛服文采帶利劍猒〇食而齎財〇□□□□□□〇〇非□□□
汉竹	朝甚除田甚蕪倉甚虛服文采帶利劍厭〇食〇資〇貨有餘是謂盜竽〇〇非道也〇
河本	朝甚除田甚蕪倉甚虛服文綵帶利劍厭飲食〇〇財貨有餘是謂盜誇〇〇非道也哉
指归	朝甚除田甚蕪倉甚虛服文采帶利劍厭飲食〇〇財貨有餘是謂盜誇〇〇非道〇哉
王本	朝甚除田甚蕪倉甚虛服文綵帶利劍厭飲食〇〇財貨有餘是謂盜夸〇〇非道也哉
敦本	朝甚除田甚苗倉甚虛服文綵帶利劍厭飲食〇资〇貨有餘是謂盜誇盜誇非道〇〇
唐本	朝甚除田甚蕪倉甚虛服文采帶利劍猒飲食〇〇財貨有餘是謂盜夸〇〇非道也哉
宋本	朝甚除田甚蕪倉甚虛服文采帶利劍厭飲食〇資財〇有餘是謂盜誇〇〇非道也哉
元本	朝甚除田甚蕪倉甚虛服文彩帶利劍厭飲食〇資財〇有餘是謂盜夸〇〇非道也哉
明本	朝甚除田甚蕪倉甚虛服文采帶利劍厭飲食〇資財〇有餘是謂盜夸〇〇非道〇哉
清本	朝甚除田甚蕪倉甚虛服文采帶利劍厭飲食〇資〇貨有餘是謂盜竽〇〇非道〇哉
普本	朝甚除田甚芜仓甚虛服文彩带利剑厌饮食而资财〇有余是谓盗吁〇〇非道也哉

（4）

如是我文：

（1）普及本为何选用“介”？四种理解，或作动词用，或作形容词用。其一，介：画也，际也，人各有介，辨别之端也。其二，介：限也。摞：束缚也。“摞”与“介”义相近，限制约束之义。其三，摞、介为絜、挈的假借，“絜”与“挈”互通：持也，掌握之义。其四，介：坚确不拔。传世诸本作介然。《孟子》：“孟子谓高子曰：‘山径之蹊间，介然用之而成路；为间不用，则茅塞之矣。今茅塞子之心矣。’”

（2）普及本为何选用“有知”？经文无论知或智，汉竹本均作“智”。两种理解。其一，有知之人的省说，即指下句的民。士为四民之首，这里主要指官僚的后备人才，也就是严遵所说的玄圣、处士，或泛指知识分子。其二，知识。或指圣人之知，或指民之知。总之，对有知的理解，直接取决于对介的定义。

（3）普及本为何选用“解”？两个系统。其一，解为本字。解：晓也。了解，知晓。“民甚好解”与成语“不求甚解”之义正相反。其二，“解”为“獬”的省笔。“獬”或作“觟”：徯径之意也。“街”与“径”义同。小径与大道相对；然而，为什么放着大道不走，却甚好小径、邪径？似乎不合逻辑。“你走你的阳关道，我走我的独木桥”，各行其是，比喻而已。

（4）普及本为何选用“盗吁”？两类理解。其一，传统理解，众人对“盗”字从无异义，只是对“夸”字众说纷纭，各说各话，无论是盗夸、盗誇、盗竽，还是夸盗，理解起来都觉得别扭。其二，夸、竽、吁互通。从字音、字形上分析，“夸”主要有二音，此处音于。《说文》：“夸：奢也。从大，于声。”也就是说，“夸”本作“夸”，“于”本作“亐（亏）”，写法不同而已。帛乙本《老子》前面的《黄帝四经·经法·道法》中，“夸”即写为“亐”。唐·景龙碑《老子》第24章中，“跨”作“夸”。由此可见，歧义再多，也离不开“于”之字声，离不开“于（亏）”之字形。查证《集韵·虞韵》，一般“于”与“夸”可互换。“吁”的本字为“吁”，古文为“号（号）”。《说文》：“吁：惊也。从口，于声。”“竽”、“夸（夸）”与“号（号）”音同形似互通，此处如果训为“吁”，则豁然开朗，语义顺畅。“盗”与“道”相对，“吁”与“哉”相对；实字对实字，虚字对虚字。其三，同音异字相对使用，是《老子》中常见的语言技巧之一，如本章的介与解，迤与夷，盗与道。这种介乎文字游戏的用法在古文中旁证不少，如宝与保，敌与适，王与亡，危与微，等等。《列子》：“汤、武爱天下，故王；桀、纣恶天下，故亡。”《荀子》：“天下归之之谓王，天下去之之谓亡。”“故《道经》曰：‘人心之危，道心之微。’”现在的语法修辞也常用，如对联“闲人免进贤人进，盗者休来道者来”，等等。

第 54 章（下）

［**版本对照**］

简乙	善建者不𣓗善休者不兌子孫以丌祭祀不乇攸之○身丌悳乃貞攸之○豙丌悳○又辵
帛甲	善建□□拔□□□□□子孫以○䊒祀□□□□○□□□□□□□○□□□○□餘
帛乙	善建者□□□□□□□子孫以○祭祀不絕脩之○身亓德乃真脩之○家亓德○有餘
汉竹	善建○不拔善抱○不脫子孫以其祭祀不絕脩之○身其德乃真脩之○家其德○有餘
河本	善建者不拔善抱者不脫子孫○○祭祀不絕修之於身其德乃真修之於家其德○乃餘
指归	善建者不拔善抱者不脫子孫○○祭祀不輟修之於身其德乃真修之於家其德○有餘
王本	善建者不拔善抱者不脫子孫以○祭祀不輟修之○身其德乃真修之○家其德○有餘
敦本	善建○不拔善抱○不脫子孫○○祭祀不醊修之○身其德能真修之○家其德能有餘
唐本	善建者不拔善抱者不脫子孫○○祭祀不輟修之○身其德乃貞修之○家其德○有餘
宋本	善建者不拔善抱者不脫子孫以○祭祀不輟修之○身其德乃真修之○家其德○乃餘
元本	善建者不拔善抱者不脫子孫○○祭祀不輟脩之○身其德乃真脩之○家其德○乃餘
明本	善建者不拔善抱者不脫子孫○○祭祀不輟修之於身其德迺真修之於家其德○迺餘
清本	善建者不拔善抱者不脫子孫○○祭祀不輟脩之于身其德乃真脩之于家其德○乃餘
普本	善建者不拔善保者不脱子孙以其祭祀不绝修之○身其德乃贞修之○家其德○有余

(1)

简乙	攸之○向丌悳乃長攸之○邦丌悳乃丰攸之○天下□□□□○○○○○□□□豙
帛甲	脩之○□□□□□□□○□□□□□□□○□□□□□□○以身□身以家觀家
帛乙	脩之○鄉亓德乃長脩之○國亓德乃夆脩之○天下亓德乃博○以身觀身以家觀□
汉竹	脩之○鄉其德乃長脩之○國其德乃逢脩之○天下其德乃薄○以身觀身以家觀家
河本	修之於鄉其德乃長修之於國其德乃豐修之於天下其德乃普故以身觀身以家觀家
指归	修之於鄉其德乃長修之於國其德乃豐修之於天下其德乃普故以身觀身以家觀家
王本	修之○鄉其德乃長修之○國其德乃豐修之○天下其德乃普故以身觀身以家觀家
敦本	修之○鄉其德能長修之○國其德能豐修之○天下其德能普故以身觀身以家觀家
唐本	修之○鄉其德乃長修之○國其德乃豐修之○天下其德乃普故以身觀身以家觀家
宋本	修之○鄉其德乃長修之○國其德乃豐修之○天下其德乃普故以身觀身以家觀家
元本	脩之○鄉其德乃長脩之○國其德乃豐脩之○天下其德乃普故以身觀身以家觀家
明本	修之於鄉其德迺長修之於邦其德迺豐修之於天下其德迺普故以身觀身以家觀家
清本	脩之于鄉其德乃長脩之于邦其德乃豐脩之于天下其德乃普故以身觀身以家觀家
普本	修之○乡其德乃长修之○国其德乃丰修之○天下其德乃博○以身观身以家观家

简乙	以向觀向以邦觀邦以天下觀天下虗可以智天□○□□□□　**15　上接第 45 章
帛甲	以鄉觀鄉以邦觀邦以天□□□□□□□□□□□□□□□
帛乙	○○○○□□□國以天下觀天下□□□□天下之然茲以□
汉竹	以鄉觀鄉以國觀國以天下觀天下吾何以智天下○然哉以此
河本	以鄉觀鄉以國觀國以天下觀天下吾何以知天下之然哉以此
指归	以鄉觀鄉以國觀國以天下觀天下吾何以知○○其然哉以此
王本	以鄉觀鄉以國觀國以天下觀天下吾何以知天下○然哉以此
敦本	以鄉觀鄉以國觀國以天下觀天下吾何以知天下之然○以此
唐本	以鄉觀鄉以國觀國以天下觀天下吾何以知天下之然哉以此
宋本	以鄉觀鄉以國觀國以天下觀天下吾何以知天下之然哉以此
元本	以鄉觀鄉以國觀國以天下觀天下吾何以知天下之然哉以此
明本	以鄉觀鄉以邦觀邦以天下觀天下吾何以知天下之然哉以此
清本	以鄉觀鄉以邦觀邦以天下觀天下吾何以知天下之然哉以此
普本	以乡观乡以国观国以天下观天下吾何以知天下之然哉以此

如是我文：

（1）普及本为何选用“修之身”？“脩”与“修”通，“攸”是省笔。两个系统。其一，修之身，即身之修。各指修的不同对象。贞、余等是修的标准，强调因，即以贞之德修身、以有余之德修家、以长之德修乡、以丰之德修国、以博之德修天下。其二，修之于身。各指修的不同处所。贞、余等是修的结果，强调果，即身就会贞、家就会有余、乡就会长、国就会丰、天下就会博。有其因，必有其果。其三，《管子》：“以家为乡，乡不可为也；以乡为国，国不可为也；以国为天下，天下不可为也。以家为家，以乡为乡，以国为国，以天下为天下。”“道之所言者一也，而用之者异。有闻道而好为家者，一家之人也。有闻道而好为乡者，一乡之人也。有闻道而好为国者，一国之人也。有闻道而好为天下者，天下之人也。有闻道而好定万物者，天地之配也。”《孔子家语》：“礼者，政之本也，是以君子不可以不修身。”《孟子》：“王曰‘何以利吾国？’大夫曰‘何以得吾家？’士庶人曰‘何以得吾身？’”“人有恒言，皆曰‘天下国家’。天下之本在国，国之本在家，家之本在身。”可作参考。

第55章（下）

[版本对照]

简甲	肣悳之厚者比於赤子蟲蠆蟲它弗蓋攫鳥猷獸弗哺○○○○骨溺菫秫而捉固
帛甲	口口之厚口比於赤子逢㣚蜾蛇弗螫擢鳥猛獸弗搏○○○○骨弱筋柔而握固
帛乙	含德之厚者比於赤子蠭癘蟲蛇弗赫據鳥孟獸弗捕○○○○骨筋弱柔而握固
汉竹	含德之厚者比於赤子蠭蠆蚖蛇弗赫猛獸攫鳥弗摶○○○○骨弱筋柔而握固
河本	含德之厚○比於赤子蜂蠆蛇虺不螫○○猛獸不據玃鳥不搏骨弱筋柔而握固
指归	含德之厚○比於赤子毒蟲○○不螫○○攫鳥不搏猛獸不據骨弱筋柔而握固
王本	含德之厚○比於赤子蜂蠆虺蛇不螫○○猛獸不據攫鳥不搏骨弱筋柔而握固
敦本	含德之厚○比於赤子毒蟲○○不螫鸜鳥猛狩不搏○○○○骨弱筋柔而握固
唐本	含德之厚○比於赤子毒蟲○○不螫○○猛獸不據檴鳥不搏骨弱筋柔而握固
宋本	含德之厚○比於赤子毒蟲○○不螫○○猛獸不據攫鳥不搏骨弱筋柔而握固
元本	含德之厚○比於赤子毒蟲○○不螫○○猛獸不據攫鳥不搏骨弱䈥柔而握固
明本	含德之厚○比於赤子毒蟲○○不螫○○猛獸不據攫鳥不搏骨弱筋柔而握固
清本	含德之厚○比於赤子毒蟲○○不螫○○猛獸不據攫鳥不搏骨弱筋柔而握固
普本	含德之厚者比于赤子毒虫○○不螫瞿鸟猛兽不据○○○○骨弱筋柔而握固

（1）

简甲	未智牝戊之含○怒精之至也冬日唬而○不憂和之至也○和曰県智和曰明賹生曰羕
帛甲	未知牝牡口口口口口精口至也終日號而○不发和之至也○和曰常知和曰明益生曰祥
帛乙	未知牝牡之會而朘怒精之至也冬日號而○不嚘和口口口口口口常知常曰明益生口祥
汉竹	未智牝牡之合而狻怒精之至也終日號而○不幽和之至也○和曰常智和曰明益生曰詳
河本	未知牝牡之合而峻作精之至也終日號而○不啞和之至也知和曰常知常日明益生日祥
指归	未知牝牡之合而峻作精之至○終日嗥而嗌不嗄和之至○知和曰常知常曰明益生曰祥
王本	未知牝牡之合而全作精之至也終日號而○不嗄和之至也知和曰常知常曰明益生曰祥
敦本	未知牝牡之合而酸作精之至○終日號而○不嗄和之至○知和曰常知常曰明益生曰詳
唐本	未知牝牡之合而峻作精之至○終日號而○不嗄和之至○知和曰常知常曰明益生曰祥
宋本	未知牝牡之合而峻作精之至也終日號而嗌不嗄和之至也知和曰常知常曰明益生曰祥
元本	未知牝牡之合而峻作精之至也終日號而嗌不嗄和之至也知和曰常知常曰明益生曰祥
明本	未知牝牡之合而峻作精之至也終日號而嗌不嗄和之至也知和曰常知常曰明益生曰祥
清本	未知牝牡之合而峻作精之至也終日號而○不嗄和之至也知和曰常知常曰明益生曰祥
普本	未知牝牡之合而朘怒精之至也终日号而○不忧和之至也○和曰常知和曰明益生曰祥

（2）　　（3）　　（4）

简甲	心叓慝曰勥勿壓則老是胃〇不道〇〇〇〇　＊33　上接第 57 章，下接第 44 章
帛甲	心使氣曰強囗囗即老〇胃之不道不道囗囗
帛乙	心使氣曰強物囗則老〇胃之不道不道蚤已
汉竹	心使氣曰强物壯則老〇謂之不道不道蚤已
河本	心使氣日強物壯則老〇謂之不道不道早已
指归	心使氣曰強物壯則老〇謂之非道不道早已
王本	心使氣曰強物壯則老〇謂之不道不道早已
敦本	心使氣曰彊物壯則老〇謂之非道非道早已
唐本	心使氣曰強物壯則老是謂〇不道不道早已
宋本	心使氣曰強物壯則老是謂〇不道不道早已
元本	心使氣曰強物壯則老是謂〇不道不道早已
明本	心使氣曰彊物壯則老是謂〇不道不道早已
清本	心使氣曰強物壯則老〇謂之不道不道早已
普本	心使气曰彊物壮则老是谓〇不道不道早已

(5)

如是我文：

(1) 普及本为何选用“瞿”？诸本用字虽混乱，却多以“瞿”为字源，其中帛乙本作据。瞿：音巨，鹰隼之视也。**攫**：爪持也。本字似为“瞿”，瞿鸟即巨鸟，鹰隼之类，正与猛兽相对应。有鉴于经文混乱，后人干脆将首句统合为毒虫不螫，将毒虫、巨鸟、猛兽分说。

(2) 普及本为何选用“忧”？两种理解。其一，“㥑（憂）”为本字。忧指心理活动，强调心。当哭则哭，当笑则笑，不忧其得失。其二，“憂”为“嚘”的省笔。嚘：气逆也。指生理活动，强调气。演变为嗌、嗄、哑诸字。“幽”为借音字。其三，《系辞》：“旁行而不流，乐天知命，故不忧。”《左传》：“公曰：‘和与同异乎？’（晏子）对曰：‘异。和如羹焉，……以相成也。……以相济也。……心平，德和。……若以水济水，谁能食之？若琴瑟之专一，谁能听之？同之不可也如是。……宽以济猛，猛以济宽，政是以和。……和之至也。’”《墨子》：“夫婴儿子之知，独慕父母而已；父母不可得也，然号而不止，此其故何也？即愚之至也。”《国语》：“夫和实生物，同则不继。”“夫如是，和之至也。”《列子》：“其在婴孩，气专志一，和之至也；物不伤焉，德莫加焉。”可作参考。

(3) 普及本为何选用“和曰常”？两个系统。其一，和曰常。“常”与“和”对等，就是以和为常。其二，知和曰常。“常”与“知和”对等，知和才是常。

(4) 普及本为何选用“益生曰祥”? 其一，“賹”是“益”的增笔。简文中，很多字如得、失、益等，多增贝旁，可见诸字多与物质财富有关。益生与厚生义同，都是老子不提倡的。其二，祥：妖祥，不祥。凡吉、凶之兆皆曰祥。“羕”假借为“祥”，或是“祥”的别体。《诗经》：“大人占之：维熊维罴，男子之祥；维虺维蛇，女子之祥。”

(5) 普及本为何选用“物壮、则老”断句? 两种理解。其一，则：连词。即、则互通。帛书甲、乙本的第 30 章的重句，均写为“物壮而老”。“物壮而老”就是物过其壮的意思。臧(壓)：厚也。老：过也，过于恒常限度也。厚则过，所以不道。壮：盛也。过盛就是不道。总之，理解的关键在于不道二字，强调不要过。其二，则：法也。生而少而青而壮而老而死，顺之天道。物为壮，当以壮之道为则；若以老之道为其法则，就是失和，就是不道。《老子》所用之“则”，多为法则之义。其三，《诗经》：“天生烝民，有物有则。”“方叔元老，克壮其犹。”《左传》：“师直为壮，曲为老。岂在久乎?”“夫莒仆，则其孝敬，则弑君父矣；则其忠信，则窃宝玉矣。”《管子》：“臣闻：壮者无怠，老者无偷，顺天之道，必以善终者也。”《列子》：“人自生至终，大化有四：婴孩也，少壮也，老耄也，死亡也。”可作参考。

第 56 章（下）

[版本对照]

简甲	𣉻之者弗言言之者弗𣉻閟丌逸賽丌門和丌光迥丌新副丌𩐋○解丌紛是胃玄同
帛甲	口○口弗言言○者弗知塞亓悶閉亓口口亓光同亓墪坐亓閲○解亓紛是胃玄同
帛乙	知○者弗言言○者弗知塞亓堄閉亓門和亓光同亓墪銼亓堄而解亓紛是胃玄同
汉竹	智○者弗言言○者弗智塞其脫閉其門和其光同其畛挫其兌○解其紛是謂玄同
河本	知○者不言言○者不知塞其兑閉其門挫其銳○解其紛和其光同其塵是謂玄同
指归	知○者不言言○者不知塞其兑閉其門挫其銳○觧其忿和其光同其塵是謂玄同
王本	知○者不言言○者不知塞其兑閉其門挫其銳○解其分和其光同其塵是謂玄同
敦本	知○者不言言○者不知塞其兑閉其門挫其銳○解其忿和其光同其塵是謂玄同
唐本	知○者不言言○者不知塞其兑閉其門挫其銳○解其紛和其光同其塵是謂玄同
宋本	知○者不言言○者不知塞其兑閉其門挫其銳○解其紛和其光同其塵是謂玄同
元本	知○者不言言○者不知塞其兑閉其門挫其銳○解其紛和其光同其塵是謂玄同
明本	知○者不言言○者不知塞其兑閉其門挫其銳○解其紛和其光同其塵是謂玄同
清本	知○者不言言○者不知塞其兑閉其門挫其銳○解其紛和其光同其塵是謂玄同
普本	知之者不言言之者不智塞其兑闭其门挫其锐○解其纷和其光同其尘是谓玄同

(1)　　(2)

简甲	古不可旻天新○亦不可旻而疋不可旻而利亦不可旻而畬不可旻而貴亦不可旻而戔
帛甲	故不可得而親○亦不可得而踈不可得而利亦不可得而害不可口而貴亦不可得而淺
帛乙	故不可得而親也亦口口口而口口口口而利口口口得而害不可得而貴亦不可得而賤
汉竹	故不可得而親○亦不可得而疏不可得而利亦不可得而害不可得而貴亦不可得而賤
河本	故不可得而親○亦不可得而踈不可得而利亦不可得而害不可得而貴亦不可得而賤
指归	○不可得而親○○不可得而踈不可得而利○不可得而害不可得而貴○不可得而賤
王本	故不可得而親○○不可得而疏不可得而利○不可得而害不可得而貴○不可得而賤
敦本	故不可得○親○亦不可得○疏不可得○利○不可得○害不可得○貴○不可得○賤
唐本	故不可得而親○○不可得而踈不可得而利○不可得而害不可得而貴○不可得而賤
宋本	○不可得而親○○不可得而踈不可得而利○不可得而害不可得而貴○不可得而賤
元本	○不可得而親○○不可得而踈不可得而利○不可得而害○○○○○○不可得而賤
明本	○不可得而親○○不可得而疏不可得而利○不可得而害不可得而貴○不可得而賤
清本	○不可得而親○○不可得而疏不可得而利○不可得而害不可得而貴○不可得而賤
普本	故不可得而亲○亦不可得而疏不可得而利亦不可得而害不可得而贵亦不可得而贱

(3)

简甲	古爲天下貴　*27　上接第 64 章，下接第 57 章
帛甲	故爲天下貴
帛乙	故爲天下貴
汉竹	故爲天下貴
河本	故爲天下貴
指归	○爲天下貴
王本	故爲天下貴
敦本	故爲天下貴
唐本	故爲天下貴
宋本	故爲天下貴
元本	故爲天下貴
明本	故爲天下貴
清本	故爲天下貴
普本	故为天下贵

如是我文：

（1）普及本为何选用“知之……不智”？两种理解。其一，前后两个“智（知）”字同解。大多注家将智（知）与不智（知）均作为言与不言的行为主体，绕来绕去，越绕越玄。其二，前知后智，一字两用。将“智（知）”作为不言的行为主体，“不智（知）”作为言的价值判断。汉竹本作“智者弗言，言者弗智”，智者即是知之者，之代道，义更明。本句在修辞学上称为回文，一般以上半句为主，下半句倒用语序，以突出上半句的重点，增加语言文字的情趣。其三，《文子》：“文子问圣智，老子曰：闻而知之，圣也；见而知之，智也。”白居易《读老子》：“言者不智智者默，此语吾闻诸老君。若道老君是智者，如何自著五千言？”可作参考。

（2）普及本为何选用“尘”？塞、闭、挫、解、和、同六句中，塞、闭句又见第 52 章，挫、解、和、同句又见第 4 章。顺序、用字均稍异。

（3）普及本为何选用“不可得”？简本的天是误字。两种理解。其一，“得”同“德”。德：恩惠也。不能只德其亲、利、贵，也不能只德其疏、害、贱；二者的价值既要兼顾而同德，又不能有所偏、有所过。其二，得是得失之得。强调得一之和，二者的比重既要兼顾而同得，又不能有所偏、有所过。其三，《论语》：“夫子之文章，可得而闻也；夫子之言性与天道，不可得而闻也。”《管子》：“物有所余，有所不足。”《墨子》：“故官无常贵，而民无终贱。”《庄子》：“故无所甚亲，无所甚疏，抱德炀和，以顺天下，此谓真人。”可作参考。

第57章（下）

［版本对照］

简甲	以正之邦以戠用兵以亡事取天下虐可以智○丌○肰也○○○夫天○多旮韋而民爾畔
帛甲	以正之邦以畸用兵以无事取天下吾何口口○口○口也哉○○夫天下口口口而民彌貧
帛乙	以正之國以畸用兵以粸事取天下吾何以知○其○然也才○○夫天下多忌諱而民彌貧
汉竹	以正之國以倚用兵以無事取天下吾何以智○其○然也○○○夫天○多忌諱而民彌貧
河本	以正之國以奇用兵以無事取天下我何以知○其○然○哉以此○天下多忌諱而民彌貧
指归	以正治國以奇用兵以無事取天下吾何以知○其○然○哉○○○天下多忌諱而民彌貧
王本	以正治國以奇用兵以無事取天下吾何以知○其○然○哉以此○天下多忌諱而民彌貧
敦本	以政之國以奇用兵以無事取天下吾何以知天下○然○○以此○天下多忌諱而民弥貧
唐本	以政理國以奇用兵以無事取天下吾何以知○其○然○哉以此○天下多忌諱而民彌貧
宋本	以正治國以奇用兵以無事取天下吾何以知○其○然○哉○○夫天下多忌諱而民彌貧
元本	以正治國以奇用兵以無事取天下吾何以知○其○然○哉以此○天下多忌諱而民弥貧
明本	以正治國以奇用兵以無事取天下吾何以知○其○然○哉○○夫天下多忌諱而民彌貧
清本	以正治國以奇用兵以無事取天下吾何以知天下之然○哉○○○天下多忌諱而民彌貧
普本	以正之国以奇用兵以无事取天下吾何以知○其○然也○○○夫天○多忌讳而民弥叛

（1）（2）（3）

简甲	民多利器而邦○慈昏人多智○天戒勿慈记法勿慈章○覜恩多又是以○聖人之言曰
帛甲	民多利器而邦家茲昏人多知○而何物茲口口口口口口盗賊口口口口○口口口口口
帛乙	民多利器口口口口昏口口口○口口口口口口物茲章而盗賊口口是以○口人之言曰
汉竹	民多利器而固家茲昏人多智○而苛物茲起瀍物茲章而盗賊多有○○故聖人之言云
河本	民多利器○國家滋昏人多伎巧○奇物滋起法物滋彰○盗賊多有○○故聖人○○云
指归	民多利器○國家滋昏人多伎巧○奇物滋起法令滋彰○盗賊多有○○○聖人之言云
王本	民多利器○國家滋昏民多智○○奇物滋起法令滋彰○盗賊多有○○故聖人○○云
敦本	民多利器○國家滋昏民多知巧○奇物滋起法物滋彰○盗賊多有○○故聖人○○云
唐本	人多利器○國家滋昏人多技巧○奇物滋起法令滋彰○盗賊多有○○故聖人○○云
宋本	人多利器○國家滋昏人多伎巧○奇物滋起法令滋章○盗賊多有○○故聖人○○云
元本	民多利器○國家滋昏人多伎巧○奇物滋起法令滋彰○盗賊多有○○故聖人○○云
明本	民多利器○國家滋昏人多技巧○奇物滋起法令滋章○盗賊多有是以○聖人○○云
清本	民多利器○國家滋昏人多技巧○奇物滋起法令滋章○盗賊多有○○故聖人○○云
普本	民多利器而国家滋昏人多知○而奇物滋起法物滋彰而盗贼多有是以○圣人之言曰

（4）（5）

简甲	我粦事〇而民自福我亡為而民自𢑜我好青而民自正我谷不谷而民自𡩟〇〇〇〇〇〇〇
帛甲	我无為也而民自化我好静而民自正我无事〇民□□□□□□□□□□〇〇〇〇〇〇〇
帛乙	我无為〇而民自化我好静而民自正我无事而民自富我欲不欲而民自樸〇〇〇〇〇〇〇
汉竹	我無為〇而民自化我無事而民自富我好静而民自正我欲不欲而民自樸〇〇〇〇〇〇〇
河本	我無為〇而民自化我好静而民自正我無事而民自富我〇無欲而民自朴〇〇〇〇〇〇〇
指归	我無為〇而民自化我無事而民自富我好静而民自正我〇無欲而民自樸〇〇〇〇〇〇〇
王本	我無為〇而民自化我好静而民自正我無事而民自富我欲無欲而民自樸〇〇〇〇〇〇〇
敦本	我無為〇〇民自化我無事〇民自富我好静〇民自政我〇無欲〇民自樸〇〇〇〇〇〇〇
唐本	我無為〇而民自化我無事而民自富我好静而民自正我〇無欲而民自朴〇〇〇〇〇〇〇
宋本	我無為〇而民自化我好静而民自正我無事而民自富我〇無欲而民自樸〇〇〇〇〇〇〇
元本	我無為〇而民自化我好静而民自正我無事而民自富我〇無欲而民自樸我無情而民自清
明本	我無為〇而民自化〇好静而民自正我無為而民自富我〇無欲而民自樸〇〇〇〇〇〇〇
清本	我無為〇而民自化我好静而民自正我無事而民自富我〇無欲而民自樸〇〇〇〇〇〇〇
普本	我无为〇而民自化我好静而民自正我无事而民自富我欲不欲而民自朴〇〇〇〇〇〇〇

（6）

简甲	*29　上接第56章，下接第55章

如是我文：

（1）普及本为何选用“之”？两种理解。其一，之：往也。正、奇相对，均言对外。简、帛、竹、河、敦本均作之，绝非偶然。西周初期，“千八百国”；到了春秋时期，只剩下百余以至于几十国；战国后期，七雄并列。国与国之间的交往，从来就是一件大事。其二，多本作治或理。“之”或假借为“治”。治：理也，正也。治国用正，用兵用奇。其三，《系辞》：“辞也者，各指其所之。”《周礼》：“凡诸侯之邦交，岁相问也，殷相聘也，世相朝也。”《墨子》：“商人之四方。”“子墨子北之齐。”“告子谓子墨子曰：‘我治国为政。’子墨子曰：‘政者，口言之，身必行之。’”“外有以为皮币，与四邻诸侯交接。”《礼记》：“一张一弛，文武之道也。”《管子》：“能者无名，从事无事。”“名正法备，则圣人无事。”《孙子兵法》：“孙子曰：兵者，国之大事；死生之地，存亡之道，不可不察也。”“兵者，诡道也。”“三军之众，可使必受敌而无败者，奇正是也。”“凡战者，以正合，以奇胜。故善出奇者，无穷如天地。”“战势不过奇正，奇正之变，不可胜穷也。奇正相生，如循环之无端，孰能穷之？”可作参考。

（2）普及本为何选用“忌讳”？其一，天：君也。天下即治天下者。其二，“期”古作“𠀠”，是“其”的增笔。《大戴礼记》：“君子入人之国，不称其讳，不犯其禁。”“忌”与“其”通，期、其、忌都是语助词。“忌”与“讳”训为复合词是后来的事。“忌”与“讳”义同：戒也。

（3）普及本为何选用“叛”？“畔”与“叛”通。或叛，或贫，以叛为优，更见春秋末期的时代特征。多事的统治者最关心的不是百姓是否贫穷，而是是否会造反。下面谈到民自富，已有脱贫之义在内。

（4）普及本为何选用“奇物”？两个系统。其一，何、苛互通。“苛物”就是王弼所说的邪事。苛：政烦也。物：事也。其二，“可戈”为“攲（奇）”的省笔。奇物就是淫奇之物。

（5）普及本为何选用“法物”？既言盗贼，法物当是正文。物：财也。法物就是钱币等物。战国时期，齐国通行的刀币，就称为齐法货。

（6）普及本为何选用“欲不欲”？其一，欲不欲。欲不欲就是圣人有所欲、有所不欲，就是节欲、寡欲。又见第64章之诸版本，全作圣人欲不欲。其二，无欲。无欲之说，经文中共出现四处。第1章：有欲与无欲相对而言。第3章：常使民无知、无欲，只是治民的空洞理论而无法实现。第34章：则常无欲也，似衍文。本章：传世诸本多作无欲，而简、帛、竹本作欲不欲。与无欲相对应的有欲，经文中仅出现两处，第1章和第24章“有欲者不居”。其三，二者相较可知，此处无欲是欲不欲的省说。作为对圣人之为的最高要求之一，传世诸本多将无欲与欲不欲混用，与无为、无事等并说，可能是出于文字修饰上的考虑而未多作内涵上的比较，并非以偏概全。

第58章（下）

[版本对照]

帛甲	□□□□□□□□亓正察察亓邦夬夬𢡺○福之所倚福○𢡺之所伏○□□□□□□□□
帛乙	亓正𨳒𨳒亓民屯屯亓正察察亓□□□□□□□□□□□○□○所伏○孰知亓極□无正也
汉竹	其正昏昏其民萅萅其正計計其國夬夬福○禍之所倚禍○福之所伏夫孰智其極其無正○
河本	其政悶悶其民醇醇其政察察其民缺缺禍兮福之所倚福兮禍之所伏○孰知其極其无正○
指归	其政閔閔其民湻湻其政察察其民缺缺禍兮福之所倚福兮禍之所伏○孰知其極其無正○
王本	其政悶悶其民淯淯其政察察其民缺缺禍兮福之所倚福兮禍之所伏○孰知其極其無正○
敦本	其政悶悶其民蠢蠢其政察察其民𦙶𦙶禍○福之所倚福○禍之所伏○熟知其極其無政○
唐本	其政悶悶其民淳淳其政察察其民缺缺禍兮福○所倚福兮禍○所伏○孰知其極其無正邪
宋本	其政悶悶其民淳淳其政察察其民缺缺禍兮福○所倚福兮禍○所伏○孰知其極其無正邪
元本	其政悶悶其民淳淳其政察察其民缺缺禍兮福○所倚福兮禍○所伏○孰知其極其無正邪
明本	其政悶悶其民淳淳其政察察其民缺缺禍兮福○所倚福兮禍○所伏○孰知其極其無正邪
清本	其政悶悶其民淳淳其政察察其民缺缺禍兮福○所倚福兮禍○所伏○孰知其極其無正耶
普本	其政闷闷其民淳淳其政察察其国夬夬祸兮福之所倚福兮祸之所伏○孰知其极其无正也

(1)　(2)

帛甲	□□□□□□□□□□□□□□○□□□□○○□□□□□□□□□□□□
帛乙	正□□□善復為□□之悉也亓日固○久矣是以○○方而不割兼而不刺直而不紲
汉竹	正復為倚善復為芺人之廢○其日固○久矣○○○○方而不割廉而不刖直而不肆
河本	正復為奇善復為訞人之迷○其日固○久○是以聖人方而不割廉而不害直而不肆
指归	正覆為奇善復為妖人之迷○其日固○久矣○○○○方而不割廉而不劌直而不肆
王本	正復為奇善復為妖人之迷○其日固○久矣是以聖人方而不割廉而不劌直而不肆
敦本	政復為奇善復為訞人之迷○其日固○久○○○○○○方而不割廉而不穢直而不肆
唐本	正復為奇善復為祅民之迷○其曰固○久矣是以聖人方而不割廉而不穢直而不肆
宋本	正復為奇善復為祅民之迷也其日固已久矣是以聖人方而不割廉而不劌直而不肆
元本	正復為奇善復為妖民之迷○其日固已久矣是以聖人方而不割廉而不劌直而不肆
明本	正復為奇善復為訞民之迷○其日固已久矣是以聖人方而不割廉而不劌直而不肆
清本	正復為奇善復為祅人之迷也其日固○久矣是以聖人方而不割廉而不劌直而不肆
普本	正复为奇善复为妖人之迷也其日固○久矣○○○○方而不割谦而不刺直而不肆

(3)　(4)

帛甲	□□□□
帛乙	光而不眺
汉竹	光而不燿
河本	光而不曜
指归	光而不耀
王本	光而不耀
敦本	光而不耀
唐本	光而不耀
宋本	光而不耀
元本	光而不耀
明本	光而不耀
清本	光而不耀
普本	光而不耀

如是我文：

（1）普及本为何选用“其国夬夬”？两个系统。其一，“夬”为本字。夬：分决也。《易》：“夬，决也，刚决柔也。”《礼记》：“夫礼者，所以定亲疏，决嫌疑，别同异，明是非也。”“分争辩讼，非礼不决。”所谓曲礼三千，就是用来“决”的。察：审也。邦国若有详细之法可依，则上下有序，是非分明；百姓也从而知道什么当为，什么不当为。其二，传世诸本作缺。“缺”可省笔为“夬”。缺：破也，去也。察：苛察也。传世诸本进而改国为民，以与上句之民相对。若苛察其政，百姓则去之。也有人认为“夬”是“狭”的省笔。狭：狡狯也。若苛察其政，百姓就会斤斤计较，勾心斗角。总之，注家多是肯定上句之闷闷，否定下句之察察；然而，从老子的一贯思想判断，两句经文合说，互为补充，并无肯定闷闷、否定察察之意。参见第 20 章“俗人察察，我独闷闷”，也并未比较谁对谁错。

（2）普及本为何选用“也”？两种理解。其一，理解为上句的第二问句，祸与福谁为正？难道分不出谁为正吗？难道没有一定的法则可循吗？其二，理解为下句的陈述导语。不是没有正，而是二者都可以为正。

（3）普及本为何选用“谦而不刺”？其一，刺：伤也。刿：伤也。害：伤也。秽：污也。自谦而不伤人，自清而不污品，谦与廉都是应该具备的品德；两个系统，均可通。诸句均指人际关系的守衡之道。守衡的角度不同，对象也不同。守衡之道的要点，就是不要过。其二，《周礼》：“以听官府之六计弊群吏之治：一曰廉善，二曰廉能，三曰廉敬，四曰廉正，五曰廉法，六曰廉辨。”《管子》：“夫玉之所贵者，九德出焉。”“廉而不刿，行也。”《礼记》：“夫昔者君子比德于玉焉。”“廉而不刿，义也。”《孔子家语》：“故古之大夫，其有坐不廉污秽而退放之者。”“廉而不刿，义也。”《荀子》：“廉而不见贵者，刿也。”“廉而不刿，行也。”可作参考。

（4）普及本为何选用“肆”？紲：系也。肆：固也，放纵也；如此义相反而兼通者，古字多见。直言而不要有所顾忌，直言却不要过于放肆，均可通。

第59章（下）

[版本对照]

简乙	給人事天莫若嗇夫唯嗇是以㮕是以㮕備○○是胄○□□□□□□□□不㝵□不㝵
帛甲	□□□□□□□□□□□□□□□□○○□□○□□□□□□□□□□□□
帛乙	治人事天莫若嗇夫唯嗇○○○是以蚤服蚤服是胄○重積□重積□□□□□□□□
汉竹	治人事天莫如嗇夫唯嗇○○○是以蚤服蚤服是謂○重積德重積德則無不克無不克
河本	治人事天莫若嗇夫唯嗇○○○是以早服早服是謂○重積德重積德則無不剋無不剋
指归	治人事天莫如嗇夫唯嗇○○○是以蚤服○○○○○○○○○重積德則無不剋○○○
王本	治人事天莫若嗇夫唯嗇○○○是謂早服早服○謂之重積德重積德則無不克無不克
敦本	治人事天莫若式夫惟式○○○是以早伏早伏○謂之重積德重積德則無不克無不克
唐本	治人事天莫若嗇夫唯嗇○○○是謂早服早服○謂之重積德重積德則無不克無不克
宋本	治人事天莫如嗇夫唯嗇○○○是以早復早復○謂之重積德重積德則無不克無不克
元本	治人事天莫如嗇夫○○○○○是謂早復早復○謂之重積德重積德則無不克無不克
明本	治人事天莫如嗇夫惟嗇○○○是謂早復早復○謂之重積德重積德則無不克無不克
清本	治人事天莫若嗇夫惟嗇○○○是謂早服早服○謂之重積德重積德則無不克無不克
普本	給人事天莫若嗇夫唯嗇○○○是以早备○○是谓○重积德重积德则无不克无不克

(1)　　(2)　　(3)

简乙	則莫智丌亙莫智丌亙○可以又䧙又䧙之母可以長□□□□□□□長生舊視之道也
帛甲	□□□□□□□□□○可以有國有國之母可以長久是胄深堥固氐□□□□□道也
帛乙	□莫知亓□莫知亓□○□□有國有國之母可□□□是胄□根固柢長生久視之道也
汉竹	則莫智其極莫智其極則可以有國有國之母可以長久是謂深根固抵長生久視之道也
河本	則莫知其極莫知其極○可以有國有國之母可以長久是謂深根固蒂長生久視之道○
指归	○○○○○莫知其極○可以有國有國之母可以長久○○深根固蒂長生久視○○○
王本	則莫知其極莫知其極○可以有國有國之母可以長久是謂深根固柢長生久視之道○
敦本	○莫知其極能知其極○可以有國有國之母可以長久是以深根固蔕長生久視之道○
唐本	則莫知其極莫知其極○可以有國有國之母可以長久是謂深根固蔕長生久視之道○
宋本	則莫知其極莫知其極○可以有國有國之母可以長久是謂深根固柢長生久視之道○
元本	則莫知其極莫知其極○可以有國○○之母可以長久是謂深根固蔕長生久視之道○
明本	則莫知其極莫知其極○可以有國有國之母可以長久是謂深根固蔕長生久視之道○

（续表）

清本	則莫知其極莫知其極〇可以有國有國之母可以長久是謂深根固柢長生久視之道〇
普本	则莫知其极莫知其极〇可以有国有国之母可以长久是谓深根固柢长生久视之道〇

简乙	＊＊1　下接第 48 章

如是我文：

（1）普及本为何选用“给”？对简本原字的两种训读，导致两种理解。其一，治。详见第 2 章。其二，给。与简本其他“治”字相较，字形确有不同。给、事二字常联用，古籍多见。《说文》僕：给事者。供给之事，经济命脉。给人事天，正是爱民治国的具体行为。其三，《礼记》：“祷祠祭祀，供给鬼神，非礼不诚不庄。”《论语》：“禦人以口给。”《墨子》：“役身给使，不敢问欲。”“凡足以奉给民用，则止。”“举屠、酤者置厨给事，弟之。”“睆者小五尺，不可卒者，为署吏，令给事官府若舍。”《孟子》：“春省耕而补不足，秋省敛而助不给。”《国语》：“夫民之大事在农。”“事之供给于是乎在。”“昔我先王之有天下也，规方千里以为甸服，以供上帝山川百神之祀，以备百姓兆民之用，以待不庭不虞之患。……足以供给神祇而已，……”“敬所以承命也，恪所以守业也，恭所以给事也，俭所以足用也。”《荀子》：“齐给便利。”“齐给速通。”“齐给便捷而不惑。”“齐给如响。”“养人之欲，给人之求。”《吕氏春秋》：“凡事之本，必先治身，啬其大宝。”“论早定则知早啬，知早啬则精不竭。秋早寒则冬必暖矣，春多雨则夏必旱矣，天地不能两，而况于人类乎？”《淮南子》：“古者上求薄而民用给。”《韩诗外传》：“于是岁大稔，民给家足。”《史记》：“上曰：‘农，天下之本，务莫大焉。”“朕亲郊祀上帝诸神。”“墨者俭而难遵，……夫世异时移，事业不必同，故曰‘俭而难遵’。要曰强本节用，则人给家足之道也。”可作参考。

（2）普及本为何选用“啬”？啬，一字两用。其一，“啬”是“穑”的省笔，指农事。穑：谷可收曰穑。种之为稼，敛之为穑，收割谷物而藏之。农夫又称之啬夫。《诗》：“好是稼穑。”“稼穑是宝。”《管子》：“仓廪实则知礼节，衣食足则知荣辱。”“是以先王知众民、强兵、广地、富国之必生于粟也，故禁末作，止奇巧，而利农事。”其二，啬：俭啬。周人有惜时、省用、不妄费的传统品德。《大戴礼记》：“啬于时，惠于财。”《左传》：“省用务穑。”敦本用式，式有节度而用之义，与俭啬之义相近。总之，二义相较，稼啬（穑）是本义，俭啬是引申义。俭啬之义，经文明用俭，见第 67 章。

（3）普及本为何选用“是以早备”？其一，简本原字为，一般认为，其上部为日，下部为朿，从日，枣声，与“早”同音假借。但与《金文常用字汇》《甲骨文常用字汇》《甲骨文小字典》等书提供的诸多“來”与“朿”相对照，可知该字下部当为“來”而非“朿”，即杲。有两解，或训为早，与诸本

同，早作准备之义；或训桼为本字而非异体。“桼”在甲骨文中就是来，瑞麦的意思。来备就是储备粮食，正可佐证本章主要讲的是农事。其二，服、伏、復三字相通，意思与备之义有所不同。简书《尊德义》中，葡（備）训服。《书》：“惟事事，乃其有备，有备无患。”殷人所谓事，无外乎祭事、兵事、农事、政事。周人治国，同样重视有备无患。简本用备字，同时也佐证了前面的啬是稼穑之义。与啬相对而用，似以备为优。其三，重有两音两解：双重，重视。

第60章（下）

[版本对照]

帛甲	□□□○□□□□□□□天下○亓鬼不神非亓鬼不神也亓神不傷人也非亓申不傷人也
帛乙	治大國○若亨小鮮以道立天下○亓鬼不神非亓鬼不神也亓神不傷人也非亓神不傷人也
汉竹	治大國○若亨小鮮以道位天下○其鬼不神非其鬼不神○其神不傷人○非其神不傷人也
河本	治大國○若烹小鮮以道莅天下○其鬼不神非其鬼不神○其神不傷人○非其神不傷人○
指归	治大國者若烹小鮮以道莅天下○其鬼不神非其鬼不神○其神不傷人○非其神不傷人○
王本	治大國○若烹小鮮以道莅天下○其鬼不神非其鬼不神○其神不傷人○非其神不傷人○
敦本	治大國○若烹小腥以道蒞天下○其鬼不神非其鬼不神○其神不傷人○非其神不傷人○
唐本	治大國○若烹小鮮以道莅天下○其鬼不神非其鬼不神○其神不傷民○非其神不傷民○
宋本	治大國○若烹小鮮以道莅天下者其鬼不神非其鬼不神○其神不傷民○非其神不傷民○
元本	治大國○若烹小鮮以道蒞天下者其鬼不神非其鬼不神○其神不傷人○○○○○○○○
明本	治大國○若烹小鮮以道蒞天下者其鬼不神非其鬼不神○其神不傷人○非其神不傷人○
清本	治大國○若烹小鮮以道蒞天下○其鬼不神非其鬼不神○其神不傷人○非其神不傷人○
普本	治大国○若烹小鮮以道莅天下○其鬼不神非其鬼不神○其神不伤人○非其神不伤人○

(1)

帛甲	聖人亦弗傷□□□不相□□德交歸焉
帛乙	□□□弗傷也夫兩□相傷故德交歸焉
汉竹	聖人亦弗傷○夫兩不相傷故德交歸焉
河本	聖人亦不傷人夫兩不相傷故德交歸焉
指归	聖人亦不傷人○兩不相傷○德交歸焉
王本	聖人亦不傷人夫兩不相傷故德交歸焉
敦本	聖人亦不傷人夫兩不相傷故得交歸○
唐本	聖人亦不傷民夫兩不相傷故德交歸焉
宋本	聖人亦不傷民夫兩不相傷故德交歸焉
元本	聖人亦不傷人夫兩不相傷故德交歸焉
明本	聖人亦不傷之夫兩不相傷故德交歸焉
清本	聖人亦不傷之夫兩不相傷故德交歸焉
普本	圣人亦弗伤也夫两不相伤故德交归焉

(2)

如是我文：

(1) 普及本为何选用“神”？神在本章一字两用。其一，不神之神作动词用，其鬼不神就是其鬼不伸，鬼屈而神伸，各安其位，所以都不伤人。其二，其神之神作名词用，鬼神之神。万物皆有鬼神，是古人的认知。何谓鬼？何谓神？对鬼与神的界定五花八门，多离不开阴阳二字。人死为鬼，庙敬而祭之为神；阴魄为鬼，阳魂为神；人之阴气为鬼，阳气为神；气之屈者为鬼，气之伸者为神；等等。在今人眼里，鬼多代表阴之类，神多代表阳之类。其三，《论语》：“非其鬼而祭之，谄也。”“季路问事鬼神。子曰：‘未能事人，焉能事鬼？’曰：‘敢问死。’子曰：‘未知生，焉知死？’”《孔子家语》：“孔子曰：‘夫礼，先王所以承天之道，以治人之情。列其鬼神，达于丧、祭、乡射、冠、婚、朝聘。’”《礼记》：“子曰：‘鬼神之为德，其盛矣乎！视之而弗见，听之而弗闻，体物而不可遗。’”《管子》：“上恃龟筮，好用巫毉，则鬼神骤祟。”《墨子》：“尊天事鬼。”“诟天侮鬼。”“此求禁止大国之攻小国也，而既已不可矣，欲以干上帝鬼神之福，意者可邪？”“上有以洁为酒醴粢盛以祭祀天、鬼，外有以为皮币，与四邻诸侯交接。”《列子》：“精神者，天之分；骨骸者，地之分。属天，清而散；属地，浊而聚。精神离形，各归其真，故谓之鬼。鬼，归也，归其真宅。《黄帝》曰：‘精神入其门，骨骸反其根，我尚何存？’”《庄子》：“人之生，气之聚也。聚则为生，散则为死。”可作参考。

(2) 普及本为何选用“圣人亦弗伤也”？两种理解。其一，圣人亦弗伤也，就是圣人也因此而不自伤。首句以圣人为主语，言圣人处理好内心的和谐，既不伤人，又不自伤。其二，首句以有道之人为主语，言有道之人不伤人，圣人亦不伤人。

第 61 章（下）

[版本对照]

帛甲	大邦者〇下〇〇流也天下之牝〇天下之〇郊〇也牝恒以靚勝牡為亓靚口口〇宜為下〇
帛乙	大國口〇口〇〇口口口口口牝也天下之〇交〇也牝恒以靜朕牡為亓靜也故〇宜為下也
汉竹	大國者〇下〇〇游也天下之牝也〇天下之交〇也牝恒以靜勝牡以其靜也故〇〇為下〇
河本	大國者〇下〇〇流〇天下之〇交〇天下之〇牝〇牝常以靜勝牡〇〇〇〇〇以靜為下〇
指归	大國者天下之所流〇天下之所交〇天下之〇牝〇牝〇以靜勝牡〇〇〇〇牝以靜為下〇
王本	大國者〇下〇〇流〇天下之〇交〇天下之〇牝〇牝常以靜勝牡〇〇〇〇〇以靜為下〇
敦本	大國者〇下〇〇流〇天下之〇郊〇天下之〇牝〇牝常以靜勝牡〇〇〇〇〇〇〇〇〇〇
唐本	大國者〇下〇〇流〇天下之〇交〇天下之交牝〇牝常以靜勝牡〇〇〇〇〇以靜為下〇
宋本	大國者〇下〇〇流〇天下之〇交〇天下之〇牝〇牝常以靜勝牡〇〇〇〇〇以靜為下〇
元本	大國者〇下〇〇流〇天下之〇交〇天下之交〇〇牝常以靜勝牡〇〇〇〇〇以靜為下〇
明本	大國者〇下〇〇流〇天下之〇交〇天下之交牝〇牝常以靜勝牡〇〇〇〇〇以靜為下〇
清本	大國者〇下〇〇流〇天下之〇交〇天下之〇牝〇牝〇以靜勝牡〇〇〇〇〇以靜為下〇
普本	大国者〇下〇〇流也天下之牝也天下之〇交〇〇牝常以静胜牡为其静也故〇宜为下〇

(1)　(2)

帛甲	〇大邦口下小口則取小邦小邦以下大邦則取於大邦故或下以取〇或下而取〇〇
帛乙	故大國以下口國則取小國小國以下大國則取於大國故或下口口〇口下而取〇〇
汉竹	故大國以下小國則取小國小國以下大國則取於大國故或下以取〇或下口口〇〇
河本	故大國以下小國則取小國小國以下大國則取〇大國〇或下以取〇或下而取〇〇
指归	故大國以下小國則取小國小國以下大國則取〇大國故或下而取之或下而取於人
王本	故大國以下小國則取小國小國以下大國則取〇大國故或下以取〇或下而取〇〇
敦本	故大國以下小國則取小國小國以下大國則聚〇大國故惑下而取〇惑下而聚〇〇
唐本	故大國以下小國則取小國小國以下大國則取〇大國故或下以取〇或下而取〇〇
宋本	故大國以下小國則取小國小國以下大國則取〇大國故或下以取〇或下而取〇〇
元本	故大國以下小國則取小國小國以下大國則取〇大國故或下以取〇或下而取〇〇
明本	故大國以下小國則取小國小國以下大國則取〇大國〇或下以取〇或下而取〇〇
清本	故大國而下小國則取小國小國而下大國則取〇大國故或下以取〇或下而取〇〇
普本	〇大国以下小国则取小国小国以下大国则取于大国故或下以取〇或下而取〇〇

(3)

帛甲	口大邦者不過欲兼畜人小邦者不過欲入事人夫○○皆得亓○欲○口口口為下
帛乙	故大國者不口欲幷畜人小國○不過欲入事人夫○○口口亓○欲則大者宜為下
汉竹	口口口口口口口口口口口口口口口口口口口口○○口口口○口口口口口為下
河本	○大國○不過欲兼畜人小國○不過欲入事人夫兩者各得其所欲○大者宜為下
指归	夫大國○不過欲兼畜人小國○不過欲入事人夫○○皆得其所欲○大者宜為下
王本	○大國○不過欲兼畜人小國○不過欲入事人夫兩者各得其所欲則大者宜為下
敦本	夫大國○不過欲兼畜人小國○不過欲入事人夫兩者各得其所欲故大者宜為下
唐本	○大國○不過欲兼畜人小國○不過欲入事人○兩者各得其所欲故大者宜為下
宋本	○大國○不過欲兼畜人小國○不過欲入事人○兩者各得其所欲故大者宜為下
元本	○大國○不過欲兼畜人小國○不過欲入事人○兩者各得其所欲故大者宜為下
明本	○大國○不過欲兼畜人小國○不過欲入事人○兩者各得其所欲○大者宜為下
清本	○大國○不過欲兼畜人小國○不過欲○事人夫兩者各得其所欲故大者宜為下
普本	○大国○不过欲谦畜人小国○不过欲入事人○两者皆得其○欲则大者宜为下

（4）

如是我文：

（1）普及本为何选用“天下之牝也”断句？其一，下流与牝，都是对大国的定位，以水之下流喻下，以牝喻静。从语言逻辑比较，帛、竹本的语序似更合理。其二，郊为交的增笔。交：交接也。以牝与牡之相交，喻国与国之交往。其三，《易》：“天地交而万物通也，上下交而其志同也。”“天地不交而万物不通也，上下不交而天下无邦也。”“天地不交而万物不兴。”《周礼》：“凡诸侯之邦交，岁相问也，殷相聘也，世相朝也。”《孙子》：“是故不争天下之交，不养天下之权。”《战国策》：“燕，齐仇国也；秦，兄弟之交也。”“交不亲，故割。绝上交而固私府。”《战国策》：“今楚，万乘之强国也；……故攻有道，外绝其交，内逐其谋臣。……请为王使齐交不绝。”“夫取秦，上交也；伐齐，正利也。尊上交，务正利，圣王之事也。”可作参考。

（2）普及本为何选用“宜为下”？两个系统。其一，宜为下，为下的主体是大国之类的大。大者宜为下、善用静，静与下并非等同关系。其二，以静为下，似是汉竹本“以其靜也，故為下”的省说；但如此一来，为下的主体变成了静，静就等同下，似与原义不合。

（3）普及本为何选用“取于”？其一，取：治也，受也。大国管治小国，小国接受大国的管治。取与取于，一为主动用法，一为被动用法。“聚”是敦本的另类理解而改字。聚：会也。其二，《诗经》：“玄王桓拨，受小国是达，受大国是达。”《左传》：“古人有言曰：‘畏首畏尾，身其余几。’又曰：‘鹿死不择音。’小国之事大国也，德，则其人也；不德，则其鹿也。铤而走险，急何能择？”“季武子兴，再拜稽首曰：‘小国之仰大国也，如百谷之仰膏雨焉！’”

“小国幸于大国，而昭所获焉以怒之，亡之道也。’”“子罕曰：‘凡诸侯小国，晋、楚所以兵威之。畏，而后上下慈和；慈和，而后能安靖其国家，以事大国，所以存也。无威则骄，骄则乱生，乱生必灭，所以亡也。天生五材，民并用之，废一不可。谁能去兵？兵之设久矣，所以威不轨，而昭文德也。圣人以兴，乱人以废；废兴存亡，昏明之术，皆兵之由也。而子求去之，不亦诬乎？以诬道蔽诸侯，罪莫大焉。纵无大讨，而又求赏，无厌之甚也！’”“有威而可畏谓之威，有仪而可象谓之仪。”“《周书》数文王之德，曰：‘大国畏其力，小国怀其德。’言畏而爱之也。《诗》云：‘不识不知，顺帝之则。’言则而象之也。”“晋侯享之，有加笾。武子退，使行人告曰：‘小国之事大国也，苟免于讨，不敢求贶。’”“莒子将战，苑羊牧之谏曰：‘齐帅贱，其求不多，不如下之。大国不可怒也。’弗听。败齐师于寿余。”《墨子》：“今天下无大小国，皆天之邑也。”“不为大国侮小国。”“此求禁止大国之攻小国也，而既已不可矣，欲以干上帝鬼神之福，意者可邪？”《孟子》：“齐宣王问曰：‘交邻国有道乎？’孟子对曰：‘有。惟仁者为能以大事小，是故汤事葛，文王事昆夷；惟智者为能以小事大，故大王事獯鬻，勾践事吴。以大事小者，乐天者也；以小事大者，畏天者也。乐天者保天下，畏天者保其国。诗云：‘畏天之威，于时保之。’’”《国语》：“夫下事上，少事长，所以为顺也。”“吾闻之曰：‘大国道，小国袭焉曰服；小国傲，大国袭焉曰诛。’”可作参考。

(4) 普及本为何选用“不过欲”断句？其一，过作动词用，不作副词或连词用，不是像今人常说的不过如何如何。其二，欲，欲望之欲，在这里是名词，而非副词或动词。下面的“皆得其欲”就是旁证。“过欲”的用法，与第46章的“甚欲”同。可有欲，不可过欲；得其欲而不过其欲。其三，“兼”与“谦”的古字同，均作秝。即使是藩属关系，大国还是大国，小国还是小国，所以此处并无兼并之意。其四，《系辞》：“知周乎万物而道济天下，故不过。”“范围天地之化而不过。”《国语》：“国马足以行军，公马足以物赋，不是过也。”可作参考。

第62章（下）

［版本对照］

帛甲	囗者萬物之注也善人之𤪌也不善人之所〇𤪌也美言可以市𢍜行可以賀〇人
帛乙	道者萬物之注也善人之𤪌也不善人之所〇保也美言可以市𢍜行可以賀〇人
汉竹	道者萬物之桸也善人之葆〇不善人之所〇葆也美言可以市𢍜行可以賀〇人
河本	道者萬物之奥〇善人之寶〇不善人之所〇保〇美言可以市尊行可以加〇人
指归	道者萬物之奥〇善人之寶〇不善人之所不保〇美言可以市尊行可以加〇人
王本	道者萬物之奥〇善人之寶〇不善人之所〇保〇美言可以市尊行可以加於人
敦本	道者萬物之奥〇善人之寶〇不善人〇所不保〇美言可以市尊行可以加〇人
唐本	道者萬物之奥〇善人之寶〇不善人之所〇保〇美言可以市尊行可以加〇人
宋本	道者萬物之奥也善人之寶〇不善人之所〇保〇美言可以市尊行可以加於人
元本	道者萬物之奥〇善人之寶〇不善人之所〇保〇美言可以市尊行可以加〇人
明本	道者萬物之奥〇善人之寶〇不善人之所〇保〇美言可以市尊行可以加〇人
清本	道者萬物之奥〇善人之寶〇不善人之所〇保〇美言可以市尊行可以加〇人
普本	道者万物之奥也善人之宝也不善人之所〇保也美言可以市尊行可以加〇人

(1)　(2)　(3)

帛甲	人之不善也何囗囗有故立天子置三卿雖有共之璧以先四馬不善坐而進此〇
帛乙	人之不善〇何囗囗囗囗立天子置三鄉雖有囗囗璧以先四馬不若坐而進此〇
汉竹	人之不善〇何棄之有故立天子置三公唯有共之璧以先四馬不如坐而進此〇
河本	人之不善〇何棄之有故立天子置三公雖有拱〇璧以先駟馬不如坐〇進此道
指归	人之不善〇何棄之有故立天子置三公雖有拱〇璧以先駟馬不如坐〇進此道
王本	人之不善〇何棄之有故立天子置三公雖有拱〇璧以先駟馬不如坐而進此道
敦本	人之不善〇奚棄之有故立天子置三公雖有供之璧以先四馬不如坐〇進此道
唐本	人之不善〇何弃之有故立天子置三公雖有拱〇璧以先駟馬不如坐〇進此道
宋本	人之不善〇何棄之有故立天子置三公雖有拱〇璧以先駟馬不如坐〇進此道
元本	人之不善〇何棄之有故立天子置三公雖有拱〇璧以先駟馬不如坐〇進此道
明本	人之不善〇何棄之有故立天子置三公雖有拱〇璧以先駟馬不如坐〇進此道
清本	人之不善〇何棄之有故立天子置三公雖有拱〇璧以先駟馬不如坐〇進此道
普本	人之不善〇何弃之有故立天子置三卿虽有拱〇璧以先驷马不善坐而进此〇

(4)　(5)　(6)

帛甲	古之所以貴此〇者何也不胃囗囗得有罪以免輿故為天下貴
帛乙	古囗囗囗囗囗〇囗囗囗不胃求以得有罪以免與故為天下貴
汉竹	古之所以貴此〇者何也不曰求以得有罪以免虖故為天下貴
河本	古之所以貴此道者何〇不日求以得有罪以免耶故為天下貴
指归	古之所以貴此道者何〇不曰求以得有罪以免〇故為天下貴
王本	古之所以貴此道者何〇不曰以求得有罪以免邪故為天下貴
敦本	古之所以貴此道者何〇不日求以得有罪以免〇故為天下貴
唐本	古之所以貴此道者何〇不日求以得有罪以免邪故為天下貴
宋本	古之所以貴此道者何也不曰求以得有罪以免邪故為天下貴
元本	古之所以貴此道者何也不曰求以得有罪以免耶故為天下貴
明本	古之所以貴此道者何也不曰求以得有罪以免邪故為天下貴
清本	古之所以貴此道者何也不曰求以得有罪以免耶故為天下貴
普本	古之所以贵此〇者何也不谓求以得有罪以免耶故为天下贵

如是我文：

（1）普及本为何选用“奥”？三个系统。其一，注：关注，意所向曰注。其二：奥：主也。注或作主。其三，㭒、注、奥，三字有义相近之处。㭒：箕帚，承物之器。注：附著也，依附之处。奥：室奥，存身之所。以道承物，以道系物，以道藏物；无论哪种理解，都是试图说明道与物的关系，都是强调道的包容性。

（2）普及本为何选用“善”、“不善”断句？两种断句方式。其一，以善、不善断句。本章以善与不善为例，论道的包容性。人之所为，既有善之言行，也有不善之言行。善与不善各有所用，当善则善，当不善则不善。用兵即是不善，却也要“不得已而用之”；美言、尊行也是不善，却也“可以”；所以下面又说，虽不善，无须弃。全章重点说的就是道对不善的包容。人之不善，意思不是不善之人，而是人的不善之处。其二，以善人、不善人断句，与首句相接，认为道既是善人的宝，也是不善人的保。总之，或善与不善相对，或善人与不善人相对，经文中全都出现过。其三，《管子》：“善、不善，取信而止矣。若左若右，正中而已矣。”“天下者，无常乱，无常治。不善人在则乱，善人在则治，在于既善，所以感之也。”可作参考。

（3）普及本为何选用“可以加”断句？其一，市：利也，恃也。“恃”或作“怖”，可知“市”与“恃”互通，“市”或即为“怖”的省笔。恃：赖也。赖：赢也，利也。贺：加也。加：增益也。“市”与“加”义相近。其二，传统断句为“加（贺）人”。观两句之语序，以及市与加二字之本义，似可断为“尊行可以加”，“人”则属后句，作“人人之不善”。美言尊行有其存在的必要，如，美言尊行常用于礼仪。

（4）普及本为何选用“卿”？其一，立：位也。居天子、公卿之位置。其二，帛乙本原字为鄉，误笔。卿与公是不同时期的官称。《礼》：“大国三卿，小国二卿。”古注：司徒、司马、司空。《黄帝四经》：“唯余一人（黄帝）［德］乃肥天，乃立王、三公，立国置君、三卿。”《晋书》：“古者，天子、诸侯皆名执政大臣曰正卿。自周后，始有三公九卿之号。”

（5）普及本为何选用“拱璧”？两种理解。其一，一般理解为手中拱持大璧，乘四马之车。其二，璧或为壁，古字中，玉旁与土旁互通。本句讲的是进坐于车，此车就是上有拱壁、前有四马的高规格壁车。其三，《左传》：“与我其拱璧。”《国语》：“句践亲为夫差先马。”《荀子》：“天子者，……诸侯持轮、挟舆、先马。”可作参考。

（6）普及本为何选用“不善坐而进此”？两个系统。其一，不善即不善者，人之不善的省说。“此”指车，代指其身份；乘坐如此之车，即使身份再高贵，也是不善之行，不能算是善举。帛乙本作不若，若：善也。汉竹本作如，如：若也。帛、竹三本句尾均未加道字，可见理解相同，只是用字不同。其二，传世诸本采用汉竹本“不如”之字，未采用“不善”之义，进而改“此”为“此道”，意思全变。“此”究竟指名位，还是指道？传世诸本改“此”为“此道”，值得商榷。

第63章（下）

［版本对照］

简甲	為亡為事亡事未亡未大少之○○○○○○○○○○○○○○○○○○○○○
帛甲	為无為事无事味无未大小○多少報怨以德圖難乎□□□□□□□□□□
帛乙	為无為□□□□□□□□□○□□□□□□□□□□□□□□□□□乎亓細也
汉竹	為無為事無事味無味小大○多少報怨以德圖難虖其易也為大虖其細也
河本	為無為事無事味無味大小○多少報怨以德圖難於其易○為大於其細○
指归	為無為事無事味無味大小○多少報怨以德圖難於○易○為大於○細○
王本	為無為事無事味無味大小○多少報怨以德圖難於其易○為大於其細○
敦本	為無為事無事味無味大小○多少報怨以德圖難於○易○為大於○細○
唐本	為無為事無事味無味大小○多少報怨以德圖難於其易○為大於其細○
宋本	為無為事無事味無味大小○多少報怨以德圖難於其易○為大於其細○
元本	為無為事無事味無味大小○多少報怨以德圖難於其易○為大於其細○
明本	為無為事無事味無味大小○多少報怨以德圖難於其易○為大於其細○
清本	為無為事無事味無味大小○多少報怨以德圖難於其易○為大於其細○
普本	为无为事无事味无味大小之多少报怨以德图难于其易○为大于其细○

（1）

简甲	○○○○○○○○○○○○○○○○○○○○○○○○○○○○○○
帛甲	天下之難○○作於易天下之大○○作於細是以聖人冬不為大故能□□□
帛乙	天下之□○○□□易天下之大○○□□□□□□□□□□□□□□□□□
汉竹	天下之難事○作於易天下之大事○作於細是以聖人終不為大故能成○大
河本	天下○難事必作於易天下○大事必作於細是以聖人終不為大故能成其大
指归	○○○難事○作於易○○○大事○作於細是以聖人終不為大故能成其大
王本	天下○難事必作於易天下○大事必作於細是以聖人終不為大故能成其大
敦本	天下○難事必作於易○○○大事必作於小○○○○○○○○○○○○○○
唐本	天下○難事必作于易天下○大事必作於細是以聖人終不為大故能成其大
宋本	天下之難事必作於易天下之大事必作於細是以聖人終不為大故能成其大
元本	天下之難事必作於易天下之大事必作於細是以聖人終不為大故能成其大
明本	天下○難事必作於易天下○大事必作於細是以聖人終不為大故能成其大
清本	天下○難事必作於易天下○大事必作於細是以聖人終不為大故能成其大
普本	天下之难○必作于易天下之大○必作于细○○○○○○○○○○○○○○

简甲	○○○○○○○多惖○必多難是以聖人猷難之古夂○亡難○ *14
帛甲	□□□○□□□□□○必多難是□□人猶難之故終於无難○
帛乙	夫輕若○□□信多易○必多難是以耶人□□之故□□□□○
汉竹	夫輕若○必寡信多易者必多難是以聖人猶難之故終○無難○
河本	夫輕諾○必寡信多易○必多難是以聖人猶難之故終○無難○
指归	○輕諾者必寡信多易者必多難○○聖人猶難之故終○無難○
王本	夫輕諾○必寡信多易○必多難是以聖人猶難之故終○無難矣
敦本	夫輕諾○必寡信多易○必多難是以聖人猶難之故終○無難○
唐本	夫輕諾○必寡信多易○必多難是以聖人由難之故終○無難○
宋本	夫輕諾○必寡信多易○必多難是以聖人由難之故終○無難矣
元本	夫輕諾○必寡信多易○○多難是以聖人由難之故終○無難矣
明本	夫輕諾○必寡信多易○必多難是以聖人猶難之故終○無難○
清本	夫輕諾○必寡信多易○必多難是以聖人猶難之故終○無難○
普本	○轻诺○必寡信多易○必多难是以圣人犹难之故终○无难○

如是我文：

（1）普及本为何选用“多少”？其一，本章似建言集句，错简较多。《韩非子》、简本与诸本相较，少了很多经文，其中，“多少”句与“轻”、“多”二句有关联；“图难”四句，分别与“大，小之”、“多易”诸句内容相近；“成其大”句，与第 34 章重；“报怨以德”与第 79 章“和大怨”句义近，合论解决之道。报：合也，和也。其二，《论语》：“或曰：‘以德报怨，何如?’子曰：‘何以报德？以直报怨，以德报德。’”《礼记》：“下殇小功，带澡麻不绝本，诎而反以报之。”《墨子》：“圣王之命也，多寡之。”《国语》：“章怨外利，不义；弃亲即狄，不祥；以怨报德，不仁。”《文子》：“天地之道，大以小为本，多以少为始。”“夫有阴德者必有阳报，有隐行者必有昭名；树黍者不获稷，树怨者无报德。”可作参考。

第 64 章（下）

［版本对照］

简甲	丌安也易𣎵也丌未兆也易𢝊也丌𩅰也易畔也丌幾也易後也為之於丌亡又也
帛甲	亓安也易持也□□□□□□□□□□□□□□□□□□□□□□□□□□□
帛乙	□□□□□□□□□□□□□□□□□□□□□□□□□□□□□□□□□
汉竹	其安○易持也其未兆○易謀也其脃○易判也其微○易散也為之○其無有也
河本	其安○易持○其未兆○易謀○其脆○易破○其微○易散○為之於○未有○
指归	其安○易持○其未兆○易謀○其脆○易破○其微○易散○為之○○未有○
王本	其安○易持○其未兆○易謀○其脆○易泮○其微○易散○為之於○未有○
敦本	其安○易持○其未兆○易謀○其毳○易破○其微○易散○為之於○未有○
唐本	其安○易持○其未兆○易謀○其脆○易破○其微○易散○為之於○未有○
宋本	其安○易持○其未兆○易謀○其脆○易泮○其微○易散○為之於○未有○
元本	其安○易持○其未兆○易謀○其脆○易泮○其微○易散○為之於○未有○
明本	其安○易持○其未兆○易謀○其脆○易泮○其微○易散○為之於○未有○
清本	其安○易持○其未兆○易謀○其脆○易判○其微○易散○為之於○未有○
普本	其安○易持○其未兆○易谋○其脆○易判○其几○易後○为之于○未有○

(1)

简甲	紿之於丌未變○𠯑□□□□□□末九成之臺甲□□□□□□□□□足下
帛甲	□□□□□□○□□□□□□毫末九成之臺作於羸土百仁之高台於足□
帛乙	□□□□□□○□□□木生於毫末九成之臺作於虆土百千之高始於足下
汉竹	治之○其未亂也合抱之木作於豪末九成之臺作於絫土百仞之高始於足下
河本	治之於○未亂○合抱之木生於毫末九層之臺起於累土千里之行始於足下
指归	治之○○未亂○合抱之木生於毫末九重之臺起於壘土百仞之高始於足下
王本	治之於○未亂○合抱之木生於毫末九層之臺起於累土千里之行始於足下
敦本	治之於○未亂○合抱之木生於豪末九重之臺起於累土百刃之高起於足下
唐本	理之於○未亂○合抱之木生於毫末九層之臺起於累土千里之行始於足下
宋本	治之於○未亂○合抱之木生於豪末九層之臺起於累土千里之行始於足下
元本	治之於○未亂○合抱之木生於毫末九層之臺起於絫土千里之行始於足下
明本	治之於○未亂○合抱之木生於毫末九層之臺起於累土千里之行始於足下
清本	治之於○未亂○合抱之木生於豪末九成之臺起於累土千里之行始於足下
普本	治之于○未乱○合抱之木生于毫末九层之台起于累土千里之行始于足下

(2)

简甲	為之者敗之𢪇之者遠之是以聖人亡為○古亡敗○亡𢪇○古亡遊○○○○○○○
简丙	為之者敗之𢪇之者遊之○○聖人𣞤為○古𣞤敗也𣞤𢪇○古口口口○○○○○○○
帛甲	口口口口口口口口口口○○口口口口也口无敗口无執也故无失也○民之從事也
帛乙	為之者敗之執○者失之是以耶人无為口口口口口口口口口口口口○民之從事也
汉竹	為○者敗之執○者失之是以聖人無為○故無敗也無執○故無失也○民之從事也
河本	為○者敗之執○者失之○○聖人無為○故無敗○无執○故無失○○民之從事○
指归	為○者敗之執○者失之○故聖人無為○則無敗○无執○則無失○○民之從事○
王本	為○者敗之執○者失之是以聖人無為○故無敗○無執○故無失○○民之從事○
敦本	為○者敗之執○者失之是以聖人無為○故無敗○無執○故無失○○民之從事○
唐本	為○者敗之執○者失之是以聖人無為○故無敗○無執○故無失○○民之從事○
宋本	為○者敗之執○者失之是以聖人無為○故無敗○無執○故無失○故民之從事○
元本	為○者敗之執○者失之是以聖人無為○故無敗○無執○故無失○○民之從事○
明本	為○者敗之執○者失之○○○○無為○故無敗○無執○故無失○○民之從事○
清本	為○者敗之執○者失之是以聖人無為○故無敗○無執○故無失○○民之從事○
普本	为之者败之执之者失之○○圣人无为○故无败○无执○故无失○○○○○○○

(3)

简甲	○○○○○○○○臨事之紀○○新各女怠此亡敗事矣○○○○○○○○○○○○○
简丙	○○○○○○○○○○○○○○○新夂若詒則𣞤敗事亖人之敗也丞于丌𧇾成也敗之
帛甲	恒於亓成事而敗之○○○○故○慎終若始則口口口口○○○○○○○○○○○○○
帛乙	恒於亓成○而敗之○○○○故曰慎冬若始則无敗事矣○○○○○○○○○○○○○
汉竹	恒於其成事而敗之○○○○故○慎終如始則無敗事矣○○○○○○○○○○○○○
河本	常于幾成○而敗之○○○○○○慎終如始則無敗事○○○○○○○○○○○○○○
指归	常於幾成○而敗之○○○○○○慎終如始則無敗事○○○○○○○○○○○○○○
王本	常于幾成○而敗之○○○○○○慎終如始則無敗事○○○○○○○○○○○○○○
敦本	常于幾成○而敗之○○○○○○慎終如始則無敗事○○○○○○○○○○○○○○
唐本	常于幾成○而敗之○○○○○○慎終如始則無敗事○○○○○○○○○○○○○○
宋本	常於幾成○而敗之○○○○○○慎終如始則無敗事矣○○○○○○○○○○○○○
元本	常于幾成○而敗之○○○○○○慎終如始則無敗事矣○○○○○○○○○○○○○
明本	常於幾成○而敗之○○○○○○慎終如始則無敗事矣○○○○○○○○○○○○○
清本	常於幾成○而敗之○○○○○○慎終如始則無敗事○○○○○○○○○○○○○○
普本	○○○○○○○○临事之纪○○慎终若始则无败事矣民之从事常于几成○而败之

简甲	○○聖人谷不谷○不貴難㠯之貨季不季○逫眾○之所𨒥
简丙	是以口人欲不欲○不貴戁㠯之貨學不學○逫眾○之所𨒥
帛甲	口口口口欲不欲而不貴難得之𧶬學不學而復眾人之所過
帛乙	是以耶人欲不欲而不貴難得之貨學不學○復眾人之所過
汉竹	是以聖人欲不欲○不貴難得之貨學不學而復眾人之所過
河本	是以聖人欲不欲○不貴難得之貨學不學○復眾人之所過
指归	是以聖人欲不欲○不貴難得之貨學不學○復眾人之所過
王本	是以聖人欲不欲○不貴難得之貨學不學以復眾人之所過
敦本	是以聖人欲不欲○不貴難得之貨學不學○俻眾人之所過
唐本	是以聖人欲不欲○不貴難得之貨學不學○復眾人之所過
宋本	是以聖人欲不欲○不貴難得之貨學不學以復衆人之所過
元本	是以聖人欲不欲○不貴難得之貨學不學○復眾人之所過
明本	是以聖人欲不欲○不貴難得之貨學不學○復眾人之所過
清本	是以聖人欲不欲○不貴難得之貨學不學○○眾人之所過
普本	○○圣人欲不欲○不贵难得之货教不教○复众○之所过

(4)

简甲	是古聖人能專萬勿之自肰而弗能為　＊25 上接第 32 章，下接第 56 章　＊10
简丙	是以○○能補萬勿之自肰而弗敔為　＊＊＊11 上接第 31 章
帛甲	○○○○能輔萬物之自口口弗敢為
帛乙	○○○○能輔萬物之自然而弗敢為
汉竹	○○○○以輔萬物之自然而弗敢為
河本	○○○○以輔萬物之自然而不敢為
指归	○○○○以輔萬物之自然而不敢為
王本	○○○○以輔萬物之自然而不敢為
敦本	○○○○以輔萬物之自然而不敢為
唐本	○○○○以輔萬物之自然而不敢為
宋本	○○○○以輔萬物之自然而不敢為
元本	○○○○以輔萬物之自然而不敢為
明本	○○○○以輔萬物之自然而不敢為
清本	○○○○以恃萬物之自然而不敢為
普本	○○○○能辅万物之自然而不敢为

(5)

如是我文：

(1) 普及本为何选用“䟫”？集句，均可。其一，几：微也。“䟫”同“践”。践：行也。经文独立成句，后两句似是本句的补充，为、治指践，未有、未乱指几。其几易䟫的意思，就是见几而作，或正作，或反作。其二，几：危也。危：不安貌。残：践也，败也。其危易残与其脆易判义近。其三，多本作其微易散：问题消解于萌芽之中。判：散也。其四，《系辞下》：“君子藏器于身，待时而动，何不利之有？”“几者动之微，吉之先见者也。君子见几而作，不俟终日。”《战国策》：“臣闻‘治之其未乱，为之其未有’也。患至而后忧之，则无及矣。”可作参考。

(2) 普及本为何选用“千里之行”？其一，两个例证属两个系统。“仁”是同音假借。“刃”是“仞”的省笔。千与仞都是量词。古书言仞，皆用于高，似与上句“百层之台”重意。其二，《文子》：“十围之木始于把，百仞之台始于下，此天之道也。”《淮南子》：“掘昆仑墟以下，地中有层城九重。”可作参考。

(3) 普及本为何选用“民之从事”？其一，三个系统。简甲本本段单言圣人。简乙本加“人之败也”句，作为对败事的申论。其他诸本再将此句前移，作为众人与圣人的比较；“慎终若始”句也由此变成对众人不败其事的对策。经文演变脉络，清晰可见。其二，古籍中多有慎终若始之论，可见是当时流行的话题。《尚书》：“慎厥终，惟其始。”《系辞》：“惧以终始，其要无咎，此之谓易之道也。”《礼记》：“举大事，必慎其终始。”《左传》：“君子之行，思其终也，思其复也。《书》曰：‘慎始而敬终，终以不困。’”“敬始而思终，终无不复。”《荀子》：“以类行杂，以一行万；始则终，终则始，若环之无端也。”“虑必先事而申之以敬，慎终如始，终始如一，夫是之谓大吉。”“故君子敬始而慎终。终始如一，是君子之道、礼义之文也。”《韩诗外传》：“察此四者，慎终如始。”慎终还有另一种用法，如《论语》：“曾子曰：‘慎终，追远，民德归厚矣。’”这里的终字指父母的死亡。

(4) 普及本为何选用“教”？“季”是“教”的省笔。“学”与“教”二字同源。圣人教民少败事，亦是辅自然之举。参照第42章。

(5) 普及本为何选用“敢”？《尚书》与《孟子》对不敢与不能作了区别，可作参考。《尚书》：“庶狱庶慎，文王罔敢知于兹。”古注：吕氏曰：“不曰‘罔知于兹’，而曰‘罔敢知于兹’者，徒言罔知，则是庄老之无为也。惟言罔敢知，然后见文王敬畏、思不出位之意。毫厘之辨，学者宜精察之。”《孟子》：“曰：不为者与不能者之形何以异？曰：挟太山以超北海，语人曰‘我不能’，是诚不能也。为长者折枝，语人曰‘我不能’，是不为也，非不能也。”能为而不当为，所以不敢为。

第65章（下）

[版本对照]

帛甲	故曰〇為道者非以明民也將以愚之也〇民之難口口口口知也故以知知邦邦之賊也
帛乙	古之〇為道者非以明口口口口口之也夫民之難治也以亓知也故以知知國國之賊也
汉竹	古之〇為道者非以明民也將以愚之也〇民之難治〇以其智也故以智智國國之賊也
河本	古之善為道者非以明民〇將以愚之〇〇民之難治〇以其智多〇以智治國國之賊〇
指归	古之善為道者非以明民〇將以愚之〇〇民之難治〇以其知之〇以智治國國之賊〇
王本	古之善為道者非以明民〇將以愚之〇〇民之難治〇以其智多故以智治國國之賊〇
敦本	古之善為道者非以明民〇將以娱之〇〇民之難治〇以其知〇故以智治國國之賊〇
唐本	古之善為道者非以明民〇將以愚之〇〇民之難治〇以其智多〇以智治國國之賊〇
宋本	古之善為道者非以明民〇將以愚之〇〇民之難治〇以其智多故以智治國國之賊〇
元本	古之善為道者非以明民〇將以愚之〇〇民之難治〇以其智多故以智治國國之賊〇
明本	古之善為道者非以明民〇將以愚之〇〇民之難治〇以其智多故以智治國國之賊〇
清本	古之善為道者非以明民〇將以愚之〇〇民之難治〇以其智多故以智治國國之賊〇
普本	故曰〇为道者非以明民〇将以愚之〇〇民之难治〇以其知多故以知治国国之贼〇

(1)　　　　　　(2)　　　　　　(3)

帛甲	以不知知邦口口德也恒知此兩者亦稽式也恒知稽式此胃玄德玄德深矣遠矣與物口矣
帛乙	以不知知國國之德也恒知此兩者亦稽式也恒知稽式是胃玄德玄德深矣遠矣口物反也
汉竹	以不智智國國之德也恒智此兩者亦楷式〇恒智楷式是謂玄德玄德深矣遠口口口口口
河本	以不智治國國之福〇〇知此兩者亦楷式〇常知楷式是謂玄德玄德深矣遠矣與物反矣
指归	不以智治國國之福〇〇知此兩者亦楷式〇常知楷式是謂玄德玄德深矣遠矣與物反〇
王本	不以智治國國之福〇〇知此兩者亦稽式〇能知稽式是謂玄德玄德深矣遠矣與物反矣
敦本	不以智治國國之德〇〇知此兩者亦楷式〇常知楷式是謂玄德玄德深〇遠〇與物反〇
唐本	不以智治國國之福〇〇知此兩者亦楷式〇常知楷式是謂玄德玄德深矣遠矣與物反矣
宋本	不以智治國國之福〇〇知此兩者亦楷式〇常知楷式是謂玄德玄德深矣遠矣與物反矣
元本	不以智治國國之福〇〇知此兩者亦楷式〇能知楷式是謂玄德玄德深矣遠矣與物反矣
明本	不以智治國國之福〇〇知此兩者亦楷式〇能知楷式是謂玄德玄德深矣遠矣與物反矣
清本	不以智治國國之福〇〇知此兩者亦楷式〇〇〇〇〇是謂玄德玄德深矣遠矣與物反矣
普本	以不知治国国之德〇常知此两者亦稽式〇常知稽式是谓玄德玄德深矣远矣与物反矣

(4)　　　　　　(5)

帛甲	○○乃至○大順
帛乙	○○乃至○大順
汉竹	□□□□□□□□
河本	○○能至○大順
指归	○○○至於大順
王本	然後乃至○大順
敦本	然後迺至○大順
唐本	然後乃至○大順
宋本	然後乃至○大順
元本	然後乃至○大順
明本	○○廼至於大順
清本	○○乃至○大順
普本	○○乃至○大顺

如是我文：

（1）普及本为何选用“故曰”？两种说法都通。“古之”又见于第15、22、62章。“故曰”又见于第31、64、76章。

（2）普及本为何选用“愚”？两种理解。其一，愚：昧也，不明之义。从道的角度：自知者明，知和曰明，明与不明（愚）相对应，不应该使民明其道而应该隐其道。《论语》：“子曰：‘民可使由之，不可使知之。’”要让百姓遵照道的规律办事，却不要让百姓掌握道的真谛，由之而不知之，孔子对老子经文作了最准确的发挥。其二，愚：厚也。从德的角度：精明与淳厚相对，不明民而厚民。《论语》：“子曰：‘唯上知与下愚不移。’”老子将明与愚相对应，欲使其知之，则明之；欲使其不知之，则昧之。孔子将知与愚相对应，本义虽未变，却易被后世曲解为愚蠢之义。其三，娯是敦本的另类理解。

（3）普及本为何选用“以其知多”？知（智），本为一字两解，后人常分用。“知”指知晓，“智”指智慧；知强调对信息的获取，智强调人的才质。此处无论知或智，均两义兼顾，但就实际情况而言，民众的智商各异，智多者能有几人？所以这里主要谈的不只是百姓聪明智慧的智，更是百姓知其所当知与不当知的知。众人的才智无法掌控，而信息可以掌控。知不是问题，知多才是问题。

（4）普及本为何选用“以不知”？两种表述方式，意思相近，“不以知”，自然就要“以不知”。从传承的时间顺序来看，知与不知相对应，应是经文的本来面目。欲与不欲、教与不教、敢与不敢等，如此句式，是《老子》的语言特点。

（5）普及本为何选用“稽式”？稽：治也。楷：法式也。式：法也。“稽”与“楷”，形近易混。二字都可读音为起，或为同音假借。稽式和楷式，意思相近，只不过“稽”字突出了治。亦：总也。

第 66 章（下）

［版本对照］

简甲	江海〇所以〇為百浴王〇以丌能為百浴下〇是以能為百浴王〇〇聖人之才民前也
帛甲	口海之所以能為百浴王者以亓〇〇善下之〇是以能為百浴王是以聖人之欲上民也
帛乙	江海〇所以能為百浴口口口亓〇〇口下之也是以能為百浴王是以耶人之欲上民也
汉竹	江海之所以能為百谷王者以其〇〇善下之也〇故能為百谷王是口口人之欲高民也
河本	江海〇所以能為百谷王者以其〇〇善下之〇〇故能為百谷王是以聖人欲在民上〇
指归	江海〇所以能為百谷王者以其〇〇〇下之〇〇故能為百谷王是以聖人其欲上民〇
王本	江海〇所以能為百谷王者以其〇〇善下之〇〇故能為百谷王是以〇〇〇欲上民〇
敦本	江海〇所以能為百谷王者以其〇〇善下之〇〇故能為百谷王是以聖人〇欲上民〇
唐本	江海〇所以能為百谷王者以其〇〇善下之〇〇故能為百谷王是以聖人〇欲上人〇
宋本	江海〇所以能為百谷王者以其〇〇善下之〇〇故能為百谷王是以聖人〇欲上人〇
元本	江海〇所以能為百谷王者以其〇〇善下之也〇故能為百谷王是以聖人〇欲上人〇
明本	江海〇所以能為百谷王者以其〇〇善下之也〇故能為百谷王是以聖人〇欲上人〇
清本	江海〇所以〇為百谷王者以其〇〇善下之〇〇故能為百谷王是以聖人〇欲上人〇
普本	江海〇所以〇为百谷王〇以其能为百谷下〇是以能为百谷王〇〇圣人之在民前〇

(1)

简甲	〇以〇身遂之丌才民上也〇以〇言下之〇〇丌才民上也民弗厚也丌才民前也民弗害也
帛甲	必以亓言下之亓欲先口口必以亓身後之〇故〇〇居前而民弗害也〇〇居上而民弗重也
帛乙	必以亓言下之亓欲先民也必以亓身後之〇故〇〇居上而民弗重也〇〇居前而民弗害〇
汉竹	必以其言下之其欲先民也必以其身後之是以〇〇居上口民弗重〇〇〇居前而民弗害也
河本	必以〇言下之欲在民前〇必以〇身後之〇〇其在民上而民不重〇其在民前而民不害〇
指归	〇以〇言下之其欲先民〇〇以〇身後之〇故〇在〇上而民不重〇居民之前而民不害〇
王本	必以〇言下之〇欲先民〇必以〇身後之是以聖人處上而民不重〇〇〇處前而民不害〇

（续表）

敦本	〇以其言下之〇欲先民〇〇以其身後之是以〇〇處上其民不重〇〇〇處前而民不害〇
唐本	〇以其言下之〇欲先人〇〇以其身後之是以〇〇處上而人不重〇〇〇處前而人不害〇
宋本	〇以其言下之〇欲先人〇〇以其身後之是以聖人處上而人不重〇〇〇處前而人不害〇
元本	〇以其言下之〇欲先人〇〇以其身下之是以聖人處上而人不重〇〇〇處前而人不害〇
明本	〇以其言下之〇欲先人〇〇以其身後之是以〇〇處上而人不重〇〇〇處前而人不害〇
清本	〇以其言下之〇欲先人〇〇以其身後之是以〇〇處上而人不重〇〇〇〇〇〇〇〇〇〇
普本	〇以〇身后之其在民上〇〇以〇言下之〇〇其在民上〇民不重〇其在民前〇民不害〇

简甲	〇〇天下〇樂進而〇〇〇〇弗詀〇〇以丌不静也古天下莫能弃之静
帛甲	〇〇天下〇樂隹而〇〇〇〇弗猒也非以其无諍與口口口口口口〇諍
帛乙	〇〇天下皆樂誰而〇〇〇〇弗猒也不以其无爭與故口下莫能與〇爭
汉竹	是以天下〇樂推而〇〇〇〇弗厭也不以其無爭耶故天下莫能與之爭
河本	是以天下〇樂推而〇〇〇〇無厭〇〇以其不爭〇故天下莫能與之爭
指归	〇〇天下〇樂推而上之而不知厭〇非以〇〇爭〇故天下莫能與之爭
王本	是以天下〇樂推而〇〇〇〇不厭〇〇以其不爭〇故天下莫能與之爭
敦本	是以天下〇樂推而〇〇〇〇不厭〇〇以其無爭〇故天下莫能與之爭
唐本	是以天下〇樂推而〇〇〇〇不猒〇〇以其不爭〇故天下莫能與之爭
宋本	是以天下〇樂推而〇〇〇〇不猒〇〇以其不爭〇故天下莫能與之爭
元本	是以天下〇樂推而〇〇〇〇不厭〇〇以其不争〇故天下莫能與之争
明本	是以天下〇樂推而〇〇〇〇不厭〇〇以其不爭〇故天下莫能與之爭
清本	是以天下〇樂推而〇〇〇〇不厭〇〇以其不爭〇故天下莫能〇〇爭
普本	〇〇天下〇乐进而〇〇〇〇不厌〇非以其无争耶故天下莫能与之争

（2）　（3）

简甲	*2 上接第 19 章，下接第 46 章

如是我文：

(1) 普及本为何选用"百谷下"？两个系统，语序不同，意思相同。《淮南子》："江河所以能长百谷者，能下之也。"类似经文之语，未言出处，可能是当时常用的例证俗语。王，一字两用：天下所归往也，主也。

(2) 普及本为何选用"进"？其一，進、隹、谁、推，四字同源，又是对古文字的识读不同而出现的异字现象。进：前也。谁：推也。推：进也。"隹"是"進"的省笔。其二，《管子》："尧舜，古之明主也。天下推之而不倦，誉之而不厌，久远而不忘者，有使民不忘之道也。"可作参考。

(3) 普及本为何选用"非以其无争耶"？其一，两种句式，或陈述句，或设问句，均可。问句是《老子》语言特点之一。简本末字作"也"，一般用于陈述句，也常用于问句；帛本改用"與"，汉竹本改用"耶"，同时增加"非(不)"字，反问语气更强。其二，"静"、"诤"均与"争"互通。不：无也。经文中，不争与无争同，既无争之欲，也无争之为；今人多分开理解。其三，《书》："汝惟不矜，天下莫与汝争能。汝惟不伐，天下莫与汝争功。"《管子》："能心行德，则天下莫能与之争矣。"可作参考。

第67章（下）

[版本对照]

帛甲	□□□□□○□□□□□夫唯□○故○不宵若宵細久矣○○○○我恒有三葆○○○之
帛乙	天下□胃我○大大而不宵夫唯不宵故能大○若宵○久矣亓細也夫我恒有三琜市而琜之
汉竹	天下皆謂我○大○以不宵夫唯大○故○不宵若宵○久矣其細也夫我恒有三葆侍而葆之
河本	天下皆謂我○大○似不肖夫唯大○故似不肖若肖○久矣其細○夫我○有三寶持而保之
指归	天下○謂我○大○似不肖夫唯大○故似不肖若肖○久○其小矣○吾○有三寶持而保之
王本	天下皆謂我道大○似不肖夫唯大○故似不肖若肖○久矣其細也夫我○有三寶持而保之
敦本	天下皆以我○大○○不唉夫唯大○故○不唉若唉○久○其小○○我○有三寶寶而持之
唐本	天下皆謂我道大○似不肖夫唯大○故似不肖若肖○久矣其細也夫我○有三寶保而持之
宋本	天下皆謂我道大○似不肖夫惟大○故似不肖若肖○久矣其細也夫我○有三寶寶而持之
元本	天下皆謂我道大○似不肖夫惟大○故似不肖若肖○久矣其細矣夫我○有三寶保而持之
明本	天下皆謂我道大○似不肖夫惟大○故似不肖若肖○久矣其細○夫我○有三寶寶而持之
清本	天下皆謂我道大○似不肖夫惟大○故似不肖若肖○久矣其細也夫我○有三寶寶而持之
普本	天下皆谓我○大大而不肖夫唯不肖故能大○若肖○久矣其细也夫我○有三宝持而宝之

(1)　　(2)

帛甲	一曰茲二曰檢□□□□□□□□□□□□□故能廣不敢為天下先故能為成事長
帛乙	一曰茲二曰檢三曰不敢為天下先夫茲故能勇檢敢能廣不敢為天下先故能為成器長
汉竹	一曰茲二曰歛三曰不敢為天下先○茲故能勇歛故能廣不敢為天下先故能為成器長
河本	一曰慈二曰儉三曰不敢為天下先○慈故能勇儉故能廣不敢為天下先故能為成器長
指归	一曰慈二曰儉三曰不敢為天下先○慈故能勇儉故能廣不敢為天下先故能○成器長
王本	一曰慈二曰儉三曰不敢為天下先○慈故能勇儉故能廣不敢為天下先故能○成器長
敦本	一曰慈二曰儉三曰不敢為天下先夫慈故能勇儉故能廣不敢為天下先故能○成器長
唐本	一曰慈二曰儉三曰不敢為天下先夫慈故能勇儉故能廣不敢為天下先故能○成器長

（续表）

宋本	一曰慈二曰儉三曰不敢為天下先夫慈故能勇儉故能廣不敢為天下先故能〇成器長
元本	一曰慈二曰儉三曰不敢為天下先夫慈故能勇儉故能廣不敢為天下先故能〇成器長
明本	一曰慈二曰儉三曰不敢為天下先夫慈故能勇儉故能廣不敢為天下先故能〇成器長
清本	一曰慈二曰儉三曰不敢為天下先夫慈故能勇儉故能廣不敢為天下先故能〇成器長
普本	一曰慈二曰俭三曰不敢为天下先夫慈故能勇俭故能广不敢为天下先故能为成器长

帛甲	今舍亓茲且勇〇〇〇〇〇舍亓後且先則必死矣夫茲囗囗則勝以守則固
帛乙	今舍亓茲且勇舍亓檢且廣舍亓後且先則〇死矣夫茲以單則朕以守則固
汉竹	今舍其茲且勇舍其歛且廣舍其後且先則〇死矣夫茲以陳則正以守則固
河本	今舍其慈且勇舍其儉且廣舍其後且先〇〇死矣夫慈以戰則勝以守則固
指归	今釋〇慈且勇釋〇儉且廣釋〇後且先則〇死矣夫慈以戰則勝以守則固
王本	今舍〇慈且勇舍〇儉且廣舍〇後且先〇〇死矣夫慈以陳則勝以守則固
敦本	今赦其慈且勇赦其儉且廣赦其後且先〇〇死矣夫慈以陳則政以守則固
唐本	今捨其慈且勇捨其儉且廣捨其後且先〇且死矣夫慈以戰則勝以守則固
宋本	今捨其慈且勇捨其儉且廣捨其後且先〇〇死矣夫慈以戰則勝以守則固
元本	今捨其慈且勇捨其儉且廣舍其後且先〇〇死矣夫慈以戰則勝以守則固
明本	今舍〇慈且勇舍〇儉且廣舍〇後且先〇〇死矣夫慈以戰則勝以守則固
清本	今舍其慈且勇舍其儉且廣舍其後且先〇〇死矣夫慈以戰則勝以守則固
普本	今舍其慈且勇舍其俭且广舍其后且先则必死矣夫慈以战则胜以守则固

(3)

帛甲	天將建之女以茲垣之　此章为第 69 章
帛乙	天將建之如以茲垣之　此章为第 69 章
汉竹	天之救之若以茲衛之
河本	天將救之〇以慈衛之
指归	天將救之〇以慈衛之
王本	天將救之〇以慈衛之

（续表）

敦本	天將救之〇以慈衛之
唐本	天將救之〇以慈衛之
宋本	天將救之〇以慈衛之
元本	天將救之〇以慈衛之
明本	天將救之〇以慈衛之
清本	天將救之〇以慈衛之
普本	天将建之〇以慈卫之

（4）

如是我文：

（1）普及本为何选用“大”？两个系统。其一，大指圣人，皆尊我为天下第一人。与第 34 章之圣人“成大”义同。其二，大指圣人所掌握的道，有些版本干脆明加道字以实其义。参见第 25 章。

（2）普及本为何选用“大而不肖”？三种理解。其一，大而不肖。肖：类也。不肖就是无类，就是我这个大是无偏私的大。其二，大似不肖。肖：似也。又像大，又不像大。但在下句的语言逻辑上有些问题。其三，肖：小也。细：小也。一般称小人为肖小之人。圣人与众人有相似之处，也就是严遵所说的圣人与小人，中异而外同；但实质上大人是大人，小人是小人，否则，大人也就早成为小人了。其四，敦本的笑，另类理解。

（3）普及本为何选用“以战则胜”？两个系统。其一，以战则胜。“單”是“战”的省笔。一言攻，一言守。其二，以阵则正。“陈”即“阵”，阵营之义。正：备也。慈者以守备、自卫为主。

（4）普及本为何选用“建之”？两个系统。其一，之代事物。天代道。建：立也。垣：卫也。天欲建之以道，汝则守之以慈。其二，之代“我”。救：助也。卫：守也。天若佑之，必赋之以慈作为后盾；或者说，善用慈者，有如神助。《周书》曰：“皇天无亲，惟德是辅。”

第 68 章（下）

［版本对照］

帛甲	○○善為士者不武善戰者不怒善勝敵者弗口善用人者為之下
帛乙	故○善為士者不武善單者不怒善朕敵者弗與善用人者為之下
汉竹	○○善為士者不武善戰者不怒善勝適者弗與善用人者為之下
河本	○○善為士者不武善戰者不怒善勝敵者不與善用人者為○下
指归	○○善為士者不武善戰者不怒善勝敵者不與善用人者為之下
王本	○○善為士者不武善戰者不怒善勝敵者不與善用人者為之下
敦本	古之善為士者不武善戰○不怒善勝敵○不爭善用人○為○下
唐本	○○善為士者不武善戰者不怒善勝敵者不爭善用人者為之下
宋本	○○善為士者不武善戰者不怒善勝敵者不爭善用人者為之下
元本	○○善為士者不武善戰者不怒善勝敵者不争善用人者為○下
明本	○○善為士者不武善戰者不怒善勝敵者不與善用人者為之下
清本	○○善為士者不武善戰者不怒善勝敵者不爭善用人者為之下
普本	故○善为士者不武善战者不怒善胜敌者弗与善用人者为之下

（1）

帛甲	口胃不諍之德是胃用人○○是胃○天古之極也　此章为第 70 章
帛乙	是胃不爭口德是胃用人○○是胃肥天古之極也　此章为第 70 章
汉竹	是謂不爭之德是謂用人○○是謂肥天古之極○
河本	是謂不爭之德是謂用人之力是謂配天古之極○
指归	是謂不爭之德○○用人之力是謂配天古之極○
王本	是謂不爭之德是謂用人之力是謂配天古之極○
敦本	是謂不爭之德是謂用人之力是謂配天古之極○
唐本	是謂不爭之德是謂用人之力是謂配天古之極也
宋本	是謂不爭之德是謂用人之力是謂配天古之極○
元本	是謂不争之德是謂用人之力是謂配天古之極○
明本	是謂不爭之德是謂用人之力是謂配天古之極○
清本	是謂不爭之德是謂用人之力是謂配天古之極○
普本	是谓不争之德是谓用人○○是谓配天古之极也

（2）　　（3）

如是我文：

（1）普及本为何选用“弗与”？两种理解。其一，弗（不）与。与：敌也，对待、对付之义。相当、相敌，古人皆谓之“与”。其二，不争。河注说：“不与敌争”；王注说：“不與争也”，均将“与”作虚字用。后世本似据此改为不争；但弗與只是不争的一部分，即不做正面冲突，硬碰硬不是好办法。用两个不争，易混淆。

（2）普及本为何选用“用人”？善用人不仅仅是用其力，还有其他，如用其心、智，等等。《韩非子》：“闻古之善用人者，必循天顺人而明赏罚。”

（3）普及本为何选用“配天”？其一，配：合也。极：正也。帛甲本漏字，帛乙本、汉竹本作肥（肥）。“配”与“肥”音形相似而换用。配天是省略句，即配天之道德，指上章之“卫之”，也就是与天合于道德。其二，《尚书》：“殷王亦罔敢失帝，罔不配天其泽。”“故殷礼陟配天，多历年所。”“惟克天德，自作元命，配享在下。”《诗》：“思文后稷，克配彼天。”《系辞上》：“广大配天地。”《管子》：“明主，配天地者也。”“故曰：‘能予而无取者，天地之配也。’”“明主不用其智，而任圣人之智；不用其力，而任众人之力。”《礼记》：“博厚配地，高明配天，悠久无疆。……故曰配天。”《庄子》：“齧缺可以配天乎？”“故曰：帝王之德配天地。”《黄帝四经》：“唯余一人（黄帝）［德］乃肥天，乃立王、三公，立国置君、三卿。”《孔子家语》：“定公问于孔子曰：‘古之帝王必郊祀其祖以配天，何也？’孔子对曰：‘万物本于天，人本乎祖。郊之祭也，大报本反始也，故以配上帝。天垂象，圣人则之，郊所以明天道也。’”可作参考。

第 69 章（下）

［版本对照］

帛甲	用兵有言曰吾不敢為主而為客吾不○進寸而芮尺是胃行无行襄无臂執无兵乃无敵矣
帛乙	用兵又言曰吾不敢為主而為客○不敢進寸而退尺是胃行无行攘无臂執无兵乃无敵○
汉竹	用兵有言曰吾不敢為主而為客○不敢進寸而退尺是謂行無行攘無臂執無兵乃無適○
河本	用兵有言○吾不敢為主而為客○不敢進寸而退尺是謂行無行攘無臂仍無敵執無兵○
指归	用兵有言○吾不敢為主而為客○不敢進寸而退尺是謂行無行攘無臂執無兵仍無敵○
王本	用兵有言○吾不敢為主而為客○不敢進寸而退尺是謂行無行攘無臂執無兵扔無敵○
敦本	用兵有言○吾不敢為主而為客○不敢進寸而退尺是謂行無行攘無臂執無兵仍無敵○
唐本	用兵有言○吾不敢為主而為客○不敢進寸而退尺是謂行無行攘無臂仍無敵執無兵○
宋本	用兵有言○吾不敢為主而為客○不敢進寸而退尺是謂行無行攘無臂仍無敵執無兵○
元本	用兵有言○吾不敢為主而為客○不敢進寸而退尺是謂行無行攘無臂仍無敵執無兵○
明本	用兵有言○吾不敢為主而為客○不敢進寸而退尺是謂行無行攘無臂執無兵仍無敵○
清本	用兵有言○吾不敢為主而為客○不敢進寸而退尺是謂行無行攘無臂仍無敵執無兵○
普本	用兵有言曰吾不敢为主而为客○不敢进寸而退尺是谓行无行襄无臂执无兵乃无敌矣

（1）

帛甲	𥝮莫於於无適无適○斤亡吾吾葆矣故稱兵相若則哀者勝矣	此章为 71 章
帛乙	禍莫大於𦡆敵𦡆敵○近亡吾○琛矣故抗兵相若而依者朕□	此章为 71 章
汉竹	禍莫大於無適無適則幾亡吾○葆矣故亢兵相若則哀者勝矣	
河本	禍莫大於輕敵輕敵○幾喪吾○寶○故抗兵相加○哀者勝矣	
指归	禍莫大於輕敵輕敵○幾喪吾○寶○○○○○○○○○○○	
王本	禍莫大於無敵無敵○幾亡吾○寶○故抗兵相加○哀者勝矣	
敦本	禍莫大於侮敵侮敵則幾亡吾○寶○故抗兵相若則哀者勝○	
唐本	禍莫大於輕敵輕敵者幾喪吾○寶○故抗兵相加○哀者勝矣	
宋本	禍莫大於輕敵輕敵○幾喪吾○寶○故抗兵相加則哀者勝矣	
元本	禍莫大於輕敵輕敵者幾喪吾○寶○故抗兵○加○哀者勝矣	
明本	禍莫大於輕敵輕敵○幾喪吾○寶○故抗兵相加○哀者勝矣	
清本	禍莫大於輕敵輕敵○幾喪吾○寶○故抗兵相加○哀者勝矣	
普本	祸莫大于无敌无敌○几亡吾○宝○故抗兵相若则哀者胜○	

（2）　　（3）

如是我文：

（1）普及本为何选用“乃无敌矣”？其一，两种语序，似以帛、竹三古本为代表的“乃无敌”，更符合语言逻辑。乃、仍、扔三字互通，但在这里，乃是本字。其二，对无敌有两种理解，或理解为无行、无臂、无兵是我方不取强之举，所以无敌于天下；或承接上句之“不敢”，理解为无行、无臂、无兵是我方示弱惑敌的“不敢”之举，以使敌方心中无敌。

（2）普及本为何选用“无敌”？其一，无敌：心中无敌。侮敌、轻敌：心中无敌则轻侮敌人，轻敌只是心中无敌的一部分。后本或改“无”为同音之“侮”，或改“侮”为同义之“轻”，以与前句无敌相区别。其二，《论语》：“君子之于天下也，无适也，无莫也，义之与比。”《国语》：“秦师必有谪。”“能无败乎？秦师无谪，是道废也。”“夫合诸侯，民之大事也，于是乎观存亡。故国将无咎，其君在会，步言视听，必皆无谪，则可以知德矣。”《荀子》：“告无適也。”《吕氏春秋》：“帝也者，天下之（所）適也。王也者，天下之（所）往也。”可作参考。

（3）普及本为何选用“抗兵相若”？两个系统。其一，相若：相等，相当，双方势均力敌。若：如也，同也。其二，相加：指一方强，一方弱。加：陵驾也。稱、抗：举也。

第70章（下）

［版本对照］

帛甲	吾言甚易知也甚易行也而人〇莫之能知也而莫之能行也〇言有君事有宗
帛乙	吾言〇易知也〇易行也而天下莫之能知也〇莫之能行也夫言又宗事又君
汉竹	吾言甚易智〇甚易行〇而天下莫之能智〇〇莫之能行〇〇言有宗事有君
河本	吾言甚易知〇甚易行〇〇天下莫〇能知〇〇莫〇能行〇〇言有宗事有君
指归	吾言甚易知〇甚易行〇而天下莫〇能知〇〇莫〇能行〇〇言有宗事有君
王本	吾言甚易知〇甚易行〇〇天下莫之能知〇〇莫之能行〇〇言有宗事有君
敦本	吾言甚易知〇甚易行〇〇天下莫〇能知〇〇莫〇能行〇〇言有宗事有君
唐本	吾言甚易知〇甚易行〇〇天下莫〇能知〇〇莫〇能行〇〇言有宗事有君
宋本	吾言甚易知〇甚易行〇〇天下莫〇能知〇〇莫〇能行〇〇言有宗事有君
元本	吾言甚易知〇甚易行〇〇天下莫〇能知〇〇莫〇能行〇〇言有宗事有君
明本	吾言甚易知〇甚易行〇〇天下莫〇能知〇〇莫〇能行〇〇言有宗事有君
清本	吾言甚易知〇甚易行〇〇天下莫〇能知〇〇莫〇能行〇〇言有宗事有君
普本	吾言甚易知〇甚易行〇而天下莫〇能知〇〇莫〇能行〇〇言有宗事有君

帛甲	夫唯〇无知也是以不□□〇□〇□□□我〇貴矣是以聖人被褐而褱玉	此章为72章
帛乙	夫唯〇无知也是以不我知〇知〇者希則我〇貴矣是以耶人被褐而褱玉	此章为72章
汉竹	天唯〇無智〇是以不吾智〇智我者希則我〇貴矣是以聖人被褐而懷玉	
河本	夫惟〇無知〇是以不我知〇知我者希則我為貴〇是以聖人被褐〇懷玉	
指归	〇唯我無知〇是以不吾知〇知我者希則我〇貴矣是以聖人被褐而懷玉	
王本	夫唯〇無知〇是以不我知〇知我者希則我〇貴也是以聖人被褐〇懷玉	
敦本	夫唯〇無知〇是以不吾知〇知我者希則我者貴〇是以聖人被褐〇懷玉	
唐本	夫唯〇無知〇是以不我知〇知我者希則我者貴〇是以聖人被褐〇懷玉	
宋本	夫惟〇無知〇是以不吾知也知我者稀則我〇貴矣是以聖人被褐〇懷玉	
元本	夫惟〇無知〇是以不我知也知我者希則我〇貴矣是以聖人被褐〇懷玉	
明本	夫唯〇無知〇是以不我知〇知我者希則我〇貴矣是以聖人被褐〇懷玉	
清本	夫唯〇無知〇是以不我知也知我者希則我〇貴矣是以聖人被褐〇懷玉	
普本	夫唯〇无知〇是以不我知〇知〇者稀则我〇贵矣是以圣人被褐而怀玉	

(1)

如是我文：

（1）普及本为何选用“知者稀”？两个系统。其一，知者稀。知的主要对象是道，贵的是我所怀的玉即道，而非被褐的我。知者就是知道者，进一步强调是对我所知的道不了解。其二，知我者稀。知的主要对象是被褐的我，即众人大多对我不了解，前句已有此义。其实，圣人是有道之人，这点众人还是了解的。其三，《管子》：“民之所以，知者寡。故曰：何道之近，而莫之能服也？弃近而就远，何以费力也？”《淮南子》：“虚而能满，淡而有味，被褐怀玉者。”《史记》：“老子，隐君子也。”“太史公曰：老子所贵道，虚无，因应变化于无为；故著书辞称，微妙难识。”可作参考。

第71章（下）

［**版本对照**］

帛甲	知不知尚矣不知不知病矣○○○○是以○○聖人之不病○以亓□□○□□□□
帛乙	知不知尚矣不知○知病矣○○○○是以○○耶人之不□也以亓病病也是以不病
汉竹	智不智上矣不智○智病矣夫唯病病是以不病聖人□□病○以其不病□□□不病
河本	知不知上○不知○知病○夫唯病病是以不病聖人○不病○以其病病○是以不病
指归	知不知上○不知○知病○夫唯病病是以不病聖人○不病○以其病病○是以不病
王本	知不知上○不知○知病○夫唯病病是以不病聖人○不病○以其病病○是以不病
敦本	知不知上○不知○知病○○○○○是以○○聖人○不病○以其病病○是以不病
唐本	知不知上○不知○知病○夫唯病病是以不病聖人○不病○以其病病○是以不病
宋本	知不知尚矣不知○知病矣夫唯病病是以不病聖人之不病○以其病病○是以不病
元本	知不知上○不知○知病○夫惟病病是以不病聖人○不病○以其病病○是以不病
明本	知不知上○不知○知病○夫惟病病是以不病聖人○不病○以其病病○是以不病
清本	知不知上○不知○知病○夫唯病病是以不病聖人之不病也以其病病○是以不病
普本	知不知尚矣不知不知病矣○○○○是以○○圣人之不病也以其病病○是以不病

(1)

帛甲	此章为第73章
帛乙	此章为第73章

如是我文：

（1）普及本为何选用“不知不知”？两个系统。其一，不知不知。上下两句的宾语都是“不知”，逻辑连贯。知与不知，是老子学说中的两个专用术语。本章主要论不知的重要性。作为法则之一的不知之术，其重要性甚至高于知，却最容易被人忽略。其二，不知知。本句有没有第二个“不”？帛书甲、乙两本就已出现分歧。是甲本多了一个重复记号，还是乙本漏了一个重复记号？抑或本就无此重复记号？对照两本第65章经文，帛乙本漏了一个重复记号的可能性相当大。不知知三字，历来注家多增字释之，如，不知言知、不知而自以为知、不知而知、不知强知等，其实强调的还是不知道自己尚有所不知，即不知不知。其三，《论语》：“知之为知之，不知为不知，是知也。”“君子一言以为知，一言以为不知，言不可不慎也。”《墨子》：“当其于此也，亦有力不足，则不赡，智不智，然后已矣。”《庄子》：“无始曰：‘不知深矣，知之浅矣；弗知内矣，知之外矣。’于是泰清中而叹曰：‘弗知乃知乎？知乃不知乎？孰知不知之知？’”“道不可闻，闻而非也；道不可见，见而非也；道不可言，言而非也。知形形之不形乎？道不当名。”“学而不能行谓之病。”可作参考。

第72章（下）

[**版本对照**]

帛甲	口口口畏畏則大口口口矣毋閘亓所居毋猒亓所生夫唯弗猒是口口口
帛乙	民之不畏畏則大畏將至矣毋伸亓所居毋猒亓所生夫唯弗猒是以不猒
汉竹	口〇不畏威則大威〇至矣毋柙其所居毋厭其口生夫唯弗厭是以不厭
河本	人〇不畏威則大威〇至矣無狹其所居無厭其所生夫唯不厭是以不厭
指归	民〇不畏威則大威〇至〇無挾其所居無厭其所生夫唯不厭是以不厭
王本	民〇不畏威則大威〇至〇無狎其所居無厭其所生夫唯不厭是以不厭
敦本	民〇不畏威則大威〇至〇無狹其所居無厭其所生夫唯不厭是以不厭
唐本	人〇不畏威則大威〇至〇無狹其所居無猒其所生夫唯不猒是以不猒
宋本	民〇不畏威則大威〇至矣無狹其所居無猒其所生夫惟不猒是以不猒
元本	民〇不畏威而大威〇至矣無狭其所居無厭其所生夫惟不厭是以不厭
明本	民〇不畏威〇大威〇至矣無狎其所居無厭其所生夫惟不狎是以不厭
清本	民〇不畏威則大威〇至矣無狹其所居無厭其所生夫惟不厭是以不厭
普本	民〇不畏畏则大畏将至〇毋柙其所居毋厌其所生夫唯弗厌是以不厌

(1)　(2)

帛甲	口口口口口口口口口口口口口口而不自貴也故去被〇取此	此章为第74章
帛乙	是以耶人自知而不自見也自愛而不自貴也故去罷而取此	此章为第74章
汉竹	是以聖人自智而不自見也自愛而不自貴也故夻被〇取此	
河本	是以聖人自知〇不自見〇自愛〇不自貴〇故去彼〇取此	
指归	是以聖人自知〇不自見〇自愛〇不自貴〇〇去彼〇取此	
王本	是以聖人自知〇不自見〇自愛〇不自貴〇故去彼〇取此	
敦本	故〇聖人自知〇不自見〇自愛〇不自貴〇故去彼〇取此	
唐本	是以聖人自知〇不自見〇自愛〇不自貴〇故去彼〇取此	
宋本	是以聖人自知〇不自見〇自愛〇不自貴〇故去彼〇取此	
元本	是以聖人自知〇不自見〇自愛〇不自貴〇故去彼〇取此	
明本	是以聖人自知〇不自見〇自愛〇不自貴〇故去彼〇取此	
清本	是以聖人自知〇不自見〇自愛〇不自貴〇故去彼〇取此	
普本	是以圣人自知而不自见〇自爱而不自贵〇故去彼而取此	

如是我文：

（1）普及本为何选用“畏畏”？两种理解。其一，畏畏与大畏相对。百姓与圣人各有所畏，去彼取此。民要畏其所当畏惧的一切，不仅包括威权、天威，也包括死、法等。畏畏句式同静静、病病等。其二，“畏”同“威”。畏威与大威相对。下若不畏威权、天威，上则以威压之。其三，《商书》：“乃罔畏畏。”古注曰：“乃罔畏畏者，不畏其所当畏也。孔子曰：‘君子有三畏，畏天命，畏大人，畏圣人之言。’”《左传》：“有威而可畏谓之威，有仪而可象谓之仪。”“《周书》数文王之德，曰：‘大国畏其力，小国怀其德。’言畏而爱之也。《诗》云：‘不识不知，顺帝之则。’言则而象之也。”《史记》：“太师若曰：‘王子，天笃下菑亡殷国，乃毋畏畏，不用长老。’”可作参考。

（2）普及本为何选用“柙”？閘、伻（甲）、狎（狭）、柙（梜）同源。

第73章（下）

［版本对照］

帛甲	勇於敢者□□□於不敢者則栝○○□□□□□□□□□□□□□□□○○○○○○○
帛乙	勇於敢○則殺勇於不敢○則□○○□兩者或利或害天之所亞孰知亓故○○○○○○○
汉竹	勇於敢○則殺勇於不敢○則枯○○此兩者或利或害天之所惡孰智其故○○○○○○○
河本	勇於敢○則殺勇於不敢○則活○○此兩者或利或害天之所惡孰知其故是以聖人猶難之
指归	勇於敢○則殺勇於不敢○則活常知此兩者或利或害天之所惡孰知其故○○○○○○○
王本	勇於敢○則殺勇於不敢○則活○○此兩者或利或害天之所惡孰知其故是以聖人猶難之
敦本	勇於敢○則煞勇於不敢○則活○○此兩者或利或害天之所惡熟知其故○○○○○○○
唐本	勇於敢○則殺勇於不敢○則活○知此兩者或利或害天之所惡孰知其故是以聖人猶難之
宋本	勇於敢○則殺勇於不敢○則活○○此兩者或利或害天之所惡孰知其故是以聖人猶難之
元本	勇於敢○則殺勇於不敢○則活○○此兩者或利或害天之所惡孰知其故是以聖人猶難之
明本	勇於敢○則殺勇於不敢○則活○○此兩者或利或害天之所惡孰知其故是以聖人猶難之
清本	勇於敢○則殺勇於不敢○則活○○此兩者或利或害天之所惡孰知其故是以聖人猶難之
普本	勇于敢○则杀勇于不敢○则活○○此两者或利或害天之所恶孰知其故○○○○○○○

(1)

帛甲	□□□□□□□□不言而善應不召而自來彈○而善謀□□□□□□□□　此章为75章
帛乙	天之道不單而善朕不言而善應弗召而自來單○而善謀天罔経経踈而不失　此章为75章
汉竹	天之道不爭而善勝不言○善應弗召○自來謲然○善謀天罔怪怪疏而不失
河本	天之道不爭而善勝不言而善應不召而自來繟然而善謀天網恢恢踈而不失
指归	天之道不爭而善勝不言而善應不召而自來坦然而善謀天網恢恢疏而不失
王本	天之道不爭而善勝不言而善應不召而自來繟然而善謀天網恢恢疏而不失
敦本	天之道不爭而善勝不言而善應不召而自來不言而善謀天網恢恢踈而不失
唐本	天之道不爭而善勝不言而善應不召而自來繟然而善謀天網恢恢踈而不失
宋本	天之道不爭而善勝不言而善應不召而自來坦然而善謀天網恢恢踈而不失
元本	天之道不争而善勝不言而善應不召而自来繟然而善謀天網恢恢踈而不失
明本	天之道不爭而善勝不言而善應不召而自來坦然而善謀天網恢恢踈而不失
清本	天之道不爭而善勝不言而善應不召而自來繟然而善謀天網恢恢踈而不失
普本	天之道不战而善胜不言而善应不召而自来战○而善谋天网恢恢疏而不失

(2)　　(3)

如是我文：

（1）普及本为何舍用“是以圣人犹难之”？重文。此句帛本、竹本、严本、敦本均无，而简本则在第63章。

（2）普及本为何选用“不战”？两个系统。其一，“单”是“战”的省笔。战争一词，现常用。其二，不争而善胜与为而不争相呼应。为而不争还只是人之道，不争而善胜才是天之道。

（3）普及本为何选用“战”？两个系统。其一，“单”训为“战”，与前句“不战而善胜”相呼应。其二，“单”、“弹”或假借为“繟”，与坦然、默然均作形容词用。傅奕本作“默然而善谋”，与汉竹本同。敦本直接用不言。据《老子翼》的理解，默则重不言，坦则近不争，认为以繟为优。繟：舒缓也。

第 74 章（下）

[版本对照]

帛甲	□□□□〇□□□奈何〇以殺愳之也若〇民恒〇是死則而為〇者吾將得〇而殺之
帛乙	若民恒且畏不畏死若何〇以殺曜之也〇使民恒且畏死〇而為畸者□〇得〇而殺之
汉竹	〇民恒〇〇不畏死奈何其以殺懼之也若使民恒不畏死〇而為畸者吾〇得〇而殺之
河本	〇民〇〇〇不畏死奈何〇以死懼之〇若使民常〇畏死〇而為奇者吾〇得執而殺之
指归	〇民〇〇〇不畏死奈何〇以死懼之〇若使民常〇畏死〇而為奇者吾〇得執而殺之
王本	〇民〇〇〇不畏死奈何〇以死懼之〇若使民常〇畏死〇而為奇者吾〇得執而殺之
敦本	〇民常〇〇不畏死奈何〇以死懼之〇若使〇常不畏死〇而〇奇者吾誠得〇而煞之
唐本	〇民常〇〇不畏死奈何〇以死懼之〇若使人常〇畏死〇而為奇者吾〇得執而殺之
宋本	〇民常〇〇不畏死奈何〇以死懼之〇若使民常〇畏死〇而為奇者吾豈〇執而殺之
元本	〇民常〇〇不畏死奈何〇以死懼之〇若使民常〇畏死〇而為奇者吾〇得執而殺之
明本	〇民〇〇〇不畏死奈何〇以死懼之〇若使民常〇畏死〇而為奇者吾〇得執而殺之
清本	〇民常〇〇不畏死奈何〇以死懼之〇若使民常〇畏死〇而為奇者吾〇得執而殺之
普本	〇民〇〇〇不畏死奈何〇以杀惧之〇若使民常〇畏死〇而为奇者吾将得〇而杀之

帛甲	夫孰敢矣若民□□必畏死則恒有司殺者〇夫伐司殺者殺是〇伐大匠斲也
帛乙	夫孰敢矣若民恒且必畏死則恒又司殺者〇夫代司殺者殺是〇代大匠斲〇
汉竹	夫孰敢矣〇〇〇〇〇〇〇〇恒有司殺者〇夫代司殺者殺是〇代大匠斲也
河本	〇孰敢〇〇〇〇〇〇〇〇〇常有司殺者〇夫代司殺者〇是〇代大匠斵〇
指归	夫孰敢矣〇〇〇〇〇〇〇〇常有司殺者殺而代司殺者殺是〇代大匠斲〇
王本	〇孰敢〇〇〇〇〇〇〇〇〇常有司殺者〇夫代司殺者殺是謂代大匠斲〇
敦本	〇熟敢〇〇〇〇〇〇〇〇〇常有司煞者煞夫代司煞者〇是〇代大匠斵〇
唐本	〇孰敢〇〇〇〇〇〇〇〇〇常有司殺者殺夫代司殺者殺是謂代大匠斲〇
宋本	〇孰敢〇〇〇〇〇〇〇〇〇常有司殺者殺而代司殺者殺是〇代大匠斲〇
元本	〇孰敢〇〇〇〇〇〇〇〇〇常有司殺者殺而代司殺者殺是謂代大匠斲〇
明本	〇孰敢〇〇〇〇〇〇〇〇〇常有司殺者〇夫代司殺者殺是謂代大匠斲〇
清本	〇孰敢〇〇〇〇〇〇〇〇〇常有司殺者殺而代司殺者殺是〇代大匠斲〇
普本	〇孰敢〇若民恒且必畏死则常有司杀者〇夫代司杀者杀是〇代大匠斲〇

(1)

帛甲	夫伐大匠斲者則□〇不傷亓手矣	此章为第 76 章
帛乙	夫代大匠斲〇則希〇不傷亓手〇	此章为第 76 章
汉竹	夫代大匠斵者〇希〇不傷其手矣	
河本	夫代大匠斵者〇希有不傷其手矣	
指归	夫代大匠斲〇〇希〇不傷其手〇	
王本	夫代大匠斵者〇希有不傷其手矣	
敦本	夫代大匠斲〇〇希〇不傷其手〇	
唐本	夫代大匠斲〇〇希有不傷其手矣	
宋本	夫代大匠斲〇〇希有不傷其手矣	
元本	夫代大匠斲〇〇希有不傷其手矣	
明本	夫代大匠斲〇〇希有不傷〇手矣	
清本	夫代大匠斲〇〇希有不傷其手矣	
普本	夫代大匠斲〇则稀有不伤其手矣	

如是我文：

（1）普及本为何选用“若民恒且必畏死”？帛本语言逻辑顺畅，重点明确；多本缺此句，很可能认为与前句义重而删。必畏死与前句的不畏死，一正一反，相互对应。不畏死，就要先使之畏死；已畏死，就要有专政机关专门治理。前句强调立德以知畏、立刑以震慑，本句强调设立专政机关的重要性。《左传》：“古之治民者，劝赏而畏刑，恤民不倦。”《礼记》：“死而不吊者三：畏、厌、溺。”畏：惧也，犯法狱死谓之畏。

第75章（下）

［版本对照］

帛甲	人之飢也以亓〇取食逆之多也是以飢百姓之不治也以亓上〇有以為口是以不治
帛乙	人之飢也以亓〇取食跷之多〇是以飢百生之不治也以亓上之有以為也口以不治
汉竹	人之飢也以其〇取食脱之多也是以飢百姓之不治也以〇上之有以為也是以不治
河本	民之飢〇以其上〇食稅之多〇是以飢民〇之不治〇以其上之有〇為〇是以難治
指归	人之飢也〇〇上〇食稅之多〇是以飢百姓〇難治〇以〇上〇有〇為〇是以不治
王本	民之饑〇以其上〇食稅之多〇是以饑民〇之難治〇以其上之有〇為〇是以難治
敦本	人之饑〇以其上〇食稅之多〇是以饑百姓之難治〇以其上〇有〇為〇是以不治
唐本	人之飢〇以其上〇食稅之多〇是以飢民〇之難理〇以其上之有〇為〇是以難理
宋本	民之饑〇以其上〇食稅之多也是以饑民〇之難治〇以其上之有〇為也是以難治
元本	民之飢〇以其上〇食稅之多〇是以飢民〇之難治〇以其上之有〇為〇是以難治
明本	民之飢〇以其上〇食稅之多〇是以飢民〇之難治〇以其上之有〇為〇是以難治
清本	民之饑〇以其上〇食稅之多也是以饑民〇之難治〇以其上之有〇為也是以難治
普本	民之饥〇以其上取食税之多〇是以饥民〇之不治〇以其上之有以为〇是以不治

(1)　(2)　(3)　(4)

帛甲	民之巠死〇以亓〇求生之厚也是以巠死夫唯无以生為者是賢〇貴生〇 此章为第77章
帛乙	民之輕死也以亓〇求生之厚也是以輕死夫唯无以生為者是賢〇貴生〇 此章为第77章
汉竹	民之輕死也以其〇〇生之厚也是以輕死夫唯無以生為〇是賢〇貴生也
河本	民之輕死〇以其〇求生之厚〇是以輕死夫唯無以生為者是賢於貴生〇
指归	民之輕死〇〇〇〇求生之厚〇是以輕死〇〇無以生為〇是賢於貴生〇
王本	民之輕死〇以其〇求生之厚〇是以輕死夫唯無以生為者是賢於貴生〇
敦本	民之輕死〇以其人生生之厚〇是以輕死夫唯無以生為者是賢於貴生〇
唐本	民之輕死〇以其〇求生之厚〇是以輕死夫唯無以生為者是賢於貴生〇
宋本	人之輕死〇以其〇生生之厚也是以輕死〇唯無以生為者是賢於貴生也
元本	民之輕死〇以其上求生之厚〇是以輕死夫惟無以生為者是賢於貴生〇
明本	人之輕死〇以其〇求生之厚〇是以輕死夫惟無以生為者是賢於貴生也
清本	民之輕死〇以其〇生生之厚也是以輕死夫惟無以生為者是賢於貴生〇
普本	民之轻死〇以其上求生之厚〇是以轻死夫唯无以生为者是贤于贵生〇

(5)

如是我文：

(1）普及本为何选用“民”？就语言逻辑而言，以下三句都是下与上相较而论，下指百姓，上指君王和百官，即统治集团。

(2）普及本为何选用“以其上取食税之多”？其字本作代词用，代上；传世诸本作虚词用，明言其上。食：禄也。取禄与税者，上也。

(3）普及本为何选用“不治”？其一，不治就是混乱失序，难治就是民不易治，二者角度不同，均可。其二，《管子》：“凡治国之道，必先富民。民富则易治也，民贫则难治也。”《食货志》：“有赋有税。税谓公田什一及工商虞衡之入也。赋共车马甲兵，士徒之役，充实库府，赐予之用。税给郊社宗庙百神之祀，天子奉养，百官禄食庶事之费。”可作参考。

(4）普及本为何选用“有以为”？两个系统。其一，有为。认为圣人当无为；但此处的上不仅仅是指君王，还包括各级官员，而他们大都当有为。其二，有以为就是有思有欲，就是有以民为、有以生为；所以末句用无以生为作总结。参见第38章的为、以为。

(5）普及本为何选用“贤于”？两种理解。其一，贤：善也。将贵生作为普世价值之一，其最佳手段就是无以生为。其二，贤：胜也，优过之也。将贵生具体理解为有以生为，即前三句所言手段的总称，持否定态度。无以生为就是第13章所说的忘身，优于贵生。其三，《管子》：“夫楚王好小腰，而美人省食；吴王好剑，而国士轻死。死与不食者，天下之所共恶也，然而为之者何也？从主之所欲也。而况愉乐、音声之化乎？”《文子》：“夫人所以不能终其天年者，以其生生之厚，夫惟无以生为者，即所以得长生。”《尊德义》：“下之事上也，不从其所命，而从其所行。上好是物也，下必有甚焉者。”《战国策》：“臣死而秦治，贤于生也。”《吕氏春秋》：“故曰：同气贤于同义，同义贤于同力，同力贤于同居，同居贤于同名。”《老子》傅奕本：“民之饥者，以其上食税之多也，是以饥。民之难治者，以其上之有为也，是以难治。民之轻死者，以其上求生生之厚也，是以轻死。夫唯无以生为贵者，是贤于贵生也。”可作参考。

第76章（下）

［版本对照］

帛甲	人之生也柔弱亓死也莅仞賢強萬物草木之生也柔脆亓死也椲薧故曰堅強者死之徒也
帛乙	人之生也柔弱亓死也恒信堅強萬口口木之生也柔梓亓死也椲槁故曰堅強〇死之徒也
汉竹	人之生也柔弱其死也倰信堅強萬物草木之生也柔弱其死也苦蒿故〇堅强者死之徒也
河本	人之生也柔弱其死也〇〇堅強萬物草木之生也柔脆其死也枯槁故〇堅強者死之徒〇
指归	人之生也柔弱其死也〇〇堅強〇〇草木之生〇柔脆其死〇枯槁故〇堅強者死之徒〇
王本	人之生也柔弱其死也〇〇堅強萬物草木之生也柔脆其死也枯槁故〇堅強者死之徒〇
敦本	人之生〇柔弱其死〇〇〇堅彊萬物草木〇生之柔毳其死〇枯熇故〇堅彊者死之徒〇
唐本	人之生也柔弱其死也〇〇堅強萬物草木〇生也柔脆其死也枯槁故〇堅強者死之徒〇
宋本	人之生也柔弱其死也〇〇堅強〇〇草木之生也柔脆其死也枯槁故〇堅強者死之徒也
元本	人之生也柔弱其死也〇〇堅強〇〇草木之生也柔脆其死也枯槁故〇堅強者死之徒〇
明本	人之生也柔弱其死也〇〇堅彊〇〇草木之生也柔脆其死也枯槁故〇堅彊者死之徒〇
清本	人之生也柔弱其死也〇〇堅強〇〇草木之生也柔脆其死也枯槁故〇堅強者死之徒〇
普本	人之生也柔弱其死也〇〇坚强万物草木之生也柔脆其死也枯槁故曰坚强者死之徒〇

(1)

帛甲	柔弱微細〇生之徒也〇〇兵強則不勝木強則恒〇強大居下柔弱微細居上 此章为78章
帛乙	柔弱〇〇〇生之徒也口以兵強則不朕木強則競故強大居下柔弱〇〇居上 此章为78章
汉竹	柔弱〇〇者生之徒也是以兵强則不勝木强則核故强大居下柔弱〇〇居上
河本	柔弱〇〇者生之徒〇是以兵強則不勝木強則共〇強大處下柔弱〇〇處上
指归	柔弱〇〇者生之徒〇〇故兵強〇不勝木強則共〇強大處下小弱〇〇處上
王本	柔弱〇〇者生之徒〇是以兵強則不勝木強則兵〇強大處下柔弱〇〇處上
敦本	柔弱〇〇者生之徒〇是以兵彊則不勝木彊則共故堅彊居下柔弱〇〇處上
唐本	柔弱〇〇者生之徒〇是以兵強則不勝木強則共〇強大處下柔弱〇〇處上
宋本	柔弱〇〇者生之徒也是以兵強則不勝木強則共故堅強居下柔弱〇〇處上
元本	柔弱〇〇者生之徒〇是以兵強則不勝木強則共〇堅強處下柔弱〇〇處上
明本	柔弱〇〇者生之徒〇是以兵彊則不勝木彊則共故堅彊處下柔弱〇〇處上
清本	柔弱〇〇者生之徒〇是以兵強則不勝木強則共〇強大處下柔弱〇〇處上
普本	柔弱〇〇者生之徒〇是以兵强则不胜木强则竞故强大处下柔弱〇〇处上

(2)　　　　(3)

如是我文：

（1）普及本为何舍用“筋肕”？一般以《管子》为依据，训为筋韧。《心术下》：“人能正静者，筋韧而骨强，……”《内业》：“人能正静，……筋信而骨强。”仞、信通作韧（肕）。《说文》筋：肉之力也。韧：柔而固也。絙：大索也。此处萉、㮓训为筋，似与筋肉的特性如索有关。竹本作倰（陵），似喻筋肉之形态如丘。简、帛本《老子》中多有一些区域习惯用字，不见诸字典；类似的字，本章还有一些，如“椊”对应“脆（脺）”，“榑”对应“枯”，熇对应槁，等等。既然是习惯用字，与对应字之间就不见得必有内在规律可循。与其反复推敲、索引、论证，不如简单化，视之为与诸字对应之新发现的通同用字。人死身僵，不仅仅是筋韧骨节僵直，不加二字，其义已明，故舍。

（2）普及本为何选用“柔弱者”？其一，帛甲本多微细二字，不明快，不如柔弱与坚强相对。其二，《庄子》：“生也死之徒，死也生之始，孰知其纪？人之生，气之聚也。聚则为生，散则为死。若死生为徒，吾又何患？故万物一也。”《说苑》：“韩平子问于叔向曰：‘刚与柔孰坚？’对曰：‘臣年八十矣，齿再堕而舌尚存。老聃有言曰：天下之至柔，驰骋乎天下之至坚。又曰：人之生也柔弱，其死也刚强；万物草木之生也柔脆，其死也枯槁。因此观之：柔弱者生之徒也，刚强者死之徒也。’”《吕氏春秋》：“老耽贵柔，孔子贵仁，墨翟贵廉，关尹贵清，子列子贵虚，陈骈贵齐，阳生贵己，孙膑贵势，王廖贵先，兒良贵后。”《太一生水》：“天道贵弱。”可作参考。

（3）普及本为何选用“竞”？两种理解。其一，肯定性理解。此处恒字之义与“萉、㮓”同，是其省笔。喻说，筋肉的特点之一，就是无力则柔，用力则坚。竞：强盛也。核：坚实也。共（拱）：合也，向也。树木合抱而强壮，枝叶归向而茂盛。兵强是兵毋已强将恐折之强，木强是得一之强；兵强、木强，结果一反一正。其二，否定性理解。训强为僵。烘（共）：尞也。尞：柴祭天也。兵：伤害。折：断也。树木僵死就会断为干柴。兵强、木强，结果相同。或认为，共、兵、折三字之中，有形似而误认之字。

第 77 章（下）

［版本对照］

帛甲	天下口口〇口口口者也高者印之下者舉之有餘者敗之不足者補之
帛乙	天〇之道〇酉張弓〇也高者印之下者舉之有余者云之不足者口口
汉竹	天〇之道〇猶張弓者也高者抑之下者舉之有餘者損之不足者輔之
河本	天〇之道其猶張弓乎〇高者抑之下者舉之有餘者損之不足者益之
指归	天〇之道其猶張弓〇〇高者案之下者舉之有餘者損之不足者補之
王本	天〇之道其猶張弓與〇高者抑之下者舉之有餘者損之不足者補之
敦本	天〇之道其猶張弓〇〇高者抑之下者舉之有餘者損之不足者與之
唐本	天〇之道其猶張弓乎〇高者抑之下者舉之有餘者損之不足者與之
宋本	天〇之道其猶張弓乎〇高者抑之下者舉之有餘者損之不足者補之
元本	天〇之道其猶張弓乎〇高者抑之下者舉之有餘者損之不足者補之
明本	天〇之道其猶張弓乎〇高者抑之下者舉之有餘者損之不足者補之
清本	天〇之道其猶張弓乎〇高者抑之下者舉之有餘者損之不足者補之
普本	天〇之道其犹张弓乎〇高者抑之下者举之有余者损之不足者益之

帛甲	故天之道敗有口口口口口口口口口不祭敗口口口奉有餘〇孰能〇有餘
帛乙	口口口口云有余而益不足人之道〇〇〇云不足而奉又余夫孰能〇又余
汉竹	〇天之口損有餘而奉不足人之道〇不然損不足而奉有餘〇孰能〇有餘
河本	〇天之道損有餘而益不足人之道則不然損不足以奉有餘〇孰能〇有餘
指归	〇天之道損有餘〇補不足人之道則不然損不足〇奉有餘〇孰能損有餘
王本	〇天之道損有餘而補不足人之道則不然損不足以奉有餘〇孰能〇有餘
敦本	〇天之道損有餘〇補不足人〇道則不然損不足〇奉有餘〇熟能〇有餘
唐本	〇天之道損有餘〇補不足人之道則不然損不足以奉有餘〇孰能以有餘
宋本	〇天之道損有餘〇補不足人之道則不然損不足以奉有餘〇孰能損有餘
元本	〇天之道損有餘以補不足人之道則不然損不足以奉有餘〇孰能損有餘
明本	〇天之道損有余而補不足人之道則不然損不足以奉有餘〇孰能以有餘
清本	〇天之道損有餘〇補不足人之道則不然損不足而奉有餘〇孰能以有餘
普本	故天之道损有余而益不足人之道则不然损不足而奉有余〇孰能〇有余

帛甲	而有以取奉於天〇者乎□□□□□□□□□□□□□□□□□□□□□□見賢也
帛乙	而□□□奉於天〇者〇唯又道者乎是以耶人為而弗又成功而弗居也若此亓不欲見賢也
汉竹	而有〇取奉於天〇者〇唯有道者也是以聖人為而弗有成功而弗居〇〇〇其欲不見賢也
河本	〇〇以〇奉〇天下〇〇唯有道者〇是以聖人為而不恃功成而不處〇〇〇其不欲見賢〇
指归	而〇奉〇〇〇天下〇〇唯有道者〇是以聖人為而不恃成功〇不居〇〇〇〇不欲見賢〇
王本	〇〇以〇奉〇天下〇〇唯有道者〇是以聖人為而不恃功成而不處〇〇〇其不欲見賢〇
敦本	〇〇以〇奉〇天下〇〇唯有道者〇是以聖人為而不恃成功〇不處〇〇〇其不欲示賢〇
唐本	〇〇〇〇奉〇天下〇〇唯有道者〇是以聖人為而不恃功成〇不處〇〇〇其不欲見賢〇
宋本	而〇奉不足於天下者其唯〇道〇乎是以聖人為而不恃功成〇不居〇〇〇其不欲見賢耶
元本	以〇奉不足於天下〇〇唯有道者〇是以聖人為而不恃功成〇不處〇〇〇其不欲見賢耶
明本	〇〇〇〇奉〇天下〇〇惟有道者〇是以聖人為而不恃功成而不居〇〇〇其不欲見賢邪
清本	〇〇〇〇奉〇天下〇〇惟有道者〇是以聖人為而不恃成功而不居〇〇〇其不欲見賢耶
普本	而又以取奉于天〇者〇唯有道者乎是以圣人为而不恃成〇而不居〇若此其不欲示贤也

(1) (2)

帛甲	此章为第 79 章
帛乙	此章为第 79 章

如是我文：

（1）普及本为何选用“孰能有余，而又取奉于天者”？其一，取：索也。奉：送也。多本经文虽错杂有误，理解大致相近，居人之位而行天之道。从人道到天道的修炼，主要在于对“有余”的处理：先益后损，先取后奉，先学后道，先人道后天道。其二，经文或为天，或为天下，两种理解。天：处人道有余之位，而奉行天道损有余之为。天下：学天道损己之有余，而用之于天下百姓。前者强调学，后者强调用。其三，有余、不足之说，为古时常语。如，《仪礼》：“子不私其父，则不成为子。故有东宫，有西宫，有南宫，有北宫，异居而同财：有余则归之宗，不足则资之宗。”《墨子》：“今尽王民之死，严下上之患，以争虚城，则是弃所不足，而重所有余也。”《孔子家语》：“惨怛以补不足，礼节以损有余。”“地有余民不足，君子耻之。”“故夫丧亡，与其哀不足而礼有余，不若礼不足而哀有余也。祭祀，与其敬不足而礼有余，不若礼不足而敬有余也。”《文子》：“天之道，抑高而举下，损有余补不足。”《太一生水》：“不足于下者，有余于上。”《国语》：“臣闻之：国家之将兴也，君子自以为不足；其亡也，若有馀。”“越国之中，富者吾安之，贫者吾与之，救其不足，裁其有馀，使贫富皆利之，求以报吴。”《荀子》：“礼者，断长续短，损有余、益不足，达爱敬之文，而滋成行义之美者也。”可作参考。

(2) 普及本为何选用“示”? 示：现也。现：显露也。“见”与“现”互通。《淮南子》：“圣人之为治，漠然不见贤焉，终而后知其可大也，若日之行，骐骥不能与之争远。”

第 78 章（下）

[版本对照]

帛甲	天下莫柔口〇〇口口口口堅強者莫之能口也以亓无口易口口〇口口口口口口〇勝強〇
帛乙	天下莫柔弱〇〇于水口口口口口口口口口〇以亓蘖以易之也〇水之朕剛也弱之朕強也
汉竹	天下莫柔弱〇〇於水而功堅强者莫之能失也以其無以易之也故水之勝剛〇弱之勝强〇
河本	天下〇柔弱莫過于水而攻堅強者莫之能勝〇〇其無以易之〇〇弱之勝強〇柔之勝剛〇
指归	天下莫柔弱〇〇於水而攻堅強者莫之能先〇〇其無以易之矣夫水之勝強〇柔之勝剛〇
王本	天下莫柔弱〇〇于水而攻堅強者莫之能勝〇〇其無以易之〇〇弱之勝強〇柔之勝剛〇
敦本	天下〇柔弱莫過于水而攻堅彊者莫之能先〇〇其無以易之〇故柔〇勝罰〇弱〇勝彊〇
唐本	天下〇柔弱莫過於水而攻堅強者莫之能勝〇〇其無以易之〇故柔〇勝剛〇弱〇勝強〇
宋本	天下莫柔弱〇〇於水而攻堅強者莫之能先〇以其無以易之也〇柔之勝剛〇弱之勝強〇
元本	天下莫柔弱〇〇于水而攻堅強者莫之能勝〇以其無以易之〇故柔〇勝罰〇弱〇勝強〇
明本	天下〇柔弱莫過於水而攻堅彊者莫之能先〇以其無以易之也〇柔之勝剛〇弱之勝彊〇
清本	天下莫柔弱〇〇於水而攻堅強者莫之能先〇以其無以易之也故柔之勝剛〇弱之勝強〇
普本	天下〇柔弱莫过于水而攻坚强者莫之能先〇以其无以易之〇〇柔之胜刚〇弱之胜强〇

(1)　　　　(2)

帛甲	天口口口口口口〇〇〇口〇口行也〇故聖人之言云曰受邦之訽是胃社稷之主
帛乙	天下莫弗知也而〇〇〇口〇口口也是故耶人之言云曰受國之訽是胃社稷之主
汉竹	天下莫弗智〇而莫能居莫〇能行〇〇故聖人之言云〇受國之訽是謂社稷之主
河本	天下莫不知〇〇〇〇〇莫〇能行〇〇故聖人〇〇云〇受國之垢是謂社稷〇主
指归	天下莫不知〇〇〇〇〇莫之能行〇〇〇聖人〇言云〇受國之垢是謂社稷之主
王本	天下莫不知〇〇〇〇〇莫〇能行〇是以聖人〇〇云〇受國之垢是謂社稷〇主
敦本	天下莫不知〇〇〇〇〇莫〇能行〇是以聖人〇言〇〇受國之垢是謂社稷〇主
唐本	天下莫不知〇〇〇〇〇莫〇能行〇是以聖人〇言〇〇受國之垢是謂社稷〇主
宋本	天下莫不知〇而〇〇〇莫之能行〇是以聖人〇言〇〇受國之垢是謂社稷〇主
元本	天下莫不知〇〇〇〇〇莫〇能行〇是以聖人〇〇云〇受國之垢是謂社稷〇主
明本	天下莫不知〇而〇〇〇莫〇能行〇是以聖人〇〇云〇受國之垢是謂社稷〇主
清本	天下莫不知〇〇〇〇〇莫〇能行〇是以聖人〇〇云〇受國之垢是謂社稷〇主
普本	天下莫不知〇而〇〇〇莫〇能行〇是以圣人之言〇曰受国之诟是谓社稷之主

帛甲	受邦之不祥是胃天下之王□□若反	此章为第 80 章
帛乙	受國之不祥是胃天下之王正言若反	此章为第 80 章
汉竹	受國之不恙是謂天下之王正言若反	
河本	受國之不祥是謂天下〇王正言若反	
指归	受國〇不祥是謂天下之王正言若反	
王本	受國〇不祥是為天下〇王正言若反	
敦本	受國〇不祥是謂天下〇王正言若反	
唐本	受國〇不祥是謂天下〇王正言若反	
宋本	受國之不祥是為天下〇王正言若反	
元本	受國〇不祥是謂天下〇王正言若反	
明本	受國之不祥是謂天下〇王正言若反	
清本	受國之不祥是謂天下〇王正言若反	
普本	受国之不祥是谓天下之王正言若反	

如是我文：

（1）普及本为何选用“先”？先：先后之先。胜：优过之也。二字字义相近。汉竹本作失，先字之误。

（2）普及本为何选用“柔”？前句是以水作喻，此句是总结，柔者不只是水，用以概括，还是柔为优。

第79章（下）

［版本对照］

帛甲	和大怨○必有餘怨焉可以為善是以聖人○右介而不以責於人故有德司介□德司勶
帛乙	禾大□○□□□□□□□□為善是以聖人執左芥而不以責於人故又德司芥无德司勶
汉竹	和大怨○必有餘怨安可以為善是以聖人執左契而不以責於人故有德司契無德司肆
河本	和大怨○必有餘怨安可以為善是以聖人執左契而不○責於人○有德司契無德司徹
指归	和大怨○必有餘怨安可以為善是以聖人執左契○不以責於人○有德司契無德司轍
王本	和大怨○必有餘怨安可以為善是以聖人執左契而不○責於人○有德司契無德司徹
敦本	和大怨○必有餘怨安可以為善是以聖人執左契○不○責於人故有德司契無德司撤
唐本	和大怨○必有餘怨安可以為善是以聖人執左挈而不○責於人故有德司挈無德司徹
宋本	和大怨者必有餘怨安可以為善是以聖人執左契而不○責于人故有德司契無德司徹
元本	和大怨○必有餘怨安可以為善是以聖人執左契而不○責於人故有德司契無德司徹
明本	和大怨○必有余怨安可以為善是以聖人執左契而不○責於人○有德司契無德司徹
清本	和大怨○必有餘怨安可以為善是以聖人執左契而不○責於人故有德司契無德司徹
普本	和大怨○必有余怨○可以为善是以圣人执右契而不以责于人故有德司契无德司彻

(1)　(2)

帛甲	夫天道无親恒與善人	此章为第81章
帛乙	□□□□□□□□□　德　三千卌一	此章为第81章
汉竹	○天道無親恒與善人	
河本	○天道無親常與善人	
指归	○天道無親常與善人	
王本	○天道無親常與善人	
敦本	○天道無親常與善人	
唐本	○天道無親常與善人	
宋本	○天道無親常與善人	
元本	○天道無親常與善人	
明本	○天道無親常與善人	
清本	○天道無親常與善人	
普本	○天道无亲常与善人	

如是我文：

（1）普及本为何舍用“安”？两种理解。其一，一般理解为问句。其二，似应为陈述句。焉与安互通。详见第17章。其三，第63章“报怨以德”与此句义近互证。报：合也，和也。其四，《左传》：“大德灭小怨，道也。”《周礼》：“合方氏：掌达天下之道路，通其财利，同其数器，壹其度量，除其怨恶，同其好善。”《国语》：“德其忘怨。余善之，夫乃其宁。”可作参考。

（2）普及本为何选用“右契”？其一，契：合约。介、芥：间也，中也。双方签约，必有中介人，可知“介”与“契”二字必有关联，既可能是古楚界定此活动的角度不同、称谓不同、用字不同，亦可视之为同音假借。徹：税也。“契”与“徹”的最大区别就在于，税是强迫性的，契（合同）是自愿性的。其二，合同又称券契、书契。古契刻木为之，从中剖开，分为左右两片，双方各执其一。古代债主（债权人）究竟是执左契，还是执右契？其说不一。一般认为，债权人执右，负债人执左，所谓“右者，先书为尊”。债权人执左或执右，可能各国不同，并不影响以债权人为喻的本义。既然各执左右契，则各担已之责，何必责于人？其三，《礼记》：“献粟者执右契，献米者操量鼓。”《战国策》：“安成君东重于魏，而西贵于秦，操右契而为公责德于秦、魏之主，裂地而为诸侯，公之事也。”《商君书》：“主法令之吏即以左券予吏之问法令者；主法令之吏，谨藏其右券木柙以室藏之，封以法令之长印。”《韩非子》：“以功受赏，臣不德君，翟璜操右契而乘轩。”《左传》：“故《周书》曰：‘皇天无亲，惟德是辅。’”《文子》：“天道无亲，惟德是与。”《庄子》：“至人无亲。”《孔子家语》：“天道无亲，而能下人。”《国语》：“国君无亲，以国为亲。”“天道无亲，唯德是授。”可作参考。

第80章（下）

[版本对照]

帛甲	小邦寡民使〇〇十百人之器〇毋用〇使民重死而〇遠徙〇有車周无所乘之
帛乙	小國寡民使〇有十百人〇器而勿用〇使民重死而〇遠徙〇又周車无所乘之
汉竹	小國寡民使〇有什佰人之氣而勿用〇使民重死而〇遠徙〇有舟車無所乘之
河本	小國寡民使民有什伯人之器而不用〇使民重死而不遠徙雖有舟輿無所乘之
指归	小國寡民使人有什伯〇之器而不用〇使民重死而不遠徙雖有舟輿無所乘之
王本	小國寡民使民有什伯〇之器而不用〇使民重死而不遠徙雖有舟輿無所乘之
敦本	小國寡民使〇有什伯〇之器而不用〇使民重死而不遠徙〇有舟輿無所乘之
唐本	小國寡民使〇有什伯〇之器而不用〇使民重死而不遠徙雖有舟輿無所乘之
宋本	小國寡民使民有什伯〇之器而不用也使民重死而不遠徙雖有舟輿無所乘之
元本	小國寡民使民有什伯〇之器而不用〇使民重死而不遠徙雖有舟車無所乘之
明本	小國寡民使民有什伯〇之器而不用〇使民重死而不遠徙雖有舟輿無所乘之
清本	小國寡民使〇有什伯〇之器而不用〇使民重死而不遠徙雖有舟車無所乘之
普本	小国寡民使〇有十百人之器而不用〇使民重死而不远徙虽有舟车无所乘之

(1)　　　(2)

帛甲	〇有甲兵无所陳□□□□□□□用之甘亓食美亓服樂亓俗安亓居
帛乙	〇有甲兵无所陳之使民復結繩而用之甘亓食美亓服樂亓俗安亓居
汉竹	〇有甲兵無所陳之使民復結繩而用之甘其食美其服樂其俗安其居
河本	雖有甲兵無所陳之使民復結繩而用之甘其食美其服安其居樂其俗
指归	雖有甲兵無所陳之使人〇結繩而用之甘其食美其服樂其俗安其居
王本	雖有甲兵無所陳之使人復結繩而用之甘其食美其服安其居樂其俗
敦本	〇有甲兵無所陣之使民復結繩而用之甘其食美其服安其处樂其俗
唐本	雖有甲兵無所陳之使民復結繩而用之甘其食美其服安其居樂其俗
宋本	雖有甲兵無所陳之使民復結繩而用之甘其食美其服安其俗樂其業
元本	雖有甲兵無所陳之使民復結繩而用之甘其食美其服安其居樂其俗
明本	雖有甲兵無所陳之使民復結繩而用之甘其食美其服安其居樂其俗
清本	雖有甲兵無所陳之使民〇結繩而用之甘其食美其服安其居樂其俗
普本	虽有甲兵无所陈之使民复结绳而用之甘其食美其服安其居乐其俗

(3)

帛甲	⿰粦几邦相朢雞狗之聲相聞○民至口○口口口○口口　此章为第 67 章
帛乙	哭國相望雞犬之口口聞○民至老○死不相○往來　此章为第 67 章
汉竹	鄰國相朢雞狗之音相聞○民至老而死不相○往來
河本	鄰國相望雞狗之聲相聞○民至老○○不相○往來
指归	鄰國相望雞犬之聲相聞○民至老○死不相○往來
王本	鄰國相望雞犬之聲相聞○民至老○死不相○往來
敦本	鄰國相望雞狗之聲相聞使民至老○○不相○往來
唐本	鄰國相望雞犬之音相聞○民至老○死不相○往來
宋本	鄰國相望鷄犬之聲相聞使民至老○死不相與往來
元本	鄰國相望雞犬之聲相聞○民至老○死不相○往來
明本	鄰國相望雞犬之聲相聞使民至老○死不相○往來
清本	鄰國相望雞犬之音相聞○民至老○死不相○往來
普本	邻国相望鸡犬之声相闻○民至老○死不相○往来

如是我文：

（1）普及本为何选用“十百人之器”？本章历来是争论的焦点之一。“器”字全经共用 11 次，只有本章的器最费解。究竟是什么器？国器、公器，还是民器？到目前为止，无论古人还是今人，都还是推测、猜测。本句的核心就是有器而不用，分两个系统。其一，十百人之器。似指机械，即以一当十、以一当百，相当于十倍百倍人工之器用。其二，什伯之器。大致有三种：个器（如农器、巨大之器），众器（如十百之器）和材（才）器。车舟、甲兵是什伯之器的例证。其三，“结绳而用之”的结绳二字，一般理解为结绳记事，作为老子崇尚复古无文的证据。此处似指简单的工具，如第 27 章的善结者无绳约。既然说的是用而非记，而且是结绳与舟车、甲兵反正对说，所以还是简单工具之义更恰当一些。《系辞》：“作结绳而为网罟，以佃以渔。”“上古结绳而治，后世圣人易之以书契。”

（2）普及本为何选用“不远徙”？远徙与不远徙的意思其实一样，只是用字习惯不同、“远”字的词性不同而已。帛、竹本没有不字，“远”与“重”相对应，作动词用。传世诸本为使其义更明，加字为“不远徙”，作副词用。

（3）普及本为何选用“安其居，乐其俗”？其一，诸版本语序不同，意思相同。居：居室也。俗：习俗，风俗；指的是生存状态，包括业。业：事也。安居乐业已成今日之成语。其二，《文子》：“悬法设赏而不移风易俗者，诚心不抱也。故听其音则知其风，观其乐即知其俗，见其俗即知其化。”《国语》：

“寡人闻古之贤君，四方之民归之，若水之归下也。”“其达士，洁其居，美其服，饱其食，而摩厉之于义。”《韩非子》：“无私贤哲之臣，无私事能之士。故民不越乡而交，无百里之戚。贵贱不相逾，愚智提衡而立，治之至也。”“古者世治之民，奉公法，废私术，专意一行，具以待任。”《淮南子》：“使各便其性，安其居，处其宜，为其能。”《老子》傅奕本：“至治之极，民各甘其食，美其服，安其俗，乐其业，邻国相望，鸡犬之声相闻，使民至老死不相与往来。”可作参考。

第81章（下）

[版本对照]

帛甲	□□□□□□不□□者不博□者不知善□□□□者不善○○聖人无積□以為□□□□
帛乙	信言不美美言不信知者不博博者不知善者不多多者不善○○耶人无積既以為人己俞有
汉竹	信言不美美言不信智者不博博者不智善者不辯辯者不善○○聖人无責氣以為人己俞有
河本	信言不美美言不信善者不辯辯者不善知者不博博者不知○○聖人不積既以為人己愈有
指归	信言不美美言不信知者不博博者不知善者不辯辯者不善是故聖人不積既以為人己愈有
王本	信言不美美言不信善者不辯辯者不善知者不博博者不知○○聖人不積既以為人己愈有
敦本	信言不美美言不信知者不博博者不知善者不辯辯者不善○○聖人無積既以為人己愈有
唐本	信言不美美言不信善者不辯辯者不善知者不博博者不知○○聖人不積既以與人己愈有
宋本	信言不美美言不信善者不辯辯者不善知者不博博者不知○○聖人無積既以為人己愈有
元本	信言不美美言不信善者不辯辯者不善知者不博博者不知○○聖人無積既以為人己愈○
明本	信言不美美言不信善者不辨辨者不善知者不博博者不知○○聖人不積既以為人己愈有
清本	信言不美美言不信善言不辨辨言不善知者不博博者不知○○聖人不積既以為人己愈有
普本	信言不美美言不信智者不博博者不智善者不多多者不善○○圣人无积既以为人己愈有

(1)

帛甲	□□□□□□□□□□□□□□□□□○□□□□□□□□○	此章为第68章
帛乙	既以予人矣己俞多故天之道利而不害○人之道為而弗爭○	此章为第68章
汉竹	氣以予人○己俞多○天之道利而弗害○人之道為而弗爭也	凡二千九百卌二
河本	既以與人○己愈多○天之道利而不害聖人之道為而不爭○	
指归	既以與人○己愈多○天之道利而不害聖人之道為而不爭○	
王本	既以與人○己愈多○天之道利而不害聖人之道為而不爭○	
敦本	既以與人○己愈多○天之道利而不害聖人之道為而不爭○	
唐本	既以與人○己愈多○天之道利而不害聖人之道為而不爭○	
宋本	既以與人○己愈多○天之道利而不害聖人之道為而不爭○	
元本	既以與人○己愈多○天之道利而不害○人之道為而不争○	
明本	既以與人○己愈多○天之道利而不害聖人之道為而不爭○	
清本	既以與人○己愈多○天之道利而不害聖人之道為而不爭○	
普本	既以予人○己愈多○天之道利而不害○人之道为而不争○	

(2)

简甲	據《郭店楚墓竹簡·老子》甲本圖版（战国　公元前 300 年以前）
简乙	據《郭店楚墓竹簡·老子》乙本圖版（战国　公元前 300 年以前）
简丙	據《郭店楚墓竹簡·老子》丙本圖版（战国　公元前 300 年以前）
帛甲	據《馬王堆漢墓帛書·老子》甲本圖版（秦　公元前 206 年以前）
帛乙	據《馬王堆漢墓帛書·老子》乙本圖版（西汉　公元前 194 年以前）
汉竹	據《北京大學藏西漢竹書·老子》圖版（西汉　公元前 88 年前后　武帝后期）
河本	據《四部叢刊》影印鐵琴銅劍樓藏南宋建安虞氏刊本及河上公注文（汉）
指归	據《道藏·洞神部玉訣類·道德真經指歸》（嚴遵撰、穀神子注）影印本（西汉末期）
想尔	據大淵忍爾《敦煌道經·圖版編·老子想爾注》寫本圖版 據《四庫全書·老子想爾注》（知古齋主校點）影印本（东汉中期）
王本	據《老子·王弼注》（武英殿聚珍版·宋徽宗政和本）影印本及王弼注文 《清·二十二子·老子》（華亭張氏原本）（魏晋）
敦本	據敦煌五千文白文唐抄本《老子》（甲本及諸本）（隋唐）
唐本	據《道藏·洞神部玉訣類·唐玄宗禦注道德真經》影印本 《道藏·洞神部玉訣類·唐玄宗禦注道德真經疏》影印本 《唐開元 26 年（738）10 月 8 日唐玄宗禦注道德經幢》影印本
宋本	據《道藏·洞神部玉訣類·宋徽宗禦解道德真經》影印本 《道藏·洞神部玉訣類·宋徽宗禦解道德真經解義》影印本
元本	據元·趙孟頫書《老子》影印本
明本	據《道藏·洞神部玉訣類·大明太祖高皇帝禦注道德真經》影印本 《大明太祖高皇帝禦注道德真經》影印本
清本	據《清世祖禦制道德經》影印本
普本	為以上 16 本並參考其他諸本之合本

如是我文：

（1）普及本为何选用“智者不博，博者不智。善者不多，多者不善”？系统不同，理解不同，语序也就不同。其一，借用《修辞学发凡》（陈望道）的术语，信言与美言，分属质（形式质拙）与文（形式文采）。信言或称之为消极修辞，少文饰，对于语词常以意义为主，力求真实、准确、明确，其内容多是抽象的、概念的；美言或称之为积极修辞，多文饰，其内容多是具体的、体验的。或认为，质（内容）大于文（形式）者称之为信言，文大于质者称之为美言。两种理解各有其用，此处似以前者为优。《老子》提倡信言（第 8 章），不排斥美言（第 62 章），如本章使用的回文、排比，就属美言范畴，所以明人焦竑说："或曰老氏之为书，使人得以受而味焉，则近乎美。"其二，知与智通，此处智者、善者与圣人用法同。按《五行》"仁、义、礼、智、圣"所分，知人道曰智，知天道曰圣，智与圣常分说，如《孟子·万章下》。《文子》："文子问圣智，老子曰：闻而知之，圣也；见而知之，智也。"其三，孤立解读，博的多种字义均可通，但在本章的语言环境中，首先要从对物质财富的处理考虑。博：凡取于人曰博。在得道之人中，智者的层次低于圣人，至少要做到不索取。不博之义正与下面的予人之义相合。其四，多：苛求也。《左传》："唯我知汝，汝专利而不厌，予取予求，不汝疵瑕也。后之人将求多于汝，汝必不免。"在得道之人中，善者至少要做到不苛求，与人为善。不多之义正与下面的为人之义相合。注意：本章两处用多，一字二义，下面的己愈多之多，训读为多少之多。对集句的理解，要因句而异。傅奕本作"善言不辩，辩言不善"。辩：巧言也。

（2）普及本为何选用"人之道"？两个系统。其一，帛、竹、元本作人之道。人之道与天之道相对应，经文中常见。汉竹本第73章作"天之道，不争而善胜"，与"人之道，为而不争"前后呼应，层次分明。其二，多本作圣人之道。圣人之道就是天之道，圣人之道之说，经文仅此一处。圣字似后人所加。其三，《礼记》："诚者，天之道也；诚之者，人之道也。"《五行》："善，人道也。德，天道也。"《文子》："夫大利者反为害，天之道也。"《诗》："显允方叔。"

第五篇 《老子》用字字典

一、基本用字音序检字表

A. 爱10. 安15. 案17. 哀31. 奥62.

B. 不2. 宝3. 百5. 保9. 葆9. 抱10. 闭10. 白10. 彼12. 博14. 搏14. 必15. 冰15. 嫳15. 蔽15. 敝15. 表16. 并16. 邦18. 叏19. 辨19. 倍19. 泊20. 怕20. 鄙20. 暴23. 本26. 败29. 杯29. 兵30. 扁31. 偏31. 悲31. 宾32. 卑32. 俾32. 避32. 譬32. 臂38. 薄38. 孛41. 褒41. 病44. 辩45. 辟50. 拔54. 比55. 哺55. 捕55. 备59. 璧62. 报63. 补77. 佰80. 伯80.

C. 常1. 此1. 出1. 成2. 长2. 处2. 辤2. 辞2. 盅4. 冲4. 锉4. 椊4. 挫4. 尘4. 衫4. 存4. 刍5. 持9. 揣9. 除10. 疵10. 雌10. 车11. 驰12. 骋12. 宠13. 川15. 杶15. 呈15. 次17. 慈18. 臣18. 恻19. 春20. 乘20. 惷20. 纯20. 蔡20. 察20. 从21. 诚22. 炊24. 喘24. 虫25. 超26. 梼27. 筹27. 策27. 财27. 䂳29. 吹29. 楮29. 差30. 楚30. 称39. 車39. 迟41. 臧44. 藏44. 绌45. 产46. 憯46. 怵49. 椯50. 措50. 错50. 仓53. 采53. 綵53. 彩53. 辍54. 赤55. 剉56. 醇58. 淳58. 蠢58. 刺58. 脆64. 层64. 寸69. 尺69. 草76.

D. 道1. 地1. 端2. 短2. 怠2. 得3. 盗3. 兑4. 帝4. 动5. 多5. 涤10. 达10. 德10. 当11. 大13. 冬15. 沌15. 敦15. 竺15. 管16. 督16. 笃16. 殆16. 豆19. 登20. 独20. 澹20. 定22. 夺25. 贷28. 惔31. 淡31. 诒32. 惵49. 毒51. 垸52. 带53. 坻59. 抵59. 蒂59. 柢59. 绐64. 单67. 敌68. 代74.

E. 而1. 恶2. 儿10. 耳12. 阿20. 饵35. 珥35. 二42.

F. 非1. 弗2. 夫2. 腹3. 纷4. 芬4. 忿4. 富9. 福9. 楅11. 辐11. 幅11. 发12. 方12. 仿12. 妨12. 复14. 複14. 颁16. 废18. 父21. 甫21. 伐22. 风23. 反25. 返25. 法25. 凡29. 沨34. 泛34. 氾34. 汎34. 费41. 封41. 负42. 粪46. 覆51. 服53. 丰54. 夆54. 逢54. 蜂55. 分56. 伏58. 尃64. 補64. 辅64. 肥68. 奉77.

G. 故1. 观1. 高2. 功2. 贵3. 骨3. 敢3. 光4. 狗5. 苟5. 篝5. 淈5. 根6. 攻9. 沽10. 国10. 共11. 毂11. 杲14. 归14. 古14. 广15. 各16. 公16. 寡19. 晐20. 改25. 侅25. 官26. 馆26. 关27. 割28. 果30. 甘32. 过35. 格35. 固36. 刚36. 孤39. 榖39. 夬45. 规47. 晐49. 盖50. 革50. 刿58. 鬼60. 拱62. 供62. 怪73. 槁76. 弓77. 訽78. 垢78.

H. 何1. 恒1. 和2. 后2. 堕2. 货3. 或4. 呵4. 乎4. 祜10. 活10. 阖10. 户11. 患13. 梡13. 苛13. 混14. 忽14. 恍14. 唬15. 涣15. 浑15. 桓16. 市16. 慧18. 惠18. 昏

说明：

1. 检字表中所列，为十六种《老子》版本的基本用字，以简化字为基准。与基本用字对应的另类用字，包括简、帛、竹本中，某些识读明确的增、省笔字，以及诸字典均未记载的特殊用字，均对照该基本用字查证。

2. 字右边的数字，指该字首见之八十一章序号。

3. 各字母中，诸字均按序号先后排列，不再细分声、韵母。

二、正文

第 1 章

道：古作衜、衟、邋、衜、衍。或作逌。通作導。《尔雅》：直也。一达谓之道路。《说文》：所行道也。又：路也。又：行也。又：大也。又：理也。又：术也。又：顺也。又：由也。又：从也。又：治也。又：言说也。《说文》導：引也。

可：《说文》：肯也。又：否之对。又：所也。又：能也。又：当也。又：语助词。又：与何通。

何：省作可。《说文》：儋（擔）也。又：问也。又：语助词。又：与呵、訶、荷通。

也：帛本作吔。《说文》：女阴也。又：语助词。《五音篇海》吔：音也。

殹：《说文》：击中声也。又：语助词。

非：《说文》：违也。又：隐也。又：否也。又：无也。又：岂非也。又：未尝也。又：过失也。又：责也。又：与誹、飛通。

恒：本作恆。或作恆、亙。古作死。俗作恒。《尔雅》：常也。《说文》：常也。心以舟施恒也。又：久也。又：故也。又：安居也。又：遍也。又：弦也。《说文》亙：竟也。《说文》緪：大索也。一曰急也。

常：或作裳。简本作祟。《说文》：下裙也。又：恒也。又：偶之反。又：久也。又：典法也。又：质也。又：普通也。又：倍寻曰常。又：与長通。

名：《尔雅》：目上为名。《说文》：自命也。又：号令也。又：称名也。又：名字也。又：明也。又：名誉也。又：成也。又：功也。又：文字也。又：

志也。又：与命、铭通。

命：《尔雅》：告也。《说文》：使也。又：教令也。又：计也。又：道也。又：信也。又：召也。又：人所禀受。又：生之极也。又：政令盟会之辞也。又：名也。

无：本作無。古作旡、橆。或作无、亡。简本作橆。《尔雅》：閒也。《说文》：亡也。又：有之反。又：不也。又：非也。又：莫也。又：未也。又：虚无也。又：语助词。又：与毋通。《说文》橆：豐也。

万：本作萬。或作万。《说文》：虫也。又：数名。

天：古作兲。《尔雅》：君也。《说文》：颠也。至高无上。又：自然也。又：诸星罗列之空间也。又：尊称。

物：古作勿。《说文》：万物也。又：事也。又：类也。又：财也。又：相也。又：识也。又：色也。《说文》勿：州里所建旗也。

地：古作埅、墬、墜。简本作坠。《说文》：元气初分，轻清阳为天，重浊阴为地，万物所陈列也。又：施也。又：谛也。又：諟也。又：易也。又：底也。又：但也。又：语助词。《说文》諟：理也。

之：本作㞢。或作之。古作㞢。《尔雅》：往也。閒也。《说文》：出也。又：适也。又：至也。又：是也。又：于也。又：与也。又：彼也。又：此也。又：变也。又：遗也。又：辞也。又：语助词。

始：古作乨。《说文》：女之初也。又：初也。又：生之阳源。又：本也。又：乃也。又：与治通。

有：古作𠂇。通作又。《说文》：不宜有也。又：无之反。又：质也。又：果也。又：取得也。又：富厚也。又：或也。又：为也。又：语助词。又：与友、囿通。

又：或作𠂇。通作有。《说文》：手也。又：更也。又：复也。

母：《说文》：牧也。又：含己生也。又：女子尊长之称。又：乳母。又：牝者曰母。又：自生者曰母。又：慕也。

故：古作古。《尔雅》：今也。《说文》：使为之也。又：旧也。又：事也。又：原因也。又：故意。又：反也。又：则也。又：死也。又：语助词。又：与固通。

欲：或作慾。省作谷。《说文》：贪欲也。又：物欲。又：情所好也。又：爱也。又：愿也。又：将也。又：婉顺貌。又：与裕通。《说文》贪：欲物也。《说文》裕：衣物饶也。

以：本作㠯。或作以。《说文》：用也。又：为也。又：因也。又：故也。又：谓也。又：此也。又：何也。又：甚也。又：及也。又：语助词。又：与已、与、似通。

观：本作觀。古作䨐。《尔雅》：多也。示也。《说文》：谛视也。又：视也。又：台上构屋可以远观者也。又：与館通。《说文》谛：审也。

其：本作丌。古作亓。《说文》下基也。又：彼也。又：将也。又：殆也。又：岂也。又：若也。又：语助词。

眇：《说文》：一目小也。又：小也。又：细视也。又：远也。又：尽也。又：与妙通。

妙：或作紗。别作玅。《玉篇》：神妙也。又：精也。又：微也。又：与眇通。《说文》幺：小也。

所：《说文》：伐木声也。又：处也。又：见也。又：被也。又：若也。又：语助词。

噭：或作叫。《说文》：吼也。一曰呼也。又：哭声。《说文》叫：嘑（呼）也。

侥：本作僥。《说文》：南方有焦侥人，长三尺，短之极。又：伪也。又：侥倖，求利不止貌。

徼：《说文》：循也。又：要也。又：求也。又：边徼也。又：境也。

皦：或作曒、皎。《说文》：玉石之白也。又：白也。又：明也。《说文》皎：月之白也。

此：《说文》：止也。又：彼之对。又：兹也。又：斯也。又：今也。又：且也。又：语助词。

两：本作兩。通作兩。《说文》：再也。又：耦也。《说文》兩：二十四铢为一两。

者：《说文》：别事词也。又：此也。又：语助词。

同：简本作迵。《说文》：合会也。又：共也。又：聚也。又：和也。又：平也。又：辈也。《说文》迵：迵迭也。

出：《尔雅》：男子谓姊妹之子为出。《说文》：进也。又：自内而外也。又：生也。又：见也。又：远也。

而：《说文》：颊毛也。又：汝也。又：如也。又：与也。又：乃也。又：安也。又：能也。又：犹也。又：且也。又：因仍也。又：则也。又：然而。又：语助词。

异：本作異。《说文》：分也。又：不同也。又：殊也。又：怪也。又：奇也。又：尤也。又：他也。《说文》异：举也。与異通。

谓：本作謂。古作胃。《尔雅》：勤也。《说文》：报也。又：与之言说也。又：言也。又：称名也。又：为也。又：与也。《说文》胃：谷府也。

玄：古作𢆯。《尔雅》：九月为玄。《说文》：幽远也。黑而有赤色者为玄。又：清静也。又：深也。又：妙也。又：理之微妙者为玄。

众：本作眾。古作㐺。《尔雅》、《说文》：多也。又：凡数之多者皆曰众。又：与終通。

门：本作門。《尔雅》：祊谓之门。《说文》：闻也。又：人所出入也。又：守也。又：凡物关键处皆谓之门。

第 2 章

下：本作丅。《尔雅》：落也。《说文》：底也。又：上之反。又：后也。又：贱也。又：去也。

皆：《说文》：俱词也。又：同也。又：遍也。又：并也。

智：本作𥏼。或作智、知。简本作智。《尔雅》：丹穴之人智。《说文》：识词也。又：知识也。又：智慧也。又：愚之反。

知：古作庚、炻。《尔雅》：匹也。《说文》：词也。又：识也。又：觉也。又：谕也。又：相交曰知。又：欲也。又：记忆也。又：主也。又：与智通。《说文》谕：告也。或作喻。

美：或作媺。省作嫐。简本作敚、岂。《说文》：甘也。与善同意。又：好也。又：与媄通。《说文》媄：色好也。《说文》敚：妙也。

为：本作爲。或作為。《说文》：母猴也。又：作也。又：造也。又：治也。又：使也。又：行也。又：成也。又：用也。又：助也。又：与也。又：于也。又：是也。又：谓也。又：因也。又：若也。又：语助词。又：与伪通。

斯：古作㪿。《尔雅》：离也。此也。《说文》：析也。又：尽也。又：是也。又：即也。又：则也。又：乃也。又：语助词。

恶：本作惡。古作亞。俗作悪。《说文》：过也。又：不善也。又：丑陋也。又：耻也。又：憎也。又：忌也。又：何也。又：语助词。又：与乌通。《尔雅》亞：次也。《说文》亞：丑也。

已：《尔雅》：此也。《说文》：用也。又：止也。又：成也。又：退也。又：弃也。又：甚也。又：语助词。又：与以、异通。

善：本作譱。或作善、譱。《说文》：吉也。又：美也。又：大也。又：好也。又：义也。又：多也。又：能也。又；喜也。

訾：或作訿。《说文》：不思称意也。又：不善也。又：思也。又：毁也。又：恶也。又：叹辞。与咨通。

不：古作𣎴。《说文》：鸟飞上翔不下来也。又：非也。又：无也。又：未也。又：勿也。又：语助词。又：与弗、否通。

矣：古作誒。《说文》：语已词也。又：语助词。

亡：或作亾。简本作亯。《说文》：逃也。又：无也。又：不也。又：失也。又：灭也。又：语助词。又：与忘、妄、無通。

相：《尔雅》：导也。助也。视也。七月为相。《说文》：省视也。又：共也。

又：交相也。又：质也。又：治也。又：选择也。又：状貌也。

生：古作㞢。《说文》：进也。象草木生出土上。又：出也。又：起也。又：产也。又：养育也。又：活也。又：死之对。又：造也。又：性也。又：财业也。又：凡事所从来曰生。又：不熟也。又：语助词。《说文》㞢：草木妄生也。古作㞷。

难：本作𪂹。或作䳡、難、鷬。古作䧔。简本作戁。《说文》：鸟也。又：艰也。又：不易也。又：困苦也。又：患也。又：责也。又：奈何之合声。《说文》戁：敬也。

易：或作蜴、傷。简本作惖。《说文》：蜥易，蝘蜓，守宫也。又：不难也。又：象也。又：生生也。又：阴阳转变。又：平也。又：轻也。又：简也。又：交易。又：治也。《说文》惕：敬也。古作惖。

成：古作戚。《尔雅》：丘一成为敦丘。《说文》：就也。又：定也。又：备也。又：平也。又：终也。又：善也。又：重也。又：与盛、誠通。

长：本作長。古作镸、夫。《说文》：久远也。又：常也。又：短之反。又：主也。又：尊也。又：上也。又：老也。又：先也。又：大也。又：善也。又：进也。又：生长也。又：多余也。又：与脩通。

端：古作耑。《说文》：直也。又：正也。又：始也。又：萌也。又：首也。《说文》耑：物初生之题也。

短：或作拒。《说文》：有所长短，以矢为正。又：促也。又：长之反。

型：本作㓝。古作埜。《说文》：铸器之法也。又：模也。凡铸式以土曰型，木曰模，金曰范。

荆：古作㓝。通作刑。《说文》：罚罪也。又：法也。《说文》刑：到也。

形：《说文》：象形也。又：形容也。又：形体也。又：见也。又：现也。又：地势也。又：器也。又：与刑通。

较：本作較。或作較。《尔雅》：直也。《说文》：车輢上曲铜也。又：相竞也。又：比较也。

高：本作高。《说文》：崇也。又：仓也。又：舍也。又：卑之反。

浧：本作澂。俗作澄。古作浧。《说文》：清也。又：清浊分也。又：通流也。《说文》逞：通也。或作浧。通作盈。

盈：《说文》：满器也。又：满也。又：溢也。过曰盈，不及曰缩。又：与赢、逞通。《说文》夃：秦以市买多得为夃。

顷：本作頃。《说文》：头不正也。

倾：本作傾。或作隕。通作頃。《说文》：仄也。又：伏也。又：倚也。又：毁也。又：空也。

音：《说文》：声也。生于心，有节于外谓之音。宫、商、角、徵、羽：（五）

声；丝、竹、金、石、匏、土、革、木：（八）音也。又：荫也。

意：《说文》：志也。从心察言而知意也。又：计也。又：疑也。

言：本作䛚。《尔雅》：我也。閒也。大箫谓之言。《说文》：直言曰言，论难曰语。又：道也。又：辞章也。又：号令也。又：一句或一字皆谓之一言。又：谓也。又：说也。又：议也。又：问也。又：从也。又：委也。又：语助词。《说文》辛：辠也。言从辛，喻戒也。

声：本作聲。《说文》：音也。又：凡响曰声。

圣：本作聖。省作耴。古作𦔻。俗作圣。《说文》：通也。又：道也。又：睿也。又：万人曰傑，倍傑曰圣。又：声也。与聲通。《说文》圣：水名。致力于地也。

和：古作咊、龢。省作禾。《尔雅》：（笙）小者谓之和。徒吹谓之和。《说文》：相应也。又：平也。又：顺也。又：谐也。又：适也。《说文》龢：调也。《说文》禾：嘉穀也。

先：《说文》：前进也。又：前也。又：始也。又：故也。又：早也。又：导也。

前：本作歬。或作前。《说文》：不行而进谓之前。又：后之对。又：进也。又：先也。又：故也。又：导也。

后：本作後、后。古作逡、彶。帛本作句。《说文》：迟也。又：前、先之对。又：语助词。《说文》后：继体君也。《说文》句：曲也。

随：本作陊。或作墮、墒（撱）。俗作隳。省作隋。《尔雅》：峦山堕。《说文》：败城阜曰陊。又：毁也。又：落也。《集韵》撱：弃也。通作隋。《说文》隋：裂肉也。

随：本作隨。俗作随。竹本作遀。《说文》：从也。又：顺也。又：跐也。又：与隋通。

是：本作昰。古作𣅀。《尔雅》：则也。《说文》：直也。又：非之对。又：为也。又：此也。又：语助词。又：与諟通。

人：古作𠆢。《说文》：天地之性最贵者也。又：己之对称。又：仁也。

治：古作乿。《尔雅》：故也。《说文》：水名。又：理也。又：修治也。又：事也。又：正也。又：才多曰治。又：所都之处，州郡所驻曰治。又：与始、殆、怡通。

居：本作凥。古作层。俗作踞。《说文》：处也。又：坐也。又：微曲也。又：安也。又：止也。又：为也。又：治也。又：积也。又：当也。又：平时。又：占有。又：语助词。《说文》踞：蹲也。

处：本作処。或作處。《说文》：止也。又：居也。又：定也。又：居室也。又：归也。又：位置也。又：处置也。又：常也。又：留也。又：出之反。

事：古作叓、㕝。《尔雅》：勤也。《说文》：职也。又：大曰政，小曰事。又：使也。又：为也。又：力也。又：建立也。又：由也。又：奉也。又：营也。又：凡人类所作为皆曰事。又：变故也。又：治也。又：与士、仕通。

行：《尔雅》：言也。道也。堂上谓之行。《说文》：人之步趋也。又：往也。又：还也。又：迹也。又：列也。

季：《说文》：傚也。谓傚傚也。又：与教通。

教：古作效、𢽈、𡥈、教。帛本作斆。《说文》：上所施，下所效也。又：训诲也。又：告也。又：语也。又：诸侯言曰教。又：使也。又：令也。

作：古作胙、祚。或作迮。省作乍。俗作做。简本作𠂇、𠀨、𠂉。《尔雅》：为也。《说文》：起也。又：造也。又：始也。又：及也。又：动也。又：行也。又：生长也。又：成也。又：变也。又：用也。又：治也。又：使也。又：斮也。又：与詐通。《说文》迮：起也。《说文》乍：止也。从亡从一。

昔：本作㫺。或作腊、昔。《说文》：干肉也。又：古也。又：往也。又：久也。又：昨也。又：夜也。

焉：《说文》：焉鸟黄色，出于江淮。又：之也。又：何也。又：于是也。又：乃也。又：则也。又：语助词。又：与安、案通。

弗：古作亞。《尔雅》：治也。《说文》：挢也。又：违也。又：不也。与不通。《说文》挢：举手也。

怠：《说文》：慢也。又：懈也。又：懒也。又：与殆通。

辞：本作辭。古作䛐、𤔲、司、辝。俗作辞。通作辤。《说文》：讼也。又：说也。又：谢也。又：别去也。《说文》辤：不受也。《说文》讼：争也。

志：古作忎。《尔雅》：骨镞不翦羽谓之志。《说文》：意也。又：心之所之也。又：知也。又：书也。又：记也。又：与誌、識通。《说文》誌：記誌也。

侍：《说文》：承也。又：近也。又：从也。

恃：或作恜。省作寺。《说文》：赖也。又：依仗也。又：负也。又：怙也。又：心不明也。《说文》寺：廷也。有法度者也。《说文》赖：赢也。

功：或作紡、紅。简本作社。《尔雅》：胜也。成也。《说文》：以劳定国也。又：功绩也。又：事也。又：与攻、公通。

夫：或作詄。《说文》：丈夫也。周制以八寸为尺，十尺为丈。人长八尺，故曰丈夫。又：男子通称。又：彼也。又：此也。又：凡也。又：语助词。

唯：《说文》：诺也。又：独也。又：但也。又：语助词。又：与惟、維、誰、雖通。

惟：《尔雅》：谋也。思也。《说文》：凡思也。又：度也。又：念也。又：有也。又：是也。又：为也。又：独也。又：与也。又：以也。又：雖也。又：语助词。

去：本作𠫐。或作厺、弆。简本作迲。《说文》：人相违也。又：离也。又：行也。又：往也。又：亡也。又：弃也。又：藏也。

第3章

上：本作丄。《说文》：高也。又：下之反。又：尊也。又：君也。又：进也。又：与尚通。

尚：简本作堂。《尔雅》：右（佑）也。《说文》：曾也。庶几也。又：尊也。又：贵也。又：主也。又：久也。又：饰也。又：犹也。又：加也。又：若也。又：与上通。

贤：本作賢。古作臤、贒。《说文》：多才也。又：善也。又：有善行也。又：多也。又：益也。又：胜也。又：能也。又：大也。又：劳也。又：敬称。《说文》臤：坚也。

宝：本作寶。古作宝、寚、珤、保。《说文》：珍也。又：人所保也。又：贵也。又：重也。又：瑞也。又：道也。又：与葆、保通。

使：本作使。古作岦。简本作叀。《尔雅》：从也。《说文》：伶（令）也。又：役也。令人治事也。又：行也。又：假设之辞。又：与史、吏通。

民：《说文》：众萌也。言萌而无识也。又：总言人者。又：四民（士、农、工、商）。又：别于在位而言者。

争：本作爭。通作争。《说文》：引也。又：競也。又：讼也。又：理也。又：辨也。又：止也。又：与诤通。

贵：本作貴。或作貴。《说文》：物不贱也。又：高也。又：尊也。又：重也。又：欲也。又：归也。

得：本作得。古作㝵。或作䙷、㝵、得。简本作㝵、㝵。《说文》：行有所得也。又：获取也。又：贪也。又：得意也。又：能也。又：可也。又：与德通。《说文》㝵：取也。

货：本作貨。省作貨。古作賜。简本作賜。帛本作價。《说文》：财也。又：金玉曰货。又：化也。又：卖也。《说文》賜：资也。

盗：本作盜。俗作盗。《说文》：私利物也。又：凡阴私自利者皆谓之盗。又：逃也。

见：本作見。《说文》：视也。又：行而相值也。又：日出也。又：显露也。与現通。

心：《说文》：人心土，藏在身之中。又：总包万虑谓之心。又：本也。又：中也。

乱：本作亂。古作𤔔。或作𤕪。俗作乱。简本作䜌。《尔雅》：治也。正绝流曰乱。《说文》：治也。又：不治也。又：烦也。《说文》𤕪：治也。一曰理也。

虚：本作虛。或作墟。古作㚄。通作虚。《说文》：大丘也。又：空也。又：位也。又：无也。

实：本作實。《说文》：富也。又：虚之反。又：物成也。又：满也。又：诚也。又：事迹也。又：是也。

腹：《尔雅》：厚也。《说文》：厚也。一曰身中。又：肚也。

弱：本作𢏎。省作弱。简本作溺。《说文》：桡也。又：强之反。又：柔也。又：懦也。又：衰败也。又：丧也。《说文》溺：水名。

强：本作強。古作强。或作彊。《尔雅》：勤也。暴也。当也。《说文》：蚚也。又：坚也。又：健也。又：刚也。又：弱之反。又：胜也。又：盛也。又：有力曰强。又：力有余也。又：算家以有余为强。又：勉也。又：自是也。又：彊硬，不和柔也。又：与勥、僵通。《说文》彊：弓有力也。《说文》勥：迫也。古作㢡。《说文》僵：偾也。或作僵。

骨：《说文》：肉之核也。

敢：本作㪅。古作敌、㪃。或作敢。《说文》：进取也。又：果敢也。又：勇也。又：犯也。又：必行也。又：冒昧之辞。

则：本作則。古作𠟭、𠟩、鼎。《尔雅》：常也。法也。（月）在巳曰则。《说文》：等画物也。又：效也。又：乃也。又：若也。又：语助词。

第 4 章

盅：本作盅。省作沖。《说文》：器虚也。

冲：本作沖。省作冲。《说文》：涌摇也。又：和也。又：虚也。又：深也。又：幼小也。

用：古作㫗、𠂶。《说文》：可施行也。又：使也。又：为也。又：货也。又：以也。又：功用。又：器用。又：因由也。又：通也。又：钟也。

或：古作𢦏、𢧢。或作域、𨸍。《说文》：邦也。又：有也。又：又也。又：语助词。又：疑也。与惑通。

渊：本作潚。《说文》：深清也。又：疾也。

渊：本作淵。古作㴊、囦。或作渆（渕）。《说文》：回水也。又：深也。

呵：本作訶。《说文》：大言而怒也。又：问也。又：责也。又：笑声。又：语助词。又：与何、苛、阿通。

旖：省作旖。《说文》：旗旖施也。

乎：本作兮。古作虖。《说文》：语之余也。又：语助词。

兮：《说文》：语所稽也。又：语助词。

姒：本作侣。古作娼。《尔雅》：女子同出，先生为姒，后生为娣。长妇为姒。

似：本作佀。或作似。古作𠃶。省作以。《说文》：象也。又：况也。又：嗣也。

宗：《说文》：尊祖庙也。又：尊也。又：本也。又：主也。又：宗庙，神示所居也。又：流派所出为宗。又：同姓曰宗。又：人物所归往曰宗。又：众也。

锉：本作銼。《说文》：鍑也。又：败也。又：与剉、挫通。

桂：或作痤。《尔雅》：痤椄虑李。《说文》：小肿也。一曰族累。

挫：《说文》：摧也。又：折也。又：毁也。又：屈辱也。又：与剉通。

兑：本作兊（兖）。帛本作说。《说文》：说（悦）也。又：通也。又：道也。又：行也。又：穴也。又：直也。又：聚也。又：易也。又：与鋭、說、悦、隊通。

脱：《说文》：消肉臞也。又：解也。又：免也。又：遗也。又：除也。又：误也。又：出也。又：舒貌。《说文》臞：少肉也。

锐：本作鋭。或作棁。省作兑。简本作龠。《说文》：芒也。又：利也。又：矛属也。又：精也。又：细小也。

解：俗作觧。《说文》：判也。又：晓也。又：散也。又：缓也。又：释也。又：脱也。又：又：除也。又：说也。又：削也。又：止也。又：开也。又：达也。

纷：本作紛。《说文》：马尾韬也。又：众也。又：乱也。又：缓也。又：喜也。又：盛也。

芬：本作芬。或作芬。《说文》：草初生，其香分布。又：香也。又：和也。

忿：或作賁。《说文》：悁也。又：怒也。又：恨也。又：与憤、分通。《说文》悁：忿也。

光：本作灮。古作炗。通作光。《说文》：明也。又：广也。又：大也。又：荣也。又：罄尽为光。又：饰色也。

尘：本作麤。古作𪋻、𪋻。省作塵。俗作尘。简本作新。帛本作墼。《尔雅》：久也。《说文》：鹿行扬土也。又：埃也。又：迹也。又：土污也。

袗：或作裖。《说文》：玄服。

湛：《说文》：没也。又：厚重貌。又：深貌。又：澄也。又：淡也。又：安也。

若：古作𦱤、𦱤、佑。通作叒。《尔雅》：善也。顺也。《说文》：择菜也。又：择也。又：似也。又：及也。又：而也。又：乃也。又：或也。又：其也。又：此也。又：弱也。又：汝也。又：语助词。又：如也。与如通。

存：本作拵。俗作存。省作夲。《尔雅》：察也。《说文》：恤问也。又：在也。

又：有也。又：前也。又：省也。

吾：古作吢。简本作虛。《尔雅》：我也。《说文》：我自称也。

谁：本作誰。或作唯。《说文》：何也。又：不知其名也。又：诘问也。又：推也。又：与孰通。

子：古作孚。《说文》：十一月阳气动，万物滋入以为称。又：滋也。又：嗣也。又：爱也。又：男子之通称。又：庶民也。又：尊称及有德之称。又：与慈通。

象：古作潒。或作像。《说文》：长鼻牙，南越大兽。又：形状。又：想象。又：法也。又：效也。又：驿也。

像：或作象。《说文》：象也。又：形象也。又：肖似也。又：写也。又：模仿也。

帝：古作帝、帝。《尔雅》：君也。《说文》：谛也。王天下之号也。又：上帝。又：天也。又：德合天者称帝。又：大也。又：諟也。《说文》谛：審也。

第5章

仁：古作忎、𡰥。简本作悬。《尔雅》：太平之人仁。《说文》：亲也。又：爱人利物谓之仁。又：有仁德者之称。又：忍也。又：与人通。

刍：本作芻。或作蒭。通作茸。《说文》：刈草也。又：饲牛马之草。又：蒿也。

狗：或作猗。《说文》：孔子曰：狗，叩也。叩气吠以守。又：家兽也。

苟：《说文》：草也。又：诚也。又：且也。又：但也。又：尚也。又：若也。

百：古作百。《说文》：十十也。又：众多也。又：白也。

姓：古作眚。省作生。《说文》：人所生也。又：百官族姓。又：民庶也。又：与性通。

外：古作夘。《说文》：远也。又：内之对。又：表也。

间：本作閒。俗作間。古作閒、閅。《说文》：隙也。又：空也。又：远也。又：近也。又：隔也。又：离也。又：中也。又：容也。又：私也。又：代也。又：与也。又：安也。通作闲。

犹：本作猶、犾。或作猷。省作酉。《尔雅》：犹如麂，善登木。《说文》：玃属。又：世谓不决曰犹豫。又：道也。又：似也。又：尚也。又：且也。又：均等也。又：语助词。《尔雅》猷：谋也。图也。若也。可也。言也。已也。《集韵》犹：兽名。《说文》酉：就也。

橐：古作囮。或作槖。《说文》：囊也。又：冶器也。

籊：《集韵》：竹杼也。《说文》杼：机之持纬者。

籥：《说文》：书僮竹苫也。又：乐器似笛。又：跃也。又：与龠、鑰通。《说文》龠：乐之竹管，三孔以和众声也。一曰量名。

蘥：《尔雅》：雀麦。《说文》：爵麦也。

与：本作與。古作舁。俗作与。通作予、歟、欤。《说文》：党與也。又：善也。又：及也。又：偕也。又：随从也。又：待也。又：如也。又：施予也。又：敌也。当也。又：助也。又：为也。又：谓也。又：许也。又：语助词。《说文》与：赐予也。《说文》歟：安气也。

屈：古作䖦。《尔雅》：聚也。《说文》：无尾也。又：曲也。又：请也。又：短也。又：收也。又：郁也。又：竭尽也。又：与詘、絀通。

淈：《尔雅》：治也。《说文》：浊也。又：乱也。又：尽也。又：与屈通。

动：本作動。或作勭。古作運、逩、徸。《尔雅》、《说文》：作也。又：静之反。又：躁也。又：移也。又：变也。又：感也。又：发生也。又：出也。《说文》徸：相迹也。或作蹱。

愈：本作瘉。或作癒。通作俞。《说文》：病瘳也。又：胜也。又：贤也。又：过也。又：益也。又：与逾通。

俞：《尔雅》：然也。《说文》：空中木为舟也。又：应答也。又：与吁通。

揄：《说文》：引也。又：动也。又：垂也。又：倾貌。又：诡言也。

多：古作夠、㸚。《尔雅》：众也。《说文》：重也。又：少之反。又：苛求也。又：贤也。又：称美也。又：胜也。又：适也。

闻：本作聞。古作䎽、䎹、聋。省作昏。《说文》：知闻也。又：声所至也。又：名达。又：与問通。《说文》问：讯也。

数：本作數。《尔雅》：疾也。《说文》：计也。又：责也。又：枚也。又：频密也。又：说也。又：几也。又：术技也。又：与屢、速通。

穷：本作窮。或作竆、躬。通作竆（窮）。简本作穿、穿、窮。帛本作窮。《说文》：极也。又：究也。又：竟也。又：终尽也。又：窘困也。《说文》竆：夏后时，诸侯夷羿国也。

如：古作女。简本作奴。《尔雅》：往也。谋也。二月为如。《说文》：从随也。又：似也。又：若也。又：适也。又：同也。又：与也。又：或也。又：然也。又：至也。又：语助词。又：与猶、而、于通。《说文》奴：奴、婢，皆古之罪人也。

守：古作寽。《说文》：守官也。又：护也。又：保持弗失之义。又：遵守。又：待也。又：收也。又：视也。又：与狩通。

於：本作烏。古作於、于。俗作扵。《说文》：孝鸟也。又：居也。又：往也。又：在也。又：与也。又：语助词。又：与嗚通。《说文》于：於也。象气之舒。本作亏。省作于。

中：古作申、𠁧。《说文》：内也。又：和也。又：合也。又：间也。又：半也。又：方位也。又：正也。又：心也。又：身也。又：与沖、忠通。

第6章

浴：或作㳅。省作谷。《说文》：洒身也。又：洁治。又：鸟飞忽上忽下曰浴。

谷：或作峪。《尔雅》：水注川曰谿，注谿曰谷。《说文》：泉出通川为谷。又：两山间流水之道也。又：山谷。又：穷也。又：养也。与育通。又：生也。与穀通。

神：古作神、䰠。省作申。《尔雅》：重也。治也。慎也。《说文》：天神，引出万物者也。又：神明。又：神灵。阳之精气曰神，阴之精气曰灵。又：鬼神。阳魂为神，阴魄为鬼。气之伸者为神，屈者为鬼。又：阴阳不测之谓神。又：与魋通。《说文》申：神也。魋：神也。

死：古作𣦸、歾。《说文》：澌也。人所离也。又：生之反。又：谓人物失其性命也。又：不活动者曰死。又：归也。又：终也。

牝：古作匕。《说文》：畜母也。又：溪谷也。又：锁孔也。

根：帛本作𡐀。《说文》：木株也。又：根柢也。又：始也。又：本也。

绵：本作緜。或作綿。竹本作緜。《说文》：联微也。又：连也。又：小也。又：弱也。又：精曰绵，粗曰絮。又：弥漫也。

堇：本作堇。或作墐。古作𡎸、菳。《尔雅》：䕢苦堇。《说文》：粘土也。又：黄土。又：少也。又：才也。又：时也。又：与僅、廑、勤、槿通。《说文》僅：材能也。或作廑。亦省。

勤：古作𤸇。通作廑、廑、懃。《尔雅》、《说文》：劳也。又：尽也。又：忧也。又：病也。又：笃厚也。又：苦也。

尽：本作盡。或作盡。俗作尽、儘、盡。《说文》：器中空也。又：悉也。又：皆也。又：极也。又：任也。又：止也。又：终也。又：竭也。又：莫不然也。

第7章

久：《说文》：以后灸之。又：暂之反。又：远也。又：长也。又：待也。又：留也。又：旧也。与舊通。

能：或作能。《尔雅》：鼈三足。《说文》：熊属。又：善也。又：贤能也。又：技能也。又：胜任也。又：及也。又：乃也。又：而也。又：与耐、台通。

且：古作且、𠀃。简本作虘。《尔雅》：六月为且。《说文》：荐也。又：语助词。《说文》虘：虎不柔不信也。从虍，且声。

自：古作𦣹、百、白。《说文》：鼻也。又：己也。又：始也。又：由也。又：

从也。又：率也。又：无勉强也。又：本然之意。又：若也。

芮：《说文》：芮芮，草生貌。又：小貌。又：水涯。又：内也。

退：本作復。或作退、衲。古作迺、還、退。《说文》：却也。一曰行迟也。又：逊让也。又：进退也。又：去也。又：返也。

身：《尔雅》：我也。亲也。《说文》：躬也。又：人也。又：躯也。又：重也。又：与信、伸通。

私：通作厶。《尔雅》：女子谓姊妹之夫为私。《说文》：禾也。又：公之反。又：天子以下皆曰私。又：便也。又：小也。又：自也。《说文》厶：奸邪也。韩非曰，苍颉作字，自营为厶。

尸：《尔雅》：陈也。主也。宷（采）也。《说文》：陈也。又：舒也。又：神象也。又：居其位而不举其事也。

舆：本作輿。或作軖。《说文》：车輿也。又：众也。又：负也。又：始也。

邪：或作耶。《说文》：琅邪郡。又：缓也。又：不正也。又：奸佞也。又：语助词。

第8章

水：《说文》：準也。又：五行之一。《说文》準（准）：平也。

利：古作秎。《说文》：铦也。又：功用也。又：吉也。又：宜也。又：富饶也。又：贪也。

静：本作靜。古作彭。《说文》：审也。又：动之反。又：谋也。又：安也。又：默也。又：和也。又：贞也。又：清也。又：与爭、清、靖、竫、靚、淨、諍通。

几：本作幾。古作羌、娑。省作几。《尔雅》：尚也。危也。近也。《说文》：微也。殆也。又：期也。又：察也。又：未已也。又：岂也。又：问多少之辞。《说文》几：踞几也。

予：《说文》：推予也。又：赐也。又：与與、余通。

信：古作㐰、訫。《尔雅》：大蒙之人信。《说文》：诚也。又：言合于意也。又：实也。又：明也。又：审也。又：敬也。又：不疑也。又：符契曰信。又：与伸、身通。

正：古作正、𤴓、𠙶。《尔雅》：长也。《说文》：是也。又：方直不曲谓之正。又：备也。又：足也。又：君也。又：主也。又：常也。又：定也。又：中也。又：治也。又：纯也。又：语助词。又：与政通。

政：《说文》：正也。又：公事曰政。又：凡事釐定规则以行之皆曰政。又：赋也。

时：古作旹。《尔雅》：是也。室中谓之时（跱）。《说文》：四时也。又：辰也。

又：善也。又：中也。又：伺也。

尤：本作尢。古作恷。《说文》：异也。又：甚也。又：过也。又：怨也。又：最也。

第9章

植：简本作桼。《说文》：户植也。又：立也。又：种也。又：生长也。又：倚也。又：根生之属曰植。又：与殖通。

揁：《集韵》：持也。又：投也。又：拄杖。

持：《说文》：握也。又：执也。又：守也。又：扶助也。又：挟制也。

满：本作滿。《说文》：盈溢也。又：充也。

湍：或作溥。《说文》：疾濑也。又：急流曰湍。

揣：或作敠、揬、椯。古作揣。帛本作掫。《说文》：量也。度高曰揣。一曰捶之。又：揣度也。又：藏于衣内曰揣。又：聚貌。又：与團、敦通。《说文》椯：箠也。一曰椯度也。

群：本作羣。俗作群。《说文》：辈也。又：兽三为群。又：不定之多数。又：聚也。

允：《尔雅》、《说文》：信也。又：当也。又：肯也。

悦：俗作恱。或作說、兑。《尔雅》：乐也。服也。又：喜也。

捝：《说文》：解捝（脱）也。又：除也。又：误也。又：遗也。又：与税、說、脱通。

保：本作保。古作𤓽、𥸨、保。或作保。省作休。《说文》：养也。又：守也。又：抱也。又：安也。又：居也。又：附也。又：恃也。又：佑也。又：与寶通。《说文》休：息止也。

葆：帛本作葆、琛。《说文》：草盛貌。又：大也。又：广也。又：褒也。又：平也。又：藏也。又：与寶通。

金：《说文》：五色金也。又：坚也。又：兵也。又：五行之一。

玉：本作王。古作𤣩。或作玉。《说文》：石之美者。又：美也。又：爱也。又：成也。

室：《尔雅》：宫谓之室。《说文》：实也。又：屋也。又：居室也。

堂：古作坐。《说文》：殿也。又：古者有堂，自半以前虚之谓之堂，半以后实之谓之室。又：高显貌。

莫：本作䵴。或作暮。古作罥。《说文》：日且冥也。又：无也。又：勿也。又：定也。又：静也。又：谋也。又：强也。又：大也。

兽：本作獸。《尔雅》：二足而羽谓之禽，四足而毛谓之兽。《说文》：守备者。《说文》嘼：犍也。

富：俗作富。《说文》：备也。一曰厚也。又：丰于财也。又：充裕皆曰富。又：盛也。

福：古作畐、畗。通作富。《说文》：佑也。又：怙也。又：备也。又：藏也。又：善也。又：祥也。

骄：本作驕。或作憍。省作喬。伪作驕。《说文》：马高六尺为骄。一曰野马。又：怜也。又：恣也。又：矜也。又：矫也。《说文》喬：高而曲也。

遗：本作遺。古作遳、遳。《说文》：亡也。又：忘也。又：失也。又：弃也。又：与也。又：留也。又：馀也。又：馈赠也。又：谦以下人也。

咎：《尔雅》：病也。《说文》：灾也。又：过也。又：恶也。

攻：《尔雅》：善也。《说文》：击也。又：战伐也。又：作也。又：治也。又：伏也。

遂：古作遹。简、帛本作述。《尔雅》：作也。《说文》：亡也。又：往也。又：达也。又：进也。又：成也。又：通也。又：称也。又：因也。又：顺也。又：道也。与術通。

第10章

载：本作載。《尔雅》：伪也。言也。（年岁）唐虞曰载。《说文》：乘也。又：事也。又：为也。又：承也。又：成也。又：记录也。又：始也。又：语助词。又：与哉通。

营：本作營。《说文》：市居也。又：绕也。东西为经，周回为营。又：卫也。又：度也。又：治也。又：造也。又：乱也。又：惑也。又：得也。

荧：本作熒。《说文》：屋下灯烛之光。又：与营、萤通。

魄：简、帛本作袙。《尔雅》：閒也。楆楹。《说文》：阴神也。又：谓人之精神依附形体而存在者也。又：鬼之盛也。又：月未盛明之光也。《说文》魂：阳气也。

抱：本作褏。俗作抱。《说文》：怀也。又：持也。

一：古作弌。或作壹。《说文》：惟初太始，道立于一，造分天地，化成万物。又：数名。又：纯也。又：统一也。又：皆也。又：同也。又：独也。又：诚也。又：语助词。《说文》壹：专壹也。

毋：古作無。《说文》：止之也。又：有之反。又：不也。又：莫也。又：语助词。

离：本作離、离。《尔雅》：大琴谓之離。《说文》：黄仓庚也。又：近曰离，远曰别。又：去也。又：分散也。又：明也。《说文》离：山神兽也。

槫：或作圓。《集韵》：楚人谓圆为槫。

专：本作專。《说文》：六寸簿也。又：壹也。又：诚也。又：纯也。又：独也。又：全也。又：皆也。又：聚也。又：擅也。

抟：本作搏。省作揰。或作攌、剸。通作叀、專。俗作團。《说文》：圜也。又：以手圆之也。又：专也。又：聚也。又：擅也。《说文》團：圜也。与抟、专通。《说文》圜：天体也。

气：本作氣、气。古作炁。或作槩、餼、既、炁。简本作懸。《说文》：馈客刍米也。又：物体三态之一。又：精神之发现于外者谓之气。又：候也。《说文》气：云气也。一曰息也。

至：古作𡉉。《说文》：飞鸟从高下至地也。又：极也。又：达也。又：大也。又：善也。又：得也。又：当也。又：与致通。

致：《说文》：送诣也。又：纳也。又：极也。又：审也。又：诚也。又：制也。又：就也。又：尽也。又：与至、質通。

柔：简本作秫。帛本作𠦂。《尔雅》：安也。《说文》：木曲直也。又：刚之反。又：和也。又：顺也。

婴：本作嬰。省作賏。敦本作孆。《说文》：颈饰也。又：人始生曰婴儿。一曰女曰婴，男曰孩。又：加也。又：触也。又：萦绕也。又：与攖通。《说文》賏：颈饰也。

儿：本作兒。古作皃。《说文》：孺子也。又：男曰兒，女曰婴。又：弱小也。《说文》儿：仁人也。

脩：或作修。《尔雅》：徒鼓钟谓之脩。《说文》：脯也。又：长也。又：治也。又：习也。又：扫除也。又：备也。又：久也。又：敬也。《说文》修：饰也。

涤：本作滌。《说文》：洒也。又：扫也。又：洗器谓之涤。又：荡也。

除：省作余。《说文》：殿陛也。又：去也。又：治也。又：开也。又：拜官曰除。

蓝：本作藍。或作灆。《说文》：染青草也。又：酸葅。又：与鑑通。

监：本作監。古作警、譼。通作鑑、鑒。《尔雅》：视也。《说文》：临下也。又：临也。又：观也。

览：本作覽。《说文》：观也。又：受也。

鉴：本作鑑。或作鑒、鍳、䁼、覽。通作監。《说文》：大盆也。一曰监诸可以取明水于月。又：镜也。又：照也。又：诫也。

疵：通作呰。《尔雅》、《说文》：病也。又：瑕也。又：毁也。与訾通。

爱：本作㤅。或作愛、炁。古作㤅、懸。《说文》：行貌。又：仁也。又：亲也。又：恩也。又：怜也。又：宠也。又：好也。又：慕也。又：隐也。又：啬也。《说文》炁：惠也。《说文》薆：蔽不见也。《玉篇》薆：隐也，蔽也。或作薆。《玉篇》暧：晻暧，暗貌。《广韵》暧：日不明。

话：本作䛡。《说文》：祀也。又：法也。又：与括通。

沽：古作夃。《说文》：水名。又：卖也。又：买也。又：略也。

活：本作湉。或作㳷、濄、活、湉。《说文》：水流声。又：死之反。又：救死也。又：生动也。

国：本作國。古作囗、囯、囶、埊、域、𡆸。简本作䧙。《说文》：邦也。国、域二字同义，异体同源。

启：本作啟（啓）。通作启。《尔雅》：跪也。《说文》：教也。又：发也。《说文》启：开也。

开：本作開。古作闓。俗作開。《尔雅》：闢也。《说文》：张也。又：解也。又：启也。又：通也。又：释也。又：始也。

闭：本作閉。俗作閇。通作閟。简本作閟。《说文》：阖门也。又：掩也。又：塞也。又：藏也。《说文》閟：闭门也。

阖：本作闔。《说文》：门扇也。一曰闭也。又：双曰阖，单曰扇。又：合也。又：语助词。

雌：或作鴜。《说文》：鸟母也。又：牝也。

明：本作朙。古作明。或作眀。《尔雅》：朗也。成也。察也。《说文》：照也。又：显也。又：洁也。又：神灵也。又：目精也。《集韵》明：视瞭（目睛明）也。

白：古作帛。或作皅。《说文》：西方色也。又：素色也。又：洁也。又：明也。又：告也。又：语也。

四：古作亖、三。通作肆。《说文》：阴数也。又：数名。

达：本作達。或作达、迭。《尔雅》：一达谓之道路。四达谓之衢。《说文》：行不相遇也。又：通也。又：晓也。又：至也。又：进也。又：显也。又：遍也。又：皆也。

畜：古作嘼。《说文》：田畜也。又：养也。又：孝也。又：积也。又：止也。又：容也。又：与獸通。

宰：《说文》：辠人在屋下执事者。又：官称。又：治也。又：主也。又：屠也。

德：古作悳、㥀。《说文》：外也。又：得也。又：德行也。又：修养而有得于心也。又：恩惠也。又：感恩曰德。又：福也。又：与循通。《说文》悳：外得于人，内得于己也。

第11章

卅：《说文》：三十并也。

三：古作弎。或作叁。《说文》：天地人之道也。又：数名。又：多数之称。

十：或作什、拾。《说文》：数之具也。又：数名。

楅：《说文》：木有所逼束也。又：幅也。又：与福通。

辐：本作輻。《说文》：轮轑也。

幅：《说文》：布帛广也。

共：《尔雅》：具也。《说文》：同也。又：众也。又：法也。又：合也。又：公也。又：向也。又：与拱、供、恭通。《说文》具：共（供）置也。

毂：本作轂。《说文》：辐所凑也。

当：本作當。《说文》：田相值也。又：主也。又：偶也。又：敌也。又：任也。又：适可也。又：合也。又：宜也。又：方正也。又：中也。又：称也。又：质也。又：若也。

车：本作車。古作𨏥。《说文》：舆轮总名。

然：俗作燃。古作㸐、然。或作蘸。帛本作㸐。《说文》：烧也。又：乃也。又：是也。又：如此也。又：诺也。又：始也。又：许也。又：成也。又：语助词。

埏：通作挻。《说文》：八方之地也。又：水和土也。又：和也。《说文》挻：长也。

埴：或作𡎺、墍（墋）。《说文》：粘土也。

殖：《说文》：脂膏久殖也。又：兴生财利曰殖。又：多也。又：生也。又：种也。又：立也。又：植也。与植通。

器：或作噐。《说文》：皿也。又：成形曰器。又：能也。又：度量也。

凿：本作鑿。《说文》：穿木也。又：开也。又：造也。

户：古作床。《说文》：护也。又：凡室之口曰户，堂之口曰门。内曰户，外曰门。一扉曰户，两扉曰门。又：止也。

牖：《说文》：穿壁以木为交窗也。又：道也。

第12章

五：古作㐅、乄。《说文》五行也。又：数名。

色：《说文》：颜气也。又：五色，黄、青、赤、白、黑也。又：惊貌。又：温润也。

令：《尔雅》：善也。告也。《说文》：发号也。又：使也。又：律法也。又：官署之长。又：若也。

目：《说文》：人眼。又：视也。又：要也。又：见也。又：称也。

眀：或作䀠、奭、眗。《说文》：左右视也。又：与瞿通。

盲：或作瞢、䀮、痏。俗作盳。《说文》：目无牟子。又：茫也。又：与望通。

耳：《说文》：主听也。又：语助词。

聋：本作聾。或作聵。《说文》：无闻也。又：闇也。

味：《说文》：滋味也。又：五味，金辛、木酸、水咸、火苦、土甘。

爽：古作㸚。或作爽。帛本作㸚。《尔雅》：差也。忒也。《说文》：明也。又：

过也。又：猛烈也。又：伤败也。

驰：本作馳。《说文》：大驱也。又：走奔也。

驱：本作驅。古作敺。《说文》：马驰也。又：逐也。

骋：本作騁。古作驣。《说文》：直驰也。又：走也。

田：《说文》：陈也。树谷曰田。又：土地也。又：耕作也。又：猎也。又：与畋通。

畋：《说文》：平田也。又：取禽兽也。

腊：本作臘。《说文》：冬至后三戌，腊祭百神也。《说文》腊：干肉也。

猎：本作獵。《尔雅》：虐也。《说文》：放獵逐禽也。又：取兽也。又：震也。

发：本作發。省作癹。《说文》：躲（射）发也。又：矢也。又：动也。又：起也。又：开也。又：行也。又：明也。又：乱也。又：见也。又：洩也。又：与撥、癈通。《说文》癹：以足踏夷草。《说文》撥：治也。

狂：本作狴。隶作狂。古作㤮。《说文》：狾犬也。又：躁也。又：病也。又：惑也。《说文》狾：狂犬也。

方：古作㫄。或作汸、放、舫。《说文》：并船也。又：并也。又：徧也。又：向也。又：道也。又：术法也。又：放也。又：常也。又：大也。又：正也。又：适也。又：将也。又：当也。又：矩也。又：类也。又：且也。

仿：古作俩。或作彷、方、昉、倣。《说文》：相似也。又：效也。又：依也。又：与放通。

妨：或作彷、仿。《说文》：害也。又：碍也。

罢：本作罷。或作㑹、疲。《说文》：遣有罪也。又：弱也。又：倦也。又；止也。又：劳也。又：与彼通。

彼：《说文》：往有所加也。又：此之反。又：他也。又：斥而远之之辞。

被：通作披。《说文》：寝衣也。又：覆也。又：及也。又：表也。

取：《说文》：捕取也。又：凡克敌不用师徒曰取。又：获也。又：选也。又：收也。又：受也。又：索也。又：治也。又：语助词。

第13章

憁：《集韵》：匆遽貌。

儱：《玉篇》：儱偅，行不正也。又：儱倲，劣也。又：儱侗，未成器。

弄：或作挵。《尔雅》、《说文》：玩也。又：戏也。又：侮也。又：巷也。《说文》玩：弄也。

宠：本作寵。《说文》：尊居也。又：爱也。又：恩也。又：尊荣也。又：与龍通。

辱：古作㦻、辰。《说文》：耻也。又：污也。又：屈也。又：以白造缁曰辱。

又：语助词。《说文》缁：帛黑色也。

缨：本作缨。《说文》：冠系也。又：系也。又：绕也。又：与婴、撄通。《玉篇》撄：结也。《集韵》撄：乱也。有所系著也。通作婴。

惊：本作驚。竹本作驚。《说文》：马骇也。又：骇也。又：惧也。又：逸也。又：乱貌。

大：《说文》：天大、地大、人亦大，故大象人形。又：小之反。又：初也。又：巨也。又：遍也。又：过也。又：长也。又：与太、泰通。

患：古作悶。或作𢝊。《说文》：忧也。又：祸也。又：疾也。又：恶也。又：苦也。

梡：《说文》：梱木薪也。又：几也。

苛：《尔雅》：妎也。《说文》：小草也。又：细也。又：政烦也。又：苛察也。又：谴也。又：扰也。又：与诃、荷（何）通。《说文》妎：妒也。

失：简本作遊、逄。《说文》：纵也。又：得之反。又：乱也。又：过也。又：遗也。

我：古作戒、㦰。《说文》：施身自谓也。又：己称也。又：身也。

及：简本作返。《尔雅》：与也。《说文》：逮也。又：至也。又：比也。又：语助词。

忘：《说文》：不识也。又：无思虑也。又：志不在也。又：遗也。又：忽也。

托：本作託。或作侂、拓。帛本作迈。《说文》：寄也。又：推也。又：凭依也。又：委也。《说文》侂：寄也。省作庑。庑，古文宅。《说文》宅：所託也。《说文》拓：拾也。或作托。

寄：《说文》：託也。又：寓也。又：附也。又：传也。

女：通作汝。《说文》：妇人也。又：如也。又：尔也。

乃：或作廼、迺。《说文》：曳词之难也。又：尔也。又：是也。又：若也。又：而也。又：其也。又：语助词。又：与仍通。

第 14 章

视：本作視。古作眂（际）、眡。《说文》：瞻也。又：明也。又：审察也。又：看待也。又：比也。又：是也。又：纳也。又：效也。又：语也。又：与示通。《说文》瞻：临视也。

曰：《说文》：词也。又：云也。又：谓也。又：为也。又：于也。又：之也。又：语助词。

微：或作敚。帛本作䉠、徵。《说文》：隐行也。又：隐也。又：精妙也。又：细小也。又：幽深也。又：贱也。又：不也。又：非也。与非通。

夷：或作𡰥。古作夸。《尔雅》：悦也。易也。《说文》：平也。东方之人也。

又：大也。又：安也。又：灭也。又：伤也。又：语助词。又：与遲通。
听：本作聽。古作𦔻。俗作听。《说文》：聆也。又：静也。又：待也。又：受也。又：从也。又：断也。又：任也。《说文》听：笑貌。
希：本作睎。古作绨。或作帣。通作稀。《尔雅》：罕也。又：寡少也。又：望也。又：止也。又：疏通也。又：薄也。《说文》稀：跣（疏）也。
揩：本作揩。省作抿。《说文》：抚也。一曰摹（摩）也。又：循也。
搏：或作捕。《说文》：索持也。一曰至也。又：击也。又：取也。《说文》捕：取也。
博：通作愽。《说文》：大通也。又：大也。又：广也。又：普也。又：贸易也。又：凡取于人曰博。与捕通。又：局戏也。与簙通。
计：本作計。《说文》：会也。算也。又：谋划也。又：大概也。
诘：本作詰。《说文》：问也。又：责谴也。又：治也。
混：或作渾、緄、昆。帛本作圂、緡。《说文》：丰流也。又：合也。又：杂也。
攸：《尔雅》：所也。《说文》：作攸行水也。又：语助词。又：与悠通。《说文》攸：邪也。
谬：本作謬。《说文》：狂者之妄言也。又：误也。又：欺诈也。又：乱也。又：与繆通。
杲：《说文》：明也。又：高也。
忽：或作物、惚。《尔雅》：尽也。《说文》：忘也。又：轻也。又：倏忽也。又：灭也。又：恍惚，微妙不可测貌。
没：本作沒。俗作没。古作歾、殁。《说文》：沉也。又：尽也。又：过也。又：贪也。《说文》歾：终也。或作殁。
昧：《说文》：爽旦明也。一曰闇也。又：冥也。
寻：本作㝷。省作尋。《说文》：绎理也。又：求也。又：八尺曰寻。又：继也。又：用也。
台：《尔雅》：我也。《说文》：说（悦）也。又：何也。又：嗣古作台。
绳：本作繩。俗作绳。《尔雅》：戒也。《说文》：索也。又：直也。又：继也。又：度也。又：法也。又：誉也。
蝇：本作蠅。《说文》：营营青蝇。虫之大腹者。
复：本作復。古作复。简本作逿。《尔雅》：返也。《说文》：往来也。又：反也。又：重也。又：答也。又：语也。又：白也。又：报也。又：兴也。又：再也。又：与复、複、覆通。《说文》复（夏）：行故道也。《说文》복：重也。省作复。《说文》覆：覂也。一曰盖也。通作伏。
複：《说文》：重衣貌。一曰褚衣。又：重也。

归：本作歸。《说文》：女嫁也。又：还也。又：入也。又：归附也。又：合也。又：终也。又：自首也。又：称许也。又：馈也。

状：本作狀。《说文》：犬形也。又：类也。又：形也。又：形容之也。又：牒也。

沕：《广韵》：沕穆，深微貌。又：微也。又：潜藏也。又：尘浊谓之沕。

望：或作朢、朢。简本作朢。《说文》：出亡在外，望其还也。又：远视也。又：惘也。又：观察。又：与忘通。《说文》朢：月满与日相望，以朝君也。

芒：本作芒。或作茫。竹本作詤。《说文》：草耑（端）。又：广大貌。又：多貌。又：与慌、亡通。

恍：或作怳、慌。《说文》：狂之貌。又：惚也。又：昏也。又：忘也。

迎：《说文》：逢也。又：逆也。又：接也。

首：本作𩠐。古作𦣻。或作首。《尔雅》：始也。《说文》：百同古文百也。巛象发。又：君长也。又：标表也。又：要领也。又：篇也。又：向也。《说文》百：头也。

执：本作執。古作秇。省作執。《说文》：捕罪人也。又：守也。又：持也。又：处也。又：塞也。又：操也。又：服也。

今：《说文》：是时也。又：古之反。

古：古作𠖠。通作故。《尔雅》、《说文》：故也。又：旧也。又：始也。又：久也。

御：古作馭、御、𢓜。《说文》：使马也。又：主也。又：侍也。又：进也。又：统也。又：治也。又：止也。又：与禦通。《说文》禦：祀也。

纪：本作紀。《说文》：丝别也。又：总要也。又：十二年曰纪。又：会也。又：道也。又：法也。又：记也。

第15章

士：《尔雅》：察也。《说文》：事也。又：谓能任事之人也。又：男子通称。又：官总名。又：与事、仕通。

必：《说文》：分极也。又：定辞。又：专也。又：果也。

通：古作徆。《说文》：达也。又：亨也。又：顺也。又：总也。又：开也。又：全也。

深：古作滚。《尔雅》：测也。《说文》：水名。又：浅之反。又：幽也。又：藏也。《说文》测：深所至也。

识：本作識。古作戠。《说文》：常也。一曰知也。又：认也。又：适也。又：记也。又：与志、誌通。

颂：本作頌。古作額。通作容。《说文》：貌也。又：公也。又：称述也。又：

文体之一。

容：古作宊、㣑。通作頌。《说文》：盛也。又：包容也。又：宽容也。又：仪容也。又：安也。又：动也。又：可也。又：或也。

夜：古作亱、夗。《说文》：舍也。天下休舍也。又：昼之反。

就：《尔雅》：成也。终也。《说文》：高也。又：迎也。又：即也。《说文》蹴：蹑也。

豫：《尔雅》：乐也。叙也。厌也。安也。《说文》：象之大者。又：游也。又：先事逆备也。又：犹、豫二兽。又：参与也。与與、預通。

唬：俗作嚇。《说文》：嗁声也。一曰虎声。又：呼也。《说文》嗁：號也。

冬：古作各。《说文》：四时尽也。又：藏也。又：终也。与终通。

涉：本作𣻆。古作涉、歨、𣻆。《尔雅》：由膝以上为涉。《说文》：徒行厉水也。又：经历也。又：牵连也。

川：本作巛。《说文》：贯穿通流水也。又：穿也。又：窍也。

畏：本作畏。古作㣍、㟾。或作威。简本作愄、褁。《说文》：恶也。又：惧也。又：戒也。又：敬服也。又：犯法狱死谓之畏。《集韵》愄：中善也。

邻：本作鄰。或作隣、隣。古作厸。简、帛本作𠇝、叟。《说文》：五家为邻。又：近也。又：连也。

严：本作嚴。古作𠼭。《说文》：教命急也。又：威也。又：庄也。又：敬也。又：尊也。又：毅也。又：戒也。又：酷也。

俨：本作儼。古作𠼭。或作嚴。《尔雅》：敬也。《说文》：昂头也。一曰好貌。又：恭也。又：矜庄貌。

客：《说文》：寄也。又：宾客。又：凡自外至者皆曰客。

涣：本作渙。《说文》：流散也。又：散也。

散：本作㪔。古作𢻎、枝。通作散、散。《说文》：分离也。又：聚之反。又：放也。又：布也。又：闲也。《说文》𢿱（散、散）：杂肉也。

冰：本作仌。俗作凝。《说文》：水坚也。

凌：本作淩。或作凌。《尔雅》：慄也。《说文》：水名。又：驰也。又：历也。又：冰也。

将：本作將。古作㨾。《尔雅》：大也。送也。资也。齐也。《说文》：帅也。又：欲也。又：请也。又：且也。又：语助词。又：壮也。与壮通。《说文》㨾：扶也。或作擏。

怿：本作懌。《尔雅》：乐也。服也。《说文》：悦也。

泽：本作澤。古作臭。《说文》：光润也。又：水草交厝之为泽。又：汗衣也。又：与釋通。

释：本作釋。或作澤、繹。通作醳。《尔雅》：服也。《说文》：解也。又：舍也。又：消散也。又：放也。又：与懌通。

汋：《说文》：激水声也。又：挹取也。

屯：通作敦。《说文》：难也。又：万物始生也。又：聚也。又：厚也。

沌：或作純、忳、坉。帛本作湷。《玉篇》：混沌也。又：元气未判也。又：粹也。又：愚貌。《集韵》坉：草土填水曰坉。

杶：《说文》：木也。

敦：或作淳。通作純。《尔雅》：勉也。《说文》：怒也。诋也。一曰谁何也。又：治也。又：聚貌。又：厚也。又：与頓、屯、揣、惇通。《说文》惇：厚也。

朴：本作樸、朴。简本作僕、䈬。《说文》：木素也。又：凡器未成者皆谓之樸。又：质也。又：真也。又：大也。又：本也。《说文》朴：木皮也。

楃：《说文》：木帐也。

旷：本作曠。《说文》：明也。又：空也。又：久远也。又：大也。又：豁也。

浊：本作濁。《说文》：水名。又：水不清也。又：溷乱也。

庄：本作莊。俗作荘。帛本作湔。《尔雅》：六达谓之庄。《说文》：上讳。又：严也。又：敬也。又：草盛貌。

广：本作廣、广。《说文》：殿之大屋也。又：大也。又：阔也。又：拓也。又：与曠通。《说文》广：因广（厂）为屋，象对刺高屋之形。

浑：本作渾。《尔雅》：坠也。《说文》：混流声。一曰洿下貌。又：浊也。又：齐同也。又：全也。又：与混通。《说文》洿：浊水不流也。一曰窊下也。省作污（汚、汙）。

盹：或作䑑。《说文》：谨钝目也。

竺：或作笃。通作篤。《尔雅》、《说文》：厚也。又：竹也。又：与毒通。

孰：本作䕪。或作孰、熟。《尔雅》：谁也。《说文》：食饪也。又：岁稔也。又：何也。又：审也。又：生之反。

青：本作靑。古作奃、岺、害。《说文》：东方色也。

情：或作啨。《说文》：人之阴气有欲者。又：性之动也。又：实也。

酱：本作牆。或作醬。古作𤖮、𤖴、𤖹。简本作牆。《说文》：盬（醢）也。酒以和酱也。又：肉酱也。又：和味之品。

唋：《玉篇》：吐也。

余：或作予。《尔雅》：我也。身也。四月为余。《说文》：语之舒也。又：与餘通。

徐：《说文》：安行也。又：威仪也。又：舒也。又：缓也。

清：《说文》：朖（朗）也。澂（澄）水之貌。又：青也。又：静也。又：洁也。与淨（瀞）通。又：寒也。与凊通。

安：《尔雅》：止也。坐也。定也。《说文》：静也。又：徐也。又：宁也。又：危之反。又：处也。又：何也。又：乃也。又：善也。又：语助词。又：与焉、案通。

往：本作徃。省作往。古作迬。省作迋。《说文》：之也。又：行也。又：去也。又：往昔也。又：归向也。《说文》迋：往也。

重：《尔雅》：宫谓之重。《说文》：厚也。又：轻之反。又：慎也。又：尊贵也。又：增益也。又：难也。又：复也。又：多也。又：累也。又：与童通。

呈：《说文》：平也。又：见也。又：通也。又：快意也。又：进也。又：与逞、程通。注：呈本为两字，或上口下壬，音程；或上口下王，音皇：草木妄生也。

幣：或作嫳。简本作币。《说文》：帛也。又：钱也。又：与蔽通。

蔽：或作蘗。《尔雅》：微也。（竹）后谓之蔽。《说文》：蔽蔽小草也。又：掩也。又：障也。又：塞也。又：断也。又：与弊通。

敝：或作㡀。俗作弊（獘）。《说文》：帗（服）也。一曰败衣也。又：败也。又：坏也。又：弃也。又：疲也。又：谦词。又：与蔽通。《说文》㡀：败衣也。《说文》獘：顿仆也。或作弊、斃。《说文》帗：一幅巾也。

新：古作𣂔。《说文》：取木也。又：初也。又：更旧曰新。

第16章

极：本作極。或作亟。《尔雅》：至也。（月）在癸曰极。《说文》：栋也。又：远也。又：正也。又：中也。又：穷尽也。又：终止也。《说文》极：驴上负也。《说文》亟：敏疾也。

积：本作積。或作𥡳。《说文》：聚也。又：多也。又：久也。又：累也。又：储蓄也。又：滞也。

笃：或作竺。《说文》：厚也。又：与篤通。

表：本作衺。古作褾。《说文》：上衣也。又：外也。又：标也。又：末也。又：正也。又：明也。《说文》桓：亭邮表也。

督：省作督。《尔雅》：正也。《说文》：察也。一曰目痛也。又：率也。又：中也。又：与篤、毒、竺、裻通。《说文》裻：新衣。一曰背缝。或作褶、襩、祷。

笃：本作篤。《尔雅》：固也。厚也。《说文》：马行顿迟。又：纯也。又：病甚也。又：与笃、竺、毒通。

旁：古作旁、雱。或作㝑。《尔雅》：二达谓之岐旁。《说文》：溥也。又：广也。又：侧也。又：依也。与傍通。《说文》溥：大也。

并：本作竝。或作並。通作幷、併。俗作并。《说文》：併也。又：比也。又：偕也。又：皆也。又：合也。又：兼也。又：依傍也。又：与旁通。《说文》并：相从也。《说文》併：並也。

颁：本作頒。简本作𩑶。《说文》：大头也。一曰鬓也。又：众貌。又：布也。又：分也。

员：本作員。或作負。古作云。《说文》：物数也。又：众也。又：周围也。又：益也。又：语助词。

云：本作雲。古作云。通作負。《说文》：山川气也。又：曰也。又：有也。又：若也。又：语助词。又：与芸通。

纭：本作䉙。或作紜。帛本作沄。《说文》：物数纷䉙，乱也。

芸：《说文》：草也，似目宿。又：多貌。

各：《说文》：异辞也。又：逐指事物之辞。又：与落、洛通。

帝：本作㡃（㡃）。或作巟、忙。《说文》：设色之工，治丝练者。又：与茫通。

妄：《说文》：乱也。又：无也。又：诞也。又：语助词。

凶：或作兇。《尔雅》：咎也。《说文》：恶也。又：惧也。《说文》兇：扰恐也。

公：古作㕣。《尔雅》：君也。事也。《说文》：平分也。韩非曰：背厶为公。又：无私也。又：正也。又：共也。又：显然也。又：尊称。又：与功、工通。

王：《尔雅》：君也。《说文》：天下所归往也。又：大也。又：主也。又：往也。又：天下所法。又：兴盛也。

殆：《尔雅》、《说文》：危也。又：近也。又：似也。又：疑也。又：将也。又：与怠通。

第 17 章

太：本作泰。古作夳。省作太、大。《说文》：滑也。又：大也。又：通也。又：安也。又：甚也。又：侈也。

友：古作𠬪。《尔雅》：善兄弟为友。《说文》：同志为友。又：兽二曰友。又：亲也。又：结交也。又：顺也。又：佐佑也。

即：本作卽。或作即。《尔雅》：尼也。《说文》：即食也。又：就也。又：或也。又：若也。又：是也。又：与則通。《说文》尼：从后近之。

次：古作𠀍。《说文》：不前不精也。又：近也。又：贰也。又：位次。又：处也。

亲：本作親。古作窺、寴。或作媇、䙼。《说文》：至也。又：近也。又：爱也。又：躬也。又：父母也。又：姻也。又：与新通。

誉：本作譽。《说文》：称也。又：美称也。又：称扬也。又：乐也。又：与與、豫通。

既：帛本作㤅。《说文》：小食也。又：尽也。又：已也。又：旋也。又：而也。

威：古作畏、㷉。《尔雅》：则也。《说文》：姑也。又：尊严也。又：力也。又：害也。又：震也。

侮：古作侮、伎、悔。或作務。简本作柔。《说文》：伤也。又：轻慢也。又：贱称也。

足：古作疋。《说文》：人之足也。又：益也。又：满也。又：可也。又：止也。与止通。

案：《说文》：几属。又：于是也。又：语助词。又：与安通。

悠：通作攸。《尔雅》：远也。遐也。思也。《说文》：憂也。又：长也。

肰：帛本作禁。《说文》：犬肉也。

第18章

废：本作廢。通作癈、發。《尔雅》：大也。舍也。《说文》：屋顿也。又：坏乱也。又：止也。又：退也。又：堕也。《说文》癈：固病也。

义：本作義。通作儀。《说文》：己之威仪也。又：善也。又：宜也。又：意义也。又：语助词。

快：《说文》：喜也。又：爽快也。又：纵逸也。又：急疾也。又：锐利也。

慧：通作惠。《说文》：儇也。又：智也。又：晓解也。又：明敏也。《说文》儇：慧也。

惠：古作𢡺、𢝬。《尔雅》：顺也。《说文》：仁也。又：恩也。又：赐也。又：与慧通。

伪：本作偽。通作譌、訛。简本作悬。《说文》：诈也。又：假也。又：人为也。与為通。

六：《说文》：易之数。阴变于六，正于八。又：数名。

孝：《尔雅》：善父母为孝。《说文》：善事父母者。又：畜也。又：与保通。

孳：古作𡥊。《说文》：汲汲生也。又：息也。又：乳化也。又：蕃生也。与滋通。

兹：《尔雅》：此也。蓐谓之兹。《说文》：草木多益。又；斯也。又：则也。又：语助词。又：与滋通。

慈：《说文》：爱也。又：善也。又：仁也。又：柔也。

邦：古作㖧、邫。《说文》：国也。又：封国也。

家：古作𡧚。简本作豪。《尔雅》：（牖户）其内谓之家。《说文》：居也。又：大夫之邑曰家。又：有专门之学问者曰家。

昏：或作昬。古作㫮、𣅀。简本作緍。帛本作閟。《尔雅》：强也。代也。《说文》：日冥也。又：损也。又：乱也。又：暗也。《说文》緍：钓鱼之生丝缕也。

贞：本作貞。古作鼑。或作偵。《说文》：卜问也。又：内卦曰贞，外卦曰悔。又：正也。又：定也。又：精诚也。《说文》偵：问也。

忠：《说文》：敬也。又：直也。又：不欺也。又：竭诚也。又：无私也。又：厚也。

臣：古作恧。《说文》：牵也。事君也。又：对君之称。又：伏也。

第19章

绝：本作絕。古作䜌。或作鐑。简本作㡭。《说文》：断丝也。又：断也。又：灭也。又：竭也。又：度也。又：极也。又：独一无二曰绝。

弃：本作棄。古作弃。《尔雅》：忘也。《说文》：捐也。又：去也。又：亡也。

鞭：本作鞭。古作㝉、㝉。简本作攴。《说文》：驱也。又：笞也。又：马箠也。

辨：本作辧。或作辡（辯）。《说文》：判也。又：别也。又：变也。又：不疑惑也。又：具也。又：治也。又：与辯、徧、鞭通。《说文》辯：忧也。一曰急也。《说文》辧：致力也。

伾：或作伓。《说文》：有力也。又：众也。

倍：古作佰。或作負。《说文》：反也。又：加倍也。又：益也。又：与陪通。

考：古作攷。《说文》：老也。又：成也。又：校也。《说文》攷：敏（击也）也。

巧：古作丂、扝。《说文》：技也。又：拙之反。又：善也。又：好也。又：伪也。

覜：《说文》：视也。又：见也。又：远视也。与眺通。

恻：本作惻。或作恩。《说文》：痛也。又：怆也。

贼：本作賊。《说文》：败也。又：盗也。又：害也。又：劫杀也。

诈：本作詐。简本作虘。《尔雅》：伪也。《说文》：欺也。又：与作通。

季：《说文》：少称也。又：细也。又：末也。

文：《说文》：错画也。又：质之反。又：美善也。又：文饰也。又：文章也。又：文字也。又：文辞也。又：道艺也。又：法文也。又：理也。

未：《说文》：味也。又：不也。又：无也。又：否也。又：将来也。又：语助词。

呼：或作乎、戲、戲。通作虖、嘑。《说文》：外息也。又：唤也。又：叹辞。《说文》謼：評（召也）謼也。或作嘑、呼。

豆：古作㝅、㝅。或作梪、荳。《尔雅》：木豆谓之豆。《说文》：古食肉器也。又：谷类植物。又：量名。又：与斗通。《说文》梪：木豆谓之豆。

属：本作屬。俗作属。《说文》：连也。又：聚也。又：足也。又：适也。又：附也。又：类也。又：官属也。又：托付也。与嘱通。又：与注通。

素：本作素。省作素。《说文》：白緻缯也。又：生帛也。又：无色也。又：凡物无饰曰素。又：质朴也。又：本也。又：空也。又：昔也。又：见在也。又：与愫、傃通。

仆：本作僕、仆。古作䑑。《说文》：给事者。又：仆隶贱役。又：自谦之辞。又：附也。又：隐也。《说文》仆：顿也。

少：《说文》：不多也。又：幼也。又：议人之短也。又：小也。少与小古同字。

寡：简本作募。《尔雅》：罕也。《说文》：少也。又：孤弱也。

第20章

继：本作繼。或作継。古作㡭。俗作继。简本作㡭。《说文》：续也。一曰反㡭为繼。又：相续不绝也。又：旋既也。

学：本作斆（斅）。古作學。《说文》：觉悟也。又：效也。又：受教传业曰学。又：教育之所。又：道术也。

忧：本作㥑、忧。或作憂。《尔雅》：思也。《说文》：愁也。又：患也。又：劳也。又：幽也。又：辱也。又：丧也。《说文》憂：和之行也。或作優。省作㤫。《说文》忧：不（心）动也。

阿：《尔雅》：大陵曰阿。《说文》：大陵也。一曰曲阜也。又：曲也。又：倚也。又：比也。又：慢应声。又：语助词。又：与呵通。

亦：本作夾。《说文》：人之臂亦也。又：又也。又：总也。又：但也。又：语助词。

荒：本作巟。《尔雅》：奄也。果不熟为荒。《说文》：芜也。一曰草掩地也。又：废也。又：远也。又：亡也。又：大也。又：空也。又：与巟、慌通。《说文》奄：覆也。

莽：《说文》：南昌谓犬善逐兔草中为莽。又：草深貌。又：粗率也。

央：《说文》：中央也。又：半也。又：久也。又：尽也。又：广也。

哉：古作才。《尔雅》：始也。《说文》：言之閒也。又：语助词。又：与載通。《说文》才：本作才，草木之初也。

熙：通作配。《尔雅》：光也。兴也。《说文》：燥也。又：和也。又：戏也。又：语助词。《说文》配：广颐也。

乡：本作鄉。《尔雅》：两阶间谓之鄉。《说文》：国离邑民所封鄉也。啬夫别治，封圻之内六鄉，六鄉治之。又：五家为邻，五邻为里，四里为族，五族为党，五党为州，五州为乡，是万二千五百户也。又：语助词。又：与響、饗、享、嚮、向通。

亨：本作亯。古作亭。或作亨。《尔雅》：孝也。献也。《说文》：献也。又：通也。又：受也。又：祭也。又：宴也。

牢：《说文》：闲养牛马圈也。又：食也。又：坚固也。

春：本作萅。古作旾。或作舂、萶。《尔雅》：春为青阳。《说文》：推也。又：四时之一。又：作也。与蠢通。

登：《尔雅》：成也。升也。瓦豆谓之登。《说文》：上车也。又：上也。又：进也。

台：本作臺。古作坴、臺。《尔雅》：闍谓之臺。四方而高曰臺。《说文》：观四方而高者。

独：本作獨。俗作独。《说文》：犬相得而斗也。羊为群，犬为独也。又：孤也。又：特殊之义。又：语助词。

泊：《玉篇》：止舟也。又：止也。又：无为貌。又：恬静也。

怕：古作怉。通作泊。《说文》：无为也。又：静也。又：惧也。

佻：或作恌。《尔雅》：偷也。《说文》：愉也。又：独行貌。又：缓也。

垗：或作晀。通作兆。《说文》：畔也。又：葬地。

兆：本作兆。古作兆。简本作兆。《尔雅》：域也。《说文》：灼龟坼也。又：见也。又：数名。

咳：古作孩。《说文》：小儿笑也。又：幼稚也。又：与侅、該通。

眩：《集韵》：目大貌。又：众相视貌。

累：本作絫。或作累、纍。《说文》：增也。十黍之重也。又：事相因致损曰累。又：疲也。《说文》纍：缀得理也。一曰大索也。

乘：本作椉。或作乗。古作堯、兖。《说文》：覆也。军法曰乘。又：驾也。又：治也。又：胜也。又：计也。又：物双曰乘。又：陵也。又：逐也。又：车也。

魁：古作魁。《说文》：羹斗也。又：帅也。又：首也。又：大也。又：主也。又：安也。

傫：本作儽。或作傫、儽。省作纍。《说文》：垂貌。一曰懒懈也。又：极困也。又：疲也。《说文》儡：相败也。

馀：本作餘。帛本作粖。《说文》：饶也。又：残剩也。又：末也。又：与余通。

蜀：或作蠋、蠾。《尔雅》：独者蜀。《说文》：葵中蚕也。又：一也。又：独也。与獨通。

禺：《说文》：母猴属。又：与愚、隅、偶、寓通。

愚：《说文》：戆也。又：蒙也。又：昧也。又：蔽也。又：闇也。又：冥也。又：蠢也。又：钝也。又：滞也。又：固也。又：寓也。《说文》戆：愚也。

惷：通作蠢。《说文》：乱也。一曰厚也。又：愚也。又：无知之貌也。《说文》

惷：愚也。或作戆。

纯：本作純。古作䩀、䵍。《尔雅》：大也。《说文》：丝也。又：精也。又：专一也。又：皆也。又：笃也。又：聚也。又：与沌、諄、淳通。

鬻：或作粥。俗作儥。《尔雅》：糜也。《说文》：鍵也。又：卖也。又：稚也。又：生养也。与育通。

俗：《说文》：习也。上所化曰风，下所习曰俗。又：不雅曰俗。又：欲也。与欲通。

昭：《尔雅》：光也。见也。《说文》：日明也。又：显也。又：明也。又：与照通。

照：《说文》：明也。又：与昭通。

蔡：《说文》：草也。又：法也。又：与祭通。

察：《尔雅》：清也。审也。《说文》：覆也。又：视也。又：明也。又：知也。又：考也。又：苛求也。又：偏见曰察。

闽：本作閩。《说文》：东南越蛇种。

闷：本作悶。或作惛、們。帛本作閩、闆、閡。《说文》：懑也。又：不觉貌。又：闷闷，宽大也。又：闷闷，浑噩之意。《说文》惛：不憭（慧也）也。《说文》懑：烦也。

澹：《说文》：水摇也。又：动也。又：平淡也。又：安静也。又：与憺通。

漂：或作瀏。《说文》：浮也。又：动也。又：与飘通。

海：或作㚜。简本作海。《说文》：天池也，以纳百川者。又：晦也。

晦：《尔雅》：冥也。雾谓之晦。《说文》：月尽也。又：昏也。又：昧也。

飂：《说文》：高风也。又：与翏通。

寂：本作宗。或作澈、寂、家。《说文》：无人声也。又：安静也。

止：《尔雅》：待也。《说文》：下基也。又：足也。又：已也。又：停也。又：静也。又：居也。又：至也。又：仅也。又：语助词。

顽：本作頑。帛本作閔。《说文》：梡头也。又：愚钝也。又：凶也。又：贪也。《五音集韵》閔：所以出链也。通作管。

抏：或作翫。《说文》：习厌也。又：挫也。又：与玩通。

悝：《尔雅》：忧也。《说文》：啁（嘲）也。一曰病也。又：悲也。又：与俚、里、詼通。《说文》俚：聊也。鄙俗也。

鄙：《说文》：五酇为鄙。又：边邑也。又：朴野也。又：轻视也。又：啬也。

求：《尔雅》：终也。《说文》：索也。又：用也。又：聚也。又：取也。又：觅也。又：乞也。又：责也。又：等也。又：止也。又：与裘、球、救通。

食：古作亼。《尔雅》：伪也。《说文》：亼米也。又：粮也。又：啗也。又：禄也。又：受纳也。又：蚀也。又：以食与人也。

第21章

孔：《尔雅》：甚也。《说文》：通也。又：大也。又：穴也。又：空也。与空通。

从：本作烾（辵）。或作從。通作从。《尔雅》：自也。重也。《说文》：随行也。又：顺也。又：就也。又：为也。又：从容也。《说文》从：相听也。

幽：帛本作滭。《尔雅》：微也。深也。《说文》：隐也。又：冥也。又：明之反。又：囚也。又：与幼通。《说文》幺：微也。

幼：《尔雅》：稚也。《说文》：少也。又：始也。又：与幽、窈、杳通。

窈：通作杳。省作幼。《说文》：深远也。又：深也。又：静也。

杳：《说文》：冥也。又：深广貌。

鸣：本作鳴。《说文》：鸟声也。又：凡出声皆曰鸣。又：名也。

冥：或作暝。《尔雅》：幼（窈）也。《说文》：幽也。又：暗也。又：昧也。又：夜也。

请：本作請。《尔雅》：告也。《说文》：谒也。又：求也。又：问也。又：与情通。

精：《说文》：择也。又：明也。又：虑之熟也。又：细也。又：专也。又：善也。又：神灵也。又：真气也。又：凡物之纯至者皆曰精。又：洁也。又：诚也。又：甚也。

甚：古作昆。《说文》：尤安乐也。又：过也。又：深也。又：极也。又：何也。

真：本作真。古作帋。俗作真、眞。《说文》：仙人变形而登天也。又：实也。又：伪之反。又：神也。又：淳也。又：精也。又：正也。又：诚也。

顺：本作順。古作巡。《尔雅》：叙也。绪也。陈也。《说文》：理也。又：从也。又：和也。又：逆之反。又：退也。又：循也。与循通。

阅：本作閱。《尔雅》：桷直而遂谓之阅。《说文》：具疏于门中。一曰察也。又：简军实也。又：容也。又：禀也。又：顺遂也。又：更历也。又：数也。又：总也。

终：本作終。古作夂。《尔雅》：（月）在壬曰终。《说文》：絿丝也。又：尽也。又：已也。又：极也。又：穷也。又：就也。《说文》絿：急也。

父：帛本作仪。《说文》：矩也。家长率教者。又：始生己者。又：亲属尊长之称。又：尊老之称。又：甫也。与甫通。

甫：省作父。《尔雅》：大也。我也。《说文》：男子美称也。又：始也。又：众也。

第22章

曲：本作凵。《说文》：象器曲受物之形。或说：曲，蚕薄也。又：直之反。又：折也。又：深隐之处。又：细事也。又：邪僻也。又：乐曲也。

全：本作仝。古作全。《说文》：完也。又：具也。又：保全也。又：愈也。

枉：《说文》：衺（斜）曲也。又：曲也。又：屈就也。又：徒劳无益之谓。又：冤也。

汪：或作汪。《说文》：深广也。又：大貌。又：池也。

定：古作正。《尔雅》：止也。锄属谓之定。营室谓之定。《说文》：安也。又：决也。又：正也。与正通。

直：古作稟、稟。《说文》：正见也。又：正也。又：无私也。又：曲之反。又：邪之反。又：伸也。又：顺也。又：当也。又：故也。又：径也。

洼：或作漥、窐。《说文》：深池也。又：深也。又：曲也。《说文》漥：清水也。一曰窊也。《说文》窐：甑空也。

惑：《说文》：乱也。又：迷也。又：疑也。又：与或通。

牧：《尔雅》：郊外谓之牧。《说文》：养牛人也。又：养也。又：放也。又：使也。又：治也。又：主事之官皆曰牧。

式：《尔雅》：用也。《说文》：法也。又：节度也。又：制样也。又：敬也。又：语助词。

章：《说文》：乐竟为一章。又：明也。又：成事成文曰章。又：与彰通。

彰：《说文》：文彰也。又：饰也。又：明也。又：显也。又：与章通。

伐：古作傠。《说文》：击也。一曰败也。又：征伐。又：美也。又：自称其功曰伐。

矜：或作矡。通作矜。简本作矝。《尔雅》：苦也。怜也。《说文》：矛柄也。又：惜也。又：危也。又：自贤曰矜。又：庄敬也。

岂：本作豈。《说文》：还师振旅乐也。一曰：欲也。登也。又：焉也。又：其也。又：何也。又：宁也。又：语助词。

语：本作語。《说文》：论也。又：以言告人也。又：教戒之也。又：辞句也。又：谚言也。

诚：本作誠。《尔雅》、《说文》：信也。又：敬也。又：真实也。又：明也。又：语助词。又：与成通。

第23章

飘：本作飄。《尔雅》：迴风为飘。《说文》：回风也。又：吹也。又：落也。又：与漂、縹通。

剽：帋本作剽。《尔雅》：大钟谓之镛，其中谓之剽。《说文》：砭刺也。一曰劫人也。又：疾也。又：轻也。又：剥也。

风：本作風。或作飌。古作凬、凮。《说文》：八风也。又：空气之流动曰风。又：吹也。又：落也。又：教化也。又：风俗也。又：众也。又：与諷通。

朝：古作翰。《尔雅》：早也。《说文》：旦也。又：日也。又：面向。又：见也。又：会也。又：君臣谋政事之处。又：时代之称。

暴：本作㬥。古作曓。或作暴、曝。《尔雅》：乐也。日出而风为暴。《说文》：晞也。又：疾也。又：虐也。又：耗损也。又：猝也。又：显露也。又：晒也。《说文》晞：乾也。

骤：本作驟。《说文》：马疾步也。又：疾也。又：频数也。

趋：本作趨。或作趣、蹵。俗作趍。《尔雅》：门外谓之趋。《说文》：走也。又：疾行也。又：赴也。

雨：古作𠕲、𠖥、𩂣。《说文》：水从云下也。

日：古作𡆠、㘧。《说文》：实也。太阳之精不亏。又：周十二辰为一日。又：夜之反。

熟：本作飘。或作孰、熟。古作䚘。《说文》：食饪也。又：烹煮也。又：精审也。又：烂也。又：成也。

況：本作况。古作兄、兊。俗作况。《说文》：寒水也。又：譬也。又：益也。又：甚也。又：语助词。《说文》兄：长也。

乐：本作樂。《说文》：五声八音总名。又：喜也。又：安也。又：爱好也。

第 24 章

炊：《说文》：爨也。又：与吹通。《说文》爨：齐谓之炊。臼象持甑，冂为灶口，廾推林内火。

跂：或作歧。《说文》：足多指也。又：行貌。又：举踵也。与企通。《说文》枝：木别生条也。

喘：或作歂。《说文》：疾息也。又：微言也。

企：古作趸。或作跄、跂。《说文》：举踵也。又：望也。

立：《说文》：住也。又：直其身而不动也。又：树立也。又：成也。又：坚也。又：置也。又：即也。又：与位通。

跨：《说文》：渡也。又：越也。又：骑也。又：行貌。又：两股间也。

饶：本作饒。《说文》：饱也。又：丰足也。又：余也。又：益也。

在：本作扗（扗）。或作在。省作才。《尔雅》：存也。察也。终也。《说文》：存也。又：存问也。又：居也。又：于也。

斜：《说文》：杼（抒）也。又：不正也。

赘：本作贅。《说文》：以物质钱。又：属也。又：缀也。又：馀剩物也。又：以身为质也。又：行不当也。

叕：《说文》：联也。又：连也。与缀通。《说文》缀：合箸也。

餟：通作腏。《说文》：祭酹也。又：连续而祭也。《说文》酹：餟祭也。

第25章

虫：本作蟲。俗作虫。《尔雅》、《说文》：有足谓之蟲，无足谓之豸。又：昆虫也。《说文》虫：一名蝮。《说文》䖵：虫之总名也。

昆：或作混。《尔雅》：後也。《说文》：同也。又：众也。又：兄也。

纶：本作綸。《说文》：青丝绶也。又：钓缴也。又：琴瑟弦也。《说文》绲：织带也。

夺：本作奪。或作奪。古作敓。《说文》：手持隹失之也。又：强取也。又：失误也。又：削除也。又：决断也。又：狭路也。《说文》敓：强取也。

绣：本作繡。《说文》：五彩备也。又：以丝刺为五采众文曰绣。又：修也。

萧：本作蕭。《说文》：艾蒿也。又：肃也。又：清寂也。

肃：本作肅。《尔雅》：噰声也。进也。穆穆肃肃，敬也。《说文》：持事振敬也。战战兢兢也。又：严也。又：威也。又：缩也。

穆：简本作缪。《尔雅》：美也。敬也。《说文》：禾也。又：和也。又：多也。又：厚也。又：清也。又：悦也。又：静思貌。又：与繆通。

缪：本作繆。《说文》：枲之十絜也。一曰绸缪。又：结也。又：绞也。又：误也。又：诈也。又：违也。又：缪然，深思貌。又：与穆、謬通。

漻：《说文》：清深也。又：高远貌。又：流也。又：变化貌。

觉：本作覺。《说文》：寤也。一曰发也。又：悟也。又：明也。又：大也。又：直也。又：知也。又：智也。又：较也。

寥：本作廫。省作廖。《说文》：空虚也。又：寂也。又：深也。

漠：《尔雅》：谋也。清也。《说文》：北方流沙也。一曰清也。又：静也。又：不相关也。又：漫也。又：与寞、莫通。

亥：古作豕。《尔雅》：太岁在亥曰大渊献。《说文》：荄也。

改：《说文》：更也。

侅：或作賅。帛本作玹。竹本作狘。《说文》：奇侅，非常也。又：兼该也。

偏：或作徧。《说文》：颇也。又：不正也。又：侧也。又：半也。又：属也。又：佐也。又：边也。又：与諞通。

周：古作𠁽。《说文》：密也。又：备也。又：遍也。又：至也。又：终也。又：曲也。又：忠信也。又：固也。又：亲也。又：合也。

字：古作孶。《说文》：乳也。又：养也。又：爱也。又：名字。又：文字。又：与孳通。

勥：古作彊。《说文》：迫也。又：勉力也。又：与強通。

龔：《玉篇》：巫也。与巫通。

筮：《说文》：易卦用也。龟曰卜，蓍曰筮。又：决也。又：占也。

懘：《说文》：高也。一曰极也。一曰困劣也。又：与滞通。

逝：或作遰。《尔雅》、《说文》：往也。又：行也。又：亡也。又：语助词。又：与遾、噬通。《尔雅》遾：远也。《说文》遰：去也。

远：本作遠。古作�郌、徸。《尔雅》：遐也。《说文》：辽也。又：去也。又：疏也。又：近之反。又：相差过甚也。

反：古作反。或作仮。《说文》：覆也。又：正之反。又：归也。又：悔也。又：叛也。又：违也。又：类及也。又：与返通。

返：或作彸。《说文》：还也。又：復也。又：更也。又：与反通。

囿：古作[illegible]。《说文》：苑有垣也。一曰禽兽曰囿。又：有藩曰园。有墙曰囿。又：州也。又：事物萃聚之处也。又：识不通广曰囿。又：与有通。

域：本作或。《说文》：邦也。又：界也。又：居也。又：宇内曰域中。

法：本作灋。省作法。古作佱。《尔雅》：常也。《说文》：刑也。又：法令也。又：制度也。又：则也。又：术也。又：效也。

第 26 章

轻：本作輕。古作轾、逕、巠。省作巠。《说文》：轻车也。又：重之反。又：疾也。又：小也。又：易也。又：贱也。《说文》巠：水脉也。

躁：古作趮。俗作躁。省作喿。《说文》：疾也。又：燥也。又：动也。又：持也。《说文》喿：鸟群鸣也。《说文》燥：干也。

君：《说文》：尊也。又：凡有地者皆曰君。又：君子成德之称。又：尊称。

蘺：或作離。《说文》：江蘺，蘼芜。

辎：本作輜。省作甾。《说文》：軿车前衣车后也。又：库车也。又：卧息其中之车也。又：辎谓衣车，重谓载重。故行者之资，总曰辎重。《说文》甾（菑）：不耕田也。

虽：本作雖。省作唯。《说文》：似蜥蜴而大。又：假令也。又：即使也。又：推也。又：语助词。

环：本作環。《尔雅》：肉好若一谓之环。《说文》：璧属也。又：物成圆形者谓之环。又：旋也。又：围绕也。又：宫卫之官。又：与圜（圓）通。

荣：本作榮。《尔雅》：木谓之华，草谓之荣。《说文》：桐木也。一曰屋梠之两头起者为荣。又：辱之反。又：盛也。又：有名誉也。又：与營通。

官：《说文》：吏事君也。又：处理国事者曰官。又：事也。又：职也。又：法也。又：主也。又：与館、管通。

馆：本作館。或作舘。《说文》：客舍也。周礼五十里有市，市有馆，馆有积，以待朝聘之客。又：与管通。

燕：或作鷰（鷰）。《说文》：玄鸟也。又：安也。又：息也。又：与醼、宴通。

超：《说文》：跳也。又：远也。又：越也。又：出前也。又：卓也。又：怅也。

奈：本作柰。俗作奈。《说文》：果名。又：若也。又：奈何。

主：古作丶、宔。或作炷。《说文》：灯中火主也。又：君也。又：宾之反。又；仆之反。又：掌也。又：宗也。又：上也。又：与注通。《说文》宔：宗庙宔祏。或作砫、祝。

本：古作楍。《说文》：木下曰本。又：始也。又：旧也。又：下也。

第27章

㪇：俗作撤。通作徹。《说文》：发也。又：除去也。又：剥也。

辙：本作轍。或作徹。《说文》：车迹也。

彻：本作徹。古作徹、徹。或作躈。《说文》：通也。又：达也。又：明也。又：税也。又：周时赋法之名。什一而税谓之彻。又：剥也。又：治也。又：去也。又：辙也。

迹：或作蹟、跡。《说文》：步处也。又：凡有形可见者皆曰迹。

瑕：《说文》：玉小赤也。又：玉玷也。又：过也。

适：本作適。《尔雅》：往也。《说文》：之也。又：从也。又：若也。又：悦也。又：主也。又：正也。又：安也。又：善也。又：悟也。又：与謫、敵、嫡通。《说文》适：疾也。

谪：本作謫。或作讁。省作適。《说文》：罚也。又：责也。又：过也。

梼：本作檮。《说文》：断木也。又：无知貌。

筹：本作籌。省作壽。《说文》：壶矢也。又：计算也。又：计数之具也。

箖：帛本作笄。《字汇补》：箕箖也。《说文》析：破木也。一曰折也。或作枡。古作斦。

策：或作筴。《说文》：马箠也。又：竹简之属。又：筹也。又：谋略也。

筭：或作算、遵。俗作竿。《说文》：长六寸，计历数者。又：谋划也。

算：或作筭。古作筴。《说文》：数也。又：竹器也。又：筹也。又：计算也。

关：本作關。省作閞（關）。俗作関。帛本作闆。《说文》：以木横持门户也。又：闭也。又：要会也。又：联络也。

键：本作鍵。《说文》：铉也。一曰车辖。又：户牡也。

揵：《集韵》：举也。又：闭也。与楗通。

楗：或作鍵、闥。《说文》：限门也。又：横曰关，竖曰楗。

结：本作結。《说文》：缔也。又：要也。又：终也。又：凝也。《说文》缔：结不解也。

纆：《说文》：索也。

约：本作約。《说文》：缠束也。又：绳也。又：简要也。又：屈曲也。又：盟约也。又：俭也。又：贫也。

怺：本作慦。或作惜。《说文》：怨仇也。《说文》勼：聚也。或作九、惜。古作救。

救：古作捄。《尔雅》：絢谓之救。《说文》：止也。又：助也。又：护也。《说文》捄：盛土于梩中也。一曰扰也。

财：本作財。《说文》：人所宝也。又：货也。又：币帛也。又：与材通。

愧：《说文》：习也。又：明也。

曳：《说文》：臾曳也。又：牵引也。《说文》臾：束缚捽（拔也）拙（引也）为臾。

袭：本作襲。古作褶、龔。《说文》：左衽袍。又：重也。又：因也。又：合也。又：受也。又：掩其不备也。又：继也。又：与習通。

师：本作師。《尔雅》：众也。人也。《说文》：二千五百人（五旅）为师。又：长也。又：范也。又：教人以道者之称也。又：法效也。

齎：《说文》：持遗也。又：持也。又：行道所用也。又；备也。又：给予也。又：与資通。

资：本作資。《说文》：货也。又：助也。又：取也。又：用也。又：给也。又：天赋之材质性情。又：身份阅历也。又：与齎通。

眯：或作粊。《说文》：草入目中也。又：物入目中也。又：眇目也。又：魇梦也。

迷：帛本作迷（侎）。《尔雅》、《说文》：或（惑）也。又：为外物所诱曰惑，积惑不反曰迷。《集韵》侎：心惑也。或作憷。

要：或作婴、腰。《说文》：身中也。又：求也。又：约也。又：结也。又：会也。又：劾察也。又：切要也。又：总也。又：欲也。

第 28 章

雄：或作鴆。《说文》：鸟父也。又：牡也。又：勇也。又：势盛才傑之称。

鸡：本作雞。古作鶏（鬏）。《说文》：知时畜也。

溪：本作谿。或作溪、磎、嵠。《尔雅》：水注川曰谿。土螽蠰谿似蝗而小。《说文》：山渎无所通者。又：涧也。又：与雞、奚通。

奚：《说文》：大腹也。又：何也。疑问辞。

黑：《说文》：火所熏之色也。又：北方阴色。又：晦也。

武：《尔雅》：继也。迹也。空桐之人武。《说文》：楚庄王曰：夫武，定功戢兵，故止戈为武。又：勇也。又：健也。又：威也。

貣：或作貸。《说文》：从人求物也。又：借也。又：与忒通。

贷：本作貸。《说文》：施也。又：予也。又：借也。又：宽免也。又：失误也。又：与貣、忒通。

忒：《说文》：更也。又：疑也。又：差爽也。又：甚也。又：与貸、貣、貳通。

制：本作制。或作制、製。古作㓡、𠝁。《说文》：裁也。一曰止也。又：法度也。又：君命也。又：正也。又：造也。又：与浙（淛）通。《说文》製：裁也。

㓡：或作制、剬。《说文》：断齐也。

割：古作刏、刉。《尔雅》：裂也。《说文》：剥也。又：宰也。又：害也。又：损也。又：分也。又：与夺通。

界：本作畍。或作堺。《尔雅》：垂也。《说文》：境也。又：毗连也。又：限也。又：离间也。

第29章

败：本作敗。古作敱。《尔雅》：覆也。肉（坏）谓之败。《说文》：毁也。又：溃也。又：不胜不成曰败。

凡：《说文》：最括也。又：计数也。又：一切也。又：普通也。又：总共也。又：大概也。

炅：《说文》：见也。又：光也。又：烟出貌。

热：本作熱。俗作熱。《说文》：温也。又：冷之反。又：炎气也。

响：本作欨。或作响、煦。《说文》：吹也。一曰笑意。又：吐沫。又：与煦通。

嘘：本作噓。或作吁。《说文》：吹也。又：与响、煦通。

煦：《说文》：烝也。一曰赤貌。一曰温润也。又：暖也。又：与昫通。《说文》烝：火气上行也。《说文》昫：日出温也。或作煦。

碰：《玉篇》：好雌黄也。又：碎石也。

吹：或作歓。《说文》：嘘也。出气也。又：出气急曰吹，缓曰嘘。又：与炊通。

羸：《说文》：瘦也。又：弱也。又：累也。又：与纍通。

杯：本作桮。或作杯、桮、盃。古作匼。《说文》：匴也。又：盛器。《说文》匴：小杯也。

陪：《尔雅》：朝也。《说文》：重土也。一曰满也。又：重也。又：贰也。又：随也。又：增也。又：与培、倍通。

接：《尔雅》：捷也。《说文》：交也。又：收也。又：合会也。又：持也。又：承受也。又：连续也。又：近也。

培：通作陪、倍。《说文》：培敦土田山川也。又：重也。又：封也。又：益也。又：养也。

奢：古作奓。《尔雅》：胜也。《说文》：张也。又：过也。又：侈也。

楮：或作櫧。《说文》：穀也。又：木名。

诸：本作諸。《尔雅》、《说文》：辩也。又：众也。又：之也。又：于也。又：语助词。又：与者通。

第30章

差：古作𢀩。《尔雅》：择也。《说文》：贰也。不相值也。又：错也。又：异也。又：制等级也。又：仅也。又：较也。又：使也。

佐：本作左。俗作佐。《说文》：手相左助也。又：辅助也。又：副贰也。

兵：古作偋。《说文》：械也。又：戎器也。又：从戎者。又：伤害。

好：古作玗、敀。《说文》：美也。又：善也。又：爱也。又：竞也。又：孔也。又：甚也。

还：本作還。或作徸、睘。通作環。《尔雅》：返也。《说文》：復也。又：偿也。又：归也。又：顾也。又：绕也。

楚：《说文》：丛木。一名荆也。又：痛也。又：陈列貌。

荆：《说文》：楚木也。

朸：《说文》：木之理也。又：与棘通。

棘：或作蘽。省作朿。俗作𣗥（棘）。《尔雅》：终牛棘。《说文》：小枣丛生者。又：稜廉也。又：急也。又：与朸通。

军：本作軍（𠣍）。《说文》：环围也。四千人为军。一曰兵车也。又：众也。又：屯也。

年：本作秊。或作秆。古作𠦚。《说文》：穀孰（熟）也。又：岁也。又：齿也。

果：或作菓。《尔雅》：胜也。《说文》：木实也。又：饱貌。又：决也。又：验也。又：终竟也。又：济成也。又：因果。又：如果。又：诚信也。又：能也。

勿：或作㫚。通作物。《说文》：州里所建旗也。又：非也。又：无也。又：莫也。又：不也。又：语助词。

壮：本作壯。《尔雅》：大也。八月为壮。《说文》：大也。又：健也。又：强盛也。又：疾速也。又：伤也。又：与莊、將通。

老：《尔雅》：寿也。《说文》：考也。七十曰老。又：尊称也。又：公卿大夫家臣皆称老。又：致仕也。又：凡久于其事者皆曰老。又：过于恒常限度也。又：暮气也。又：死亡也。又：休息也。又：厚也。又：语助词。

蚤：本作蝨。省作蚤。《说文》：啮人跳虫。又：与早、爪通。

早：本作皁。或作早。古作蚤。《说文》：晨也。又：先其时也。

第 31 章

觟：或作獬、解。《说文》：牝牂羊生角者也。又：楚冠名。又：蹊径之意也。

佳：《说文》：善也。又：美也。又：好也。

祥：简本作羕。《尔雅》：善也。《说文》：福也。一云善。又：凡吉、凶之兆皆曰祥。又：与詳、羊通。《说文》羕：水长也。《说文》羊：祥也。

恙：《尔雅》、《说文》：忧也。又：病也。

左：或作佐、㔫。《尔雅》：导也。助也。亮也。《说文》：手相左助也。又：右之反。又：下也。又：邪也。又：不助也。又：不便也。又：证也。《说文》ナ：ナ手也。或作左。

右：或作ㄡ、佑。《尔雅》：导也。助也。亮也。《说文》：助也。又：左之反。又：上也。又：强也。又：与有通。

懖：或作聋、𢡱。古作㦝。通作聒。《说文》：善自用之意也。又：愚懖，无知。《说文》聒：欢语也。

铦：本作銛。伪作錉。或作錟。《说文》：锸属。又：利也。又：取也。又：断也。《说文》：锸：郭衣针也。《说文》锬：长矛也。

恬：《说文》：安也。又：静也。《说文》憺：安也。或作惔、倓。

纏：简本作纏。《篇海》：重也。

儱：《玉篇》：儱倲，多恶。

偻：本作僂。《说文》：尪也。又：屈曲也。又：疾速也。《说文》尪：蹇曲胫也。《说文》镂：刚铁可以刻镂。《夏书》曰：梁州贡镂。一曰镂釜。

惔：《说文》：忧也。又：安也。又：燔燎也。又：与澹、淡、炎通。

淡：或作澹。《说文》：薄味也。又：甘之反。

杀：本作殺。或作煞。《尔雅》：克也。《说文》：戮也。又：死也。又：获也。又：忘也。

吉：《说文》：善也。又：福也。

丧：本作喪。或作喪。古作㖧。俗作丧。《说文》：亡也。又：失也。又：凶礼也。

便：《尔雅》：辨（辩）也。《说文》：安也。又：顺也。又：利也。又：宜也。又：即也。又：僻也。又：与諞通。

扁：《说文》：署也。又：不正圆之形也。又：偏也。又：小也。又：轻疾貌。

又：偏生貌。

偏：或作遍、辯、辨。《说文》：帀也。又：周也。又：皆也。又：尽也。又：与偏、扁通。

势：本作勢。《说文》：盛权力也。又：凡力之奋发皆曰势。又：形状也。又：机会也。

礼：本作禮。古作豊、礼。《说文》：履也。所以事神致福也。又：以礼接之也。又：餽人之物。又：五礼，吉、凶、宾、军、嘉。《说文》豊：行礼之器也。

依：《篇韵》：哀也。《说文》悴，本作悴：忧也。

依：《说文》：倚也。又：保也。又：准也。又：爱也。又：从也。《说文》您：痛声也。或作偯。

悲：《说文》：痛也。又：有声无泪曰悲。又：顾念也。

哀：《尔雅》：怀报德也。《说文》：闵（悯）也。又：忧伤也。又：怜爱也。

位：本作伭，俗作位。《尔雅》：中庭之左右谓之位。《说文》：列中庭之左右曰位。又：正其所也。又：居有著定也。又：凡事物之所在皆曰位。又：与立通。

泣：《说文》：无声出涕曰泣。又：泪也。

战：本作戰。或作戵。俗作战。古作戔。《尔雅》：惧也。动也。《说文》：鬭也。

胜：本作勝。古作兖、勝。省作朕。简本作勳。《尔雅》：克也。《说文》：任也。又：败之反。又：优过之也。又：尽也。《说文》胜：犬膏臭也。一曰：不熟也。《说文》朕：我也。本作腃、朕。俗作朕。

第32章

妻：古作妻、娄。《说文》：妇与夫齐者也。

栖：本作西。或作栖、棲。《尔雅》：息也。《说文》：鸟在巢上。日在西方而鸟棲，故因以为东西之西。

小：《说文》：物之微也。又：少也。又：细也。又：轻之也。又：谦词。

侯：本作矦。古作厌。《尔雅》：君也。又：乃也。又：美也。又：伺也。又：语助词。

宾：本作賓。古作賓、賔、賔。简本作賔。《尔雅》：服也。《说文》：所敬也。又：客也。又：导也。又：从也。又：协也。

会：本作會。古作會、佮。《尔雅》：合也。对也。《说文》：合也。又：聚也。又：总也。又：值也。

合：《尔雅》：对也。《说文》：合口也。又：会也。又：同也。又：配也。又：

聚也。又：闭也。又：和也。又：全也。又：当也。

逾：或作踰、趟。《说文》：逑（越）进也。又：远也。又：益也。又：与愈通。《说文》逑：踰也。《说文》踰：越也。《说文》越：度也。

降：古作夅。《尔雅》：落也。下也。《说文》：下也。又：抑也。又：损也。又：归也。又：悦服也。又：伏也。又：和同也。

甘：本作甘。古作𠙴。《说文》：美也。又：甜也。又：和悦也。又：嗜之也。又：自愿也。又：安也。

零：或作落。《说文》：雨零也。

洛：《说文》：水名。

露：《说文》：润泽也。又：天之津液下所润万物也。又：彰也。又：败也。又：与路通。

均：古作旬。或作垩、匀。通作鈞。《尔雅》：易也。《说文》：平遍也。又：调也。又：同也。又：陶者之轮也。

诒：本作詒。通作給。《说文》：相欺诒也。一曰遗也。又：传也。

折：本作𣂚。或作斯。古作𣂔、折。《说文》：断也。又：曲也。又：屈也。又：挫也。又：止也。又：毁也。

卑：《说文》：贱也。执事也。又：下也。又；低也。又：衰微也。又：使也。与俾通。

俾：《尔雅》：职也。使也。从也。《说文》：益也。一曰俾门侍人。又：与卑、比通。

避：或作辟。古作僻。《说文》：回也。又：免也。又：隐遁也。又：违也。

譬：或作辟。《说文》：谕也。又：明晓也。

由：《尔雅》：自也。又：因也。又：用也。又：从也。又：於也。又：与猶通。

江：《说文》：水出蜀湔氐徼外岷山入海。又：大川之通称。

第 33 章

力：古作力。《说文》：筋也。象人筋之形。治功曰力。能圉（禦）大灾。又：筋力气所任也。又：凡精神所及处皆曰力。又：物所胜亦曰力。又：强也。又：勤也。又：务也。

寿：本作壽。俗作寿。古作𠷎。《说文》：久也。又：凡年齿高皆曰寿。上寿百二十年，中寿百岁，下寿八十。

第 34 章

汎：本作渢。《玉篇》：水声。又：大声。又：浮貌。与泛、汎通。

泛：《说文》：浮也。又：流也。又：覆也。又：广也。又：与渢、汎通。

氾：《说文》：滥也。又：广博也。又：摇动貌。又：与汎通。

汎：或作泛。《说文》：浮貌。又：博也。又：与渢、氾通。

衣：《说文》：依也。上曰衣，下曰裳。又：服之也。又：覆被也。又：隐也。

养：本作養。《说文》：供养也。又：育也。又：久长也。又：取也。又：使也。又：治也。又：教也。又：隐也。

第35章

執：古作秇。或作藝、勢。《说文》：种也。《说文》設：施陈也。

害：古作乷。简本作萿。《说文》：伤也。又：利之反。又：患也。又：祸也。又：妨也。又：要害。又：忌也。又：与曷、盍通。《说文》曷：何也。或作害。

坪：或作坙。《说文》：地平也。又：平也。

平：古作平。《尔雅》：成也。易也。大野曰平。《说文》：语平舒也。又：正也。又：服也。又：坦也。又：和也。又：治也。又：均等也。

饵：本作䰻。或作餌。《说文》：粉饼也。又：食也。又：阴以利诱人曰饵。

珥：《说文》：瑱也。又：日旁气也。又：与咡通。《说文》瑱：以玉充耳也。

过：本作過。简本作怹、逃、讹。《说文》：度也。又：越也。又：胜也。又：失误也。又：责也。又：已往曰过。

格：《尔雅》：至也。升也。来也。《说文》：木长貌。又：法式也。又：量度也。又：正也。又：凡有所界限者曰格。又：变革也。又：敌也。又：感通也。又：止也。

口：《说文》：人所以言、食也。又：人口也。又：言也。又：塞也。

谈：本作談。《说文》：语也。又：言论也。又：与譚通。

第36章

拾：《说文》：掇也。又：敛也。又：更也。又：蹑足升也。《说文》掇：拾取也。

擒：或作歙、拹、拉。《玉篇》：折也。又：击也。《说文》拹：摺也。一曰拉也。

欱：或作哈。《说文》：歠也。又：啜也。又：合也。《说文》歠：饮也。

噏：本作吸。《说文》：内息也。又：敛也。又：与翕、歙通。

翕：《尔雅》：合也。《说文》：起也。又：敛也。又：盛也。又：引也。

歙：或作噏、翕。《说文》：缩鼻也。又：敛气也。

固：古作怘。《说文》：四塞也。又：坚也。又：安也。又：执一不通也。又：必也。又：语助词。又：与故、姑通。

张：本作張。古作弡。《说文》：施弓弦也。又：开也。又：大也。又：施设也。

举：本作擧。俗作舉。或作𦦙。《说文》：对举也。又：称举也。又：荐举也。又：攻拔也。又：皆也。又：凡也。又：全也。又：废举。

兴：本作興。《尔雅》、《说文》：起也。又：举也。又：动也。又：作也。又：盛也。又：发也。又：象也。又：悦也。

耎：通作輭（軟）。《说文》：稍前大也。又：柔也。又：弱也。

刚：本作剛。或作𠠇。古作㓻、𠛗。《说文》：强断也。又：坚也。又：劲也。又：柔之反。

鱼：本作㒰（魚）。《说文》：水虫也。

说：本作說。《说文》：释也。一曰谈说。又：告也。又：与悦、脫、捝、税通。

示：古作𡈼。《说文》：天垂象，见吉凶，所以示人也。又：现也。又：语也。又：与祇、視通。

第37章

化：古作匕、㑹。简本作悬、蠧。《说文》：教行也。又：凡以道业诲人谓之教，躬行于上、风动于下谓之化。又：变也。又：生也。又：死也。又：与訛、貨通。

䳭：或作雒、䧿。《说文》：鸲䳭也。

阗：本作闐。或作窴（塡）。《说文》：盛貌。又：满也。《说文》：窴：塞也。或作塡、鎮。

寘：俗作寘。《说文》：置也。又：止也。又：废也。又：致也。又：满也。又：与示通。

镇：本作鎭。古作鋴。俗作鎮。《说文》：博压也。又：重也。又：安也。又：戍也。又：加也。又：与瑱、塡通。

第38章

应：本作應。帛本作㦖。《尔雅》、《说文》：当也。又：受也。又：答也。又：应和也。

攘：古作㲽、襄。《说文》：推也。又：却也。又：逊让也。又：窃取也。又：因也。又：含也。又：扰乱也。又：除也。

让：本作讓。古作攘。或作襄。《说文》：相责讓。又：谦退也。又：应受而推曰让。又：辞也。又：拒也。

臂：《说文》：手上也。

仍：《尔雅》：厚也。乃也。因也。《说文》：因也。又：重也。又：与扔、乃通。

扔：或作扨。《说文》：因也。又：引也。又：强牵引也。又：摧也。又：北方谓抛物曰扔。

浅：本作淺。《说文》：不深也。又：少闻曰浅。

薄：本作薄。《说文》：林薄也。一曰蚕薄。又：簾也。又：不厚也。又：减损也。又：轻之也。又：迫也。又：附也。又：止也。又：语助词。又：与泊通。

华：本作雩。古作荂。或作華、華、花、蘤。《尔雅》：皇（葟）也。木谓之华。荣也。荂也。《说文》：荣也。又：光华也。

厚：本作厚。古作垕。或作厚。简本作厚、垕。《说文》：山陵之厚也。又：不薄也。又：重也。又：大也。又：与後、后通。

皮：《说文》：剥取兽革者谓之皮。又：裘也。又：被也。又：表也。

丈：本作支。或作丈。《说文》：十尺也。又：对于长者之敬称。

第39章

宁：本作寧、宁。古作寍。俗作寕。《尔雅》：静也。安也。《说文》：安也。愿辞也。又：无疾病也。又：岂也。又：乃也。又：语助词。《尔雅》宁：门屏之间谓之宁。

灵：本作靈、灵。古作䨩。或作靈。省作霝。《说文》：巫以玉事神。又：巫也。又：神灵也。又：善也。又：福也。《字类》灵：小热貌。《说文》霝：雨零也。

恐：古作忎。或作恖。《尔雅》、《说文》：惧也。又：威吓也。又：疑虑也。又：臆度也。

莲：本作蓮。《说文》：芙蕖之实也。又：荷也。

裂：本作裂（製）。《说文》：缯余也。又：分解也。又：裁也。又：破也。

歇：《尔雅》：竭也。《说文》：息也。一曰气越泄。又：尽也。又：泄也。

渴：本作渴。俗作渴。《说文》：尽也。又：口燥思饮也。《说文》渴：欲饮。通作渴。

竭：《说文》：负举也。又：尽也。又：亡也。又：败也。

灭：本作滅。古作威。《尔雅》：尽也。绝也。《说文》：尽也。又：火息也。又：没也。

欮：本作瘚。省作欮。《说文》：逆气也。又：与厥通。

厥：《尔雅》：其也。《说文》：发石也。又：短也。又：之也。又：气逆也。又：语助词。又：与屈通。

蹶：或作蹷。《尔雅》：嘉也。动也。《说文》：僵也。一曰跳也。又：颠仆也。又：挫也。又：踏也。

贱：本作賤。或作賫。《说文》：贾少也。又：贵之反。又：轻也。又：谦词。

基：《尔雅》：始也。谋也。经也。设也。《说文》：墙始也。又：本也。

称：本作稱。俗作秤。《尔雅》：好也。《说文》：铨也。又：度量也。又：言也。又：赞扬也。又：施名号谓之称。又：相副也。又：举也。《说文》铨：衡也。

孤：《说文》：无父也。又：独也。又：弃也。

轂：或作轂。帛本作槖。《尔雅》：善也。生也。禄也。《说文》：续也。百轂之总名。又：养也。又：孺子曰轂。又：与谷通。

造：古作艁、䢾。或作遳。《尔雅》：为也。《说文》：就也。又：建也。又：始也。又：至也。又：并也。又：纳也。

車：《说文》：輿轮之总名。

禄：《尔雅》、《说文》：福也。又：善也。又：俸也。

碌：通作礫。《说文》：石貌。又：忙碌。又：劳碌。《说文》礫：小石也。或作硌、珞。

琭：《集韵》：玉貌。又：玉名。

硌：或作礫。《玉篇》：山上大石。又：石次玉。又：石坚貌。又：小石也。又：与落通。

落：《尔雅》：始也。《说文》：凡草曰零，木曰落。又：坠也。又：废也。又：与零通。

珞：《玉篇》：瓔珞，颈饰也。又：石坚貌。

石：《说文》：山石也。又：坚也。

第40章

僮：或作偅、童。《说文》：未冠也。又：仆婢也。

第41章

疑：或作𠤕、㑜。古作宎（㚖）。《尔雅》：戾也。《说文》：惑也。又：似也。又：度也。又：恐也。又：怪也。又：嫌也。《说文》𠤕：未定也。同㑜。

笑：本作笑。俗作咲。古作呹、关。《尔雅》：謔也。《说文》：喜也。又：欣也。又：侮之也。又：哂也。《说文》謔：戏也。《说文》喜：乐也。古作歖。与歡同。

建：或作撠。《说文》：立朝律也。又：立也。又：竖也。又：至也。又：置也。又：覆也。又：与鍵通。

孛：或作茀。《说文》：䒈也。又：彗星也。又：变色貌。又：与勃、悖通。《说文》䒈：草木䒈孛之貌。《说文》悖：乱也。本作誖。

费：本作費。简本作賫。《说文》：散财用也。又：损也。又：惠也。又：耗也。又：资用也。又：烦数也。又：光貌。又：与昲、拂通。《说文》昲：目不明也。

沬：古作湏。《说文》：洒面也。又：微晦也。
迟：本作遲。古作邌。或作遅、遟、屖、遅、迟、遲。《尔雅》：息也。徐也。《说文》：徐行也。又：待也。又：钝也。又：及也。又：乃也。
进：本作進。省作隹。《说文》：登也。又：升也。又：前也。又：荐也。又：效也。又：近也。又：与盡通。《说文》隹：鸟之短尾总名也。
缋：本作繢。或作繪。《说文》：织馀也。又：画也。
纇：本作纇。《说文》：丝节也。又：疵也。又：戾也。又：不平也。
类：本作類。或作类。《尔雅》：善也。《说文》：种類相似，唯犬为甚。又：种类也。又：似也。又：象也。又：法也。又：若也。又：事也。又：皆也。又：偏颇也。与纇通。
封：古作圭、𡊄、𡊅。《说文》：爵诸侯之土也。又：大也。又：疆界也。又：聚土曰封。又：富厚也。又：缄也。
盛：《尔雅》：（山）如防者盛。《说文》：黍稷在器中以祀者也。又：受也。又：成也。又：多也。又：长也。又：大也。又：茂也。又：极也。
榆：《说文》：榆白枌。
偷：或作愉、媮。《尔雅》佻：偷也。谓苟且。又：盗也。又：薄也。《说文》佻：愉也。《说文》愉：薄也。《说文》媮：巧黠也。
质：本作質。或作贄、摯、贄、劕。《尔雅》：成也。《说文》：以物相赘。又：信也。又：朴也。又：躯也。又：实也。又：本也。又：主也。又：平也。又：性也。又：问也。
桎：《说文》：足械也。又：窒也。
輸：本作輸。《说文》：正耑裂也。又：馀也。又：孽也。又：和也。
渝：《尔雅》：变也。《说文》：变汙（污）也。又：溢也。又：与输通。《说文》输：委输也。
矩：本作巨。或作榘。《尔雅》：常也。法也。《说文》：规巨（矩）也。又：圆曰规，方曰矩。又：廉隅也。
隅：《说文》：陬也。又：角也。又：廉隅也。《说文》陬：隅也。
曼：《说文》：引也。又：长也。又：美也。又：无也。又：毋也。又：与漫通。
免：《玉篇》：去也。又：脱也。又：匿避也。又：止也。又：事不相及也。又：黜也。
勉：通作免。《说文》：强也。又：尽力也。又：劝也。又：励也。又：勤也。
晚：或作晩。古作晋。《说文》：莫（暮）也。又：后也。
祇：或作衼。《尔雅》、《说文》：敬也。又：适也。又：与祇通。《说文》祇：地祇，提出万物者也。《说文》只：语已辞也。

褒：本作褒。或作褒、裒。《说文》：衣博裾。又：扬美也。《尔雅》裒：聚也。多也。

殷：或作慇。《尔雅》：是也。《说文》：作乐之盛称殷。又：盛也。又：众也。又：正也。又：大也。又：状声之词。《说文》慇：痛也。

隐：本作隱。古作乚。俗作隐。《尔雅》：占也。微也。《说文》：蔽也。又：不见也。又：安也。又：度也。又：私也。又：定也。又：去也。又：痛也。又：思也。又：倚也。又：威重之貌。又：盛也。与殷通。《说文》乚：匿也。

第 42 章

二：古作弍。或作贰。《说文》：地之数也。又：数名。又：比并也。又：次一等也。又：疑也。又：副也。

负：本作負。《说文》：恃也。一曰受贷不偿。又：担也。又：背也。又：正之反。

阴：本作陰。或作阴、隂。古作侌。《说文》：闇也。水之南、山之北也。又：影也。又：默也。又：阳之反。又：晴之反。又：隐私也。《说文》闇：闭门也。

向：或作嚮。《说文》：北出牖也。又：对也。又：趋也。又：昔也。又：与嚮、鄉通。

阳：本作陽。古作昜。或作阳。俗作阦。《尔雅》：予也。十月为陽。《说文》：高明也。又：日也。又：阴之反。又：生也。又：水北山南曰阳。

损：本作損。古作扙。帛本作敗。《说文》：减也。又：伤也。又：贬也。又：失也。

益：简本作賹。《说文》：饶也。又：增加也。又：多也。又：盈溢也。又：惠也。又：助也。又：长也。又：愈也。《广韵》賹：寄人物也。

夕：《说文》：莫（暮）也。又：暮见也。又：夜也。又：邪也。又：与昔通。

议：本作議。《说文》：语也。又：言也。又：谋也。又：评也。又：择也。又：法有八议。又：倾衺也。与俄通。又：与儀通。

良：《尔雅》：首也。《说文》：善也。又：甚也。又：贤能也。又：信也。又：深也。

粱：或作粱。《说文》：米名也。

梁：古作㴾。《尔雅》：楣谓之梁。宎廇谓之梁。《说文》：水桥也。又：屋脊柱曰栋，负栋曰梁。又：隄谓之梁。又：石绝水为梁。

第 43 章

坚：本作堅。《尔雅》：固也。《说文》：刚也。又：实也。又：劲也。

入：《说文》：内也。又：进也。又：纳也。又：得也。又：没也。又：切中也。

第44章

疠：本作癘。帛本作𧖴。《说文》：恶疾也。又：病也。又：疫气也。又：杀也。

病：《说文》：疾加也。又：忧也。又：恨也。又：困也。又：辱也。又：短也。又：疵也。

赃：本作贜。俗作贓。《广雅》：藏也。又：纳贿曰贜。又：与臧通。

臧：古作匨、𡐓（𡐓）。通作藏。《尔雅》、《说文》：善也。又：厚也。

藏：本作臧。古作匨。或作臧。《说文》：匿也。又：隐也。又：蓄也。又：善也。又：与贜通。

旧：本作舊。《说文》：鸱舊舊留也。又：故也。又：新之反。又：昔也。又：与久通。《说文》臼：舂也。俗作旧。

第45章

夬：本作叏。《说文》：分决也。又：决也。《说文》决：行流也。俗作决。

缺：或作䟿。《说文》：器破也。又：破也。又：少也。又：亏也。又：与决通。

炪：或作炪。《集韵》：短貌。

诎：本作詘。或作䛸。《说文》：诘诎也。一曰屈襞。又：屈也。又：枉也。又：穷也。又：反也。又：与屈、絀、黜、出、訥通。

拙：古作炪。《说文》：不巧也。又：屈也。又：谦词。

赢：本作贏。或作𠃨。《说文》：有余贾利也。又：余也。又：利也。又：溢也。又：多也。又：过也。又：解也。又：受也。又：进也。又：裹也。又：输之反。

嬴：《尔雅》：夏为长嬴。《说文》：少昊氏之姓。又：余也。又：解也。又：满也。又：胜也。又：与盈通。

辩：本作辯。俗作䛒。伪作䛒。通作便。《说文》：治也。又：详审也。又：明悉也。又：争辩也。又：巧言也。与諞通。又：判别也。与辨通。

炳：《广雅》：煗（暖）也。又：热也。《说文》朒：朔而月见东方，谓之缩朒。

绌：本作絀。《说文》：绛也。又：屈也。又：退也。又：与黜通。

讷：本作訥。或作呐、詘。《说文》：言难也。又：迟钝也。

寒：古作𡨘、𡫳。《说文》：冻（冷）也。又：薄也。又：歇也。又：战栗也。又：穷窘也。《说文》滄：寒也。

靓：本作靚。《说文》：召也。又：妆饰也。又：与静通。

第46章

却：本作卻。俗作却。《说文》：节欲也。又：退也。又：止也。又：不受也。又：间隙也。

走：本作赱。省作走。古作㞢。《尔雅》：中庭谓之走。《说文》：趋也。又：往也。又：归也。又：去也。又：奔逃也。

马：本作馬。古作影、影。《说文》：怒也。武也。又：动物名。

粪：本作糞。或作糞。古作𡊄。《说文》：弃除也。又：秽也。又：施肥料于田。又：治也。

戎：本作戜。《尔雅》：大也。相也。《说文》：兵也。又：征伐也。

产：本作產。《尔雅》：大籥谓之产。《说文》：生也。又：物产也。又：民业曰产。

郊：或作郶。《尔雅》：邑外谓之郊。《说文》：距国百里为郊。《说文》郶：地名。

罪：古作辠。《说文》：捕鱼竹网。又：犯法也。《说文》辠：犯法也。

险：本作險。或作嶮。《说文》：阻难也。又：危也。又：邪恶也。又：伤也。

憯：或作惨。竹本作灊。《尔雅》：曾也。《说文》：痛也。《说文》惨：毒也。

祸：本作禍。古作禍、㛹、旤、𩲡。《说文》：害也。神不福也。又：毁也。又：灾殃也。

第47章

规：本作規。或作槼。俗作䂓。帛本作規。《说文》：有法度也。又：圆也。又：正圆之器也。又：谋度也。又：画也。又：成例曰规。

窥：本作窺。通作闚。《说文》：小视也。《说文》闚：闪也。

弥：本作镾。或作彌。省作弥（弥）、爾。通作弭。帛本作彈、鐘。《尔雅》：终也。《说文》：弛弓也。又：益也。又：愈也。又：屡也。又：远也。又：遍也。又：满也。又：安也。又：息也。《说文》爾：丽爾，犹靡丽也。《说文》镾：久长也。《说文》弭：弓无缘可以解辔纷者。

第49章

㥸：《玉篇》：心热也。

惵：《玉篇》：恐惧也。又：盈也。又：静也。又：与歙通。

匧：或作箧。《说文》：藏也。

怵：《说文》：恐也。又：悽怆也。又：诱也。

注：或作主、屬。《说文》：灌也。又：附著也。又：聚也。又：引也。又：解书之名。又：意所向也。又：记载也。又：投也。

晐：通作该、赅。《说文》：兼晐也。又：咸备也。
骇：本作駭。《说文》：惊也。又：扰乱也。又：起也。又：散也。
㤥：《说文》：苦也。又：愁畏也。

第 50 章

徒：本作辻。古作庣。《说文》步行也。又：众也。又：类也。又：党也。又：从也。又：空也。又：隶也。又：弟子曰徒。又：与途通。
什：《说文》：相什保也。又：十人为什。又：与十通。
盖：本作葢。或作蓋。古作沓。《尔雅》：裂也。《说文》：苫也。又：掩也。又：覆也。又：语助词。又：与盍通。
聂：本作聶。《说文》：附耳私小语也。又：摄也。又：合也。
摄：本作攝。《说文》：引持也。又：佐也。又：收敛也。又：整饬也。又：代也。又：假也。又：迫近也。又：安也。
陵：古作䧙、陵、夌。《尔雅》：大阜曰陵。《说文》：大阜也。又：犯也。又：慄也。又：峻也。又：驰也。又：逾越也。又：侵侮也。又：升也。《说文》夌：越也。
陆：本作陸。《尔雅》：高平曰陆。《说文》：高平地。又：道也。又：厚也。
辟：古作𨐨。或作辟、僻。《尔雅》：君也。法也。罪也。歷（厤）也。《说文》：法也。又：除也。又：明也。又：召也。又：邪也。又：刑也。又：辟除行人也。又：众人惊退也。又：肱也。又：与避、闢、擗、譬通。《说文》僻：避也。或作辟。《说文》厤：治也。《尔雅》擗：拊心也。
遇：《尔雅》：偶也。逆也。见也。《说文》：逢也。又：不期而会也。又：待也。又：合也。
矢：古作矦、夭。或作笑。《尔雅》：陈也。誓也。弛（施）也。《说文》：弓弩矢也。又：正也。又：直也。又：粪也。
兕：本作舄。古作兕、㕜。《尔雅》：兕似牛。《说文》：如野牛而青。
虎：古作虝。通作虒。《说文》：山兽之君。
甲：古作命。帛本作伸。《尔雅》：狎也。《说文》：东方之孟阳气萌动。一曰人头宜为甲，甲象人头。又：言第一也。又：始也。又：甲胄。又：鳞甲也。又：与狎、押通。
革：《尔雅》：辔首谓之革。《说文》：兽皮治去其毛，革更之象。又：皮熟曰韦，生曰革。又：改也。又：兵卒曰革。又：甲胄之属。又：急也。
椯：《说文》：箠也。一曰椯（揣）度也。一曰剟也。又：木名。又：与揣、摶通。
投：《说文》：擿（掷）也。又：弃也。又：入也。又：赠也。又：纳也。又：

託也。又：掩也。又：合也。

驻：本作駐。《说文》：马立也。又：车马止也。又：停留。

角：《说文》：兽角也。又：隅也。又：校也。又：竞也。

措：本作揩。《说文》：置也。又：举也。又：投也。又：施布也。又：筹办也。又：用也。又：迫压也。又：与錯通。

错：本作鐯。或作錯。《说文》：金涂也。又：厉石也。又：杂也。又：斜行也。又：误也。又：安也。又：置也。又：施行也。又：停止也。

爪：古作叉。《说文》：持也。覆手曰爪。又：覆手取物也。《说文》叉：手足甲也。或作蚤。通作爪。

刃：《说文》：刀坚也。又：刀刃也。又：兵器之总称。又：杀也。

第51章

尊：本作䔿。或作尊。《说文》：酒器也。又：高也。又：敬也。

爵：本作䨝。或作时。《说文》：礼器也。又：位也。又：封也。

逐：《说文》：追也。又：驱也。又：斥也。又：竞也。

育：或作毓。《尔雅》：长也。养也。《说文》：养子使作善也。又：稚也。又：生也。又：卖也。又：与鬻通。

亭：《说文》：民所安定也。又：停止也。又：行旅舍会之所馆也。又：平均也。又：亭毒，化育也。

毒：本作毐。古作蓟、𧖧。《说文》：厚也。害人之草，往往而生。又：恶也。又：害也。又：痛也。又：恨也。又：安也。又：治也。又：与育通。

覆：通作伏。《说文》：覂也。一曰盖也。又：反也。

第52章

赛：本作賽。《说文》：报也。又：相夸胜曰赛。又：与塞通。

塞：《尔雅》：（月）在辛曰塞。《说文》：隔也。又：国之阨险曰塞。又：窒也。又：补也。又：酬神也。又：充实也。又：与寋、賽通。《说文》寋：实也。

垙：《玉篇》：垙墙也。又：墙堕也。

嵍：或作埜、嵏、務。简本作䂵。《说文》：山名。又：丘也。《说文》敄：彊（强）也。《说文》務：趣也。同侮。

仅：本作僅。《说文》：材能也。又：几也。又：少也。又：余也。又：与堇、勤通。

济：本作濟。古作洤。省作齊。《尔雅》：渡也。成也。益也。止也。《说文》：水名。又：利也。又：救助也。又：忧也。《说文》齐：禾麦吐穗上平也。

来：本作來。或作倈、秾、麳、麳。古作徕、逨、趚。简本作䅘。《尔雅》：至也。勤也。《说文》：周所受瑞麦。又：还也。又：及也。又：招致也。又：是也。又：语助词。

殃：《说文》：咎也。又：凶也。又：祸也。又：罚也。又：败也。

习：本作習。《说文》：数飞也。又：诵习也。又：习惯也。又：重也。又：因也。又：亲狎也。又：与襲通。

第53章

挈：《玉篇》：束缚也。《说文》絜：麻一耑也。《说文》挈：悬持也。

介：《尔雅》：大也。善也。右（佑）也。《说文》：画也。人各有介。又：辨别之端也。又：限也。又：际也。又：间隔也。又：畔也。又：纤小也。又：恃也。又：助也。又：因也。又：坚确不拔。又：与芥、甲通。《说文》画：界也。

池：或作迤。《说文》：邪行也。又：邪也。又：溢也。又：逶池。

蛇：本作它。或作蛇、虵。《说文》：虫也。从虫而长。又：委蛇。

施：古作㐌、㐌。通作弛。《说文》：旗貌。又：行也。又：设也。又：惠也。又：与也。又：移也。又：改易也。又：舍弃也。又：邪行也。与迤通。《说文》弛：弓解也。

解：本作獬。或作觟。《玉篇》：獬豸也。又：獬獬，豪强貌。

街：《说文》：四通道也。又：大道也。

径：本作徑。或作俓、逕。《尔雅》：直波为径（泾）。《说文》：步道也。又：小路也。又：邪路也。又：直也。又：行也。又：与至、陘通。

芜：本作蕪、芜。《尔雅》：豐也。《说文》：秽也。又：杂乱也。又：草也。《集韵》芜：草名。

苗：《尔雅》：夏猎曰苗。《说文》：草生于田者。又：禾之未秀者。又：植物始生皆曰苗。又：民也。又：众也。又：胤也。

仓：本作倉。古作仺。《说文》：榖藏也。又：与蒼、滄通。

服：本作服。古作㕨、舣。《尔雅》：事也。整也。《说文》：用也。一曰车右騑所以舟旋。又：从也。又：习也。又：衣也。又：佩也。又：食也。又：驾乘也。又：行也。又：思也。又：治也。

采：或作採。《尔雅》：事也。《说文》：捋（採）取也。又：择也。又：色也。

綵：《玉篇》：綵备。又：缯也。又：五色绸。

彩：通作采、綵。《说文》：文章也。又：光彩也。又：博注曰彩。

带：《说文》：绅也。又：佩也。又：行也。又：夹杂也。

剑：本作劎。古作劍。《说文》：人所带兵也。

猒：俗作饜。《说文》：饱也。又：足也。又：塞也。又：与厭、壓通。

厌：本作厭。或作猒、壓、懕。《说文》：笮也。一曰合也。又：恶也。又：足也。又：服也。又：沈溺意。又：损抑也。又：塞也。又：按也。又：安也。又：美也。《说文》笮：迫也。《说文》壓：坏也。一曰塞补。

饮：本作歙。或作飲。古作㱃、衾、龠。《说文》：歠也。又：与隐通。《说文》歠：喝也。

夸：本作誇、夸。古作奝。或作㚘、姱、夸。《说文》：譀也。又：大言也。又：大也。又：自矜曰誇。又：美貌。又：与汙通。《说文》夸：奢也。《说文》譀：诞也。《说文》汙：秽也。一曰小池为汙。一曰涂也。

竽：或作竽。《说文》：管三十六簧也。又：汙也。

吁：本作吁。古作亏（䛐）。省作于。《说文》：惊也。惊语也。又：疑怪之辞。又：忧也。又：叹也。又：大也。又：与芋、嘘通。《说文》芋：大叶实根骇人，故谓之芋。或作吁。

第54章

拔：本作犮。简本作杲。《尔雅》：尽也。《说文》：擢也。又：取也。又：移易也。又：疾也。又：把也。又：挺也。又：除也。

休：或作庥、茠。《尔雅》：美也。庆也。息也。俭也。《说文》：息止也。又：喜也。又：善也。又：宥也。又：莫也。

孙：本作孫。《说文》：子之子曰孙。又：顺也。又：让也。又：遁也。

祭：《说文》：祭祀也。

祀：或作禩、禩。《尔雅》：祭也。商曰祀。《说文》：祭无巳也。又：年也。

辍：本作輟。《尔雅》：已也。《说文》：车小缺复合者。又：止也。又：歇也。

醊：或作餟。《说文》：祭酹也。又：连续而祭也。

丰：本作豐、丰。古作豊。《说文》：豆之豐满者也。一曰乡饮酒有豐侯者。又：岁熟曰豐。又：大也。又：多也。又：茂盛也。又：厚也。《说文》丰：草盛丰丰也。古作丰。或作丯。

夆：《说文》：牾也。又：厚也。又：遇也。又：与逢通。《说文》牾：逆也。

逢：《尔雅》：遇也。逆也。见也。《说文》：遇也。又：大也。又：值也。又：迎也。

普：本作暜。《说文》：日无色也。又：博也。又：遍也。又：大也。又：与溥通。

第55章

胗：本作圅。或作脗。俗作肣。《说文》：舌也。又：牛腹也。又：敛也。

含：或作唅。《说文》：嗛也。又：包容也。又：怀藏也。又：与函通。《说文》嗛：口有所衔也。

比：古作夶。《尔雅》：俌（辅）也。《说文》：密也。又：并也。又：拟也。又：校也。又：类也。又：从也。又：治也。又：亲近也。又：及也。又：每也。又：同也。又：相次也。又：与俾通。

赤：本作烾。古作烾。《说文》：南方色也。又：朱色也。又：空尽无物曰赤。

蠭：古作螽。省作逢、蜂（蠭）。或作蚌。《说文》：飞虫螫人者。

虿：本作蠆。或作蠆、蠆、蠆。简本作蠱。《说文》：毒虫也。

虺：《说文》：蛹也。

虺：古作虫。《说文》：虺以注鸣。又：蛇虺。又：与虺通。

蚖：《说文》：荣蚖蛇医以注鸣者。又：毒蛇，与蝮通。

蠚：或作蓄、莕、螫。《说文》：螫也。又：痛也。

螫：或作蠚。《说文》：虫行毒也。又：怒也。

赫：《尔雅》：迅也。《说文》：火赤貌。又：怒意。又：显也。又：与嚇通。

攫：《说文》：执也。又：搏也。又：取也。又：与擢、玃通。

擢：或作攫。《说文》：爪持也。又：与欋通。

据：本作據。或作据。《说文》：杖持也。又：按也。又：居也。又：证也。又：依也。又：安也。又：引也。又：守也。《说文》据：戟挶（持）也。

玃：《说文》：母猴也。又：搏也。与攫通。

鸜：本作鸲。古作鸲。或作鸜（䴉）、鸖。《说文》：鸲鹆也。

欋：《玉篇》：齐鲁谓四齿杷也。又：木根盘错貌。

瞿：《说文》：鹰隼之视也。又：惊也。

鸟：本作鳥。《说文》：长尾禽总名也。

猛：古作㹾。省作孟。简本作猷。《说文》：健犬也。又：健也。又：严也。又：恶也。又：害也。又：猝急之义。《说文》孟：长也。

狩：《尔雅》：冬猎为狩。火田为狩。《说文》：犬田也。又：与守通。

哺：《说文》：哺咀也。又：含物以饲也。

捕：或作搏。《说文》：取也。又：捉也。

筋：古作笏。或作腱。省作肋。俗作觔。帛本作莁、䏰。《说文》：肉之力也。又：大腱也。

捉：《说文》：搤也。一曰握也。又：捕也。《说文》搤：捉也。

握：《尔雅》：具也。《说文》：搤持也。又：捲手执持也。又：小貌。又：与楃通。

抠：本作摳。或作挎。《说文》：繑也。一曰抠衣升堂。又：提挈也。又：投也。又：探也。

戊：《说文》：中宫也。又：刚日也。又：茂也。又：与牡通。

牡：或作牳。《说文》：畜父也。又：飞曰雌雄，走曰牝牡。又：锁匙也。

朘：或作峻、屡。简本作䝜。《说文》：赤子阴也。又：缩也。

狻：《尔雅》、《说文》：狻麑，如虦猫，食虎豹者。又称狮子。

酸：古作䤹。《说文》：酢也。又：醋味也。又：悲痛曰酸。又：寒素曰酸。

怒：古作忞、恣。简本作惹。《说文》：恚也。又：愤也。又：奋也。又：威势也。《说文》恚：恨也。

号：本作號。或作号、皋、唬。《尔雅》：諕也。《说文》：呼也。又：哭也。又：鸣也。又：名称也。又：号令也。《说文》号：痛声也。

嗥：本作嘷。《说文》：咆也。又：与号通。

嗌：《说文》：咽也。又：噎也。又：笑也。

嚘：《说文》：语未定貌。又：气逆也。又：叹也。

嗄：古作嘘。或作歎。《玉篇》：声破。又：气逆也。又：哑也。

哑：本作啞。《说文》：笑也。又：不言也。又：瘖也。又：惊叹之声。

详：本作詳。《说文》：审议也。又：周备也。又：善也。又：诈也。又：与祥、佯通。

第 56 章

畛：古作畍。《尔雅》：告也。致也。殄也。《说文》：井田间陌也。又：根也。

剉：简本作�。《说文》：折伤也。又：去芒角也。又：斫也。又：与挫通。

坐：本作坐。古作坐、坙。《说文》：止也。又：行之反。又：跪也。又：挫也。又：与座通。

分：《尔雅》：律（率）谓之分。《说文》：别也。又：离也。又：界也。又：名分也。又：因缘也。又：均也。又：半也。又：位也。又：与紛通。

疏：本作疋。或作疏、踈。俗作疎。省作疋。《说文》：通也。又：治也。又：分也。又：远也。又：粗也。又：稀也。又：刻画也。又：记注也。《说文》疋：足也。

戋：本作戔。《说文》：贼也。又：伤也。又：馀也。又：浅小之意。又：狭也。又：与殘通。

第 57 章

理：《说文》：治玉也。又：治也。又：正也。又：道也。又：文理也。又：性也。又：分也。又：利也。又：与李通。

畸：通作奇。《说文》：残田也。又：凡数之零余者皆曰畸。又：偏也。又：异也。

倚：或作奇。《说文》：依也。又：因也。又：偏也。又：近也。又：隻也。又：异也。又：与畸通。

奇：或作倚、觭、畸。简本作戠、戓。《说文》：异也。一曰不耦。又：偶之反。又：馀数也。又：权诈也。又：命运蹇也。又：祕也。又：与矮通。

期：或作朞。古作𣎆。《说文》：会也。又：限也。又：要约也。又：必也。又：希冀也。又：时也。又：百年也。又：周年也。又：语助词。

忌：古作𢘑。《说文》：憎恶也。又：怨也。又：忌讳也。又：畏惮也。又：戒也。又：敬也。又：语助词。

讳：本作諱。省作韋。《说文》：誋也。又：忌也。又：避也。又：隐也。又：生曰名，死曰讳。《说文》誋：诫也。《说文》韋：相背也。

尔：本作爾、尒。《说文》：丽爾，犹靡丽也。又：汝也。又：此也。又：乃也。又：语助词。又：近也。与迩通。《说文》尒（尔）：辞之必然也。通作爾。

畔：《说文》：田界也。又：边侧也。又：背也。又：离也。又：与叛通。

贫：本作貧。古作穷。《说文》：财分少也。又：凡不足皆曰贫。

叛：或作㕬。《说文》：半也。又：反也。又：背也。又：离也。又：乱也。又：与畔通。

滋：古作㴨。简本作丝。《说文》：益也。又：长也。又：殖也。又：液也。又：滋味也。又：与兹、孳通。

伎：《说文》：与也。又：伎巧。又：伎俩。又：与技、跂通。

技：《说文》：巧也。又：艺也。又：才能也。又：工匠也。又：与伎通。

起：古作廷、起、迟。《说文》：能立也。又：举也。又：行也。又：振也。又：动也。又：兴也。又：始也。

第58章

闵：本作閔。《说文》：吊者在门也。又：伤也。又：病也。又：勉也。又：忧也。与悯通。

醇：古作醕。《说文》：不浇酒也。又：厚也。又：精也。又：与純通。

淳：古作滰。或作厚。省作涫。《说文》：渌也。又：厚也。又：朴也。又：耦也。又：大也。又：沃也。又：与纯通。

蠢：古作𧍒。通作惷。指归作蠢。《尔雅》：作也。不逊也。《说文》：虫动也。又：动也。又：厚也。

伏：《说文》：司（伺）也。又：覆也。又：藏也。又：屈服也。又：处也。又：与服通。

妖：本作媄。省作妖、芺。《说文》：巧也。一曰女子笑貌。又：艳媚也。又：异也。又：孳也。

訞：本作䛀。省作訞。《玉篇》：灾也。又：巧言貌。又：语祅祥。又：与妖、祆通。

祅：本作祦。省作祅。通作妖。《说文》：地反物为祅也。
兼：古作秝。《说文》：并也。又：累积也。
廉：古作亷、槏。《说文》：仄也。又：侧边曰廉。又：有分辨不苟取也。又：棱也。又：察也。又：歛也。又：清也。又：俭也。
谦：本作謙。古作秝。《说文》：敬也。又：让也。又：不自满也。又：安静貌。
刺：《尔雅》：杀也。《说文》：君杀大夫曰刺。刺，直伤也。又：责也。又：取也。又：除也。又：棘芒也。又：侦伺也。
刖：《说文》：绝也。
刿：本作劌。《说文》：利伤也。又：伤割也。
秽：本作薉、穢。通作濊。《说文》：蕪也。又：恶也。又：污也。
绁：本作紲。或作緤。《说文》：系也。又：绳索也。
肆：《尔雅》：力也。故也。今也。《说文》：极陈也。又：极也。又：放纵也。又：弃也。又：长也。又：直也。又：遂也。又：馀也。
眺：或作覜。《说文》：目不正也。又：望也。
耀：本作燿。或作曜。通作耀。《说文》：照也。又：昭也。又：光也。

第 59 章

给：本作給。《说文》：相足也。又：足也。又：供也。又：备也。又：赐与曰给。又：敏言也。又：与洽通。
啬：本作嗇。古作畓。或作僋。《说文》：爱濇也。又：爱也。又：少费谓之啬。又：悭贪也。又：啬夫，农夫也。又：农事。与穑通。《说文》濇：不滑也。《说文》穑：谷可收曰穑。
备：本作備。古作俻。俗作偹。《说文》：慎也。又：预也。又：足也。又：无所不顺者谓之备。又：成也。又：咸也。又：尽也。
克：《尔雅》：能也。《说文》：肩也。又：成也。又：获也。又：胜也。又：与剋通。
剋：本作勊（勀）。或作尅。俗作剋。《尔雅》：胜也。《说文》：尤极也。又：自彊也。又：急也。又：必也。又：与克通。
坻：本作阺。或作坻、坻。《尔雅》：小陼曰沚。小沚曰坻。《说文》：秦谓陵阪曰阺。又：止也。《说文》坻：小渚也。《说文》坻：箸也。
抵：《说文》：挤也。又：掷也。又：拒也。又：触也。又：当也。又：至也。又：本也。又：与邸通。《说文》邸：属国舍。
蔕：或作蒂。《说文》：瓜当也。又：草木根也。又：草木缀实也。
柢：或作楴。省作氐。《尔雅》：本也。《说文》：木根也。又：根也。又：底也。又：与邸通。《说文》氐：至也。

第60章

鲜：本作鮮。《尔雅》：善也。罕也。寡也。大山鲜。《说文》：鱼名。又：生也。又：味美曰鲜。又：洁也。又：明好也。又：新且华也。又：尽也。又：乏也。

腥：省作胜。《说文》：星见食豕，令肉中生小息肉也。又：生肉也。又：臭也。

莅：本作竦。或作莅、位、蒞、涖。《说文》：临也。又：位也。

鬼：古作䰟。《尔雅》：鬼之为言归也。《说文》：人所归为鬼。又：人死曰鬼。又：精魂所归曰鬼。又：归也。又：慧黠也。又：凡阴险害人或行事不光明皆谓之鬼。《说文》甶：鬼头也。《说文》祟：神祸也。

伤：本作傷。《尔雅》：思也。《说文》：创也。又：毁也。又：害也。又：损也。又：忧也。又：病也。又：痛也。

交：古作这。《尔雅》：直不受檐谓之交。《说文》：交胫也。会也。又：共也。又：俱也。又：交通也。又：交接也。又：互易也。又：友也。

第61章

流：本作㳅。古作流、汓。俗作流。《尔雅》：择也。求也。覃也。《说文》：水行也。又：行动也。又：走也。又：布也。又：亡也。又：下也。又：放也。

游：本作汓。或作遊。《说文》：浮行水上也。又：虚浮不实也。又：闲旷也。又：自适貌。

宜：本作宐。或作宜。古作𡧪、宩。《尔雅》：事也。肴也。《说文》：所安也。又：适合也。又：和顺之意。又：当也。又：殆也。又：语助词。

聚：或作郰。《说文》：会也。又：邑落也。又：敛也。又：积也。又：具也。

第62章

帚：或作箒。竹本作帚。《说文》：粪也。从又，持巾埽门内。古者，少康初作箕帚秫酒。又：扫除尘秽之具。《说文》掃：弃也。本作埽。

奥：本作奔。或作奧、奥。《尔雅》：西南隅谓之奥。《说文》：宛也。室之西南隅。又：深秘不易窥见也。又：主要也。又：积聚。

市：《尔雅》：贸、贾，市也。《说文》：买卖所之也。又：买卖货物也。又：利也。又：劝也。又：恃也。

贺：本作賀。《说文》：以礼相奉庆也。又：加也。又：嘉也。又：劳也。

加：《尔雅》：重也。《说文》：语相增加也。又：增益也。又：居也。又：施也。又：陵驾也。与駕通。

置：《说文》：赦也。又：设也。又：安也。又：树立也。

卿：《说文》：章也。又：嚮也。又：称谓之辞。

拱：省作共。《尔雅》：执也。《说文》：斂手也。又：围绕也。又：大璧也。与珙通。

供：通作共。《尔雅》：具也。《说文》：设也。一曰供给。又：养也。

璧：《尔雅》：肉倍好谓之璧。《说文》：瑞玉圜也。又：玉之通称。又：与辟通。

驷：本作駟。《说文》：一乘也。又：与四通。

第63章

报：本作報。或作報。《说文》：当罪人也。又：复也。又：酬答也。又：告也。又：合也。

怨：古作惌、命、怉。或作惌。《说文》：恚也。又：仇也。

图：本作圖。古作圂。俗作啚。竹本作圗。《尔雅》：谋也。《说文》：画计难也。又：议也。又：法也。又：治也。又：画图。又：度也。

细：本作細。《说文》：微也。又：小也。又：粗之反。

诺：本作諾。古作喏。《说文》：譍也。又：以言许人曰诺。《说文》譍：以言对也。

第64章

谋：古作謩、吿、悬。《尔雅》：心也。《说文》：虑难曰谋。又：计议也。又：筹度也。又：策也。又：图也。

脆：本作肥。或作膬、脺。俗作脆、毳。简本作霍。《说文》：小耎（软）易断也。又：轻也。又：声清。又：欲也。《说文》膬：软易破也。或作肥、脺。《说文》毳：兽细毛也。

破：《说文》：石碎也。又：坏也。又：剖也。又：裂也。又：劈也。

泮：古作泮。或作頖。《说文》：诸侯鄉（饗）射之宫；西南为水，东北为墙。又：半也。又：散也。又：涯也。又：与判、畔通。

判：《说文》：分也。又：半也。又：散也。又：断也。又：与泮通。

后：或作衜、践。《说文》：迹也。又：履也。《说文》践：履也。《说文》残：贼也。又：践也。

给：本作給。或作緫。通作詒。《说文》：丝劳即給。一曰缠也。又：欺诈也。

木：《说文》：冒也。又：植物。又：质朴也。又：五行之一。

豪：本作豪。古作豪。省作豪。俗作毫。《说文》：豕鬣如笔管者，出南郡。

又：长锐毛也。又：十丝曰毫。十毫曰厘。又：英俊也。又：侠也。又：强健也。

末：《说文》：木上曰末。又：端也。又：本之对。又：无也。又：勿也。又：终也。又：老也。又：浅薄也。

九：《说文》：阳之变也。又：数名。又：多数之称。

层：本作層。通作曾。《说文》：重屋也。又：重也。又：累也。又：级也。

虆：或作蔂。《玉篇》：蔓也。又：盛土之器。又：与壘通。

垒：本作壘。《说文》：军壁也。又：重也。又：积也。又：与纍通。《说文》垒：絫墼也。《说文》纍：缀得理也。

土：《尔雅》：田也。《说文》：地之吐生物者也。又：地也。又：根也。又：乡也。又：五行之一。

千：《说文》：十百也。

仞：《说文》：伸臂一寻八尺。又：辨识也。又：柔坚也。又：与認、韧通。

里：《尔雅》：邑也。《说文》：居也。又：五家为邻，五邻为里。又：路程。《说文》裏：衣内也。

埶：俗作㙯。通作執、摯。《说文》：至也。《说文》摯：握持也。

临：本作臨。古作𦣝。《尔雅》：视也。《说文》：监臨也。又：以尊适卑曰临。又：治也。又：制也。又：当也。又：及也。又：大也。

斱：《说文》：斩也。又：斫也。又：击也。又：断也。又：与作通。

慎：古作昚、𥄂、𥄂、𢝫。简本作誓。《尔雅》：诚也。静也。《说文》：谨也。又：重也。又：忧也。又：思也。

豆：伪作豈。《说文》：陈乐立而上见也。

尃：或作㪅。《说文》：布也。

梢：《篇海》：木欑也。《说文》欑：积竹杖也。

辅：本作輔。或作輏、䡴、酺。《尔雅》：俌也。《说文》：人颊车（骨）也。又：夹车木也。又：助也。又：扶也。又：以物相将曰辅。《说文》俌：辅也。

第 65 章

娱：本作娛。《说文》：乐也。

稽：古作𩠐。或作䭫。《说文》：留止也。又：考也。又：计也。又：议也。又：合也。又：治也。又：至也。《说文》䭫：下首也。

楷：古作楖。《说文》：木也。孔子冢盖树之者。又：模也。又：法式也。又：直也。

第 66 章

推：《说文》：排也。又：进之也。又：让也。又：除去也。又：荐举也。又：

移迁也。又：求也。又：度也。

詀：《玉篇》：多言也。又：巧言也。又：妄言也。

诤：本作諍。《说文》：止也。又：谏也。又：讼也。又：与爭通。

第 67 章

宵：古作睄。《说文》：夜也。又：小也。又：类也。

肖：《说文》：骨肉相似也。又：似也。又：象也。又：小也。又：类也。又：衰微也。又：法也。

检：本作檢。《尔雅》：同也。《说文》：书署也。又：敛也。又：制也。又：禁也。又：法式也。又：察验也。

敛：本作斂。或作歛。《尔雅》：聚也。《说文》：收也。又：藏也。又：取也。又：欲也。又：赋也。又：灭也。

俭：本作儉。古作㑣。《说文》：约也。又：少也。又：岁歉也。《说文》约：缠束也。

勇：本作勈。或作勇、甬、恿。《说文》：气也。又：健也。又：用也。又：猛也。又：果决也。又：气盛无所畏避曰勇。又：锐进而致其力也。

舍：本作捨。省作舍。《说文》：释也。又：施也。又：去也。又：弃也。又：置也。又：止也。又：何也。又：与赦通。《说文》舍：市居曰舍。

赦：古作㑛。或作赦。《尔雅》：舍也。《说文》：置也。又：释也。又：与舍通。

单：本作單。或作亶。《说文》：大也。又：複之反。又：薄也。又：厚也。又：独也。又：尽也。又：与戰通。

陈：本作陳。古作阵、軙、敶。或作陣、塦。《尔雅》：堂途谓之陈。《说文》：宛丘。又：布也。又：新之反。又：称说也。《说文》敶：列也。省作陳。或作陣。

垣：古作䢴。《说文》：墙也。又：墉也。又：援卫也。

卫：本作衞。省作衛。俗作衛。竹本作衛。《尔雅》：垂也。嘉也。《说文》：宿衛也。又：守护也。又：营也。

第 68 章

敌：本作敵。或作適。《尔雅》：匹也。当也。《说文》：仇也。又：拒抵也。又：对也。又：主也。又；上也。

肥：通作肥。《尔雅》：（水）归异出同流肥。《说文》：多肉也。又：田土腴美。又：饶裕也。又：薄也。

配：《说文》：酒色也。又：匹也。又：合也。又：对也。又：当也。

第 69 章

寸：《说文》：十分也。

尺：《说文》：十寸也。

襄：《尔雅》：除也。驾也。《说文》：汉令云，解衣耕谓之襄。又：上也。又：成也。又：高也。又：反也。又：举也。又：佐治曰襄。又：与攘通。

近：古作岸。《说文》：附也。又：不远也。又：平常也。又：迫也。又：亲也。又：语助词。

抗：古作亢。《说文》：扞（捍）也。又：御也。又：举也。又：敌也。又：对也。又：高也。《说文》亢：人颈也。

第 70 章

褐：或作褐。《说文》：编枲。一曰粗衣。又：袍也。

怀：本作懷。古作褱。《尔雅》：至也。思也。来也。止也。《说文》：念思也。又：和也。又：伤也。又：归也。又：安也。又：抱也。又：包藏也。又：胸臆也。《说文》褱：侠（挟）也。一曰橐。《集韵》怀：恐惧也。又：怒也。

第 72 章

闸：本作閘。《说文》：开闭门也。

柙：古作囲。或作匣。《说文》：槛也。以藏虎兕。

狎：或作狹。《尔雅》：习也。《说文》：犬可习也。又：更迭也。又：近也。又：易也。又：轻也。又：排挤也。又：与甲通。

狭：本作陜。《说文》：隘也。又：不广也。

挟：本作挾。或作夾。《尔雅》：藏也。《说文》：俾持也。又：持也。又：带也。又：倚以自重也。

第 73 章

枯：帛本作楛。《说文》：槁也。又：山林不茂为童，山泽无水为枯。又：干也。

召：《说文》：諕（呼）也。又：招也。以手曰招，以言曰召。又：致也。又：与招通。

弹：本作彈。古作弓。或作弜、弓。《说文》：行丸也。又：射击也。又：劾也。又：纠也。

默：或作嘿、墨、穆。竹本作謀。《说文》：犬暂逐人也。又：黑也。又：静也。又：不语也。

坦：或作壇。《说文》：安也。又：平也。又：大也。又；明也。

繟：《说文》：带（滞）缓也。又：宽绰。又：与壇通。

网：或作網、罔（罠）。古作宀、䋄。省作罔。俗作冈。《尔雅》：无也。《说文》：庖犧所结绳以渔。又：罗也。

恢：或作㹈、㹈。《说文》：大也。又：志大也。又：多也。又：恢恑谲怪。又：备也。《说文》㹈：大也。

怪：或作傀、恠。《说文》：异也。又：奇也。又：疑也。

第 74 章

惧：本作懼。省作瞿。古作愳、𢡋。《说文》：恐也。又：惊也。与戄通。

戄：《玉篇》：惊也。又：遽视也。又：谛视也。又：大视也。

矍：本作䀏。省作矐。《说文》：大视也。又：惧也。《集韵》矐：姓也。

司：古作㓨。《说文》：臣司事于外者。又：主也。又：察也。又：官署。

代：《说文》：更也。又：替也。又：世也。

匠：《说文》：木工也。又：凡工役皆称匠。

斲：俗作斵。或作斷、𣂺。通作斫。《说文》：斫也。又：雕饰也。

手：古作𠂿。《说文》：拳也。又：人身上肢之称。

第 75 章

饥：本作飢。或作飥、饑。《说文》：饿也。《说文》饑：穀不熟为饑。

税：帛本作䘡。《尔雅》：舍也。《说文》：租也。又：田赋也。又：以物遗人曰税。又：敛也。又：与脱、說、悦通。《篇海类编》䘡：步楚也。

第 76 章

倰：本作夌。或作陵。《说文》：越也。

草：本作艸。或作草、屮。《说文》：百芔也。《说文》卉：本作芔，艸之总名也。

栫：本作櫱。或作蘖。古作不、栫。《说文》：伐木余也。又：栫杌以柄内孔也。又：木朽。

苦：或作楛。《说文》：大苦苓也。又：味也。又：勤劳也。又：患也。又：急也。又：极也。又：困辱之也。又：粗劣也。

槁：本作稾。帛本作𣑼。《说文》：木枯也。又：干也。

蒿：《说文》：菣也。又：草之高者。《说文》菣：香蒿也。

熇：《说文》：火热也。又：燥也。与烤（熇）通。

竞：本作競。或作竸、譩。俗作竟。通作竞。《尔雅》：彊也。《说文》：彊语也。一曰逐也。又：盛也。又：争也。又：高也。又：並也。

核：古作槅。《说文》：蛮夷以木皮为箧，状如籢尊。又：果中核也。又：坚实也。又：根核也。

第77章

弓：《尔雅》：弓有缘者谓之弓。《说文》：以近穷远。又：角曰弓，木曰弧。

抑：本作𢑏。或作抑。省作抑、印。《尔雅》：密也。《说文》：按也。又：治也。又：屈枉也。又：遏止也。又：谦退也。又：语助词。《说文》印：执政所持信也。

补：本作補。古作𧝓。或作𦁔、𢿫。《说文》：完衣也。又：凡破损而修治之、欠缺而充满之皆曰补。又：助也。又：益也。

奉：古作𢍃。《说文》：承也。又：献也。又：养也。又：送也。又：与也。又：助也。又：供事也。《说文》承：奉也。受也。

第78章

受：《说文》：相付也。又：得也。又：承也。又：容纳也。又：应用也。

诟：本作詬。或作詢、呴。《说文》：謑詬，耻也。又：怒骂也。又：巧言也。

垢：或作坸。《说文》：浊也。又：滓也。又：恶也。又：耻也。与詬通。

社：古作𡋯、𥙑、祩、禯。《说文》：地主也。又：土地之神也。又：田社。

稷：通作禝。竹本作稯。《说文》：五穀之长。又：穀神。

第79章

芥：《说文》：菜也。又：小草曰芥。又：与介通。

契：通作挈。《尔雅》：绝也。《说文》：大约也。又：券约也。又：合也。又：开也。又：刻也。

责：本作賫。或作責。《说文》：求也。又：取也。又：诘问也。又：责让也。又：责任也。又：负欠之财也。与债通。

第80章

佰：《说文》：相什伯也。又：百人之长。又：与百、陌通。

伯：省作白。《说文》：长也。又：爵名。又：与佰、陌、霸通。

徙：本作𨑢。或作徙。《说文》：迻也。又：移也。又：避也。《说文》迻：迁徙也。

舟：《说文》：船也。又：带也。又：载也。又：周流也。又：与周通。

业：本作業。或作𦢊。古作𤎼、𦢑。《尔雅》：危也。《说文》：大版也。又：大也。又：绪也。又：职也。又：事也。又：始也。又：产业也。又：已也。

犬：《说文》：狗之有悬蹄者也。

第81章

己：古作芑。《尔雅》：（太岁）在己曰屠维。（月）在己曰则。《说文》：中宫也。又：起也。又：身也。又：私欲也。又：纪也。又：理也。

说明：

1. 本字典是学习《老子》的专用字典，仅供研习《老子》时参考，以拓宽思路。其中字义，尤其是通、同等用字，并不作为现代汉语用字的依据。

2. 本字典因篇幅所限，每字仅选取主要的字义，及主要的通、同、古字。主要选取于《尔雅义疏》、《说文解字》、《广雅》、《玉篇》、《干禄字书》、《广韵》、《集韵》、《类篇》、《韵会》、《康熙字典》、《辞海》、《辞源》、《中华大字典》、《甲骨文小字典》、《甲骨文常用字汇》、《金文常用字汇》、《郭店楚简文字编》、《马王堆简牍帛书常用字汇》、《词诠》、《文言虚字》等字典。

3. 本字典涵盖十六版本《老子》的全部用字；其中简本、帛本、竹本《老子》中的某些用字，因诸字典均未记载，故分别于"八十一章分说"中具体论述。

4. 本字典每字字义之出处，除首标《尔雅》、《说文解字》（简称《说文》）外，均标为"又:"。个别用字除外。

5. 本字典为统一诸字典之不同体例，凡两字因字形、字音、字义之关系而相同、换用或借用者，本字典除效彷《集韵》、《康熙字典》诸字典，标为"本作×"、"或作×"、"俗作×"、"省作×"、"古（篆、籀）作×"等等外，其余多统一标为"与×通"，以示二字之间仅某些字义相通。

6. 本字典以简化字为主。诸版本用字中涉及简化字者，原字均标明"本作×"，以《说文解字》、《汉字简化字与繁体字对照字典》为主要依据。

7. 本字典中，重点用字往往是多义多音，用字的读音较为复杂，应根据学者的理解而选取读音，并无孰对孰错之论。用字所标之汉语拼音以《广韵校释》为主要依据。

显隐「老子」

上

文三生 著

中国农业出版社

题记(代序)

为什么读《老子》?
因为是老子的书。
孔子说，老子是史官，是像龙一样的圣人。
庄子说，老子是既博且大的古真人。
史迁说，老子是史官，是人言人殊的隐君子。
道陵说，老子是成神成仙的太上老君。
……
我说，老子是中国古今第一思想家，是中国经史文化的奠基者。

为什么读《老子》?
因为是讲道与德的书，尊称《道德经》。
有人说，我从中悟到帝王之道与治国之术。
有人说，我从中悟到为官之道与治事之术。
有人说，我从中悟到为人之道与处世之术。
有人说，我从中悟到养心之道与修身之术。
有人说，我从中悟到为神之道与求仙之术。
……
我说，我从道中悟到老子的思惟模式，从德中悟到老子的行为准则。

《显隐〈老子〉》就像一张网。
把主要版本织到一起，看看老子到底说些什么。
把主要注家聚到一起，看看老子到底说些什么。
把主要字义集到一起，看看老子到底说些什么。

为什么读《老子》?
一千个精英，有一千种答案。
一万个草根，有一万种答案。
人人心中，都有自己的《老子》。
没有正确的思维模式，何来正确的行为准则?
读一读，就知道了。

如是我文　题

目 录

第一篇 《老子》经文普及本

第 1 章

道何道也？非恒道也？名何名也？非恒名也？

无：名万物之始；有：名万物之母。

故常无欲，以观其妙；常有欲，以观其所徼。

两者同出，异名同谓。

玄之又玄，众妙之门。

第 2 章

天下皆知美之为美，斯恶已；皆知善，此其不善已。

有无之相生也：难易之相成，长短之相型，高下之相倾，音声之相和，先后之相随；恒也。

是以圣人处无为之事，行不言之教。

万物作而不辞，为而不恃，成而不居。夫唯不居，是以不去。

第 3 章

不尚贤，使民不争；不贵难得之货，使民不为盗；不见可欲，使民心不乱。

是以圣人之治：虚其心，实其腹，弱其志，强其骨；常使民无知、无欲；使夫知不敢、不为而已，则无不治矣。

第 4 章

道：盅而用之，又不盈。渊兮，似万物之宗；湛兮，似常存。吾不知其谁之子，象帝之先。

第 5 章

天地不仁，以万物为刍狗；圣人不仁，以百姓为刍狗。

天地之间，其犹橐、籥乎？虚而不屈，动而愈出。

多闻数穷，不如守于中。

第 6 章

谷神不死，是谓“玄牝”。玄牝之门，是谓“天地之根”。绵绵若存，用之不尽。

第 7 章

“天长，地久。”天地之所以能长且久者，以其不自生，故能长久。

是以圣人退其身而身先，外其身而身存。非以其无私耶？故能成其私。

第 8 章

上善若水。水：善利万物而有静，居众之所恶，故几于道。

居善地。心善渊。予善天。言善信。政善治。事善能。动善时。

夫唯不争，故无尤。

第 9 章

持而盈之，何不若已？揣而群之，不可长保。金玉满堂，莫之能守；贵富而骄，自遗其咎。功遂身退：天之道。

第 10 章

载营魄抱一，能毋离乎？抟气致柔，能如婴儿乎？修除玄鉴，能毋有疵乎？爱民治国，能毋以知乎？天门开阖，能为雌乎？明白四达，能毋以为乎？

第 11 章

三十辐共一毂；当其无，有车之用。埏埴以为器；当其无，有器之用。凿户、牖以为室；当其无，有室之用。故有之以为利，无之以为用。

第 12 章

五色使人目盲，五音使人耳聋，五味使人口爽，驰骋田猎使人心发狂，难得之货使人之行妨。是以圣人之治：为腹而不为目。故去彼而取此。

第 13 章

“宠辱若缨，贵大患若身。”何谓“宠辱若缨”？宠之为下，得之若缨，失之若缨；是谓“宠辱若缨”。何谓“贵大患若身”？吾所以有大患者，为吾有身；及吾忘身，又何患？故贵为身于为天下，则可以托天下；爱以身为天下，则可以去天下。

第 14 章

视之不见，名之曰“微”；听之不闻，名之曰“希”；捪之不得，名之曰“夷”。三者不可至计，故混而为“一”。“一”者：其上不皦，其下不昧。寻寻兮不可命也，复归于无物，是谓“无状之‘状’”。无物之象，是谓“忽恍”。迎而不见其首，随而不见其后。

执今之道，以御今之有；以知古始，是谓“道纪”。

第 15 章

古之善为士者，必微、弱、玄、达，深不可志。是以为之颂，曰：“豫兮，其若冬涉川；犹兮，其若畏四邻；严兮，其若客；望兮，其若怿；沌兮，其若朴；旷兮，其若谷；浑兮，其若浊。孰能浊以静之？将徐清；孰能安以动之？将徐生。”保此道者，不欲盈。

第 16 章

至虚，极也；守静，督也。万物并作，居以颁复；天道纭纭，各复其尽。

曰：静静；是谓复命。复命：常也。知常：明也。不知常：妄；妄作：凶。

知常：容。容乃公，公乃王，王乃天，天乃道，道乃久。没身不殆。

第 17 章

太上，下知友之；其次，亲、誉之；其次，威之；其下，侮之。

信不足，有不信。犹兮，其贵言也。成事遂功，而百姓皆曰“我自然”也。

第 18 章

故大道废，有仁义；六亲不和，有孝子；国家昏乱，有忠臣。

第 19 章

“绝知弃辨，民利百倍。绝伪弃诈，民复孝慈。绝巧弃利，盗贼无有。”三言以为使不足；或命之，或呼矣。“视素保朴，少私寡欲。”

第 20 章

唯之与诃，相去几何？美之与恶，相去何若？人之所畏，亦不可以不畏人。

“望兮：其未央哉！众人熙熙，如享太牢而春登台。我泊焉其未兆，若婴儿之未咳。傫兮：若无所归。众人皆有余，而我独遗。我愚人之心也哉！沌沌兮！俗人昭昭，我独若昏；俗人察察，我独闷闷。忽兮：其若海。望兮：若无所止。众人皆有以，我独顽似鄙。我欲独异于人，而贵食母。”

第 21 章

“孔德之容，唯道是从。”道之物，唯恍唯忽：忽兮恍兮，其中有象；恍兮忽兮，其中有物。幽兮冥兮，其中有情；其情甚真，其中有信。自古及今，其名不去，以顺终甫。吾何以知终甫之然哉？以此。

第 22 章

“曲则全。”枉则直。洼则盈。敝则新。少则得，多则惑。是以圣人执一，以为天下牧。

不自见，故明。不自是，故彰。不自伐，故有功。不自矜，故能长。

夫唯不争，故天下莫能与之争。古之所谓“曲全”者，岂虚语哉！诚全归之。

第 23 章

希言，自然。飘风不终朝，骤雨不终日。孰为此？天地尚不能久，又况于人乎！

故从事而道者，同于道。得者同于得，失者同于失。同于得者，道亦得之；同于失者，道亦失之。

第 24 章

跂者不立。

自见者不明。自是者不彰。自伐者无功。自矜者不长。

其在道，曰“馀食赘行”，物或恶之，故有欲者不居。

第 25 章

有物混成，先天地生。寂寥、独立、不say，可以为天地母。未知其名，字之曰“道”，吾强为之名曰“大”。大曰逝，逝曰远，远曰返。道大，天大，地大，生大。域中有四大，而生处其一。人法地，地法天，天法道；道法：自然。

第 26 章

重为轻根，静为躁君。是以君子终日行，不离其辎重。虽有环官，燕处则昭若。奈何万乘之王，而以身轻于天下？轻则失本，躁则失君。

第 27 章

善行者无辙迹。善言者无瑕谪。善计者不以筹算。善闭者无关键而不可开。善结者无绳约而不可解。

是以圣人常善救人，故无弃人；常善救物，故无弃物，是谓“袭明”。故善人者，善人之师；不善人者，善人之资。不贵其师，不爱其资，唯知乎？大迷是谓“眇要”。

第 28 章

知其雄，守其雌，为天下溪。为天下溪，恒德不离，复归于婴儿。知其荣，守其辱，为天下谷。为天下谷，恒德乃足，复归于朴。知其白，守其黑，为天下式。为天下式，恒德不忒，复归于无极。

朴散则，为成器；圣人用则，为官长。

夫“大制无割”。

第 29 章

将欲取天下而为之，吾见其不得已。夫天下：神器也，非可为者也。为之者败之，执之者失之。

凡物：或行或随，或嘘或吹，或强或羸，或培或堕。

是以圣人去甚，去奢，去泰。

第 30 章

以道佐人主者，不欲以兵强于天下。善者果而已，不以取强。果而勿伐，果而勿骄，果而勿矜。是谓“果而不强，其事好长”。

第 31 章

君子居则贵左，用兵则贵右。故曰：“兵者，不祥之器，不得已而用之，恬淡为上，勿美也。”若美之，是乐杀人。夫乐杀人者，不可以得志于天下。故吉事尚左，凶事尚右。是以偏将军居左，上将军居右，言以丧礼居之。故杀人众多，则以哀悲位之；战胜，则以丧礼居之。

第 32 章

道恒无名，朴虽小，天地不敢臣；侯王若能守之，万物将自宾。

天地相合，以降甘露。民莫之命而自均。

始制有名。名亦既有，夫亦将知止，知止所以不殆。

俾道之在天下，犹小谷之与江海。

第 33 章

知人者智，自知者明。胜人者有力，自胜者强。知足者富。强行者有志。不失其所者久。死而不妄者寿。

第 34 章

道泛兮，其可左右也。成功遂事而不名有也。万物归焉而不为主，可名于小；万物归焉而不为主，可名于大。

是以圣人之能成大：以其不自为大，故能成其大。

第 35 章

执大象，天下往。往而不害，安平太。乐与饵，过客止。故道之出言，曰：淡乎其无味也；视之不足见，听之不足闻，而不可既也。

第 36 章

将欲翕之，必故张之。将欲弱之，必故强之。将欲废之，必故兴之。将欲夺之，必故予之。是谓“微明”。

柔弱胜强。

鱼不可脱于渊，国之利器不可以示人。

第 37 章

道恒无为，侯王若能守之，万物将自化；化而欲作，吾将贞之以无名之朴。夫亦将知足。知足以静，万物将自定。

第 38 章

上德不德，是以有德；下德不失德，是以无德。

上德无为而无以为。上仁为之而无以为。上义为之而有以为。上礼为之而莫之应，则让避而仍之。故失道而后德，失德而后仁，失仁而后义，失义而后礼。失礼者：忠信之薄而乱之首。前识者：道之华而愚之始。是以大丈夫居其厚而不居其薄，居其实而不居其华。故去彼而取此。

第 39 章

昔之得“一”者：天得一以清，地得一以宁，神得一以灵，谷得一以盈，侯王得一以为天下正。其致之也。天毋已清将恐裂，地毋已宁将恐发，神毋已灵将恐歇，谷毋已盈将恐竭，侯王毋已贵高将恐蹶。

故必贵矣，而以贱为本；必高矣，而以下为基。是以侯王自谓“孤”、“寡”、“不谷”，此其贱之本耶？非也。故致数誉无誉。是故不欲琭琭如玉、硌硌如石。

第 40 章

反者，道之动；弱者，道之用。

天下万物：生于有，生于无。

第 41 章

上士闻道，尽能行于其中；中士闻道，若存若亡；下士闻道，大疑之。不疑不足以为道。

是以《建言》有之，曰：“明道若昧。进道若退。夷道若颣。上德若俗。大白若辱。盛德若不足。建德若揄。质贞若渝。大方不矩。大器免成。大音希声。大象无形。”

道隐无名。夫唯道，善始且善成。

第 42 章

道生一，一生二，二生三，三生万物；万物负阴而抱阳，冲气以为和。

人之所恶，唯“孤”、“寡”、“不谷”，而王公以自名。

物：或损之而益，或益之而损。

人之所教，我亦教人。“强良者，不得死。”我将以为学甫。

第 43 章

天下之至柔，驰骋于天下之至坚；无有入于无间；吾是以知无为之有益。不言之教，无为之益，天下希能及之。

第 44 章

名与身孰亲？身与货孰多？得与亡孰病？甚爱必大费；厚藏必多亡。故知足不辱，知止不殆，可以长久。

第 45 章

大成若缺，其用不敝。大盈若盅，其用不穷。大直若屈。大巧若拙。大辩若讷。

躁胜寒，静胜热。静静，为天下正。

第 46 章

天下有道，却走马以粪；天下无道，戎马生于郊。

罪莫大于甚欲，咎莫大于欲得，祸莫大于不知足。知足之为足，此恒足矣。

第 47 章

不出于户，以知天下；不窥于牖，以知天道。其出弥远者，其知弥少。是以圣人不行而知，不见而明，无为而成。

第 48 章

学者日益，为道者日损；损之又损，以至于无为。无为而无不为。继学无忧。

取天下也，恒无事；及其有事，不足以取天下。

第 49 章

圣人恒无心，以百姓之心为心。

善者，善之；不善者，亦善之；得善也。信者，信之；不信者，亦信之；得信也。

圣人之在天下，欲欲焉为天下混其心。百姓皆注其耳目，圣人皆孩之。

第 50 章

“出生入死。”生之徒，十有三；死之徒，十有三；民之生生，动皆之死地者，亦十有三。夫何故也？以其生生也。盖闻：“善执生者：陵行不避兕虎，入军不被甲兵。兕无所投其角，虎无所措其爪，兵无所容其刃。”夫何故也？以其无死地焉。

第 51 章

道生之而德畜之，物形之而器成之。是以万物莫不尊道而贵德。道之尊，德之贵，夫莫之爵而常自然。

道生之，德畜之；长之、遂之、亭之、毒之、养之、覆之。生而不有，为而不恃，长而不宰：是谓“玄德”。

第 52 章

天下有始，以为天下母。既得其母，以知其子；复守其母，没身不殆。

塞其兑，闭其门，终身不勤。启其兑，济其事，终身不来。

见小曰明。守柔曰强。用其光，复归其明；毋遗身央，是谓“袭常”。

第 53 章

使我介有知：行于大道，唯池是畏。大道甚夷，民甚好解。朝甚除，田甚芜，仓甚虚。服文彩，带利剑，厌饮食而资财有余。是谓“盗”吁！非“道”也哉！

第 54 章

善建者不拔，善保者不脱；子孙以其祭祀不绝。

修之身，其德乃贞；修之家，其德有余；修之乡，其德乃长；修之国，其德乃丰；修之天下，其德乃博。以身观身，以家观家，以乡观乡，以国观国，以天下观天下。吾何以知天下之然哉？以此。

第 55 章

含德之厚者，比于赤子。毒虫不螫，瞿鸟、猛兽不据。骨弱筋柔而握固。未知牝牡之合而朘怒，精之至也。终日号而不忧，和之至也。

和曰常。知和曰明。益生曰祥。心使气曰彊。

物壮、则老，是谓“不道”；不道早已。

第 56 章

知之者不言，言之者不智。

塞其兑，闭其门；挫其锐，解其纷；和其光，同其尘；是谓“玄同”。

故不可得而亲，亦不可得而疏；不可得而利，亦不可得而害；不可得而贵，亦不可得而贱。故为天下贵。

第 57 章

以正之国，以奇用兵；以无事取天下。吾何以知其然也？夫天多忌讳而民弥叛，民多利器而国家滋昏，人多知而奇物滋起，法物滋彰而盗贼多有。是以圣人之言曰：“我无为而民自化，我好静而民自正，我无事而民自富，我欲不欲而民自朴。”

第 58 章

其政闷闷，其民淳淳；其政察察，其国夬夬。

祸兮：福之所倚；福兮：祸之所伏。孰知其极？其无正也：正复为奇，善复为妖。人之迷也，其日固久矣。

方而不割，谦而不刺，直而不肆，光而不耀。

第 59 章

给人事天莫若啬。夫唯啬，是以早备，是谓“重积德”。重积德则无不克；无不克，则莫知其极；莫知其极，可以有国；有国之母，可以长久。是谓“深根、固柢、长生、久视之道”。

第 60 章

治大国若烹小鲜。

以道莅天下，其鬼不神。非其鬼不神，其神不伤人。非其神不伤人，圣人亦弗伤也。夫两不相伤，故德交归焉。

第 61 章

大国者：下流也，天下之牝也。天下之交，牝常以静胜牡。为其静也，故宜为下。大国以下小国，则取小国；小国以下大国，则取于大国。故或下以取，或下而取。大国不过欲，谦畜人；小国不过欲，人事人。两者皆得其欲，则大者宜为下。

第 62 章

道者：万物之奥也。

善，人之宝也；不善，人之所保也。美言可以市，尊行可以加。人人之不善，何弃之有？故立天子，置三卿，虽有拱璧以先驷马，不善坐而进此。古之所以贵此者，何也？不谓“求以得，有罪以免”耶？故为天下贵。

第 63 章

为无为。事无事。味无味。大，小之。多少。报怨以德。

图难于其易，为大于其细。天下之难必作于易，天下之大必作于细。轻诺必寡信。多易必多难。是以圣人犹难之，故终无难。

第 64 章

其安，易持。其未兆，易谋。其脆，易判。其几，易餞。为之于未有，治之于未乱。合抱之木，生于毫末；九层之台，起于累土；千里之行，始于足下。

为之者败之，执之者失之。圣人无为，故无败；无执，故无失。临事之纪，慎终若始，则无败事矣。民之从事，常于几成而败之。圣人欲不欲，不贵难得之货；教不教，复众之所过；能辅万物之自然而不敢为。

第 65 章

故曰："为道者，非以明民，将以愚之。"民之难治，以其知多。故以知治国，国之贼；以不知治国，国之德。常知此两者，亦稽式。常知稽式，是谓"玄德"。玄德深矣，远矣，与物反矣，乃至大顺。

第 66 章

江海所以为百谷王，以其能为百谷下，是以能为百谷王。圣人之在民前，以身后之；其在民上，以言下之。其在民上，民不重；其在民前，民不害。天下乐进而不厌，非以其无争耶？故天下莫能与之争。

第 67 章

天下皆谓我大，大而不肖。夫唯不肖，故能大。若肖，久矣其细也夫！

我有三宝，持而宝之：一曰慈，二曰俭，三曰不敢为天下先。夫慈，故能勇；俭，故能广；不敢为天下先，故能为成器长。今舍其慈，且勇；舍其俭，且广；舍其后，且先，则必死矣！夫慈，以战则胜，以守则固。天将建之，以慈卫之。

第 68 章

故善为士者不武。善战者不怒。善胜敌者弗与。善用人者为之下。是谓"不争之德"。是谓"用人"。是谓"配天"。古之极也。

第 69 章

用兵有言曰："吾不敢为主而为客，不敢进寸而退尺。"是谓"行无行，襄无臂，执无兵"，乃无敌矣。祸莫大于无敌，无敌几亡吾宝。故抗兵相若，则哀者胜。

第 70 章

吾言甚易知、甚易行，而天下莫能知、莫能行。言有宗，事有君。夫唯无知，是以不我知。知者稀，则我贵矣。是以圣人被褐而怀玉。

第 71 章

知不知，尚矣；不知不知，病矣。是以圣人之不病也：以其病病，是以不病。

第 72 章

民不畏畏，则大畏将至。毋柙其所居，毋厌其所生；夫唯弗厌，是以不厌。

是以圣人自知而不自见，自爱而不自贵。故去彼而取此。

第 73 章

勇于敢则杀，勇于不敢则活。此两者：或利，或害。天之所恶，孰知其故?

天之道：不战而善胜，不言而善应，不召而自来，战而善谋。天网恢恢，疏而不失。

第 74 章

民不畏死，奈何以杀惧之？若使民常畏死，而为奇者，吾将得而杀之，孰敢？若民恒且必畏死，则常有司杀者。夫代司杀者杀，是代大匠斲。夫代大匠斲，则稀有不伤其手矣。

第 75 章

民之饥：以其上取食税之多，是以饥。民之不治：以其上之有以为，是以不治。民之轻死：以其上求生之厚，是以轻死。夫唯无以生为者，是贤于贵生。

第 76 章

人之生也柔弱，其死也坚强。万物草木之生也柔脆，其死也枯槁。故曰："坚强者，死之徒；柔弱者，生之徒。"是以兵强则不胜，木强则竞。故"强大处下，柔弱处上"。

第 77 章

天之道，其犹张弓乎？高者抑之，下者举之；有余者损之，不足者益之。故天之道，损有余而益不足；人之道则不然，损不足而奉有余。孰能有余而又以取奉于天者，唯有道者乎？

是以圣人为而不恃，成而不居。若此：其不欲示贤也。

第 78 章

天下柔弱莫过于水，而攻坚强者，莫之能先，以其无以易之。柔之胜刚，弱之胜强，天下莫不知而莫能行。是以圣人之言曰："受国之诟，是谓社稷之主；受国之不祥，是谓天下之王。"正言若反。

第 79 章

和大怨，必有余怨，可以为善。

是以圣人执右契，而不以责于人。故有德司契，无德司彻。

天道无亲，常与善人。

第 80 章

小国，寡民。使有十百人之器而不用。使民重死而不远徙。虽有舟车，无所乘之。虽有甲兵，无所陈之。使民复结绳而用之。甘其食，美其服，安其居，乐其俗。邻国相望，鸡犬之声相闻，民至老死不相往来。

第 81 章

信言不美，美言不信。

智者不博，博者不智。善者不多，多者不善。圣人无积。既以为人，己愈有；既以予人，己愈多。

天之道，利而不害；人之道，为而不争。

第二篇　显本《老子》八十一章分说（上）

第 1 章（上）

［**普及经文**］**道何道也？非恒道也？名何名也？非恒名也？**

［**直译经文**］万物的道，究竟是不是恒道？万物的名，究竟是不是恒名？

如是我文：道是物本的称名。物不离道，道不离物。没有物，则无所谓道；没有道，则不成其为物。万物皆有道，万物皆有名。以月亮之恒，喻说道之不变与变。道既是不变之道，又是变化之道。

［**百家争鸣**］

《文子》：《道原》："夫事生者应变而动，变生于时，知时者无常之行，故'道可道，非常道；名可名，非常名。'"《精诚》："精诚形乎内，而外喻于人心，此不传之道也。""故至人之治，含德抱道，推诚乐施，无穷之智寝说而不言，天下莫知之贵其不言者，故'道可道，非常道也；名可名，非常名也。'"《上仁》："道之所以至妙者，父不能以教子，子亦不能受之于父，故'道可道，非常道也；名可名，非常名也。'"《上义》："诵先王之书，不若闻其言；闻其言，不若得其所以言；得其所以言者，言不能言也，故'道可道，非常道也；名可名，非常名也'。故圣人所由曰道，所为曰事；道犹金石，一调而不可更；事犹琴瑟也，曲终改调。"《上礼》："故先王之法度，有变易者也，故曰：'名可名，非常名也。'五帝异道而德覆天下，三王殊事而名后世，因时而变者也。……故曰：'道可道，非常道也。'"《上礼》："作事可法，出言可道（行也），人傑也。"《文子》将道与事对说，一个是理论（由），一个是实践（为）。认为道是不传之道、不言之道、不变之道；认为可行、可变的不是道，而是事；认为道非不传，而是道以事传。（注：《文子》是现知最早论述《老子》的古籍，但今本《文子》是一部驳书，真伪参半；其内容虽多可与《淮南子》等书相互印证，却无法作为某段论述成文早晚之依据。）

《韩非子》："道者，万物之所然也，万理之所稽也。理者，成物之文也；道者，万物之所以成也。故曰：'道，理之者也。'……凡理者，方圆、短长、粗靡、坚脆之分也，故理定而后可得道也。故定理有存亡，有死生，有盛衰。夫物之一存一亡，乍死乍生，初盛而后衰者，不可谓常。唯夫与天地之剖判也具生，至天地之消散也不死不衰者，谓常。而常者无攸易，无定理。无定理，非在于常所，是以不可道也。圣人观其玄虚，用其周行，强字之曰‘道’，然而可论。故曰：‘道之可道，非常道也。’”韩非子将道与理对说，一个是内实，一个是外形；一个是共性，一个是个性。认为道是万物的“所然”、“所以成”，是万物的本质即构成模式和规律，是“万理之所稽”，是唯一的至理。理有万理，各有其“定理”。可行、可变的不是道，而是理。有三处值得注意，第一，“道，理之者也。”《庄子》中也有类似表述：“道，理也。”此句是《老子》经文之佚文，还是《庄子》经文？不得而知。第二，其引用的经文为“道之可道”，多了一个之字，似乎在强调可行之道与常道的对立。认为可行之道的道，其实应该是理，强称之为道，目的也只是论说方便而已。第三，《韩非子》中没有“名可名”以下诸句经文，而上句也是与第 14 章的部分内容合说，很可能两章有直接联系。

河上：“谓经术政教之道也。非自然长生之道也。常道当以无为养神，无事安民，含光藏辉，灭迹匿端，不可称道。谓富贵尊荣，高世之名也。非自然常在之名也。常名当如婴儿之未言，鸡子之未分，明珠在蚌中，美玉处石间，内虽昭昭，外如愚顽。”河上的解释最浅显，也最实际。道分两类：人道即政教之道术，用来治国；天道即自然之道，用来治身。（注：《老子河上公章句》的成书年代其说不一，此处按《隋书》排列之顺序。[版本对照] 中河上所引之经文，全部根据其注文改定。）

《淮南子》：《本经训》：“今至人生乱世之中，含德怀道，抱无穷之智，钳口寝说，遂不言而死者众矣，然天下莫知贵其不言也。故‘道可道，非常道；名可名，非常名’，著于竹帛，镂于金石，可传于人者，其粗也。”《道应训》：“桓公读书于堂上，轮扁斫轮于堂下。释其椎凿，而问桓公曰：‘君之所读者，何书也?’桓公曰：‘圣人之书。’轮扁曰：‘其人焉在?’桓公曰：‘已死矣。’轮扁曰：‘是直圣人之糟粕耳。’桓公曰悖然作色而怒曰：‘寡人读书，工人焉得而讥之哉！有说则可，无说则死！’轮扁曰：‘然，有说。臣试以臣之斫轮语之。大疾，则苦而不入；大徐，则甘而不固。不甘、不苦，应于手，厌于心，而可以至妙者，臣不能以教臣之子，而臣之子亦不能得之于臣。是以行年七十，老而为轮。今圣人之所言者，亦以怀其实，穷而死，独其糟粕在耳。’故《老子》曰：‘道可道，非常道；名可名，非常名。’”《氾论训》：“夫道其缺也，不若道其全也。诵先王之书，不若闻其言；闻其言，不若得其所以言；得其所以言者，言弗能言也。故‘道可道者，非常道也。’”以事喻经，认为道只可意会，不可言传。《淮南子》收录的大多是先秦古籍资料，其中的议论部分，究竟出自古籍，还是收录者之手？间或有之。此处议论基本与《文子》同。

严遵：“太上之象，莫高乎道德，……夫道德所以可道而不可原也，……故不道之道，不德之德，政之元也；不名之名，亡功而功，化之根也。……故可道之道，道德彰而非自然也；可名之名，功名显而非素真也。”以易解老。认为道分两类：可道之道即显道，不道之道即隐道。一个是流（导），一个是源（原、元）。（注：《老子指归》之上经亡佚，现存有关注解，均为后人于诸古籍中辑录之片断，而非完注，真伪精粗，仅供参考。）

王弼：“可道之道，可名之名，指事造形，非其常也。故不可道，不可名也。”所谓的“指事造形”，就是认为事与事各不相同，各有其形，各有其名。其理解似源于《文子》《韩非子》，即道有大道，有小道；大道是常道，事理是小道，是非常道。参照第 25 章注“可言之称最大也”。

唐玄宗：“道者，虚极之妙用。名者，物得之所称。用可于物，故云可道。名生于用，故云可名。应用且无方，则非常于一道。物殊而名异，则非常于一名。是则强名曰道，而道常无名也。”强调道用，认为道是“强名曰道”，只是称谓而已。“可道”就是名实相符，物尽其用。万物应用无方，所以并非只有一种用，并非只有一个名。

［**普及经文**］**无：名万物之始；有：名万物之母。**

［**直译经文**］物质世界：用“无”和“有”来命名万物的“父”与“母”两大生源。

如是我文：道是不变之道。无与有既是父母的称谓，又是父母赐予万物的两大基因。万物的构成，皆遵循无与有二而一的基本模式（道），无一例外。

［**百家争鸣**］

河上：“无名者谓道；道无形，故不可名也。始者道本也，吐气布化，出于虚无，为天地本始也。有名谓天地；天地有形位，有阴阳，有柔刚，是其有名也。万物母者，天地含气生万物，长大成熟，如母之养子也。”以无名、有名断句。认为无名与有名是递进关系。无名指道本，有名指天地；道本生天地，天地生万物。

严遵：“有名，非道也；无名，非道也。有为，非道也；无为，非道也。无名而无所不名，无为而无所不为。”以无名、有名断句。认为无名与有名是平行对等关系。无名和有名都不是道，或者说都不是道的全部；只有“无名而无所不名”才是完整的道，即两者为道，这也是对二而一模式的原始表述之一。对无为与有为的见解亦是如此。

王弼：“凡有皆始于无，故未形无名之时，则为万物之始。及其有形有名之时，则长之、育之、亭之、毒之，为其母也。言道以无形无名始成万物，以始以成而不知其所以玄之又玄也。”开宗明义提出“凡有皆始于无”的命题，作为其“以无释道”、“以无为本”之玄学的理论依据。至于如何断句？却似是而非；因为其注文中，无与有、无名与有名两组概念全都兼顾到了。其实，一旦遇到难解之处，这种脚踩两只船的做法，各家多见；让后学者自选自悟，不失为一种老实的态度。认为无与有是首尾递进关系。（注：［版本对照］中王弼所引之经文，全部根据其注文改定。）

唐玄宗：“无名者，妙本也。妙本见气，权舆天地，天地资始，故云无名。有名者，应用也。应用匠成，茂养万物，物得其养，故有名也。”以无名、有名的断句。认为无名指的是妙本，即道体；有名指的是应用，即道用。用妙本作为道体的称谓，是玄宗道论的特点之一。

［**普及经文**］**故常无欲，以观其妙；常有欲，以观其所徼。**

［**直译经文**］精神世界：要从无欲（静）和有欲（动）的角度，观察万物之“神”的相对位置，及其阴阳变化、运行轨迹。

如是我文：道又是变化之道。妙：神妙也。万物皆有神，而众神各不同。神的存在很特殊，有阴阳、有显隐、有动静。质是载体，神是内核，载体与内核为一。心与神通。欲是人类最重要的心理活动之一，用来概括人类的心理活动。

［**百家争鸣**］

河上：“妙，要也。人常能无欲，则可以观道之要，要谓一也。一出布名道，赞叙明是非。徼，归也。常有欲之人，可以观世俗之所归趣也。”不同的角度：无欲与有欲。不同的观察点：道要与世俗。认为既说人之无欲与有欲，又说无欲之人与有欲之人；或自身，或内外，或彼此，立论全面。妙指道的核心，是一之要。

严遵：“谓无欲之人，复其性命之本也。且有欲之人，……但见边小之缴，迷而不反，丧失真元。”认为此句是对无欲之人的肯定，对有欲之人的否定。妙指真元，即性命之本。

王弼：“妙者，微之极也。万物始于微而后成，始于无而后生。故常无欲空虚，可以观其始物之妙。徼，归终也。凡有之为利，必以无为用；欲之所本，适道而后济。故常有欲，可以观其终物之徼也。”不同的角度：无欲与有欲。相同的观察点：物。

唐玄宗：“人生而静，天之性。感物而动，性之欲。若常守清静，解心释神，返照正性，则观乎妙本矣。若不正性，其情逐欲而动，性失于欲，迷乎道原，欲观妙本，则见边徼矣。”强调性、欲之别，静、动之分。无欲是天性，是静；有欲是情性之欲，是动，是思想活动。认为此句是对无欲的肯定，对有欲的否定。

［**普及经文**］**两者同出，异名同谓。玄之又玄，众妙之门。**

［**直译经文**］以无与有为代表的二而一之中的二，同生共存；名虽异，实则同，代表同一个不可分割的统一整体。一个又一个二而一，正是认识和把握一切事物的精髓、解决一切问题的关键所在。

如是我文：玄：黑而有赤色者为玄，妙也。以玄色喻说二而一模式，所以道又称之为玄。玄之又玄就是道中有道：自身一个玄（二而一），彼此一个玄（二而一），环环相扣，相互作用。后学者称玄之又玄为重玄。与始于魏晋时期的玄学相较，重玄之学境界更高，理论更深刻。玄与妙，亦是异名同谓。将道作为对神的客观认知和替代，是老子的发明。

［**百家争鸣**］

河上："两者谓有欲、无欲也。同出者，同出人心也。而异名者，所名各异也。名无欲者长存，名有欲者亡身也。玄，天也。言有欲之人与无欲之人，同受气于天也。天中复有天也。禀气有厚薄，得中和滋液则生贤圣，得错乱污辱则生贪淫也。能知天中复有天，禀气有厚薄，除情去欲，守中和，是谓知道要之门户也。"认为两者指有欲和无欲，以及无欲之人和有欲之人。两者同出人心，其心受气于天。河上在这里特别强调"气"的作用。

王弼："两者，始与母也。同出者，同出于玄也。异名，所施不可同也。在首则谓之始，在终则谓之母。玄者，冥也，默然无有也，始、母之所出也。不可得而名，故不可言。同名曰玄。而言谓之玄者，取于不可得而谓之然也。谓之然，则不可以定乎一玄而已，则是名则失之远矣。故曰玄之又玄也。众妙皆从同而出，故曰众妙之门也。"认为两者指始与母。"定乎一玄"，所以后世又称玄学为一玄之道。

唐玄宗："如上两者，皆本于道，故云同也。动出应用，随用立名，则名异矣。出则名异，同则谓玄。玄，深妙也。意因不生，则同乎玄妙，犹恐执玄为滞，不至兼忘，故寄又玄以遣玄，示明无欲於无欲，能如此者，万法由之而自出，故云众妙之门。"虽未明指两者为何，但其"皆本于道"之论，确实中的。

［**意犹未尽**］

第 2 章（上）

［**普及经文**］**天下皆知美之为美，斯恶已；皆知善，此其不善已。**

［**直译经文**］世人都知道美为什么是美，其实也就界定了丑的实质；都知道什么是善，同时也就界定了什么是不善。

如是我文：只知其一，不知其二，是天下人的通病。以判断美与丑、善与不善为例，暗示两种至关重要的思维模式：二而一，及其变体三而一。真、善、美是德育的三大命题，至今如是。

［**百家争鸣**］

《文子》：《微明》："老子曰：道可以弱，可以强；可以柔，可以刚；可以阴，可以阳；可以幽，可以明；可以包裹天地，可以应待无方。……夫道不可闻，闻而非也；道不可见，见而非也；道不可言，言而非也。孰知形之不形乎？故'天下皆知善之为善也，斯不善矣。''知者不言，言者不知。'"以经解经，重点在知与言。"言而非也"，认为世人常挂在嘴边的善不是真善、至善；只是善之名，不是善之实。弱与强等对说，认为道中之二，一为显，一为隐。

河上："自扬己美，使显彰也；有危亡也。有功名也，人所争也。"认为美与丑、善与不善互为因果关系。这也可以看作是对一中之二相互变化层面的不完全诠释。

《淮南子》：《道应训》："太清问于无穷曰：'子知道乎？'无穷曰：'吾弗知也。'又问于无为曰：'子知道乎？'无为曰：'吾知道。''子知道亦有数乎？'无为曰：'吾知道有数。'曰：'其数奈何？'无为曰：'吾知道之可以弱，可以强；可以柔，可以刚；可以阴，可以阳；可以窈，可以明；可以包裹天地，可以应待无方。此吾所以知道之数也。'太清又问于无始曰：'向者，吾问道于无穷，曰：'吾弗知之。'又问于无为，无为曰：'吾知道。'曰：'子之知道，亦有数乎？'无为曰：'吾知道有数。'曰：'其数奈何？'无为曰：'吾知道之可以弱，可以强；可以柔，可以刚；可以阴，可以阳；可以窈，可以明；可以包裹天地，可以应待无方。吾所以知道之数也。'若是，则无为之知与无穷之弗知，孰是孰非？'无始曰：'弗知深而知之浅，弗知内而知之外，弗知精而知之粗。'太清仰而叹曰：'然则不知乃知邪？知乃不知邪？孰知知之为弗知，弗知之为知邪？'无始曰：'道不可闻，闻而非也；道不可见，见而非也；道不可言，言而非也。孰知形形之不形者乎？'故《老子》曰：'天下皆知善之为善，斯不善也。'故'知者不言，言者不知'也。"喻说解经，以经解经。辑录的资料与《文子》相近，只是将其演绎成一段寓言对话，阐述也更明确。认为只知道数不是真知，而是浅知、外知、粗知。弗知的意思不是今人常说的不知晓，而是难以表述，说不出来；所以知之者不言，得意而忘言。道不离物，此处言道亦是言物。任何理论体系都是一步步建立起来的，都有从不可言传到可以立言的过程；至于立言后的传与不传，要看是隐学，还是显学。

严遵："伤人之容，伤人之性；养人之欲，损人之命。世人所谓美、善者，非至美至善也。"理解与河上相近。河上侧重彼此的二而一，严遵侧重自身的二而一。

王弼："美者，人心之所乐进也。恶者，人心之所恶疾也。美恶犹喜怒也，善不善犹是非也。喜怒同根，是非同门，故不可得而偏举也。"认为有喜必有怒，有是必有非。无与有：同根同门，同等重要，不可或缺，不可偏举，这才是自然规律。

唐玄宗："美善者，生于欲心，心苟所欲，虽恶而美善矣。故云皆知，以己之所美为美，所善为善矣。美善无主，俱是妄情，皆由封执有无，分别难易，神奇臭腐，以相倾夺。大圣较量，深知虚妄，故云恶已。"认为人言人殊，各有各自的欲心，各有各自的美善标准；结论是美善并无一定标准，归根结底，都是虚妄之情。其实，同名不见得同实。名、实错位，混为一谈，正是世人易入歧途、争论不休的根源之一。

［**普及经文**］**有无之相生也：难易之相成，长短之相型，高下之相倾，音声之相和，先后之相随；恒也。**

［**直译经文**］有无之相生，是二而一模式的文字表述：难与易不可分而为一，长与短不可分而为一，高与下不可分而为一，音与声不可分而为一，先与后不可分而为一；总之，不变与变的恒道，无处不在。

如是我文：例证二而一。知道有与无，还只是知道道数；只有进一步知道二者之共生为一，才是真正知"道"。二者之间耦处理，取得动态平衡，才能构成一个又一个统一整体（成、型、倾、和、随）。

［**百家争鸣**］

《文子》：《道原》："夫道有无相生也，难易相成也；是以圣人执道虚静，微妙以成其德。"认为有无相生是道的本质。"执道虚静"，用现在的话来说，就是把握住二者之间的动态平衡。

河上："见有而为无也。见难而为易也。见短而为长也。见高而为下也。上唱下必和也。上行下必随也。"认为老子学说侧重"无"所代表的隐的一方。对二者之间的耦处理，不同学派各有侧重。

《淮南子》：《齐俗训》："及至礼义之生，货财之贵，而诈伪萌兴，非誉相纷，怨德并行，于是乃有曾参孝已之美，而生盗跖庄蹻之。……故'高下之相倾也，短修之相形’也，亦明矣。”认为有此必有彼。上有美，下必有恶。

严遵：“无以有亡，有以无形。难以易显，易以难彰。”“故无无则无以见有，无有则无以知无。无难无以知易，无易无以知难。”认为二者不可缺一。

王弼：“此六者，皆陈自然，不可偏举之明数也。”认为都是一中必有二的例证。再次强调不可偏举。

唐玄宗：“六者相违，递为名称，亦如美恶，非自性生，是由妄情，有此多故。”还是强调妄情二字。

［**普及经文**］**是以圣人处无为之事，行不言之教。**

［**直译经文**］圣人用最高层次的道德标准要求自己：以道处事，拱手而治；以德教民，言传身教。

如是我文：当为，则必有所为；当言，则必有所言。行：言也。

［**百家争鸣**］

《文子》：《精诚》：“圣人在上，怀道而不言，泽及万民；故不言之教，芒乎大哉！”《自然》：“王道者，处无为之事，行不言之教；清静而不动，一度而不摇；因循任下，责成而不劳，……事犹自然，莫出于己，……”强调王道就是执一，就是执二而一的大一。既然万事莫出于己，就要顺其自然。

《庄子》：《知北游》：“夫‘知者不言，言者不知’，故‘圣人行不言之教’。”以经解经。

河上：“以道治也。以身帅导之也。”圣人以道治，效道之无为；以身教，效道之不言。又见第43章注。

《淮南子》：《主术训》：“人主之术：处无为之事，而行不言之教；清静而不动，一度而不摇；因循而任下，责成而不劳。……事犹自然，莫出于己。”资料与《文子》相近，只是称王道为人主之术，将其定位为术，明显继承了黄老一脉。据其所记，古之帝王“坐而论道”，都要慎守三关：目、耳、口，其所居、所佩，都要蔽明、掩聪、自障。“推自然之势”，就是无为；“用己而背自然”，就是有为。

严遵：“凡此数者，天地之验，自然之符，陈列暴慢，然否相随，终始反复，不可别离，神明不能遁，阴阳不能违。由此观之，帝王之事不可以有为为也。”认为万物自有其运行规律和自我调节机制，圣人辅之可也。有为而为，是偏颇之举；无为而为，是二者兼顾，顺其自然。

王弼：“自然已足，为则败也。智慧自备，为则伪也。”强调万物自然、自备，圣人若再行为，是多此一举，反而败伪，所以圣人应该无为、不言、不居。

唐玄宗：“无为之事，无事也。寄以事名，故云处也。不言之教，忘言也，寄以教名，故云行也。”认为教名就是教令、教律。如何无事、忘言？帝王自有体会。

［**普及经文**］**万物作而不辞，为而不恃，成而不居。夫唯不居，是以不去。**

［**直译经文**］万物作—为—成，皆不争—不恃—不居，顺其自然；天道如此，圣人亦当如此。事业有成而不自居其功，才能共同享受成果。

如是我文：申论圣人要法天行道，顺其势而辅之。万物、圣人、臣下，各有其位，各负其责。成果源于二而一，本应为二者所共享。只有谦退而不独享，才能各有所享。

［**百家争鸣**］

河上：“各自动作，不辞谢而逆止。元气生万物而不有。道所施为，不恃望其报也。功成事就，退避不居其位。夫惟功成不居其位，福德常在，不去其身也。此言不行不可随，不言不可知矣。上六句有高下长短，君开一源，下生百端，百端之变，无不动乱。”认为是对前六句例证的申论。

《淮南子》：《道应训》：“子发攻蔡，逾之。宣王郊迎，列田百顷而封之执圭。子发辞不受，曰：‘治国立政，诸侯入宾，此君之德也；发号施令，师未合而敌遁，此将军之威也；兵陈战而胜敌者，此庶民之力也。夫乘民之功劳，而取其爵禄者，非仁义之道也。’故辞而弗受。故《老子》曰：“功成而不居。夫惟不居，是以不去。”以事解经。用子发不居功的故事，喻说不居不去的道理。子发认为，战功不是他一个人的，其中有君之德，有将之威，有庶民之力，不应该由他一个人来独享。君不居，臣亦不居，君臣方能共享其功。

严遵：“昭昭不常存，冥冥不常然。”“夫唯不敢宁居而增修其德者，则忘功而功存，故不居而不去。化与道均，不望其功；德与天齐，不求其报；遁功逃名，深隐玄域。虽欲不居，是以不去也。”认为万物总是因时而动、相互转换的。要学会“忘”。忘字的构成就是无（亡）心。

王弼：“因物而用，功自彼成，故不居也。使功在己，则功不可久也。”认为圣人是因物成事，所以要摆正自己的位置，不能喧宾夺主。

唐玄宗：“令万物各自得其动作，而不辞谢于圣人也。令万物各遂其生，不为己有，各得所为，而不负恃，如此即太平之功成矣。犹当日慎一日，不敢宁居也。夫唯不敢宁居，而增修其德者，则忘功而功存，故不居而不去也。”谁“令”万物？圣人也。帝王口吻，读经亦然。

［**意犹未尽**］

第 3 章（上）

［普及经文］不尚贤，使民不争；

［直译经文］君王不以贤名为尚，不给予贤能之人以特殊的礼遇和待遇，百官就不会相互攀比，争不当之名。

如是我文：君王治国，一定要处理好与百官、百姓的关系。统治集团是由君王和百官所组成（二而一）。百官中，有贤必有不肖。能力虽有强弱，水平虽有高下，毕竟尺有所短，寸有所长；人各有其贤，何为尚？有所事必有所使，使其事而非使其尚。贤为上，不肖为下，人之常情；上上而下下，人之常理。君王行天道，不上上，亦不下下，则人无弃人；人无弃人，则无须争名。待遇各有不同。君王不以高名厚禄为炫，臣下百官则无非分之争欲；君王一视同仁而不偏举，臣下百官则按劳取酬、按功行赏，各司其职而人尽其才。

［百家争鸣］

《文子》：《下德》："人之情性，皆愿贤己而疾不及人。愿贤己，则争心生；疾不及人，即怨争生。怨争生，则心乱而气逆。故古之圣王退争怨。争怨不生，则心治而气顺。故曰：'不尚贤，使民不争。'"贤己的意思就是认为自己好。认为关键在于治心。俗话说，人比人，气死人。相互攀比的结果必然是明争暗斗。贤：善也。

《韩非子》：《忠孝》："是故田氏夺吕氏于齐，戴氏夺子氏于宋。此皆贤且智也，岂愚且不肖乎？是废常、上贤则乱，舍法、任智则危。故曰：'上法而不上贤。'"引文不知出处，但肯定与法家学老有关。认为治国之本要崇尚法度而不是崇尚贤人；用现在的话说，就是要法治而不要人治。

河上："贤谓世俗之贤，辩口明文，离道行权，去质为文也。不尚者，不贵之以禄，不尊之以官也。不争功名，返自然也。"认为贤人分几类，不用世俗之贤，而要任用有真才实学、不争名利的贤者。脩以禄而不贵之，事以官而不尊之。所谓"食人之禄，忠人之事"，只要名、禄与事相符就可以了，千万不要"过"。

《淮南子》：《主术训》："夫人主之听治也，虚心而弱志，清明而不暗，是故群臣辐凑并进，无愚、智、贤、不肖，莫不尽其能者，则君得所以制臣，臣得所以事君，治国之道明矣。""是故贤者尽其智，而不肖者竭其力。"《齐俗训》："故《老子》曰'不上贤'者，言不致鱼于木，沉鸟于渊。"以鱼、鸟作喻，认为万物各有所宜，各有所用。用之宜，均为贤；均为贤，也就无所谓贤，更无须上贤。不尚贤，则人尽其才，物尽其用。

严遵："世尚礼义则人争，而不逮则为伪。""世不尚贤则民不趋，不趋则不争，不争则不为乱。”“无爵禄以劝之，而慈孝自起。”认为不尚则不争。诱之以爵禄，必然人多伪而世多乱。

王弼：“贤，犹能也。尚者，嘉之名也。贵者，隆之称也。唯能是任，尚也曷为？唯用是施，贵之何为？尚贤显名，荣过其任，为而常校能相射。贵货过用，贪者竞趣，穿窬探箧，没命而盗。故可欲不见，则心无所乱也。”三句合解。不反对能而反对尚，不反对货而反对贵；无论是能还是货，都要名实相符；总之，心不为名、利所乱。

唐玄宗：“尚贤则有迹，徇迹则争兴。使贤不肖各当其分，则不争矣。”认为应该用贤而不尚贤。贤与不肖各当其分、各守其位、各尽其用，就无所可争。

［**普及经文**］**不贵难得之货，使民不为盗；**

［**直译经文**］君王不以货之难得为贵，不起贪欲之心，百官就不会上行下效，夺不当之利。

如是我文：盗：不当得利。有难得之货，必有易得之货。难得为贵，易得为贱，人之常情；贵贵而贱贱，人之常理。君王行天之道，不贵贵，亦不贱贱，则物无弃物；物无弃物则无须盗。货不以难得与否为贵。物之得，各有难易，何为贵？各有所需，各有所用，各有所贵。有所需必有所求，求其需而非求其贵。君王不贵难而贱易，不以奇货可居为好，重其用而轻其贵，臣下百官则无非法之占欲；君王一视同仁而不偏举，臣下百官则各取其得而物尽其用。

［**百家争鸣**］

河上：“言人君不御好珍宝，黄金弃于山，珠玉捐于渊也。上化清净，下无贪人。”认为欲戒贪之徒，必先戒贪之欲。万物皆宝，何贵之有？何用贪？

严遵：“藏珠宝玉则人求，而不赡则为盗。”“世不贵货则民不欲，不欲则不求，不求则不为盗。”“无刑罚以禁之，而奸邪自止。”认为物以希为贵，不得者必起盗心。戒盗在于戒欲，戒欲在于戒贵。所以老子又说：“自爱不自贵。”

想尔：“……则民不争，亦不滥（盗）。”（《老子想尔注》现存残卷，其作者一般认为是道教的创始人之一，东汉的张陵。其注解《老子》的特点，就是传经布道“想当然尔”，神格化、神学化，宣传神仙长生之道教。又对《老子》经文作了字数上的删减，使其强合五千之数，后世称之为损字本。）

王弼：“唯用是施，贵之何为？”认为万物殊类，各有所用，何贵何贱？

唐玄宗：“难得之货，谓性分所无者，求不可得，故云难得。夫不安本分，希效所无，既失性分，宁非盗窃？欲使物任其性，事称其能，则难得之货不贵，性命之情不为盗矣。”认为不仅仅是盗彼之财货，更是盗己之性命，理解又多了一层。所谓“性分”有无，用今天的话说，就是“是谁的，就是谁的”。

［普及经文］**不见可欲，使民心不乱。**

［直译经文］总之，将一切非分之欲消弭于无形，百官的心才不会乱，从而各安其职，各尽其责。

如是我文：人能无欲吗？不能。可以使人不过欲，不能使人无欲。上不过欲，则下亦不过欲。君王不萌生并表露出过强、过分的欲望和想法，臣下百官就不会为之烦心而徒乱其事。上下和谐，管理体制才会顺畅。总之，治下先治己。以上三句经文说的是君王治己，关键在于不尚、不贵、不过欲；总的原则就是不要“过”。万物殊类各有其分，圣人用人、用物、用事、用心都不要过分。治上下，以己为主；治身心，以心为主。

［**百家争鸣**］

河上：“放郑声，远佞人。不邪淫，不惑乱也。”认为上不邪淫，下不惑乱。

《淮南子》：《道应训》：“令尹子佩请饮庄王。庄王许诺。[子佩具于京台，庄王不往。明日,] 子佩疏揖，北面立于殿下，曰：‘昔者君王许之，今不果往。意者臣有罪乎?’庄王曰：‘吾闻子具于京台。京台者，南望料山，以临方皇，左江而右淮，其乐忘死。若吾薄德之人，不可以当此乐也，恐留而不能反。’故《老子》曰：‘不见可欲，使心不乱。’”以事解经。认为关键在于彼与此不交集、不发生，不使之成为二而一。

严遵：“发扬三五则人悦，悦而不穷则邪乱也。”“世绝三五则民无喜，无喜则无乐，无乐则不淫乱，此自然之数也。”认为君王娱乐要有度。与其“楚王好细腰，宫人多饿死”，不如“环肥燕瘦”，各擅胜场。

想尔：“□□□不欲视之，比如不见，勿令心动。若动，自诫；即□，道去复还。心乱遂之，道去之矣。”认为要用自诫之法阻止心动。正所谓“慢藏诲盗”。

唐玄宗：“既无尚贤之迹，不求难得之货，是无可见之欲，而心不惑乱也。”理解与王弼相近，即第三句是前两句的总结。不见名利之欲，则心不惑乱。

［普及经文］**是以圣人之治：虚其心，实其腹，弱其志，强其骨；常使民无知、无欲；**

［直译经文］对百姓的治理又有所不同：心要虚，腹要实，志要弱，骨要

强；如果能使百姓的心志常处于无知和无欲的状态，则最为理想。

如是我文：天下国家，是由统治集团和平民百姓所组成（二而一）。君臣治国，要使平民百姓的生活，有损有益，保持和谐之常态：心有虚实，以虚为主；腹有虚实，以实为主；志有强弱，以弱为主；骨有强弱，以强为主。人能无知吗？不能。可以使人不知，不能使人无知。人能无欲吗？不能。可以使人不欲，不能使人无欲。“常使民无知、无欲”，是无法执行的理论，可以执行的是下句的“不敢、不为”。

［**百家争鸣**］

河上：“说圣人治国与治身也。除嗜欲，去烦乱。怀道抱一，守五神也。和柔谦让，不处权也。爱精重施，髓满骨坚。反朴守淳。”认为讲的是圣人双治，即前三句讲的是治国民，本句讲的是治己身。

严遵：“虚心以静气，专精以精神。”认为讲的是圣人的养生功夫。

想尔：“心者，规也，中有吉凶善恶。腹者，道囊，气常欲实。心为凶恶，道去囊空。空者邪入，便杀人。虚去心中凶恶，道来归之，腹则实矣。志随心有善恶，骨随腹仰气。强志为恶，气去骨枯；弱其恶志，气归髓满。道绝不行，邪文滋起，货赂为生，民竞贪学之。身随危倾，当禁之。勿知邪文，勿贪宝货，国则易治。上之化下，犹风之靡草；欲如此，上要当知信道。”认为圣人应该信道。将道神化，教人信之；这就是原始道教的由来。

王弼：“心怀智而腹怀食，虚有智而实无知也。骨无知以干，志生事以乱，心虚则志弱也。守其真也。”一般认为其注有误句，费解。

唐玄宗：“心不为可欲所乱，则虚矣。道德内充，则无矜徇，亦如属厌而止，不生贪求。心虚则志弱。腹实则骨强。常使民无争尚之知，无贪求之欲也。”理解具体实在，全章前后相联：心与志，腹与骨互为因果；而无知、无欲则与不尚、不贵直接挂钩。

［**普及经文**］**使夫知不敢、不为而已；则无不治矣。**

［**直译经文**］其实，只要能使百姓知道什么不敢想，什么不能为，也就可以了，天下就能大治。

如是我文：很难做到使平民百姓无知、无欲，可以做到使平民百姓少思寡欲。有法律以威慑，则心有不敢；有道德以制约，则行有不为，时常受到道德与法律的双重约束。只有内外兼修、上下兼治，能处理好一个又一个“二而一”的君王，才能称之为圣人。

［**百家争鸣**］

河上："思虑深，不轻言。不造作，动因循。德化厚，百姓安。"认为智者指圣人，而圣人不敢为。

严遵："寂然无为，泊然无治。""反真复素，归于元始。世主无为，天人交市：翱翔自然，物物而治也。"强调上无为而下有为。

想尔："上信道不倦，多知之士，虽有邪心，犹志是非，见上勤勤，亦不敢不为也。如此，国已治也。"鼓吹圣人信道，作表率；下则不敢不为而必然尽力而为。史实证明，道教之兴，果然得力于东汉某些帝王。

王弼："智者谓知为也。"似乎看到经文此处有误，所以特别指出所谓"智者"，说的就是"知为"而非指人；知为而不敢为，理解与帛本经文相近。

唐玄宗："清静化人，尽无知欲。适有知者，令不敢为也。於为无为，人得其性，则淳化有孚矣。"认为治国之道，清静二字而已。

［**意犹未尽**］

第4章（上）

［**普及经文**］**道：盅而用之，又不盈。**

［**直译经文**］二而一模式的运用，在于“二”的冲与盈；既要以冲为主，又要戒盈。

如是我文：把握冲与盈二者之间的损益分寸，善于耦处理：盅盈两极，缺一不可；或冲盈，或对冲，以取得二者之间的动态平衡。至于哪一方减？哪一方加？取决于二者之间的各种关系对比，具体情况，具体分析。

［**百家争鸣**］

《文子》：《微明》：“夫忧者所以昌也，喜者所以亡也，故善者，以弱为强，转祸为福，‘道冲而用之又不满也’。”以忧患意识串讲经文，认为关键在于把握住空、盈之间的平衡关系。

河上：“冲，中也。道匿名藏誉，其用在中。或，常也。道常谦虚不盈满。”认为道隐于内，所以要以不盈满为常态。中：内也。

《淮南子》：《道应训》：“赵襄子使攻翟而胜之，取尤人、终人。使者来谒之，襄子方将食，而有忧色。左右曰：‘一朝而两城下，此人之所喜也。今君有忧色，何也?’襄子曰：‘江、河之大也，不过三日，飘风暴雨，日中不须臾。今赵氏之德行无所积，一朝而两城下，亡其及我乎?’孔子闻之，曰：‘赵氏其昌乎!’夫忧，所以为昌也；而喜，所以为亡也。胜非其难也，持之者其难也。贤主以此持胜，故其福及后世。齐、楚、吴、越，皆尝胜矣，然而卒取亡焉，不通乎持胜也。唯有道之主能持胜。孔子劲扚国门之关，而不肯以力闻。墨子为守攻，公输般服，而不肯以兵知。善持胜者，以强为弱。故《老子》曰：‘道冲而用之又弗盈也。’”以事解经。用赵襄子得胜反忧的故事，诠释这句话的内涵，强调戒盈。《吕氏春秋》有类似记载，只是“以强为弱”作“以弱术强”，善用弱术者胜。

严遵：“道以至虚，故动能至冲，德以至无，故动而至和；万物得之，莫有不通冲和者。道德之用，神明之常，天地所遵，阴阳所宗也。”“为冲者不冲，为和者不和；不为冲和，乃得冲和。冲以虚为宅，和者无为家。能虚能无，至冲有余；能无能虚，常与和俱。”以和代盈。认为虚无对于道德、神明、天地、万物、阴阳，至关重要。道的运用，就是要以虚无为平衡的基点，逆动，则其极点为至冲；顺动，则其极点为至和（饱和）。在至冲、至和两极之间运动，以达到平衡，即所谓“通冲和”。

想尔：“道贵中和，当中和行之，志意不可盈溢，违道诫。”认为中和是戒盈的最佳手段。

王弼：“夫执一家之量者，不能全家；执一国之量者，不能成国。穷力举重，不能为用。故人虽知万物治也，治而不以二仪之道，则不能赡也。地虽形魄，不法于天则不能全其宁；天虽精象，不法于道则不能保其精。冲而用之，用乃不能穷。满以造实，实来则溢。故冲而用之又复不盈，其为无穷亦已极矣。形虽大，不能累其体；事虽殷，不能充其量。万物舍此而求主，主其安在乎？不亦渊兮似万物之宗乎？锐挫而无损，纷解而不劳，和光而不汙其体，同尘而不渝其真，不亦湛兮似或存乎？地守其形，德不能过其载；天慊其象，德不能过其覆。天地莫能及之，不亦似帝之先乎？帝，天帝也。”通论全章，认为只有运用天、地两仪之道，相互取法，才能周全其用，用之无穷。对象的理解作两可处理，既是天象，又是似。

唐玄宗：“言道动出冲和之气，而用生成。有生成之道，曾不盈满。云或似者，於道不敢正言。”递进式理解，又是一家之言。有“生成”之道，有“用生成”之道，抓住了立论的关键。

[**普及经文**] **渊兮，似万物之宗；湛兮，似常存。**

[**直译经文**] 主观之道同样博大精深，像万物之道本一样，永存不亡。

如是我文：似：象也。两个似以及下句的一个象，是理解本章之义的关键字。

[**百家争鸣**]

河上：“道渊深不可知，似为万物之宗祖。言当湛然安静，故能长存不亡。”道为何“似”而非是万物之宗祖？可知此处所言之道是主观之道，而非客观之道。

想尔：“道也。人行道，不违诫，渊深似道。如此湛然，常常在不亡。”认为人行之道似大道之深。

唐玄宗：“渊，深静也。道常生物，而不盈满，妙本渊兮深静，故似为万物宗主。”认为主语是妙本。

[**普及经文**] **吾不知其谁之子，象帝之先。**

[**直译经文**] 我不知主观之道究竟是谁之子，却知道它就像镜中之影，是道本的法象。

如是我文：本形是母，镜象是子。客观之道即物之道，或称之为道本。主观之道即心之道，或称之为道法。

［**百家争鸣**］

河上："老子言：我不知道所从生。道似在天帝之前，此言道乃先天地生也。至今在者，以能安静湛然，不劳烦。欲使人修身法道。"费解则不强解，认为此处与第25章的道"先天地生"是同一个意思。

想尔："吾，道也。帝先者，亦道也，與无名、万物始同一耳。未知誰家子能行此道；能行者，便像道也，似帝先矣。"《想尔》能按照不同的内涵，区分出不同的道，在理论上是一大进步。洞察到象字的关键作用，在理论上又是一大进步。

唐玄宗："吾不知道所从生，明道非生法，故无父。道者，似在乎帝先尔。帝者，生物之主。象，似也。"用"无父"作答，又是一解。

［**意犹未尽**］

第5章（上）

［**普及经文**］**天地不仁，以万物为刍狗；圣人不仁，以百姓为刍狗。**

［**直译经文**］天地不以自己的爱恶亲疏来对待万物，视之为无情之物；圣人法天地，同样不以自己的爱恶亲疏来对待百姓，视之为无情之人。

如是我文："天道无亲，惟德是与。"至仁无亲，法大于情。不仁就是无论亲疏，一视同仁，同等相待。以刍狗作喻，说明使用万物殊类，主要以物尽其用为标准。

［**百家争鸣**］

《文子》：《自然》："天地之道，以德为主；道之为命，物以自正。……故圣人立法，以道民之心，各使自然；故生者无德也，死者无怨也。'天地不仁，以万物为刍狗；圣人不仁，以百姓为刍狗。'夫慈爱仁义者，近狭之道也……"《符言》："天道无亲，惟德是与。"认为仁是近狭之道，所以要不仁。圣人治国，立法而不用仁，重视道德之用而各使自然，像对待刍狗一样，任其依据各自的自然规律，或生或灭。

河上："天施地化，不以仁恩，任自然也。天地生万物，人最为贵，天地视之如刍草狗畜，不责望其报也。圣人爱养万民，不以仁恩，法天地，任自然。圣人视百姓如刍草狗畜，不责望其礼意。"认为要任自然，不望其报，所以不以仁系之。

严遵："万物自生。""万物自化。""仁爱之为术也有分，而物类之仰化也无穷；操有分之制以授无穷之势，其不相赡，由川竭而益之以泣也。"认为仁是一种术，凡是术都有一定的用途；以有限的用途，不可能"以授无穷之势"；所以还是任由万物自生、自化为好。"有分"之说，是严遵学术重要观点之一。

想尔："天地像道，仁于诸善，不仁于诸恶；故杀万物恶者，不爱也，视之如刍草、如苟畜耳。圣人法天地，仁于善人，不仁恶人。当王政杀恶，亦视之如刍苟也。是以人当积善功，其精神与天通。设欲侵害者，天即救之。庸庸之人，皆是刍苟之徒耳，精神不能通天。所以者，譬如盗贼怀恶，不敢见部史也。精气自然，与天不亲，生死之际，天不知也。黄帝仁圣，知后世意，故结刍草为苟，以置门户上；欲言后世门户，皆刍苟之徒耳。人不解黄帝微意，空而效之，而恶心不改，可谓大恶也。"认为以刍狗喻诸恶，源于黄帝。天地法道，圣人法天地，有所仁，有所不仁。

王弼："天地任自然，无为无造，万物自相治理，故不仁也。仁者必造立施化，有恩有为。造立施化，则物失其真。有恩有为，则物不具存。物不具存，则不足以备载。天地不为兽生刍而兽食刍，不为人生狗而人食狗。无为于万物而万物各适其所用，则莫不赡矣。若慧由己树，未足任也。圣人与天地合其德，以百姓比刍狗也。”认为天地是借指自然之道。对刍狗二字的解释与众不同，认为自然生人、兽、刍、狗等万物，一视同仁，各适其所用；至于兽吃刍、人食狗，并非是天地厚此薄彼，而是“万物自相治理”的表现，无须干预。

唐玄宗：“不仁者，不为仁恩也。刍狗者，结刍为狗也。犬以守御，则有蔽盖之恩。今刍狗徒有狗形，而无警吠之用，故无情於仁爱也。言天地视人，亦如人视刍狗，无贵望尔。尝试论之曰：夫至仁无亲，孰为兼爱？爱则不至，适是偏私。不独亲其亲，则天下皆亲矣。不独子其子，则天下皆子矣。是则至仁之无亲，乃至亲也，岂兼爱乎？”认为圣人不偏私。

［**普及经文**］**天地之间，其犹橐、籥乎？虚而不屈，动而愈出。**

［**直译经文**］天与地构成的统一体，就像风箱和笛籥一样，外实有而内空无，为用之不尽的无形之气，提供无穷的动静变化空间。

如是我文：以橐与籥作喻，说明道的有无之用，在于二者之间虚、实、静、动的变化。本句在简本中，上接第 25 章之“道法自然”，下接第 16 章之“至虚恒也”，有其内在逻辑。

［**百家争鸣**］

河上：“天地之间空虚，和气流行，故万物自生。人能除情欲，节滋味，清五藏，则神明居之也。橐籥中空虚，故能有声气。言空虚无有屈竭时，动摇之，益出声气也。”认为天地之间看似空虚，实则有气、有神。屈就是不屈竭，也就是不尽。

严遵：“天地释虚无而事爱利，则变化不通，物不尽生。”对不屈的理解就是不尽。

想尔：“道气在间，清微不见；含血之类，莫不钦仰。愚者不信，故犹橐者治工排橐；籥者可吹竹，气动有声，不可见，故以为喻，以解愚心也。清气不见，像如虚也，然呼吸不屈竭也，动之愈益出。”认为气是道气。气虽然视之而不见，却可以作用于橐、籥二物，以证明气的存在。

王弼：“橐，排橐也。籥，乐籥也。橐籥之中空洞，无情无为，故虚而不得穷屈，动而不可竭尽也。天地之中，荡然任自然，故不可得而穷，犹若橐籥也。”认为要点在于任自然。

唐玄宗：“橐者鞴也，籥者笛也。橐之鼓风，笛之运吹，皆以虚而无心，故能动而有应。则天地之间，生物无私者，亦以虚而无心故也。橐籥虚之而不屈挠，动之而愈出声，以况圣人心无偏爱，则无屈挠之时，应用不穷，可谓动而愈出也。”与上句合解，认为是以橐、籥二器作喻，警示圣人要无心，要心无偏爱。

［**普及经文**］**多闻数穷，不如守于中。**

［**直译经文**］多听也好，多言也罢，与其刨根问底，穷究道数，不如追根寻源，在和字上下功夫，悟出道的真谛。

如是我文：如第2章之注所说，只知“道数”还只是浅知“道”，只有知道“二而一”，才是真知“道”。中就是和。使一中之二，处于相对平衡的和谐状态。

［**百家争鸣**］

《文子》：《道原》：“书者，言之所生也。言出于智，智者不知，非常道也；名可名，非藏书者也。‘多言数穷，不如守中。’”将此句与“道可道”、“绝学无忧”等经文合说，对多言采取批判的态度，多言就是多书。

河上：“多事害神，多言害身，口开舌举，必有祸患。不如守德于中，育养精神，爱气希言。”可见修身养气之术，古已有之。

《淮南子》：《道应训》：“王寿负书而行，见徐冯于周途。徐冯曰：‘事者，应变而动。变生于时，故知时者无常行。书者，言之所出也。言出于知者，知者不藏书。’于是王寿乃焚书而舞之。故《老子》曰：‘多言数穷，不如守中。’”《本经训》：“晚世学者，不知道之所一体，德之所总要，……故博学多闻而不免于惑。”认为多闻则惑，有书不如无书。顾虑太多，必然一事无成；正所谓“易、简，而天下之理得矣”。《韩非子》也引用这个故事，喻说“学不学”。“书者，言也；言生于知，知者不藏书。”这也是古人对“言”最恰当的理解。与之不同，孔子提倡多闻，认为多闻则明，强调了问题的另一面。

严遵：“天地不言，以其虚无，得物之中，生物不穷。圣人不言，法令虚而合物则。”“言出则患入，言失则亡身。”用虚无、不言来解释守中。

想尔：“多知浮华，不如守道全身，寿尽辄穷。数数，非一也，不如学生，守中和之道。”认为中和之道就是全身之道。

王弼：“愈为之则愈失之矣。物树其恶，事错其言，不济、不言、不理，必穷之数也。橐籥而守数中，则无穷尽。弃己任物，则莫不理。若橐籥有意于为声也，则不足以共吹者之求也。”所谓言多语失。认为是对前句的申论，守数中则用无穷。数：有限之数。穷：无限之用。

唐玄宗：“多言而不酬，故数被穷屈。兼爱则难遍，便致怨憎，故不如抱守中和，自然皆足。”认为不多言，不兼爱，都是守中之法。

［**意犹未尽**］

第6章（上）

［**普及经文**］**谷神不死，是谓“玄牝”。玄牝之门，是谓“天地之根”。绵绵若存，用之不尽。**

［**直译经文**］充满生命活力的“神”，是二而一模式中的母方，是天地万物的规律之中，起关键作用的一方。精神世界里，时时刻刻无不感受到众神的存在和作用。

如是我文：“运用之妙，存乎一心”。神由心生。先人心中，世界是有“神”的物质世界；老子心中，世界更是有“道”的物质世界。神的阴阳动静变化，是万物殊类一体两面性的关键所在。正是神的位置与特质，使道具备无穷的生命力，源源不断，其用无穷。

［**百家争鸣**］

《列子》：《天瑞》：“《黄帝书》曰：‘谷神不死，是谓玄牝。玄牝之门，是谓天地之根。绵绵若存，用之不勤。’故生物者不生，化物者不化。自生自化，自形自色，自智自力，自消自息。”将此句经文归于《黄帝书》，似乎旁证此句经文晚出，当在稷下时期；抑或本为《黄帝书》之句，因黄老之学而窜入《老子》。

河上：“谷，养也。人能养神则不死，神谓五藏之神：肝藏魂，肺藏魄，心藏神，肾藏精，脾藏志。五藏尽伤，则五神去矣。言不死之道，在于玄牝。玄，天也，于人为鼻；牝，地也，于人为口。天食人以五气，从鼻入藏于心。五气清微，为精神聪明，音声五性。其鬼曰魂，魂者雄也，主出入人鼻，与天通，故鼻为玄也。地食人以五味，从口入藏于胃。五味浊辱，为形骸骨肉，血脉六情。其鬼曰魄，魄者雌也。主出入人口，与地通，故口为牝也。根，元也。言鼻口之门，乃是通天地之元气所从往来也。鼻口呼噏喘息，当绵绵微妙，若可存，复若无有。用气当宽舒，不当急疾勤劳也。”训谷为养，认为是对养神术、养生术、用气术的诠释。勤：劳也。

严遵：“太和妙气，妙物若神。”“太和之所以生而不死，始而不终，开导神明，为天地之根元。”“牝以雌柔而能生，玄犹幽远而不见，虽子物如母，莫睹其形。”既言“生而不死”，可知训谷为生。不终就是不勤。勤：尽也。

想尔：“谷者，欲也。精结为神，欲令神不死，当结精自守。牝者，地也。体性安，女像之，故不掔。男欲结精，心当像地似女，勿为事先。牝，地也，女像之。阴孔为门，死生之官也；最要，故名根。男荼亦名根。阴阳之道，以若结精为生。年以知命，当名自止。年少之时，虽有，当闲省之。绵绵者，微也。从其微少，若少年则长存矣。今此乃为大害。道造之何？道重继祠，种类不絶。欲令合精产生，故教之年少、微省、不絶，不教之勤力也。勤力之计，出愚人之心耳，岂可怨道乎！上德之人，志操坚强，能不恋结产生，少时便絶，又善神早成。言此者，道精也。故令天地无祠，龙无子，仙人（无）妻，玉女无夫，其大信也。能用此道，应得仙寿，男女之事，不可不勤也。”训谷为欲，认为这里讲的是养生术中的男女之事即房中术，与河上稍有区别。

王弼：“谷神，谷中央无谷也。无形无影，无逆无违，处卑不动，守静不衰，谷以之成而不见其形，此至物也。处卑而不可得名，故谓天地之根，绵绵若存，用之不勤。门，玄牝之所由也。本其所由，与极同体，故谓之天地之根也。欲言存邪？则不见其形；欲言亡邪？万物以之生。故绵绵若存也。无物不成，用而不劳也。故曰用而不勤也。”理解又有所不同，认为谷就是山谷之义。谷中无谷，就是虚怀若谷。

唐玄宗：“谷者虚而能应者也。神者，妙而不测者也。死者，休息也。谷之应声，莫知所以。有感则应，其应如神，如神之应，曾不休息。欲明至道，虚而生物，妙用难名，故举谷神以为喻说。玄，深也。牝，母也。谷神应物，冲用无方，深妙不穷，能母万物，故寄谷神玄牝之号，将明大道生畜之功。深妙虚牝，能母万物，万物由出，是谓之门。天地有形，故资禀为根本矣。虚牝之用，绵绵微妙，应用若存，其用无心，故不勤劳矣。”认为谷神就是谷与神。所谓“寄谷神玄牝之号，将明大道生畜之功”，正是本章的要点，即喻说道用之妙。

［**意犹未尽**］

第7章（上）

［普及经文］**“天长，地久。”天地之所以能长且久者，以其不自生，故能长久。**

［直译经文］天长地久，道理何在？天地之所以能长久存在，就是因为天与地同生共存，而非独自生、独自存，相辅相成，共处长久。

如是我文：例证有无之相生。没有天，哪有地？没有地，哪有天？天与地二而一，密不可分，共同构成万物生存的空间。

［百家争鸣］

河上：“说天地长生久寿，以喻教人也。天地所以独长且久者，以其安静，施不求报，不如人居处汲汲求自饶之利，夺人以自与也。以其不求生，故能长生不终也。”认为是喻说，教人以安静无求。

想尔：“能法道，故能（不）自生而长久也。”认为天与地之所以长久生存，都是取法于道。

王弼：“自生则与物争，不自生则物归也。”认为不自生就是无私而不争，反而有所得。

唐玄宗：“标天地长久者，欲明无私无心，则能长能久，结喻成义，在乎圣人，後身外身，无私成私耳。天地生物，德用甚多，而能长且久者，以其资禀於道，不自矜其生成之功故尔。”认为是喻说，既要无私，也要无心。

［普及经文］**是以圣人退其身而身先，外其身而身存。非以其无私耶？故能成其私。**

［直译经文］圣人懂得不自生的真谛，欲使公身为先，则要私身谦退；欲使公身巩固，则要少虑私身。能够做到无私，才能保证其私的合理存在，难道不是吗？

如是我文：相生而不自生，是无私的理论基础。社会人有二身，公身（职务人）与私身（自然人），同生共存。如何巩固自己的地位，保障自身的权益？在于对公与私（一中之二）处理恰当，使公与私和谐共存。有公必有私。不以私身为主，先公后私，显公隐私，在公身与私身之间取得平衡。社会中的所有成员构成利益共同体。一切为了人人，人人之中自然也就包括了自己。

［百家争鸣］

河上：“先人而后己也，天下敬之，先以为官长。薄己而厚人也，百姓爱之如父母，神明祐之若赤子，故身常存。圣人为人所爱，神明所祐，非以其公正无私所致乎？人以为私者，欲以厚己也。圣人无私而己自厚，故能成其私也。”认为要后己，要薄己，要无得失之欲心。

《淮南子》：《道应训》：“公仪休相鲁而嗜鱼，一国献鱼，公仪休弗受。其弟子谏曰：‘夫子嗜鱼，弗受，何也?’答曰：‘夫唯嗜鱼，故弗受。’夫受鱼而免于相，虽嗜鱼不能自给鱼；毋受鱼而不免于相，则能长自给鱼；此明于为人、为己者也。故《老子》曰：‘后其身而身先，外其身而身存，非以其无私耶？故能成其私。’一曰‘知足不辱。’”以事解经，认为摆正二身（职务人与自然人）的关系是做到无私的前提之一，知足是做到无私的前提之二。另外，《韩非子》中，同样记载了这个故事，说得更明白透彻。为官要处理好二身的关系，不能以权枉法，图谋私利。稍有不同之处，就是强调与其“人之为己”，不如“己之自为”；且故事后面未引用此句经文。《韩诗外传》内容与《淮南子》近，最后以“《诗》曰：‘思无邪。’此之谓也”作结。均可参照理解。

严遵：“故先人逆身以顺道，外己以安人；功大无外而不可见，德高如盖而不可闻；化与神明通流，寿与山川为常，故存。”认为要顺道、安人。

想尔：“求长生者，不劳精思求财以养身，不以无功劫君取禄以荣身，不食五味以恣，衣弊履穿，不与俗争，即为后其身也。而目此得仙寿，获福，在俗人先，即为身先。与上同义。不知长生之道。身皆尸行耳，非道所行，悉尸行也。道人所以得仙寿者，不行尸行，与俗别异，故能成其尸，令为仙士也。”其解已经直接变成布道传教了。

王弼：“无私者，无为于身也。身先身存，故曰能成其私也。”认为无私就是无为于私身，像公仪休嗜鱼而不受一样，不谋私利。公身、私身本为一体，既然公身已先、已存，那么私也就在其中了。

唐玄宗：“後身则人乐推，故身先。外身则心忘淡泊，故身存。天地忘生养之功，是无私。而能长且久，是成其私。圣人後外其身，是无私而能先能存，是成其私也。”认为无私就是忘已。

［**意犹未尽**］

第 8 章（上）

［**普及经文**］**上善若水。水：善利万物而有静，居众之所恶，故几于道。**

［**直译经文**］推崇善的人，总会以水为榜样。水有三种善的品质：利万物、有静、治众恶；所以说，水之善近于道。

如是我文：能够认识到水的三种善品，还只是认识到水的主要方面，而非水的全部本性。有善必有不善。继之者善，成之者性，做到善的同时，绝不可忽视不善的存在和处理。

［**百家争鸣**］

河上：“上善之人，如水之性。”“水在天为雾露，在地为泉源也。众人恶卑湿垢浊，水独静流居之也。水性几于道同。”独静之解，似可佐证经文当为“有静”。与道同者，究竟是水之性，还水之善？似可斟酌。水可载舟，亦可覆舟；所以说，水性应似与道同；近道者，水之善也。

严遵：“人者：体柔守弱，去高处下，受辱如地，含垢如海，言顺人心，身在人后，人之所恶，常独处之，恬若无心，荡若无已，变动无常，与道流止。去己任因，莫过于水；帝王体之，用之为治。”以水喻人，认为要无心，要去己，要顺势而为，要随波逐流于道。

想尔：“水善能柔弱，像道。去高就下，避实归虚。常润利万物，终不争，故欲令人法则之也。水能受垢辱不洁之物，几像道也。”认为人要以水为法。水之善，像道不是道。

王弼：“人恶卑也。”“道无、水有，故曰几也。”认为水虽善，却还是“有”，即着相；而道应是“无”，所以说水之善近于道。

唐玄宗：“将明至人上善之功，故举水性几道之喻。几，近也。”认为是以水性近道为喻。

［**普及经文**］**居善地。心善渊。予善天。言善信。政善治。事善能。动善时。**

［**直译经文**］一切事物，都有其善的标准。如：居住之善，在于是否选择了最佳地势；养心之善，在于是否如渊之清幽；待人接物之善，在于是否如天无私覆，一视同仁；言语之善，在于是否做到了诚实可信；政治之善，在于是否选择了正确的规则与手段；办事之善，在于是否发挥出最佳潜能；行动之善，在于是否把握住最佳时机。等等。

如是我文：何为最佳？得一之善，源于对二者和谐状态的追求。参见第 39、49 章。

［**百家争鸣**］

河上：“水性善喜于地，草木之上即流而下，有似于牝动而下人也。水心空虚，渊深清明。万物得水以生，与虚不与盈也。水内影照形，不失其情也。无有不洗，清且平也。能方能圆，曲直随形。夏散冬凝，应期而动，不失天时。”认为七善说的都是水之善。

想尔：“水善得室空，便居止为渊。渊，深也。人当法水，心常乐善仁。人当常相教为善，有诚信。人君理国，常当法道为政，则致治。人等当欲事师，当求善能知真道者，不当事邪伪技巧、邪知骄奢也。人欲举动，勿违道诫，不可得伤王气。”认为人应该取法于水之七善。

王弼：“言人皆应于治道也。”认为七善说的都是人之善。

唐玄宗：“上善之人，处身柔弱，亦如水之居地，润益一切，地以卑用，水好下流。用心深静，亦如水之渊停矣。施与合乎至仁，亦如水之滋润品物也。发言信实，亦如水之行险，不失其信矣。从政善治，亦如水之洗涤群物，令其清静矣。於事善能因任，亦如水性方圆随器，不滞於物矣。物感而应，不失其时，亦如水之春泮冬凝矣。”认为人之善，当如水之七善。

［**普及经文**］**夫唯不争，故无尤。**

［**直译经文**］只有做到不争，才能杜绝一切祸患，才不会有什么过失。

如是我文：如何做到得一之善？不争是手段之一。

［**百家争鸣**］

河上：“壅之则止，决之则流，听从人也。水性如是，故天下无有怨尤水者也。”理解很有意思，什么叫不争？就是水完全“听从人”的意志。什么叫无尤？就是人不会怨尤“听从人”的水。始终将人性化的水与人相对而言，似乎认为讲的不是人如何学习水之善，而是讲人如何利用水之善。如此看来，帛甲本“上善治水”的治，似非误字而有意为之。

严遵：“其德微妙，有何忧矣？”认为不争属道德标准之一。尤：忧也。

想尔：“唯，独也。尤，大也。人独能仿水不争，终不遇大害。”理解为人仿效水之不争。

唐玄宗：“上善之人，虚心顺物，如彼水性，壅止决流，既不违迕於物，故无尤过之地。”认为要了解水性而学之。

［**意犹未尽**］

第9章（上）

［普及经文］持而盈之，何不若已？揣而群之，不可长保。

［直译经文］与其一味地增盈财富，为什么就不懂得适可而止呢？因为，一味地聚敛其财，最终还是要散用。

如是我文：积累财富不可偏：不能一味地增持，要学会知足、知止，在盅盈之间选择最佳平衡点。拥有财富不可偏：不能长聚而不散，要学会有聚有散，保持盅盈之间的动态平衡。无论是未得之财富，还是已得之财富，都要运用二而一的原则去处理。

［百家争鸣］

《文子》：《微明》："以不义而得之，又不布施，患及其身；不能为人，又无以自为，可谓愚人，无以异于枭爱其子也，故'持而盈之，不如其已；揣而锐之，不可长保。'"认为名与利的索取，必须要考虑到己与人之间的关系。以不义得之是如此，以义得之亦是如此。

河上："盈，满也。已，止也。持满必倾，不如止也。""揣，治也。先揣之，后必捐弃。"为何先治后弃？不知所云。

《淮南子》：《道应训》："白公胜得荆国，不能以府库分人。七日，石乙入曰：'不义得之，又不能布施，患必至矣！不能予人，不若焚之，毋令人害我！'白公弗听也。九日，叶公入，乃发大府之货以予众，出高库之兵以赋民，因而攻之。十有九日而禽白公。夫国非其有也，而欲有之，可谓至贪也；不能为人，又无以自为，可谓至愚矣！譬白公之啬也，何以异于枭之爱其子也？故《老子》曰：'持而盈之，不如其已。揣而锐之，不可长保'也。""孔子观桓公之庙，有器焉，谓之宥卮。孔子曰：'善哉！予得见此器。'顾曰：'弟子取水。'水至，灌之。其中则正，其盈则覆。孔子造然革容曰：'善哉，持盈者乎！'子贡在侧曰：'请问持盈。'曰：'益而损之。'"以事解经。白公胜得后，为何又败？此处议论与《文子》相近。《汜论训》中也有类似的故事，有助理解："武王克殷，欲筑宫于五行之山，周公曰：'不可。夫五行之山，固塞险阻之地也，使我德能覆之，则天下纳其贡职者回也；使我有暴乱之行，则天下之伐我难矣。'此所以三十六世而不夺也，周公可谓能持满矣。"认为险上加险，虽说防备了坏事，但也同时杜绝了好事，最终只能使自己孤立于世外。

严遵："汙众趣时，以致财货；财货愈重，神明愈耗。财货累积以生患咎，不如未盈而止者矣。"认为持盈讲的就是积财货；积财货要知止，止于未盈满之时。积财与养神之间，耦处理要妥当。

想尔："道教人结精成神。今世间伪技诈称道，托黄帝、玄女、龚子、容成之文相教，从女不施，思还精补脑。心神不一，失其所守，为揣悦不可长宝。若，如也；不如，直自然如也。”认为伪技不是道。重要的是精神。

王弼：“持，谓不失德也。既不失其德，又盈之，势必倾危。故不如其已者，谓乃更不如无德无功者也。”“既揣末令尖，又锐之令利，势必摧衄，故不可长保也。”认为第一句讲的是功德，持是下德；不失反盈，是错上加错，不如无德无功。第二句讲的是尖利之物，势必要受到挫折。

唐玄宗：“执持盈满，使不倾失，积财为累，悔吝必生，故不如其已。已，止也。”“揣度锐利，进取荣名，富贵必骄，坐招殃咎，故不可长保。”认为积财要知止。

［**普及经文**］**金玉满堂，莫之能守；贵富而骄，自遗其咎。**

［**直译经文**］金玉再多，守是守不住的；如果再无休止地放纵对财富的欲望与追求，更是自取其祸。

如是我文：只知盈而不知止，只知聚而不知散，只知贵富而不知爱身，甚至无休止地放纵对财富的欲望与追求，一旦金玉满溢，也就到了物极必反的时候了。越是聚贵富，越是聚灾祸。二者中的任何一方都不能“极”，都要给另一方留有空间、留有余地。

［**百家争鸣**］

河上：“嗜欲伤神，财多累身。”“夫富当赈贫，贵当怜贱，而反骄恣，必被祸患。”提出不被祸患的具体办法，就是赈贫和怜贱，也就是有聚有散。

严遵：“金玉之与身，而名势之与神，若冰若炭，势不俱存。”“富贵而不骄，易言而难行；身愈尊贵，志愈高远。而富贵而骄，犹炬得火，举明愈大，炬明愈尽，可不慎乎！”认为本章讲的就是名利二字。语带夸张，以强调后果的严重性。不骄之难，不可不慎。所以古人又说：“非知之艰，行之惟艰。”知难，行更难。

想尔：“人之精气满藏中，苦无爱守之者。不肯自然闭心，而揣挩之，即大迷矣。精结成神，阳炁有余，务当自爱，闭心绝念，不可骄欺阴也。骄欺，咎即成。又外说，秉权富贵而骄世，即有咎也。”强调要自爱，显阳不欺隐阴。

王弼：“不若其已。”“不可长保也。”认为前两句是以持盈、揣锐作喻，后两句是对前两句的引申。骄则锋芒毕露。

唐玄宗：“此明盈难久持也。”“此明锐不可揣也。骄犹心生，故咎非他与。”认为骄由心生，咎由自取。

［**普及经文**］**功遂身退：天之道。**

［**直译经文**］只有处理好功与身的关系，有所进、有所退，才是天之道。

如是我文：利是如此，名又何尝不是如此？要遵循二而一的规律，摆正自身在二而一中的位置，明白自身何时当进？何时当退？何时当显？何时当隐？何时当盈？何时当止？何时当聚？何时当散？等等。总之，掌握万物殊类的终极规律很重要，如何运用这一规律更重要。

［**百家争鸣**］

《文子》：《道德》："夫亟战而数胜者，则国必亡。亟战则民疲，数胜则主骄。以骄主使疲民，而国不亡者，寡矣。主骄则恣，恣则极物；民疲则怨，怨则极虑。上下俱极而不亡者，未之有也。故'功遂身退，天之道也。'"《上德》："狡兔得而猎犬烹，高鸟尽而良弓藏，功成名遂身退，天道然也。"两处释经，一处是从反面论证，上下俱极，很少有不亡国的。另一处则喻说功遂身退的重要性。认为凡事不可亟（极），物极必反。

河上："言人所为，功成事立，名迹称遂，不退身避位，则遇于害，此乃天之常道也。譬如日中则移，月满则亏，物盛则衰，乐极则哀。"举例恰当。退身避位之解，不如谦退之义长。

《淮南子》：《道应训》："魏武侯问于李克曰：'吴之所以亡者，何也？'李克对曰：'数战而数胜。'武侯曰：'数战数胜，国之福；其独以亡，何故也？'对曰：'数战则民疲，数胜则主骄。以骄主使疲民，而国不亡者，天下鲜矣。骄则恣，恣则极物；疲则怨，怨则极虑。上下俱极，吴之亡犹晚矣。夫差之所以自刭于干遂也。'故《老子》曰：'功成名遂身退，天之道也。'"议论与《文子》相近。夫差不会正确运用二而一，不会正确处理二者之间的关系，必然导致上下俱极而国亡。

严遵："益我货者损我神，生我名者杀我身。患生于我，不由于人，福生于我，不由于天。""砥心锐志，运筹策蓍；智能爵尊，名达身进：神去，安可长保也？"认为神去而不保，名又有何用？人生在世，名利二字最难处理。或祸或福，全在于自己的选择。

想尔："名与功，身之仇。功名就，身即灭，故道诫之。范蠡乘舟去，道意谦信。不隐身形剥，是其效也。"名与身的关系一定为仇、为灭？绝对化了。

王弼："四时更运，功成则移。"从哲学的角度来理解，移与退有所不同。如何移？没有作进一步的阐述。

唐玄宗："功成名遂者，当退身以辞盛，亦如天道虚盈有时，则无忧患矣。"强调时的重要性，要知时。

［**意犹未尽**］

第10章（上）

［**普及经文**］**载营魄抱一，能毋离乎？**

［**直译经文**］你能谨守二而一的原则，使质朴与精神聚而不离吗？

如是我文：此句讲养神。抱一就是谨守二而一的法则。质朴承载、团营其魂魄，有机结合而为一。对一的处理，关键在于神。质与神之和谐，魂与魄之和谐。《系辞》："一阴一阳之谓道。"

［**百家争鸣**］

河上："营魄，魂魄也。人载魂魄之上得以生，当爱养之。喜怒亡魂，卒惊伤魄。魂在肝，魄在肺。美酒甘肴，腐人肝肺。故魂静志道不乱，魄安得寿延年也。言人能抱一，使不离于身，则长存。一者，道始所生，太和之精气也，故曰一。一布名于天下，天得一以清，地得一以宁，侯王得一以为正平。入为心，出为行，布施为德，总名为一。一之为言志一无二也。"河上与众不同，将"载营魄"断为一句，认为营字就是魂的意思。葛玄同意如此断句方式，却认为应该是"魄在人身，营营欲离"。

《淮南子》：《道应训》："颜回谓仲尼曰：'回益矣。'仲尼曰：'何谓也？'曰：'回忘礼乐矣。'仲尼曰：'可矣，犹未也。'异日复见，曰：'回益矣。'仲尼曰：'何谓也？'曰：'回忘仁义也。'仲尼曰：'可矣，犹未也。'异日复见。曰：'回坐忘矣。'仲尼造然曰：'何谓坐忘？'颜回曰：'堕支体，黜聪明，离形去知，洞于化通。是谓坐忘。'仲尼曰：'洞则无善也，化则无常矣。而夫子荐贤，丘请从之后。'故《老子》曰：'载营魄抱一，能无离乎？专气至柔，能如婴儿乎？'"《泰族训》："治身：太上养神，其次养形。治国：太上养化，其次正法。"认为抱一就是坐忘之术，并且进一步指出，无论治身，还是治国，最高级的做法就是养神和养化。

想尔："魄，白也，故精白与元同色。身为精车，精落，故当载营之。神成气来，载营人身。欲全此功，无离一。一者，道也。今在人身何许？守之云何？一不在人身也，诸附身者，悉世间常伪技，非真道也。一在天地外，人在天地间，但往来人身中耳，都皮里悉是，非独一处。一散形为气，聚形为太上老君，常治昆仑。或言虚无，或言自然，或言无名，皆同一耳。今布道诫，教人守诫不违，即为守一矣。不行其诫，即为失一也。世间常伪技，指五藏以名一；瞑目思想，欲从求福，非也。去生遂远矣。"载营二字合用，认为神成气来，则载而营之于身。所谓太上老君一气化三清的神化，似出于此。

王弼："载，犹处也。营魄，人之常居处也。一，人之真也。言人能处常居之宅，抱一精神能常无离乎？则万物自宾也。"明言精神。

唐玄宗：“人生始化曰魄，既生曰魂。魄则阴虚，魂则阳满，言人载虚魄，常须营护复阳。阳气充魄则为魂，魂能运动，则生全矣。一者，不杂也。复阳全生，不可染杂，故令抱守淳一，能无离身乎？”认为营魄就是复阳之举，复阳才能全生。营：卫也。

［**普及经文**］**抟气致柔，能如婴儿乎？**

［**直译经文**］你能像婴儿一样，聚一团柔和之气，使身心完全放松吗？

如是我文：此句讲养气。对气的处理，关键在于阴阳二气之冲。“如婴儿”，是老子对修身的最高要求之一。

［**百家争鸣**］

河上：“专守精气使不乱，则形体能应之而柔顺。能如婴儿，内无思虑，外无政事，则精神不去也。”认为应该学习婴儿的无思虑，无政事。

想尔：“婴儿无为，故合道，但不知自制。知稍生，故致老。谓欲为柔致气，法儿小时。”认为应该学习婴儿的无为，不学婴儿的不自制。

王弼：“专，任也。致，极也。言任自然之气，致至柔之和，能若婴儿之无所欲乎？则物全而性得矣。”认为应该学习婴儿的无所欲。气指自然之气。

唐玄宗：“专一冲气，使致和柔，能如婴儿，无所分别。”认为无所分别就是混而为一。

［**普及经文**］**修除玄鉴，能毋有疵乎？**

［**直译经文**］你能以心为镜，常修、常除，不使其存在些许瑕疵吗？

如是我文：此句讲养心。若要准确地法象客观之道，关键在于净心。

［**百家争鸣**］

河上：“当洗其心使洁净也。心居玄冥之处，览知万事，故谓之玄览也。不淫邪也。”认为要洗心而不淫邪。改鉴为览，强调内视。

想尔：“人身像天地。览，广也。疵，恶也；非道所熹。当涤除一身，行必令无恶也。”涤除一身，又是一解。

王弼：“玄，物之极也。言能涤除邪饰，至于极览，能不以物介其明，疵之其神乎？则终与玄同也。”认为涤除邪饰，不让外物疵其神明的目的，就是要心理健全。

唐玄宗：“玄览，心照也。疵，瑕病也。涤除心照，使令清净，能无疵病。”认为要涤除的是心照，也就是心要常明。照：明也。

[普及经文] 爱民治国，能毋以知乎?

[直译经文] 你能做到以不知治国、治民吗?

如是我文：第 65 章："以知治国，国之贼；以不知治国，国之德。"

[百家争鸣]

河上："治身者，爱气则身全；治国者，爱民则国安。治身者，呼吸精气，无令耳闻；治国者，布施惠德，无令下知也。"认为治身当爱气，治国当爱民。此句并非言治身，而河上却两次治身、治国相对而论，似证明其他五问为治身之术，而只有此句为治国之术。

想尔："人君欲爱民，令寿考；治国，令太平，当精心凿道意，教民皆令知道真，无令知伪道邪知也。"认为要让民知真道，不知伪道；也就是要使民有所知，有所不知。

王弼："任术以求成，运数以求匿者，智也。玄览无疵，犹绝圣也。治国无以智，犹弃智也。能无以智乎？则民不辟而国治也。"以经解经，认为此句是对第 19 章之"弃智"的引申，而上句则是对"绝圣"的引申。

唐玄宗："爱养万人，临理国政，能无为乎？当自化矣。自上营魄，皆教修身。身修则德全，故可为君矣。"改知为为，认为是对第37章之自化的引申。

[普及经文]天门开阖，能为雌乎?

[直译经文]你能在有无之间的消长变化中，总是以"为雌"的一方，作为自己的主轴和立足点吗?

如是我文:有与无如两扇天道之门，一阖一辟。雌代表什么?代表魄，代表柔，代表弱，代表从，代表隐，代表失，代表辱，代表下，代表守……

[百家争鸣]

河上："天门谓北极紫微宫，开阖谓终始五际也。治身，天门谓鼻孔，开谓喘息，阖谓呼吸也。治身当如雌牝，安静柔弱；治国应变，和而不唱也。"认为天门原指北极紫微宫，此处借指鼻孔，以论治身。呼吸发声，要和而不唱。唱：导也。

想尔："男女阴阳孔也。男当法地似女，前章已说矣。"认为天门指的是男女的生殖器。

王弼："天门，谓天下之所由从也。开阖，治乱之际也。或开或阖，经通于天下，故曰天门开阖也。雌应而不倡，因而不为。言天门开阖能为雌乎？则物自宾而处自安也。"以经解经，认为此句是对自宾的引申。天门就是众妙之门。开阖强调的就是态势。倡与唱通。

唐玄宗：“天门，曆数所从出。开阖，谓治乱。言人君应期受命，能守雌静，则可以永终天禄矣。又解云：《易》曰：‘一阖一闢谓之变。’言圣人抚运，应变无常，不以雄成，而守雌牝，亦如天门开阖，亏盈而益谦也。”以《易》解经，认为当以雌为主轴。

［**普及经文**］**明白四达，能毋以为乎？**

［**直译经文**］你能正确运用思维模式，通晓万物殊类的本质，多动脑筋，而非盲目摸索吗？

如是我文：六问六答，明问暗答，寓答于问。修身养性之术，同样离不开对二而一的运用。

［**百家争鸣**］

《文子》：《道原》：“孔子问道，老子曰：‘正汝形，一汝视，天和将至；摄汝知，正汝度，神将来舍。德将为汝容，道将为汝居。瞳兮，若新生之犊，而无求其故，形若枯木，真其实知而不以曲故自持，恢恢无心可谋，明白四达，能无知乎？’”喻说解经，其中又以初生的小牛和枯木作喻，强调要真知、实知。无以知的意思就是摄知，就是没有可谋之心。

河上：“言道明白，如日月四达，满于天下八极之外。故曰视之不见，听之不闻，彰布之于十方，焕焕煌煌也。无有能知道满于天下者。”认为道满于四达八极，却“无有能知”者。

《淮南子》：《道应训》：“齧缺问道于被衣，被衣曰：‘正汝形，一汝视，天和将至；摄汝知，正汝度，神将来舍。德将为若美，而道将为女居。惷乎若新生之犊，而无求其故。’言未卒，齧缺继以仇夷。被衣行歌而去，曰：‘形若槁骸，心如死灰。真其实知，不以故自持。墨墨恢恢，无心可与谋。彼何人哉？’故《老子》曰：‘明白四达。能以无知乎？’”议论与《文子》相近，只是喻说的人物不同。

想尔：“上士心通，自多所知，知恶而弃，知善能行，勿敢为恶事也。”认为首先要多知，然后才能有所为、有所不为。

王弼：“言至明四达，无迷无惑，能无以为乎？则物化矣。所谓道常无为，侯王若能守，则万物自化。”以经解经，认为此句是对自化的引申。

唐玄宗：“人君能为雌静，则万姓乐推其德，明白如日四照，犹须忘功不宰，故云能无知乎？”似乎也看到与“爱民治国”句的冲突之处。想尔以下诸本，多一处用无为，一处用无知。

［**意犹未尽**］

第11章（上）

[**普及经文**] **三十辐共一毂；当其无，有车之用。**

[**直译经文**] 制作车轮，要用三十根车条向内支撑一个空心毂；正是因为以车毂之空无为主，所以才有车轮与车之用。

如是我文：例证道用之耦，如何用无。车辐再多，没有中间一个洞，轮如何转？为主者，不必为多。一中之二，缺一不可；二者之中，有主有从。当：主也。

[**百家争鸣**]

《文子》：《上德》："'三十辐共一毂'，各直一凿，不得相入，犹人臣各守其职也。""毂虚，而中立三十辐，各尽其力，使一辐独入，众辐皆弃，何近远之能至?"认为万物有实有虚，强调各尽其力。古车轮的制作方法，详见《周礼·考工记·轮人》。

河上："古者，车三十辐，法月数也。共一毂者，毂中有孔，故众辐共凑之。治身者当除情去欲，使五藏空虚，神乃归之。治国者寡能，总众弱共扶强也。无谓空虚。毂中空虚，轮得转行；辇中空虚，人得载其上也。"认为治身要用其无，要空虚；治国要居其无，要寡能，要积众弱而扶一强。

严遵："是以老氏伤创作之害道德，明为善之生祸乱也，故举车、器、室三事，说有、无、利、用之相资，因以垂戒云。""然而上世以为治、后世以为乱者，此乃有、无、利、用相因之弊盖在乎人尔。"认为本章是训诫之辞。有与无、利与用的关系就是相资、相因；至于如何使用，或益或弊，全在于人。

想尔："古未有车时，退然；道遣奚仲作之。愚者得车，贪利而已，不念行道，不觉道神。贤者见之，乃知道恩，默而自厉，重守道真也。"引申出一段车论。

王弼："毂所以能统三十辐者，无也。以其无能受物之故，故能以实统众也。"认为只有以无受物，才能做到以实统众。越有实力，越要虚其心。

唐玄宗："此明有无功用，相资而立。三十辐者，明造车也。共一毂者，因言少总众。夫辕箱之有，共则成车，车中空无，乃可运用。若无辕箱之有，亦无所用之车。车中若不空无，则辕箱之有，皆为弃物。"认为一切功用都是由有与无共同完成的。二者的关系是少总众，主少而从众。

[**普及经文**] **埏埴以为器；当其无，有器之用。**

[**直译经文**] 烧土制作盛器，要成中空之形；正是因为以器中之空无为主，所以才有盛器之用。

如是我文：例证之二。没有器之形，何来空之用？为主者，不必为显。

［**百家争鸣**］

河上："埏，和也。埴，土也。和土以为饮食之器。器中空虚，故得有所盛受。"认为埏埴就是和土的意思。

想尔："亦与车同说。"

唐玄宗："埏，和也。埴，土也。陶匠和土，为瓦缶之器。"

［**普及经文**］**凿户、牖以为室；当其无，有室之用。**

［**直译经文**］盖房子，要四面墙，一面顶，围成空间；又在墙上凿洞，安装门窗；正是因为以室、门、窗之空无为主，所以才有屋室之用。

如是我文：例证之三。要善于发现和运用耦处理。有、无之用的关键，《老子》强调以用无为主，或称之为用无之术。用无之术，随处可见。

［**百家争鸣**］

河上："谓作屋室。言户牖空虚，人得以出入观视；室中空虚，人得以居处，是其用。"

想尔："道使黄帝为之，亦与车同说。"

唐玄宗："古者陶穴以为室宇，亦开户牖，故云凿尔。"对凿字的理解，想像丰富。

［**普及经文**］**故有之以为利，无之以为用。**

［**直译经文**］所以说，有与无，各有其利，各有其用。

如是我文：任何事物的功用，同样遵循二而一的规律，都是有与无的共同作用。用有者，以无为辅；用无者，以有为辅。人们往往看得到有的用处，却看不到无的用处；往往重视有而忽视无。很多时候，空比实更需重视，无比有更需重视。

［**百家争鸣**］

河上："利，物也。利于形用。器中有物，室中有人，恐其屋破坏；腹中有神，畏其形消亡。言虚空者乃可用盛受万物，故曰虚无能制有形。道者，空也。"对利的理解与众不同，认为利就是器中物、室中人，同样受制于虚无。强调虚空的重要性。利古作物，与物形近。

想尔："此三物本难作，非道不成。俗人得之，但贪其利，不知其元。贤者见之，还守其用，用道为本。贤愚之心，如南与北，万不同。此三之义指如是耳。今世间伪伎，因缘真文，设诈巧，言道有天毂，人身有毂，专炁为柔。辐指形为馆辖，又培胎练形，当如土为瓦时。又言道有户牖，在人身中，皆邪伪不可用，用之者大迷矣。”借题发挥，弘扬教法。

王弼：“木、埴、壁所以成三者，而皆以无为用也。言无者，有之所以为利，皆赖无以为用也。”进一步阐述以无为本的思想。车、埴、壁所以能成为有用之物，都是以无为用的结果；认为这两句经文不是对等关系，而是因果关系

唐玄宗：“有体利无，以无为利。无体用有，以有为用。且形而上者曰道，形而下者曰器，将明至道之用，约形质以彰，故借粗有之利无，以明妙无之用有尔。”以《易》解经，剖析道与器之间的关系。认为道无体，器有体。道是万物结构与作用的终极原理，器是具体化的道。有与无各有其用，相互利用。两种存在，一种称之为有，可见可闻；一种称之为无，无形无象。

［**意犹未尽**］

第12章（上）

［普及经文］“五色使人目盲，五音使人耳聋，五味使人口爽，驰骋田猎使人心发狂，难得之货使人之行妨。”

［直译经文］颜色越杂越乱目，声音越杂越乱耳，味道越杂越乱口，声色犬马、奇珍异宝徒乱人心，伤人品行。

如是我文：不为外物所惑，知易行难。人有本性，不可乱；人有欲望，不可过。不过则不惑。

［百家争鸣］

河上：“贪淫好色，则伤精失明。好听五音，则和气去心，不能听无声之声。爽，亡也。人嗜于五味，则口亡，言失于道也。人精神好安静，驰骋呼吸，精神散亡，故发狂也。妨，伤也。难得之货谓金银珠玉，心贪意欲，不知厌足，则行伤身辱也。”目盲之义是否失明？夸张了。

严遵：“……陷目之锥也。……塞耳之椎也。……斩舌之器也。”“田猎者，狂惑之帅也。”“财货者，害本之物也。”

想尔：“目光散，故盲。非雅音也。郑卫之声，抗诤伤人，听过神去，故聋。道不食之。口爽者，糜烂生疮。心不念正，但念煞无罪之兽当得，故狂。道所不欲也。行道致生不致货；货有为，乃致货妨道矣。”目光散，正是眀之义。盲：茫也。

王弼：“爽，差失也。失口之用，故谓之爽。夫耳、目、口、心，皆顺其性也。不以顺性命，反以伤自然，故曰盲、聋、爽、狂也。难得之货塞人正路，故令人行妨也。”认为要顺其自然之性而不可伤。

唐玄宗：“目悦青黄之观，耳耽宫徵之音，口燕刍豢之味，伤当过分，则坐令形骸聋盲。驰骋世务，耽著有为，如彼田猎，唯求杀获，日以心斗，逐境奔驰，静而思之，是发狂病。性分所无，求亦不得。妄求难得，故令道行有所妨伤也。”认为要戒过分。

［普及经文］是以圣人之治：为腹而不为目。

［直译经文］所以圣人之治，都要不离其本：身中为本，外物为末。

如是我文：如何不“过”？守中为本。谨守其本，虽有纷繁之外物，目如何盲？耳如何聋？口如何爽？心如何狂？行如何妨？为：治也。

［百家争鸣］

河上：“守五性，去六情，节志气，养神明。目不妄视，妄视泄精于外。”

认为讲的是养生功法。

严遵：“夫圣人者，服无色之色，听无声之声，味无味之味，驰骋无境之域，经历无界之方，发无形之网，获道德之心矣!”认为本章讲的是圣人的养生、养性之道，强调一个“无”字。

想尔：“腹与目，前章已说矣。”

王弼：“为腹者，以物养己；为目者，以物役己；故圣人不为目也。”养己？役己？认为圣人当了然于胸。

[**普及经文**] **故去彼而取此。**

[**直译经文**] 总之，要有所去、有所取，有所不为、有所为。

如是我文：选择是人生做得最多的一件事。选择是最基本的心理行为。去彼取此就是选择。二者之中，有弃必有取。被动也罢，主动也罢，当舍则舍，当得则得。去：弃也。

[**百家争鸣**]

河上：“去彼目之妄视，取此腹之养性。”认为有所去的同时，必有所取；关键在于去什么，取什么。

《淮南子》：《道应训》：“季子治亶父三年，而巫马期絻衣短褐，易容貌往观化焉。见夜渔者，得鱼则释之。巫马期问焉，曰：‘凡子所为鱼者，欲得也。今得而释之，何也?’渔者对曰：‘季子不欲人取小鱼也，所得者小鱼，是以释之。’巫马期归，以报孔子，曰：‘季子之德至矣，使人暗行若有严刑在其侧者。季子何以至于此?’孔子曰：‘丘尝问之以治言，曰：‘诚于此者刑于彼。’季子必行此术也。’故《老子》曰：‘去彼取此。’”以事解经。认为有所失的同时，必有所得；关键在于失什么，得什么。

想尔：“去彼恶行，取此道诫也。”

唐玄宗：“取此含受之腹，去彼妄视之目。”

[**意犹未尽**]

第13章（上）

[普及经文]“宠辱若缨，贵大患若身。”

[直译经文] 有句古语值得为官者重视：“宠辱若缨，贵大患若身。”

如是我文：为官者，如何治身？愿为国家服务的人，既要无心，不能唯上所适，患得患失，为外惑所累；更要忘身，要有忘我精神。

[百家争鸣]

河上：“身宠亦惊，身辱亦惊。贵，畏也。若，至也。畏大患至身，故皆惊。”认为两句互为因果。为什么宠也惊、辱也惊？是因为害怕大患至身。贵是否当作畏的假借，暂且不论，至少证明河上已经意识到此句费解之处，试图以新义调和之。

严遵：“修心道德，记志神明；和为中主，澹若不生。无计之计，经营天地；无虑之虑，翱翔混冥；存忘变化，不以为异；尊宠卑贱，无所少多。贵大亡于身，故大患不能得，天网不能取也。”一番议论，还是紧扣道德二字。所谓“贵大亡于身”，证明严遵也看到经文的费解之处。但他的做法又不同，利用后面经文自解的忘身之义，认为要有所存忘。

想尔：“道不喜强求尊贵，有宠辄有辱。若，如也。得之，当如惊，不喜也。若者，谓彼人也。必违道求荣，患归若身矣。”两个若字，两种理解，目的还是力求把道理讲通。彼人之说，暗合人有两身之解。一字两用的现象，经文中多见。

王弼：“宠必有辱，荣必有患。宠、辱等，荣、患同也。”以二而一作解。似乎训贵为荣。

唐玄宗：“操之则慄，舍之则悲，未忘宠辱，故皆惊也。身为患本，矜贵其身，即如贵大患矣。此合云贵身如贵大患，而乃云贵大患如身者，欲明起心贵身，即是大患。有贵即身是大患，故云贵大患如身。若，如也。此上两句正标。”一个忘字，说明玄宗已窥到门径，只是未能进一步深究而已。所谓“贵身如贵大患”，据《老子翼》考证：“倒而言之，古语类如此。”

[普及经文] 何谓“宠辱若缨”？宠之为下，得之若缨，失之若缨；是谓“宠辱若缨”。

[直译经文] 什么叫“宠辱若缨”？宠辱对于为臣下者而言，或得或失，都会使其身心为忧患所系所乱，都应像婴儿一样待之以无心。这就叫“宠辱若缨”。

如是我文：治心的最高境界就是无心。上择下，下亦择上。施宠辱者，君上也；受宠辱者，臣下也。如果君非圣主，颐指气使，随意而行，或宠、或辱，以轻贱之举颐使臣下，宠之则赏之，辱之则罚之，臣下又当如何？身若有所系，心必有所忧。于臣下而言，如果一心承上，过分看重君王的随意赏罚之举，必然患得患失，进退失据。

［**百家争鸣**］

河上："问何谓宠，何谓辱？宠者尊荣，辱者耻辱。及身还自问者，以晓人也。辱为下贱。得宠荣惊者，处高位如临深危也。贵不敢骄，富不敢奢。失者，失宠处辱也。惊者，恐祸重来也。解上得之若惊，失之若惊。"经文有所改动，理解自然不同。

想尔："为下者，贪宠之人，计之下者耳，非道所贵也。"认为下字两用，为下指的就是贪宠之人最下层面的算计，所以不值得重视。

王弼："为下得宠辱、荣患若惊，则不足以乱天下也。"将"宠为下"断为"宠：为下……"，认为为下者要对宠辱荣患持忧患意识。

唐玄宗："前标宠辱如惊，恐人不了，故问何谓宠辱？夫得宠骄盈，无不生祸，是知宠为辱本，故答云宠为下矣。宠辱循环，宠为辱本。凡情惑滞，惊辱而不惊宠，故圣人戒云：汝之得宠，当如汝得辱而惊，则汝之失宠得辱，亦如吾戒，汝得宠而惊惧也。故结云是谓宠辱若惊。"认为下就是根本的意思。

［**普及经文**］**何谓"贵大患若身"？吾所以有大患者，为吾有身；及吾忘身，又何患？**

［**直译经文**］什么叫"贵大患若身"？我之所以患得患失，是因为我总是从身的角度来考虑得与失；一旦我能够忘掉身，天下为公，荣辱得失之患，又何所系著？

如是我文：治身的最高境界就是忘身。人有二身，公身与私身；忘身就是要做到两个身都忘，只留公私二字。公则公处，私则私处，公私皆不入于身，忧患自然与身无关。"皮之不存，毛将焉附？"为：因也。

［**百家争鸣**］

河上："复还自问：何故畏大患至身？吾所以有大患者，为吾有身。有身则忧其勤劳，念其饥寒，触情纵欲，则遇祸患也。使吾无有身体，得道自然，轻举升云，出入无间，与道通神，当有何患？"紧扣畏、至做文章。将无身发挥成"无有身体"，甚至"轻举升云"，"与道通神"，已经成了神仙术了。

想尔："如前说。吾，道也。我者，吾同。道至尊，常畏患，不敢求荣。思欲损身，彼贪宠之人，身岂能胜道乎！为身而违诫，非也。吾、我，道也。

志欲无身，但欲养神耳。欲令人自法，故云之。”认为贵患即是畏患，无身即是养神。

王弼：“大患，荣宠之属也。生之厚必入死之地，故谓之大患也。人迷之于荣宠，返之于身，故曰大患若身也。由有其身也。归之自然也。”认为大患指荣辱之属。

唐玄宗：“恐人不晓即身是患本，故问之。身相虚幻，本无真实，为患本者，以吾执有其身，痛痒寒温，故为身患。能知天地委和，皆非我有，离形去智，了身非身，同于大通，夫有何患？”认为无身就是了身、非身。

［**普及经文**］**故贵为身于为天下，则可以托天下；爱以身为天下，则可以去天下。**

［**直译经文**］治身与治天下相较，更重视治身的人，可以担当国家的公职；自身与天下相较，更珍爱自身的人，就不要担当国家的公职。

如是我文：忘身者可托；爱身者可去。从为官者的角度理顺身与天下、治身与治天下的关系。

［**百家争鸣**］

《文子》：《上仁》：“能尊生，虽富贵，不以养伤身；虽贫贱，不以利累形。今受先祖之遗爵，必重失之。生之所由来久矣，而轻失之，岂不惑哉？‘贵以身治天下，可以寄天下；爱以身治天下，所以託天下。’”经文稍有出入。只要以生为贵，就能处理好公私二身，如：富贵之身和贫贱之身。一个爵字，道出二身之别；似指上士。

《庄子》：《在宥》：“故君子不得已而临莅天下，莫若无为。无为也而后安其性命之情，故‘贵以身于为天下，则可以托天下；爱以身于为天下，则可以寄天下。’”《让王》：“唯无以天下为者，可以托天下也。”“道之真以治身，其绪余以为国家，其土苴以治天下。由此观之，帝王之功，圣人之余事也，非所以完身养生也。”认为君王于公身要无为，于私身要养生。治身重于治天下。

河上：“言人君贵其身而贱人，欲为天下主者，则可寄立，不可以久也。言人君能爱其身，非为己也，乃欲为万民之父母。以此得为天下主者，乃可以托其身于万民之上，长无咎也。”理解很有特色，也是正反两说：人主如果贵己身而贱人，则不可以久；如果爱己身而非为己，则无咎。

《淮南子》：《道应训》：“大王亶父居邠，翟人攻之，事之以皮帛珠玉而弗受，曰：‘翟人之所求者，地，无以财物为也。’大王亶父曰：‘与人之兄居而杀其弟，与人之父处而杀其子，吾弗为。皆勉处矣，为吾臣与翟人奚以异？且吾闻之也：不以其所以养，害其所养。’杖策而去。民相连而从之，遂成国于岐山之下。大王亶父可谓能保生矣。虽富贵，不以养伤身；虽贫贱，不以利累形。今受其先人之爵禄，则必重失之。生之所自来者，久矣，而轻失之，岂不惑哉？故《老子》曰：'贵以身为天下，焉可以托天下；爱以身为天下，焉可以寄天下矣。'"《诠言训》："能不以天下伤其国，而不以国害其身，焉可以托天下也。"《泰族训》："使人左据天下之图而右刎其喉，愚者不为也，身贵于天下也。死君亲之难，视死若归，义重于身也。天下，大利也，比之身则小；身所重也，比之义则轻。义所全也。诗曰：'恺悌君子，求福不回。'言以信义为准绳也。"以事解经。用大王亶父保生去国的故事诠释这段话，同时也佐证了"去"字自有其出处。

严遵：在第55章中，有"含德之士，重身而轻天下"之论。

想尔："若者，谓彼有身贪宠之人，若以贪宠有身，不可托天下之号也。所以者，此人但知贪宠有身，必欲好衣美食，广宫室，高台榭，积珍宝，则有为。令百姓劳弊，故不可令为天子也。设如道意，有身不爱，不求荣好，不奢侈饮食，常弊薄羸行，有天下，必无为。守朴素，合道意矣。人但当保身，不当爱身，何谓也？奉道诫，积善成功，积精成神，神成仙寿，以此为身宝矣。贪荣宠，劳精思，以求财，美食以恣身，此为爱身者也，不合于道也。与上同义。"经文、注文似有误。体会其义：贪宠之人不可令为天子。人当保身，不当爱身。理解也是一反一正，只是顺序不同。

王弼："无物可以易其身，故曰贵也。如此乃可以托天下也。无物可以损其身，故曰爱也。如此乃可以寄天下也。不以宠辱荣患损易其身，然后乃可以天下付之也。"贵与爱又是一解。认为可以把天下交给贵身、爱身者。

唐玄宗："此章首标宠辱之戒，后以寄托结成者，宠辱若惊，未忘宠辱贵爱。以为未忘贵爱，故以辱校宠，则辱不如宠。以贵方爱，则贵不如爱。惊宠辱者，尚有宠辱介怀，存贵爱者，未为谦忘天下。故初则使惊宠如辱，后欲令宠辱俱忘，假寄托之近名，辩兼忘之极致。忘宠辱则无所复惊，忘身则无为患本，忘天下则无寄托之近名。"认为通篇浑然一体，首尾相呼应，最后总结到一个忘字上。

［**意犹未尽**］

第 14 章（上）

［**普及经文**］**视之不见，名之曰“微”；听之不闻，名之曰“希”；搢之不得，名之曰“夷”。**

［**直译经文**］从视觉的角度来命名，基本物质可以称之为微；从听觉的角度来命名，基本物质可以称之为希；从触觉的角度来命名，基本物质可以称之为夷。

如是我文：古人对物质世界的认知，以我为主，主观色彩很浓，偏重于用想象和形象作表述。

［**百家争鸣**］

河上：“无色曰夷。言一无采色，不可得视而见之。无声曰希。言一无音声，不可得听而闻之。无形曰微。言一无形体，不可抟持而得之。”认为夷、希、微都是“一”的不同角度的称谓。

严遵：“夫鸿之未成，剖其卵而视之，非鸿也。然其形声首尾皆已具存，此是无鸿之鸿也。而况乎未有鸿卵之时，而造化为之者哉！由此观之，太极之原，天地之先，素有形声端绪而不可见闻，亦明矣。不以视视者，能见之；不以听听者，能闻之；不以循循者，能得之；不以言言者，能辩之。是故，无形之形，天地以生，谓之夷。无声之声，五音以始，谓之希。无绪之绪，万端以起，谓之微。”用鸟、蛋作喻，喻说太极之原、天地之先。搢：循也，摩也。

想尔：“夷者，平且广；希者，大度形；微者，道炁清：此三事，欲叹道之德美耳。”认为夷、希、微是对道的形容，溢美之词。

唐玄宗：“此明道也。夷，平易也。道非色，故视不可见。以其於无色之中而能色焉，故名曰夷。希者，声之微也。道非声，故听之不闻。以其於无声之中独能和焉，故名曰希。抟，执持也。微，妙也。道无形，故执持不得。以其於无形之中而能形焉，故名曰微。”认为是从非色、非声、无形三个角度来明道。

［**普及经文**］**三者不可至计，故混而为“一”。“一”者：其上不皦，其下不昧。**

［**直译经文**］三种称谓都无法代表基本物质的整体，因为三者混为一体，你中有我，我中有你。这个“一”，在时空中，或上、或下，或明、或暗，无物不在、无处不在、无时不在。

如是我文：三而一。一指先天之物。微、希、夷都是之一而非全一，都不宜作为它的总名。

［**百家争鸣**］

河上："三者，谓夷、希、微也。不可致诘者，夫无色、无声、无形，口不能言，书不能传，当受之以静，求之以神，不可诘问而得之也。混，合也。故合于三名之而为一。言一在天上，不皦皦光明。言一在天下，不昧昧有所暗冥。"认为夷、希、微三个名称只是从不同角度的命名，无法深究整体，所以还是应该总称之为一。

想尔："此三者，淳说道之美。道者，天下万事之本，诘之者所况多，竹素不能胜载也，故还归一。多者何伤？朴散淳薄更入邪，故不可诘也。道炁常上下，经营天地内外，所以不见，清微故也。上则不皦，下则不忽。忽，有声也。"认为如果从不同角度来形容道本，那么溢美之名将会数不胜数，所以还是归之为一的好。上无明，下无声。

王弼："无状无象，无声无响，故能无所不通，无所不往。不得而知，更以我耳、目、体不知为名，故不可致诘，混而为一也。"还是以无为本，认为一切皆源于无。对夷、希、微之定义略而不谈，似乎认为既然不知为名，所以不必深究。

唐玄宗："三者将以诘道，道非声色形法，故诘不可得，但得夷希微尔。道非夷希微，故复混而为一。在上者必明，在下者必昧，唯道於上非上，在上亦不明。於下非下，在下亦不昧也。"认为道不是夷、希、微，夷、希、微只是道的一部分，所以无法深究道的整体，还是综合考察为好。

［**普及经文**］**寻寻兮不可命也，复归于无物，是谓"无状之'状'"。无物之象，是谓"忽恍"。迎而不见其首，随而不见其后。**

［**直译经文**］无论如何也无法为其选择恰当的具名，只好以其先天之物的本质为名，据实称之为一，或称之为状。物、道之象与物、道之本的关系，可以用忽恍二字来描述；即使如此，也无法囊括其全部内涵。

如是我文：古人眼中，物分先天之物与后天之物，无形之物（无形有质）与有形之物（有形有质）；道分不变之道与变化之道，客观之道与主观之道。无物不是无物质，而是万物未成形前的微观状态，是没有具体形态的基本存在状态，如经文所说的气、光、尘。

［**百家争鸣**］

《韩非子》：《解老》："人希见生象也，而得死象之骨，案其图以想其生也，故诸人之所以意想者，皆谓之'象'也。今道虽不可得闻见，圣人执其见功以处见其形。故曰：'无状之状，无物之象。'"今天常说的想象一词，或源于此。

河上："绳绳者，动行无穷极也。不可名者：非一色也，不可以青黄白黑别；非一声也，不可以宫商角徵羽听；非一形也，不可以长短大小度之也。物，质也。复当归之于无质。言一无形状，而能为万物作形状也。一无物质，而为万物设形象也。一忽忽恍恍，若存若亡，不可见之也。一无端末，不可预待也。除情去欲，一自归之也。言一无影迹，不可得而看。"认为非一色、非一声、非一形，万物殊类千差万别，各有其名；但每个物、每个名都不能代表道，应该从精神世界的层面理解道的本质。认为忽恍是一种若存若亡的状态，是对一的感受。

《淮南子》：《道应训》："田骈以道术说齐王，王应之曰：'寡人所有，齐国也。道术虽以除患，愿闻国之政。'田骈对曰：'臣之言无政，而可以为政。譬之若林木无材，而可以为材。愿王察其所谓，而自取齐国之政焉已。虽无除其患害，天地之间，六合之内，可陶冶而变化也。齐国之政，何足问哉！'此老聃之所谓'无状之状，无物之象'者也。若王之所问者，齐也；田骈所称者，材也。材不及林，林不及雨，雨不及阴阳，阴阳不及和，和不及道。"以事解经，说明抽象的理论可以指导一切具体的行动。

严遵："沉沉汎汎，复归虚空，曲成万物，皆得以存，穷微极妙，尽得以然，周流上下，莫睹其无也。无状之状，无所不状；无象之象，无所不象；光于惚恍，无所不显；大而若小，存而若亡也。"将无物理解为存万物的虚空。将"无物之象"改成"无象之象"，似认为一并非无物质，而是无象，只是人类觉察不到其物罢了。

想尔："道如是，不可见名，如无所有也。道至尊，微而隐，无状貌形像也。但可从其诫，不可见知也。今世间伪技，指形名道，令有服色、名字、状貌、长短，非也。悉邪伪耳。道明不可见知，无形像也。"认为道无所有、无形象。

王弼："欲言无邪？而物由以成。欲言有邪？而不见其形。故曰无状之状，无物之象也。不可得而定也。"认为要说一是无，万物又都由它而成；要说一是有，却又不见其形，所以或无或有而不可得。忽恍就是不定的意思。

唐玄宗："绳绳者，运动不绝之意。不皦不昧，运动无穷，生物之功，名目不得，非物能物，故常生物而未始有物，妙本湛然，故云复归于无物。是谓无形状之状，无物质之象，不可名有，不可名无，无有难名，故谓之惚恍。无始，故迎之不见其首。无终，故随之不见其后。"认为难名无有，所以惚恍。对惚恍之解，又见第 21 章注。

[**普及经文**] **执今之道，以御今之有；以知古始，是谓"道纪"。**

[**直译经文**] 把握运用今日之道，驾驭今日之万物；同时上溯古之道与古

之有，了解古人是如何想的、如何做的，古今一脉相承，称之为道纪。

如是我文：道指理论，古始指经验，理论与经验二而一。理论指导，易全；复制经验，易偏。史家文化是中国百家文化的总源头。史家文化的特点之一，就是喻说，就是经验，用史实说话。老子是经史文化的总代表。《老子》的最大贡献，就是在荟萃前人经验的同时，试图使形象上升到抽象范畴，为经验插上理论翅膀，从而使史家文化飞跃为经史文化。《老子》草创了理论之学与大量术语，为中国哲学的探索和发展，奠定了坚实基础，开创了学术上百家争鸣的先河。

［**百家争鸣**］

河上：“圣人执守古道，生一以御物，知今当有一也。人能知上古本始有一，是谓知道纲纪也。”所据经文是“执古”，强调守一。

严遵：“执古自然，以御于今。不为夷狄变则，不为中国改容。一以知始，一以知终，仰制于道，物无不悬。无所不生，无所不临，其职溥大，无所不然。为虚纲纪，天地祖宗也。”所据经文也是“执古”，强调不变。

想尔：“何以知此道今端有？观古得仙寿者悉行之，以得知今俗有不绝也。能以古仙寿若喻，今自勉厉守道真，即得道纲纪也。”又回到仙寿之说。

王弼：“有，有其事。无形无名者，万物之宗也。虽今古不同，时移俗易，故莫不由乎此，以成其治者也。故可执古之道，以御今之有。上古虽远，其道存焉，故虽在今，可以知古始也。”认为虽说今古不同，时移俗易，但是万变不离其宗。将“有”解释为“有其事”，务实，灵活。

唐玄宗：“执古无为之道，以御今有为之事，则还返淳朴矣。能知古始所行，是谓道化之纪纲。”认为道是无为之道，事是有为之事。

［**意犹未尽**］

第 15 章（上）

［**普及经文**］**古之善为士者，必微、弱、玄、达，深不可志。**

［**直译经文**］古代的有道之士，必备几种品质：行为要低调，身段要柔软，思维要通玄，执行力要强，深含不露，从不引人注目。

如是我文：通达二而一之道德，必隐而不显、弱而不强、深而不浅、通而不塞。

［**百家争鸣**］

河上：“谓得道之君也。玄，天也。言其志节玄妙，精与天通也。道德深远，不可识知，内视若盲，反听若聋，莫知所长。”认为本章说的是得道之君。

严遵：“上通道德之意，下达神明之心，秉天地之常，挟阴阳之变，犹以隐匿形容，绝灭端绪，作事由反，不可识知。”认为上通下达，靠一隐字。

想尔：“玄，天也。古之仙士，能守信微妙，与天相通。人行道奉诫，微气归之。为气，渊渊深也，故不可识也。”认为本章说的是仙士。

唐玄宗：“古，昔也。士，事也。言古昔之人，善以道为事者，於彼微言妙道，无不玄鉴通照，而德容深邃，不可识知。”士：事也。以道为事，又是一解。认为言三义：微言、妙道、玄鉴通照。

［**普及经文**］**是以为之颂，曰：豫兮，其若冬涉川；犹兮，其若畏四邻；严兮，其若客；望兮，其若怿；沌兮，其若朴；旷兮，其若谷；浑兮，其若浊。**

［**直译经文**］这里用赞美诗的形式，为他们作一番较全面的描绘。处事：他们总能谨言慎行，对周围之人充满敬畏之心，就像冬天走在冰上一样，小心翼翼。仪态：他们总是身居客位，就像客人一样，彬彬有礼，和颜悦色。内心：为人旷达，虚怀若谷，一副浑厚朴实的模样，让人觉得既像质朴无华的原木，从不引人注意，又像一潭浊水，让人看不通透。

如是我文：凡此七若，以下诸家之注解各有所长，理解上均可大而化之。

［**百家争鸣**］

河上：“谓下句也。举事辄加重慎，与与兮若冬涉川，心难之也。其进退犹犹如拘制，若人乱法，畏四邻知之也。如客畏主人，俨然无所造作也。涣者解散，释者消亡。除情去欲，日以空虚。敦者质厚，朴者形未分。内守精神，外无文采也。旷者宽大，谷者空虚。不有德功名，无所不包也。浑者守本真，浊者不照然。与众合同，不自尊也。”

严遵：“无留碍尔。客者，因应而不创，顺道从天。常如俨客，不为主人易堂宇、改妻妾尔。冰者，常阴而不阳，静而不哗，随事变化，与物推移。柔弱润滑，无所不可，犹冬积为冰，春释为水，天顺时也。”

想尔：“唯，独也。容，形状也。独行道，德备渊深。不知当名之云何，强名之善为士者，道美大之也。冬涉川者，恐惧也；畏四怜，不敢为非，恐邻里知也。尊道奉诫之人，犹豫行止之间，常当畏敬如此。谦不敢犯恶，若客坐主人堂也。情欲、思虑、怒喜、恶事，道不所欲，心欲规之，便即制止解散，令如冰见日散汋。勉信道真，弃邪知，守本朴，无他思虑。心中旷旷，但信道，如谷冰之志，东流欲归海也。”

王弼：“冬之涉川，豫然若欲度，若不欲度，其情不可得见之貌也。四邻合攻中央之主，犹然不知所趣向者也。上德之人，其端兆不可睹，德趣不可见，亦犹此也。凡此诸若，皆言其容象不可得而形名也。”

唐玄宗：“夫唯德量难识，故强为容状以明之，谓下文。豫，闲豫也。善士於世闲法，如涉冬川，众人贪著，故畏惧，今我不染，故闲豫也。犹豫，疑难也。上言善士不染故闲豫，及观行事，甚疑难，如今世人惧邻戒。虽则俨然若客，无所造为，而不凝滞於物，涣然若春冰之释散也。虽涣然冰释，曾不自矜，而能敦厚，若质朴无所分别。其德量旷然宽广，无所含容，若彼空谷。和光混迹，若浊而清。”

［**普及经文**］**孰能浊以静之？将徐清；孰能安以动之？将徐生。保此道者，不欲盈。**

［**直译经文**］用静来处理浊水，浊水就会渐渐变成清水；用动来处理死气，死气就会渐渐变成生气。运用的关键，在于“不欲盈”。

如是我文：要善于处理清浊、死生、动静之间的关系。似以水之清浊转换、气之生死转换作喻，阐述如何运用动静之道。于物而言，水动则浊，水静则清；气静则死，气动则生；身静则止，身动则起。不同事物的二而一，主与从各不相同；或以静制动，或以动制静。不欲盈就是知止，找到二而一的平衡点。“水至清则无鱼，人至察则无徒。”物极必反，所以要正确处理量变与质变的关系。

［**百家争鸣**］

《文子》：《道原》：“夫道者，……冲而不盈，浊以静之徐清，……浊而徐清，冲而徐盈……”《十守》：“夫物盛则衰，日中则移，月满则亏，乐终而悲。是故聪明广智守以愚，多闻博辩守以俭，武力勇毅守以畏，富贵广大守以狭，德施天下守以让。此五者，先王所以守天下也。‘服此道者不欲盈，夫惟不盈，是以弊不新成。’”

河上：“孰，谁也。谁能知水之浊，止而静之，徐徐自清也？谁能安静以久，徐徐以长生也？保此徐生之道，不欲奢泰盈溢。夫唯不盈满之人，能守蔽不为新成。蔽者匿光荣，新成者贵功名。”加字直译，认为两句讲的都是静。

《淮南子》：《原道训》：“夫道者，……冲而徐盈；……浊而徐清。……是故一之理，施四海；一之解，际天地。其全也，纯兮若朴；其散也，混兮若浊。浊而徐清，冲而徐盈；澹兮其若深渊，泛兮其若浮云。”“今盆水在庭，清之终日，未能见眉睫，浊之不过一挠，而不能察方员。人神易浊而难清，犹盆水之类也。”《道应训》：“孔子观桓公之庙，有器焉，谓之宥卮。孔子曰：‘善哉！予得见此器。’顾曰：‘弟子取水。’水至，灌之，其中则正，其盈则覆。孔子造然革容，曰：‘善哉，持盈者乎！’子贡在侧，曰：‘请问持盈。’曰：‘益而损之。’曰：‘何谓益而损之？’曰：‘夫物盛而衰，乐极则悲，日中而移，月盈而亏。’是故聪明睿智，守之以愚；多闻博辩，守之以陋；武力毅勇，守之以畏；富贵广大，守之以俭；德施天下，守之以让。此五者，先王所以守天下而弗失也。反此五者，未尝不危也。故《老子》曰：‘服此道者不欲盈。夫唯不盈，故能弊而不新成。’”议论与《文子》相近。既用盆水作喻，说明易浊难清的道理；又用“孔子论持盈”的故事，对后一句做了诠释，认为动静之道与持盈分说，是两件事。

想尔：“求生之人，与不谢，夺不恨，不随俗转移。真思志道，学知清静意，当时如痴浊也。以能痴浊，朴且欲就矣。然后清静能睹众微。内自清明，不欲于俗，清静大要，道微所乐。天地湛然，则云起露吐，万物滋润；迅雷风趣，则汉燥物疼，道气隐藏，常不周处。人法天地，故不得燥处。常清静为务，晨暮露上下，人身气亦布至。师设晨暮，清静为大要。故虽天地有失，为人为诫，辄能自反，还归道素。人德不及，若其有失，遂去不顾；致当自约持也。人欲举事，先孝之道诫。安思其义，不犯道，乃徐施之，生道不去。不欲志意盈溢，思念恶事也。尸死为弊，尸生为成。独能守道不盈溢，故能改弊为成耳。”还是强调诫，认为是戒律之辞。

王弼：“夫晦以理，物则得明；浊以静，物则得清；安以动，物则得生。此自然之道也。孰能者，言其难也。徐者，详慎也。盈必溢也。蔽，覆盖也。”认为讲的是动静之道和盈必溢的道理。

唐玄宗：“孰，谁也。谁能於彼浑浊，以静澄止之，令徐自清乎？谁能安静於此清以久，更求胜法，运动修行，令清静之性，不滞於法，而徐动出也。生犹动出也。欲保此徐清徐生之道，当须无所执滞，若执清求生，是谓盈满，将失此道。故云不欲盈。夫唯不盈满之人，故能以新证之，行为弊薄，不以其新成而滞著也。”认为上句言静，下句言动；动静之道，切忌偏执于清和生，也就是不要过。

[意犹未尽]

第16章（上）

［**普及经文**］**至虚：极也；守静：督也。万物并作，居以颁复；天道纭纭，各复其尽。**

［**直译经文**］达到虚的位置，保持静的状态，就能正确观察和把握万物众道的客观规律。万物纷纭往复，按照各自的规律运动变化，从旧的平衡，达到新的平衡。

如是我文：只有放空自己，才能保持平静的心态，才能做到以静观动、以静观静，才能观众"神"归位，才能对万物众道做出准确的思维判断。天道为圆，从始至终，周而复始，每一次运动过程，都是平衡—失衡—再平衡。没有动，万物就没有变化；没有静，万物就无法守衡以保持其常态。没有绝对的动，也没有绝对的静；静中有动，动中有静。

［**百家争鸣**］

《文子》：《道原》："圣人忘乎治人，而在乎自理。贵忘乎势位，而在乎自得。自得即天下得我矣。乐忘乎富贵，而在乎和，知大己而小天下，几于道矣。故曰：'至虚极也，守静笃也，万物竝作，吾以观其复。'"《上礼》："……万物各复归其根。夫圣人非能生时，时至而不失也，是以不得中绝。"认为虚就是忘。强调自理、自得，"贵治身而贱治人"。自理之法，要点在于"时"，认为圣人不能生时，却不会失时，善于把握时机。

河上："得道之人，捐情去欲，五内清静，至于虚极。守清静，行笃厚。作，生也。万物并生也。言吾以观见万物无不皆归其本，人当念重本也。芸芸者，华叶盛也。言万物无不枯落，各复反其根而更生也。"认为要重视万物之本。用树叶作喻，所谓枯落而后更生。

《淮南子》：《道应训》："尹需学御，三年而无得焉；私自苦痛，常寝想之，中夜梦受秋驾于师。明日往朝，师望而谓之曰：'吾非爱道于子也，恐子不可予也。今日教子以秋驾。'尹需反走，北面再拜曰：'臣有天幸，今夕固梦受之。'故《老子》曰：'致虚极，守静笃，万物并作，吾以观其复也。'"《天文训》："天道曰圆，地道曰方；方者主幽，圆者主明。"《览冥训》："漠然若无魂魄，使万物各复归其根。"《主术训》："主道员者，……臣道方者，……是故君臣异道则治，同道则乱，各得其宜，处其当，则上下有以相使也。"用梦受来解释经文，极也。

严遵："释虚无，则道德不能以然；去清静，则天地不能以存；往而不反，则阴阳不能以通；进而不退，则日月不能以明；终而不始，则万物不能以生。"

“始于无为，动于无形，发于时和，以遂成功也。”认为虚无、清静是道德、天地存在的空间，一切变化均发于时和。古人的时空观。

想尔：“道真自有常度，人不能明之，必复企慕，世间常伪技，因出教授，指形名道，令有处所，服色长短有分数，而思想之。苦极无福报，此虚诈耳。强欲令虚诈为真，甚极。不如守静自笃也。万物含道精。并作，初生起时也。吾，道也。观其精复时，皆归其根，故令人宝慎根也。”以人生作解，宣教意味甚浓。

王弼：“言致虚，物之极笃；守静，物之真正也。动作生长。以虚静观其反复。凡有起于虚，动起于静，故万物虽并动作，卒复归于虚静，是物之极笃也。各返其所始也。”还是用以无为本的思想作解。极、笃合说，似认为二字同义。

唐玄宗：“虚极者，妙本也。言人受生皆禀虚极妙本，及形有受纳，则妙本离散。今欲令虚极妙本必致於身，当须绝弃尘境染滞，守此雌静笃厚，则虚极之道自致於身也。老君云：何以知守雌静则能致虚极乎？但观万物动作云为，及其归根，常在於静，故知尔。所以知万物归复常在於静者，为物华叶芸芸，生性皆复归於其根本，故有作云云者，动作也。言夫物云云动作者，及其归复皆在根本尔。”认为经文强调的就是“静”。

[**普及经文**] **曰：静静；是谓复命。复命：常也。知常：明也。不知常：妄；妄作：凶。**

[**直译经文**] 所以说，静静就是复其正道之术。静静以复其道之正，是使万物维系自身常态而经常运用的正确手段。懂得这一点，就能明。不懂得这一点，就会妄。一旦脱离万物自身的动静变化规律而妄行，怎么能不凶危？

如是我文：以静为正，以静为主，以静制动，以静求平衡。“常”是对静的价值判断。“明”是对知常的价值判断。“妄”是对不知常的价值判断。命：道也。常：法也。

[**百家争鸣**]

河上：“静谓根也。根安静柔弱，谦卑处下，故不复死也。言安静者是为复还性命，使不死也。复命使不死，乃道之所常行也。能知道之所常行，则为明。不知道之所常行，妄作巧诈，则失神明，故凶也。”认为根只有静，才能复还性命而不死，不知此理而妄作，必凶。

严遵：“不反元始，不复本根，动与道乖，静与神殊。”认为是对失道之人的警告，一定要重视本始，一定要会处理动与静。

想尔：“道气归根，愈当清净矣。知宝根清静，复命之常法也。知此常法，乃为明耳。世常伪技，不知常意，妄有指书，故悉凶。”认为常法就是知静。

王弼：“归根则静，故曰静。静则复命，故曰复命也。复命则得性命之常，故曰常也。常之为物，不偏不彰，无皦昧之状，温凉之象，故曰知常曰明也。唯此复，乃能包通万物，无所不容。失此以往，则邪入乎分，则物离其分，故曰不知常则妄作凶也。”认为归根为因，静为果。命：性命。

唐玄宗：“华叶云云者，生性归根则静止矣。人能归根至静，可谓复所禀之性命。守静复命，可谓有常。知守常者，更益明了。不恒其德，或承之羞，失常妄作，穷凶必至矣。”强解不如不解。

［**普及经文**］**知常：容。容乃公，公乃王，王乃天，天乃道，道乃久。没身不殆。**

［**直译经文**］做到知常，就能包容万物，一视同仁；一视同仁，就会行事公正；行事公正，才能成为领袖人物而统治国家，才能君权神授、受命于天；受命于天，自然行于大道；行于大道，于国于身才能长治久安。

如是我文：包容万物，要从包容物之二者做起。与上段知常相较，本段知常似是针对圣人而言。容：包涵也，宽容也。

［**百家争鸣**］

河上：“能知道之所常行，去情忘欲，无所不包容也。无所不包容，则公正无私，众邪莫当。公正无私，可以为天下王。治身正则形一，神明千万，共凑己躬也。能王，德合神明，乃与天通。德与天通，则与道合同也。与道合同，乃能长久。能公能王，通天合道，四者纯备，道德弘远，无殃无咎，乃与天地俱没，不危殆也。”四者：公、王、天、道。容：包容。

严遵：“游心于虚静，结志于微妙，委虑于无欲，归指于无为，故能达生延命，与道为久。”从另一角度理解心、志、思的活动。

想尔：“知常法意，常保形容。以道保形容，为天地上容。处天地间，不畏死，故公也。能行道公政，故常生也。能致长生，则副天也。天能久生，法道故也。人法道意，便能长久也。太阴，道积、练形之宫也。世有不可处，贤者避去讬死。过太阴中，而复一边生像，没而不殆也。俗人不能积善行，死便真死，属地官去也。”托死则成仙，真死则成鬼，果真如此？容：形容。

王弼：“无所不包通也。无所不包通，则乃至于荡然公平也。荡然公平，则乃至于无所不周普也。无所不周普，则乃至于同乎天也。与天合德，体道大通，则乃至于穷极虚无也。穷极虚无，得道之常，则乃至于不穷极也。无之为物，水火不能害，金石不能残。用之于心，则虎兕无所投其爪角，兵戈无所容其锋刃，何危殆之有乎！”对“知常”以下各字的理解是：包通、公平、周普、同乎天、得道之常、不穷极。

唐玄宗：“知守真常，则心境虚静，如彼空谷，无不含容。含容应物，应物无心，既无私邪，故为公正。能公正无私者，则为物所归往。群物乐推，如天之覆，则与天合德。王德如天，乃能行道。道行天下，乃可以久享福祚矣。同天行道，则终殁其身，长无危殆之事矣。”对“知常”以下各字的理解是：含容、公正、归往、与天合德、行道、久享福祚。

［**意犹未尽**］

第17章（上）

［**普及经文**］**太上，下知友之；其次，亲、誉之；其次，威之；其下，侮之。**

［**直译经文**］要让臣下明确无误感受到君上待人的态度：或友、或亲、或誉、或威、或侮。

如是我文：不同的位置，有不同的关系。有圣王，有君王；有上士，有中士，有下士；视臣为友人，为亲人，为下人，为奴仆。上下和谐，是事业有成的基础。错位以待之，人主或危或亡；臣下或患或去。

［**百家争鸣**］

《文子》：《自然》："民知诛赏之来，皆生于身，故务功修业，不受赐于人；是以朝廷芜而无迹，田野辟而无秽，故'太上，下知而有之'。"认为要使民知道，或诛或赏，都是其自身的行为所招致。

《韩非子》：《难三》："民知诛赏之皆起于身也，故疾功利于业，而不受赐于君。'太上，下智有之。'此言太上之下民无说也，安取怀惠之民?"议论与《文子》相近。民众建功立业，只问其事当不当做，而不必取悦于君，有君而已。

河上："太上谓太古无名之君也。下知有之者，下知上有君而不臣事，质朴也。其德可见，恩惠可称，故亲爱而誉之。设刑法以治之。禁多令烦，不可归诚，故欺侮之。"将太上二字人格化，又是一解。后世所说的太上老君，可能就是由此而来。认为知有君而不臣事君，对"有之"的理解是否过度?

《淮南子》：《主术训》："民知诛赏之来，皆在于身也，故务功修业，不受赣赐于君；是故朝廷芜而无迹，田野辟而无草，故'太上，下知有之'。"

严遵："人乐为主，曰帝也。"全章之注只存此一句，可能认为本章说的都是帝主之道。

想尔："知道，上知也。知也恶事，下知也。虽有上知，当具识恶事，改之不敢为也。见求善之人，晓道意，可亲也。见学善之人，勤勤者，可就誉也。复教劝之，勉力助道宣教。见恶人，诫为说善，其人闻义则服，可教改也。就申道诫示之，畏以天威，令自改也。为恶人说善，不化而甫笑之者，此即刍苟之徒耳，非人也，可欺侮之，勿与语也。"还是"助道宣教"。认为有上知，有下知；上知道意，以劝教下人不为恶事。

王弼："太上，谓大人也。大人在上，故曰太上。大人在上，居无为之事，行不言之教，万物作焉而不为始，故下知有之而已。言从上也。不能以无为居事，不言为教，立善行施，使下得亲而誉之也。不复能以恩仁令物，而赖威权也。不能以正齐民，而以智治国，下知避之，其令不从，故曰侮之也。”认为上有何种品质之君，则下有何种因应之为。

唐玄宗：“太上者，淳古之君也。下知者，臣下知上有君，尊之如天而无施教有为之迹，故人无德而称焉。逮德下衰，君行善教，仁见故亲之，功高故誉之。德又下衰，君多弊政，人不堪命，则驱以刑罚，故畏之。怀情相欺，明不能察，故侮之。”认为说的是上、下之为，相互因应。

［**普及经文**］**信不足，有不信。**

［**直译经文**］臣下如果得不到君上的充分信任，就会既缺乏互信，又缺乏自信。

如是我文：不同的关系，有不同的作为。用人不疑，上下互信、自信，是事业有成的前提。

［**百家争鸣**］

河上：“君信不足于下，下则应之以不信，而欺其君也。”认为上下之交在于信。“君信不足于下，下则应君以不信也。此言物类相从，同声相应，[同气相求]，云从龙，风从虎，水流失，火就燥，自然之数也。”（第23章注）

严遵：“‘信不足’，谓主身也；‘有不信’，谓天人也。”（第23章注）

想尔：“刍苟之徒，内信不足，故不信善人之言也。”认为说的是百姓不自信。

王弼：“夫御体失性，则疾病生；辅物失真，则疵衅作。信不足焉，则有不信，此自然之道也。已处不足，非智之所齐也。”认为说的是自然之道。“忠信不足于下，焉有不信焉。”（第23章注）

唐玄宗：“畏之侮之者，皆由君信不足，故令下有不信之人。”认为上句说君王，下句说臣下。“执言滞教，不能了悟，是於信不足也，自同於失，失亦乐来，是有不信也。”（第23章注）

［**普及经文**］**犹兮，其贵言也。成事遂功，而百姓皆曰“我自然”也。**

［**直译经文**］君王要慎言、贵言。政事有成，国家兴旺，百官都认为这是明确了各自的位置，发挥了各自作用的结果。

如是我文：不同的作为，有不同的结果。为上者希言自然，为下者自然而为；各信其然，各顺其道。

［**百家争鸣**］

河上：“说太上之君，举事犹犹，贵重于言，恐离道失自然也。谓天下太平也。百姓不知君上之德淳厚，反以为己自当然也。”“己自当然”，正合自然的本义。

想尔：“道之所言，无一可弃者。得仙之士，但贵道言，故辄成功事遂也。我，仙士也。百姓不学我有贵信道言，以致此功，而意我自然，当示不肯企及效我也。”认为“我”指的是仙士，仙士的自然之功，百姓不肯企及。诫辞。

王弼：“自然，其端兆不可得而见也，其意趣不可得而睹也。无物可以易其言，言必有应，故曰犹兮其贵言也。居无为之事，行不言之教，不以形立物，故功成事遂，而百姓不知其所以然也。”围绕自然二字作解，认为有两层意思，一个是自然之道，要贵言；一个是说百姓不知其所以然。改犹为悠，取悠远、悠闲之义，恐怕并不如犹字来得准确。

唐玄宗：“亲之誉之者，由君有德教之言，故贵其言而亲誉之。功成而不执，事遂而无为，百姓日用而不知，谓我自然而成遂，则太上下知有之之谓也。”认为是首句的申论。

［**意犹未尽**］

第18章（上）

［**普及经文**］**故大道废，有仁义；六亲不和，有孝子；国家昏乱，有忠臣。**

［**直译经文**］纲常沦丧，大道废坏，于是只好彰显仁义之士；家庭不和睦，于是只好彰显孝子；国家昏乱，于是只好彰显忠臣。

如是我文：上下有序、各顺其位的前提，就是天下有道，一切按道德的法则办事。有三种人：仁义之士、孝悌之人和忠贞之臣，一旦他们受到重视和提倡，以之为榜样，他们所处的道德体系、家庭体系和行政体系，必然已经失衡，古人称之为“礼崩乐坏”。

［**百家争鸣**］

《淮南子》：《道应训》：“魏文侯觞诸大夫于曲阳，饮酒酣，文侯喟然叹曰：‘吾独无豫让以为臣乎！’蹇重举白而进之，曰：‘请浮君。’君曰：‘何也?’对曰：‘臣闻之：有命之父母不知孝子，有道之君不知忠臣。夫豫让之君亦何如哉?’文侯受觞而饮釂不献，曰：‘无管仲、鲍叔以为臣，故有豫让之功。’故《老子》曰：‘国家昏乱，有忠臣。’”喻说昏乱与孝子、忠臣的关系。

河上：“大道之时，家有孝子，户有忠信，仁义不见也。大道废不用，恶逆生，乃有仁义可传道。智慧之君贱德而贵言，贱质而贵文，下则应之以为大伪奸诈。六纪绝，亲戚不和，乃有孝慈相牧养也。政令不行，上下相怨，邪僻争权，乃有忠臣匡正其君也。此言天下太平不知仁，人尽无欲不知廉，各自洁己不知贞。大道之世，仁义没，孝慈灭，犹日中盛明，众星失光。”认为世道失衡，则善者希。

想尔：“上古道用时，以人为名，皆行仁义，同相像类，仁义不别。今道不用，人悉弊薄，时有一人行义，便共表别之，故言有也。真道藏，邪文出。世间常伪技称道教，皆为大伪不可用。何谓邪文？其五经半入邪，其五经以外，众书传记，尸人所作，悉邪耳。道用时，家家慈孝，皆同相类，慈孝不别。今道不用，人不慈孝，六亲不和，时有一人行慈孝，便共表别之，故言有也。道用时，帝王躬奉行之，练明其意以臣庶，于此，吏民莫有不法效者。知道意，贱死贵仙，竞行忠孝，质朴悫端，以臣为名，皆忠相类不别。今道不用，臣皆学邪文，习权诈，随心情，面言善，内怀恶；时有一人行忠诚，便共表别之，故言有也。道用时，臣忠子孝，国则易治。时臣子不畏君父也，乃畏天神。孝其行，不得仙寿，故自至诚。既为忠孝，不欲令君父知，自默而行，欲蒙天报。设君父知之，必赏以高官，报以意气；如此功尽，天福不至。是故默而行之，不欲见功。今之臣子，虽忠孝，皆欲以买君父，求功名。过时不显异之，便屏怨之，言无所知。此类外是内非，无至诚感天之行，故令国难治。

今欲复此疾，要在帝王，当专心信道诚也。”对伪道邪文的批判宣言。

王弼：“失无为之事，更以施惠立善，道进物也。行术用明，以察奸伪，趣睹形见，物知避之。故智慧出则大伪生也。甚美之名，生于大恶，所谓美恶同门。六亲：父子、兄弟、夫妇也。若六亲自和，国家自治，则孝慈、忠臣不知其所在矣。鱼相忘于江湖之道，则相濡之德生也。”认为物欲横流，必然导致道德标准的降低。如果六亲和、国家治，那么还要孝慈、忠臣做什么？

唐玄宗：“浇淳散朴，大道不行，曰仁与义，小成遂作。濡沫生於不足，凋弊起於有为，然则圣人救世之心未尝异，而夷险之迹不得一尔。用智慧者，将立法也。法出而奸生，则有大伪矣。并窃符玺，可不信然？父子夫妇兄弟，六亲也。疏戚无伦，不和也。各亲各子，有孝慈也。皆由失道，故有偏名也。太平之时，上下交足，何异名乎？昏乱之日，见危致命，有忠臣矣。”认为偏则失衡。

［**意犹未尽**］

第19章（上）

［**普及经文**］**“绝知弃辨，民利百倍。绝伪弃诈，民复孝慈。绝巧弃利，盗贼无有。”**

［**直译经文**］或说：绝弃知与辨，百姓就更加易于统治，以使其发挥更大的作用。绝弃诈与伪，百姓才会讲诚信，回归传统的美德。绝弃巧与贪，社会才会安定，夜不闭户。

如是我文：建构社会的和谐，要靠什么手段？问题的症结不是要绝弃什么，而是绝弃本身是否合理。

［**百家争鸣**］

河上：“绝圣制作，反初守元。五帝画象，苍颉作书，不如三皇结绳无文。弃智惠，反无为。农事修，公无私。绝仁之见恩惠，弃义之尚华言。德化淳也。绝巧者，诈伪乱真也。弃利者，塞贪路、闭权门也。上化公正，下无邪私。”赞成绝弃，认为不同时代有不同的道德标准。然而，是否不同时代亦有相同的道德标准？

《淮南子》：《道应训》：“跖之徒问跖曰：‘盗亦有道乎？’跖曰：‘奚适其有道也！夫意而中藏者，圣也；人先者，勇也；出后者，义也；分均者，仁也；知可否者，智也。五者不备，而而能成大盗者，天下无之。’由此观之，盗贼之心，必托圣人之道而后可行。故《老子》曰：‘绝圣弃智，民利百倍。’”《说林训》：“智所知者褊矣，然待所不知而后明。”以事喻经，用盗亦有道之例诠释绝圣弃智，似属强解。智不能偏，知与不知都要知，全知才是明。

想尔：“谓诈圣知邪文者。夫圣人，天所挺生必有表，河洛著名。然常宣真，不至受有误邪道，不信明圣人之言，故令千百岁大圣演真，涤徐邪文。今人无状，裁通经艺，未贯道真，便自称圣，不因本，而章篇自揆，不能得道言。先为身，不劝民真道可得仙寿，修善自勤，反言仙自有骨禄，非行所臻，云无生道，道书欺人。此乃罪盈三千，为大恶人。至令后学者不复信道；元元不旋，子不念供养，民不念田，但逐邪学，倾侧师门，尽气诵病，到于穷年。会不能忠孝至诚感天，民治身不能仙寿，佐君不能致太平，民用此不息，背城邑虚空。是故绝诈圣邪知，不绝真圣道知也。治国法道，听任天下仁义之人，勿得强赏也。所以者，尊大其化，广开道心。人为仁义，自当至诚，天自赏之；不至诚者，天自罚之。天察必审于人，皆知尊道、畏天、仁义，便至诚矣。今王政强赏之，民不复归天。见人可欺，便诈为仁义，欲求禄赏。旁人虽知其都交，见得官禄，便复慕之，诈为仁义，终不相及也。世人察之不审，故绝之勿赏，民悉自复慈孝矣。此义平忤俗夫心，久久自解，与道合矣。人君深当明之也。邪巧也。利，所得财宝也。世不用之，盗贼亦不利也。”认为绝弃的是邪道，不绝真圣道知；可见对绝弃的作为也是有所保留。

王弼：“圣、智，才之善也；仁、义，行之善也；巧、利，用之善也。而直云绝（弃）。”认为既然都是善，为什么要绝弃呢？可见这三句话是有缺陷的，似乎意识到这三句话并非老子的主张。

唐玄宗：“绝圣人言教之迹，则化无为。弃凡夫智诈之用，则人淳朴。淳朴则巧伪不作，无为则矜徇不行。人抱天和，物无夭枉，是有百倍之利。绝兼爱之仁，弃裁非之义，则人复於大孝慈矣。人矜偏能之巧，必有争利之心，故绝巧则人不争，弃利则人自足。足则不为盗贼矣。”反复纠缠于文字，寻求绝弃的正解。其实正解不在三言本身。

［**普及经文**］**三言以为使不足；或命之，或呼矣。**

［**直译经文**］强令之治也好，劝喻之治也罢，以上三句所代表的教令文书，都有其不足之处。

如是我文：绝弃之法最大的不足之处，就是“过”。无论反对什么，还是提倡什么，都要选择切实可行的手段。法治多强令，德治多劝喻。

［**百家争鸣**］

河上：“谓上三事所弃绝也。以为文不足者，文不足以教民。当如下句。”认为所谓的弃绝之文不足以教民，并非老子所提倡；老子所提倡的是下面的两句。

想尔：“三事，天下大乱之源，欲演散之；亿文复不足，竹素不胜矣。受故令属此道文，不在外书也。揲说其大略，可知之为乱原。”认为以上三事是乱源，记不胜记，三言只是略说。

王弼：“文甚不足，不令之有所属，无以见其指。故曰此三者，以为文而未足，故令人有所属，属之于素朴寡欲。”认为三言虽说直言绝弃，但文甚不足；如果不令之有所补足，就无法领略到它的宗旨；所以必须要足之于下句，即素朴和寡欲。

唐玄宗：“此三者但令绝弃，未示修行，故以为文不足垂教，更令有所属者，谓下文也。”“未示修行”四字说得好。认为上三句言绝弃，下两句言修行。身为帝王，考虑最实际，能不能行才是关键。

［**普及经文**］**“视素保朴，少私寡欲。”**

［**直译经文**］更应该提倡：静守素朴之身，寡少私欲之心。

如是我文：以素与朴作喻，说明保持本色、本性的重要性。前后两组倡言相较可知：大一和谐是根本；至于二者之间，彼此本为耦生，绝了彼，同时也就弃了此，一存俱存，一亡俱亡，任何一方都无法单独绝弃，只能增减；所以说，若要和谐，与其绝弃，不如寡少，否则只能陷于空谈。

［**百家争鸣**］

河上：“见素者，当抱素守真，不尚文饰也。抱朴者，当抱其质朴以示天下，故可法则。少私者，正无私也。寡欲者，当知足也。”认为要守真、质朴、无私、知足；要外示其素，内守其朴，这才是最可行的法则。

想尔：“道之所说，无私少欲于世俗耳。”认为面对物欲横流的花花世界，要无私、少欲。本注文或断句为：道之所说的无私，就是要少欲于俗世，亦可。

唐玄宗：“见真素，抱淳朴，少私邪，寡贪欲。”

［**意犹未尽**］

第20章（上）

［**普及经文**］**唯之与诃，相去几何？美之与恶，相去何若？人之所畏，亦不可以不畏人。**

［**直译经文**］态度的你软我硬，相去究竟有多远、有多近？容貌的你美我丑，差别究竟有多大、有多小？所以说，人与人相处，一定要彼此互敬互畏。

如是我文：天道圆。说远真远，360度，各居对立之两极；说近真近，0度，混而为一，始终如一。祸福相倚，善恶同门。二而一中，二者的位置可以转换。为主者不会永远为主，为从者也不会永远为从。今天对人颐指气使，明天也许就会有求于人。同一个“你”，诃下的同时；是否又要唯上？又怎能知道，今天失势的“你”，明天不就是得势的“我”？互敬互畏是妥协艺术的内涵之一。

［**百家争鸣**］

《文子》：《上仁》：“文子曰：何行而民亲其上？老子曰：使之以时，而敬慎之，如临深渊，如履薄冰。天地之间，善即吾畜也，不善即吾仇也。昔者，夏商之臣，反仇桀纣而臣汤武；宿沙之民，自攻其君，归神农氏。故曰：‘人之所畏，不可不畏也。’”认为要汲取古代君王的教训，君臣要相互敬畏，要有所畏以使民亲其上。

河上：“同为应对而相去几何？疾时贱质而贵文。善者称誉，恶者谏诤，能相去何如？疾时恶忠直，用邪佞也。人谓道人也。人所畏者，畏不绝学之君也。不可不畏，近令色，杀仁贤。”传世诸本多将绝学无忧四字放在本章之首。所以河上本章之注，是从此四字引申发挥。

《淮南子》：《道应训》：“成王问政于尹佚曰：‘吾何德之行，而民亲其上？’对曰：‘使之以时而敬顺之。’王曰：‘其度安在？’曰：‘如临深渊，如履薄冰。’王曰：‘惧哉，王人乎！’尹佚曰：‘天地之间，四海之内，善之，则吾畜也；不善，则吾仇也。昔夏、商之臣，反仇桀、纣而臣汤、武；宿沙之民，皆自攻其君而归神农，此世之所明知也，如何其无惧也？’故《老子》曰：‘人之所畏，不可不畏’也。”议论与《文子》相近，只是角色不同。

想尔：“未知者复怪问之：欲知美、恶相去近远何如？道与邪学近远也。今等耳。美，善也。生故属天，恶死亦属地也。道设生以赏善，设死以威恶，死是人之所畏也。仙王士与俗人，同知畏死乐生，但所行异耳。”认为二者相等。上与下同畏死亡，只是所行不同而已。认为绝的是邪学。

王弼：“夫燕雀有匹，鸠鸽有仇；寒乡之民，必知旃裘。自然已足，益之则忧。故续凫之足，何异截鹤之胫？畏誉而进，何异畏刑？唯阿美恶，相去何若？故人之所畏，吾亦畏焉，未敢恃之以为用也。”喻说解经。认为前两句强调美恶同门之义；后一句强调下所畏的，上亦同畏。

唐玄宗：“唯则恭应，阿则慢应，同出於口，故云相去几何？而恭应则善，慢应则恶，以喻俗学。绝之则无忧，不绝则生患，只在心识回照，岂复相去远哉？凡人所畏者，慢与恶也。善士所畏者，俗学与有为也。皆当绝之，故不可不畏。”认为上下各有所畏。认为绝的是俗学。

［**普及经文**］**“望兮：其未央哉！众人熙熙，如享太牢而春登台。我泊焉其未兆，若婴儿之未咳。傫兮：若无所归。众人皆有余，而我独遗。我愚人之心也哉！沌沌兮！俗人昭昭，我独若昏；俗人察察，我独闷闷。**

［**直译经文**］你看！人流如织，熙熙攘攘，看不到尽头，像是去参加丰盛大宴，又像是结伴春游；而我却淡泊恬静，不动声色，躲在众人之中，像个不哭不闹的婴儿，默默无闻，又装出一副疲惫的模样，好像是到处流浪的过客，找不到归宿。其实，众人尊崇的是奉有余的人之道，而我却尊崇益不足的天之道。我是被褐而怀玉，用外貌的假象来蒙蔽众人之心呀！天地万物本来就是二而一、三而一、混而为一呀！我与众人的不同之处，只不过是各自站在大一的两头：你昭昭耀于明，我昏昏隐于暗；你爱鸡蛋里面挑骨头，我爱揣着明白装糊涂。

如是我文：有道之人的内心独白，突出了一个隐字。昭昭、察察是小智慧，若昏、闷闷是大智慧。

［**百家争鸣**］

河上：“言世俗之人荒乱，欲进学为文，未央止也。熙熙，淫放多情欲也。如饥思太牢之具，意无足时也。春阴阳交通，万物感动，登台观之，意志淫淫然。我独怕然安静，未有情欲之形兆也。如小儿未能答偶人时也。我乘乘如穷鄙，无所归就。众人余财以为奢，余智以为诈。我独如遗弃，似于不足也。不与俗人相随，守一不移，如愚人之心也。无所分别。明且达也。如暗昧也。察察，急且疾也。闷闷，无所割截。”认为我的心就像是愚蠢之人的心。

想尔：“俗人莽莽，未央脱死也。俗人虽畏死，端不信道，好为恶事，奈何未央脱死乎！仙士畏死，信道守诫，故与生合也。众俗之人不信道，乐为恶事，若饮食之，春登高台也。我，仙士也。但乐信道守诫，不乐恶事。至恶事之间，无心意，如婴儿未生时也。众俗人怀恶，常有余意，计念思虑。仙士意中，都遗忘之，无所有也。仙士味道，不知俗事。纯纯，若痴也。俗人不信道，但见邪恶利得。照照，甚明也。仙士闭心，不思虑邪恶利得，若昏昏冥也。知俗事审明也。不知俗事也。”认为是用俗人与仙士作比较。

王弼："叹与俗相返之远也。众人迷于美进，惑于荣利，欲进心竞，故熙熙如享太牢，如春登台也。言我廓然无形之可名，无兆之可举，如婴儿之未能孩也。若无所宅。众人无不有怀有志，盈溢胸心，故曰皆有余也。我独廓然无为无欲，若遗失之也。绝愚之人，心无所别析，意无所好欲，犹然其情不可睹，我颓然若此也。无所别析，不可为名。耀其光也。分别别析也。"认为是感叹"我"与众俗大不同。

唐玄宗："若不畏绝俗学，则众生正性荒废，其未有央止之时。众人俗学有为，熙熙逐境，如临享太牢，春台望登，动生贪欲。我独怕然安静，於其情欲，略无形兆，如彼婴儿，未能孩孺也。至人无心，运动随物，无所取与，若行者之无所归。乘乘，运动貌。众人耽嗜尘务，矜夸巧智，自为有余，以示光大。而我常若不足，有所遗忘。我岂愚人之心，遗忘若此也哉？但我心纯纯，故若遗尔。矜巧智也。自韬晦也。立法制也。唯宽大也。"认为立法制，要宽大。玄宗所以为玄宗。

［**普及经文**］**"忽兮：其若海。望兮：若无所止。众人皆有以，我独顽似鄙。我欲独异于人，而贵食母。"**

［**直译经文**］你看！我们生活的世界，物欲横流，丰富多彩。众人纷纷争其所争，不遗余力；我却像个愚钝的山野村夫，本分做人。我不打算像众人一样有所争竞，而是一心向我的乳母学习，因为我的乳母就是"道"啊！

如是我文：以乳母喻道。乳母的地位虽下贱，却是她的乳汁育养了"我"；所以"我"也要像她一样，被褐而怀玉。

［**百家争鸣**］

河上："我独忽忽，如江海之流，莫知其所穷极也。我独漂漂，若飞若扬，无所止也，志意在神域也。以，有为也。我独无为，似鄙，若不逮也。我独与人异也。食，用也。母，道也。我独贵用道也。"认为是有为与无为作比较。

想尔："仙士意志道，如晦，思卧安床，不复杂俗事也。精思止于道，不止于俗事也。俗人于世间，自有财宝功名；仙士于俗，如顽鄙也。仙士与俗人异，不贵荣禄财宝，但贵食母者，身也。于内为胃，主五藏气。俗人食谷，谷绝便死。仙士有谷食之，无则食气。气归胃，即肠重囊也。腹之为实，前章已说之矣。"用晦字，亦可通。认为食母就是身内之胃。

王弼："情不可睹。无所繄縶。以，用也。皆欲有所施用也。无所欲为，闷闷昏昏，若无所识，故曰顽且鄙也。食母，生之本也。人皆弃生民之本，贵末饰之华，故曰我独欲异于人。"参照第 15 章注，说的是"上德之人"之情。认为食母是生之本。

唐玄宗："容貌忽然若昏晦，而心寂兮绝於俗学，似无所止著。众人於代间，皆有所以，逐境俗学之意。顽者无分别，鄙者陋不足，而心实了悟。外若不足，故云似尔。人有情欲，我无爱染。人与道反，我与道同。求食於母者，贵如婴儿无营欲尔。上文云如婴儿之未孩，下经云含德之厚，比於赤子。如此所以独异於人。先无求、於两字，今所加也。且圣人说经，本无避讳，今世为教，则有嫌疑。畅理故义不可移，临文则句须稳便。便今存古，是所庶几。又司马迁云：老子说五千余言，则明理诣而息言，不必以五千为定格。"为了解释"食母"二字，甚至不惜强改经文为"而贵求食于母"，并以"不必以五千为定格"为辩，可谓用心良苦。

［**意犹未尽**］

第21章（上）

［**普及经文**］**“孔德之容，唯道是从。”**

［**直译经文**］德的一切运用，都要遵从道的原则。

如是我文：道为本，德为用。道是主，德是从。道言虚，德言实。道是思维模式，德是行为准则。“君子之行，欲其道也，故进退周旋，唯道是从。”（《国语》）

［**百家争鸣**］

河上：“孔，大也。有大德之人无所不容，能受垢浊，处谦卑也。唯，独也。大德之人不随世俗所行，独从于道也。”认为孔德指大德之人。容：包容。

想尔：“道甚大，教孔丘为知。后世不信道文，但上孔书，以为无上；道故明之，告后贤。”认为孔指的是孔子，别出心裁。

王弼：“孔，空也。惟以空为德，然后乃能动作从道。”容：动也。

唐玄宗：“孔，甚也。从，顺也。设问甚有德之人，容状若何？言此有德人所行，唯虚极之道是顺。”认为有德之人要顺道而行。容：貌也。

［**普及经文**］**道之物，唯恍唯忽：忽兮恍兮，其中有象；恍兮忽兮，其中有物。幽兮冥兮，其中有情；其情甚真，其中有信。**

［**直译经文**］道与物的关系，可以用忽恍二字来描述：如影随形，物忽恍之中有道，道忽恍之中有物。再深一层观察，甚至可以切实感受到其精神内核的存在。

如是我文：有镜，然后有象。恍惚之知，借助于玄鉴的观察。

［**百家争鸣**］

河上：“道之于万物，独怳忽往来，而无所定也。道唯忽怳无形，其中独有万物法象。道唯怳忽，其中有一，经营生化，因气立质。道唯窈冥无形，其中有精实，神明相薄，阴阳交会也。言道精气神妙甚真，非有饰也。道匿功藏名，其信在中也。”认为忽恍是对道的形容。道无所定。道有物象。物质即一。道有精实。引入气的概念以解释物的本质。

想尔：“道微，独能慌惚，不可见也。不可以道不见，故轻也。中有大神气，故喻囊籥。大除中也。有道精，分之与万物，万物精共一本。生死之官也，精其真，当宝之也。古仙士实精以生，今人失精以死，大信也。今但结精，便可得。可得生乎？不也，要诸行当备，所以精者，道之别气也。人人身中为根本，持其半，乃先言之。夫欲宝精，百行当备，万善当著，调和五行，喜怒悉去。天曹左契，笇有余数，精乃守之。恶人宝精，唐自苦，终不居，必自泄漏也。心应规，制万事，故号明堂。三道布阳邪阴害，以中正度道气。精并喻像池水，身为池堤封，善行为水源。若斯三备，池乃全坚。心不专善，无堤封，水必去。行善不积，源不通，水必燥干。决水溉野，渠如溪江；虽堤在，源流泄，必亦空。洐燥炘裂，百病并生。斯三不慎，池为空坑也。”论人的精、气、神。

王弼：“恍惚，无形不系之叹。以无形始物，不系成物，万物以始以成，而不知其所以然。故曰恍兮惚兮，[其中有物]；惚兮恍兮，其中有象也。窈冥，深远之叹。深远不可得而见，然而万物由之。其可得见，以定其真，故曰窈兮冥兮，其中有精也。信，信验也。物反窈冥，则真精之极得，万物之性定，故曰其精甚真，其中有信也。”认为恍惚是无形不系之叹辞。道虽然无形不系，但是确实存在于万物之中。物由精成。

唐玄宗：“此明孔德所从之道，不有不无，冲用难名，故云恍惚。惚，无也。恍，有也。兆见曰象。自无而降有，其中兆见一切物象。物者，即上道之为物也。自有而归无，还复至道，故云其中有物也。惚恍有无，杳冥不测，生成之用，精妙甚存。杳冥之精，本无假杂，物感必应，应用不差，故云有信。”认为难名，所以恍惚。将惚与恍作为二而一之中的相对之二，从无与有的角度探讨道与物的关系。

［**普及经文**］**自古及今，其名不去，以顺终甫。吾何以知终甫之然哉？以此。**

［**直译经文**］从古到今，对道与物的界定及称名，不断确立、丰富、发展。这些术语，如实反映着物质世界与精神世界的本质和规律，以及人类的认知和运用。我是如何知晓的？请在经文中找答案罢。

如是我文：既然物不离道，道不离物，言物必含道，言道必含物，所以物与道无论省说还是混说，均无伤二者之义。将道作为对神的客观认知和替代，是老子的发明。

［**百家争鸣**］

河上：“自，从也。从古至今，道常在不去。阅，禀也。甫，始也。言道禀与，万物始生，从道受气。吾何以知万物从道受气？此，今也。以今万物皆得道之精气而生，动作起居，非道不然。”并未纠缠于“名”的解释。禀：受也。

想尔：“古今常共此一道，不去离人也。道有以来，更阅终始，非一也。甫者，始也。吾，道也，所以知古今终始共此一道，其事如此也。”认为研究道，离不开人。道论的实质就是人学。

王弼：“至真之极，不可得名。无名，则是其名也。自古及今，无不由此而成，故曰自古及今，其名不去也。众甫，物之始也。以无名说万物始也。此，上之所云也。言吾何以知万物之始于无哉？以此知之也。”认为“无名”就是它的名。

唐玄宗：“言道自古及今，生成万物，物得道用，因用立名。生成之用，既今古是同，应用之名，故古今不去。阅，度阅也。甫，本始也。言至道应用，度阅众物本始，各遂生成之用也。以此令万物皆禀道，妙用生成故尔。”认为名是万物之名。

［**意犹未尽**］

第22章（上）

［普及经文］“曲则全。”枉则直。洼则盈。敝则新。

［直译经文］古语说：器有曲之形，然后有全器之用。枉与直为全。洼与盈为全。敝与新为全。

如是我文：曲与第11章的车、器、室同喻当其无，有之用；全指和谐之大一。《说文》曲：本作凵，象器曲受物之形。或说：曲，蚕薄也。正确处理有无之用，则全。曲全之术就是用无之术。乱经杂错，经文中多见。后人分章多集句，其中难免有乱经之处，不必强解。

［百家争鸣］

河上：“曲己从众，不自专，则全其身也。枉，屈也。屈己而伸人，久久自得直也。地窪下，水流之；人谦下，德归之。自受弊薄，后己先人，天下敬之，久久自新也。”认为处处要先从己的角度着眼，曲己从人，后己先人，等等。后人常说的委曲求全，正是对“曲全”之说的推衍发挥。

《淮南子》：《道应训》：“晋公子重耳出亡，过曹，曹无礼焉。釐负羁之妻谓釐负羁曰：‘君无礼于晋公子。吾观其从者，皆贤人也。若以相夫子反晋国，必伐曹，子何不先加德焉?’釐负羁遗之壶馂而加璧焉，重耳受其馂而反其璧。及其反国，起师伐曹，克之，令三军无入釐负羁之里。故《老子》曰：‘曲则全，枉则正。’”用曹君与釐负羁作比较，喻说曲则全之，枉则正之的道理，强调有、无之中，无的运用。釐负羁的作为，今人称之为烧冷灶。

严遵：“侯王虽圣，犹以为曲，任百官而理，其德则全也。”认为圣人治国，要自处于无、曲、寡、柔的一方，他的德才能全，国才能治。

想尔：“谦也。月谦，先曲后全明。学道反俗，当时如曲不足也，后亦令明。枉，亦曲也。曲变则正。学道反俗，独自勤苦，当时如相侵枉也，后致正。谦虚意也。行无恶，其处空。道喻水喜归空居恶处，便为善，炁归满，故盈。物弊变更新，学道羸弊，后更致新福也。”认为曲有谦之义。谦又作歉，歉：食不满。从先后变化的角度剖析，所谓先曲后全，先枉后正，靠的是学道反俗，靠的是变。

王弼：“自然之道，亦犹树也。”认为是用树木作喻，说明自然之道。

唐玄宗：“曲己以应务则全。枉己以申人则直。执谦德则常盈。守弊薄则日新。”理解与河上相近。

［普及经文］少则得，多则惑。

［直译经文］欲少则得，欲多则惑。

如是我文：无主句，多思路，经文中多见。结果为“得”者，常与少有关；结果为“惑”者，常与多有关。经文越简单，内涵越丰富，学老者试图找出最合理的解释，于是扩大了经文的想象空间。经文就像一张网，网住一切有用的思想。苟日新，日日新，这也正是《老子》与众不同、充满魅力的所在之一。

［**百家争鸣**］

河上：“自受取少则得多也。天道祐谦，神明托虚。财多者惑于所守，学多者惑于所闻。”取少，财多，学多，分开理解。

严遵：“所约者寡，所得者众，犹为寡少而物物自得当矣。”“信己思虑，不取于人，多言多知，则狂乱也。”认为对事物的干预，越少越好。惑：乱也。

想尔：“陈力殖谷，裁令自足。天与之，无基考可得福，多望不止则或，或，邪归之也。”多望就是多欲望。

王弼：“转多转远其根，转少转得其本。多则远其真，故曰惑也。少则得其本，故曰得也。”认为少比多更重要。“易简而天下之理得矣。”转：愈也。

唐玄宗：“抱一不离则无失。有为多门则惑乱。”认为政出多门，焉能不乱?

［**普及经文**］**是以圣人执一，以为天下牧。**

［**直译经文**］所以说，圣人治国为君，要执一。

如是我文：《庄子》说：“治国养生如牧羊然，视其后者而鞭之。”

［**百家争鸣**］

河上：“抱，守也。式，法也。圣人守一，乃知万事，故能为天下法式也。”认为讲的是修身之道。修身，然后才能治国。

想尔：“一，道也。设诫，圣人行之为抱一也，常教天下为法式也。”认为一指道。宣扬道教之戒条。

王弼：“一，少之极也。式，犹则之也。”认为应该则之以一。

唐玄宗：“圣人抱守淳一，故可以为天下法式。”认为圣人要以身作则。

［**普及经文**］**不自见，故明。不自是，故彰。不自伐，故有功。不自矜，故能长。**

［**直译经文**］圣人治身，要做到不自我张扬、不自以为是、不好大喜功、不骄傲自大；只有这样，才能身正心明，领导有方，事业有成。

如是我文：用无之术的利弊，与第 24 章有关部分正反说。

［**百家争鸣**］

《文子》：《自然》："不自贵，故富；不自见，故明；不自矜，故长。处不有之地，故为天下王。"认为这些都是以道治天下的应有之为。

河上："圣人不以其目视千里之外，乃因天下之目以视，故能明达也。圣人不自以为是而非人，故能彰显于世。伐，取也。圣人德化流行，不自取其美，故有功于天下。矜，大也。圣人不自贵大，故能久不危。"对长的理解是长久之义，而非官长之长。

严遵："圣人不自矜见其明，任天下之目以视天下，故离娄不得齐其明也。伐，犹攻伐也。因天下之怒以伐天下，故黄帝不能与并威；因天下力以战天下，故汤武不能与之量功，是以普天下可任，诸侯之后可臣也。"认为圣人要无心，而任因天下之目、之怒、之力。

想尔："明者乐之，就诫教之。不乐者，墨以不言。我是若非，勿与之争也。圣人法道，有功不多，不见德能也。恶者，伐身之斧也。圣人法道不为恶，故不伐身，常全其功也。圣人法道，但念积行，令身长生。生之行，垢辱贫羸，不矜伤身，以好衣、美食与之也。"强调法道二字。

王弼："不自见，则其明全也。不自是，则其是彰也。不自伐，则其功有也。不自矜，则其德长也。"对长的理解是"其德长"，而非官长之长。

唐玄宗："人能不自见其德，常曲己以应务，则其德全自明。人能不自以为是，而枉己以申人，则其是直自彰矣。人能不自伐取，则其功归己矣。人能长守弊薄，不自矜炫，则人乐推其长。"长，一字两用，既训长久，又训官长。

［**普及经文**］**夫唯不争，故天下莫能与之争。**

［**直译经文**］只有自己做到不争众人之所争，普天之下，就没有谁能成为你的竞争对手。

如是我文：不争之术也是用无之术。心有争欲，则易为己所伤；行有争为，则易为人所伤。既无过分之欲，又无过分之为；处处不过，就会处处不争。

［**百家争鸣**］

《文子》：《自然》："不争，故莫能与之争；终不为大，故能成其大。"经文合解。

河上："此言天下贤与不肖，无能与不争者争也。"认为说的是不争者，天下无论什么人，谁又能与不争之人相争呢？

《淮南子》：《道应训》："赵简子死未葬，中牟人齐。已葬五日，襄子起兵攻之，围未合，而城自坏者十丈，襄子击金而退之。军吏谏曰：'君诛中牟之罪而城自坏，是天助我，何故去之？'襄子曰：'吾闻之叔向曰：君子不乘人于利，不迫人于险。使之治城，城治而后攻之。'中牟闻其义，乃请降。故《老子》曰：'夫唯不争，故天下莫能与之争。'"《原道训》："以其无争于万物也，故莫敢与之争。""由此观之，得在时，不在争；治在道，不在圣。土处下，不争高，故安而不危；水下流，不争先，故疾而不迟。"以事解经。反复强调不争的重要性，不乏真知灼见。

严遵："夫影之随形，响之应声，既不与物争，谁争之？"对不争的理解很有特点，影能与形争吗？响能与声争吗？随之而已，何必去争？

想尔："圣人不与俗人争，有争，避之高逝，俗人如何能与之共争乎？"认为说的是不与俗人争，眼界似乎窄了些。

唐玄宗："不与物争，谁与争者，此言天下贤与不肖，无能与不争者争也。"认为要不与物争，不与人争，更全面了。

［**普及经文**］**古之所谓"曲全"者，岂虚语哉！诚全归之。**

［**直译经文**］古人所谓的曲全之说，怎么会是空话呢！曲全之术，确实能使大一达到和谐状态。

如是我文：处理"有"，一定要有"无"的位置。

［**百家争鸣**］

《庄子》："人皆求福，己独曲全，曰苟免于咎。"易之道，"惧以终始，其要无咎"。与各注家对曲全的理解相较，《庄子》提供了最明确的参照例证。祸福本相倚，只知求福者必偏而不全；有福必有祸，全面处理好二者之间的关系，则无咎。

河上："传古言曲从则全身，此言非虚妄也。诚，实也。能行曲从者，实其肌体，归之于父母，无有伤害也。"将本章理解为治身之术，有其道理在。

想尔："谦曲后全，明非虚语也。恐人不解，故重申示之也。"认为曲指谦退之义，也就是后人所说的委曲。

唐玄宗："古有曲全之言，岂虚妄哉？实能曲者，则必全理而归之。"认为只有曲其实，才能做到全其理。

［**意犹未尽**］

第23章（上）

［**普及经文**］**希言，自然。飘风不终朝，骤雨不终日。孰为此？天地尚不能久，又况于人乎！**

［**直译经文**］止其言行者，“自”使之然。举例说，狂风暴雨的威力无比，却都不能持久。谁在掌控它们的兴亡行止？是它们的自身规律使然；即使天地的力量能够生成狂风暴雨，也都无法左右它而使其永不停歇，又何况人类的微薄之力？

如是我文：然于自。天地依自身的规律而生风雨，风雨依自身的规律而兴亡。

［**百家争鸣**］

河上：“希言者，谓爱言也。爱言者，自然之道。飘风，疾风也。骤雨，暴雨也。言疾不能长，暴不能久也。孰，谁也。谁为此飘风暴雨者乎？天地所为。不能终于朝暮也。天地至神，合为飘风暴雨，尚不能使终朝至暮，何况于人欲为暴卒乎？”认为风雨是天地所为，却不能使之终朝至暮。爱：隐也。

想尔：“自然，道也；乐清静。希言，入清静，合自然，可久也。不合清静自然，故不久竟日也。孰，谁也。天地为飘风趍雨，为人为诫，不合道，故令不久也。天地尚不能久，人欲为烦躁之事，思虑邪计，安能得久乎？”认为狂风暴雨不合道，所以不能长久。

王弼：“听之不闻名曰希。下章言，道之出言，淡兮其无味也，视之不足见，听之不足闻。然则无味不足听之言，乃是自然之至言也。言暴疾美兴不长也。”以经解经。认为希言自然的意思，就是自然之至言。他又在第30章注中引用风雨之句，用以说明“暴兴必不道，早已也”的道理，进一步明确“为此”之“孰”，指的正是道。

唐玄宗：“希言者，忘言也。不云忘言而云希者，明因言以诠道，不可都忘。悟道则言忘，故云希尔。若能因言悟道，不滞於言，则合自然。风雨飘骤，则暴卒而害物，言教执滞，则失道而生迷。天地至大，欲为暴卒，则伤於物，尚不能久，以况於人，执言滞教，则害于道，欲求了悟，其可得乎？”对希的理解很有见地。

［**普及经文**］**故从事而道者，同于道。得者同于得，失者同于失。同于得者，道亦得之；同于失者，道亦失之。**

［**直译经文**］所以说，无论按照哪种道的法则办事，一定要与该道同体，融入其中。得者同于得之道，失者同于失之道。各同其道，各行其道；当得则

得，当失则失。

如是我文：怎样才算是“同”？各与其道同，与道同于“自”。悟“同”而言不尽意，如何言？何必言？

［**百家争鸣**］

河上：“从，为也。人为事当如道安静，不当如飘风骤雨也。道者，谓好道之人也。同于道者，所为与道同也。德者，谓好德之人也。同于德者，所为与德同也。失，谓任己而失人也。同于失者，所为与失同也。与道同者，道亦乐得之也。与德同者，德亦乐得之也。与失同者，失亦亦乐失之也。”传世诸本引经有误，理解自然出现变数。

《淮南子》：《道应训》：“大司马捶钩者年八十矣，而不失钩芒。大司马曰：‘子巧耶？有道耶？’曰：‘臣有守也。臣年二十好捶钩，于物无视也，非钩无察也；是以用之者，必假于弗用也。而以长得其用，而况持无不用者乎？物孰不济焉？’故《老子》曰：‘从事于道者，同于道。’”证明传世诸本所引经文多有不确，而帛本才是准确的。认为无视、无察，所以希言。

严遵：“事从于道，道从于事；事从于德，德从于事；事从于失，失从于事。”认为事与道、德、失都是相从关系。

想尔：“而，如也。人举事令如道，道善欲得之，曰自然也。人举事与德合，德欲得之也。人举事不惧畏道诫。失道意，道即去之，自然如此。”认为做事从道则事成，失道则事不成。

王弼：“从事，谓举动从事于道者也。道以无形无为成济万物，故从事于道者，以无为为君，不言为教，绵绵若存而物得其真。与道同体，故曰同于道。得，少也。少则得，故曰得也。行得则与得同体，故曰同于得也。失，累多也。累多则失，故曰失也。行失则与失同体，故曰同于失也。言随行其所，故同而应之。”所引经文似与《淮南子》同。也证明了帛本之德字用的是本义，即“得”。认为与道同体，所以自然。

唐玄宗：“故从事於道之人，当不执滞言教。体道者，悟道忘言，则同於道矣。德者道用之名，人能体道忘功，则其所施为，同於道用矣。执言滞教，无由了悟，不悟则迷道，自同於失矣。方诸挹水，阳燧引火，类族辨物，断焉可知。”正所谓物以类聚，人以群分。

［**意犹未尽**］

第 24 章（上）

［**普及经文**］**跂者不立。**

［**直译经文**］有余者不要自居其有余之处。

如是我文：以跂指作例，喻说老子对有余的独到见解和处理方式。

［**百家争鸣**］

河上：“跂，进也。谓贪权慕名，进取功荣，则不可久立身行道也。自以为贵而跨于人，众共蔽之，使不得行。”认为进源于欲。贪与慕，都是欲的例证。

严遵：“万人未动，天下未应，为之起兵，失君之道。为兵之道，失君之机，万民怨恨，天心不平，宗庙危殆，终身无功也。”认为讲的是用兵之道。为君者不可妄动。

想尔：“用气喘息，不合清静，不可久也。欲行千里，一步而始，积之以渐。今大跨而立，非能行者也，不可久也。”改为喘者，似指养气。以清静训立；立：住也，置也。住：居也。置：安也。

王弼：“物尚进则失安，故曰企者不立。”认为立当训为安。安：静也。

唐玄宗：“跂，举踵而望也。跨，以跨挟物也。以喻自见求明，明终不得，何异夫跂求久立，跨求行履乎?”望文生义。

［**普及经文**］**自见者不明。自是者不彰。自伐者无功。自矜者不长。**

［**直译经文**］自我炫耀、自以为是、自赏专美、自鸣得意之类的作为，都是过欲而自居之举，都不会有好的结果。

如是我文：“自”在老子道论中的地位不同寻常，一类为正，以“自然”首领；一类为负，以“自居”首领。自居的主要表现，就是自见、自是、自伐、自矜，就是有余于己。与第 22 章中的四句，相互对应，正说反说。

［**百家争鸣**］

《庄子》：“昔吾闻之大成之人曰：‘自伐者无功，功成者堕，名成者亏。’孰能去功与名，而还与众人!”《老子》集录大量古语的又一旁证，或认为大成之人即指老子。

河上：“人自见其形容以为好，自见其所行以为应道，殊不自知其形丑而操行之鄙。自以为是而非人，众共蔽之，使不得彰明。所为辄自伐取其功美，即失有功于人也。好自矜大者，不可以长久。”

想尔：“复解前章之意耳。”

王弼：“不自见，则其明全也。不自是，则其是彰也。不自伐，则其功有也。不自矜，则其德长也。”与第 22 章之注同。

唐玄宗：“露才扬己，动而见无，故不明。是己非人，直为怨府，故不彰。专固伐取，物所不与，故无功。矜炫行能，人所鄙薄，故不长。”

［**普及经文**］**其在道，曰“馀食赘行”，物或恶之，故有欲者不居。**

［**直译经文**］在万物的常态中，确实存在不少有余于普遍规律的特例。既然与众不同，难免为众所恶；所以说，有余者不要自居其有余之处。

如是我文：如何不居其有余，是门学问。以道为衡量标准，万物皆有各自的有余之处和不足之处。有余不见得就是件好事，优点也往往会为众所恶。于己为正，于众必为侈。己与众皆应以道为准，以道为准就要守中；所以说，天之道，损有余而益不足，夫唯不居，是以不去。

［**百家争鸣**］

河上：“赘，贪也。使此自矜伐之人，在治国之道，日赋敛余禄食以为贪行。此人在位，动欲伤害，故物无有不畏恶之者。言有道之人不居其国也。”认为道指的是治国之道。所引经文，“有欲者”为“有道者”，理解自然不同。

想尔：“欲求仙寿天福，要在信道，守诫守信，不为贰过。罪成结在天曹，右契无到而穷，不复在余也。行道者生，失道者死；天之正法，不在祭饴餟祷祠也。道故禁祭餟祷祠，与之重罚，祭餟与邪通同，故有余食器物，道人终不欲食用之也。有道者不处祭餟祷祠之间也。”改赘为餟，以合其解，似不足取。

王弼：“其唯于道而论之，若卻至之行，盛馔之馀也。本虽美，更可秽也，本虽有功而自伐之，故更为肬贅者也。”认为美、秽同体，可美可秽；所以，对自身行为要有更高要求，以避免始美终秽。

唐玄宗：“自见等行，於道而论，是曰残余之食，疣赘之行。凡物尚或恶之，故有道之人，不处斯事矣。”认为“馀食赘行”指的是前四句。

［**意犹未尽**］

第 25 章（上）

［**普及经文**］**有物混成，先天地生。寂寥、独立、不侅，可以为天地母。**

［**直译经文**］混合而成的先天之物，精细、简单、普通，在天地万物尚未成形之前，就已经存在于宇宙之中，是天地等后天之物的生源。

如是我文：老子学说中，有先天之物和后天之物，或分之为无形之物和有形之物、无生命之物和有生命之物、虚物和实物，等等。天是虚物的代称，所谓天空；地是实物的代称，所谓实地。

［**百家争鸣**］

《文子》：《道原》："老子曰：'有物混成，先天地生，惟象无形，窈窈冥冥，寂寥淡漠，不闻其声，吾强为之名，字之曰道。'"经文稍有不同，可作参考。

河上："谓道无形，混沌而成万物，乃在天地之前。寂者无音声，寥者空无形，独立者无匹双，不改者化有常。道通行天地，无所不入，在阳不焦，托阴不腐，无不贯穿，不危殆也。道育养万物精气，如母之养子。"认为经文应该是"有道混成"，是无形之道生成万物。关键问题是，如何对道界定？道与物究竟是什么关系？

严遵："功德同也。"

想尔："叹无名大道之巍巍也，真天下之母也。"认为混成的是道。

王弼："混然不可得而知，而万物由之以成，故曰混成也。不知其谁之子，故先天地生。寂寥，无形体也。无物匹之，故曰独立也。返化终始，不失其常，故曰不改也。周行无所不至而免殆，能生全大形也，故可以为天下母也。""万物由之以成"的之字何指？道？还是物？后面又说："言道则有所由；有所由，然后谓之为道。"之字似乎不是指道。

唐玄宗："将欲明道立名之由，故云有物。言有物混然而成，含孕一切，寻其生化，乃在天地之先。有物之体，寂寥虚静，妙本湛然常寂，故独立而不改。应用遍於群有，故周行而不危殆。而万物资以生成，被其茂养之德，故可以为天下母。"认为"有物混成"的物不同于万物，而是含孕、生化万物的物。

［**普及经文**］**未知其名，字之曰"道"，吾强为之名曰"大"。**

［**直译经文**］我不知道它本来是否有所称名，为了论说的方便，姑且用"道"字作为它的别名；又根据它的特点，勉强起了个正式的名称叫做"大"。

如是我文：一为名，一为字，代指同一个整体。名、字之辨，暗示物不离道、道不离物之特殊关系。为什么以大为名？因其无限小，又无处不在，所以反称之为大，如《庄子》的鲲鹏之喻。

[**百家争鸣**]

河上：“我不见道之形容，不知当何以名之，见万物皆从道所生，故字之曰道也。不知其名，强名曰大。大者，高而无上，罗而无外，无不包容，故曰大也。”认为万物皆从道所生，名之为大，是因为它无所不容。

想尔：“吾，道也。还叹道美，难可名字，故曰道也。言道甚大。言强者，恐不复不能副其德也。”可：肯也。

王弼：“名以定形，混成无形，不可得而定，故曰不知其名也。夫名以定形，字以称可。言道取于无物而不由也，是混成之中，可言之称最大也。吾所以字之曰道者，取其可言之称最大也。责其字，定之所由，则系于大。大有系则必有分，有分则失其极矣，故曰强为之名曰大。”认为道取于无物而不由。起名的目的是定其形，起字的目的是称其可。参照第1章“道可道”的解释。

唐玄宗：“吾见有物生成，隐无名氏，故以通生表其德。字之曰道，以包含目其体，强名曰大。”认为道包含于物体之中。

[**普及经文**] **大曰逝，逝曰远，远曰返。**

[**直译经文**] 大的运行规律就是逝—远—返，反复其道。

如是我文：所谓天道圆。逝—远—返同样符合从物质到精神，再从精神到物质的过程。

[**百家争鸣**]

河上：“其为大，非若天常在上，非若地常在下，乃复逝去，无常处所也。言远者，穷乎无穷，布气天地，无所不通也。言其远不越绝，乃复反在人身也。”认为大的特点就是无所不在、无所不通和反在人身。

想尔：“逝，去也。大神无能制者，便立能去之也。翕然便能远去也。翕然便能还反也。”将大人格化、神格化，明显的宣教特点。

王弼：“逝，行也。不守一大体而已，周行无所不至，故曰逝也。远，极也。周行无所不穷极，不偏于一逝，故曰远也。不随于所适，其体独立，故曰反也。”认为大的特点就是无所不至、无所不穷和反于其体。

唐玄宗：“妙用无方，强名不得，故自大而求之，则逝而往矣。自往而求之，则远不及矣。若能了悟，则近在於身心而证之矣。”所谓了悟于身心，就是从物质到精神。从求之的角度论大，又是一解。

[**普及经文**] **道大，天大，地大，生大。域中有四大，而生处其一。**

［**直译经文**］混成先天之物的有四类基本物质：构成道之类的原物质、构成天之类的原物质、构成地之类的原物质、构成生物之类的原物质。宇宙万物的构成，离不开这四类原物质；其中最值得重视的，就是构成生物之类的原物质。

如是我文：古人认为，万物皆有“神”；将神视为四类原物质之一，符合古人对神的初始认知和表述。由此可见，古人的生成论以及对基本物质的认知，源于有神论，既有其合理性，也存在明显的欠缺。老子对“道”的发掘，似乎正是从对“神”的剥离与进化而来。《说文》神：天神，引出万物者也。道：导引也。四大之“道”，似应是“神”的代指，是“引出万物”的名词化。万物皆有各自之神，各自之神掌控各自之道。这也正是为何道、神、物易混淆的主要原因。

［**百家争鸣**］

河上：“道大者，包罗天地，无所不容也；天大者，无所不盖也；地大者，无所不载也；王大者，无所不制也。八极之内有四大，王居其一也。”回避了称名之“大”，而是从大小之“大”着墨。

《淮南子》：《道应训》：“宁越欲干齐桓公，困穷无以自达，于是为商旅，将任车，以商于齐，暮宿于郭门之外。桓公郊迎客，夜开门，辟任车，爝火甚盛，从者甚众，宁越饭牛车下，望见桓公而悲，击牛角而疾商歌。桓公闻之，抚其仆之手曰：‘异哉！之歌者非常人也。’命后车载之。桓公及至，从者以请。桓公赣之衣冠而见之，宁越见，说以为天下。桓公大悦，将任之。群臣争之曰：‘客，卫人也。卫之去齐不远，君不若使人问之。问之而故贤者也，用之未晚。’桓公曰：‘不然。问之，患其有小恶也。以人之小恶而忘人之大美，此人主之所以失天下之士也。’凡听必有验，一听而弗复问，合其所以也。且人固难全也，权而用其长者而已矣。当是举也，桓公得之矣。故《老子》曰：‘天大、地大、道大、王亦大，域中有四大，而王处其一焉。’以言其能包裹之也。”喻说经文。坐实王即指人主。认为大的意思就是包容。

想尔：“四大之中，何者最大乎？道最大也。四大之中，所以令生处一者。生，道之别体也。”认为处一的一，不是四中之一的一，而是二而一的一，代表他所说的最大的道。生与道同。

王弼：“天地之性人为贵，而王是人之主也，虽不职大，亦复为大。与三匹，故曰王亦大也。四大：道、天、地、王也。凡物有称有名，则非其极也。言道则有所由；有所由，然后谓之为道。然则是道称中之大也，不若无称之大也。无称不可得而名，故曰域也。道、天、地、王皆在乎无称之内，故曰域中有四大者也。处人主之大也。”从称名着墨，认为域指的是有称与无称的范围。

唐玄宗："因其所大而明之，得一者天地王也。天大能覆，地大能载，王大能法地则天行道，故云亦大也。王者，人灵之主，万物系其兴亡，将欲申其鉴戒，故云而王居其一，欲警王令有所法，谓下文也。"帝王敏感，视之为警示。

[**普及经文**] **人法地，地法天，天法道；道法：自然。**

[**直译经文**] 由四种原物质组成的天地万物，一旦相互关联，都会遵循互法、自法之则。

如是我文："道"以"自"之本然为法，其实质就是物与道二而一。从天、到地、到人，自法自，后法先，一脉相承，法则永存。老子学说的实质就是人学，而非空谈宇宙生成等抽象理论，所以最终落实到人之取法。

[**百家争鸣**]

河上："人当法地安静和柔，种之得五谷，掘之得甘泉，劳而不怨，有功而不置也。天淡泊不动，施而不求报，生长万物，无所收取。道清静不言，阴行精气，万物自成也。道性自然，无所法也。"明确指出"道性自然，无所法"，也就是说，道与自然之间，与前几句截然不同，不是甲取法于乙的关系。这里的法是法则的意思，道的法则就是然于自。认为是以人为中心，法地、天、道。

想尔："自然者，与道同号异体。令更相法，皆共法道也，天地广大，常法道以生，况人可不敬道乎。"同号异体四字，值得玩味。

王弼："法，谓法则也。人不违地，乃得全安，法地也。地不违天，乃得全载，法天也。天不违道，乃得全复，法道也。道不违自然，乃得其性。法自然者，在方而法方，在圆而法圆，于自然无所违也。自然者，无称之言，穷极之辞也。用智不及无知，而形魄不及精象，精象不及无形，有仪不及无仪，故转相法也。道顺自然，天故资焉。天法于道，地故则焉。地法于天，人故象焉。所以为主，其一之者主也。"所谓"转相法"，就是互法。对道法自然四字的诠释，确实下了一番功夫。认为有称称之为道，无称称之为自然；称异而实一。就实质而言，应该是道性自然、道顺自然。所谓"法自然"，就是在方法方，在圆法圆。

唐玄宗："人谓王也，为生者先当法地安静。既尔又当法天，运用生成。既生成已，又当法道，清静无为，令物自化。人君能尔者，即合道法自然之性。"认为是一法三。

[**意犹未尽**]

第26章（上）

［**普及经文**］**重为轻根，静为躁君。**

［**直译经文**］轻以重为根本，躁以静为主宰。

如是我文：二而一的二者之间，必有一主一从。重与轻、静与躁，又指身心的不同状态及情绪。《老子》提倡身以重为主，心以静为主。躁：动也，不合时宜之动。

［**百家争鸣**］

《韩非子》：《喻老》："制在己曰重，不离位曰静。重，则能使轻；静，则能使躁。故曰：'重为轻根，静为躁君。'"认为本章论述的是为君之道。全注以赵主父亡身作喻，分说经文，对重与轻、静与躁作了具体化的理解和诠释，详见《喻老》。

河上："人君不重则不尊，治身不重则失神。草木之花叶轻，故零落；根重，故长存也。人君不静则失威，治身不静则身危。龙静，故能变化；虎躁，故夭亏也。"用花与根喻轻与重，用龙与虎喻静与躁，认为无论治国，还是治身，都要重视重与静。

严遵："言君好轻躁，如树之根本而摇动。根摇动，则枝木枯而槁矣。人主不静，则百姓摇荡，宗庙倾危，则失其国君之位也。"以树作喻，论述为君之道。

想尔："道人当自重精神，清静为本。"认为讲的是道人之为。

王弼："凡物，轻不能载重，小不能镇大。不行者使行，不动者制动。是以重必为轻根，静必为躁君也。"认为要从物的角度，分析轻与重、小与大、动与静之间的关系。

唐玄宗："重者制轻，故重为根。静者持躁，故静为君。"认为重、静能够克制轻、躁，所以为主。

［**普及经文**］**是以君子终日行，不离其辎重。虽有环官，燕处则昭若。**

［**直译经文**］譬如，君王整天旅行于天下各地，即使携带再多的辎重之车，睡卧之具，随行再多的护卫军士，或露宿野营，或舍于郊亭行馆，如此环境，形同暴露于外，众目睽睽，昭然若揭，算得上安全吗？

如是我文：以终日行立论，阐述君王出行是常事，一旦太过，就要坏事了，又怎能比得上隐居深宫大屋之稳重安然？终日行就是行有过分，是躁动的具体化。正所谓君子慎行，不动如山。

［**百家争鸣**］

《韩非子》：《喻老》："故曰：'君子终日行，不离辎重也。'邦者，人君之辎重也。主父生传其邦，此离其辎重者也；故虽有代、云中之乐，超然已无赵矣。"将辎重理解为赵国，认为主父传位于子，是离其辎重。

河上："辎，静也。圣人终日行道，不离其静与重也。荣观谓宫阙。燕处，后妃所居也。超然，远避而不处也。"认为终日行就是终日行道，所以不离静重而远离后妃。

想尔："重精神清净，君子辎重也，终日行之，不可离也。天子王公也，虽有荣观，为人所尊，务当重清静，奉行道诫也。"观：观瞻。

王弼："以重为本，故不离。不以经心也。"强调辎重的重。不离重，所以不必费心。

唐玄宗："辎，车也。重者，所载之物也。轻躁者贵重静，亦由行者之守辎重，故失辎重则遭冻馁，好轻躁则生祸乱。人君者，守重静，故虽有荣观，当须燕尔安处，超然不顾也。"就事论事。

［**普及经文**］**奈何万乘之王，而以身轻于天下？**

［**直译经文**］为什么身为大国之君，非要躁行于天下，轻身犯险？

如是我文：侯王不自重而轻其身、丧其国者，不胜枚举。

［**百家争鸣**］

《韩非子》：《喻老》："主父，'万乘之主，而以身轻于天下'。"认为主父身为万乘之主，却传位于子，去享受三年代和云中之乐，就是以身轻于天下。

河上："奈何者，疾时主伤痛之辞。万乘之主谓王。王者至尊，而以其身行轻躁乎？疾时王奢恣轻淫也。"认为君王以其至尊之身，行轻躁之事，实在要不得。

想尔："天子乘人之权，尤当畏天尊道。设误意自谓尊贵，不复惧天道，即为自轻其身于天下也。"认为天子要畏天尊道，自谓尊贵就是自轻其身。

王弼："轻不镇重也。"认为相生者，亦相克，一物降一物。

唐玄宗："奈何者，伤叹之辞也。天下者，大宝之位也。言人君奈何以身从欲，轻用其身，令亡其位也。"从因果关系的角度理解。

［**普及经文**］**轻则失本，躁则失君。**

［**直译经文**］轻举妄动，都是舍本逐末之举。

如是我文：二者之间的价值判断，离不开得与失的比较。

［**百家争鸣**］

《韩非子》：《喻老》：“无势之谓轻，离位之谓躁，是以生幽而死。故曰：‘轻则失臣，躁则失君。’主父之谓也。”认为主父此时既无势，又无位，所以既轻且躁，难免落个生幽而死的下场。

河上：“王者轻淫，则失其臣；治身轻淫，则失其精。王者行躁疾，则失其君位；治身躁疾，则失其精神。”认为君王若轻躁，于国则下失其臣、上失其位，于身则失其精神。

想尔：“轻躁多违道度，则受罚辱，失其本身，亡其尊推矣。”度：法制也。

王弼：“失本，为丧身也。失君，为失君位也。”最后落实到君王的治身、治国之道。

唐玄宗：“君轻易，则人离散，故失臣。臣躁求，则主不齿，故失君。”着眼于帝王的君臣之道。君轻则失臣，臣躁则失君；君臣互失。

［**意犹未尽**］

第27章（上）

［**普及经文**］**善行者无辙迹。善言者无瑕谪。善计者不以筹算。善闭者无关键而不可开。善结者无绳约而不可解。**

［**直译经文**］善行者慎行而不留踪迹。善立言者慎言而不留破绽。善计算者不借助工具。善关闭者不借助锁钥。善结系者不借助绳索。

如是我文：行者有辙迹，言者有瑕谪，计者用算具，闭者用关键，结者用绳索；诸手段为什么都不能称之为善？因为处理方式只知其一，不知其二。正与反二而一，正者为之，反者败之，解决问题的关键，往往在于对反者的处理。善治者，夜不闭户、路不拾遗。

［**百家争鸣**］

河上："善行道者，求之于身，不下堂，不出门，故无辙迹。善言谓择言而出之，则无瑕疵謫过于天下。善以道计事者，守一不移，所计不多，则不用筹策而可知也。善以道闭情欲、守精神者，不如门户有关楗可得开。善以道事者，乃可结其心，不如绳索可得解也。"认为五件事说的都是要以道治身心。行是行道之行，而非行走之行。

《淮南子》：《道应训》："秦皇帝得天下，恐不能守，发边戍，筑长城，修关梁，设障塞，具传车，置边吏；然刘氏夺之，若转闭锤。昔武王伐纣，破之牧野，乃封比干之墓，表商容之间，柴箕子之门，朝成汤之庙；发巨桥之粟，散鹿台之钱；破鼓折枹，驰弓绝弦；去舍露宿，以示平易；解剑带笏，以示无仇。于此天下歌谣而乐之，诸侯执币相朝，三十四世不夺。故《老子》曰：'善闭者，无关键而不可开也；善结者，无绳约而不可解也。'"《说山训》："夫至巧不用鉤绳，善闭者不用关楗。"以事喻经。用秦始皇与周武王相较，说明善为者，攻心为上。

想尔："信道行善，无恶迹也。人非道言恶，天辄夺筭。今信道言善，教授不邪，则无适也。明计者心解，可不须用筭。至心信道者，发自至诚，不须旁人自劝。心三川，阳邪阴害，悉当闭之勿用。中道为正，至诚能闭邪志者，虽无关楗，永不可开。不至诚者，虽有关楗，犹可开也。结志求生，务从道诫。至诚者为之，虽无绳约，永不可解。不至诚者，虽有绳约，犹可解也。"认为信道行善，在于诚心。

王弼："顺自然而行，不造不始，故物得至而无辙迹也。顺物之性，不别不析，故无暇謫可得其门也。因物之数，不假形也。因物自然，不设不施，故不用关楗、绳约而不可开解也。此五者，皆言不造不施，因物之性，不以形制物也。"认为要顺自然，因物之性，不以形制物。

唐玄宗：“於诸法中体了真性，行无行相，故云善行。如此则心与道冥，故无辙迹可寻求。能了言教，不为滞执，遣象求意，理证言忘，故於言教中无瑕疵谪过。能了诸法本无二门，一以贯之，不生他见，故无劳筹算，自能照了，既无计算，非善而何？兼忘言行，不入异门，心无边境之迷，境无起心之累，虽无关键，其可开乎？体了真性，本以虚忘，若能虚忘，则心与道合，虽无绳索约束，其可解而散乎？”认为是举例说明体了真性之义，就是要心与道合。

［**普及经文**］**是以圣人常善救人，故无弃人；常善救物，故无弃物，是谓“袭明”。**

［**直译经文**］圣人治人用物，正确的作为应该是对所有百姓一视同仁，合理使用、帮助、爱护他们而不抛弃任何一个人。对物也是如此，因为天生万物，各有所用。这些作为，叫做“袭明”。

如是我文：袭明就是明上加明的意思，既明白人之用，又明白物之用；既明白有之用，又明白无之用；既明白善之用，又明白不善之用。准则不同，角度不同，其用自然也就不同，就看你会不会用。有用、无用，是客观存在，并不取决于你知或不知、明或不明，这才是你最应该明白的道理。

［**百家争鸣**］

《文子》：《自然》：“故圣人举事，未尝不因其资而用之也，有一功者处一位，有一能者服一事，力能其任，即举者不重也，能称其事，即为者不难也。圣人兼而用之，故‘人无弃人，物无弃材’。”因资而用，兼而用之，理解透彻。救（求）：用也。

河上：“圣人所以常教人忠孝者，欲以救人性命。使贵贱各得其所也。圣人所以教民顺四时，以救万物之残伤。圣人不贱石而贵玉，视之如一。圣人善救人物，是谓袭明大道。”或玉或石，要视之如一。救：护也。

《淮南子》：《主术训》：“夫人主之听治也，虚心而弱志，清明而不暗，是故群臣辐凑并进，无愚、智、贤、不肖，莫不尽其能者，则君得所以制臣，臣得所以事君，治国之道明矣。”“圣人兼而用之，故无弃才。”“是故林莽之材，犹无可弃者，而况人乎？”“是故贤者尽其智，而不肖者竭其力。”《道应训》：“昔者公孙龙在赵之时，谓弟子曰：‘人而无能者，龙不能与游。’有客衣褐带索而见曰：‘臣能呼。’公孙龙顾谓弟子曰：‘门下故有能呼者乎？’对曰：‘无有。’公孙龙曰：‘与之弟子之籍。’后数日，往说燕王，至于河上而航在一汜，使善呼者呼之，一呼而航来。故圣人之处世，不逆有伎能之士。故《老子》曰：‘人无弃人，物无弃物，是谓袭明。’”前段论述与《文子》相近；又用

“公孙龙收徒”的故事，喻说兼而用之的道理。

想尔：“常为善，见恶人不弃也。就往教之，示道诫。说其人不化，不可如何也。与上同义也。袭，常明也；能知此意，明明也。”认为袭明就是明明。

王弼：“圣人不立形名以检于物，不造进向以殊弃不肖。辅万物之自然而不为始，故曰无弃人也。不尚贤能，则民不争；不贵难得之货，则民不为盗；不见可欲，则民心不乱。常使民心无欲无惑，则无弃人矣。”以经解经，着墨于无弃人三字。

唐玄宗：“是以圣人常用此五善之教以教之，故无弃者。密用曰袭，五善之行在於忘遣，忘遣则无迹，故云密用。密用则悟了，故谓之明。”密用之用，帝王似有体会。这也是《老子》为隐学之主要原因。

［**普及经文**］**故善人者，善人之师；不善人者，善人之资。**

［**直译经文**］所以说，善人与不善人，都是圣人的师资。

如是我文：全体人民无外乎分为两大类，一类是善人，一类是不善人（包括恶人与非善非恶人）。这两类人都应该是君王的正面教员或反面教员，都可以从他们那里学到有用的东西，也都各有其所用。师资一词现在常用。

［**百家争鸣**］

河上：“人之行善者，圣人即以为人师。资，用也。人行不善者，圣人犹教导使为善，得以给用也。”认为对不善之人，要先以善导之，然后再用之，自成一解。

《淮南子》：《道应训》：“楚将子发好求技道之士。楚有善为偷者，往见曰：‘闻君求技道之士。臣，楚市偷也，愿以技赍一卒。’子发闻之，衣不给带，冠不暇正，出见而礼之。左右谏曰：‘偷者，天下之盗也；何为礼之?’君曰：‘此非左右之所得与。’后无几何，齐兴兵伐楚，子发将师以当之。兵三却。楚贤良大夫皆尽其计而悉其诚，齐师愈强。于是市偷进请曰：‘臣有薄技，愿为君行之。’子发曰：‘诺。’不问其辞而遣之。偷则夜出解齐将军之帱帐而献之。子发因使人归之，曰：‘卒有出薪者，得将军之帷，使归之于执事。’明夕复往，取其枕，子发又使人归之。明日又复往，取其簪，子发又使人归之。齐师闻之大骇，将军与军吏谋曰：‘今日不去，楚军恐取吾头。’乃还师而去。故技无细而能无薄，在人君用之耳。故《老子》曰：‘不善人，善人之资’也。”以事解经，用“子发用偷”的故事，对第二句经文做了极生动的喻说。

想尔：“不善人从善人学善，故为师。终无善人从不善人学善也。善人无恶，乃以恶人为资。若不善人见人其恶不可，善人益自勤劝。”所引经文的第一句有所不同，理解也就有所不同。

王弼：“举善以师不善，故谓之师矣。资，取也。善人以善齐不善，[不]以善弃不善也。故不善人，善人之所取也。”细研其第 28 章“以善为师，不善为资”之注，似乎所引经文与帛本并无不同之处。

唐玄宗：“师，法也。资，取也。善人可师法，不善人可取役使也。”省略的主语相同，可知其所引经文也与帛本相同，都是“善人者，善人之师”，而非“不善人之师”。

[普及经文] 不贵其师，不爱其资，唯知乎？大迷是谓“眇要”。

[直译经文] 如果不懂得贵爱师资的道理，还算是知晓其道吗？还算是明智吗？只能算是大糊涂，也就是常说的眇要。

如是我文：其人善也罢，不善也罢，并不重要。也许我们还分不清其人究竟是善，还是不善；最重要的，是能用其人，并把其人当作师资，以其所行之能、之道为借鉴。用人如此，用己又如何？自身亦有善、有不善，各有其用，如何用？

[百家争鸣]

《韩非子》：《喻老》：“周有玉版，纣令胶鬲索之，文王不予；费仲来求，因予之。是胶鬲贤而费仲无道也。周恶贤者之得志也，故予费仲。文王举太公于渭滨者，贵之也；而资费仲玉版者，是爱之也。故曰：‘不贵其师，不爱其资，虽知大迷，是谓要妙。’”以事喻经。胶鬲、太公与文王对应，费仲与文王对应，正是说明善者和不善者都是善人（文王）的师资。用现在的话来说，就是正反面教员。

河上：“独无辅也。无所使也。虽自以为智，言此人乃大迷惑。能通此意，是谓知微妙要道也。”理解为微妙要道，可知其所引经文不似要妙，而是妙要，与帛本相近。

想尔：“不善人不贵善人，善人不以恶人自改，皆为大迷也。明知此甚要妙也。”

王弼：“虽有其智，自任其智。不因物，于其道必失，故曰虽智大迷。”认为要因物。任智则迷。

唐玄宗：“此章深旨，教以兼忘，若存师资，未为极致。今明所以贵师为存学相，学相既空，自无所贵，所以爱资为存教相，於教忘教，故不爱资。贵爱两忘，而道自化。师资两忘，是谓玄德。凡俗不悟，以为大迷，故圣人云虽知凡俗以为大迷，以道观之，是为要妙。”认为要兼忘。凡俗大迷，圣人要妙。

[意犹未尽]

第 28 章（上）

［**普及经文**］**知其雄，守其雌，为天下溪。为天下溪，恒德不离，复归于婴儿。**

［**直译经文**］既要以小溪为榜样，知雄守雌而有分；更要以婴儿为榜样，雄雌不离而无分。

如是我文：世人喜雄踞而厌雌伏，《老子》以雌柔一方为关键之方、着力之处，此为有分之用；然则雄雌共生，其实为一，此为无分之本；如此，才能掌控道德的真谛，二而一的架构才能完整和谐。恒德就是抱一。只有抱一，才能复归婴儿至精、至和的状态。

［**百家争鸣**］

《庄子》：《天下》："老聃曰：'知其雄，守其雌，为天下溪；知其白，守其辱，为天下谷。'"在对关尹和老聃的评价中，总结诸多与众不同之处，其中特别引用这一章的部分经文，用以说明"未尝先人而常随人"、"人皆取先，己独取后"之要义。

河上："雄以喻尊，雌以喻卑。人虽自知尊显，当复守之以卑微，去雄之强梁，就雌之柔和，如是，则天下归之，如水流入深溪也。人能谦下如深溪，则德常在，不复离于己。当复归志于婴儿，惷然而无所知也。"认为既应该有分，知尊而守卑；更应该无分，如婴儿的无所知。

《淮南子》：《览冥训》："故至阴飂飂，至阳赫赫，两者交接成和而万物生焉。众雄而无雌，又何化之所能造乎？"《道应训》："赵简子以襄子为后，董阏于曰：'无卹贱，今以为后，何也？'简子曰：'是为人也，能为社稷忍羞。'异日，知伯与襄子饮，而批襄子之首，大夫请杀之，襄子曰：'先君之立我也，曰能为社稷忍羞，岂曰能刺人哉！'处十月，知伯围襄子于晋阳，襄子疏队而击之，大败知伯，破其首以为饮器。故《老子》曰：'知其雄，守其雌，其为天下谿。'"以事喻经。当雌则雌，当雄则雄。守雌并非不能为雄，当忍则忍。

严遵："于婴儿复归于志。于婴儿蠢然无而无知也。"认为心志是归终点，要似婴儿之心志。

想尔："欲令雄如雌。奚，何也，亦近要也。知要安精神，即得天下之要。专精无为，道德常不离之，更反为婴儿。"改溪为奚，又是一解。

王弼："雄，先之属；雌，后之属也。知为天下之先也，必后也。是以圣人后其身而身先也。溪不求物，而物自归之。婴儿不用智，而合自然之智。"以经解经。认为溪无求而婴无智。

唐玄宗："雄者，患於用牡，故知其雄，则当守其雌，谦德物归，是为天下谿谷，则真常之德不离其身，抱道含和，复归於婴儿之行矣。”认为为雄者，要懂得守雌谦下，只有这样，才能不偏于雄而做到和。

［**普及经文**］**知其荣，守其辱，为天下谷。为天下谷，恒德乃足，复归于朴。**

［**直译经文**］既要以低谷为榜样，知荣守辱而有分；更要以朴木为榜样，荣辱俱足而无分。

如是我文：世人喜荣而厌辱，《老子》以辱垢的一方为关键之方、着力之处，此为有分之用；然则荣辱共生，其实为一，此为无分之本。一足于二。

［**百家争鸣**］

河上：“荣以喻尊贵，辱以喻污浊。知己之有荣贵，当复守之以污浊，如是，则天下归之，如水流入深谷也。足，止也。人能为天下谷，则德乃止于己。复当归身于质朴，不复为文饰。”改白为荣，权宜之举。

《淮南子》：《道应训》：“文王砥德修政，三年而天下二垂归之。纣闻而患之，曰：‘余夙兴夜寐，与之竞行，则苦心劳形；纵而置之，恐伐余一人。’崇侯虎曰：‘周伯昌仁义而善谋，太子发勇敢而不疑，中子旦恭俭而知时。若与之从，则不堪其殃；纵而赦之，身必危亡。冠虽弊，必加于头；及未成，请图之。’屈商乃拘文王于羑里。于是散宜生乃以千金求天下之珍怪，得驺虞、鸡斯之乘，玄玉百珏，大贝百朋，玄豹、黄罴、青豻、白虎文皮千合，以献于纣，因费仲而通。纣见而悦之，乃免其身，杀牛而赐之。文王归，乃为玉门，筑灵台，相女童，击钟鼓，以待纣之失也。纣闻之，曰：‘周伯昌改道易行，吾无忧矣。’乃为炮烙，剖比干，剔孕妇，杀谏者。文王乃遂其谋。故《老子》曰：‘知其荣，守其辱，为天下谷。’”以事解经。周文王忍辱负重，待时而动，终得其荣。

严遵：“道德是祐，神明是助，道足德足，则万物大淳朴矣。”认为朴是对万物的形容。

想尔：“有荣必有辱。道人畏辱，故不贪荣，但归志于道。唯愿长生，如天下谷水之欲东流归于海也。志道当如谷水之志欲归海，道德常足。朴，道本气也。人行道归朴，与道合。”理解为无荣无辱，归志于道，唯愿长生。

王弼：“此三者，言常反终，后乃德全其所处也。下章云，反者道之动也。功不可取，常处其母也。”认为是对第40章“反者道之动”的发挥。

唐玄宗：“德虽尊荣，常守卑辱，物感斯应，如谷报声，虚受不穷，常德圆足，则复归於道矣。朴，道也。”认为朴就是道。

［**普及经文**］**知其白，守其黑，为天下式。为天下式，恒德不忒，复归于无极。**

［**直译经文**］无论是知白守黑，还是大白若辱，都是圣人应该遵循的守衡之则；运用得法，就能保持无极之境界。

如是我文：无极就是虚，就是和，就是不二。有二所以有分，无二所以无分。

［**百家争鸣**］

河上："白以喻昭昭，黑以喻默默。人虽自知昭昭明白，当复守之以默默，如暗昧无所见，如是，则可为天下法式，其德常在。人能为天下法式，则德常于己，不复差忒。德不差忒，则长生久寿，归身于无穷极也。"认为无极就是无穷极。

严遵："反于未生，复于未始，与道为常，归于无极矣。"认为无极就是未生、未始。

想尔："精白与元炁同，同色。黑，太阴中也；于人在肾，精藏之。安如不用，为守黑，天下常法式也。知守黑者，道德常在，不从人贷，必当偿之，不如自有也。行《玄女经》、龚子、容成之法，悉欲贷；何人主当贷若者乎？故令不得也。唯有自守，绝心闭念者，大无极也。"认为白指元气，黑指肾精。忒与贷互通。与其求人，不如自有。

王弼："式，则模也。忒，差也。［无极］不可穷也。"认为无极就是没有穷尽。

唐玄宗："能守雌静，常德不离，德虽明白，当如暗昧，如此则为天下法式。常德应用，曾不差忒，德用不穷，故复归於无极。忒，差也。"认为白指明白，黑指暗昧。守静则心明。

［**普及经文**］**朴散则，为成器；圣人用则，为官长。**

［**直译经文**］朴为众器之本，以不同之则，成不同之器物；君王根据这一原则，领导百官，使其各遵其则、各有所用、各尽其职。

如是我文：有分之用。凡器未成者皆谓之楪，也就是今人常说的原材料、原物质。天下万物殊类，说到底，都是由一百余种元素（《老子》认为有四类），根据不同的法则构成的。《管子》："道之所言者一也，而用之者异。"

［**百家争鸣**］

《文子》：《下德》："及至建律历，别五色，异清浊，味甘苦，即朴散而为器矣。"尚有大量论述，均从道德的品位来理解，认为至人应该抱道守德，"淳朴而不散"；朴散则为下德。所谓"形而上者曰之道，形而下者谓之器"。

河上：“万物之朴散则为器用，若道散则为神明，流为日月，分为五行也。圣人升用，则为百官之元长也。”认为朴是指万物之朴，即基本物质。朴散之为诸器用，如道散之为神明、日月、五行。

想尔：“为器，以离道矣，不当令朴散也。圣人能不散之，故官长治人，能致太平。”理解正相反，认为朴不当散，所以要治之，使之不散。

王弼：“朴，真也。真散则百行出，殊类生，若器也。圣人因其分散，故为之立官长。以善为师，不善为资，移风易俗，复使归于一也。”认为要正视散的现实，加强管理，复使归于一。

唐玄宗：“含德内融，则复归於朴。常德应用，则散而为器，既涉形器，必有精粗，圣人用之，则为群材之官长矣。”认为道德要应用，所以散的意思就是散朴之用于诸器。

［**普及经文**］**夫“大制无割”。**

［**直译经文**］若为二而一，则其中之二必相辅相成，无法分割。

如是我文：无分之本。国之大法如道法，制定要全面，缺一不可而有分，混而为一而无分。

［**百家争鸣**］

河上：“圣人用之，则以大道制御天下，无所伤割。治身，则以大道制御情欲，不害精神也。”割：害也。

《淮南子》：《道应训》：“薄疑说卫嗣君以王术。嗣君应之曰：‘予所有者，千乘也。愿以受教。’薄疑对曰：‘乌获举千钧，又况一斤乎？’杜赫以安天下说周昭文君。昭文君谓杜赫曰：‘愿学所以安周。’赫对曰：‘臣之所言不可，则不能安周；臣之所言可，则周自安矣。’此所谓弗安而安者也。故《老子》曰：‘大制无割’，‘故致数舆无舆’也。”喻说弗安而安之义，也就是说，大制自有自我调节机制。

想尔：“道人同知俗事、高官、重禄、好衣、美食、珍宝之味耳，皆不能致长生。长生为大福，为道人欲制大，故自忍，不以俗事割心情也。”认为大制就是制大，不以俗事伤心。

王弼：“大制者，以天下之心为心，故无割也。”以经解经，是王弼注的特点之一。认为二心不可分割。

唐玄宗：“圣人用道，大制群生，暄然似春，蒙泽不谢，动植咸遂，曾不割伤。”认为大制的意思就是大治。

［**意犹未尽**］

第29章（上）

［**普及经文**］**将欲取天下而为之，吾见其不得已。夫天下：神器也，非可为者也。为之者败之，执之者失之。**

［**直译经文**］打算凭恃主观意志治理天下，不会有好结果；因为天下众器，无论大小，各有其自身规律。为君者不按客观规律办事，偏执、妄为，必然失败。

如是我文：客观之“神”，不以主观意志为转移。天下万物万事之为，内因为本，外因为辅，因势利导，顺势而为。圣人如此，众人何尝不亦如此？取：治也。

［**百家争鸣**］

《文子》：《道德》：“老子曰：执一无为，因天地与之变化。天下大器也，不可执也，不可为也，为者败之，执者失之。”强调因天地而执一。

河上：“欲为天下主也。欲以有为治民。我见其不得天道人心已明矣。天道恶烦浊，人心恶多欲。器，物也。人乃天下之神物也。神物好安静，不可以有为治。以有为治之，则败其质朴。强执教之，则失其情实，生于诈伪也。”认为神器指的就是人。治民不能有为，否则得不到天道人心的支持。

《淮南子》：《原道训》：“故天下神器不可为也；为者败之，执者失之。……夫天下者，亦吾有也，吾亦天下之有也；天下之与我，岂有间哉！”《人间训》：“事或为之，适足以败之。”认为我与天下为一，所以无所为。

严遵：“天下者，神灵所成，太和所遂。神灵所察，圣智所不能及而威力之所不能制。”认为神就是神灵。对古人来说，这种认知是合理的。所谓神灵掌控，是古人对万物自身规律最原始的理解。

想尔：“狂惑之人，图欲篡弑，天必煞之，不可为也。吾，道也。同见天下之尊，非当所为，不敢为之。愚人宁能胜道乎？为之，故有害也。国不可一日无君。五帝精生，河洛著名；七宿精见，五纬合同。明受天任而令为之，其不得已耳。非天下所任，不可妄庶几也。非天所任，往必败失之矣。”认为君权神授，令其为之，所以是代天行道，不得已而为。

王弼：“神，无形无方也。器，合成也。无形以合，故谓之神器也。万物以自然为性，故可因而不可为也，可通而不可执也。物有常性，而造为之，故必败也。物有往来，而执之，故必失矣。”对神的理解已经进入哲学范畴。因：顺为；为：逆为。因与为对说，有助理解顺其自然。一个为字有多种内涵，这也正是理解古文的难关之一。

唐玄宗：“天下者，大宝之位也，有道之人，必待历数在躬，若暴乱之人，将欲以力取而为之主者。老君戒云：吾见其不得已。大宝之位，是天地神明之器，谓为神器，故不可以力为也。故曰为者败之，此戒奸乱之臣。历数在躬，已得君位，而欲执有斯位，凌虐神主，天道祸淫，亦当令失之。此戒帝王也。”认为改朝换代，不能只靠力，更要靠道、靠德。

［普及经文］**凡物：或行或随，或嘘或吹，或强或羸，或培或堕。是以圣人去甚，去奢，去泰。**

［**直译经文**］任何事物，都会有两个截然相反的发展方向和结果，如：或行或随，或嘘或吹，或强或羸，或培或堕。所以圣人行事，要二者兼顾，耦处理，不可过分偏重于某一方。

如是我文：常说居安思危，也是这个道理。一件事物，为什么表现形式往往截然相反？因为二而一之中，“皆神使之然”（王夫之）。正是神的阴阳动静变化，决定物质的一体两面性。二者之中，为主者不会永远为主，为隐者不会永远为隐；反之亦然。

［**百家争鸣**］

《韩非子》：《扬权》：“天有大命，人有大命。夫香美脆味，厚酒肥肉，甘口而病形；曼理皓齿，说情而损精。故去甚、去泰，身乃无害。”《外储说左下》：“季孙好士，终身庄，居处衣服常如朝廷。而季孙适懈，有过失，而不能长为也。故客以为厌易己，相与怨之，遂杀季孙。故君子去泰、去甚。”以事解经，说明凡事不要过。过：轻则伤身，重则丧命。

河上：“上所行，下必随之也。呴，温也。吹，寒也。有所温，必有所寒也。有所强大，必有所羸弱也。载，安也。隳，危也。有所安，必有所危。明人君不可以有为治国与治身也。甚，谓贪淫声色；奢，谓服饰饮食；泰，谓宫室台榭。去此三者，处中和，行无为，则天下自化。”认为凡物皆以二而一的客观结构存在。不考虑客观现实的主观之为，最易出现偏差。又把甚、奢、泰具体化，认为声、色、饮、食等，都要去过而处和。

严遵：“甚，有为也。奢，不中和也。泰，高大也。故去之也。”认为有为就是过分之为。

想尔：“自然相感也。行善，道随之；行恶，害随之也。嘘温吹寒，善恶同规，祸福同根。虽得嘘温，慎复吹寒。得福，慎祸来。强后必更羸，羸复反更强，先处强者，后必有羸。道人发，先处羸，后更强。身常当自生，安精神为本，不可恃人，自扶接也。夫危国之君，忠臣接之，否则亡。夫病人，医至救之，不制则死。去甚恶及奢太也。”认为要慎知、慎行。自然相感之悟，得道之旨。

王弼：“凡此诸或，言物事逆顺反复，不施为执割也。圣人达自然之性，畅万物之情，故因而不为，顺而不施。除其所以迷，去其所以惑，故心不乱而物性自得之也。”认为是举例说明自然之性，无法分割，所以不应以主观之心擅乱客观之性。

唐玄宗：“欲明为则败，执则失，故物或行之於前，或随之於後，或煦之使暖，或吹之使寒，扶之则强，抑之则弱，有道则载事，无德则隳废。圣人睹或物之行随，知执者之必失，故去其过分尔。”认为是对为者败之、执者失之的进一步发挥，正确的做法就是不过分。

［**意犹未尽**］

第30章（上）

［**普及经文**］**以道佐人主者，不欲以兵强于天下。**

［**直译经文**］无论有道之臣，还是有道之君，都不会采取如兵之强的手段治理于天下。

如是我文：守柔曰强。有兵强，强中强；有木强，柔中强；有力曰强，力有余亦曰强。如何把握分寸？是门学问。

［**百家争鸣**］

河上："谓人主能以道自辅佐也。以道自佐之主，不以兵革，顺天任德，敌人自服。其举事好还自责，不怨于人也。（农事废，田不修。天应之以恶气，即害五谷；五谷尽，则伤人也。）"认为说的是人主以道自佐。

想尔："治国之君，务修道德；忠臣辅佐，务在行道；道普德溢，太平至矣。吏民怀慕，则易治矣。悉如信道，皆仙寿矣，不可迫兵强也。兵者，非吉器也，道之设形，以威不化，不可专心甘乐也。道故斥库楼，远狼狐。将军骑官房外居，锋星修柔去极疎，但当信道，于武略耳。以兵定事，伤煞不应度，其殃祸反还人身及子孙。（天子之军称师。兵不合道，所在淳见煞气，不见人民，但见荆棘生。）"认为说的是忠臣辅佐。即使用兵，也要伤杀有度，有所节制。

王弼："以道佐人主，尚不可以兵强于天下，况人主躬于道者乎？为始者，务欲立功生事；而有道者，务欲还反无为，故云其事好还也。（言师，凶害之物也。无有所济，必有所伤，贼害人民，残荒田亩，故曰荆棘生焉。）"解释折中，认为说的既是有道之士，又是有道之主。为始者生事，有道者还反无为。

唐玄宗："人臣能以道辅佐人主者，当柔服以德，不用甲兵之威，取强於天下。何则？兵者凶器也，战者危事也。抗兵加使，彼必应之，其事既好还报，则胜负之数，未可量也。（军师所处，战则妨农，农事不修，故生荆棘。兵气感害，水旱继之，农废於前，灾随其後，必有凶荒之年。）"认为说的是人臣辅佐。

［**普及经文**］**善者果而已，不以取强。**

［**直译经文**］欲取得成果，不争强而损有余是最佳手段之一。

如是我文：既然事成是目的，所以成事要顺势而为、适可而止、瓜熟蒂落、水到渠成。

［**百家争鸣**］

河上："善用兵者，当果敢而已，不美之。不以果敢取强大之名也。"以经解经。认为果即果敢，也就是达到目的。敢：进取也。

想尔："果，诚也。为善至诚而已，不得依兵图恶以自强。"认为取得实际成果，达到既定目的就可以了，否则就要由善变成恶。

王弼："果，犹济也。言善用师者，趣以济难而已矣，不以兵力取强于天下也。"将果训为济。济：成也，止也。

唐玄宗："善辅相者，果於止敌。盖在於安人和众，必不敢求胜取强。"认为止敌就是果。

［**普及经文**］**果而勿伐，果而勿骄，果而勿矜。是谓"果而不强，其事好长"。**

［**直译经文**］功遂身退，不要专横而飞扬跋扈、不要骄傲而目空一切、不要居功而孤芳自赏。总之，始终善于运用强之不强，就能事业有成、各称其职、长治久安。

如是我文：如何用强？不兵强，不争强，损有余，谦退守柔。为而不争、果而不强、功遂身退，一脉相承。

［**百家争鸣**］

河上："当果敢谦卑，勿自矜大也。当果敢推让，勿自伐取其美也。骄，欺也。果敢，勿以骄欺人。当果敢至诚，不当迫不得已也。果敢，勿以为强兵坚甲以侵凌人也。"果敢、至诚，与想尔孰先孰后？

想尔："至诚守善，勿骄上人。至诚守善，勿矜身。至诚守善，勿伐身也。至诚守善，勿贪兵威。设当时佐帝王图兵，当不得已而有。勿甘乐也，勿以常为强也。风后佐黄帝伐蚩尤，吕望佐武王伐纣，皆不得已而为之耳。"认为用兵是不得已而为之，要以至诚守善制衡之。

王弼："吾不以师道为尚，不得已而用，何矜骄之有也？言用兵虽趣功济难，然时故不得以，当复用者，但当以除暴乱，不遂用果以为强也。"强调不得已而用兵，何矜骄之有？

唐玄宗："故虽果於止敌，敌不为寇。慎勿矜功伐取，以自骄盈，骄则败亡，故为深戒。前敌来侵，不得休止，故用兵以止之，如是则果在於应敌，非果以取强也。"对用兵的见解有独到之处，首先是防守，而不是进攻。

［**意犹未尽**］

第31章（上）

［**普及经文**］**君子居则贵左，用兵则贵右。**

［**直译经文**］君王治国方略，和平时期以文道为主，战争时期以武道为主。

如是我文：文武之道，一张一弛。分清主与从，在一定条件下，主、从的位置可以互换。

［**百家争鸣**］

河上："（佳，饰也。祥，善也。兵者惊精神，浊和气，不善之器，不当修饰之。兵动则有所害，故万物无有不恶之。有道之人不处其国。）贵柔弱也。贵刚强也。此言兵道与君子道反，所贵者异也。"认为兵道与君子之道正相反，一主强，一主弱。

严遵："君子者，有土之君也。贵左者，尚生长也。"认为左主生。

想尔："（兵者，非道所喜，有道者不处之。）左、右，契也。"认为或左或右是人为规定，以便相互配合。

王弼：据《道藏集注》引王弼注："疑此非老子之作也。"怀疑本章并非老子所作。

唐玄宗："（佳者，好也。兵者，谋略也。凡人修辞立诚，不能以道德藏器，而以兵谋韬略为好。谋略之用，只在於攻取杀伐，故为不善之材器。凡物尚或恶之，是以有道之人不处身于此尔。）左，阳也。阳和则发生，故平居所贵。右，阴也，阴凝则肃杀，故用兵所贵。"认为左为阳，所以主生；右为阴，所以主杀。

［**普及经文**］**故曰："兵者，不祥之器，不得已而用之，恬淡为上，勿美也。"若美之，是乐杀人。夫乐杀人者，不可以得志于天下。**

［**直译经文**］所以说，战争机器是不祥之凶器，能不用则不用，非用不可时才能用。善用兵者以胜敌为目的，一定要审慎、冷静，正确使用武装，千万不能炫耀武力；否则，就变成以杀人为乐了。靠杀人的手段也许可以逞一时之快，却最终平定不了天下。

如是我文：不得已而用之的博弈是零和博弈。零和博弈是高风险的博弈。双赢博弈永远优于零和博弈。与其杀敌一千、自损八百，何不适可而止？

［**百家争鸣**］

《文子》：《微明》："起师十万，日费千金，师旅之后，必有凶年。故'兵者，不祥之器也，非君子之宝也。'”《下德》：“夫怒者逆德也，兵者凶器也，……”《上仁》：“故曰：‘兵者，不祥之器，不得已而用之。’杀伤人，胜而勿美，故曰：‘死地，荆棘生焉，以悲哀泣之，以丧礼居之。’是以君子务于道德，不重用兵也。”所引经文多有出入，亦可佐证本章经文传抄有误。“君子之器”，作“君子之宝”。

河上：“兵革者，不善之器也。非君子所贵重之器也。谓遭衰逆乱祸，欲加万民，乃用之以自守。不贪土地，利人财宝。虽得胜而不以为利美也。美得胜者，是为喜乐杀人者也。为人君而乐杀人，此不可使得志于天下矣。为人主必专制人命，妄行刑诛。”认为不祥就是不善。君子之器就是君子所贵重之器。利：贪利，胜利。

想尔：“重明其凶事也。前章已说之也。道人恬惔，不美兵也。明乐兵、乐煞，不可也。”认为恬惔指用兵者的心态。兵器不能美。

唐玄宗：“祥者，善也。好兵者尚杀，故为不善之材器也。君子以道德为材器，不贵兵谋。夷狄内侵，故不得已。善胜不争，是恬淡为上。制胜于敌，必哀其人，故不以为美也。夫胜必多杀人，若以胜为美者，是乐多杀人，乐多杀人，人必不附。欲求得志，不亦难乎！”认为恬淡的意思就是不争。强调胜则止，不要煊耀武力而多杀人。

[普及经文] 故吉事尚左，凶事尚右。是以偏将军居左，上将军居右，言以丧礼居之。

[直译经文] 自古以来，处理吉事的礼仪，是以左位为贵位、上位；处理丧事的礼仪，是以右位为贵位、上位。所以在战争期间，副将的位置在左；主帅主生杀大权，位置在右。军法有言：五礼之中，军礼如丧礼。

如是我文：兵事虽凶，亦有礼；有主有辅，相辅相成。

[百家争鸣]

河上：“左，生位也。阴道杀人。偏将军卑，而居阳位，以其不专杀也。上将军尊，而居阴位，以其主杀也。上将军居右，丧礼尚右，死人贵阴也。”以阴阳分。

想尔：“左、右，契也。偏将军不专煞生之权，像左；上将军专煞，像右。不得已而有者，辄三申五令，示以道诫，愿受其降。”认为或杀之，或降之，网开一面。

唐玄宗：“偏将军卑而处左者，不专杀人。上将军尊而处右者，主兵谋也。丧礼尚右，今上将军居右者，是以丧礼处置之。”认为左杀右谋，以谋为上。上兵主谋。

[普及经文] 故杀人众多，则以哀悲位之；战胜，则以丧礼居之。

[直译经文] 如果战争惨烈、死伤过多，更要辅之以善，以哀悲怜悯之心来纠正。最终取得胜利，对我方、敌方的伤亡将士，要一视同仁，以丧礼之规处置。

如是我文：杀人不是目的，只要敌方失去抵抗能力，能不杀则不杀，不毁尸，不虐俘，等等。这也就是后章所说，要以慈卫之、以善和大怨之义。

[**百家争鸣**]

河上："伤己德薄，不能以道化人而害无辜之民。古者战胜，将军居丧主礼之位，素服而哭之，明君子贵德而贱兵，不得已而诛不祥，心不乐之，比于丧也。知后世用兵不已，故悲痛也。"认为古人取得战争胜利之后的仪式，是将军居丧礼的主位，"素服而哭之"。

想尔："不从者，当闵伤悲泣之，如家有丧，勿喜快也。"认为悲泣是对不从者的感化手段。

唐玄宗："以生灵之贵，而交战杀之，有恻隐之心，故以悲哀伤泣之尔。勇士雄，入战而获胜，胜则受爵，居于右位，尚右非吉，是以丧礼处之。但以为不祥之器，亦何必缟素为资。"认为恻隐之心，人皆有之。

[**意犹未尽**]

第32章（上）

［**普及经文**］**道恒无名，朴虽小，天地不敢臣；侯王若能守之，万物将自宾。**

［**直译经文**］道隐于小朴之中，与朴双栖不离于天地，受到万物的尊崇；君王如果能够重视道的存在，以道为师，一切人、事、物就会发挥各自内在的规律，自我调节一中之二的主从平衡关系。

如是我文：守道执一。朴形于外，是基本物质的统称，是道的载体；道隐于内，是朴的构成模式。

［**百家争鸣**］

河上："道能阴能阳，能弛能张，能存能亡，故无常名也。道朴虽小，微妙无形，天下不敢有臣使道者也。侯王若能守道无为，万物将自宾服，从于德也。"所谓"道朴"，也是道朴合一的一种表述。

严遵："有名，非道也；无名，非道也。有为，非道也；无为，非道也。无名而无所不名，无为而无所不为。"（第1章注）认为无名不能与道直接画等号。

想尔："不名大，托微小也。道虽微小，为天下母，故不可得臣。人不可以贵轻道，当之，万物皆自宾伏。"认为道即是朴，所以用"道虽微小"与经文相对应。

王弼："道，无形不系，常不可名。以无名为常，故曰道常无名也。朴之为物，以无为心也，亦无名。故将得道，莫若守朴。夫智者，可以能臣也；勇者，可以武使也；巧者，可以事役也；力者，可以重任也。朴之为物，愦然不偏，近于无有，故曰莫能臣也。抱朴无为，不以物累其真，不以欲害其神，则物自宾而道自得也。"认为道与朴都是无名，与第37章合解。朴是物，道是朴之心，道在朴中存。守朴得道，以指导万物之用。

唐玄宗："道以应用为常，常能应物，其应非一，故於常无名。朴，妙本也，妙本精一，故云小。而应用匠成，则至大也，故无敢以道为臣者。侯王若能守道精一，无为而化，则万物将自宾服矣。"认为朴为体，道为用。

［**普及经文**］**天地相合，以降甘露。民莫之命而自均。**

［**直译经文**］就像气候一样，天候与地候一旦自我调节到平衡协和状态，就会风调雨顺、气候宜人；君王与百官百姓之间也是如此，若使相互关系均衡有序，起关键作用的不是威权或政令，而是调节各自的自均机制。

如是我文："自"就是自我调节机制。上下都要学会不干预、少干预、会干预，摆正各自在自宾、自均等诸“自”之中的位置。

［**百家争鸣**］

河上：“侯王动作能与天相应合，天即下甘露善瑞也。天降善瑞，则万物莫有教令之者，皆自均调若一也。”认为相合的是侯王与天。均：调也。

想尔：“王者行道，天地喜，滋泽生。王者尊道，吏民企效；不畏法律，乃畏天神。不敢为非恶，皆欲全身。不须令勑而自平均。”认为一切自均，源于君王遵道，代天行道。

王弼：“言天地相合，则甘露不求而自降。我守其真性无为，则民不令而自均也。”认为甘露不是求来的，而是天地相合的结果；所以君王对待百姓，也要顺其自然，无为而治。上无为则下自均。

唐玄宗：“侯王若能抱守精一，是地平天成，交泰致和，故降洒甘露。夫甘露既降，萧兰俱泽，不烦教令，而自均平。取譬侯王，称物平施。”认为天人合一，一切平和，皆源于守一。

［**普及经文**］**始制有名。名亦既有，夫亦将知止，知止所以不殆。**

［**直译经文**］治理国家，首先要制定法则、确立名分。法则与名分一旦确定，上下就都知道各自的职责与权限，都知道应该做什么，不该做什么；只有各守其分，国家秩序才不会乱。

如是我文：没有规矩，不知方圆；不守规矩，不成方圆。止与行二而一。止之难，难在行，知易行难。亦：总也。

［**百家争鸣**］

河上：“始，道也。有名，万物也。道无名，能制于有名；无形，能制于有形也。既，尽也。有名之物，尽有情欲，叛道离德，故身毁辱也。人能法道行德，天亦将自知之。天知之，则神灵祐助，不复危殆。”认为万物为道所制。

想尔：“道人求生，不贪荣名。今王侯承先人之后，有荣名，不强求也。道听之，但欲令务尊道行诫，勿骄溢也。王侯承先人之后，既有名，当知止足，不得复思高尊强求也。诸知止足，终不危殆。”认为名指的是荣名，道人不贪，君王知止。

王弼：“始制，谓朴散始为官长之时也。始制官长，不可不立名分以定尊卑，故始制有名也。过此以往，将争锥刀之末，故曰名亦既有，夫亦将知止也。遂任名以号物，则失治之母也，故知止所以不殆也。”以经解经。有百官，必有尊有卑、有名有分。为官之本，要守分，不要争名；要知止，止于其职责与权限。

唐玄宗："人君以道致平，始能制御有名之物，故有名之物，亦尽为侯王所有矣。既，尽也。若侯王能制有名之物，则夫有名之物，亦将知依止於侯王，知依止有道之君，所以无危殆之事。"认为说的是有道之君能御万物，万物依止于君。

［**普及经文**］**俾道之在天下，犹小谷之与江海。**

［**直译经文**］行道于天下，君王与一切人、事、物的关系，就像小谷和江海一样，同于水而异于小大。

如是我文：小有小之道，大有大之道，各因其势而和其道。谷海之喻，又见第66章。

［**百家争鸣**］

《文子》：《上仁》："故道之在于天下也，譬犹江海也。"认为是以江海喻道。

河上："譬言道之在天下，与人相应和，如川谷与江海相流通也。"认为说的是道与人相应合，就像川谷与江海相流通一样。

想尔："道在天下，譬如江海。人一心志道，当如谷水之欲归海也。"认为是以溪水喻人，以江海喻道。

王弼："川谷之求江海，非江海召之，不召不求而自归者也。行道于天下者，不令而自均，不求而自得，故曰犹川谷之与江海也。"认为是自均之说的例证，强调不召不求而自归。

唐玄宗："天降甘露，以瑞有道，故譬有道之君，在宥天下，天则应之，犹如川谷与江海通流尔。"认为说的是君与天，犹如川与海。

［**意犹未尽**］

第33章（上）

［**普及经文**］**知人者智，自知者明。**

［**直译经文**］明智之人，既要知人，更要自知。

如是我文：多知为智，全知为明。明是眼光，智是手段。明是判断，智是选择。明是战略，智是战术。明则正，智则能。

［**百家争鸣**］

《韩非子》：《喻老》："楚庄王欲伐越，杜子谏曰：'王之伐越，何也？'曰：'政乱兵弱。'杜子曰：'臣患智之如目也，能见百步之外而不能自见其睫。王之兵自败于秦、晋，丧地数百里，此兵之弱也；庄蹻为盗于境内而吏不能禁，此政下乱也。王之弱乱，非越之下也，而欲伐越，此智之如目也。'王乃止。故知之难，不在见人，在自见。故曰：'自见之谓明。'"喻说解经，所引经文稍有不同。知之难，难在自见。见：视也。

河上："能知人好恶，是为智。人能自知贤与不肖，是为反听无声，内视无形，故为明也。"认为对人对己都要全面了解，既要知其好的一面，又要知其恶的一面。

严遵："不知人，则无以通事；不通事，则无以交世。不自知，则无以知天；不知天，则无以睹未然。""莫广乎知人。""莫大乎自知。"从为人处世的角度理解。自知就是知天道，这正是其处世哲学的要点之一。对此，《淮南子》说得更明白："知天而不知人，则无以与俗交；知人而不知天，则无以与道游。"

想尔："知平他人善恶，知不合道德，道人但当自省其身，令不陷于死地，勿平他人也。如此甚明矣。"认为自省其身而不评议他人，是明智之举。平即评。

王弼："知人者，智而已矣，未若自知者，超智之上也。"认为自知比知人更重要，明比智更重要。

唐玄宗："智者役用以知物，明者融照以鉴微，智则有所不知，明则无所不照。"认为明比智更重要。

［**普及经文**］**胜人者有力，自胜者强。**

［**直译经文**］能胜人，还只能算是有力量；能自胜，才能称得上强大。

如是我文：胜人者，先要自胜。所谓强人，要能以力胜人，以德服人，缺一不可。

[百家争鸣]

《文子》：《下德》："老子曰：'胜人者有力，自胜者强。'能强者，必用人力者也；能用人力者，必得人心者也；能得人心者，必自得者也；未有得己而失人者也，未有失己而得人者也。"推论得当。强，不在力，在心。

《韩非子》：《喻老》："子夏见曾子，曾子曰：'何肥也？'对曰：'战胜，故肥也。'曾子曰：'何谓也？'子夏曰：'吾入见先王之义则荣之，出见富贵之乐又荣之，两者战于胸中，未知胜负，故臞。今先王之义胜，故肥。'是以志之难也，不在胜人，在自胜也。故曰：'自胜之谓强。'"喻说解经，所引经文稍有不同。志之难，难在自胜。理解似与下句经文"强行者有志"有关联。有志于行者，难在自胜。

河上："能胜人者，不过以威力也。人能自胜己情欲，则天下无有能与己争者，故为强也。"认为胜人易，胜己难，难在情欲。

严遵："不胜人，则无以在上；不在上，则无以为王。不自胜，则无以自得；不自得，则无以得人。"莫贵乎胜人。""莫崇乎自胜。"认为既要胜人，更要自胜。只有胜人，才能为上；只有自胜，才能有德。得即德。

想尔："好胜人者，但名有力耳。自修身，行善胜恶，此乃强也。"强调修身的重要性。

王弼："胜人者，有力而已矣，未若自胜者，无物以损其力。用其智于人，未若用其智于己也。用其力于人，未若用其力于己也。明用于己，则物无避焉；力用于己，则物无改焉。"强调自胜的重要性。自胜就是用于己。

唐玄宗："能制胜人者，适可谓有力。能自胜其心使柔弱者，方可全其强尔。"认为胜人在力，胜己在心。力强、心强，才是全强。

[普及经文] **知足者富。**

[直译经文] 能知止于足者，永远富有。

如是我文：常说富足，富于心足。知足之难，难在心，心性难移，欲壑难填。只有知道自己的确切位置和立足点，才能找到欲望的最佳冲盈点。位与欲不错位，就能知足。

[百家争鸣]

河上："人能知足，则长保福禄，故为富也。"认为知足则长保所得。

严遵："不知足，则无以知富；不知富，则无以止欲。""莫高乎知足。"认为知止欲比知富足更重要。适可而止。

想尔："道与谦也。"从谦的角度理解。谦就是退让，退让是知止的重要手段之一。

王弼："知足者，自不失，故富也。"从不失的角度理解。

唐玄宗："知止足者无贪求，可谓富矣。"认为知足就是知止于心足。足：止也。

［**普及经文**］**强行者有志。**

［**直译经文**］有志之人，目标一旦明确，就要持之以恒，努力去做，不达目的，绝不罢休。

如是我文：《易·乾·象》："天行，健。君子以自强不息。"

［**百家争鸣**］

河上："人能强力行善，则为有意于道，道亦有意于人。"认为强行就是强力行善。

严遵："不强行，则无以顺道；不顺道，则无以得意。""莫善乎得意。"认为有志就是得意。

想尔："道诫甚难，仙士得之，但志耳，非有技巧也。"认为修道在于专心致志，不在于技巧。

王弼："勤能行之，其志必获，故曰强行者有志矣。"以经解经。认为强行就是勤行，要努力刻苦去做。

唐玄宗："强力行者不懈怠，可谓有志节矣。"认为要持之以恒。

［**普及经文**］**不失其所者久，死而不妄者寿。**

［**直译经文**］长寿之人，终身不妄作，不踰矩，善于调整自己，总是处于存身的最佳位置。

如是我文：《易·困·象》："险以说，困而不失其所，亨。其唯君子乎?"以上五种人（明智之人、强人、富人、有志之人、长寿之人）的共同之处，就是"求诸己"，自知、自胜、自足、自强、自律。

［**百家争鸣**］

河上："人能自节养，不失其所受天之精气，则可以长久。目不妄视，耳不妄听，口不妄言，则无怨恶于天下，故长寿。"认为所字代指精气。直言不妄，所据经文很可能是"死而不妄者寿"，与《意林》同。第50章注："其生也，目不妄视，耳不妄听，鼻不妄嗅，口不妄言，舌不妄味，手不妄持，足不妄行，精不妄施。"亦可佐证不妄是言生而至死之间的作为。

严遵："动作非任，无以得和；不得和，则无以久生。""莫过乎可久。"

“不久生，则无以畜精神；精神不积，无以得寿。”“莫美乎寿。”两句合说，认为所的意思就是任所，包括地理位置和社会位置。认为久生则精满神足；精满神足则长寿。

想尔：“富贵贫贱，各自守道为务。至诚者，道与之；贫贱者，无自鄙，强欲求富贵也。不强求者，为不失其所，故久也。又一说曰：喜怒五行战伤者，人病死，不复待罪满地。今当和五行，令各安其位，勿相犯，亦久也。道人行备，道神归之，避世托死，遇太阴中，复生去为不亡，故寿也。俗人无善功，死者属地官，便为亡矣。”认为有两种理解。其一，是对前句的总结，无论富贵贫贱，都是道给予的，不可强求。其二，要和，各安其位则和。认为亡就是避世托死，还是宣扬长生不老之说。

王弼：“以明自察，量力而行，不失其所，必获久长矣。虽死而以为生之，道不亡乃得全其寿。身没而道犹存，况身存而道不卒乎。”综合前几句经文，认为只有以明自察，量力而行，才能找到属于自己的所在。有道之人，身虽死而道不亡；道不亡则精神不死。

唐玄宗：“知足强力，不失其所恒，则是久於其道者。死者分理之终，亡者夭枉之数，寿者一期之尽，夫知人胜人，必招殃咎，知足强力，动得天常。得天常者，死而不亡。是一期之尽，可谓寿矣。”认为所字代指恒心。对寿与亡的理解实在，以一期为限，活不过一期就是亡，活过一期就是寿。

［**意犹未尽**］

第34章（上）

［**普及经文**］**道泛兮，其可左右也。**

［**直译经文**］一切尽在道的掌控与支配之中。

如是我文：大道之行，一左一右，走的不是直线；大道之广，可左可右，可小可大，无所不包，无处不在，无所不宜。泛、左、右，均一字多义。

［**百家争鸣**］

河上：“言道汜汜，若浮若沉，若有若无，视之不见，说之难殊。道可左右，无所不宜。”认为道对万物的掌控，因势利导，或左或右，无所不宜。

想尔：“泛，广也。道甚广大，处柔弱，不与俗人争，教人以诫慎者宜左契，不诫慎者置左契。”认为人对道的态度或左或右，或执左契，或置左契于不顾。

王弼：“言道泛滥，无所不适，可左右上下，周旋而用，则无所不至也。”认为道对万物的掌控，无所不适，无所不至。

唐玄宗：“大道泛兮，无系而能应物，左右无所偏名矣。”认为左右是掌控之义，使物无所偏。

［**普及经文**］**成功遂事而不名有也。万物归焉而不为主，可名于小；万物归焉而不为主，可名于大。**

［**直译经文**］人们往往看到功成业就的结果，却看不到功成业就的根本原因，感受不到道的存在。道隐于万物殊类之中，小有小之道，大有大之道。

如是我文：功所以成，业所以就，都是万物合于道、遵循各自规律而为的结果。各有其道，各行其道，没有哪一种可以替代一切。

［**百家争鸣**］

河上：“恃，待也。万物皆待道而生。道不辞谢而逆止也。有道不名其有功也。道虽爱养万物，不如人主有所收取。道匿德藏名，怕然无为，似若微小也。万物皆归道受气，道非如人主有所禁止也。万物横来横去，使名自在，故可名于大也。”认为主指的是人主，论述道与万物、人主之间的关系。道为什么或小或大？道隐于人主，所以似小。道隐于万物，所以名大。提及无为，对无欲并未着墨。

想尔：“不辞谢恩，道不责也。道不名功，常称小也。归，仰也。以为生，既不责恩，复不名主，道乃能常大耳。”认为道不居功，所以称小；道长生，所以为大。无“常无欲”之经文。

王弼："万物皆由道而生，既生而不知其所由。故天下常无欲之时，万物各得其所，若道无施于物，故名于小矣。万物皆归之以生，而力使不知其所由。此不为小，故复可名于大矣。"认为"常无欲"是对小与大二者而言。万物无欲之时，各得其所，道似无位，所以似小；位位均道，所以实大，积众小为大一。

唐玄宗："言万物恃赖冲用而生化，而道不辞以为劳，功用备成，不名已有。爱养群材而不为主宰。於物无欲，则可名於小，言不可名小。爱养之，故万物归之，有万不同，而不为主，可名为大。非小非大，所以难名。"认为道非小非大，所以难名。无欲者，道也。

［**普及经文**］**是以圣人之能成大：以其不自为大，故能成其大。**

［**直译经文**］圣王之所以成大事、为圣主，是因为圣王不争，一切按照客观规律办事，做小成小，做大成大，积众小为大一。

如是我文：不争之人，心中无小无大；大即是小，小即是大。大是点滴之小积累过程的阶段性结果。滴水与杯水，孰小孰大？杯水与溪水，孰小孰大？溪水与江水，孰小孰大？

［**百家争鸣**］

《文子》：《自然》："以道治天下，非易人性也，因其所有而条畅之，故因即大，作即小。……古之善为君者法江海，江海无为以成其大，……终不为大故能成其大，……"认为或小或大，顺其自然。要以江海为榜样，积众小为大一。

河上："圣人法道，匿德藏名，不为满大。圣人以身帅导，不言而化，万事修治，故能成其大。"反复强调道隐。

想尔："法道常先称小，后必乃能大；大者长生，与道等寿。"认为先小后大。

王弼："为大于其细，图难于其易。"以经解经。积少成多，聚小成大。

唐玄宗："是以圣人法道忘功，终不自为光大，故能成其光大之业。"认为要法道忘功，才能水到渠成。

［**意犹未尽**］

第35章（上）

［**普及经文**］**执大象，天下往。往而不害，安平太。**

［**直译经文**］行道天下，百姓归向；万众一心，和谐太平。

如是我文：法治德治，或明或暗。手段之一，正面宣传。颁布政教法令，公之于众，让人民有法可依，依法办事。“执大象，天下往”就是“执今之道，以御今之有”的具体作为。

［**百家争鸣**］

河上：“执，守也。象，道也。圣人守大道，则天下万民移心归往之也。治身则天降神明，往来于己也。万民归往而不伤害，则国安家宁而致太平矣。治身不害神明，则身安而大寿也。”认为象就是道。强调人主守道治身，天下归往。

严遵：“道无形，故天地资之以生；道无有，故阴阳资之以始；道无法，故四时资之为业；道无象，故万类资之以往。故，大法无法，大象无象，大无不无，大有不有。为生于不生，为否于不否，故道无为而天地成，德无事而万物处。夫何为哉？不无不有，不为不否，道自得于此，而万物自得于彼矣。”认为本章讲的是天地、万物与道的关系。道有四种特质：无形、无有、无法、无象。

想尔：“王者执正法，像大道，天下归往，旷塞重驿，向风而至。道之为化，自高而降，指谓王者，故贵一人，制无二君，是以帝王常当行道，然后乃及吏民。非独道士可行，王者弃捐也。上圣之君，师道至行，以教化天下，如治太平符瑞，皆感人功所积；致之者，道君也。中贤之君，志信不纯，政复扶接，能任贤良，臣弼之以道，虽存国，会不荡荡，劳精躬勤；良辅朝去，暮国倾危，制不在上，故在彼去臣。所以者，化逆也，犹水不流西，虽有良臣，常难致治。况群邪杂政，制君讳道，非贱真文，以为人世可久随之王者，道可久弃捐。道尊且神，终不听人，故放精邪，变异纷纷，将以诫诲。道隐却观，乱极必理，道意必宣。是以帝王大臣，不可不用心殷勤审察之焉。王者行道，道来归往。王者亦皆乐道，知神明不可欺负。不畏法律也，乃畏天神，不敢为非恶。臣忠子孝，出自然至心。王法无所复害，形罚格藏，故易治，王者乐也。如此之治，甚大乐也。”认为象就是像，道之像，王者执正法，像大道。断句为“安平大乐”，有削足适履之嫌。

王弼：“大象，天象之母也。不炎不寒，不温不凉，故能包统万物，无所犯伤。主若执之，则天下往也。无形无识，不偏不彰，故万物得往而不害妨也。”认为大象就是天象之母，由人主执之。

唐玄宗：“大象，大道也。帝王执持大道，以理天下，则天下万物归往矣。物往而不伤害，则安於平泰。”认为大象就是大道。往：归向也。

［**普及经文**］**乐与饵，过客止。**

［**直译经文**］与枯燥单调的法典、抽象深奥的道理相较，娱乐与美食更能从感官上愉悦人心，即使是匆匆过客，也会为之留步。

如是我文：手段之二，寓教于乐，寓教于生活。道无处不在，除了正面宣传以外，更要靠感悟，靠潜移默化。

［**百家争鸣**］

河上：“饵，美也。过客，一也。人能乐美于道，则一留止也。一者，去盈而处虚，忽忽如过客。”认为是以过客喻一。

想尔：“诸与天灾变怪，日月运珥，陪臣纵横，刺贯之咎，过罪所致；五星顺轨，客逆不曜，疾疫之气，都悉止矣。”改饵为珥，断作“与珥”；自改自断，自成一解。认为说的是星象与灾祸的关系。客：寄也。

王弼：“言道之深大。人闻道之言，乃更不如乐与饵，应时感悦人心也。乐与饵则能令过客止，而道之出言，淡然无味。”认为是喻说道的深大。与道相比，乐与饵更能感悦人心，即使是匆匆过客，也会为之留步。

唐玄宗：“乐，音乐也。饵，饮食也。言人家有音乐饮食，则行过之客皆为之留止。如帝王执道以致平泰，亦为万物所归往矣。故人君体道清静，淡然无味，始除察察之政，终化淳淳之人，故下文结云用之不可既也。”认为过客止就是天下归往的具体表现。

［**普及经文**］**故道之出言，曰：淡乎其无味也；视之不足见，听之不足闻，而不可既也。**

［**直译经文**］一定要注意，道一旦落实到文字上，必然受到语言文字的局限；即使具体化为政教法令，也必然平淡枯燥，不足以吸引平民百姓止足，去看、去听。

如是我文：行道者书不尽言、言不尽意，无法表达出道义之全部精髓；学道者也不见得完全看懂、听懂，所以说，工欲善其事，必先利其器。

［**百家争鸣**］

河上：“道出入于口，淡淡，非如五味有酸咸苦甘辛也。足，得也。道无形，非若五色有青黄赤白黑可得见也。道非若五音有宫商角徵羽可得听闻也。既，尽也。用道治国，则国富民昌；治身，则寿命延长，无有既尽之时也。”

解释直白。

想尔：“道之所言，反俗絶巧，于俗人中，甚无味也。无味之中，有大生味，故圣人味无味之味。道乐质朴，辞无余，视道言，听道诫，或不足见、闻耳而难行。能行能用，庆福不可既尽也。”认为俗人无味，圣人有味。于枯燥之中品悟出味道，受用无穷。

王弼：“视之不足见，则不足以悦其目；听之不足闻，则不足以娱其耳。若无所中然，乃用之不可穷极也。”参见其第 23 章注，认为言是至言。

唐玄宗：“人君以道德清静为教，初出於口，淡乎其无味，不似俗中言教，有亲誉畏侮等也。以道镇净，初无言教，故视之不足见，听之不足闻，而淳风大行，万物殷阜，岁计有余，故用不可既。既，尽也。”认为道德清静，所以淡而无味。

［**意犹未尽**］

第36章（上）

［**普及经文**］**将欲翕之，必故张之。将欲弱之，必故强之。将欲废之，必故兴之。将欲夺之，必故予之。是谓“微明”。**

［**直译经文**］欲合之，必从张之入手。欲弱之，必从强之入手。欲废之，必从兴之入手。欲夺之，必从予之入手。这就叫做“微明”。

如是我文：四例格言似兵法，目的只有一个，就是使敌失衡。微明就是隐其明，或称之为障眼法。隐术有三。第一，隐其本意。“反者道之动”，从其反面入手，以反象示人，反向而为之。

［**百家争鸣**］

《韩非子》：《喻老》：“越王入宦于吴，而观之伐齐以弊吴。吴兵既胜齐人于艾陵，张之于江、济，强之于黄池，故可制于五湖。故曰：‘将欲翕之，必固张之；将欲弱之，必固强之。’晋献公将欲袭虞，遗之以璧马。智伯将袭仇由，遗之以广车。故曰：‘将欲取之，必固与之。’起事于无形，而要大功于天下，‘是谓微明’。”《说林上》：“《周书》曰：‘将欲败之，必姑辅之；将欲取之，必姑予之。’”以事喻经。“将欲取之，必固与（予）之”一句，既称引自《老子》，又称引自《周书》，耐人寻味。

河上：“先开张之者，欲极其奢淫。先强大之者，欲使遇祸患。先兴之者，欲使其骄危。先与之者，欲极其贪心。此四事，其道微，其效明也。”认为说的是克敌四事。微明就是其道微、其效明。

严遵：“此四者明，绝圣而德自起，废智而化自行，翕天下之心而使自张，弱天下之志而使自强矣。”“实者反虚，明者反晦，盛者反衰，张者反弛，有者反亡，生者反死，此物之性而自然之理也。”强调去彼取此，物极必反。

想尔：“善恶同规，祸福同根，其先张者，后必翕。先强，后必弱。先兴，后必衰废。先得，后必夺也。此四事卽四怨、四贼也。能知之者，微且明。知则副道也，道人畏翕、弱、废、夺，故造行先自翕、自弱、自废、自夺，然后乃得其吉。及俗人废言，先取张、强、兴之利，然后返凶矣。故诫知止足，令人于世间裁自如，便思施惠、散财、除殃，不敢多求。奉道诫者，可长处吉不凶；不能止足，相返不虚也。道人不可敢非，实有微明之知。”认为说的是处理四怨，先凶而后吉。

王弼：“将欲除强梁，去暴乱，当此四者。因物之性，令其自戮，不假刑为大，以除将物也，故曰微明也。足其张，令之足，而又求其张，则众所歙也。与其张之不足，而改求其张者，愈益而已反危。”认为物皆二而一，凡遇恶事，处理之法，就是因物之性，令其自戮。

唐玄宗："经云：正言若反。《易》云：巽以行权。权，反经而合义者也。故君子行权贵于合义，小人用之则为诈谲。孔子曰：可与立，未可与权。信矣。故老君前章云执大象，斯谓之实。此章继以歙张，是谓之权。欲量众生根性，故以权实覆却相明，令必致于性命之域。而惑者乃云非道德之意，何其迷而不悟哉？故将欲歙敛众生情欲，则先开张，极其侈心，令自困于爱欲，则当歙敛矣。强弱等义，略与此同。此道甚微，而效则明著，故云是谓微明。"认为说的是权术。权：反常也。

［**普及经文**］**柔弱胜强。**

［**直译经文**］弱与强，二者之中，绝不可以忽视柔弱一方在隐术中的作用。

如是我文：第二，隐其势力。"弱者道之用"，示弱胜于示强；或藏奸，或藏拙，在一定条件下，柔弱一方可以主导态势；寻敌之弱以胜其强，《吕氏春秋》总称之为弱术。喜得不喜失，喜强不喜弱，喜兴不喜废，喜张不喜合，多是人欲之弱。

［**百家争鸣**］

《韩非子》：《喻老》："处小弱而重自卑，谓'损弱胜强'也。"有的版本作"处小弱而重自卑损，谓'弱胜强'也。"认为处小弱之位时，要韬光养晦。

河上："柔弱者久长，刚强者先亡也。"提倡处柔弱。所谓天道贵弱，道家一派。

想尔："道气微弱，故久在无所不伏。水法道柔弱，故能消穿崖石。道人当法之。"滴水石穿。

唐玄宗："巽顺可以行权，权行则能制物，故知柔弱者必胜於刚强矣。"认为柔弱源于顺。

［**普及经文**］**鱼不可脱于渊，国之利器不可以示人。**

［**直译经文**］就像鱼隐身于水中一样，国家的利器一定要隐，知道的人越少越好。

如是我文：第三，隐其利器。真正的利器是什么？是政权、军队、刑器、赏罚之道……但这些只是利器中的小器，大器则是二而一的法则。知"道"者越少越好，修"德"者越多越好。

［**百家争鸣**］

《庄子》：《胠箧》："圣人不死，大盗不止，虽重圣人而治天下，则是重利盗跖也。……此重利盗跖而使不可禁者，乃是圣人之过也。故曰：'鱼不可脱于渊，国之利器不可以示人。’彼圣人者，天下之利器也，非所以明天下也。”认为利器指的是圣人。用此经文批判圣人，又是一用。

《韩非子》：《喻老》：“势重者，人君之渊也。君人者，势重于人臣之间，失则不可复得也。简公失之于田成，晋公失之于六卿，而邦亡身死。故曰：‘鱼不可脱于深渊。’赏罚者，邦之利器也，在君则制臣，在臣则胜君。君现赏，臣则损之以为德；君现罚，臣则益之以为威。人君现赏，而人臣用其势；人君现罚，而人臣乘其威。故曰：‘邦之利器，不可以示人。’”《内储说下》：“其说在老聃之言失鱼也。”“鱼失于渊而不可复得也，人主失其势重于臣而不可复收也。古之人难正言，故托之于鱼。”“故曰：‘国之利器，不可以示人。’”《说林上》：“古者有谚曰：‘知渊中之鱼者不祥。’”《七术》：“其说在文子称‘若兽鹿’。……齐王问于文子曰：‘治国何如?’对曰：‘夫赏罚之为道，利器也。君固握之，不可以示人。若如臣者，犹兽鹿也，唯荐草而就。’”数引经文，认为讲的就是君王如何保持优势地位。“古之人难正言，故托之于鱼”，《老子》运用大量喻说，正是其特色之一。利器指赏罚之道。

河上：“鱼脱于渊，谓去刚得柔，不可复制也。利器，权道也。治国，权者不可以示执事之臣也；治身，道者不可以示非其人也。”认为利器指的就是权与道，权者、道者都要隐。

《淮南子》：《道应训》：“昔者，司城子罕相宋，谓宋君曰：‘夫国家之安危，百姓之治乱，在行赏罚。夫爵赏赐予，民之所好也，君自行之；杀戮刑罚，民之所怨，臣请当之。’宋君曰：‘善。寡人当其美，子受其怨。寡人自知不为诸侯笑矣。’国人皆知杀戮之专，制在子罕也，大臣亲之，百姓畏之，居不至期年，子罕遂却宋君而专其政。故《老子》曰：‘鱼不可脱于渊。国之利器不可以示人。’”以事喻经，认为利器就是赏罚之道。

想尔：“诫为渊，道犹水，人犹鱼。鱼失渊、去水则死；人不行诫、守道，道去则死。宝精勿费，令行缺也。又一说曰：道人宁施人，勿为人所施；宁避人，勿为人所避；宁教人为善，勿为人所教；宁为人所怨，勿怨人；分均，宁与人多，勿为人所与多。其返此者，即为示人利器也。”认为有两种理解，或从喻说的角度，或从主动胜于被动的角度。

王弼：“利器，利国之器也。唯因物之性，不假刑以理物。器不可睹，而物各得其所，则国之利器也。示人者，任刑也。刑以利国，则失矣。鱼脱于渊，则必见失矣。利国之器而立刑以示人，亦必失也。”认为示当训为施。施人以刑，就像鱼脱于渊一样，必有所失。强调利国之器不假刑，而是要因物之性即遵道，用刑不可偏。

唐玄宗：“脱，失也。利器，权道也。此言权道不可以示非其人，故举喻云：鱼若失渊，则为人所擒，权道示非其人，则当窃以为诈谲矣。”认为不是不可以示人，而是不可以示非其人。

[意犹未尽]

第37章（上）

［**普及经文**］**道恒无为，侯王若能守之，万物将自化；**

［**直译经文**］道有其自身规律，无须人为直接干预，君王如果能够把握道的内在规律，以道为法，一切人、事、物就会发挥各自内在的规律，自我调节一中之二的同化与变化。

如是我文：为道者，恒守道而无为。

［**百家争鸣**］

河上："道以无为为常也。言侯王若能守道，万物将自化效于己也。"所引经文很可能也是"道常无为"。化：归化。

严遵："有名，非道也；无名，非道也。有为，非道也；无为，非道也。无名而无所不名，无为而无所不为。"（第1章注）认为无为不能与道直接画等号。

想尔："道性不为恶事，故能神，无所不作。道人当法之。王者虽尊，犹常畏道，奉诫行之。王者法道为政，吏民庶孽子，悉化为道。"认为无为是道性，是神之为，除恶事外，无所不作。

王弼："顺自然也。万物无不由为以治以成之也。"认为无为就是顺其自然。

唐玄宗："妙本清静，故常无为。物恃以生，而无不为也。侯王若能守道无为，则万物自化。君之无为，而淳朴矣。"认为妙本以静为主，所以无为；万物以生为主，所以无不为。

［**普及经文**］**化而欲作，吾将贞之以无名之朴。**

［**直译经文**］万物之化，始终要正之以本来面目，不使其偏离其道。

如是我文：化则防偏，万变不离其宗。反复暗示道与朴的关系：道是朴之道，朴是道之朴；朴无名，道亦无名。

［**百家争鸣**］

河上："吾，身也。无名之朴，道也。万物已化效于己，复欲作巧伪者，侯王当身镇抚以道德也。"认为欲作是欲作巧伪。作与诈通。

《淮南子》：《道应训》："武王问太公曰：'寡人伐纣天下，是臣杀其主而下伐其上也。吾恐后世之用兵不休，斗争不已，为之奈何？'太公曰：'甚善，王之问也！夫未得兽者，唯恐其创之小也；已得之，唯恐伤肉之多也。王若欲久持之，则塞民于兑，道令为无用之事、烦扰之教。彼皆乐其业，供其情，昭昭而道冥冥。于是乃去其鍪而载之鹬，解其剑而带之笏。为三年之丧，令类不蕃；高辞卑让，使民不争。酒肉以通之，竽瑟以娱之，鬼神以畏之。繁文滋礼，以弇其质；厚葬久丧，以亶其家；含珠鳞、施纶组，以贫其财；深凿高垄，以尽其力。家贫族少，虑患者贫。以此移风，可以持天下弗失。’故《老子》曰：‘化而欲作，吾将镇之以无名之朴’也。”以事喻经。认为角度、立场有变，作为也要随之而变。

想尔：“失正变得邪，邪改得正。今王者法道，民悉从正，斋正而止，不可复变。变，为邪矣。观其将变，道便镇制之。检以无名之朴，教诫见也。王者亦当法道鎮制之，而不能制者，世俗悉变为邪矣，下古世是也。”认为变正则止，不可复变。

王弼：“化而欲作，作欲成也。吾将镇之无名之朴，不为主也。”以经解经。认为是成而不居，不为主之义。

唐玄宗：“言人既从君上之化，己无为清静而复欲动作有为者，吾将以无名之朴而镇静之。无名之朴，道也。”认为无名之朴就是道。

［**普及经文**］**夫亦将知足。知足以静，万物将自定。**

［**直译经文**］正其道的关键，就是要把握住万物各自的最佳冲盈点。知道了什么是足，就能使静静之止术得以完成，使万物归于新的平衡安定状态。

如是我文：从自化到自定，转折于知足。静生定，定生慧。

［**百家争鸣**］

河上：“言侯王镇抚以道德，民亦将不欲，故当以清静导化之也。能如是者，天下将自正定也。”所引经文稍有不同。

想尔：“道性于俗间，都无所欲，王者亦当法之。道常无欲，乐清静，故令天地常正。天地，道臣也。王者法道行诫，臣下悉皆自正矣。”认为道性无欲于俗。

王弼：“无欲竞也。”认为无欲就是没有竞争之欲。

唐玄宗：“言人君既以无名之朴镇静苍生，不可执此无名之朴而令有迹，将恐寻迹丧本，复入有为，故於此无名之朴，亦将兼忘，不欲于无欲，无欲亦亡，泊然清静，而天下自正平矣。”认为人君最终要能做到朴欲兼忘。

［**意犹未尽**］

第38章（上）

［**普及经文**］**上德不德，是以有德；下德不失德，是以无德。**

［**直译经文**］上德不求己得，所以有德之实；下德不忘己得，所以无德之实。

如是我文：与无私故能成其私、不自为大故能成其大之类经文同解。不德是不德德的省说或漏字。德的初始义就是得，中性，引申为人的品质，所以既有好德，也有恶德。上德强调不得、强调付出，下德强调不失、强调索取。得与失是老子学说的重要命题之一。得与失二而一，既要学会得，更要学会失。

［**百家争鸣**］

《文子》：《上德》："与而不取者，上德也，是以有德。""与而取者，下德也，'下德不失德，是以无德'。"认为德与得密切相关。不德就是不得。不得则有德，有得则无德。

《韩非子》：《解老》："德者，内也；得者，外也。'上德不德'，言其神不淫于外也。神不淫于外，则身全。身全之谓德。德者，得身也。凡德者，以无为集，以无欲成，以不思安，以不用固。为之、欲之，则德无舍；德无舍，则不全。用之、思之，则不固；不固，则无功。无功，则生于德。德则无德，不德则在有德。故曰：'上德不德，是以有德。'"认为德就是身全，要处理好得与失，知道应该得什么、失什么。

河上："上德谓太古无名号之君，德大无上，故言上德也。不德者，言其不以德教民，因循自然，养人性命，其德不见，故言不德也。言其德合于天地，和气流行，民德以全也。下德谓号谥之君，德不及上德，故言下德也。不失德者，其德可见，其功可称也。以有名号及其身，故无德也。"还是人格化、神仙化。认为不德就是不以德。

严遵："或为小人，或为君子；变化分离，剖判为数等。故有道人，有德人，有仁人，有义人，有礼人。""上德之君，体道而存。神与化伦，德动玄冥。天下王之，莫有见闻。德归万物，皆曰自然。下德之君，体德而行。神与化游，德配皇天。天下王之，或见或闻。德流万物，复反其君。"认为本章讲的主语都是人，或按地位分，或按品德分。有德之君，德归万物；无德之君，德反于己。

王弼："德者，得也。常得而无丧，利而无害，故以德为名焉。何以得德？由乎道也。何以尽德？以无为用。以无为用，则莫不载也。故物，无焉，则无物不经；有焉，则不足以免其生。是以天地虽广，以无为心；圣王虽大，以虚为主。故曰以复而视，则天地之心见；至日而思之，则先王之至睹也。故灭其私而无其身，则四海莫不瞻，远近莫不至；殊其己而有其心，则一体不能自全，肌骨不能相容。是以上德之人，唯道是用，不德其德，无执无用，故能有德而无不为。不求而得，不为而成，故虽有德而无德名也。下德求而得之，为而成之，则立善以治物，故德名有焉。求而得之，必有失焉；为而成之，必有败焉。善名生，则有不善应焉。故下德为之而有以为也。”认为德的核心就是如何得。从德与得入手论述，上德就是不求而得，有德之实而无德之名，下德就是求而得之，“德名有”。要点在于以无为心、以无为用、以虚为主。

唐玄宗：“德者道之用也，庄子曰：物得以生谓之德，时有淳漓，故德有上下。上古淳朴，德用不彰，无德可称，故云不德，而淳德不散，无为化清，故云是以有德。建德下衰，功用稍著，心虽体道，迹涉有为，执德可称，故云不失。迹涉矜有，比上为粗，故云是以无德也。”认为德就是道用。从德可称不可称的角度理解，比较上古之德与今日之德的上下。

［**普及经文**］**上德无为而无以为。上仁为之而无以为。上义为之而有以为。上礼为之而莫之应，则让避而仍之。**

［**直译经文**］具备上德者，既无思又无为，一切顺其自然。具备上仁者，无所思而为之，如仁者爱人。具备上义者，有所思而为之，如见义勇为。具备上礼者，强调因应之为，不管理解不理解、赞成不赞成、愿意不愿意，首先都要待之以谦退敬让之上礼，从容应对。

如是我文：德、仁、义、礼均称之为上，可见均为肯定之品质。德、仁、义、礼四个层次，各有各自的标准；四种标准从虚到实、从简到繁、从客观到主观，依次降级，礼是最低一级。道就是从最浅层次的礼修起、做起的。

［**百家争鸣**］

《韩非子》：《解老》：“不以无为为有常，则虚。虚，则德盛，德盛之谓上德。故曰：‘上德无为而无不为也。’仁者，谓其中心欣然爱人也。其喜人之有福，而恶人之有祸也。生心之所不能已也，非求其报也。故曰：‘上仁为之而无以为也。’”“义者，谓其宜也。宜而为之，故曰：‘上义为之而有以为也。’”“礼者，外饰之所以谕内也。故曰：‘礼以貌情也。’凡人之为外物动也，不知其为身之礼也。众人之为礼也，以尊他人也，故时劝时衰。君子之为礼，以为其身；以为其身，故神之为上礼；上礼神而众人贰，故不能相应；不能相应，故曰：‘上礼为之而莫之应。’众人虽贰，圣人之复恭敬，尽手足之礼也不衰。故曰：‘攘臂而仍之。’”《功名》：“人主之患在莫之应，故曰：‘一手独拍，虽疾无声。’”经文稍有不同。认为上德的内涵就是虚；上仁的内涵就是不求报；上义的内涵就是要适度，要符合一定的规矩；上礼的内涵在内而不在外，礼：

里也，内也。礼要表里如一。礼，既为尊他人，更为神自己。认为攘臂就是表示恭敬的手足之礼，“仍”就是复尽、因循。

河上：“言法道安静，无所施为也。言无以名号为也。言为教令，施政事也。言以为己取名号也。上仁谓行仁之君，其仁无上，故言上仁也。为之者，为仁恩也。功成事立，无以执为。为义以断割也。动作以为己，杀人以成就，贼下以自奉也。谓上礼之君，其礼无上，故言上礼。为之者，言为礼制度，序威仪也。言礼华盛实衰，饰伪烦多，动则离道，不可应也。言烦多不可应，上下忿争，故攘臂相仍引。”认为说的是五君之为。认为不是对礼的批判，而是对过分为之的批判。认为攘臂是忿争之举，捋胳膊挽袖子，强拉硬拽，强迫执行。对以为的理解是以……为。

严遵：“上德之君，性受道之纤妙，命得一之精微；性命同于自然，情意体于神明，动作伦于太和，取舍合乎天心。”“上仁之君，性醇粹而清明，皓白而博通。”“上义之君，性和平正，而达通情，察究利害，辩智聪明。”“上礼之君，性和而情柔，心疏而志欲，举事则阴阳，发号顺四时。……谦退辞让，天下不信，……攘臂执圭，君子不来。夫何故哉？辞丰貌美而诚心不施故也。”认为说的是五君之为。让避、攘臂，两解全占，均训为手足之礼，而非忿争之义。

王弼：“无以为者，无所偏为也。凡不能无为而为之者，皆下德也，仁、义、礼、节是也。将明德之上下，辄举下德以对上德。至于无以为，极下德下之量，上仁是也。足及于无以为而犹为之焉。为之而无以为，故有为为之患矣。本在无为，母在无名。弃本舍母，而适其子，功虽大焉，必有不济；名虽美焉，伪亦必生。不能不为而成，不兴而治，则乃为之，故有宏普博施仁爱之者。而爱之无所偏私，故上仁为之而无以为也。爱不能兼，则有抑抗正直而义理之者。忿枉祐直，助彼攻此，物事而有以心为矣。故上义为之而有以为也。直不能笃，则有游饰修文礼敬之者。尚好修敬，校责往来，则不对之间，忿怒生焉。故上礼为之而莫之应，则攘臂而扔之。”认为仁、义、礼、节是下德，是渐下之“为之”。认为无以为就是无所偏为、不以心偏为。节：操也。

唐玄宗：“知无为而无为者，非至也。无以无为而无为者，至矣。故上德之无为，非徇无为之美，但含孕淳朴，适自无为，故云而无以为，此心迹俱无为也。下德为之者，谓心虽无为以功用彰著，而迹涉有为，故云为之。言下德无为而有所以为，此心无为而迹有为也。仁者兼爱之名，下德衰而上仁见，所以为兼爱之仁，故云为之。行仁而忘仁，亦欲求无为，故云而无以为。此则心有为而迹无为也。且上仁称无为者，据迹欲无为而方上义尔，未可以语下德之有为也。义者裁非之义，谓为裁非之义，故曰为之。有以裁非断割，令得其宜，故云而有以为，此心迹俱有为也。六纪不和，则为礼以救之，故曰为之。

礼尚往来，不来非礼，行礼于彼，而彼不应，则攘臂而怒，以相仍引也。”认为以为是对为的补充说明。对以为的理解是以……为，其中的对象是心和迹。

［**普及经文**］**故失道而后德，失德而后仁，失仁而后义，失义而后礼。失礼者：忠信之薄而乱之首。**

［**直译经文**］对社会行为的要求，如果达不到道的标准，就要退而求其次，用上德的标准去规范；达不到上德的标准，就用上仁的标准去规范；达不到上仁的标准，就用上义的标准去规范；达不到上义的标准，就用上礼的标准去规范；如果连上礼的标准都达不到，人们就会不讲忠信，社会也就开始乱了。

如是我文：礼是维系社会和谐的最后一道关口。失礼的原因主要有三种，第一，所制定的礼不合今之道。第二，礼繁则乱。第三，教化不利，众人没有遵守。

［**百家争鸣**］

《庄子》：《天道》：“通乎道，合乎德，退仁义，宾礼乐，至人之心有所定也。”《知北游》：“黄帝曰：‘……道不可致，德不可至，仁可为也，义可亏也，礼相伪也。故曰：‘失道而后德，失德而后仁，失仁而后义，失义而后礼。’礼者，道之华而乱之首也。’”托言“黄帝曰”，对礼持批评态度。经文有所不同，究竟是《老子》经文，还是黄帝或庄子对礼的评价？众说纷纭。在另一篇中，又托言“夫子”即老子，提出要“退仁义，摈礼乐”，也是持批评态度。

《韩非子》：《解老》：“道有积而德有功；德者，道之功。功有实而实有光；仁者，德之光。光有泽而泽有事；义者，仁之事也。事有礼而礼有文；礼者，义之文也。故曰：‘失道而后失德，失德而后失仁，失仁而后失义，失义而后失礼。’”“夫物之待饰而后行者，其质不美也。是以父子之间，其礼朴而不明，故曰：‘礼薄也。’”“然则为礼者，事通人之朴心者也。众人之为礼也，人应则轻欢，不应则责怨。今为礼者，事通人之朴心，而资之以相责之分，能毋争乎？有争则乱，故曰：‘夫礼者，忠信之薄也，而乱之首乎。’”《难一》：“繁礼君子，不厌忠信；战阵之间，不厌诈伪。”《心度》：“故治民者，刑胜，治之首也；赏繁，乱之本也。”所引经文多有不同。有两点值得注意：第一，道、德、仁、义、礼五个层次密切相关、丝丝入扣，所以讨论其失也就必有五失，这也就是为什么韩非子所引经文中明确提出失礼的主要原因。第二，为什么对第五句经文单引单解？认为众人为礼，相应则欢，不应则怨；不应就是不合于礼，就是失礼，失礼才有怨有乱，这样解释，就应该是失礼而后乱，或如《汉书》所说：“为国者一朝失礼，则荒乱及之矣。”“礼失求诸野。”

河上：“言道衰而德化生也。言德衰而仁爱见也。言仁衰而分义明也。言义衰则施礼聘、行玉帛也。言礼废本治末，忠信日以衰薄。礼者，贱质而贵文，故正直日以少，邪风日以生。”言道衰、言德衰、言仁衰、言义衰、言礼废本治末，五言之说恰恰证明当有五失。更值得注意的是，对第五句的理解分为两句，对礼的概念有意无意地做了置换，亦可看出其对“失礼”还是“夫礼”的保留态度。

严遵：“是故，帝王根本，道为元始。道失而德次之，德失而仁次之，仁失而义次之，义失而礼次之，礼失而乱次之。凡此五者，道之以一体而世主之所长短也。”“夫礼之为事也，中外相违，华盛而实毁，末隆而本衰。”认为五失之后才是乱，“礼失而乱次之”已明确指出失礼而后乱，而不是礼等同于乱。如果天心不洽，必然四位都失常，又岂止是礼。这就证明了，其所据经文中，很可能乱之首者既不是“夫礼者”，也不是“礼者”，而是“失礼者”；最后一关也都失守，不乱何为？道、德、仁、义、礼为一体，由内至外、由高至低、由深至浅，论述既完整，又有说服力。

王弼：“夫大之极也，其唯道乎？自此已往，岂足尊哉！故虽盛业大富而有，万物犹各得其德；虽贵，以无为用，不能舍无以为体也。不能舍无以为体，则失其为大矣，所谓失道而后德也。以无为用，德其母，故能已不劳焉而物无不理。下此已往，则失用之母。不能无为，而贵博施；不能博施，而贵正直；不能正直，而贵饰敬。所谓失德而后仁，失仁而后义，失义而后礼也。夫礼也，所始首于忠信不笃，通简不阳，责备于表，机微争制。夫仁义发于内，为之犹伪，况务外饰而可久乎！故夫礼者，忠信之薄而乱之首也。”认为此段全是围绕下德而言，是对下德的批判。失道就是失其大，下此以往，就会由内转到外，越失越远其本。

唐玄宗：“失道者，失上德也，上德合道，故云失道。无道德仁义者，时俗夷险之名也，故道衰而德见，德衰而仁存，仁亡而义立，义丧而礼救，斯皆适时之用尔。故论礼於淳朴之代，非狂则悖，忘礼於浇漓之日，非愚则诬，若能解而更张者，当退礼而行义，退义而行仁，退仁而行德，忘德而合道，人反淳朴，则上德之无为也。制礼者，为忠信衰薄而以礼为救乱之首尔，用礼者，在安上理人，岂玉帛云乎哉！”认为上德就是道的又一称谓。道、德、仁、义、礼，都是适时之用。对第五句经文，是从正面理解，分为制礼和用礼两事，对适用之礼持肯定态度，对不适用之礼持否定态度。

［**普及经文**］**前识者：道之华而愚之始。**

［**直译经文**］既然失礼而后乱，那么之前所说的礼又如何认知？礼就像大树上的小花，是道的一部分，是最浅层次的道，是用来厚民的第一步。

如是我文：为道治民，当从礼做起，当从外做起，当从浅做起。愚：戆厚。

［百家争鸣］

《韩非子》：《解老》：“先物行，先理动之谓前识。前识者，无缘而忘意度也。何以论之？詹何坐，弟子侍，牛鸣于门外。弟子曰：‘是黑牛也，而白在其题。’詹何曰：‘然，是黑牛也，而白在其角。’使人观之，果黑牛而以布裹其角。以詹子之术，婴众人之心，华焉殆矣！故曰：‘道之华也。’尝试释詹子之察，而使五尺之愚童子视之，亦知其黑牛而以布裹其角也。故以詹子之察，苦心伤神，而后与五尺之愚童子同功，是以曰：‘愚之首也。’故曰：‘前识者，道之华也，而愚之首也。’”以事喻经。认为前识者就是所谓的预言家。

河上：“不知而言知，为前识。此人失道之实，得道之华。言前识之人，愚暗之倡始也。”认为前识者就是自以为是、不知而言知的人，这种人只会误导人，使人不明所以。

严遵：“故制礼作乐，改正易服，进退威仪，动有常节，先识来事，以明得失，此道之华而德之末，一时之法，一隅之术也。非所以当无穷之世，通异方之俗者也。是故，祸乱之所由生，愚惑之所由作也。”认为制定礼法是旁枝末节，不是根本之大法，起不到根本作用。节：制也。

王弼：“前识者，前人而识也，即下德之伦也。竭其聪明以为前识，役其智力以营庶事，虽德其情，奸巧弥密，虽丰其誉，愈丧笃实。劳而事昏，务而治秽，虽竭圣智，而民愈害。舍己任物，则无为而泰。守夫素朴，则不顺典制。听彼所获，弃此所守，识道之华而愚之首。”认为是对先知之人的批判，先知之人只会在下德上要小聪明。

唐玄宗：“识者，人之性识也，谓在人性识之前，而制此检外之礼，虽欲应时，实丧淳朴，故云道之华。礼以救乱，所贵同和，而失礼意者，则将矜其玉帛，贵其跪拜，如此之人，故为愚昧之始。”认为所制之礼要符合人性。

［**普及经文**］**是以大丈夫居其厚而不居其薄，居其实而不居其华。故去彼而取此。**

［**直译经文**］所以，有大智慧的人会取其厚与实、去其薄与华，有主有从、有得有失。

如是我文：本末兼治，既抓住根本、崇尚道德，又限制繁文缛节、摒弃一切乱源。

［百家争鸣］

《文子》：《上仁》：“文子问：仁、义、礼何以为薄于道德也？老子曰：……‘是以大丈夫居其厚，不居其薄’。”认为道德之薄者并非只是礼，而是仁、义、礼。

《韩非子》：《解老》：“礼为情貌者也，文为质饰者也。夫君子取情而去貌，好质而恶饰。”“所谓‘大丈夫’者，谓其智之大也。所谓‘处其厚，不处其薄’者，行情实而去礼貌也。所谓‘处其实，不处其华’者，必缘理，不径绝也。所谓‘去彼取此’者，去貌、径绝而取缘理、好情实也。故曰：‘去彼取此。’”认为应该去的是繁文缛节，而非上礼。

河上：“大丈夫谓得道之君也。处其厚者，处身于敦朴。不处身违道，为世烦乱也。处忠信也。不尚言也。去彼华薄，取此厚实。”认为说的是得道之君如何处身。

严遵：“是以，大丈夫之为化也，体道抱德，太虚通洞。”强调体道抱德。

王弼：“故苟得其为功之母，则万物作焉而不辞也，万事存焉而不劳也。用不以形，御不以名，故名仁义可显，礼敬可彰也。夫载之以大道，镇之以无名，则物无所尚，志无所营。各任其贞事，用其诚，则仁德厚焉，行义正焉，礼敬清焉。弃其所载，舍其所生，用其成形，役其聪明，仁则尚焉，义则竞焉，礼则争焉。故仁德之厚，非用仁之所能也；行义之正，非用义之所成也；礼敬之清，非用礼之所济也。载之以道，统之以母，故显之而无所尚，彰之而无所竞。用夫无名，故名以笃焉；用夫无形，故形以成焉。守母以存其子，崇本以举其末，则形名俱有而邪不生，大美配天而华不作。故母不可远，本不可失。仁义，母之所生，非可以为母；形器，匠之所成，非可以为匠也。舍其母而用其子，弃其本而适其末，名则有所分，形则有所止。虽极其大，必有不周；虽盛其美，必有患忧。功在为之，岂足处也。”认为只要其内涵载之以道，仁、义、礼都各有其用，而非一味反对。

唐玄宗：“有为者，道之薄。礼义者，德之华。故圣人处无为之事，其厚也，不处其薄矣。退礼义之行，其华也，自居其实矣。去彼华薄，取此厚实。”认为圣人要处无为之事，有所去、有所取。

［**意犹未尽**］

第39章（上）

［普及经文］**昔之得“一”者：天得一以清，地得一以宁，神得一以灵，谷得一以盈，侯王得一以为天下正。其致之也。**

［**直译经文**］例证得一：天之清，是清与浊二而一中之显清；同理，宁是一中之显宁，灵是一中之显灵，盈是一中之显盈，正是一中之显正。究其本，都是基于无隐不显、得二为一的法则。

如是我文：无浊不清，无动不静，无阳不阴，无盅不盈，无奇不正；二而一之中，二者和谐共存，才是得一，或称之为守中。得一不是得小一，而是得大一。大一必以正与反之某一方为常态。常态方多为显、多为正；常态方或为主，或不必为主。

［**百家争鸣**］

河上：“昔，往也。一，无为，道之子也。言天得一，故能垂象清明。言地得一，故能安静不动摇。言神得一，故能变化无形。言谷得一，故能盈满而不绝也。言万物皆须道以生成也。言侯王得一，故能为天下平正。致，诫也。谓下五事也。”将“其致之”断为下段之首。认为一是道之子。有的注文版本写为“六事”，可见后人有过改动，证明“万物”之句似晚出于河上之后。

严遵：“一者，道之子，神明之母，太和之宗，天地之祖。于神为无，于道为有；于神为大，于道为小。故其为物也，虚而实，无而有。”“天地之外，毫厘之内，禀气不同，殊形异类，皆得一之一以生，尽得一之化以成。”“夫何故哉？性命自然，动而由一也。”对一做了详尽解释。又说：“天之性，得一之清，而天之所为非清也。”认为得一之清，不是独清，而是清浊之清。以下诸句同理。

王弼：“昔，始也。一，数之始而物之极也。各是一物之生，所以为主也。物皆各得此一以成，既成而舍一以居成，居成则失其母，故皆裂、发、歇、竭、灭、蹶也。各以其一，致此清、宁、灵、盈、生、贞。”认为一是数之始、物之极、物之生、物之主。

唐玄宗：“一者，道之和，谓冲气也。以其妙用在物为一，故谓之一尔。物得道用，因用立名，道在则名立，用失而实丧矣。故天清、地宁、神灵、谷盈，皆资妙用以致之，故云其致之。”认为道以致用，一是冲气之和，是由阴阳之二而来的大一。

［普及经文］**天毋已清将恐裂，地毋已宁将恐发，神毋已灵将恐歇，谷毋已盈将恐竭，侯王毋已贵高将恐蹶。**

［**直译经文**］天以清为正，同时受到浊的制约；如果一味地清，就会过偏，天就会失衡而可能灭裂。同理，地不能一味地静，神不能一味地灵，谷不能一味地盈，而侯王如果一味地讲究高贵，他的位子也就坐不长了。

如是我文：常态方必须要受到另一方的制约，绝不能忽视另一方的存在，否则，常态方就容易"过"，平衡就会被打破，甚至转化为非常态方。歇：息也。

［**百家争鸣**］

河上："言天当有阴阳弛张，昼夜更用，不可但欲清明无已时，将恐分裂不为天。言地当有高下刚柔，节气五行，不可但欲安静无已时，将恐发泄不为地。言神当有王相囚死休废，不可但欲灵变无已时，将恐虚歇不为神。言谷当有盈缩虚实，不可但欲盈满无已时，将恐枯竭不为谷。言万物当随时生死，不可但欲长生无已时，将恐灭亡不为物。言侯王当屈己以下人，汲汲求贤，不可但欲贵高于人无已时，将恐颠蹷失其位。"认为都不可过，不可偏。注文明言无已，可见其经文本为无已。

严遵："是故，使天有为，动不顺一，为高得卑，为清得裂。"认为如果有为而不顺一，必然适得其反，"为宁得发"，"为灵得歇"、"为盈得竭"，"为正得蹷"，均同一理。

王弼："用一以致清耳，非用清以清也。守一则清不失，用清则恐裂也。故为功之母不可舍也。是以皆无用其功，恐丧其本也。"认为清源于一，而非源于清。清、浊为一，只有处理好清与浊的关系，才能清不失。所以说，用一而非用清；用一则全，用清则孤、则偏。其他诸句同理。

唐玄宗："得一者不可矜其用，故戒云：天无以其清而矜之，将恐分裂；地无以其宁而矜之，将恐发泄；神矜则灵歇，谷矜则盈竭，物矜则生灭，侯王矜其贵，则将颠蹶矣。圣教垂世，本为生灵，虽远举天地之清宁，而会归只在于侯王守雌用道尔，故下文云。"认为不可矜其用。矜：苦也、极尽也。

［**普及经文**］**故必贵矣，而以贱为本；必高矣，而以下为基。是以侯王自谓"孤"、"寡"、"不谷"，此其贱之本耶？非也。**

［**直译经文**］贵贱为一，高下为一。对侯王来说，虽然自身以高贵为正，却又时刻不忘处理好另一方，所以侯王多以孤、寡、不谷等贱名称谓自己；这样做，侯王是在自贱其本、自改其本吗？肯定不是。

如是我文：只有治二，才是得一。贵贱互为本末，身贵而自谦，只不过是君王得一的形式化手段而已。

［百家争鸣］

《文子》：《道原》："夫道德者，志弱而事强，心虚而应当。志弱者，柔脆安静，藏于不取，行于不能，澹然无为，动不失时，故'贵必以贱为本，高必以下为基'。""王公有功名，孤寡无功名，故曰圣人自谓孤寡。"《符言》："故贵以贱（为）本，高以下为基。"认为这些都是得道之人的必然作为。

《战国策》："齐宣王见颜斶，曰：'斶前！'斶亦曰：'王前！'宣王不悦。左右曰：'王，人君也；斶，人臣也。王曰斶前，斶亦曰王前，可乎？'斶对曰：'夫斶前，为慕势；王前，为趋士，与使斶为慕势，不如使王为趋士。'……《老子》曰：'虽贵，必以贱为本；虽高，必以下为基。是以侯王称孤寡不谷。'是其贱之本与？非夫。孤寡者，人之困贱下位也，而侯王以自谓，岂非下人而尊士与？"认为君王如此之称，是谦下尊士的做法。与经文相较，"是其贱之本与？非夫"一句，是否老子所言？还是颜斶之释？是否亦可证明《老子》文中，多有后人之注窜入？不谷：不善。谦称。

河上："言必欲尊贵，当以薄贱为本，若禹稷躬稼，舜陶河滨，周公下白屋也。言必欲尊贵，当以下为本基。犹筑墙造功，因卑成高，下不坚固，后必倾危。孤寡喻孤独。不毂喻不能如车毂为众辐所凑。言侯王至尊贵，能以孤寡自称，此非以贱为本乎？以晓人。嗟叹之辞。"以事喻经。与众不同的是，所引经文不谷作不毂，理解为侯王不能像车毂一样，"为众辐所凑"。

《淮南子》：《原道训》："故得道者，志弱而事强，心虚而应当。所谓志弱而事强者，柔脆安静，藏于不取，行于不能，恬然无虑，动不失时，与万物回周旋转，不为先唱，感而应之。是故'贵者必以贱为号，而高者必以下为基'。""得一之道而以少正多。"《道应训》："狐丘丈人谓孙叔敖曰：'人有三怨，子知之乎？'孙叔敖曰：'何谓也？'对曰：'爵高者，士妒之；官大者，主恶之；禄厚者，怨处之。'孙叔敖曰：'吾爵益高，吾志益下；吾官益大，吾心益小；吾禄益厚，吾施益博。以是免三怨，可乎？'故《老子》曰：'贵必以贱为本，高必以下为基。'"以事喻经，议论与《文子》相近。得一之道、以少正多之论，揭示其本质。只有如孙叔敖之作为，才能使人之三怨不作。

严遵："是故，天人之道，物类化变，为寡者众，为贱者贵，为高者卑，为成者败。益之者损，利之者害。处其反者得其复，为所求者失所欲。是以，贤君圣主，势在民上，爵尊天下，泽连万物。""厉身起节，自谓孤寡，处卑守微，躬涉劳苦，损心挫志，务设民下。"认为得一的关键，就是把握住一中之二的平衡关系。

王弼："清不能为清，盈不能为盈，皆有其母，以存其形。故清不足贵，盈不足多，贵在其母，而母无贵形。贵乃以贱为本，高乃以下为基。"认为要以母为本，母就是大一。

唐玄宗："侯王贵高，兆民贱下，为国者以人为本基，当劳谦以聚之。令乐其恺悌之化，不有离散。孤寡不穀，则凡情所恶，侯王自称，以谦为本。非乎者，明是以贱为本尔。"认为君王当以贱民为本，以谦为本。

［**普及经文**］**故致数誉无誉。是故不欲琭琭如玉、硌硌如石。**

［**直译经文**］侯王越是追求溢美之称名，反而越得不到好名声。应该像玉石一样，无论称之为美玉，还是称之为贱石，都无所谓，都不会影响它的本质。

如是我文：在得一者的认知中，玉也是石，石也是玉；既有贵的一面，同时又有贱的一面。"名者，实之宾也。"名玉、名石，其质一也；誉之琭琭，还是贱之硌硌，其本质都是一样。要全面认知自己的本质，没有必要片面追求某一面。有誉必有毁，毁誉共存则衡，过誉、过毁则偏，偏则失衡。

［**百家争鸣**］

《文子》：《符言》："故求为宁者，失其所守即危；求为治者，失其所治则乱，故'不欲碌碌如玉，落落如石'。"认为要得一而不失一；所守、所治者，一也。

河上："致，就也。言人就车数之，为辐、为轮、为毂、为衡、为辇，无有名为车者，故成为车。以喻侯王不以尊号自名，故能成其贵。琭琭喻少，落落喻多。玉少，故见贵；石多，故见贱。言不欲如玉为人所贵，如石为人所贱，当处其中也。"认为要处其中。在其第27章注文中也说："圣人不贱石而贵玉，视之如一。"经文训为车舆，就近细数车上的部件，只见部件不见车；然而，整车正是由一个个部件组成的。

《淮南子》：《道应训》："薄疑说卫嗣君以王术。嗣君应之曰：'予所有者，千乘也。愿以受教。'薄疑对曰：'乌获举千钧，又况一斤乎?'杜赫以安天下说周昭文君，昭文君谓杜赫曰：'愿学所以安周。'赫对曰：'臣之所言不可，则不能安周；臣之所言可，则周自安矣。'此所谓弗安而安者也。故《老子》曰：'大制无割'，'故致数舆无舆'也。"以事喻经。与经文"大制无割"合说，强调整车是由一个个部件组成，不可分割。

严遵："非独王道，万事然矣。夫工之造舆也，为圆为方，为短为长，为曲为直，为纵为横，终身揳揳，卒不为舆，故能成舆，而令可行也。夫玉之为物也，微以寡；而石之为物也，巨以众。众，故贱；寡，故贵。""不为石，不为玉，常在玉石之间。"认为虽然玉是玉、石是石，但是应该不为玉、不为石，常在二者之间。

王弼："故致数舆乃无舆也。玉石琭琭、珞珞，体尽于形，故不欲也。"认为既然母无形，而玉石之体尽于形，所以不欲形其形。

唐玄宗："数舆则无舆，轮辕为舆本，数贵则无贵，贱下为贵本。辕为舆本，当存辕以定舆，贱为贵本，当守贱以安贵。将戒侯王，以贱为本，故致此数舆之谈也。琭琭，玉貌，落落，石貌。以贱为本。"再次强调以贱者为本。

[**意犹未尽**]

第40章（上）

［**普及经文**］**反者，道之动；弱者，道之用。**

［**直译经文**］道的运用，其中起关键作用的是反或弱。

如是我文：反与弱都有两层含义，反方、弱方，用反、用弱。老子学说的特点之一，就是与常人反其道而行之，从而获得更大的生存空间与活动余地。

［**百家争鸣**］

河上：“反，本也。本者，道之所以动，动生万物，背之则亡。柔弱者，道之所常用，故能长久。”认为反就是反本。

严遵：“审于反复，归于玄默，明于有无，反于太初。无以身为，故神明不释；无以天下为，故天下与之俱。夫何故哉？因道而动，循一而行。道之至数，一之大方，变化由反，和纤为常，起然于否，为存于亡。”认为反就是反于太初。将本章与前一章合为一篇，作为前一章的结语；如何得一？要耦处理。

王弼：“高以下为基，贵以贱为本，有以无为用，此其反也。动皆知其所无，则物通矣。故曰反者道之动也。柔弱同通，不可穷极。”以经解经，认为反就是正反二者之间的反。用：通也。

唐玄宗：“此明权也，反者取其反经合义。反经合义者，是圣人之行权，行权者是道之运动，故云反者道之动也。此明实也。弱者取其柔弱雌静，柔弱雌静者，是圣人处实。处实者，是道之常用，故云弱者道之用也。”认为反指行权，弱指处实。

［**普及经文**］**天下万物：生于有，生于无。**

［**直译经文**］天下万物的构成，都是既生于有，同时又生于无。

如是我文：有与无相反相生，用数字模式表述，就是二而一。二而一是道本，是道用的理论依据。

［**百家争鸣**］

河上：“万物皆从天地生，天地有形位，故言生于有也。天地神明，蜎飞蠕动，皆从道生，道无形，故言生于无也。此言本胜于华，弱胜于强，谦虚胜盈满也。”意识到神与道的内在关系，发人深省。认为天地有形有神而生万物，万物同时又皆从道生，所以既生于有，又生于无；只不过在道术的运用上，无比有更重要。“言生于有也”、“言生于无也”的表述形式，似证明所引经文亦为生于有，生于无。

严遵："天地生于太和，太和生于虚冥。"认为天地、有、无是递进关系。

王弼："天下之物，皆以有为生。有之所始，以无为本。将欲全有，必反于无也。"再次强调以无为本。认为无是有之始，有之始与有生于无，还是有区别的。

唐玄宗："天实之于权，犹无之生有，故行权者贵反于实用。有者必资于无，然至道冲寂，离于名称，诸法性空，不相因待，若能两忘权实，双泯有无，数舆无舆，可谓超出矣。"认为有无要两忘，要双泯，要混一。

［**意犹未尽**］

第41章（上）

［普及经文］**上士闻道，尽能行于其中；中士闻道，若存若亡；下士闻道，大疑之。不疑不足以为道。**

［**直译经文**］上闻之士与道融为一体，身体力行，运用自如。中闻之士虽已部分掌握道的真谛，但是还有不少似懂非懂之处。下闻之士尚属初级阶段，对道一知半解，充满疑问和兴趣。没有疑问、没有探求的兴趣，就不足以学道。

如是我文：上者随心所欲，中者曲径通幽，下者登堂入室；这正是掌握道的三个阶段、三个层次。喜与疑，恰恰是登堂入室必不可少的两把钥匙。

［**百家争鸣**］

河上："上士闻道，自勤苦竭力而行之。中士闻道，治身以长存，治国以太平，欣然而存之。退见财色荣誉，惑于情欲，而复亡之也。下士贪狠多欲，见道柔弱，谓之恐惧；见道质朴，谓之鄙陋，故大笑之。不为下士所笑，不足以名为道。"理解为不同等级的士，闻道后的作为各有不同。勤：苦也。

严遵："道德天地，各有所章，物有高下，气有短长。""中士之所道，上士之所废也。""下士之所履，而中士之所弃。""大圣之所尚，而上士之所务，中士之所眩惀，而下士之所大笑也。是故，中士所闻，非至美也；下士所见，非至善也。"认为是对上士给予肯定，对中士、下士给予批判。注中又以鹌鹑喻下士，以鸿鹄喻中士，以鸾凤喻上士，皆高飞却志不同。

王弼："有志也。"以经解经。做法很聪明，只是对上士作了三字评语；其他宁可无注，也不强解。参见第33章注，认为勤行就是强行，所以有志。

唐玄宗："了悟故勤行。中士可上可下，故疑。疑则若存若亡。迷而不信，故笑。不为下士所笑，不足以为玄妙至道也。"见解往往出人意表，有独到之处。认为闻道的不同层次中，必有"疑"这一关。中士疑，下士如何？此处迷而不信之说，使疑字跃然纸上。下句注解仅言下士大笑，是因疑而笑，还是不信而笑？两处表述似有纠节。迷：惑也。

［普及经文］**是以《建言》有之，曰："明道若昧。进道若退。夷道若纇。上德若俗。大白若辱。盛德若不足。建德若揄。质贞若渝。大方无隅。大器免成。大音希声。大象无形。"**

［**直译经文**］《建言》中有这样一组记载：明与暗为一。进与退为一。平与仄为一。上与下为一。白与黑为一。多与少为一。静与动为一。变与不变为一。最高层次的方，不见其隅。最高层次的器，不成其器。最高层次的声，不

闻其声。最高层次的形，不见其形。

如是我文：例证一中之二你中有我、我中有你，混而为一。书称之为言，是古人的通例。建言一般认为是记载格言古语的古籍书名，也可以直接理解为格言古语。

［**百家争鸣**］

《文子》：《上德》：“凶凶者获，提提者射，故‘大白若唇，广德若不足’。”几种版本的《文子》中，辱都写为唇。两字并不相通。唇：惊也。

《庄子》：《齐物论》：“夫大道不称，大辩不言，大仁不仁，大廉不嗛，大勇不忮。”《寓言》：“阳子居南之沛，老聃西游于秦。邀于郊，至于梁而遇老子。……老子曰：‘而睢睢盱盱，而谁与居？大白若辱，盛德若不足。’阳子居蹴然变容曰：‘敬闻命矣！’其往也，舍者迎将其家，公执席，妻执巾栉，舍者避席，炀者避灶。其反也，舍者与之争席矣！”以事喻经。杨朱未见老聃之前，舍者避席，闻道之后，舍者与之争席，其原因就是杨朱学会了如何知、守。

《列子》：《黄帝》：“杨朱南之沛，老聃西游于秦。邀于郊，至梁而遇老子。……老子曰：‘而睢睢，而盱盱，而谁与居？大白若辱，盛德若不足。’杨朱蹙然变容曰：‘敬闻命矣！’其往也，舍迎将家，公执席，妻执巾栉，舍者避席，炀者避灶。其反也，舍者与之争席矣。”与《庄子》所述相近。

《吕氏春秋》：《乐成》：“大智不形，大器晚成，大音希声。”

《韩非子》：《喻老》：“故曰：‘大器晚成，大音希声。’”用“楚庄王三年不鸣，一鸣惊人；三年不飞，一飞冲天”的故事，喻说经文。

河上：“建，设也。设言以有道，当如下句。明道之人，若暗昧无所见。进取道者，若退不及。夷，平也。大道之人，不自别殊，若多比类也。上德之人若深谷，不耻垢浊也。大洁白之人若污辱，不自彰显。德行广大之人，若愚顽不足也。建设道德之人，若可揄引，使空虚也。质朴之人若五色，有渝浅不明也。大方正之人，无委曲廉隅。大器之人，若九鼎瑚琏，不可卒成也。大音犹雷霆，待时而动，喻当爱气希言也。大法象之人，质朴无形容。”认为说的是各类有道有德之人的品行。

《淮南子》：《诠言训》：“大道无形，大仁无亲，大辩无声，大廉不嗛，大勇不矜。五者无弃，而几向方矣。”《说林训》：“至味不慊，至言不文，至乐不笑，至音不叫，大匠不斲，大豆不具，大勇不斗，得道而德从之矣。”“旳旳者获，提提者射，故‘大白若辱，大德若不足。’”可见经文已成时语，并多有发挥。旳：明也。

严遵：“圣人之道，深微浩远，魁魁忽忽，冥冥昭昭。”“进道若退，亡道若存，欲治天下，还反其身。”“夷道若纇，使正玄起，除其法物，去其分理。”

“德如溪谷，不施不与，不爱不利，不处不去。”“出白入黑，不为美好，逐功逃名，乃长昭昭。”“盛德之人，敦敦悾悾，若似不足，无形无容。”“建德若偷，无所不成。”“質真若渝，为民玄则。”“大方不矩，无所不包。”“大器晚成，无所不有。”“大音希声，告以不言。”“大象无形，大状无容。”认为都是二而一的具体例证。

王弼：“建，犹立也。光而不耀。后其身而身先，外其身而身存。纇，炳也。大夷之道，因物之性，不执平以割物。其平不见，乃更反若纇炳也。不德其德，无所怀也。知其白，守其黑，大白然后乃得。广德不盈，廓然无形，不可满也。偷，匹也。建德者，因物自然，不立不施，故若偷匹。质真者，不矜其真，故若渝。方而不割，故无隅也。大器，成天下不持全别，故必晚成也。听之不闻名曰希。大音，不可得闻之音也。有声则有分，有分则不宫而商矣。分则不能统众，故有声者非大音也。有形则有分，有分者，不温则凉，不炎则寒。故象而形者，非大象。”以经解经。

唐玄宗：“建，立也。将欲立言，明此三士于道不同。上士勤行，于明若昧，于进若退，于夷若纇，故中士疑而下士大笑之。虚缘而容物。纯洁而含垢。大成而执谦也。立功而不衒。淳一而和光。不小立圭角。且无近功。不饰小言说。故能应万类也。”承上启下，认为道的深奥处，只有上士能解、能行。

［**普及经文**］**道隐无名。夫唯道，善始且善成。**

［**直译经文**］总之，隐于内，是道的特质之一。处理好一中之二的各种关系，万事才能善施善成，善始善终。

如是我文：以上诸例，是隐中见道的明证。隐的是什么？是二而一的规律。

［**百家争鸣**］

河上：“道潜隐，使人无能指名也。成，就也。言道善禀贷人精气，且成就之也。”之代指人。

严遵：“是知道盛无号，德丰无谥。”“道之为化也，始于无，终于末，存于不存，贷于不贷，动而万物成，静而天下遂也。”所引经文隐作褎，盛多之义。名指谥号之名。

王弼：“凡此诸善，皆是道之所成也。在象则为大象，而大象无形；在音则为大音，而大音希声。物以之成，而不见其成形，故隐而无名也。贷之，非唯供其乏而已；一贷之，则足以永终其德，故曰善贷也。成之，不如机匠之裁，无物而不济其形，故曰善成。”认为道不是贷人以物乏，而是贷人以道德。与其授人以鱼，不如授人以渔。

唐玄宗："功用不彰，无名氏。虽隐无名氏而实善，以冲和妙用资贷万物，且成熟之。"认为无名指的就是无名氏，而无名氏似指二者之中的隐方。

［**意犹未尽**］

第42章（上）

［**普及经文**］**道生一，一生二，二生三，三生万物；**

［**直译经文**］作为模式，道的组件有一，有二，有三，万物的构成都是二而一，或三而一。

如是我文：上半段从道的角度，阐述道生物。道与物之中，内含三个数字：一、二、三。道的基本模式，就是一体、两面（两极）、三分。试图用数字模块来架构道的体系，是一大进步。一代表什么？二代表什么？三代表什么？既然老子并未界定，必然会引出无限的想象和合理的界定；这也许正是老子所希望的结果。

［**百家争鸣**］

《文子》：《十守》："天地未形，窈窈冥冥，浑而为一，寂然清澄，重浊为地，精微为天，离而为四时，分而为阴阳，精气为人，粗气为虫，刚柔相成，万物乃生。""道生一，一生二，二生三，三生万物。万物负阴而抱阳，冲气以为和。"除浑而为一外，并未对二、三作对位理解。认为万物的生成，既作用于生化，又作用于分化。

河上："道始所生者，一也。一生阴与阳也。阴阳生和、清、浊三气，分为天、地、人也。天、地、人共生万物也。天施地化，人长养之。"对位理解。

《淮南子》：《天文训》："道始于一；一而不生，故分而为阴阳；阴阳合和而万物生。故曰：'一生二，二生三，三生万物。'"《精神训》："夫精神者，所受于天也，而形体者，所禀于地也。故曰：'一生二，二生三，三生万物。万物背阴而抱阳，冲气以为和。'"两引"一生二，二生三，三生万物"，均将"道生一"三字从经文中剔除，似不认为是经文而另有所据。所谓"道始于一"或"道立于一"，就是认为道与一是同一本体的不同表述，同始共存，一阴一阳，即阴阳合和，生成万物。又见《说文解字》："一：惟初太始，道立于一，造分天地，化成万物。"

严遵："由此观之，有生于无，实生于虚，亦以明矣。""道虚之虚，故能生一。""一以虚，故能生二。""二以无之无，故能生三。""三以无，故能生万物。""万物之生也，皆元于虚，始于无。"围绕虚无二字做文章。

王弼："万物万形，其归一也。何由致一？由于无也。由无乃一，一可谓无。已谓之一，岂得无言乎？有言有一，非二如何？有一有二，遂生乎三。从无之有，数尽乎斯，过此以往，非道之流。"双向理解，"由无乃一，一可谓无"，认为无与一的关系似递进又非递进。

唐玄宗："一者冲气也，言道动出冲和妙气，于生物之理未足，又生阳气，阳气不能独生，又生阴气，积冲气之一，故云一生二。积阳气之二，故云二生三也。阴阳含孕，冲气调和，然后万物阜成，故云三生万物。”阳气不能独生是要点。

[普及经文] **万物负阴而抱阳，冲气以为和。**

[**直译经文**] 体察万物中的各个整体，切实感受到道的存在；万物无不是阴阳二气相互作用，有机结合，维持大一的和谐常态。

如是我文：下半段从物的角度，阐述物生道。既是道生物，又是物生道，道物相生共存。坐标有三：阴、阳、和，两点定一点。

[**百家争鸣**]

《文子》：《上德》：“水火相憎，鼎鬲在其间，五味以和。”“‘万物负阴而抱阳，冲气以为和’，和居中央，是以木实生于心，草实生于荚，卵胎生于中央，不卵不胎，生于须时。地平，则水不流；轻重均，则衡不倾。物之生化也，有感以然。”《微明》：“德之中有道，道之中有德，其化不可及；阳中有阴，阴中有阳，万事尽然，不可胜明。”《上仁》：“天地之气，莫大于和。”强调和的重要性。阴中有阳，阳中有阴，认识又深了一层。

河上：“万物无不负阴而向阳，迴心而就日。万物中皆有元气，得以和柔，若胸中有藏，骨中有髓，草木中有空虚与气通，故得久生也。”认为阴阳二气有机结合的冲和之气，又称元气。

严遵：“夫天人之生也：形因于气，气因于和，和因于神明，神明因于道德，道德因于自然；万物以存。”对老子的生成论有所发挥。认为经文中所说的物，指的都是有形之物类。

王弼：“故万物之生，吾知其主，虽有万形，冲气一焉。”认为所有的有形之物都是源于冲气。

唐玄宗：“万物得阴阳冲气生成之故，故负阴抱阳，含养冲气，以为柔和也。”认为万物都是有机结合的二而一。

[**普及经文**] **人之所恶，唯“孤”、“寡”、“不谷”，而王公以自名。**

[**直译经文**] 孤、寡、不谷的称谓为众人所厌恶，而王公们恰恰用它们来称呼自己。

如是我文：本句与第 39 章直接相关，似可佐证，本章是对得一的理论申述。

［**百家争鸣**］

河上：“孤、寡、不榖者，不祥之名，而王公以为称者，处谦卑，法空虚和柔。”

严遵：“虚无、无形、微寡、柔弱者，天地之所由兴，而万物之所由生也；众人之所恶，而侯王之所以自名也；万物之原泉，成功之本根也。”认为自名恶称，以示其不忘本。

王弼：“百姓有心，异国殊风，而得一者，王侯主焉。”明言得一，似认为经文与第 39 章有关。

唐玄宗：“万物皆以冲和之气为本，而冲气和柔守本者，当须谦卑柔弱，故王公至尊，而称孤寡不榖者，以谦柔为本故也。”从万物本质的角度，揭示谦柔之为的重要性。

［**普及经文**］**物：或损之而益，或益之而损。**

［**直译经文**］万物欲保持二者之间的相对平衡，有损有益的耦处理，就是主要方法。

如是我文：要想益，必须知道同时还要损什么；要想损，必须知道同时还要益什么。耦处理的方法有多种，或就自身之二而言，或就彼此之二而言；或就二者而言，或就三者而言。平衡如此，失衡亦如此，只不过是反向为之而已。

［**百家争鸣**］

《文子》：《符言》：“故福莫大乎无祸，利莫大乎不丧，‘故物或益之而损，损之而益’。”“德少而宠多者讥，才下而位高者危，无大功而有厚禄者微，‘故物或益之而损，或损之而益’。众人皆知利利，而不知病病；唯圣人知病之为利，利之为病。故再实之木，其根必伤；多藏之家，其后必殃。夫大利者，反为害，天之道也。”两引经文，从正反两个角度理解。

河上：“引之不得，推之必还。夫增高者致崩，贪富者致患。”认为不可过，要用损益之法正之。

《淮南子》：《人间训》：“天下有三危：少德而多宠，一危也；才下而位高，二危也；身无大功而受厚禄，三危也。‘故物或损之而益，或益之而损。’”三危之说，亦见《文子》。从自身之二的不同角度理解损益。

严遵：“故众人之教，变愚为智，化弱为强，去微归显，背隐为彰，暴宠争逐，列于荣名。圣人之教则反之。愚之以智，辱之以荣，微之以显，隐之以彰，寡之以众，弱之以强。”所引经文稍有不同，并与下句合解，认为本句是所教的内容；有众人之教，有圣人之教，圣人所教的损益之则与众人不同。

王弼："以一为主，一何可舍？愈多愈远，损则近之。损之至尽，乃得其极。既谓之一，犹乃至三，况本不一，而道可近乎？损之而益，岂虚言也。"此段似紧接前句"冲气一焉"。强调损之，似与第48章相关。

唐玄宗："自损者，人益之。自益者，人损之。"从彼此之二的不同角度理解损益。

[**普及经文**] **人之所教，我亦教人。"强良者，不得死。"我将以为学甫。**

[**直译经文**] 要谦下，要互相学习。"善于用强的人，无死地。"我首先应该学会用强戒过之法。

如是我文：善于用强，就是要善于运用强中弱、弱中强，刚中柔、柔中刚。善于运用有损有益的耦处理，是戒过的关键。

[**百家争鸣**]

河上："谓众人所教，去弱为强，去柔为刚。言我教众人，使去强为弱，去刚为柔。强梁者，谓不信玄妙，背叛道德，不从经教，尚势任力也。不得其死者，为天所绝，兵刃所伐，王法所杀，不得以寿命死也。父，始也。老子以强梁之人为教戒之始也。"认为众人所教的内容，与我所教的内容正相反。认为不得其死就是不得好死。

严遵："是以强秦大楚，专制而灭；神汉龙兴，和顺而昌。故强者离道，梁者去神，生主以退，安得长存？不求于己，怨命尤天，圣人悲之，以为教先。书之竹帛，明示后人，终世反之，故罹其患。"认为不以取强是明示后人的座右铭。

王弼："我之教人，非强使人从之也，而用夫自然。举其至理，顺之必吉，违之必凶。故人相教，违之必自取其凶也。亦如我之教人，勿违之也。强梁则必不得其死。人相教为强梁，则必如我之教人不当为强梁也。举其强梁不得其死以教邪，若云顺吾教之必吉也。故得其违教之徒，适可以为教父也。"认为是以强梁句为例证，强调我教人的办法是顺其自然，而非强迫；这也正是众人应该学习的教人之法。

唐玄宗："老君云：人君所欲立教教人者，当以吾此柔弱谦卑之义以教之。强梁之人，动与物亢，求益而损，物或击之，故不得其死。吾见强梁者亡，柔弱者全，故以柔弱之教为众教之父也。"认为柔弱谦卑之义是教的核心内容。

[**意犹未尽**]

第43章（上）

［**普及经文**］**天下之至柔，驰骋于天下之至坚；无有入于无间；吾是以知无为之有益。**

［**直译经文**］至柔之水，克胜至坚于外；至虚之气，克胜至实于内；我由此思悟出无为的益处在哪里。

如是我文：例证无为之益。无为最大的益处，就是充分发挥二者相生相克、相互作用所产生的内动力，也就是第37章所说的自化。有形之为易，无形之为难。无为是柔弱术强的最佳手段。

［**百家争鸣**］

《文子》：《道原》："夫水所以能成其至德者，以其绰约润滑也，故曰：'天下之至柔，驰骋天下之至坚；无有入于无间。'"认为说的是水的至德。

河上："至柔者，水也。至坚者，金石也。水能贯坚入刚，无所不通。无有谓道也。道无形质，故能出入无间，通神群生也。吾见道无为而万物自化成，是以知无为之有益于人也。"水滴石穿。认为无有指道。

《淮南子》：《原道训》："夫水所以能成其至德于天下者，以其淖溺润滑也，故老聃之言曰：'天下至柔，驰骋天下之至坚；出于无有，入于无间。吾是以知无为之有益。'"《道应训》："罔两问于景曰：'昭昭者，神明也？'景曰：'非也。'罔两曰：'子何以知之？'景曰：'扶桑受谢，日照宇宙，昭昭之光，辉烛四海，阖户塞牖，则无由入矣。若神明，四通并流，无所不及，上际于天，下蟠于地。化育万物而不可为象，俯仰之间而抚四海之外。昭昭何足以明之！'故《老子》曰：'天下之至柔，驰骋天下之至坚。'""光耀问于无有曰：'子果有乎？其果无有乎？'无有弗应也。光耀不得问，而就视其状貌，冥然、忽然，视之不见其形，听之不闻其声，搏之不可得，望之不可极也。光耀曰：'贵矣哉！孰能至于此乎！予能有无矣，未能无无也；及其为无无，又何从至于此哉！'故《老子》曰：'无有入于无间，吾是以知无为之有益也。'"用水、光、影喻说经文。认为光尚未做到入于无间，只有无有才能做到。

严遵："道德至灵而神明宾，神明至无而太和臣。清浊太和，至柔无形。""脆不足以为号，弱不足以为名，圣人以意存之物也。故字曰至柔，名曰无形。""由此观之，柔者弊坚，虚者驰实，非有为之，自然之物也。""夫道以无有之有，通无间，游无理，光耀有为之室，澄清无为之府，出入无外而无圻，经历珠玉而无朕。""由此言之，有为之为，有废无功；无为之为，成遂无穷，天地是造，人物是兴。"所谓意存之物，自然之物，见解精到。认为道是以无有之有，行无为之为。无有即虚，无间即实。

王弼：“气无所不入，水无所不经。虚无柔弱，无所不通。无有不可穷，至柔不可折。以此推之，故知无为之有益也。”认为无有指的是虚无之气，至柔指的是柔弱之水，已经不可穷，不可折，所以无须为。

唐玄宗：“天下之至柔者，正性也。若驰骋世务，染杂尘境，情欲弃塞，则为天下之至坚。无有者，不染尘境，令心中一无所有。无间者，道性清静，妙体混成，一无间隙。夫不为可欲所乱，令心境俱静，一无所有，则心与道合，入无间矣。故圣人云吾见身心清静则能合道，是知有为之教，不如无为之有益尔。”认为至柔是人之正性，至坚是性为世之俗务所乱，无有是一无所有，无间是混成无隙。

［**普及经文**］**不言之教，无为之益，天下希能及之。**

［**直译经文**］不言之教、无为之行是圣人的最高行为规范，世人望尘莫及。

如是我文：本章是对第 2 章中，圣人最高行为准则的申论。不言与无为之说，强调的正是头脑思维无可比拟的作用。

［**百家争鸣**］

河上：“法道不言，帅之以身。法道无为，治身则有益精神，治国则有益万民，不劳烦也。天下，人主也。希能有及道无为之治身、治国也。”认为人主应该效法道之不言而以身教，效法道之无为而有益于治身治国。

严遵：“且道德无为而天地成，天地不言而四时行。凡此二者，神明之符，自然之验也。”“圣主恬淡，万民无事，教以不言之言，化以不化之化，示以无象之象，而归乎玄妙。”“何则？广大深远，而众人莫能及也；上而若反，而众人莫能入也；淡淡滥滥，而世人莫能闻也；窅窅冥冥，而俗主莫能行也。”认为无为学于道德，不言学于天地。

唐玄宗：“言天下众教，少能及之者。”认为天下多有为之教，益者少而损者多。

［**意犹未尽**］

第44章（上）

［普及经文］名与身孰亲？身与货孰多？得与亡孰病？

［直译经文］就情感而言，名与身究竟孰亲孰疏？就价值而言，身与货究竟孰重孰轻？在身心与名利之间，如何才能做到不患得患失？

如是我文：对得与失的探讨，要以身心为轴心和基准。不可只知得而不知失，亦不可只知失而不知得。物质财富与精神财富要损益得当。病：忧也。

［百家争鸣］

河上：“名遂则身退也。财多则害身也。好得利则病于行也。”认为身重于名与利。

严遵：“伤害我身，莫大乎名。”“物蒙其毒，莫大乎货。”“得之与亡，或病或利：得名得货，道德不居，神明不留，大命以绝，天不能救；失名失货，道德是佑，神明是助，名显自然，富配天地。”“故名利与身，若炭与冰，形性相反，势不俱然。”用冰炭作喻，回答三问。

王弼：“尚名好高，其身必疏。贪货无厌，其身必少。得多利而亡其身，何者为病也？”认为身疏、身少、亡身就是病。

唐玄宗：“名者实之宾，世人徇名以亡身，设问谁亲，欲令去功与名，而全其真尔。徇名者将以求财，财得而亡身，设问孰多，欲令掷玉毁珠，以全其和。问得名货与亡名货，孰者病其身？”认为应该在得名货与失名货之间作选择。

［普及经文］甚爱必大费；厚藏必多亡。

［直译经文］甚爱于此，必大费于彼；厚藏于彼，必多亡于此。

如是我文：名、利、身、心之间的得失关系，都不要过，否则适得其反。

［百家争鸣］

河上：“甚爱色，费精神；甚爱财，遇祸患。所爱者少，所费者多，故言大费。生多藏于府库，死多藏于丘墓。生有攻劫之忧，死有掘冢探柩之患。”将爱与藏具体化：色与财，所谓冶容诲淫，慢藏诲盗。

严遵：“是故，甚爱其身，至建荣名，为之行之，力之劳之，强迫情性，以损其神。多积货财，日以骄盈，骄亡之道，货名俱终。”认为甚爱其身，则损其精神。

王弼：“甚爱，不与物通；多藏，不与物散。求之者多，攻之者众，为物所病，故大费、厚亡也。”认为外物不通、不散，必为其所病。

唐玄宗："甚爱名者，必劳神，非大费乎？多藏货者，必累身，非厚亡乎？"认为爱名必劳神，藏货必累身。

［**普及经文**］**故知足不辱，知止不殆，可以长久。**

［**直译经文**］所以要知足、知止；只有这样，身心才能无忧、不殆，才能长治久安。

如是我文：知足要知二者求衡之节点，知止要知二者求衡之时机。知足、知止则心态平，心态平则得失平，有得有失、得失平衡则既和谐于外，又和谐于内。忧：辱也。

［**百家争鸣**］

《韩非子》：《六反》："老聃有言曰：'知足不辱，知止不殆。'夫以殆辱之故而不求于足之外者，老聃也。今以为足民而可以治，是以民为皆如老聃也。"认为能以身心重于名利，只有老聃能做到。世上不知足的人多，所以要提倡知足。

河上："知足之人，绝利去欲，不辱于身。知可止则止，财利不累于身心，声色不乱于耳目，则身不危殆也。人能知止足，则福禄在己，治身者神不劳，治国者民不扰，故可长久。"认为要做到不累身，不劳神，不扰民。

《淮南子》：《道应训》："公仪休相鲁，而嗜鱼。一国献鱼，公仪子弗受。其弟子谏曰：'夫子嗜鱼。弗受，何也？'答曰：'夫唯嗜鱼，故弗受。夫受鱼而免于相，虽嗜鱼，不能自给鱼；毋受鱼而不免于相，则能长自给鱼。'此明于为人为己者也。故《老子》曰："后其身而身先，外其身而身存。非以其无私邪？故能成其私。"一曰：'知足不辱。'"《人间训》："昔者智伯骄，伐范、中行而克之，又劫韩、魏之君而割其地，尚以为未足，遂兴兵伐赵。韩、魏反之，军败晋阳之下，身死高梁之东，头为饮器，国分为三，为天下笑，此不知足之祸也。《老子》曰：'知足不辱，知止不殆，可以修久。'此之谓也。"喻说解经。所谓"为人为己"，指的就是公身和私身。

严遵："是以，知足之人，体道同德，绝名除利，立我于无身。""知止之人，贵为天子，不以枉志；贫处岩穴，不以幽神；进而不以为显，退而不以为穷。""知足而止，故能长存。"认为知足是知止的先决条件。忘其身则易知足。

唐玄宗："知足者，不甚爱。知止者，不多藏，既无辱殆，故可长久。"与前句合解。知足、知止，又岂止爱与藏？

［**意犹未尽**］

第45章（上）

［**普及经文**］**大成若缺，其用不敝。大盈若盅，其用不穷。大直若屈。大巧若拙。大辩若讷。**

［**直译经文**］欲成，则必须处理好缺。欲盈，则必须处理好冲。欲直，则必须处理好屈。欲巧，则必须处理好拙。欲辩，则必须处理好讷。

如是我文：与第41章建言同类。成与缺为一，盈与冲为一，直与屈为一，巧与拙为一，辩与讷为一。大字头的成语，讲的都是道用；其用二字，点出众多集句之主旨。道术之用，在于二的耦处理。现象是片面的、平面的，或真或假；本质是两面的、立体的，有情有实。

［**百家争鸣**］

《庄子》：《胠箧》："毁绝钩绳而弃规矩，攦工倕之指，而天下始人有其巧矣。故曰：'大巧若拙。'"以经解经，认为是对第19章绝弃之说的进一步发挥。

河上："大成者，谓道德大成之君也。若缺者，灭名藏誉，如毁缺不备也。其用心如是，则无弊尽时也。大盈者，谓道德大盈满之君也。若冲者，贵不敢骄，富不敢奢也。其用心如是，则无穷尽时也。大直谓修道法度，正直如一也。若屈者，不与俗人争，如可屈折。大巧谓多才术也。若拙者，示不敢见其能。大辩者，智无疑。若讷者，口无辞。"认为说的都是为君之道。

《淮南子》：《道应训》："秦穆公谓伯乐曰：'子之年长矣。子姓有可使求马者乎？'对曰：'良马者，可以形容筋骨相也。相天下之马者，若灭若失，若亡其一。若此马者，绝尘弭辙。臣之子皆下材也，可告以良马，而不可告以天下之马。臣有所与供儋缠采薪者方九堙，此其于马，非臣之下也。请见之。'穆公见之，使之求马。三月而反报曰：'已得马矣。在于沙丘。'穆公曰：'何马也？'对曰：'牡而黄。'使人往取之，牝而骊。穆公不说。召伯乐而问之曰：'败矣。子之所使求者。毛物、牝牡弗能知，又何马之能知？'伯乐喟然大息曰：'一至此乎！是乃其所以千万臣而无数者也。若堙之所观者，天机也。得其精而忘其粗，在内而忘其外，见其所见而不见其所不见，视其所视而遗其所不视。若彼之所相者，乃有贵乎马者！'马至，而果千里之马。故《老子》曰：'大直若屈，大巧若拙。'"喻说解经。要知天机，忘其现象，得其本质。

严遵："由此观之，为不生为，否不生否，明不生明，晦不生晦。不为不否，不明不晦，乃得其纪也。"认为其纪就是指二而一。注中又有"是以嬴而若詘"之说，其所引经文似为"大嬴若詘"。

王弼："随物而成，不为一象，故若缺也。大盈冲足，随物而与，无所爱矜，故若冲也。随物而直，直不在一，故若屈也。大巧因自然以成器，不造为异端，故若拙也。大辩因物而言，己无所造，故若讷也。”随物二字，是其理解的要点。随物就是因物之自然，万物的结构都是二而一，不能只考虑一方而忽视另一方。

唐玄宗：“学行大成，常如玷缺，谦则受益，故其材用无困弊之时。禄位盈满，常若冲虚，俭不伤财，故所用不穷匮。直而不肆，故若屈。巧不伤於分外，故若拙。不饰小说，故若讷。”认为要兼顾另一方，使之平衡。

［**普及经文**］**躁胜寒，静胜热。静静，为天下正。**

［**直译经文**］治寒、治热，一动、一静。静静之法，是道用的主要法则。

如是我文：动与静二而一，各有所用，各辅其用。

［**百家争鸣**］

河上：“胜，极也。春夏阳气躁疾于上，万物盛大，极则寒，寒则零落死亡也，言人不当刚躁也。秋冬万物静于黄泉之下，极则热，热者生之源。能清静，则为天下长，持正则无终已时也。”喻说解经。认为躁极则寒，静极则热，所以要正确处理动静之间的关系。

严遵：“天地之道，一进一退而万物成遂，变化不可闭塞，屈伸不可障蔽。”“其除祸乱，犹躁之胜寒，而静之胜暑也。是以圣人去知去虑。”所引经文稍有不同。认为躁与静指内心的活动，强调内心的清静。

王弼：“躁罢然后胜寒，静无为以胜热。以此推之，则清静为天下正也。静则全物之真，躁则犯物之性，故惟清静，乃得如上诸大也。”认为前句诸大的要点，在于清静二字。二者和谐，一态必静。

唐玄宗：“於躁胜者则寒，寒，薄也。於静胜者则热，热，和也。故若屈者大直，清静为正矣。”认为寒喻薄，热喻和，不要以躁胜，而要以静胜。

［**意犹未尽**］

第46章（上）

［**普及经文**］**天下有道，却走马以粪；天下无道，戎马生于郊。**

［**直译经文**］有道，则天下大治，发展经济为第一要务，战马退役而为耕马；无道，则天下大乱，耕马征用为战马，战祸四起。

如是我文：有道则有序得衡，无道则无序失衡。却：退也。生：进也。

［**百家争鸣**］

《文子》：《精诚》："故却走马以粪，车轨不接于远方之外，是谓坐驰陆沉。"认为就是不与外邦交接往来。

《韩非子》：《解老》："今有道之君，外希用甲兵，而内禁淫奢；上不事马于战斗逐北，而民不以马远通淫物，所积力唯田畴。积力于田畴，必且粪灌。故曰：'天下有道，却走马以粪也。'""人君者无道，则内暴虐其民，而外侵欺其邻国。""马者，军之大用；郊者，言其近也。今所以给军之具于将马近臣，故曰：'天下无道，戎马生于郊矣。'"《喻老》："天下有道，无急患，则曰静，遽传不用。故曰：'却走马以粪。'天下无道，攻击不休，相守数年不已，甲胄生虮虱，燕雀处帷幄，而兵不归。故曰：'戎马生于郊。'"认为统治者的有道或无道，决定国家的治或乱。要发展经济，不要穷兵黩武。

河上："谓人主有道也。粪者，粪田也。治国者，兵甲不用，却走马以治农田；治身者，却阳精以粪其身。谓人主无道也。战伐不止，戎马生于郊境之上，久不还也。"认为治身与治国同理。

《淮南子》：《览冥训》："故却走马以粪，而车轨不接于远方之外，是谓坐驰陆沉。"与《文子》同。

严遵："君得道也，则万民昌；君失道也，则万民丧。"认为治理国家，关键在于君王。

王弼："天下有道，知足知止，无求于外，各修其内而已。故却走马以治田粪也。贪欲无厌，不修其内，各求于外，故戎马生于郊也。"认为有道无道，关键在于是否知足知止。有道者，求于内；无道者，求于外。

唐玄宗："天下有道之主，无为化行，既不贪求，故无交战，屏却走马之事，人得粪除田园。天下无道之君，纵欲攻取，故兵戎士马寄生于郊境之上矣。"认为有道之君与无道之君相较，一治一乱。

［**普及经文**］**罪莫大于甚欲，咎莫大于欲得，祸莫大于不知足。知足之为足，此恒足矣。**

［**直译经文**］一切罪恶和祸患的根源是什么？是过分占有之欲，是不知足。

只有知道什么是足，知道如何使内心知足，才能永远得到满足。

如是我文：多少才算是足？一百是足？是；一千是足？是；一万是足？是。足不易量化，也不应量化，关键在于知。知足就是心足，不在外，而在内，随时可足。

［**百家争鸣**］

《韩非子》：《解老》：“故曰：‘祸莫大于可欲。’是以圣人不引五色，不淫于声乐；明君贱玩好而去淫丽。”“胥靡有免，死罪时活；今不知足者之忧，终身不解。故曰：‘祸莫大于不知足。’”“故曰：‘咎莫憯于欲利。’”《喻老》：“翟人有献丰孤、玄豹之皮于晋文公。文公受客皮而叹曰：‘此以皮之美自为罪。’夫治国者以名号为罪，徐偃王是也；以城与地为罪，虞、虢是也。故曰：‘罪莫大于可欲。’智伯兼范、中行，而攻赵不已。韩、魏反之，军败晋阳，身死高梁之东，遂卒被分，漆其首以为溲器。故曰：‘祸莫大于不知足。’虞君欲屈产之乘与垂棘之璧，不听宫之奇，故邦亡身死。故曰：‘咎莫憯于欲得。’邦以存为常，霸王其可也；身以生为常，富贵其可也。不欲自害，则邦不亡，身不死。故曰：‘知足之为足矣。’”喻说解经。认为只有知足，才能不自害。经文“欲得”或作“欲利”。

河上：“好淫色也。富贵不能自禁止也。欲得人物，利且贪也。守真根也。无欲心也。”认为邪欲之心是万恶之源。

严遵：“故不在于道也，利心常起，贪人壤土，欲人财宝，兼并不休，增加不已者，追患之大数而得镶之至要也。自今及古，飞鸟走兽、含气有类之属，未有不欲得而全其性命者也。”“是以，得道之主，建心于足，游志于止，辞威让势，孤特独处。”认为问题的关键不在于欲得，而在于有道无道。俗话说：“君子爱财，取之有道。”知足知止，即是有道。

唐玄宗：“心见可欲，为罪大矣。求取不已，为祸大矣。殃咎之大，莫大于欲，于欲必令皆得，皆得则祸深，故云咎也。物足者，非知足。心足者，乃知足。心若知足，此足则常足矣。”认为问题不在于欲得，而在于皆得。明确指出，知足就是要心足，一语中的。

［**意犹未尽**］

第47章（上）

［**普及经文**］**不出于户，以知天下；不窥于牖，以知天道。其出弥远者，其知弥少。**

［**直译经文**］圣人的职责是无为，不必处处行、事事观，专心感悟和了解物质世界和精神世界的一切事物。如果圣人偏离自己的职责越远，对道就越不易全盘把握。

如是我文：圣人坐而论道，众人作而行之。运筹帷幄，决胜千里之外，何必事事亲历亲为？

［**百家争鸣**］

《文子》：《精诚》："精神越于外，智虑荡于内者，不能治形，神之所用者远，则所遗者近。故'不出于户，以知天下；不窥于牖，以知天道。其出弥远，其知弥少'。此言精诚发于内，神气动于天也。"《十守》："故'其出弥远者，其知弥少'，以言精神不可使外淫也。"强调精神、心智要藏于内，不使之外淫。

《吕氏春秋》：《君守》："得道者必静。""身以盛心，心以盛智，智乎深藏，而实莫得窥乎。《鸿范》曰：'惟天阴骘下民。'阴之者，所以发之也。故曰：'不出于户而知天下，不窥于牖而知天道。其出弥远者，其知弥少。'"《异宝》："今以百金与抟黍以示儿子，儿子必取抟黍矣；以和氏之璧与百金以示鄙人，鄙人必取百金矣；以和氏之璧、《道德》之至言以示贤者，贤者必取至言矣。其知弥精，其所取弥精；其知弥粗，其所取弥粗。"认为道在心中藏，知精取精，知粗取粗，其知越少，离道越远。

《韩非子》：《喻老》："空窍者，神明之户牖也。耳目竭于声色，精神竭于外貌，故中无主。中无主，则祸福虽如丘山，无从识之。故曰：'不出于户，可以知天下；不窥于牖，可以知天道。'""白公胜虑乱，罢朝，倒杖而策，锐贯颐，血流至于地而不知。郑人闻之曰：'颐之忘，将何为忘哉？'故曰：'其出弥远者，其智弥少。'此言智周乎远，则所遗在近也。"对户牖的理解有所不同，强调神明不离其身。后段喻说经文，或可喻之为"灯下黑"。

河上："圣人不出户以知天下者，以己身知人身，以己家知人家，所以见天下也。天道与人道同，天人相通，精气相贯。人君清静，天气自正；人君多欲，天气烦浊。吉凶利害，皆由于己。谓去其家观人家，去其身观人身，所观益远，所见益少也。"认为要以己知人，以内知外；不要去己观人，去内观外。

《淮南子》：《精神训》："故曰：'其出弥远者，其知弥少'，以言夫精神之不可使外淫也。"《主术训》："是故'不出户而知天下，不窥牖而知天道'。乘众人之智，则天下不足有也。专用其心，则独身不能保也。”《道应训》：“白公胜虑乱。罢朝而立，倒杖策，錣上贯颐，血流至地而弗知也。郑人闻之，曰：“颐之忘，将何不忘哉！”此言精神之越于外，智虑之荡于内，则不能漏理其形也。是故神之所用者远，则所遗者近也。故《老子》曰：‘不出户以知天下，不窥牖以见天道。其出弥远，其知弥少。’此之谓也。”认为圣人、众人，各有所为。

严遵：“天、地、人、物，皆同元始，共一宗祖。”“合于喜怒，反于死生，情性同生，心意同理。”“以己知家，以家知彼，事得其纲，物得其纪。”“视彼如己，视己如彼，心不敢生，志不敢举。”“故，家者，知人之本根也；身者，知天之渊泉也。”强调家与身的重要性，所谓“道在于身，不在于野”。“大道坦坦，不出门户，其出弥远，其知弥寡。道在于身，不在于野，化自于我，不由于彼。”（第45章注）

王弼：“事有宗而物有主，途虽殊而同归也，虑虽百而其致一也。道有大常，理有大致。执古之道，可以御今；虽处于今，可以知古始。故不出户、窥牖，而可知也。无在于一，而求之于众也。道视之不可见，听之不可闻，搏之不可得。如其知之，不须出户；若其不知，出愈远愈迷也。”认为其理在于殊途同归，虑百致一；所以要知一，要执一。

唐玄宗：“垂拱无为，不出教令于户外，是知治天下之道，人事和则天象顺，故不烦窥牖而天道可知。若不能无为，假使出令弥远，其知治天下之道弥少。”强调圣人要拱手无为。

[**普及经文**] **是以圣人不行而知，不见而明，无为而成。**

[**直译经文**] 所以圣人得一而无为，不必行，不必见，心知肚明，成算在胸。

如是我文：强调无为的重要性。道隐于内，离心越远，知“道”越少。知一者知天道，得一者得天下。

[**百家争鸣**]

《韩非子》：《喻老》：“是以圣人无常行也。能并智，故曰：‘不行而知。’能并视，故曰：‘不见而明。’随时以举事，因资而立功，用万物之能而获利其上，故曰：‘不为而成。’”引经名作明，正解。强调与万物并智、并视，用万物之能。

河上：“圣人不上天，不入渊，能知天下者，以心知之也。上好道，下好德；上好武，下好力。圣人原小知大，察内知外。上无所为，则下无事，家给人足，万物自化就也。”认为圣人心知。

严遵："故圣人之为君也，犹心之于我、我之于身也。不知以因道，不欲以应天，无为以道世，无事以养民。玄玄默默，使化自得；上与神明同意，下与万物同心。动与之反，静与之存，空虚寂泊，使物自然。"认为为君者，应该是道与万物之间的枢纽，自己不必行、不必见、不必为，而使物自然。

王弼："得物之致，故虽不行，而虑可知也。识物之宗，故虽不见，而是非之理可得而名也。明物之性，因之而已，故虽不为，而使之成矣。"认为圣人明物之性，因之而已。名：明也。

唐玄宗："不出户，故云不行，无为淳朴，而知为理之道。不窥牖，故云不见。人和天顺，而能名其太平。不为言教，而天下化成。"认为是对前段的进一步发挥。

[**意犹未尽**]

第48章（上）

[**普及经文**] **学者日益，为道者日损；损之又损，以至于无为。**

[**直译经文**] 学道，要日益其学，由下而上，层层递进；行道，要日损其为，损之又损，直至无为。

如是我文：先做加法，后做减法。学，是一个积累过程；用，是一个精简过程，缺一不可。圣人欲达到无为这一最高境界，必经一番益损过程。

[**百家争鸣**]

《庄子》：《知北游》："故曰：'为道者日损，损之又损之，以至于无为，无为而无不为也。'今已为物也，欲复归根，不亦难乎？其易也，其唯大人乎？"引此经文于第38章"五失"之后，似是对五失的总结，说明五失之中，圣人当有所为，有所不为。所引经文并无首句"学者日益"，值得注意。

河上："学谓政教礼乐之学也。日益者，情欲文饰日以益多。道谓自然之道也。日损者，情欲文饰日以消损。损之者，损情欲也。又损之者，所以渐去之也。当恬惔如婴儿，无所造为也。"认为益损都是对学而言。对学有所限定，并非一概否定。经文费解之处，用限定其义的做法调合之，古注中常见。

严遵："不知之知，知之祖也；不教之教，教之宗也；无为之为，为之始也；无事之事，事之元也。""是以天下背本去根，向末归文，博学深问，家知户贤。""是以圣人，释仁去义，归于大道；绝智废教，求之于己。所言日微，所为日寡，消而灭之，日夜不止。包以大冥，使民无耻。灭文丧事，天下自已。损之损之，使知不起。遁名亡身，保我精神。秉道德之要，因存亡之机。不为事主，不为知师。寂若无人，至于无为。""心不知欲，志不知为。"所引经文有所不同。认为是对学的批判，对道的推崇。既损言，又损为，二者兼顾。用"心不知欲，志不知为"来为无以为作解，今人用法与之相近。

王弼："务欲进其所能，益其所习。务欲反虚无也。"认为日益与日损，相辅相成。

唐玄宗："为学者，日益见闻。为道者，日损功行。益见闻为修学之渐，损功行为悟道之门，是故因益以积功，忘功而体道矣。为学者，积功行，为道者，忘损之，虽损功行，尚有欲损之心，兼忘此心，则至于泊然无为。"认为是为学与为道相对应。

[**普及经文**] **无为而无不为。**

[**直译经文**] 万物殊类皆含道，不囿于某一为，所以无为；全盘掌控每一为，所以无不为。

如是我文：既是行道者，行道者无为；又是学道者，学道者有为。学道、行道，相辅相成。

［**百家争鸣**］

河上：“情欲断绝，德于道合，则无所不施，无所不为也。”从情欲的角度理解，认为无为指道，无不为指德，二者相合。

《淮南子》：《原道训》：“所谓无为者，不先物为也；所谓无不为者，因物之所为。”认为要以物为准。

王弼：“有为则有所失，故无为乃无所不为也。”从得失的角度理解，认为有为必有失。

唐玄宗：“方彼镜象而无不应，故无不为也。”镜象一词，贴切。一切尽在镜象之中，无不应则无不为。

［**普及经文**］**继学无忧。**

［**直译经文**］释疑解惑，要不断学习。

如是我文：玉不琢，不成器；人不学，不知道。先益之，后损之，有益有损。忧：虑也。

［**百家争鸣**］

《文子》：《道原》：“绝学无忧。”与第19章“绝圣弃智”合论，可知其对学持批判态度。

河上：“绝学不真，不合道文。除浮华则无忧患也。”（第20章注）对绝字置疑，真知灼见。

严遵：“俗学则尊辩贵知，群居党议，吉人得之以益，凶人得之以损。天地之内，吉人寡而凶人众，故学之为利也浅，而为害也深。夫凶人之为学也，犹虎之得于羽翼，翱翔游于四海，择肉而食。圣人绝之，天下休息，不教而自化，不令而自伏也。”（第20章注）认为圣人是绝俗学，绝凶人之学。观其注文，似认为本句当在本章。

王弼：“下篇云，为学者日益，为道者日损。然则学求益所能，而进其智者也。若将无欲而足，何求于益？不知而中，何求于进？”（第20章注）直言下篇如何如何，明指本句与本章直接关联。

唐玄宗：“绝有为俗学，则淳朴不散。少私寡欲，故无忧也。”（第20章注）绝学与绝俗学，一字之差，差之千里。似认为当为第19章之总结。

［**普及经文**］**取天下也，常无事；及其有事，不足以取天下。**

[**直译经文**] 治理天下，圣人要处无为之事；如果日益其为，事乱劳烦，则治理不好天下。

如是我文：本章专对圣人而言。无为而治，是对圣人的最高要求。圣人尸位，就是无事。

[**百家争鸣**]

河上：“取，治也。治天下常当以无事，不当烦劳也。及其好有事，则政教烦，民不安，故不足以治天下也。”认为无事的意思就是不烦劳具体事务。

严遵：“是以，将取天下，常于无事，不言为术，无为为教。”“释虚反实，以极为事。”“此思虑之极也，无益于存。”“此强之极，无益于胜。”“此事之极，无益于治。”推崇无为，反对极端。

王弼：“动常因也。自已造也。失统本也。”对无事的理解，就是做事要顺其自然。

唐玄宗：“无为无事，天下归怀，故可取天下。有事则烦劳，烦劳则凋弊，故不足以取天下。”理解与河上同。

[**意犹未尽**]

第 49 章（上）

［**普及经文**］**圣人恒无心，以百姓之心为心。**

［**直译经文**］圣王要以无心为常态；所谓无心，就是以百姓之心为心。

如是我文：无心就是二心通于一，不以主观意志强加于人。既要善体民意，又要善导民意。心不可能无，但是可以忘，无（亡）心即是忘。无心非常人所能为，常人能做到不乱心就很不错了。

［**百家争鸣**］

河上："圣人重改更，贵因循，若自无心。百姓心之所便，圣人因而从之。"所引经文似应为"常无心"。认为圣人重视改变和因循，从不固执己见，就像自己无心一样；如果百姓之心有所宜，圣人也会因而从之。在第 28 章注中也说："大制者，以天下之心为心，故无割也。"

严遵："道德无形而王万天者，无心之心存也；天地无为而万物顺之者，无虑之虑运也。由此观之，无心之心，心之主也；不用之用，用之母也。"所引经文亦似为无心。

王弼："动常因也。"此注与第 48 章"常无事"注同。无论是事，还是心，其动都要顺其自然。两句经文相较，证明此句经文应是"常无心"而非"无常心"。

唐玄宗："圣人之心，物感而应，应在于感，故无常心。心虽无常，唯在化善，是常以化百姓心为心。"认为有心却无常，变在感化。

［**普及经文**］**善者，善之；不善者，亦善之；得善也。信者，信之；不信者，亦信之；得信也。**

［**直译经文**］无论是善者还是不善者，都要善待他，这才是真善、全善，才是真正把握到善的真谛。无论是信者还是不信者，都要对他讲诚信，这才是真信、全信，才是真正把握到信的核心。

如是我文：待人的必备前提，就是善与信。无论对方"善恶信否"，都要一视同仁，均得其善、均得其信，也就是得一之善、得一之信。善与信的内涵本身就很丰富，理解人、尊重人、信任人、爱护人，只有具备这四种作为，才是真正的善与信。对待两种人，要有两种善与信，两种善信二而一，才是全善、全信，否则，只能算是烂好人。第 27 章强调两种人各有所用，此处申论如何待之。

［**百家争鸣**］

河上：“百姓为善，圣人因而善之。百姓为不善，圣人化之使善也。百姓德化，圣人为善。百姓为信，圣人因而信之。百姓为不信，圣人化之使信也。百姓德化，圣人为信。”认为对不同之人，圣人的善与信也有所不同，或因之，或化之。对善者要扬其善，对不善者或劝其向善，或止其为恶。

严遵：“无恶无好，无爱无憎。”“善者至于大善，日深以明；恶者性变，浸以平和；信者大信，至于无私；伪者情变，日以至诚；贱贼反善，邪伪反真，善恶信否，皆归自然。”强调一视同仁，才是大善。

王弼：“各因其用，则善不失也。无弃人也。各用聪明。”引经解经，认为与第27章内容有关。得一之善信的关键在于各因其用。

唐玄宗：“欲善信者，吾因而善信之。不善信者，吾亦以善信教之，令百姓感吾德而善信之。”认为或因或教，要因人而异。

［**普及经文**］**圣人之在天下，歙歙焉为天下混其心。百姓皆注其耳目，圣人皆孩之。**

［**直译经文**］圣人治理天下，必以天下为公，将己心与百姓之心混而为一，上下一心。百姓以圣人为榜样、为父母，用力不用心；圣人善待全体百姓如亲人一样，用心不用力。

如是我文：老子用谋略，无出其右者；但老子的谋略都是基于善与信，绝非诈术。

［**百家争鸣**］

河上：“圣人在天下，怵怵常恐怖，富贵不敢骄奢。言圣人为天下百姓浑浊其心，若愚暗不通也。注，用也。百姓皆用其耳目为圣人视听也。圣人爱念百姓如孩婴赤子，长养之而不责望其报。”认为圣人常戒惧不通，则百姓为圣人耳目。

严遵：“无为为之，而变化不自知也。”“废我之所欲为，裹天之所欲得，万物纷纷，皆注其耳目。”“故能陶冶民心，变化时俗，上无不包，下无不克，成遂万物，无不斟酌。感动群生，振骇八极，天下芒芒，不识美恶，玄效昧象，自成法式。”对浑其心的理解就是不自知。经文稍有不同。

王弼：“皆使和而无欲，如婴儿也。夫‘天地设位，圣人成能，人谋鬼谋，百姓与能’者，能者与之，资者取之；能大则大，资贵则贵。物有其宗，事有其主。如此，则可冕旒充目而不惧于欺，黄纩塞耳而无戚于慢。又何为劳一身之聪明，以察百姓之情哉！夫以明察物，物亦竞以其明应之；以不信察物，物亦竞以其不信应之。夫天下之心不必同，其所应不敢异，则莫肯用其情矣。甚矣！害之大也，莫大于用其明矣。夫在智，则人与之讼；在力，则人与之争。智不出于人而立乎讼地，则穷矣；力不出于人而立乎争地，则危矣。未有能使人无用其智力于己者也，如此，则己以一敌人，而人以千万敌己也。若乃多其法纲，烦其刑罚，塞其径路，攻其幽宅，则万物失其自然，百姓丧其手足，鸟乱于上，鱼乱于下。是以圣人之于天下歙歙焉，心无所主也。为天下浑心焉，意无所适莫也。无所察焉，百姓何避？无所求焉，百姓何应？无避无应，则莫不用其情矣。人无为舍其所能，而为其所不能；舍其所长，而为其所短。如此，则言者言其所知，行者行其所能，百姓各皆注其耳目焉，吾皆孩之而已。”以易解经。认为君王治理天下，就要闭合百姓的心智，使其心无所用，归于质朴，只需耳听目视，个个像听话的孩子一样，和而无欲，君王也要像爱护孩子一样爱护他们。心无所主，各用其情，各用其能。

唐玄宗：“圣人在理天下，化引百姓，常惵惵用心，令德善信而圣心凝寂，德照圆明，浑同用心，皆为天下，故云为天下浑其心。百姓化圣德为善，故倾注耳目，以观听圣人。圣人念彼苍生，犹如慈母，故凡视百姓，皆如婴儿。”认为百姓观听圣人，以圣人为榜样。

［**意犹未尽**］

第 50 章（上）

［普及经文］**“出生入死。”生之徒，十有三；死之徒，十有三；民之生生，动皆之死地者，亦十有三。夫何故也？以其生生也。**

［**直译经文**］人始于生而卒于死。时时刻刻，无不有人生、有人生生、有人死，大概各占十分之三。这就是生命的自然而然的全过程。

如是我文：人的一生，就是生—活—死的过程。明白了有生必有死，又何必厚此薄彼？所以厚生并不可取。

［**百家争鸣**］

《韩非子》：《解老》：“人始于生而卒于死。始，之谓‘出’；卒，之谓‘入’。故曰：‘出生入死。’人之身三百六十节，四肢、九窍，其大具也。四肢与九窍十有三者，十有三者之动静尽属于生焉；属，之谓‘徒’也，故曰：‘生之徒也，十有三者。’至死也，十有三具者皆还而属之于死，死之徒亦有十三，故曰：‘生之徒十有三，死之徒十有三。’凡民之生生，而生者固动；动尽则损也；而动不止，是损而不止也；损而不止，则生尽；生尽，之谓‘死’，则十有三具者皆为死死地也，故曰：‘民之生，生而动，动皆之死地，之十有三。’”所引经文的后半部份稍有不同，见解也很独特。认为十有三就是十三，就是人体的四肢九窍共为十三具，以数代人。认为生生就是生命的全过程。

河上：“出生，谓情欲出于五内，魂定魄静，故生。入死，谓情欲入于胸臆，精劳神惑，故死。言生死之类各有十三，谓九窍四关也。其生也，目不妄视，耳不妄听，鼻不妄嗅，口不妄言，舌不妄味，手不妄持，足不妄行，精不妄施。其死也反是。人之求生，动作反之十三死地也。问何故动之死地也？所以动之死地者，以其求生活之事太厚，违道忤天，妄行失纪。”从修身的角度，强调不要妄，不要厚，至死而不妄者寿。

严遵：“故无为，生之宅；有为，死之家也。”“是故，虚、无、清、静、微、寡、柔、弱、卑、损、时、和、啬，凡此十三，生之徒；实、有、浊、扰、显、众、刚、强、高、满、过、泰、费，此十三者，死之徒也。夫何故哉？圣人之道，动有所因，静有所应。四支九窍，凡此十三，死生之外具也；虚实之事，刚柔之变，死生之内数也。故以十三言诸。”“而民皆有其生而益之不止，皆有其身而爱之不已。”“夫何故哉？大有其身而忘生之道也。”对十三的理解又进一步发挥，两个十三，外具与内数。按生之道十三字养生，叫做益生；益之不止，就是厚生，就会转变为死之道十三字。

王弼：“出生地，入死地。十有三，犹云十分有三分。取其生道，全生之极，十分有三耳；取死之道，全死之极，亦十分有三耳。而民生生之厚，更之无生之地焉。”认为十有三就是十分之三。生死之极，各占十分之三。本欲生生，反入死地，为什么呢？就是过于重视生了。

唐玄宗：“了悟则出生，迷执则入死，正标也。泛论众生当生安生得生理，处死顺死得死理，如此者，大凡十中有三人尔。徇生太厚，以养伤生，既心矜此生，故动往死地，此则生理既失，死理亦亏，如此之辈，亦十中有三人尔。设问所以动之死地，夫缘何故？但以其求生此生太厚之故。”认为要安生、顺死，切忌求生太厚。

［**普及经文**］**盖闻：“善执生者：陵行不避兕虎，入军不被甲兵。兕无所投其角，虎无所措其爪，兵无所容其刃。”夫何故也？以其无死地焉。**

［**直译经文**］常听说：“善于修身养性的人，入山不怕兕虎，打仗不怕刀枪。兕虎的角爪、刀枪的锋刃都不能伤害到他。”为什么？这是因为善执生者，没有取死之道。

如是我文：生生为顺生，即顺自然生死之道；执生为逆生，即修身养性，善于与大自然和谐相处。没有取死之道，则能立于不败之地，即使不胜，亦可全身而退。善执生者，或许只占人类的十分之一吧？

［**百家争鸣**］

《庄子》：《秋水》：“陆行不避兕虎者，猎夫之勇也。”经文说“盖闻”，《庄子》可证，确为时语。

《韩非子》：《解老》：“圣人之游世也，无害人之心，则必无人害；无人害，则不备人，故曰：‘陆行不遇兕虎。’入山不恃备以救害，故曰：‘入军不备甲兵。’远诸害，故曰：‘兕无所投其角，虎无所错其爪，兵无所害其刃。’不设备而必无害，天地之道理也。体天地之道，故曰：‘无死地焉。’动无死地，而谓之‘善摄生’矣。”认为与其设备以防害，不如无争心，远诸害，体天地之道。

河上：“摄，养也。自然远避，害不干也。不好战以杀人。养生之人，兕虎无由伤，兵刃无从加也。问兕虎兵甲何故不害之？以其不犯十三之死地也。言神明营护之，此物不敢害。”认为善于养生的人要会避害。所谓有神明营护，不过是信仰而已。

《淮南子》：《诠言训》：“任智，则人与之讼；任力，则人与之争。未有使人无智者，有使人不能用其智于己者也；未有使人无力者，有使人不能施其力于己者也。此两者，常在久见。故君贤不见，诸侯不备；不肖不见，则百姓不怨。百姓不怨，则民用可得；诸侯弗备，则天下之时可承。事所与众同也，功所与时成也，圣人无焉。故《老子》曰：‘虎无所措其爪，兕无所措其角。’盖谓此也。”认为圣人要和光同尘而不争，不能使之无爪刃，可以使之无所措。

严遵：“不以生为利，不以死为害。”“自然之变，感而应之，天地人物，莫之能败。陆行，则兕虎不能伤；入军，则五兵不能害。”“摄生之士，贼害之心亡于中，而死伤之形亦亡于外也。”认为关键在于摄生者，内无生死利害之心。

王弼：“善摄生者，无以生为生，故无死地也。器之害者，莫甚乎戈兵；兽之害者，莫甚乎兕虎。而令兵戈无所容其锋刃，虎兕无所措其爪角，斯诚不以欲累其身者也，何死地之有乎！夫蚖蟺以渊为浅，而凿穴其中；鹰鹯以山为卑，而增巢其上。矰缴不能及，网罟不能到，可谓处于无死地矣。然而卒以甘饵，乃入于无生之地，岂非生生之厚乎？故物，苟不以求离其本，不以欲渝其真，虽入军而不害，陆行而不可犯也。赤子之可则而贵，信矣。”喻说解经。认为要不以欲求离其本真。

唐玄宗：“善摄卫生理之人，心照清静，无贪取之意，则凡是外物不可加害，陆行不求遇虎兕，入军不被带甲兵，此不求害物也，则物无害心，故无投角措爪容刃之所矣。夫何故？兕虎甲兵无容措之所乎？以其顺化无私，不以死为死，则物不得害其生，故云无死地也。”认为要无贪心，无害心。

[**意犹未尽**]

第51章（上）

［**普及经文**］**道生之而德畜之，物形之而器成之。**

［**直译经文**］万物殊类，从无形、到有形、到成器，自始至终，无不是源于道德，系于道德、法于道德。

如是我文：道主内，德主外；道主虚，德主实；道指万物各自的内在规律，德指万物之间的外在关系。道：理也。德：外也。

［**百家争鸣**］

河上："道生万物。德，一也。一主布气而畜养。一为万物设形象也。一为万物作寒暑之势以成之。"认为德就是一，道生物而德布气设形。

严遵："何谓性、命、情、意、志、欲?""凡此六者，皆原于道德，千变万化，无有穷极，唯闻道德者，能顺其则。""或曰：道德，天地之神明也；天地，道德之形容也。何以明之？道德包万天也。"通论道德与天地万物的关系。

王弼："物生，而后畜；畜，而后形；形，而后成。何由而生？道也。何得而畜？德也。何因而形？物也。何使而成？势也。唯因也，故能无物而不形；唯势也，故能无物而不成。凡物之所以生，功之所以成，皆有所由。有所由焉，则莫不由乎道也。故推而极之，亦至道也。随其所因，故各有称焉。"认为物从生到成的各个阶段，各有因由，其中，道是一切的本源和主因。

唐玄宗："妙本动用降和气，物得以生养万类；乾知坤作兆形位，寒暑之势各成遂。"以诗作解，认为道生物，物得道。德：得也。

［**普及经文**］**是以万物莫不尊道而贵德。道之尊，德之贵，夫莫之爵而常自然。**

［**直译经文**］所以，万物的一生，始终尊重服从道与德的主导作用；这是自然规律，既不是道德自封自命的，也不是人为规定的。

如是我文：所谓万物的一生，指无一有一无的全过程。

［**百家争鸣**］

河上："道德所为，万物无不尽惊动而尊敬之。道一不命召万物，而常自然应之如影响。"认为万物应道，如影如响，自然而然。

严遵："道德高大，深不可言，物不能富，爵不能尊，无为为物，无以物为，非有所迫，而性常自然。"认为自然是道德之本性。

王弼："道者，物之所由也。德者，物之所得也。由之乃得，故不得不尊，失之则害，不得不贵也。"认为万物从无到有，皆源于道德。道：由也。德：

得也。

唐玄宗：“万物由道德以生畜，故尊贵之。道德之尊，非假爵命，但生成之功，被物而常，自然贵尔。”认为尊重父母，不是因为他们叫做父母；万物之于道德也是如此。

［**普及经文**］**道生之，德畜之；长之、遂之、亭之、毒之、养之、覆之。**

［**直译经文**］万物生于道、养于德；从生长、养育、成熟、到灭亡，道与德始终存在于每一个阶段之中。

如是我文：以道和，以德合。和：谐也。合：交也。

［**百家争鸣**］

河上：“道之于万物，非但生之而已，乃复长养、成熟、覆育，全其性命。人君治国治身，亦当如是也。”认为全句说的都是道。

严遵：“其于万物也，岂直生之而已哉！生之形之，设而成之，品而流之，停而就之，终而始之，先而后之。”“无所不导，无所不为。”认为道之于万物，无处不在，无所不导，无所不为。

王弼：“谓成其实，各得其庇荫，不伤其体也。”认为万物从无到有，皆赖道德而成其实体。

唐玄宗：“是以人莫不尊道而贵德也。”从物落实到人，强调人主与道德的关系。

［**普及经文**］**生而不有，为而不恃，长而不宰：是谓“玄德”。**

［**直译经文**］万物按照自己的内在规律生—为—长，同时与他物和谐相处，不占有、不恃仗、不主宰，这种作为称之为玄德。

如是我文：天地之大德曰生，圣人之大宝曰位。万物之间的关系如此，人与人之间的关系又何尝不是如此？

［**百家争鸣**］

《庄子》：《达生》：“有孙休者，踵门而诧子扁庆子，曰：‘休居乡不见谓不修，临难不见谓不勇。然而田原不遇岁，事君不遇世，宾于乡里，逐于州部，则胡罪乎天哉？休恶遇此命也？’扁子曰：‘子独不闻夫至人之自行邪？忘其肝胆，遗其耳目，芒然彷徨乎尘垢之外，逍遥乎无事之业，是谓为而不恃，长而不宰。’”以事解经。认为“为而不恃，长而不宰”是至人之德。

河上：“道生万物，不有所取以为利也。道所施为，不恃望其报也。道长养万物，不宰割以为利也。道之所行恩德，玄暗不可得见。”认为玄德的意思就是玄暗不可得见。“道生万物，无所取有。道所施为，不恃望其报也。道长养万物，不宰割以为器用。言道德玄冥，不可得见，欲使人如道也。”（第10章注）

严遵：“生之而不以为赀，为之而不以有求，长之而无以为有。天下迷惑，莫之能知。”“天下莫见，为而不废。”认为莫知、莫见，所以玄。“不有不恃，不以不宰，变化冥冥，天地自理。去华离末，归初反始，祸绝于我，乱亡于彼。福起于天，德生于地，然默默挽挽，万物齐均。其德玄冥，莫之见闻也。”（第10章注）

王弼：“为而不有。有德而不知其主也，出乎幽冥，是以谓之玄德也。”认为玄德的意思就是不知其主，出乎幽冥。“不塞其原，则物自生，何功之有？不禁其性，则物自济，何为之恃？物自长足，不吾宰成，有德无主，非玄而何？凡言玄德，皆有德而不知其主，出乎幽冥。”（第10章注）

唐玄宗：“具如载营魄章所释，彼章言人修如道，此章明道用同人。”再次强调人主与道德的关系。“令物各遂其生，而畜养之。遂生而不以为有修，为而不恃其功，居长而不为主宰，人君能如此者，是谓深玄之德矣。”（第10章注）

［**意犹未尽**］

第52章（上）

［**普及经文**］**天下有始，以为天下母。既得其母，以知其子；复守其母，没身不殆。**

［**直译经文**］一切事物，都有其本源。知道事物本源的来龙去脉，才能掌握事物的真貌；所以，要始终紧紧把握事物的本质，永不懈怠，就会永远立于不败之地。

如是我文：以始为母，始母指道。以母子作喻，论道与物的关系。殆：危也，懈也。

［**百家争鸣**］

河上："始，道也。道为天下万物之母。子，一也。既知道已，当复知一也。已知一，当复守道反无为也。不危殆也。"认为始指道。古人对道论中的概念术语，界定理解都不一样，需重新梳理。

严遵："夫道之为物，无形无状。""其为化也，变于不变，动于不动，反以生复，复以生反，有以生无，无以生有，反复相因，自然是守。无为为之，万物兴矣；无事事之，万物遂矣。是故，无为者，道之身体而天地之始也。""有为之元，万事之母也。"强调道体无为，认为遵循有无相生二而一的自然规律，就是无为，所以无为既是万物始，又是万事母。

王弼："［善始之，则善养畜之矣。故天下有始，则可以为天下母矣。］母，本也。子，末也。得本以知末，不舍本以逐末也。"认为要守本。

唐玄宗："始者冲气也，言此妙气生成万物，有茂养之德，故可以为天下母。万物既得冲和茂养，以知其身即是冲气之子。既知身是冲气之子，当守此冲和妙气，不令离散，则终没其身长无危殆也。"认为始是冲和妙气。

［**普及经文**］**塞其兑，闭其门，终身不勤。启其兑，济其事，终身不来。**

［**直译经文**］只要做到希言、行隐，就能一生平安；否则，只能徒劳一生。

如是我文：塞兑闭门以无为无事。

［**百家争鸣**］

《文子》：《上礼》："人何则不本其所以欲，而禁其所欲；不原其所以乐，而防其所乐？是犹圈兽而不塞其垣，禁其野心；决江河之流，而壅之以手，故曰：'开其兑，济其事，终身不救。'""夫使天下畏刑，而不敢盗窃，岂若使无有盗心哉！"认为处理问题要抓其本质，否则适得其反。

河上："兑，目也。目不妄视。门，口也。使口不妄言。人当塞目不妄视，闭口不妄言，则终身不勤苦。开目视情欲也。济，益也。益情欲之事。祸乱成也。”强调不妄。

《淮南子》：《道应训》：“齐王后死，王欲置后而未定。使群臣议。薛公欲中王之意，因献十珥而美其一。旦日，因问美珥之所在。因劝立以为王后。齐王大说，遂尊重薛公。故人主之意欲见于外，则为人臣之所制。故《老子》曰：‘塞其兑，闭其门，终身不勤。’”喻说希言、行隐的重要性。

严遵：“塞其聪明，闭其天门，关之以舌，键之以心。非时不动，非和不然，国家长久，终身无患。”“故力视损明，力听损聪，疾言沮德，巧伪败功。”强调时与和的重要性。

王弼：“兑，事欲之所由生；门，事欲之所由从也。无事永逸，故终身不勤也。不闭其原，而济其事，故虽终身不救。”强调无事。兑：道也。

唐玄宗：“兑，爱悦也。目悦色，耳悦声，六根各有所悦，则生祸患，是故塞之。不纵六根爱悦，则祸患之门闭矣，故终身不勤劳矣。开张六根，纵其视听，以成济其爱悦之事，则常有祸患，故终身之不救尔。”强调六根清净，不纵爱悦。兑：悦也。

［**普及经文**］**见小曰明。守柔曰强。用其光，复归其明；毋遗身央，是谓“袭常”。**

［**直译经文**］能观察到细微之处，叫做明。能守柔，才是真正的强。光是现象，明是本质；透过现象，找出本质，并使其常存于身心之中，这就叫做袭常。

如是我文：知常，明也。袭：因也，重也。

［**百家争鸣**］

《文子》：《自然》：“凡事之要，必从一始，时为之纪；自古及今，未尝变易，谓之天理。上执大明，下用其光，道生万物，理于阴阳。”《下德》：“身处于江海之上，心在魏阙之下，即重生，重生即轻利矣。犹不能自胜，即纵之，神无所害也。不能自胜，而强不纵，是谓重伤，重伤之人，无寿类矣。故曰：‘知和曰常，知常曰明。益生曰祥，心使气曰强。’‘是谓玄同。’‘用其光，复归其明。’”与第 55、56 章部分经文合解。

《韩非子》：《喻老》：“昔者，纣为象箸而箕子怖。”“故箕子见象箸以知天下之祸，故曰：‘见小曰明。’”“句践入宦于吴，身执干戈，为吴王洗马，故能杀夫差于姑苏。文王见詈于王门，颜色不变，而武王擒纣于牧野。故曰：‘守柔曰强。’越王之霸也，不病宦；武王之王也，不病詈。故曰：‘圣人之不病也，以其不病，是以无病也。’”喻说解经。与第 71 章经文合解。

河上：“萌芽未动，祸乱未见为小，昭然独见为明。守柔弱，日以强大也。用其目光于外，视时世之利害。复当反其光明于内，无使精神泄也。内视存神，不为漏失。人能行此，是谓习修常道。”认为内视存神，就是修道。

《淮南子》：《道应训》：“鲁国之法，鲁人为人妾于诸侯，有能赎之者，取金于府。子赣赎鲁人于诸侯。来，而辞不受金。孔子曰：‘赐失之矣。夫圣人之举事也，可以移风易俗，而受教顺可施后世，非独以适身之行也。今国之富者寡而贫者众，赎而受金，则为不廉；不受金，则不复赎人。自今以来，鲁人不复赎人于诸侯矣。’孔子亦可谓知礼矣。故《老子》曰：‘见小曰明。’”“中山公子牟谓詹子曰：‘身处江海之上，心在魏阙之下，为之奈何?’詹子曰：‘重生。重生则轻利。’中山公子牟曰：‘虽知之，犹不能自胜。’詹子曰：‘不能自胜，则从之；从之，神无怨乎！不能自胜而强弗从者，此之谓重伤。重伤之人，无寿类矣。’故《老子》曰：‘知和曰常，知常曰明，益生曰祥，心使气曰强。’是故‘用其光，复归其明’也。”喻说解经。用“用其光，复归其明”句，作为对第55章“知和曰明”诸经文的补充。

严遵：“复归其内，神明不耗，槃积固畜，不敢以为。”“故人能入道，道亦入人，我道相入，沦而为一。守静至虚，我为道室。与物俱然，浑沌周密。反初归始，道为我袭。”认为要人与道合一于内。

王弼：“为治之功不在大，见大不明，见小乃明。守强不强，守柔乃强也。显道以去民迷。不明察也。道之常也。”认为要明小、明柔、复归于明以明察秋毫。

唐玄宗：“人能于事微小，则见而改行，可谓明。守柔弱，则人不能加，可谓强矣。见小则明，守柔则强，若矜明用强，将失守柔见小之义，故当用光外照，复归守内明，长无患累矣。遗，与也。言还守内明，则无与身为殃咎者，如此是谓密用真常之道。”认为要守内明。

［**意犹未尽**］

第53章（上）

［**普及经文**］**使我介有知：行于大道，唯迆是畏。**

［**直译经文**］假使要我区分有知之人的优劣，就要看他处事从政，是不是对邪门歪道有所戒惧。

如是我文：选拔人才的标准。本章是对第3章知者不敢、不为的进一步阐述。

［**百家争鸣**］

《韩非子》：《解老》："《书》之所谓'大道'也者，端道也。所谓'貌施'也者，邪道也。"称《老子》为《书》，所引本章经文亦有所不同，但总的意思相同。施：旗貌，设也。似端实邪。

河上："介，大也。老子疾时王不行大道，故设此言：使我介然有知于政事，我则行于大道，躬行无为之化。唯，独也。独畏有所施为，恐失道意。欲赏善，恐伪善生；欲信忠，恐诈忠起。"理解为老子以身说法，言处理政事，应该如何施为；从为的角度来认知本章。知：交接也。施：施为。

严遵："是以玄圣处士，负达抱通，提聪挈明，顺道奉德，弃知亡身，厉志忧畏，唯恐蹉跌。"认为说的是玄圣、处士。其注既言挈明，又言弃知，可知对经文的理解，并非如一些人所认为的是提挈有知即掌握知识，而是弃知，即介知或摞知，限制知识。"夫何故哉？以含德和神而体童蒙也。及其有知也，去一而之二，去晦而之明。身日饰而德日消，智逾多而迷益深。故重天下而轻其神，贵名势而贱其身。"（第55章注）

王弼："言若使我可介然有知，行大道于天下，唯施为之是畏也。"认为行道切勿施为，从为的角度认知本章。使：假设之辞。

唐玄宗："老君言：若使我耿介然，矜其有知，欲行大道；既与道不合，故唯所施为，是皆可畏。"认为知要与道合，否则一切施为都将无法掌控。欲行道，先知道。

［**普及经文**］**大道甚夷，民甚好解。**

［**直译经文**］治国之道简单平实，有些士人却喜欢耍小聪明，自以为是，强解曲解，轻用乱用，反而走上邪道。

如是我文：矜其有知，不可取。

［**百家争鸣**］

《韩非子》：《解老》："所谓'径大'也者，佳丽也。佳丽也者，邪道之分也。”认为有佳丽之施的小路，虽然很容易被误认为大路，但它同样是邪道的一种。

河上：“夷，平易也。径，邪不平正也。大道甚平易，而民好从邪径也。”认为径指邪径。

严遵：“是故，大道甚夷，其化无形，若远而近，若晦而明。”“而民背之，用其聪明。”聪明二字，似乎证明其所引经文与帛甲本同，亦为解本字。好解的意思就是喜欢要小聪明。解：晓也。

王弼：“言大道荡然正平，而民犹尚舍之而不由，好从邪径，况复施为以塞大道之中乎？故曰大道甚夷，而民好径。”认为大道本来是荡然正平的，百姓却偏偏舍大道而好邪径；更何况用施为来堵塞大道呢！

唐玄宗：“大道平易，是畏有知，而人多故，欲心求捷，如彼行人好从邪径。邪径之弊，具如下文。”认为是畏有知，有知则好解求捷。

［**普及经文**］**朝甚除，田甚芜，仓甚虚。服文彩，带利剑，厌饮食而资财有余。是谓“盗”吁！非“道”也哉！**

［**直译经文**］朝廷中一旦有太多这样的官，耕田里就要有太多的草，粮仓里就会空得一点儿粮食都没有了。而这些人却整天穿好的、吃好的，搜括资财贪多无厌；这是强盗的行径，而不是有道者的作为。

如是我文：君子爱财，取之有道，否则就是盗。自利为盗，为公为道。有知者中，既有盗者，又有道者。用人不善，必然管理不善，选拔人才岂能不慎？

［**百家争鸣**］

《韩非子》：《解老》：“‘朝甚除’也者，狱讼繁也。狱讼繁，则田荒；田荒，则府仓虚；府仓虚，则国贫；国贫而民俗淫侈；民俗淫侈，则衣食之业绝；衣食之业绝，则民不得无饰巧诈；饰巧诈，则知采文；知采文之谓‘服文采’。狱讼繁，仓廪虚，而有以淫侈为俗，则国之伤也，若以利剑刺之。故曰：‘带利剑。’诸夫饰智故，以至于伤国者，其私家必富；私家必富，故曰：‘资货有余。’国有若是者，则愚民不得无术而效之；效之，则小盗生。由是观之，大奸作，则小盗随；大奸唱，则小盗和。竽也者，五声之长者也，故竽先，则钟瑟皆随；竽唱，则诸乐皆和。今大奸作，则俗之民唱；俗之民唱，则小盗必和。故：‘服文采，带利剑，厌饮食，而货资有余者，是之谓盗竽矣’。”一气呵成。对竽的解释煞费苦心。

河上：“高台榭，宫室修。农事废，不耕治。五谷伤害，国无储也。好饰伪，贵外华。尚刚强，武且奢。多嗜欲，无足时。百姓不足而君有余者，是由劫盗以为服饰，持行夸人，不知身死家破，亲戚并随之也。人君所行如是，此非道也。复言也哉者，痛伤之辞。”将盗夸二字均作为动词，分开理解，认为夸是持行夸人。自矜曰誇。

严遵：“饰治邪淫，归伪去真，创作改制，起事遂功。丰屋荣观，大户高门，饰以奇怪，加以采文。”“田秽不修，莨莠并生；田苗不起，囤仓虚空。”“衣重五采。”“利剑坚甲。”“居常醉饱，取求不厌，我藏金玉，畜积如山。”“离众绝俗，超然独存，乱世高之，称为大人。过众恶大，罪重祸深；贤父不畜，明主不臣。”对盗夸二字未作明释，可能认为是称之为大人，实为大盗，这样的处士，必不为明主所用。夸：大也。

王弼：“朝，宫室也。除，洁好也。朝甚除，则田甚芜，仓甚虚。设一而众害生也。凡物，不以其道得之，则皆邪也，邪则盗也。夸而不以其道得之，[盗夸也；贵而不以其道得之，] 窃位也。故举非道以明，非道则皆道夸也。”对盗夸的解释是夸而不以其道得之。夸其盗取。

唐玄宗：“尚贤矜智生巧伪。除，理也。浮食堕业废农事。南亩不收无储积。刻雕绮绣害工利。文德不修尚武备。烹肥击鲜重滋味。厌，饫足。聚敛积宝饶珍异。矜其有知，动以成弊，行同盗窃，仍自矜夸，夸盗非道，适令兴叹也。哉者，叹辞。”认为是自夸其盗行。

[**意犹未尽**]

第 54 章（上）

［**普及经文**］**善建者不拔，善保者不脱；子孙以其祭祀不绝。**

［**直译经文**］无论家、国，既要善于创业，又要善于守业；这样子孙才能代代相传，长治久安，对祖先的祭祀才能香火不绝。

如是我文：建有建之道，守有守之道，各行其道。

［**百家争鸣**］

《文子》：《上仁》："夫以建而制于人者，不能持国，故'善建者不拔'，言建之无形也，唯神化者，物莫能胜。"认为无形之建、不受制于人之建，才能称之为善建。

《韩非子》：《解老》："恬淡有趋舍之义，平安知祸福之计。而今也玩好变之，外物引之；引之而往，故曰：'拔。'至圣人不然，一建其趋舍，虽见所好之物不能引，不能引之谓'不拔'；一于情，虽有可欲之类，神不为动，神不为动之谓'不脱'。为人子孙者，体此道以守宗庙，不灭之谓'祭祀不绝'。"《喻老》："楚庄王既胜，狩于河雍，归而赏孙叔敖。孙叔敖请汉间之地，沙石之处。楚邦之法，禄臣再世而收地，唯孙叔敖独在。此不以其邦为收者，瘠也，故九世而祀不绝。故曰：'善建不拔，善抱不脱，子孙以其祭祀，世世不辍。'孙叔敖之谓也。"两种理解。其一，一旦建立取舍和情欲的原则，就要持之以恒。其二，喻说解经，要善于建功立业，以传于子孙。

河上："建，立也。善以道立身立国者，不可得引而拔之。善以道抱精神者，终不可拔引解脱。辍，绝也。为人子孙能修道如是，则长生不死，世世以久，祭祀先祖宗庙，无有绝时。"认为要合道。所谓"长生不死"，指的不是个人，而是家族、国脉。

《淮南子》：《主术训》："故'善建者不拔'，言建之无形也。"强调无形之建。

严遵："唯无所为，莫能败之。""无为不能遁福，有为不能逃患。是以，圣人去力，去巧，去知，去贤。建道抱德，摄精畜神，体和袭弱，履地戴天。""抱小托大，牧养万民，方圆先后，常与身存。体正神宁，传嗣子孙。"认为建道抱德，要有所去而无所为，多做减法，少做加法。无为就是无所为。

王弼："固其根，而后营其末，故不拔也。不贪于多，齐其所能，故不脱也。子孙传此道，以祭祀则不辍也。"认为要固本营末，取少齐能。

唐玄宗："善能以道建国立本者，不可倾拔也。善能以道怀抱百姓者，不可脱离。善以道德建抱之君，功施于后，爱其甘棠，况其子孙乎？而王者祖有功，宗有德，故周之兴也，始于后稷，成于文武，周之祭也，郊祀后稷，宗祀文王，故虽卜代三十，卜年七百，毁庙之主，流溢于外，而后稷文王郊宗之祀，不辍，止也。”以事解经，要学周王朝以道建国立本、修道爱民。

［**普及经文**］**修之身，其德乃贞；修之家，其德有余；修之乡，其德乃长；修之国，其德乃丰；修之天下，其德乃博。**

［**直译经文**］修五德：身之德要正，家之德要余，乡之德要长，国之德要丰，天下之德要博。

如是我文：不同范围，有不同层次之德行；不同位置，有不同修德之内涵。

［**百家争鸣**］

《文子》：《上德》：“大道坦坦，去身不远；‘修之于身，其德乃真’；修之于物，其德不绝。”《微明》：“修之身，然后可以治民；居家理，然后可移于官长，故曰：‘修之身，其德乃真；修之家，其德乃余；修之国，其德乃丰。’”《上仁》：“文子问治国之本，老子曰：本在于治身，未尝闻身治而国乱者也，身乱而国治者，未有也，故曰：‘修之身，其德乃真。’”认为修身是五修之本，一切都要从修身开始。

《韩非子》：《解老》：“身以积精为德，家以资财为德，乡、国、天下，皆以民为德。今治身而外物不能乱其精神，故曰：‘修之身，其德乃真。’真者，慎之固也。治家者，无用之物不能动其计，则资有余，故曰：‘修之家，其德有余。’治乡者行此节，则家之有余者益众，故曰：‘修之乡，其德乃长。’治邦者行此节，则乡之有德者益众，故曰：‘修之邦，其德乃丰。’莅天下者行此节，则民之生莫不受其泽，故曰：‘修之天下，其德乃普。’”认为各有其德，各修其德。

河上：“修道于身，爱气养神，益寿延年。其德如是，乃为真人。修道于家，父慈子孝，兄友弟顺，夫信妻贞。其德如是，乃有余庆及于来世子孙。修道于乡，尊敬长老，爱养幼少，教诲愚鄙。其德如是，乃无不复及也。修道于国，则君信臣忠，仁义自生，礼乐自兴，政平无私。其德如是，乃为丰厚也。人主修道于天下，不言而化，不教而治，下之应上，信如影响。其德如是，乃为普博。”详解“如是”，即五修的具体内容。

《淮南子》：《道应训》：“楚庄王问詹何曰：‘治国奈何?’对曰：‘何明于治身，而不明于治国?’楚王曰：‘寡人得立宗庙社稷，愿学所以守之。’詹何对曰：‘臣未尝闻身治而国乱者也，未尝闻身乱而国治者也。故本在于身，不敢对以末。’楚王曰：‘善。’故《老子》曰‘修之身，其德乃真’也。”喻说解经，认为修身是五修之本。

严遵："故治之于身，则性简情易，心达志通，远所不远，明所不明。""治之于家，则夫信妇贞，父慈子孝，兄顺弟悌，九族和亲。""治之于乡，则睹纲知纪，动合中和，名实正矣。""治之于国，则主明臣忠，朝不壅贤，士不妒功，邪不蔽正，谗不害公。""治之于天下，则主阴臣阳，主静臣动，主圆臣方，主因臣唱，主默臣言。"认为修即治。

王弼："以身及人也。修之身则真，修之家则有余，修之不废，所施转大。彼皆然也。"认为修既包括修己身，又包括修他人。

唐玄宗："修德于身，德乃真纯。一家尽修，德乃余羡。一乡尽修，德乃长久。一国尽修，德乃丰盈。若天下尽修，其德施乃周普矣。"经文似为"修之于身"，"修之"即是修德，德同而修的处所不同，认为修身之外的四修，是不同范围的众人尽修。

［**普及经文**］**以身观身，以家观家，以乡观乡，以国观国，以天下观天下。吾何以知天下之然哉？以此。**

［**直译经文**］以身之德示范于身，以家之德示范于家，以乡之德示范于乡，以国之德示范于国，以天下之德示范于天下；这些，就是我所知道的天下大治之法。

如是我文：自身、家族、社稷的关系，一脉相承。让每个人、每个家、每个乡、每个国以至全天下，依不同的榜样以修其德。观：示也。

［**百家争鸣**］

《韩非子》：《解老》："修身者，以此别君子、小人；治乡、治邦、莅天下者，各以此科适观其耗，则万不失一。故曰：'以身观身，以家观家，以乡观乡，以邦观邦，以天下观天下。吾奚以知天下之然也？以此。'"认为修治身、家、乡、国、天下，各有各的标准，各用各的标准。

河上："以修道之身，观不修道之身，孰亡孰存也。以修道之家，观不修道之家也。以修道之乡，观不修道之乡也。以修道之国，观不修道之国也。以修道之主，观不修道之主也。老子言：吾何以知天下修道者昌，背道者亡？以此五事，观而知之也。"理解为以此观彼，所以知修道者昌，背道者亡。

严遵："是故，我身者，彼身之尺寸也；我家者，彼家之权衡也；我乡者，彼乡之规矩也；我国者，彼国之准绳也；人主者，天下之腹心也；天下者，人主之身形也。故天下者与人主俱利俱病，俱邪俱正。""不可于我而可于彼者，天下无之。"认为身、家、乡、国、人主、天下，各有各的标准，而且彼此的标准同一。

王弼："以天下百姓心，观天下之道也。天下之道，逆顺吉凶，亦皆如人之道也。此，上之所云也。言吾何以得知天下乎？察己以知之，不求于外也。所谓不出户以知天下者也。”以经解经。认为要以百姓之心，外观天下之道，内察己之顺逆。

唐玄宗：“以修身之法观身，能清静者真。以修家之法观家，能和睦者有余。以修乡之法观乡，能顺序者乃长。以修国之法观国，能勤俭者乃丰。以修天下之法观天下，能无为者乃普。以此观身等观之，则可知尔。”认为五种范围各有其法。

[**意犹未尽**]

第55章（上）

［**普及经文**］**含德之厚者，比于赤子。毒虫不螫，瞿鸟、猛兽不据。**

［**直译经文**］厚德之人就像赤子婴儿一样，即使是毒虫、凶鸟、猛兽，也都无意伤害他。

如是我文：厚含德，含厚德，与天地合德。比：类也。

［**百家争鸣**］

河上："谓含怀道德之厚者也。神明保佑含德之人，若父母之于赤子也。蜂虿蛇虺不螫。赤子不害于物，物亦不害之。故太平之世，人无贵贱，皆有仁心，有刺之物，还反其本；有毒之虫，不伤于人。"认为是两不相害。含：怀藏也。比或作庇：荫也。

严遵："唯无欲者，身为之宅，藏之于心，故曰含德。""夫德之在人，犹父母之于身也。""含德之士，重身而轻天下，犹慈父孝子，不以其有易其邻。""功与地配，德与天齐，反愚归朴，比于婴儿。""故能被道含德，与天地同则，蜂虿虫蛇无心施其毒螫，攫鸟猛兽无意加其攫搏。"强调无欲、重身、与天地同则。

王弼："赤子，无求无欲，不犯众物，故毒虫之物无犯之人也。含德之厚者，不犯于物，故无物以损其全也。"认为要无求无欲，不犯众物则两不相伤。

唐玄宗："至人含怀道德之厚者，其行比赤子。至人神矣，物不能伤，既无害物之心，故无螫搏之地，此至人之含德也。"认为至人不是赤子，而是行比赤子。

［**普及经文**］**骨弱筋柔而握固。**

［**直译经文**］虽然骨弱筋柔，手握东西也照样抓得牢固。

如是我文：这是因为他的神气充足，也就是神之至。

［**百家争鸣**］

河上："赤子筋骨柔弱而持物坚固，以其意专而心不移也。"认为是神之至。

严遵："骨弱筋柔，握持坚固。"

王弼："以柔弱之故，故握能周固。"

唐玄宗："赤子骨弱筋柔，而能握拳牢固。"

［**普及经文**］**未知牝牡之合而朘怒，精之至也。终日号而不忧，和之至也。**

[**直译经文**] 不懂男女房事也有生理反应，这是因为他的精气充足。整天哭笑呼号，却与忧愁无关，这是因为他真正做到了冲气以为和。

如是我文：德有三：精、气、神。含德之厚就是精、气、神之和。

[**百家争鸣**]

《庄子》：《庚桑楚》："老子曰：'卫生之经，能抱一乎？能勿失乎？能无卜筮而知吉凶乎？能止乎？能已乎？能舍诸人而求诸己乎？能翛然乎？能侗然乎？能儿子乎？儿子终日嗥而嗌不嗄，和之至也；终日握而手不掜，共其德也。'"认为说的是老子的卫生之经。卫生即养生，与今天的用法稍有区别。

河上："赤子未知男女之合会而阴作怒者，由精气多之所致也。赤子从朝至暮啼号声不变易者，和气多之所致也。"认为赤子生殖器的反映，是由于精气多。声不变易，是由于和气多。

严遵："不睹牝牡，阴阳以化。精神充实，人物并归。啼号不嗄，可谓志和。"认为和之至就是志和。

王弼："作，长也。无物以损其身，故能全长也。言含德之厚者，无物可以损其德、渝其真。柔弱不争而不摧折，皆若此也。无争欲之心，故终日出声而不嗄也。"所引经文为全作，即全其生长，发育良好。认为要无争欲之心。

唐玄宗："未知阴阳配合，而含气之源。动作者，犹精粹之至。终日啼号而声不嘶嗄，犹纯和之至，此赤子之全和也。"认为至就是全。

[**普及经文**] **和曰常。知和曰明。益生曰祥。心使气曰彊。**

[**直译经文**] 和是道德的常态。知道什么是和、如何达到和，才能称为明。过分强调生，不是好事。以心使气，就会僵化。

如是我文：和是道德的最高境界，明是认知的最高境界。益生不是和，心使气不是和，因为不是过分偏重生，就是过分偏重使。抟气则柔，使气则僵，与第10章相对应，一软一硬，一正一反。

[**百家争鸣**]

《文子》：《下德》："身处于江海之上，心在魏阙之下，即重生，重生即轻利矣。犹不能自胜，即纵之，神无所害也。不能自胜，而强不纵，是谓重伤，重伤之人，无寿类矣。故曰：'知和曰常，知常曰明。益生曰祥，心使气曰强。''是谓玄同。''用其光，复归其明。'"与第52、56章部分经文合说，认为要重生，不要重伤；不能自胜，则纵之。使：从也，重也。

河上："人能知和气之柔弱有益于人者，则为知道之常也。人能知道之常行，则日以明达于玄妙也。祥，长也。言益生欲自生，日以长大。心当专一和柔，而神气实内，故形柔。而反使妄有所为，则和气去于中，故形体日以刚强也。”所引经文稍有不同。对心使气则强作反面理解。

《淮南子》：《道应训》：“中山公子牟谓詹子曰：‘身处江海之上，心在魏阙之下，为之奈何？’詹子曰：‘重生。重生则轻利。’中山公子牟曰：‘虽知之，犹不能自胜。’詹子曰：‘不能自胜，则从之；从之，神无怨乎！不能自胜而强弗从者，此之谓重伤。重伤之人，无寿类矣。’故《老子》曰：‘知和曰常，知常曰明，益生曰祥，心使气曰强。’是故‘用其光，复归其明’也。”以事解经，以经解经。与第 52 章部分经文合说。从即纵。

严遵：“为之行之，与道为常。执之守之，时日聪明。旬月生息，动合百祥。心意玄作，气顺坚强。”所引经文似为日明。对心使气则强作正面理解。

王弼：“物以和为常，故知和则得常也。不皦不昧，不温不凉，此常也。无形不可得而见，曰明也。生不可益，益之则夭也。心宜无有，使气则强。”所引经文很可能是“和曰常”。祥是夭祥之义。对心使气则强作反面理解。

唐玄宗：“能如婴儿，固守和柔，是谓知常之行。守和知常，是曰明了。祥者吉凶之兆，言人不知守常，而求益生越分，动之死地，是曰凶祥。心有是非，气无分别，若役心使气，是曰强梁之人。”以经解经。使：役也。

[**普及经文**] **物壮、则老，是谓“不道”；不道早已。**

[**直译经文**] 物为壮，却以老之则为其准则，就是失和，或称之为不道；不道就会失败。

如是我文：物各有则，各合其则。

[**百家争鸣**]

河上：“万物壮极，则枯老也。枯老则不得道矣。不得道者早死。”壮是否等同于壮极？似有偷换概念之嫌。“草木壮极则枯落，人壮极则衰老也。言强者不可以久。枯老者，坐不行道也。不行道者，早死。”（第 30 章注）

严遵：“夫何故哉？以含德和神而体童蒙也。及其有知也，去一而之二，去晦而之明。身日饰而德日消，智逾多而迷益深。故重天下而轻其神，贵名势而贱其身。”“动而之穷，为而之亡。”“非命之罪，事物自当也。”认为不与天地同则之害，源于有知。似将本章与第 53 章视为姊妹篇；正说，反说。

想尔：“闻道不能行，故老。老不止，早已矣。”（第 30 章注）认为老的意思就是不能行。

王弼：“壮，武力暴兴，喻以兵强于天下者也。飘风不终朝，骤雨不终日，故暴兴必不道，早已也。”（第 30 章注）以经解经。老：过也。

唐玄宗：“凡物壮极则衰老，故戒云：矜壮恃强，是谓不合于道，当须早已。”见解与河上相近。“物之用壮，由兵之恃强。物壮则衰，兵强则败，是谓不合于道，当须早止不为。”(第 30 章注)

[**意犹未尽**]

第 56 章（上）

［**普及经文**］**知之者不言，言之者不智。**

［**直译经文**］知道者不言道，言道不是明智之举。

如是我文：一个隐字，贯穿老学始终。道隐、希言、知者稀、不示人，所以智者不言而守中。然而，不言，如何传承？言之，如何隐希？口传心授，要有所言、有所不言，言与不言要为一。

［**百家争鸣**］

《庄子》：《天道》："夫形色名声，果不足以得彼之情，则知者不言，言者不知，而世岂识之哉?"《知北游》："夫知者不言，言者不知，故圣人行不言之教。"《列御寇》："庄子曰：'知道易，勿言难。知而不言，所以知天也。知而言之，所以之人也。古之人，天而不人。'孔子曰：'凡人心险如山川，难于知天。'"认为知道易，勿言难。知心难于知天。

《文子》：《微明》："道：可以弱，可以强；可以柔，可以刚；可以阴，可以阳；可以幽，可以明；可以包裹天地，可以应待无方。知之浅，不知之深；知之外，不知之内；知之粗，不知之精。知之乃不知，不知乃知之，孰知知之为不知，不知之为知乎？夫道不可闻，闻而非也；道不可见，见而非也；道不可言，言而非也，孰知形之不形者乎？故'天下皆知善之为善也，斯不善矣'。'知者不言，言者不知。'"与第 2 章经文合为一句，作为二而一的反证之说：知道真善的人不言，不是不可言，而是不能言、难言全。此句似未作为经文而用。

河上："知者贵行不贵言也。驷不及舌，多言多患。"认为多言多患，祸从口出，所以要多做少说。

《淮南子》：《道应训》："道不可闻，闻而非也；道不可见，见而非也；道不可言，言而非也。孰知形之不形者乎？故《老子》曰：'天下皆知善之为善，斯不善也。'故'知者不言，言者不知'也。"论述与《文子》相同。又见第 70 章注："知言之谓者，不以言言。"

严遵："道无常术，德无常方，神无常体，和无常容。""故达于道者，独见独闻，独为独存。""五味在口。五音在耳；如甘非甘，如苦非苦，如商非商，如羽非羽，而易牙、师旷有以别之。其所以别之者，而口不能言也。"认为之所以口不能言，是因为包罗万象而无常，绝非三五句话所能说清，只能独自领悟。

王弼："因自然也。造事端也。"认为顺其自然，不必言。

唐玄宗："知，了悟也。言，辩说也。"认为道在悟，不在说，悟则无须言。

［普及经文］**塞其兑，闭其门；挫其锐，解其纷；和其光，同其尘；是谓“玄同”。**

［**直译经文**］塞闭门径，就是要创造出静的心境；挫锐解纷，就是要正确处理二者之间的对立与纷争；和光同尘，就是要像七色之光与万物之尘一样，混而为一，以达到新的和谐。挫解和同，称之为玄同。

如是我文：玄同之为：希言行隐，不露锋芒，思绪不紊，韬光养晦。

［**百家争鸣**］

《文子》：《下德》：“是谓玄同。”“善治国者，不变其故，不易其常。夫怒者，逆德也；兵者，凶器也；争者，人之所乱也。阴谋逆德，好用凶器，治人之所乱，逆之至也。非祸人不能成祸，不如‘挫其锐，解其纷，和其光，同其尘’。”第 52、55、56 章部分经文合说，分章不同于传世诸本。认为要戒怒、戒兵、戒争。

河上：“塞闭之者，欲绝其源。情欲有所锐为，当念道无为以挫止之。纷，结恨不休也。当念道恬怕以解释之。虽有独见之明，当和之使暗昧，不使曜乱人也。不当自别殊也。玄，天也。人能行此上事，是谓与天同道也。”认为塞闭的目的是杜绝欲望之源。纷似作忿。“锐，进也。人欲锐精进取功名，当挫止之，法道不自见也。纷，结恨也。当念道无为以解释。言虽有独见之明，当如闇昧，不当以曜乱人也。当与众庶同垢尘，不当自别殊。”（第 4 章注）

《淮南子》：《道应训》：“吴起为楚令尹，适魏。问屈宜若曰：‘王不知起之不肖，而以为令尹。先生试观起之为之也。’屈子曰：‘将奈何？’吴起曰：‘将衰楚国之爵，而平其制禄；损其有余，而绥其不足；砥砺甲兵，以时争利于天下。’屈子曰：‘宜若闻之：昔善治国家者，不变其故，不易其常。今子将衰楚国之爵，而平其制禄；损其有余，而绥其不足；是变其故，易其常也。行之者不利。宜若闻之曰：怒者，逆德也；兵者，凶器也；争者，人之所本也。今子阴谋逆德，好用凶器，治人之所本，逆之至也。且子用鲁兵，不宜得志于齐而行志焉。子用魏兵，不宜得志于秦而得志焉。宜若闻之，非祸人不能成祸。吾固惑吾王之数逆天道，戾人理，至今无祸。嗟！须夫子也。’吴起惕然曰：‘尚可更乎？’屈子曰：‘成形之徒，不可更也。子不若敦爱而笃行之。’《老子》曰：‘挫其锐，解其纷，和其光，同其尘。’”喻说解经，论述与《文子》相同。

严遵：“是故，得道之士，损聪弃明，不视不听，若无见闻；闭口结舌，若不知言。挫其锐，释其所之，意无所守，廓似无身。解其所思，散其所虑，奄若不知，匿若独存。”“容貌不异，服色不诡。”“与世浑沌，与俗玄同。”认为既然口不能言，最好若不知言，揣着明白装糊涂。

王弼：“含守质也。除争原也。无所特显，则物无所偏争也。无所特贱，则物无所偏耻也。”认为道的本质就是不特不偏。“锐挫而无损，纷解而不劳，和光而不汙其体，同尘而不渝其真，不亦湛兮似或存乎?”（第4章注）

唐玄宗：“了悟者于法无爱染，於言无执滞，故云塞其兑也。既无爱染，则嗜欲之门闭矣。解具如道冲章，彼则约道，此则约人。言人能体道，是为与玄同德也。”认为玄同就是与玄同德，塞闭诸句是约人之法。“道以冲和，故能抑止铦利，释散纷扰。若俗学求复，则弥结矣。道无不在，所在常无。在光在尘，皆与为一。一，光尘尔，而妙本非光尘也。和光同尘，而妙本不杂，故湛兮似有所存。”（第4章注）

［**普及经文**］**故不可得而亲，亦不可得而疏；不可得而利，亦不可得而害；不可得而贵，亦不可得而贱。故为天下贵。**

［**直译经文**］所以，既不可重视亲而忽视疏，也不可重视疏而忽视亲；既不可重视利而忽视害，也不可重视害而忽视利；既不可重视贵而忽视贱，也不可重视贱而忽视贵。只有处理好二者之间的关系，才能得到天下万民的拥戴和敬仰。

如是我文：人生有三大困惑：情、利、名。于情，有亲有疏，又无亲无疏；于利，有利有害，又无利无害；于名，有贵有贱，又无贵无贱。有，还是无？取决于两大立足点：私与公。

［**百家争鸣**］

河上：“不以荣誉为乐，独立为哀。志静无欲，与人无怨。身不欲富贵，口不欲五味。不与贪争利，不与勇争气。不为乱世主，不处暗君位。不以乘权故骄，不以失志故屈。其德如此，天子不得臣，诸侯不得屈，与世沉浮，容身避害，故为天下贵也。”将亲、疏、利、害、贵、贱全部具体化，一一对应，慎行诸德，就能为天下贵。

严遵：“游于亲疏之户，翱翔利害之门，浮于贵贱之野，固守我之精神。”认为万事顺其自然，贵在健全精神。

王弼：“可得而亲，则可得而疏也。可得而利，则可得而害也。可得而贵，则可得而贱也。无物可以加之也。”采用正说。认为做到二者和同而全，则无物可以加之。

唐玄宗：“玄同无私，故不可得而亲。泛然和众，故不可得而疏。无欲，故不可得而利。不争，故不可得而害也。体道自然，故不可得而贵。洗然无滓，故不可得而贱也。体了无滞，言忘理畅，锐纷尽解，光尘亦同，既难亲疏，不可贵贱，故为天下至贵矣。”认为是对玄同之中的二者分析。

［意犹未尽］

第57章（上）

［普及经文］**以正之国，以奇用兵；以无事取天下。**

［直译经文］对外交往，用人要以正道为主，开展睦邻外交；一旦用兵，用人要以诡道为主，战而善谋。治理天下，圣人总的作为就是无事。

如是我文：无论治外，还是治内，都要无为者无为，有为者有为，各负其责，顺其自然。

［百家争鸣］

《文子》：《上礼》："《老子》曰：'以政治国，以奇用兵。'先为不可胜之政，而后求胜于敌，以未治而攻人之乱，是犹以火应火，以水应水也。同莫足以相治，故以异为奇。"认为攘外必先安内。

《尹文子》：《大道下》："《老子》曰：'以政治国，以奇用兵，以无事取天下。'政者，名法是也；以名法治国，万物所不能乱。奇者，权术是也；以权术用兵，万物所不能敌。"认为正就是政，指名法；奇指权术。

河上："之，至也。天使正身之人，使至有国也。奇，诈也。天使诈伪之人，使用兵也。以无事无为之人，使取天下为之主。"将正、奇、无事都视为某种人的省略词，即正之人、奇之人，无事之人，三种人各负其责。使至有国，即出使外交。

严遵："故天地之道，一阴一阳。阳气主德，阴气主刑，刑德相反，和在中央。""故王道人事，一柔一刚，一文一武，中正为经。""一名正而国家昌，一名奇而国家役。""明王圣主，无欲无求，不创不作，无为无事，无载无章，反初归朴，海内自宁。"认为臣事要一文一武，运用正奇两种手段。圣主中正，和在中央。

王弼："以道治国则国平，以正治国则奇正（兵）起也。以无事，则能取天下也。上章云，其取天下者，常以无事，及其有事，又不足以取天下也。故以正治国，则不足以取天下，而以奇用兵也。夫以道治国，崇本以息末；以正治国，立辟以攻末。本不立而末浅，民无所及，故必至于以奇用兵也。"以经解经。认为有所正必有所奇，各有所偏，都是以偏治国，所以都不足取。应该以道治国，既不以正，也不以奇，而是以无事。

唐玄宗："在宥天下，贵乎无为，为政若以政教治国，奇诈用兵，斯皆不合于道。唯无事无为，可以取天下，此三句标也。"理解与王弼同，认为奇正都不合于道。

［普及经文］**吾何以知其然也？夫天多忌讳而民弥叛，民多利器而国家滋**

昏，人多知而奇物滋起，法物滋彰而盗贼多有。

［**直译经文**］我是如何知道这个道理的？约束百姓的条条框框越多，百姓就越不服管，管得越严，反抗也就越多。本来不可以示人的国家利器，一旦掌握在百姓手中，人主就成了失水之鱼。臣下百姓所知越多，就越喜欢争奇斗巧，奇奇怪怪的事物也就越多，人心必乱。财币之类的难得之货越是彰显，慢藏诲盗，偷盗抢劫的人也就越多。

如是我文：人与自然不可失调，人与社会不可失序，人之心灵不可失衡。上多事，下必多乱。上下同道，则乱。一方多偏，则二者失衡。

［**百家争鸣**］

《文子》：《道原》："所谓大寇伏尸不言节，中寇藏于山，小寇遁于民间，故曰：'民多智能，奇物滋起；法令滋章，盗贼多有。'去彼取此，天殃不起，故'以智治国，国之贼；不以智治国，国之德。'"《微明》："治国有礼，不在文辩，'法令滋彰，盗贼多有'。"以经解经。

河上："此，今也。老子言：我何以知天意然哉？以今日所见知之也。天下，谓人主也。忌讳者，防禁也。令烦则奸生，禁多则下诈，相殆故贫。利器者，权也。民多权则视者眩于目，听者惑于耳，上下不亲，故国家昏乱。人，谓人君、百里诸侯也。多知技巧，谓刻画宫观，雕琢章服，奇物滋起，下则化上，饰金镂玉，文绣采色日以滋甚。法物，好物也。珍好之物滋生彰著，则农事废，饥寒并至，故盗贼多有也。"认为四句话说的就是老子当日所见之例证。

《淮南子》：《主术训》："智诈萌兴，盗贼滋彰。"《道应训》："惠子为惠王为国法，已成而示诸先生，先生皆善之。奏之惠王，惠王甚悦之，以示翟煎。曰：'善。'惠王曰：'善，可行乎？'翟煎曰：'不可。'惠王曰：'善而不可行，何也？'翟煎对曰：'今夫举大木者，前呼邪许，后亦应之。此举重劝力之歌也，岂无郑、卫激楚之音哉？然而不用者，不若此其宜也。'治国在礼，不在文辩。故《老子》曰：'法令滋彰，盗贼多有。'此之谓也。"喻说解经。到什么山，唱什么歌，执今之道，以御今之有。

严遵："主好知则民伪，主好利则民祸，主好赏则民困，主好罚则民怨。"认为下之乱，源于上，上梁不正下梁歪。

王弼："利器，凡所以利己之器也。民强则国家弱。民多智慧则巧伪生，巧伪生则邪事起。立正欲以息邪，而奇兵用；多忌讳欲以耻贫，而民弥贫；利器欲以强国者也，而国愈昏；皆舍本以治末，故以致此也。"认为此四句是对前句的例证，都是舍本治末所导致的恶果。

唐玄宗："以此，下文知之。以政治国，动多忌讳，人失作业，故令弥贫也。利器，谓权谋，人主以权谋为多，不能反实，下则应之以诈谲，故令国家滋益昏乱。人主以伎巧为多，不能见素，下则应之以奢泰，故令淫奇之物滋起也。无为既失，法令益明，窃法为奸，尽成盗贼，岂非多有乎?”强调人主要无为、无事。

［普及经文］是以圣人之言曰：“我无为而民自化，我好静而民自正，我无事而民自富，我欲不欲而民自朴。”

［直译经文］所以前圣传道于后圣：圣人治国，如果做到无为、好静、无事、欲不欲，百姓就可以做到自化、自正、自富、自朴。

如是我文：圣人的四大行为准则，百姓的四大核心价值。好静：以静为主，以动为辅。

［百家争鸣］

《文子》：《道原》：“故曰：‘我无为而民自化，我无事而民自富，我好静而民自正，我无欲而民自朴。’清静者，德之至也；柔弱者，道之用也；虚无恬愉者，万物之祖也。三者行，则沦于无形。无形者，一之谓也。一者，无心合于天下也。”《微明》：“帝王富其民，霸王富其地，危国富其吏，治国若不足，亡国困仓虚。故曰：‘上无事而民自富，上无为而民自化。’”《下德》：“淡然无欲而民自朴。”认为圣人要执一。

河上：“谓下事也。圣人言：我修道承天，无所改作，而民自化成也。圣人言：我好安静，不言不教，民皆自忠正也。我无徭役徵召之事，民安其业，故皆自富也。我常无欲，去华文，微服饰，民则随我为质朴也。圣人言：我修道守真，绝去六情，民自随我而清也。”认为上有所无，下才能有所有。

严遵：“人主诚能为无为之为，则天下之心皆无所之，被道含德，无思无求，无令无法，万民自化。人主诚能事无事之事，则天下无效无象，无知无识，不赏不与，万民自富。人主诚能安无静之静，乐无清之清，则天下不学不问，无闻无见，无刑无罚，万民自正。人主诚能欲不欲之欲，则天下心虚志平，大身细物，动而反止，静而归足，不拘不制，万民自朴。”无为之为，无事之事，无静之静，欲不欲之欲。

王弼：“上之所欲，民从之速也。我之所欲唯无欲，而民亦无欲而自朴也。此四者，崇本以息末也。”上行下效。认为这四句话才是崇本息末的正确作为，其中最重要的是无欲。

唐玄宗：“无为则清静，故人自化。无事则不扰，故人自富。好静则得性，故人自正。无欲则全和，故人自朴。此无事取天下矣。”认为最重要的是无事，是对“以无事取天下”经文的分说。

［意犹未尽］

第58章（上）

［普及经文］**其政闷闷，其民淳淳；其政察察，其国夬夬。**

［直译经文］行政之法：有些法要闷闷，大而化之，简单扼要，以使百姓保持淳朴宽厚之本质；有些法要察察，条理明晰，详尽明白，以使社会秩序井然，百姓是非分明。

如是我文：闷闷与察察，不可偏废。闷闷：宽大也。

［百家争鸣］

《文子》：《上礼》："鄷水之深，十仞而不受尘垢，金石在中，形见于外，非不深且清也，鱼鳖蛟龙莫之归也。石上不生五谷，秃山不游麋鹿，无所荫蔽也。故为政以苛为察，以切为明，以刻下为忠，以计多为功；如此者，譬犹广革者也，大败大裂之道也，'其政闷闷，其民淳淳；其政察察，其民缺缺'。"认为水至清则无鱼，人至察则无徒。缺：破也。

河上："其政教宽大，闷闷昧昧，似若不明也。政教宽大，故民醇醇富厚，相亲睦也。其政教急疾，言决于口，听决于耳也。政教急疾，民不聊生，故缺缺日以疏薄"。认为政法要多模糊，多宽容；少明苛，少急疾。缺与决通。

《淮南子》：《道应训》："沣水之深千仞，而不受尘垢，投金铁焉，则形见于外；非不深且清也，鱼鳖龙蛇莫之肯归也。是故石上不生五谷，秃山不游麋鹿，无所阴蔽也。昔赵文子问于叔向曰：'晋六将军，其孰先亡乎？'对曰：'中行、知氏。'文子曰：'何乎？'对曰：'其为政也，以苛为察，以切为明，以刻下为忠，以计多为功，譬之犹廓革者也。廓之，大则大矣，裂之道也。'故《老子》曰：'其政闷闷，其民纯纯，其政察察，其民缺缺。'"喻说解经，议论与《文子》近。

严遵："故人主之政，不孝不仁，不施不予，闵闵缦缦，万民悃輓，墨墨倦倦，好恶不别，是非不分，故得所欲，性命以全。人主之政，布德施利，明目察察，万民昭昭，皆知祸福，孝悌仁义，万事差别，偟偟戳戳，知伪缺缺，故失所安，性命夭绝。"本章前半部分与前章合为一篇，进一步发挥无事之要旨。

王弼："言善治政者，无形、无名、无事、无政可举。闷闷然，卒至于大治。故曰其政闷闷也。其民无所争竞，宽大淳淳，故曰其民淳淳也。立刑名，明赏罚，以检奸伪，故曰察察也。殊类分析，民怀争竞，故曰其民缺缺。"认为治政要多宽少严，治政者要多无。

唐玄宗："政教闷闷，无为宽大，人则应之淳淳然而质朴矣。政教察察，有为苛急，人则应之缺缺然而凋弊矣。”认为治政者要无为，不要有为。

［**普及经文**］**祸兮：福之所倚，福兮：祸之所伏。孰知其极？**

［**直译经文**］祸中隐藏着福，福中隐藏着祸；福与祸二者之中，到底谁为正？

如是我文：能看到一中有二，相因相生，这是第一步。极：正也。

［**百家争鸣**］

《文子》：《微明》：“福至祥存，祸至祥先；见祥而不为善，则福不来；见不祥而行善，则祸不至。利与害同门，祸与福同邻，非神圣莫之能分，故曰：‘祸兮福所倚，福兮祸所伏，孰知其极？’”认为祸与福都有先兆可寻。极：至也。《淮南子》中，也有类似论述：“夫祸之来也，人自生之；福之来也，人自成之。祸与福同门，利与害为邻，非神圣人，莫之能分。”“夫祸福之转而相生，其变难见也。”

《吕氏春秋》：《制乐》：“故成汤之时，有谷生于庭，昏而生，比旦而大拱，其吏请卜其故。汤退卜者，曰：‘吾闻：祥者，福之先者也；见祥而为不善，则福不至。妖者，祸之先者也；见妖而为善，则祸不至。’于是早朝晏退，问疾吊丧，务镇抚百姓，三日而谷亡。故‘祸兮福之所倚，福兮祸之所伏’，圣人所独见，众人焉知其极。”喻说解经。不问祸福，以善解之。

《韩非子》：《解老》：“无祸害，则尽天年；得事理，则必成功。尽天年，则全而寿；必成功，则富与贵。全寿、富贵之谓福，而福本于有祸，故曰‘祸兮福之所倚’，以成其功也。”“行邪僻，则身死夭；动弃理，则无成功。夫内有死夭之难，而外无成功之名者，大祸也。而祸本生于有福，故曰：‘福兮祸之所伏。’”“夫缘道理以从事者，无不能成。”“众人之轻弃道理，而易妄举动者，不知其祸福之深大，而道阔远若是也，故谕人曰：‘孰知其极？’”《大体》：“祸福生乎道法，而不出乎爱恶。”认为祸与福二而一。万事各有其理，只有依理从事，就能避凶趋吉，减祸增福。

河上：“倚，因也。夫福因祸而生，人遭祸而能悔过责己，修道行善，则祸去福来。祸伏匿于福中，人得福而为骄恣，则福去祸来。祸福更相生，谁能知其穷极时？”认为祸福相因，二者俱存；孰显孰隐？关键在于如何行道。极：穷尽也。

严遵：“福生于祸，祸生于福。福之与祸，同营异域，俱亡俱存，异情同服。相随出入，同来异极，非有圣人，莫能独得。故去福则无祸，无祸则无福。无福之福，至微玄默，天下好知，莫能穷极。唯无为者，能顺其则。”对二而一分析透彻。

王弼："言谁知善治之极乎？唯无可正举，无可形名，闷闷然而天下大化是其极也。"强调善治。

唐玄宗："倚，因也。伏，藏也。上言其政闷闷，俗则以为无政理之体，人反淳淳然而质朴，此则祸为福之所因也。其政察察，而俗则以为有政理之术，人乃缺缺然而凋弊，此福为祸之所藏。"因与伏，正是二而一的特点。

［普及经文］**其无正也：正复为奇，善复为妖。人之迷也，其日固久矣。**

［直译经文］福与祸，哪一方都不可能永远为正：正会转化为奇，利也会转化为害。世人不懂得这个道理，已经很久了。

如是我文：不能只知其一，不知其二。福与祸，相对而非绝对，二者之间，可以相互转换。到底以谁为正？都可以为正，条件不同，为正为奇者自然不同。

［**百家争鸣**］

《韩非子》：《解老》："今众人之不能至于其所欲至，故曰'迷'。众人之所不能至于其所欲至也，自天地之剖判以至于今，故曰：'人之迷也，其日故以久矣。'"认为目的达不到，称之为迷。

河上："无，不也。谓人君不正其身，其无国也。奇，诈也。人君不正，下虽正，复化上为诈也。善人皆复化上为訞祥也。言人君迷惑失正以来，其日已固久。"强调正与善的重要性。复就是转化。

严遵："正在福祸之间，无所不克。失正则奇生而民惑，善人为妖，是非反复，天下大迷而不复也。"认为正就是福祸二者之间的平衡点。迷：惑也。

王弼："以正治国，则便复以奇用兵矣。故曰正复为奇。立善以和万物，则便复有妖之患也。言人之迷惑失道固久矣，不可便正善治以责。"以经解经。若以钟摆作喻，左摆为正，右摆为奇，摆之轴心为道。

唐玄宗："祸福之极，岂无正邪，但众生迷执，正者复以为奇诈，善者复以为妖祥，故祸福倚伏，若无正尔。以正为奇，以善为妖，如此迷倒，其为日也，固以久矣。"认为并非祸福无正，而是人不知何为正。

［普及经文］**方而不割，谦而不刺，直而不肆，光而不耀。**

［直译经文］为人要方正律己，讲究原则；待人要与人为善，不苛求责备。为人要谦下退让；待人不要咄咄逼人，锋芒毕露。为人要直爽坦荡；待人既不要吞吞吐吐，又不要口无遮拦，行为放肆。为人既要光明正大，又不耀人于目。

如是我文：总之，要严于律己，宽以待人。容人即是容己，宽容别人就是善待自己。

［**百家争鸣**］

《文子》：《道德》："文子问政，老子曰：御之以道，养之以德，无示以贤，无加以力。损而执一，无处可利，无见可欲，方而不割，廉而不欲，无矜无伐。"《上义》："自古及今，未有能全其行者也，故君子不责备于一人。方而不割，廉而不刿，直而不肆，博达而不訾，道德文武，不责备于人力。"认为这些经文讲的都是为政之道。能做到十全十美、德行完备的人，极为少见，所以不要苛求责备。

《韩非子》：《解老》："所谓方者，内外相应也，言行相称也。所谓廉者，必生死之命也，轻恬资财也。所谓直者，义必公正，公心不偏党也。所谓光者，官爵尊贵，衣裘壮丽也。今有道之士，虽中外信顺，不以诽谤穷堕；虽死节轻财，不以侮罢羞贪；虽义端不党，不以去邪罪私；虽势尊衣美，不以夸贱欺贫。""故曰：'方而不割，廉而不秽（刿），直而不肆，光而不耀。'"认为有道之士要律己严，待人宽；自己要方、廉、直、光，却不反对众人割、刿、肆、耀，否则就是"与天下之为仇，非全身长生之道"。

河上："圣人行方正者，欲以率下，不以割截人也。害，伤也。圣人行廉清，欲以化民，不以伤害人也。今则不然，正己以害人也。肆：申也。圣人虽直，曲己从人，不自申也。圣人虽有独见之明，当如暗昧，不以曜乱人也。"认为圣人的行为有四要、四不要。

《淮南子》：《道应训》："景公谓太卜曰：'子之道何能？'对曰：'能动地。'晏子往见公，公曰：'寡人问太卜曰：子之道何能？对曰：能动地。地可动乎？'晏子默然不对。出，见太卜，曰：'昔吾见句星在房、心之间，地其动乎？'太卜曰：'然。'晏子出。太卜走往见公，曰：'臣非能动地，地固将动也。'田子阳闻之，曰：'晏子默然不对者，不欲太卜之死；往见太卜者，恐公之欺也。晏子可谓忠于上而惠于下矣。'故《老子》曰：'方而不割，廉而不刿。'"《氾论训》："是故君子不责备于一人。方正而不以割，廉直而不以切，博通而不以訾，文武而不以责。"喻说解经。不要求全责备之说，与《文子》相近。

严遵："明王圣主，独有而不与也，独知而不教也，独能而不使也；方于己而不以也，廉于万物而不有也，直秉天心而不恃也，德光四海而不怙也。"此句经文与下一章合为一篇。四要、四不要。

王弼："以方导物，令去其邪，不以方割物。所谓大方无隅。廉，清廉也。刿，伤也。以清廉导民，令去其污，不以清廉刿伤于物也。以直导物，令去其僻，而不以直激沸于物也。所谓大直若屈也。以光鉴其所以迷，不以光照求其隐慝也。所谓明道若昧也。此皆崇本以息末，不攻而使复之也。”以经解经。总的原则就是崇本以息末，不作而复本。

唐玄宗：“圣人善化，不割彼而为方，不刿彼而为廉，不申彼而为直，不耀彼而为光，修之身而天下自化矣。肆，申也。”强调善化，认为圣人要善待众人，不损人以利己。

［**意犹未尽**］

第59章（上）

［**普及经文**］**给人事天莫若啬。夫唯啬，是以早备，是谓“重积德”。**

［**直译经文**］处理国计民生和祭祀这类大事，一定要使上天、祖先、百姓都能得到丰富的供给；所以，最重要的手段就是搞好农业。搞好农业，就可以大量储备粮食；大量储备粮食的同时，也是在储备国之丰德。

如是我文：民以食为天。手里有粮，心里不慌。防患于未然，有备无患。由稼穑进而俭啬；收获与节俭，双重积累得与德。

［**百家争鸣**］

《韩非子》：《解老》：“《书》之所谓治人者，适动静之节，省患虑之费也。所谓事天者，不极聪明之力，不尽智识之任。苟极尽，则费神多；费神多，则盲聋悖狂之祸至，是以啬之。啬之者，爱其精神，啬其智识也。故曰：‘治人事天莫如啬。’众人之用神也躁，躁则多费，多费之谓侈。圣人之用神也静，静则少费，少费之谓啬。啬之谓术也，生于道理。”“圣人虽未见祸患之形，虚无服从于道理，以称蚤服。故曰：‘夫谓啬，是以蚤服。’知治人者，其思虑静；知事天者，其孔窍虚。思虑静，故德不去；孔窍虚，则和气日入。故曰‘重积德’。夫能令故德不去，新和气日至者，蚤服者也。故曰：‘蚤服，是谓重积德。’”《显学》：“今夫与人相善也，无丰年旁入之利，而独以完给者，非力则从俭也。”认为啬是道术，俭啬之义。道术要服从道理，而且要越早越好。双重积德，要从静与虚入手。其在下一章注文中又说：“民蕃息而蓄积盛，之谓有德。”有助于对积德的理解。

河上：“谓人君欲治理人民。事，用也。常用天道，顺四时。啬，爱惜也。治国者，当爱民财，不为奢泰。治身者，当爱精气，不为放逸。早，先也。服，得也。夫独爱民财，爱精气，则能先得天道也。先得天道，是谓重积德于己也。”认为治国则爱民财，治身则爱精气，这就是双重积德。

严遵：“故治国之道，生民之本，啬为祖宗。是故，明王圣主，损形容，卑宫室，绝五味，灭声色，智以居愚，明以语默，建无状之容，立无象之式，恐彼知我，藏于不测。”所引经文稍有不同。认为治国生民，俭啬是根本。

王弼：“莫若，犹莫过也。啬，农夫。农人之治田，务去其殊类，归于齐一也。全其自然，不急其荒病，除其所以荒病。上承天命，下绥百姓，莫过于此。早服，常也。唯重积德，不欲锐速，然后乃能使早服其常。故曰早服谓之重积德者也。”认为是以农夫治田作喻。重积德就是重视积德。绥：安也。

唐玄宗：“啬，爱也。人君将欲理人事天之道，莫若爱费，使仓禀实，人知礼节，三时不害，则天降之嘉祥。人和可以理人，天保可以事天矣。‘何以聚人？曰财。’故能俭爱，则四方之人将襁负而至，早服事其君矣。服，事也。夫唯俭啬，以是有德，人归有德，早事其君，故云重积德。”以《易》解经。强调俭啬的重要性。

［**普及经文**］**重积德则无不克；无不克，则莫知其极；莫知其极，可以有国；有国之母，可以长久。是谓“深根、固柢、长生、久视之道”。**

［**直译经文**］双重积累，就能无所不克；无所不克，就能永不停步；永不停步，就能永享其国，就能把握住国家的命脉，就可以立国长久。这才是国本坚固、长治久安之道。

如是我文：积得就是积德，聚人以财。所向无敌，要有雄厚的物质基础。

［**百家争鸣**］

《韩非子》：《解老》：“积德而后神静，神静而后和多，和多而后计得，计得而后能御万物，能御万物则战易胜敌，战易胜敌而论必盖世，论必盖世，故曰‘无不克’。无不克本于重积德，故曰：‘重积德，则无不克。’”“莫见其端末，是以莫知其极。故曰：‘无不克，则莫知其极。’”“唯夫能令人不见其事极；不见其事极者，为能保其身，有其国。故曰：‘莫之其极；莫知其极，则可以有国。’”“母者，道也；道也者，生于所以有国之术；所以有国之术，故谓之‘有国之母’。夫道以与世周旋者，其建生也长，持禄也久。故曰：‘有国之母，可以长久。’”“体其道者，其生日长，故曰‘固其柢’。柢固，则生长；根深，则视久。故曰：‘深其根，固其柢，长生久视之道也。’”强调积德的重要性。认为长生之源，在于根本的深与固。

河上：“剋，胜也。重积德于己，则无不胜。无不剋胜，则莫有知己德之穷极也。莫知己德有极，则可以有社稷，为民致福。国、身同也。母，道也。人能保身中之道，使精气不劳，五神不苦，则可以长久。人能以气为根，以精为蒂，如树根不深则拔，蒂不坚则落。言当深藏其气，固守其精，无使漏泄。深根固蒂者，乃长生久视之道。”认为要以大树为榜样，深固其本。人之根本，在气与精。蒂：草木根也。

严遵：“无为而无不成，不争则无不克。”“魁如天地，不可穷极，自修有余，故能有国。治人理物，子孙不绝。夫何故哉？以其啬也。”“为啬之道，不施不予，俭爱微妙，盈若无有，诚通其意，可以长久。”“一与物然，与天同道；根深蒂固，与神明处。真人所体，圣人所保也。”认为长生久视就是可以与神明相处。

王弼：“道无穷也。以有穷而莅国，非能有国也。国之所以安，谓之母。重积德，是唯图其根，然后营末，乃得其终也。”认为治国要先图本，后营末。

唐玄宗："圣人积德，四海归仁，则无有不能制服者矣。克，能也。人君之德，无有不能制御者，则无远不至，故四方莫知其穷极也。莫知其穷极，然后可以为有国。有国而茂养百姓者，则其国福祚可以长久矣。积德有国，则根深花蒂固矣。深固者，有国长生久视之道。"认为莫知其极，就是无远不至。蒂：瓜当也。

［**意犹未尽**］

第60章（上）

［**普及经文**］**治大国若烹小鲜。**

［**直译经文**］治理国家，就像烹炸小鱼一样。

如是我文：大，小之；难，易之；慎之又慎。多翻则烂，多变则乱。

［**百家争鸣**］

《文子》：《道德》："故'治大国若烹小鲜'，勿挠而已。"挠：扰烦也。

《韩非子》：《解老》："烹小鲜而数挠之，则贼其宰；治大国而数变法，则民苦之。是以有道之君贵静，不重变法。故曰：'治大国者，若烹小鲜。'"认为治国不重变法，似可商榷。烹之即是变；经文之义似不反对变，而是反对多变。

河上："鲜，鱼也。烹小鱼不去肠，不去鳞，不敢挠，恐其糜也。治国烦则下乱，治身烦则精散。"糜：烂也。

《淮南子》：《齐俗训》："《老子》曰：'治大国，若烹小鲜。'为宽裕者曰：'勿数挠。'为刻削者曰：'致其咸酸而已矣。'晋平公出言而不当，师旷举琴而撞之，跌衽宫壁，左右欲涂之，平公曰：'舍之，以此为寡人失。'孔子闻之曰：'平公非不痛其体也，欲来谏者也。'韩子闻之曰：'群臣失礼而弗诛，是纵过也。有以也夫，平公之不霸也。'"喻说解经。认为有三种理解，治国勿多变，要举措适当，勿以恶小而不治。

严遵："明王圣主之治大国也，若柄纤微，若通小水。""福微利鲜，言希禁寡，动于无形，功流四海。"亨（烹）：通也。鲜：寡也。

王弼："不扰也。躁则多害，静则全真。故其国弥大，而其主弥静，然后乃能广得众心矣。"强调以静为主。

唐玄宗："烹小鲜者不可挠，治大国者不可烦。烦则人劳，挠则鱼烂矣。"

［**普及经文**］**以道莅天下，其鬼不神。非其鬼不神，其神不伤人。非其神不伤人，圣人亦弗伤也。夫两不相伤，故德交归焉。**

［**直译经文**］有道之人与人相处，气定神闲，正大光明。在其内心之中，阴鬼屈而阳神伸，各安其位，所以既不伤已，又不伤人。有道之人如此，圣人更是如此。自身的阴与阳之间，人与人之间，如果都能做到两两互不相伤，就可以同归于德，和谐共处。

如是我文：六种关系。处世之道，要注重精神层面的修养。人人心中都有鬼，鬼就是甚欲、恶念，等等。人际交往，多隐恶扬善，少勾心斗角。

［**百家争鸣**］

《韩非子》：《解老》："人处疾，则贵医；有祸，则畏鬼。""夫内无痤疽瘅痔之害，而外无刑罚法诛之祸者，其轻恬鬼也甚。故曰：'以道莅天下，其鬼不神。'治世之民，不与鬼神相害也。故曰：'非其鬼不神也，其神不伤（人）也。'鬼祟也疾人，之谓鬼伤人；人逐除之，之谓人伤鬼也。民犯法令，之谓民伤上；上刑戮民，之谓上伤民。民不犯法，则上亦不行刑；上不行刑，之谓上不伤人。故曰：'圣人亦不伤民。'上不与民相害，而人不与鬼相伤。故曰：'两不相伤。'""上盛蓄积而鬼不乱其精神，则德尽在于民矣。故曰：'两不相伤，则德交归焉。'言其德上下交盛而俱归于民也。"《用人》："天下莫得相伤，治之至也。"认为其鬼不神就是鬼不乱其精神。治世之民，不与鬼神相害。天下莫相伤，和平共处，才是治国的最高境界。交：共也，俱也。

河上："以道德居位治天下，则鬼不敢见其精神以犯人也。其鬼非无精神，邪不入正，不能伤自然之人。非鬼神不能伤害人。以圣人在位不伤害人，故鬼神不敢干之也。鬼与圣人俱两不相伤也。夫两不相伤，则人得治于阳，鬼得治于阴；人得全其性命，鬼得保其精神，故德交归焉。"认为圣人与鬼互不相伤，内外得德，从而人治阳，鬼治阴。

严遵："主若不仁，鬼若不神。""鬼神治阴，圣人治阳。""故动于阴者，鬼神周之；动于阳者，圣人制之；唯无所为者，莫能败之。""故鬼以其神养物于阴，圣人以其道养物于阳。福因阴始，德因阳终。鬼神降其泽，圣人流其恩。交归万物，若性自然，流道沉德，洽和同真。"从阴阳角度理解。

王弼："治大国则若烹小鲜，以道莅天下，则其鬼不神也。神不害自然也。物守自然，则神无所加。神无所加，则不知神之为神也。道洽，则神不伤人。神不伤人，则不知神之为神。道洽，则圣人亦不伤人，圣人不伤人，则不知圣人之为圣也。犹云不知神之为神，亦不知圣人之为圣也。夫恃威纲以使物者，治之衰也。使不知神圣之为神圣，道之极也。神不伤人，圣人亦不伤人；圣人不伤人，神亦不伤人，故曰两不相伤也。神圣合道，交归之也。"认为关键在于道洽。洽：和也。

唐玄宗："以道临莅天下，不求有妄之福，故鬼无以见其神明。上言其鬼不神，非谓鬼歇灭而无神，但有其神而不见神怪以伤民也。鬼见神怪则伤民，圣人有为则伤民，今鬼所以不见神怪而伤民者，盖以圣人无为清静故尔。鬼神伤民则害国亏本，圣人伤民则匮神乏祀，今两不相伤物，故德交归焉。"何为鬼？以上各家似乎都未作明确解释。

［**意犹未尽**］

第61章（上）

［普及经文］**大国者：下流也，天下之牝也。天下之交，牝常以静胜牡。为其静也，故宜为下。**

［**直译经文**］具有大国风范者，都能做到处下、守静。国与国之间的交往，善用静者，常居胜势。所以说，欲成大国，既要善于守静，也要善于处下。

如是我文：以水流、牝牡喻说下与静。大国后发制人，小国后发制于人。

［**百家争鸣**］

河上："治大国者，当如江海居下流，不逆细微。大国者，天下士民之所交会。牝者，阴类也。柔谦，和而不唱也。女所以能屈男，阴胜阳，以其安静，不先求之也。阴道以安静为谦下。"认为是以江海作喻，大国当谦下处静，虽居下势而百川归之。

严遵："是以，大国之君，独立无偶。""故天下之所欲归，将相之所欲附。""诸侯之所欲交，天下之所畏也。""是故，自古及今，天下之牝，以静胜牡，千世不易，万世不变。夫何故哉？以虚受实，以无应有，不以为大，务以为小；不以为高，常以为卑也。"所引经文稍有不同，理解则稍有区别。

王弼："江海居大而处下，则百川流之；大国居大而处下，则天下流之。故曰大国下流也。天下所归会也。静而不求，物自归之也。以其静，故能为下也。牝，雌也。雄躁动贪欲，雌常以静，故能胜雄也。以其静，复能为下，故物归之也。"认为为大者处下，则万物归之。

唐玄宗："下流者，谦德也。大国当下流开纳，则天下之人交至矣。天下之人交至者，归于谦德，则如牝以雌静，常为牡动所求，由以静为下故。"强调谦德的重要性。

［普及经文］**大国以下小国，则取小国；小国以下大国，则取于大国。故或下以取，或下而取。**

［**直译经文**］大国以谦下的态度藩庇小国；小国承认自己的从属地位，臣服大国。一个是以谦下的态度去管理，一个是以低下的地位服从管理。

如是我文：两个下的内涵不同，地位不同、态度不同、所欲不同。

［**百家争鸣**］

河上："能谦下之，则常有之。此言国无大小，能执谦畜人，则无过失也。

下者，谓大国以下小国，小国以下大国，更以义相取。”认为下就是谦下，大小国都要谦下，治之以义。

严遵：“是故，明王圣主之处大国也，施而不以置，下而不以求。地裹诸侯之国，而无所不畏；德包诸侯之力，而无所不事。折节下之，以附人意。”“其处小弱也，因道而动，修理而行。”“请为子弟之国，藩墙之臣。”“上而取人者，形大势丰，德博权重，人之所利也。下而取于人者，地狭民少，权轻德鲜，人之所易也。”认为国力强弱不同，所以要各取所需，各选其位。

王弼：“大国以下，犹云以大国下小国。小国则附之。大国纳之也。言唯修卑下，然后乃各得其所。”从变化语序的角度理解，各得其所。

唐玄宗：“大取小，以为臣妾。小取大，以为援助。以者，大取小。而者，小取大。”取：娶也。如昭君出塞。

［**普及经文**］**大国不过欲，谦畜人；小国不过欲，入事人。两者皆得其欲，则大者宜为下。**

［**直译经文**］大国要节制欲望，对小国不过多索取而容让之；小国也要节制欲望，对大国不过多索求而进奉之。大国、小国能否满足自己的欲望，关键在于大国能否守静、能否处下。

如是我文：大国需要小国的拥戴，小国需要大国的保护；如此保持国与国之间的平衡关系，就是现在常说的双赢博弈。畜：容也。事：奉也。

［**百家争鸣**］

河上：“大国不失下，则兼并小国而牧畜之。入为臣仆。大国小国各欲得其所，大国又宜为谦下。”认为不过欲，则不失下。兼：并也。

严遵：“故不战而坏人之邑，不攻而降人之城，地广号尊，宗庙显，功德流，是大国之所期也。”“交于大国，接和结亲。岁有灾害，则大国忧之；邻国难至，则大国救之。屈一人之下，伸万人之上，社稷尊，宗庙显，国富民强，人物全济，延于无穷，小国之所愿也。”“自然之道，不可强致，水动下流，人动趋利。释下任事，众弱为一，出其不意，此强大之所以亡也。故大宜下之。”认为各有所期、所愿，要遵循自然之道而行，不可强致。

王弼：“小国修下，自全而已，不能令天下归之。大国修下，则天下归之。故曰各得其所欲，则大者宜为下也。”认为同是修下，小国的目的是自全，大国的目的是天下归之。

唐玄宗：“大国执谦而下小国者，不过欲兼畜小国为臣妾。小国贽贡赋以下大国者，不过欲入事大国为援助也。一求臣妾，二求援助，是两者各求得其所欲，然大国者常戒于满盈，故特云大者宜为下。”认为一求臣妾，一求援助，所求不同。

［**意犹未尽**］

第62章（上）

［**普及经文**］**道者：万物之奥也。**

［**直译经文**］道可以承受万物，包容万物。

如是我文：道无所不在：大而言之，道无所不包，无所不容；小而言之，道藏于万物之中。

［**百家争鸣**］

《尹文子》：《大道上》："《老子》曰：'道者，万物之奥；善人之宝，不善人之所宝。'是道治者，谓之善人；藉名、法、儒、墨者，谓之不善人。"罢黜百家，独尊黄老。对善人与不善人的分类，实在有点儿党同伐异的意思。

河上："奥，藏也。道为万物之藏，无所不容也。"认为道是万物的容身之处。

严遵："木之生也，末因于条，条因于枝，枝因于茎，茎因于本，本因于根，根因于天地，天地受之于无形。""道以无有之形，无状之容，开虚无，导神通，天地和，阴阳宁。调四时，决万方，殊形异类，皆得以成。变化终始，以无为为常。无所爱恶，与物大同。"以木作喻，认为万物受之于道，物物相联，一脉相承。

王弼："奥，犹暧也。可得庇荫之辞。"认为道似为万物遮阴之树。奥：蔽也。暧：日不明。

唐玄宗："万物皆资妙本以生成，是万物取给之所，故兴言云为万物之奥。奥，内也。"认为道是万物的核心。

［**普及经文**］**善，人之宝也；不善，人之所保也。**

［**直译经文**］善，是人之宝；不善，是每个人都无法割弃的附庸。

如是我文：道如何包容一切？以善与不善为例。万物之中，既有善物，也有不善物。同一作为，是善，还是不善？今日之善，是否明日之不善？如何处理自身的不善，是个问题。条件、标准、角度虽不同，而道待之则同一。保：附也。

［**百家争鸣**］

河上："善人以道为身宝，不敢违也。道者，不善人之保倚也。遭患逢急，犹知自悔卑下。"以两种人断句。保：佑也。

严遵："群类应之，各得所行。善人得之，以翕以张。""凶人得之，以发以张。""二者殊途，皆由道行，在前在后，或存或亡。"所引经文稍有不同。

善人有道，凶人不道。

王弼：“宝以为用也。保以全也。”认为既要善于用道，又要以道全善其身。

唐玄宗：“善人知守道者昌，失道者亡，故常宝贵之，而无患累也。保，住也，不善之人，不能宝贵至道，及有患难，即欲以身保住于道，自求免尔。”认为不善之人，只知临时抱佛脚。

［**普及经文**］**美言可以市，尊行可以加。人人之不善，何弃之有？**

［**直译经文**］美言尊行虽非善举，亦非恶行，运用恰当，同样可以得益。人人皆有其不善之处，只要这些人之常情于事无患，又何须放弃？

如是我文：三而一，才是一个活生生的平常人。对不善加以区分限制，把握住善与不善之间的平衡。

［**百家争鸣**］

《淮南子》：《道应训》：“晋文公伐原，与大夫期三日。三日而原不降，文公令去之。军吏曰：‘原不过一二日将降矣。’君曰：‘吾不知原三日而不可得下也，以与大夫期。尽而不罢，失信得原，吾弗为也。’原人闻之曰：‘有君若此，可弗降也？’遂降。温人闻，亦请降。故《老子》曰：‘窈兮冥兮，其中有精。其精甚真，其中有信。’故‘美言可以市尊，美行可以加人’。”《人间训》：“智伯率韩、魏二国伐赵。”“（张孟谈）乃见韩、魏之君说之，……阴与之期。”“至期日之夜，赵氏杀其守堤之吏，决水灌智伯军。”“大败智伯军，杀其身而三分其国。襄子乃赏有功者，而高赫为赏首。群臣请曰：‘晋阳之存，张孟谈之功也，而赫为赏首，何也？’襄子曰：‘晋阳之围也，寡人国家危、社稷殆，群臣无不有骄侮之心者，唯赫不失君臣之礼，吾是以先之。’由此观之，义者，人之大本也，虽有战胜存亡之功，不如行义之隆。故《老子》曰：‘美言可以市尊，美行可以加人。’”喻说解经。值得注意的是，此句经文先与第 21 章之“有精”、“有信”句合引，似相互补充，可能是借用本章之经文以说明真、信的重要，将美言与信言等同。另一处则喻义不明。

河上：“美言者，独可于市耳。夫市交易而退，不相宜善言美语，求者欲疾得，卖者欲疾售也。加，别也。人有尊贵之行，可以别异于凡人，未足以尊道。人虽不善，当以道化之。盖三皇之前，无有弃民，德化淳也。”喻说解经，认为做买卖要实在，不能靠花言巧语。不相宜之说，是对美言的否定。美言、尊行都是不善之言行。

严遵：“人之情性，乐尊宠，恶卑耻。损之而怨，益之而喜。下之而悦，止之而鄙。古今之通道，而人心之正理也。贤者既然，小人犹甚。是故，尊美言行，事无患矣。古之将民，何弃之有?”认为尊美言行，都是人之常情，贤人如此，小人更是如此；只要于事无患，何弃之有?

王弼：“言道无所不先，物无有贵于此也。虽有珍宝璧马，无以匹之。美言之，则可以夺众货之贾，故曰美言可以市也。尊行之，则千里之外应之，故曰可以加于人也。不善当保道以免放。”在这里似乎偷换了概念，“美言”与“美言之”有本质不同，一个指言，一个指道。

唐玄宗：“甘美其言，可以求市，尊高其行，可以加人，以况圣人，以甘美法味之言，尊高清静之行，以化不善之人，亦如市贾之售，相率而从善矣。故下文云也。不善之人，亦在化之而已，何弃遗之有?”认为圣人当以美言尊行，化不善之人。

［**普及经文**］**故立天子，置三卿，虽有拱璧以先驷马，不善坐而进此。古之所以贵此者，何也？不谓“求以得，有罪以免”耶？故为天下贵。**

［**直译经文**］举例说，居天子、三卿之位，驾乘上有拱璧、前有驷马之高车，如此坐行而炫尊，实乃不善之举。既然是不善，为什么众人还都重视它?高其位、厚其禄、尊其行，不就是为了有求则可得、有罪则可免吗?难怪众人趋之若鹜。

如是我文：所谓“刑不上士大夫，礼不下庶人”。天下万物，无论善或不善，都要重视道的平衡。为君、为官者，可以有所私，更要多为公；可以贵身，更要贵道，只有这样，才能更上一层，成为有道之人。

［**百家争鸣**］

河上：“欲使教化不善之人。虽有美璧先驷马而至，故不如坐进此道。古之所以贵此道者，不日日远行求索，近得之于身。有罪谓遭乱世，暗君妄行刑诛，修道则可以解死，免于众邪也。道德洞远，无不覆济，全身治国，恬然无为，故可为天下贵也。”认为要以道教化不善之人。

严遵：“何以效其然也?”“以人之所畏，求人之所利，言不美，行不敬，虽执大璧、操珍物而进之，安车驷马而载之，则是贤者之心疑惑下否，玄圣深隐，君子不来。”“圣人下之，朝多君子。”“古之所以贵此道者，夫何故哉?言顺天地而不已，行合人心而不悖。”认为圣人谦下用人，美言敬行比珍物驷马更重要。

王弼：“言以尊行道也。此道，上之所云也。言故立天子，置三公，尊其位，重其人，所以为道也。物无有贵于此者，故虽有拱抱宝璧以先驷马而进之，不如坐而进此道也。以求则得求，以免则得免，无所而不施，故为天下贵也。”认为道最贵。

唐玄宗：“共教不善之人。三公辅佐，虽以合拱之璧，先导驷乘之马以献之，犹不如坐进此无为之道于君，以化人尔。何，问辞也。道在于悟，不在于求，不如财帛，故可日日求而得之，故云不日求以得。既悟则自无罪累，岂待有罪方求免也？可以为天下贵。”“道在于悟”，至理名言。

[**意犹未尽**]

第63章（上）

[**普及经文**] **为无为。事无事。味无味。**

[**直译经文**] 有为与无为二而一。有事与无事二而一。有味与无味二而一。

如是我文：一句多解。或有所为，有所不为；有所事，有所不事；有所味，有所不味。或为“无为之为”，事“无事之事”，味“无味之味”；或始于有为而终于无为，始于有事而终于无事，始于有味而终于无味。无论哪种理解，其理论基础都是源于二而一；二者之间，有各种关系、各种处理方式。

[**百家争鸣**]

河上：“因成循故，无所造作。不预设备，除烦省事也。深思远虑，味道意也。”理解为以无为为为，以无事为事，体味道意之无味。

严遵：“神明之数，自然之道，无不生无，有不生有，不无不有，乃生无有。”“是以圣人，不为有，不为无，不为死，不为生，游于无、有之际，处于死、生之间，变化因应，自然为常。”“味之于无味，察之于无形，故能分同异之类，明是非之情。”认为既然以自然为常，就不要刻意考虑为还是不为；而是要当为则为，当不为则不为。无为、无事、无味是为、事、味的最高标准。

王弼：“以无为为居，以不言为教，以恬淡为味，治之极也。”认为无为、无事、无味是为、事、味的最高标准。

唐玄宗：“于为无为，于事无事，于味无味者，假令大之与小，多之与少，既不越分，则无与为怨。若逐境生心，违分伤性，则无大无小，皆为怨对。今既守分全和，故是报怨以德。”与下句合解。要把握好为与为、事与事、味与味之间的大小、多少之分寸，做到守分全和。

[**普及经文**] **大，小之。多少。报怨以德。**

[**直译经文**] 化大为小，化多为少。从德入手，以德合怨。

如是我文：大与小二而一。多与少二而一。怨与德二而一。

[**百家争鸣**]

河上：“陈其戒令也。欲大反小，欲多反少，自然之道也。修道行善，绝祸于未生也。”认为以下说的都是戒令。

严遵：“动而民悦者，劳而德小；为而民喜者，为而恩少。”“故善除患者，不若无患之大也；起事致治者，不若默然者之贵也。”“威于不武，报怨未萌，图难于易，治其本根，绝之无兆，使不得然。”认为应从根本治起，使怨不发生，或少发生，才是正确的方法。报：复也。

王弼：“小怨则不足以报，大怨则天下之所欲诛；顺天下之所同者，德也。”认为“大小多少，报怨以德”是一句，无论怨大、怨小，怨多、怨少，都要和之以德。

［**普及经文**］**图难于其易，为大于其细。天下之难必作于易，天下之大必作于细。**

［**直译经文**］解决难题，要从易处入手；欲成大事，要从小事做起。难与易，相辅相成；大与小，相辅相成。

如是我文：考虑问题、解决问题，都要使之简单化。在某些场合，复杂化只是障眼法。作：始也，成也。

［**百家争鸣**］

《韩非子》：《喻老》：“有形之类，大必起于小；行久之物，族必起于少。故曰：‘天下之难事，必作于易；天下之大事，必作于细。’是以，欲制物者于其细也。故曰：‘图难于其易也，为大于其细也。’千丈之堤，以蝼蚁之穴溃；百尺之室，以突隙之烟焚。故曰：白圭之行堤也，塞其穴；丈人之慎火也，涂其隙；是以白圭无水难，丈人无火患。”“夫事之祸福，亦有腠理之地，故圣人蚤从事焉。”《难三》：“明君见小奸于微，故民无大谋；行小诛于细，故民无大乱，此谓‘图难于其所易也，为大者于其所细也’。”认为既然从无到有，从小到大是客观规律，所以防患要早从事。

河上：“欲图难事，当于易时，未及成也。欲为大事，必作于小，祸乱从小来也。[处谦虚，天下共归之也。]”认为祸从小来，所谓“几者动之微，吉之先见者也”。

严遵：“事如秋毫，功如太山，为大于细，治之绵绵。”“是故，大难之将生也，犹风邪之中人。”“大事之将兴也，犹水之出于山也。”喻说解经。

唐玄宗：“肆情纵欲者，于为无不难，于事无不大，今欲图度其难，营为其大，当须于性未散而分未越，则是于其易细也。明上文所以预图为也。”还是强调不过分。

［**普及经文**］**轻诺必寡信。多易必多难。是以圣人犹难之，故终无难。**

［**直译经文**］不计后果地轻率许诺，往往由于难以兑现而信誉受损。虑事时处处觉得容易，行事时的难关必然出乎意料地多。圣人时刻小心谨慎，谋于难、始于易，必然至终无难。

如是我文：从不同角度论难与易的运用。易与难，过偏于任何一方，都不能最终解决问题。没有举轻若重之识，就不会有举重若轻之举；战略上藐视敌人，战术上重视敌人。善于找到问题的难点，一切问题便会迎刃而解。犹：谋也。

[**百家争鸣**]

河上："不重言也。不慎患也。圣人动作举事，犹犹进退，重难之，欲塞其源也。圣人终身无患难之事，由避害深也。"认为要重言、慎患。"言圣人之明德犹难于勇敢，况无圣人之德，而欲行之乎？"(第73章注)

严遵："故言多诺者，事众而信不可然也；心多所易者，难积而变不可推也。""进则无敌，退则不穷，身无纤介之忧，国无毛发之患。夫何故哉？危于不危，亡于不亡，昭然独见，运于无形。"认为多易指心，心以为易，并非实易。多不如少，少不如无，防患于未然才是关键所在。

王弼："以圣人之才，犹尚难于细易，况非圣人之才，而欲忽于此乎？故曰犹难之也。"认为细易之事不可忽视。"夫圣人之明，犹难于勇敢，况无圣人之明，而欲行之也？故曰犹难之也。"(第73章注)

唐玄宗："轻诺诈人，必寡于信，动作多易，后必多难。是以圣人犹难之，难为轻诺多易，故终无难大之事。"难字双解：难易之难。忧患之难。"圣人犹难为勇敢之事。"(第73章注)

[**意犹未尽**]

第64章（上）

［**普及经文**］**其安，易持。其未兆，易谋。其脆，易判。其几，易後。为之于未有，治之于未乱。**

［**直译经文**］己心静，彼则最易为己所掌控。己不动声色，彼则最易为己所谋识。欲使彼破散，务必使彼之坚柔不安而失衡。总之，无论成事、治乱还是乱事，都要抢得先机，从己或彼处及时采取相应之治为；这个先机，就是双方未有、未乱之节点。

如是我文：论几。任何事物从量变到质变，都有其时间点（未有）和转折点（未乱），掌控两点的位置，是道用的关键。

［**百家争鸣**］

《韩非子》：《喻老》：“昔晋公子重耳出亡，过郑，郑君不礼。叔瞻谏曰：‘此贤公子也，君厚待之，可以积德。’郑君不听。叔瞻又谏曰：‘不厚待之，不若杀之，无令有后患。’郑君又不听。及公子返晋邦，举兵伐郑，大破之，取八城焉。晋献公以垂棘之璧，假道于虞以伐虢。大夫宫之奇谏曰：‘不可。唇亡而齿寒。虞虢相救，非相德也。今日晋灭虢，明日虞必随之亡。’虞君不听，受其璧而假之道。晋已取虢，还反灭虞。此二臣者，皆争于腠理者也，而二君不用也。然则叔瞻、宫之奇亦虞、郑之扁鹊也，而二君不听，故郑以破，虞以亡。故曰：‘其安，易持也；其未兆，易谋也。’”喻说解经。认为本段是对前一章“圣人早从事”的一步阐述。以腠理喻问题之关键。

河上：“治身治国安静者，易守持也。情欲祸患未有形兆之时，易谋止也。祸乱未动于朝，情欲未见于色，如脆弱易破除。其未彰著，微小易散去也。欲有所为，当于未有萌芽之时，豫塞其端也。治身治国，当于未乱之时，豫闭其门也。”紧扣治身治国理解。

严遵：“未疾之人，易为医也；未危之国，易为谋也；萌芽之患，易事也；小弱之祸，易忧也。”“是故圣人，化之以道，教之以身，为之未有，治之未然。”“治之未乱，正之未倾。”“治不得起，乱不得生，天下无为，性命自然。”认为最重要的时机，就是未和始。

王弼：“以其安不忘危，持之不忘亡，谋之无功之劳，故曰易也。虽失无入有，以其微脆之故，未足以兴大功，故易也。此四者，皆说慎终也。不可以无之故而不持，不可以微之故而弗散也。无而弗持则生有焉，微而不散则生大焉。故虑终之患如始之祸，则无败事。谓其安、未兆也。谓微、脆也。”认为说的都是慎终。“为之于未有”是补充说明前两句，“治之于未乱”是补充说明后两句。

唐玄宗：“言人正性安静之时，将欲执持，令不散乱，故虽欲起心，尚未形兆，谋度绝之，使令不起，并甚易耳。欲心初染，尚自危脆，能绝之者，脆则易破。祸患初起，形兆尚微，将欲防之，微则易散耳。覆上易持易谋也，所以易者，为营为之于未有形兆耳。覆上易破易散也，所以易者，为理之于未成祸乱耳。”串讲，认为是相互递进之一整句。

［**普及经文**］**合抱之木，生于毫末；九层之台，起于累土；千里之行，始于足下。**

［**直译经文**］参天大树，是由种苗一点点长成的；九层高台，是由一掊掊土累积而成的；行路千里，也是由第一步迈出的。

如是我文：举例说明如何始于细易。

［**百家争鸣**］

河上：“从小成大。从卑立高。从近至远。”认为要从小、卑、近处入手。

严遵：“故为大者不大，为小者不小；为高者不高，为卑者不卑。不大不小，乃生大小；不高不卑，乃生高卑。故为之者，不为之迹也；不为者，为之途也。”以迹与途为喻，说明为与不为之间的关系。

王弼：“当以慎终除微，慎微除乱。”强调要慎终、慎微。

唐玄宗：“此三者喻其不早良图，使后成患。”认为要防患于未然。

［**普及经文**］**为之者败之，执之者失之。圣人无为，故无败；无执，故无失。临事之纪，慎终若始，则无败事矣。民之从事，常于几成而败之。**

［**直译经文**］为之，必有成有败；执之，必有得有失。圣人执一，无得失成败之心，行无为无执之道，紧紧把握事物的来龙去脉，慎重对待其自然规律，始终如一，其事自然成。众人行事，往往失败于成功即将到来之时。

如是我文：小一之间，彼有成有得，此必有败有失。圣人执大一，以事为主，成败得失相平衡，所以既无所谓成得，也无所谓败失。众人执小一，以己为主，只求一方之成得败失，不顾另一方之成得败失，最终导致失衡而败。若要事不败，就要忘身而益事。

［**百家争鸣**］

《文子》：《符言》：“得在时，不在争；治在道，不在圣。土处下，不争高，故安而不危；水流下，不争疾，故去而不迟。‘是以圣人无执故无失，无为故无败。’”“故慎终如始，则无败事。”《上仁》：“天之道，为者败之，执者失之，夫欲名之大而求之争之，吾见其不得已，而虽执而得之，不留也。”强调道与时的重要性。为天道的最高境界就是无为无执，无为无执的核心就是不争，做到不争的前提就是治心。心治则气顺，“夫气者，可以道而制也”。

河上：“有为于事，废于自然；有为于义，废于仁慈；有为于色，废于精神也。执利遇患，执道全身，坚持不得，推让反还。圣人不为华文，不为色利，不为残贼，故无败坏。圣人有德以教愚，有财以与贫，无所执藏，故无所失于人也。从，为也。民之为事，常于其功德几成，而贪位好名，奢泰盈满而败之也。终当如始，不当懈怠。”认为有所为必有所废，有所执必有所失。只要圣人不为不当之为，如华文、色利等等，就不会有所败坏；无所执藏，就无所失于人。

严遵：“是以，为成者败，为利者害，为生者死，为兴者废。”“故圣人无为为之，以生万物；无执执之，以制所欲，犹工匠之造高台，而天地之生巨木，自然而已。”“人穷事败者，释自然而任知力，去其反而处其覆。夫何故哉？以求所求，而欲所欲。夫诚能慎终如始，为所不欲，守所不处，动于未元，反于未始，为若不为，有若不有，虽若不成，物自然也。”强调因自然而为。对为无为的理解，就是无为为之。

王弼：“而以施为治之，形名执之，反生事原，巧辟滋作，故败失也。不慎终也。”认为失败的原因是本末倒置。

唐玄宗：“凡情不能因任，营为分外，为者求遂，理必败之。于事不能忘遣，动成执着，执着求得，理必失之。民之始从事于善者，当于近成而自败之。慎其终，未尝如始从善之心，则必无祸败之事。”认为不可偏求，偏求则适得其反，求成反败，求得反失。认为慎终比慎始更重要。

［**普及经文**］**圣人欲不欲，不贵难得之货；教不教，复众之所过；能辅万物之自然而不敢为。**

［**直译经文**］圣人于己，重视道德精神之欲而非物质财富之欲；圣人于人，纠正一切偏激失衡之过，使之符合自然规律；总之，圣人要做的事，就是辅自然。

如是我文：圣者常为第三者、局外人。众人常犯之大过，就是越俎代庖、逆自然规律而强为。

［**百家争鸣**］

《韩非子》：《喻老》：“宋之鄙人得璞玉而献之子罕，子罕不受。鄙人曰：‘此宝也，宜为君子器，不宜为细人用。’子罕曰：‘尔以玉为宝，我以不受子玉为宝。’是鄙人欲玉，而子罕不欲玉。故曰：‘欲不欲，而不贵难得之货。’王寿负书而行，见徐冯于周涂。冯曰：‘事者，为也；为生于时，知者无常事。

书者，言也；言生于知，知者不藏书。今子何独负之而行？’于是，王寿因焚其书而舞之。故知者不以言谈教，而慧者不以藏书箧。此世之所过也，而王寿复之，是学不学也。故曰：‘学不学，复归众人之所过也。’”“宋人有为其君以象为楮叶者，三年而成。丰杀茎柯，毫芒繁泽，乱之楮叶之中而不可别也。此人遂以功，食禄于宋邦。列子闻之曰：‘使天地三年而成一叶，则物之有叶者寡矣。’”“故曰：‘恃万物之自然，而不敢为也。’”喻说解经。认为彼有所为、所学，此有所不为、所不学。

河上：“圣人欲人所不欲。人欲彰显，圣人欲伏光；人欲文饰，圣人欲质朴；人欲于色，圣人欲于德。圣人不眩晃为服，不贱石而贵玉。圣人学人所不能学。人学智诈，圣人学自然；人学治世，圣人学治身，守道真也。众人学问皆反，过本为末，过实为华。复之者，使反本、实也。教人反归本、实者，欲以辅助万物自然之性也。圣人动作因循，不敢有所造为，恐远本也。”认为圣人的欲、学，就是众人的不欲、不学，所以圣人要教众人反本还真。

严遵：“夫使神扰精浊，聪明不达，动失所求，静丧所欲者，货与学也。唯能鍊情易性，变化心意，安无欲之欲，乐无事之事者，道与德也。是故，想道如念亲，恶货如失身。思无思之思，求无求之求。明白四达，以学不知；巧雕万物，以学不能。反众人之所务，而归乎虚无。欲不欲，而造虚玄；学不学，而穷妙极。”“使物自然，令事自事。”“辅天助地，不敢生善。”认为要欲道与德，不欲货与学。

王弼：“好欲虽微，争尚为之兴；难得之货虽细，贪盗为之起也。不学而能者，自然也。喻于不学者，过也。故学不学，以复众人之过。”认为圣人应该有所欲、有所不欲，向自然学习，以改正众人的过失。

唐玄宗：“难得之货，为性分所无者，今圣人于欲不欲，不营为于分外，故常全其自然之性，是不贵难得之货。圣人不求过分之学，是于学不学，将以归复众人过分之学，以辅自然之性，不敢为俗学与多欲也。”反对俗学与多欲，强调要不过分。

［**意犹未尽**］

第65章（上）

［**普及经文**］**故曰："为道者，非以明民，将以愚之。"民之难治，以其知多。故以知治国，国之贼；以不知治国，国之德。**

［**直译经文**］古语说，运用道术治理百姓，不是要明民以道，而是要厚民以德。一旦有太多的百姓掌握了道术，统治者就会失去道德资源上的优势、失去权力的制高点，社会必然难以掌控。所以，教民以道，就是把国之利器拱手送人，国家就会失序；教民以德，而不以国之利器示人，国家就会有序。

如是我文：知与不知的要点，在于对信息掌控的非对称性。如何把握知与不知的分寸，是门学问。治国如此，媒介如此，治身又何尝不是如此？做人同样要把握知与不知的分寸，有所知，有所不知。贼：败也。

［**百家争鸣**］

《文子》：《道原》："去彼取此，天殃不起，故'以智治国，国之贼；不以智治国，国之德'。"与第57章"民多知"之经注互证，继说治国之法。

《韩非子》：《难三》："郑子产晨出，过东匠之间，闻妇人之哭。抚其御之手而听之。有间，遣吏执而问之，则手绞其夫者也。""或曰：子产之治，不亦多事乎？奸必待耳目之所及而后知之，则郑国之得奸者，寡矣。不任典成之吏，不察参伍之政，不明度量，恃尽聪明、劳智虑而以知奸，不亦无术乎？且夫物众而智寡，寡不胜众；智不足以遍知物，故因物以治物。""《老子》曰：'以智治国，国之贼也。'其子产之谓矣。"喻说解经。强调要法治，不要人治，因为法治具有普遍操作性，人治不具备普遍操作性。

河上："说古之善以道治身及治国者，不以道教民明智巧诈也，将以道德教民，使质朴，不诈伪。民之所以难治者，以其智多而为巧伪。使智慧之人治国之政事，必远道德，妄作威福，为国之贼也。不使智慧之人治国之政事，则民守正直，不为邪饰，上下相亲，君臣同力，故为国之福也。"强调道之本应隐，道之德应显，教民以德。德：福也。

严遵："是以，昔之帝王，经道德、纪神明、总清浊、领太和者，非以生知起事，开世导俗，务以明民也。将以涂民耳目，塞民之心，使民不得知，归之自然也。""是故，安者，民之所利也；生者，民之所归也。民之所以离安、去生而难治者，以其知也。""非天之辜，上好智能而教万民也。"总论古代帝王的御民之术。愚民就是使民不得知。

王弼："明，谓多智巧诈，蔽其朴也。愚，谓无知守真，顺自然也。多智巧诈，故难治也。智，犹治也。以智而治国，所以谓之贼者，故谓之智也。民之难治，以其多智也。当务塞兑闭门，令无知无欲。而以智术动民，邪心既动，复以巧术防民之伪，民知其术，防随而避之。思惟密巧，奸伪益滋，故曰以智治国，国之贼也。”认为不要使民知其术。

唐玄宗：“人君善为道者，非以其道明示于民，将导之以和，使归复于朴，令如愚耳。君将明道以临下，下必役智以应上，智多则诈兴，是以难治。人君任用多智之臣，使令治国，智多必作法，法作则奸生，故是国之贼也。若不用巧智之臣，但取纯德之士，使偃息蕃醜，弄丸解难，自然智诈日薄，淳朴日兴，人和年丰，故是国之福也。”认为道不可明示。治国要用纯德之士。

［**普及经文**］**常知此两者，亦稽式。常知稽式，是谓“玄德”。玄德深矣，远矣，与物反矣，乃至大顺。**

［**直译经文**］时时刻刻要记住，使民有所知、有所不知，是治民的两大法则。掌握了这两大法则，称之为玄德。二法相辅相成，内涵深远，与具体事物一一对应运用，进而合于大道。

如是我文：圣人治民，有所教、有所不教：教之以德，而非教之以道。外儒内老，才是真正的中华文化传统。反：类及也。

［**百家争鸣**］

《文子》：《自然》：“王、公修道，功成不有；不有即强固，强固而不以暴人。道深即德深，德深即功名遂成，‘此谓玄德，深矣，远矣，其与物反矣。’”认为道深就是德深。

河上：“两者，谓智与不智也。常能知智者为贼，不智者为福，是治身治国之法式也。玄，天也。常能知治身治国之法式，是谓与天同德也。玄德之人，深不可测，远不可及也。玄德之人与万物反异，万物欲益己，玄德欲施与人也。玄德之人与万物反异，故能至大顺。顺，天理也。”认为玄德就是与天同德。

严遵：“是以，睹智识愚，与道同符；知愚知智，与道同旨。政教由之，或病或利。明于病利，太平自至；明于利病，万物自正。是故，愚智之识，无所不克。清天宁地，为类阴福，众世莫见，故曰玄德。”认为两者指的是智与愚，强调对智、愚的把握与运用。玄德就是隐德。

王弼：“稽，同也。今古之所同则，不可废。能知稽式，是谓玄德。玄德深矣，远矣。反其真也。”认为玄德就是玄远之德、古今所同之则。

唐玄宗：“役智诈则害于人，任淳德则福於国，人君能知此两者，委任淳德之臣，是以为君楷模法式。人君常知所委任，是谓深玄至德矣。玄德深远，能与物反，归复其本，令物乃至大顺于自然之性也。”认为任人治国，要因物而用，顺其自然。

［意犹未尽］

第66章（上）

［**普及经文**］**江海所以为百谷王，以其能为百谷下，是以能为百谷王。**

［**直译经文**］江海所以能使天下百川所归往，是因为它能居于百川之下势而纳之，所以才能成为百川的共主。

如是我文：江海大而百川小。百川汇于江海，非因其大，而是各因其势而和其道使然。

［**百家争鸣**］

河上："江海以卑下，故众流归之；若民归就，王以卑下，故能为百谷王也。"强调卑下的重要性。

严遵："自然之物不求为王，而物自王焉。""……百川并流，而江海王之。凡此九王，不为物主，而物自归焉。""清静处下，虚以待之，无为无求，而百川自为来也。""由此观之，卑损之为道也大矣！"强调卑损的重要性。万物自然、自归、自为。

唐玄宗："江海所以能令百川委输归往者，以其善能卑下之，故百川朝宗矣。"理解人格化。

［**普及经文**］**圣人之在民前，以身后之；其在民上，以言下之。其在民上，民不重；其在民前，民不害。**

［**直译经文**］圣人有二身，公身可在民前民上，私身应在民后民下。如此，圣人虽身居高位，百姓却感受不到重压；圣人谦下退让，更能得到天下人的崇敬和拥戴。

如是我文：进一步阐述位（公身）与身（私身）的关系。二者之中，为主者并非必与上、尊、强、显对等。

［**百家争鸣**］

《文子》：《道原》："'是以处上而民不重，居前而人不害。'天下归之，奸邪畏之，以其无争于万物也，故莫敢与之争。"《道德》："老子曰：若江海即是也，淡兮无味，用之不既，先小而后大。夫欲上人者，必以其言下之；欲先人者，必以其身后之。""居上而民不重，居前而民不害，天下乐推而不厌。"《符言》："夫古之圣王以其言下人，以其身后人，即天下乐推不厌。"反复串讲经文要旨，强调上下前后之间，下与后的重要性。

河上："欲在民之上也。法江海，处谦虚。欲在民之前也。先人而后己也。圣人在民上为主，不以尊贵虐下，故民戴仰而不以为重。圣人在民前，不以光明蔽后，民亲之若父母，无有欲害之心也。”认为为主者，当上则上、当下则下，当先则先、当后则后。

严遵：“去志无身，以安万民，身劳而民佚，身后而民先，在上而民以生，在前而民以安。民以生，故戴之而不以为重；民以安，故后之而不以为患。”如何处理好君民之间的关系？认为应该以民生、民安为重。

唐玄宗：“谦为德柄，尊用弥光，以言谦下之，百姓欣戴，故处其上而人不以为重，以身退后之，百姓子来，故处其前而人不以为害也。”强调上对下要谦。

［**普及经文**］**天下乐进而不厌，非以其无争耶？故天下莫能与之争。**

［**直译经文**］天下之人，之所以乐见圣人位居众人之前之上，拥戴不衰，不正是因为圣人以其不争之德服人吗？圣人处处顺自然之势，天下也就物物顺自然而为，与圣人无所争。

如是我文：欲成其事，靠为不靠争，为而不争。上无争而下不争，自然而为之而已。

［**百家争鸣**］

《文子》：《自然》：“故为天下王，不争，故莫能与之争。”《上仁》：“立在天下推己，胜在天下自服，得在天下与之，不在自取。故雌牝即立，柔弱即胜，仁义即得，不争，即莫能与之争。”反复与其它经文串讲要旨，阐述为何不争的道理。

河上：“圣人恩爱深厚，视民如赤子，故天下乐共推进以为主，无有厌之者。天下无厌圣人之时，是由圣人不与人争先后也。言人皆争有为，无有与吾争无为者。”认为众人皆是有为之争，圣人无为，又有谁会争无为？既然无为，则不必争。

《淮南子》：《道应训》：“赵简子死，未葬，中牟入齐。已葬五日，襄子起兵攻之。围未合，而城自坏者数十丈。襄子击金而退之。军吏谏曰：‘君诛中牟之罪，而城自坏，是天助我，何故去之？’襄子曰：‘吾闻之叔向曰：“君子不乘人于利，不迫人于险。”使之治城，城治而后攻之。’中牟闻其义，乃请降。故《老子》曰：‘夫唯不争，故天下莫能与之争。’”喻说解经。认为义比争更重要，争只是低级手段。

严遵：“是以，天下推而上之，引而先之，喜而不倦，乐而不厌。”“夫何故哉？以去心意而后其身也。是故，不争之德，因人之力，与道变化，与神穷极。”“是以圣人，信道不信身，顺道不顺心。动不为己，先以为人；无以天下为，故天下争为之臣。”认为关键在于摆正身与心的位置。

唐玄宗：“以是不重不害之故，故天下之人乐推崇为之主，而不厌倦。圣人谦退，不与物争，天下共推，谁与争者?”认为天下与圣人同为一心、合为一体，又有谁来争?

［**意犹未尽**］

第 67 章（上）

［普及经文］**天下皆谓我大，大而不肖。夫唯不肖，故能大。若肖，久矣，其细也夫！**

［直译经文］天下人都尊我为大，我这个大是有教无类的大，是二而一中的大一。正因为我能无偏无党、一视同仁，所以才能被共尊为大；如果有所偏私，我早就不是大一而是小一了。

如是我文：能执一者，能为大。

［百家争鸣］

河上：“老子言：天下皆谓我德大，我则佯愚似不肖。唯独名德大者为身害，故佯愚似若不肖。无所分别，无所割截，不贱人而自贵。肖，善也。谓辨惠也。若大辨惠之人，身高自贵，行察察之政，所从来久矣。言辨惠者唯如小人，非长者矣。”认为大德之人，无别无割，一视同仁。所谓佯愚似不肖，理解很有意思。

严遵：“物有同而异，有异而同；有非而是，有是而非。”“凡此数者，中异而外同，非有圣人，莫之能明。”“是以圣人似不肖。”“夫小人则不然。”“动无所终，静无所得；生为患害，死为福喜，众俗迷妄，浸以相导，所获者微，其日甚久。”认为前半部分论述圣人，后半部分论述小人；两种人虽形似，却有质的不同。中异而外同，要透过现象看本质。

王弼：“久矣其细，犹曰其细久矣。肖则失其所以为大矣，故曰若肖，久矣其细也夫。”很可能见过如帛甲本之类的经文，做过不同版本的校勘与选择。认为大道无形，肖就是有形之肖像。

唐玄宗：“肖，似也。老君云，天下之人皆谓我道大，无所象似，我则答云耳。夫唯我道至大，故无所象似。若如世间诸法，有所象似，则不得称大，久已微细也夫。”认为大道无形，所以无所象似；否则，就不能称之为大道。

［普及经文］**我有三宝，持而宝之：一曰慈，二曰俭，三曰不敢为天下先。夫慈，故能勇；俭，故能广；不敢为天下先，故能为成器长。今舍其慈，且勇；舍其俭，且广；舍其后，且先，则必死矣！**

［直译经文］我有三种品德，可以作为治身、治国、用兵的护身符宝：一是慈，二是俭，三是持后谦下。只有慈善待下，兵将才能勇敢杀敌；只有后勤节俭，才能兵多将广，用兵持久；只有持后谦下，才能领兵为帅。如果不具备这三种品德，只知严苛兵将、驱羊攻虎、穷兵黩武、好大喜功，其后果一定是失败得很惨。

如是我文：与人和谐相处，要宽人（慈）、严己（俭）、不争（不敢）。

［**百家争鸣**］

《韩非子》：《解老》："不疑之谓勇。不疑生于慈，故曰：'慈，故能勇。'""天地不能常侈、常费，而况于人乎？""是以智士俭用其财则家富，圣人爱宝其神则精盛，人君重战其卒则民众。民众则国广，是以举之曰：'俭，故能广。'""圣人尽随于万物之规矩，故曰：'不敢为天下先。'""处大官之谓'为成事长'。是以故曰：'不敢为天下先，故能为成事长。'"认为治身、治国、用兵都适用。强调要随万物之规矩，并非与人争先后。

河上："老子言：我有三宝，抱持而保倚之。爱百姓若赤子。赋敛若取之于已也。执谦退，不为倡始也。以慈仁，故能勇于忠孝也。天子身能节俭，故民日用广矣。不为天下首先。成器长，谓得道人也。我能为道人之长也。今世人舍其慈仁，但为勇武。舍其俭约，但为奢泰。舍其后已，但为人先。所行如此，动入死地。"认为且为但且之义。

严遵："故得道之士则不然，体虚积慈，视物如己；检形促容，归于微纤；玄默托后，不为物先。""是故，出慈入勇，出俭入广，释后且先，反和逆神，动违自然。"认为取与舍的选择一旦错误，行事必将违反自然规律。

王弼："夫慈，以陈则胜，以守则固，故能勇也。节俭爱费，天下不匮，故能广也。唯后外其身，为物所归，然后乃能立成器为天下利，为物之长也。且，犹取也。"与下句合解。可知下句经文战当为陈。

唐玄宗："我道虽大无所象似，然有此三行甚可珍贵，能常保倚执持，可以理身理国也。慈则广救，俭则足用，不敢为天下先，故乐推而不厌也。慈人敏慧，则德有余，故勇于救济也。节俭爱费，财用有余，故施益广。慈俭之德，谦撝益光，推先与人，人必不厌，故能成神器之长。今舍慈且勇，勇则害物，舍俭且广，广则伤财。舍后且先，先则人怨。伤财害物，聚怨於人，是必死之道，故云死矣。"以经解经。成国家重器之长，自有体会。

［**普及经文**］**夫慈，以战则胜，以守则固。天将建之，以慈卫之。**

［**直译经文**］心中有慈，战则胜，守则固。所以说，欲成其事，一定要建之以道，守之以慈。

如是我文：成事在天，谋事在人；成事在道，谋事在德。慈德是立于不败之地的坚强后盾。

［**百家争鸣**］

《韩非子》：《解老》："故临兵而慈于士吏，则战胜敌；慈于器械，则城坚固，故曰：‘慈，于战则胜，以守则固。’夫能自全也，而尽随于万物之理者，必且有天生。天生也者，生心也，故天下之道尽之生也。若以慈卫之也，事必万全，而举无不当，则谓之‘宝’矣。故曰：‘吾有三宝，持而宝之。’”将天与心联系在一起，认为天人合一的枢纽是心。

河上：“夫慈仁者，百姓亲附，并心一意，故以战则胜敌，以守卫则坚固。天将救助善人，必与仁慈之性，使能自营助也。”认为只要具备天赋之慈性，就能自助。救：助也。

严遵：“夫慈之为行也，甚和以真。动得人力，静合天心。卑损弱小，为万物君。匡世救俗，和顺天人。战不可败，守不可攻。”“祐我将相，助我万民，怒我士卒，以至群生。”认为慈的核心价值，就是与真相和，天人合一。

王弼：“相慜而不避于难，故胜也。”慜：怜悯。

唐玄宗：“用慈以战，利在全众，用慈以守，利在安人，各保安全，故能胜固耳。以慈战守，岂但人和，天道孔明，亦将救卫。战胜，天救也。守固，天卫也。是皆以慈故，故云天将救之，以慈卫之。”认为人道和于天道，则胜。

［**意犹未尽**］

第 68 章（上）

［**普及经文**］**故善为士者不武。善战者不怒。善胜敌者弗与。善用人者为之下。**

［**直译经文**］兵法说，善谋之武士有儒将之风而非只是赳赳武夫。善战之将气静而不怒。善胜之帅尽量不与敌人正面冲突。善用人的将领，要谦下待人。

如是我文：文韬武略，文武双全。

［**百家争鸣**］

河上：“言贵道德，不好武力也。善以道战者，禁邪于胸心，绝祸于未萌，无所诛怒也。善以道胜敌者，附近以仁，来远以德，不与敌争，而敌自服也。善用人自辅佐者，常为人执谦下也。”认为要以道战，以道胜，以德服人。

严遵：“故贤佐、胜将之立身也，不强不大，不坚不柔，刚弱畏武，敌即消亡。”“不以愠起怒，不以武兴兵，其欲胜敌，常以反行。计运无形，以收敌神，动因彼之所有，变因彼之所为，反之覆之，以处其奇。”“用人则下之以言，示之以利，陈之以诚，使之自至。”将本章与前一章合为一篇，认为四句讲的都是贤佐、胜将之兵法。

王弼：“士，卒之帅也。武，尚先陵人也。后而不先，应而不唱，故不在怒。不与争也。用人而不为之下，则力不为用也。”认为士指的是帅兵之武士。

唐玄宗：“士，事也。善以道为理国之事者尚德，故云不武。事不得已，必须应敌，以慈则善，故不凭怒。师克在和，和则善胜，全胜之善，故不交争。悦以使人，令尽其力，必先下之，是为善用。”串讲国事，帝王立场。

［**普及经文**］**是谓“不争之德”。是谓“用人”。是谓“配天”。古之极也。**

［**直译经文**］这些就是不争之德，就是用人之术，就是天人合一之道，总之，这些都是老祖宗传下来的宝贵经验。

如是我文：不争之德：不武、不怒、弗與、为下。

［**百家争鸣**］

河上：“谓上为之下也。是乃不与人争之道德也。能身为人下者，是谓用人臣之力也。能行此者，德配天也。是乃古之极要道也。”认为能为之下则不争。

严遵：“是以，不争不求，以得民意，以顺民心，秉其要忌，彼人离散，而我顺比。”“自今及古，圣智之道，变化终始，自天而王，皆由此矣。”认为关键在于得民意、顺民心。

唐玄宗：“善胜是不争之德，为下是用人力，能如此者，可以配天称帝，是古之至极要道也。”认为是对前段的总结。

［**意犹未尽**］

第 69 章（上）

［**普及经文**］**用兵有言曰："吾不敢为主而为客，不敢进寸而退尺。"**

［**直译经文**］据《兵法》记载：用兵要为客不为主，后发制人；要进寸退尺，小心谨慎。

如是我文：有了第 31 章的军事思想、战争文化总原则，必然还要有一整套战略和战术上的策略与手段。以守为主，示敌以弱，不得已而战。

［**百家争鸣**］

河上："陈用兵之道。老子疾时用兵，故托己设其义也。主，先也。我不敢先举兵。客者，和而不倡。用兵当承天而后动。侵人境界，利人财宝，为进；闭门守城，为退。"认为用兵之道，客者后动，退者闭守。

严遵："由此观之，有威无德，民不可治；有德无威，宗庙必倾；无德无威，谓之引殃，遭运时变，身死国亡。""夫德之与兵，若天之与地，阴之与阳，威德文武，表里相当，隐之玄域，不得已而后行。"认为要有文德武威，不得已而后行。

王弼："彼遂不止。"认为要避敌锋芒。遂：进也。

唐玄宗："老君伤时，轻残人于兵，故托古以陈戒。有言者，谓下句。主有动作，则生事而贪。客无营为，则以慈自守。自守则全胜，生事则败亡。进虽少不能无事，退虽多不失谦让，故不敢进于寸，而退于尺。"认为要戒用兵，自守为主。

［**普及经文**］**是谓"行无行，襄无臂，执无兵"，乃无敌矣。**

［**直译经文**］在敌方眼中，我方似无阵可列、无臂可举、无兵可执，因而心中无敌，目空一切。

如是我文：示敌以弱，只是惑敌之术，不等于我方真的无行、无臂、无兵，而是不要总摆出一副气势汹汹、咄咄逼人的架势。

［**百家争鸣**］

河上："彼遂不止，为天下贼，虽欲行诛之，不成行列也。虽欲大怒，若无臂可攘也。虽欲仍引之，若无敌可扔也。虽欲执持之，若无兵刃可持用也。何者？伤彼之民，罹罪于天，遭不道之君，愍忍丧之痛也。"认为说的是百姓无力反抗不道之君。

严遵："发号申令，效以信诚。""两军相矩，前若无人。"所谓众志成城，奋勇向前，有我无敌。

王弼："行，谓行陈也。言以谦退哀慈，不敢为物先。用战犹行无行，攘无臂，执无兵，扔无敌也。言无有与之抗也。"认为战阵之法，不要以取强为先。"无有与之抗"，正是无敌之义。扔与乃通。

唐玄宗："为客退尺，不与物争，虽行应敌，与无行同矣。攘臂所以表怒，善战不怒，故若无臂可攘。仍，引也。引敌者，欲争不争，故若无敌可引。执兵所以表杀，今以慈和为主，故虽执兵，与无兵同。"以经解经，认为第67、68、69三章内容相互关联。

［**普及经文**］**祸莫大于无敌，无敌几亡吾宝。**

［**直译经文**］没有敌情观念的一方，必然遭到灾祸；因为圣人所教的三宝，被丢得差不多了。

如是我文：心中无敌者败，心中有敌者胜。战略上藐视敌人，不等于轻敌；战术上重视敌人，不等于惧敌。

［**百家争鸣**］

河上："夫祸乱之害，莫大于欺轻敌家，侵取不休，轻战贪财也。几，近也。宝，身也。欺轻敌家，近丧身也。"认为是以身为宝，亡宝即是丧身。

严遵："战虽万全，敌不可易。易敌生奸，亡时失利。福去祸来，为天所疾。"易：轻也。

王弼："言吾哀慈谦退，非欲以取强无敌于天下也。不得已而卒至于无敌，斯乃吾之所以为大祸也。宝，三宝也。故曰几亡吾宝。"引经解经。认为祸源于取强。其所引经文似为无敌而非轻敌，与帛本同。

唐玄宗："为祸之大，莫大于轻侮敌人，轻侮敌人者，则殆丧吾以慈之宝。"认为对我对敌都要以慈为宝。

［**普及经文**］**故抗兵相若，则哀者胜。**

［**直译经文**］所以说，敌我两军相争持，实力相当的时候，有忧患意识的一方必胜。

如是我文：兵道主哀。哀：忧也。忧：思也，虑也。有忧患意识，则易谋。势均力敌，平分秋色时，要耐心等待对手犯错误的机会、善于创造对手犯错误的机会。

［**百家争鸣**］

河上："两敌相战也。哀者慈仁，士卒不远于死。"认为哀者胜在仁慈之心。哀：怜爱也。

严遵："夫何故哉？慈哀发动，因天之心，不敢由于我也。"所谓得道者昌，失道者亡。

王弼："抗，举也。加，当也。哀者必相惜而不趣利避害，故必胜 。"认为哀者胜在相惜。

唐玄宗："抗，举也。两国举兵以相加，则慈哀于人者胜之。"

［**意犹未尽**］

第 70 章（上）

［普及经文］**吾言甚易知、甚易行，而天下莫能知、莫能行。**

［直译经文］我的道德理论既容易理解、也容易实行，而普天下却很少有人能知、能行。

如是我文：神而秘之是原因之一。

［百家争鸣］

河上：“老子言：吾所言，省而易知，约而易行。人恶柔弱，好刚强也。”认为字省与简约是《老子》的特点之一，所谓言简意赅。

严遵：“是以圣人，言不言之言，为不为之为；言以绝言，为以止为。”“此言之易知而事之易行者也，而天下莫能知莫能行也。”认为圣人绝言、止行，众人很难找到学习效法的门径。

王弼：“可不出户牖而知，故曰甚易知也。无为而成，故曰甚易行也。惑于躁欲，故曰莫之能知也。迷于荣利，故曰莫之能行也。”引经解经。

唐玄宗：“老君云，吾所说言契理，故易知，简事，故易行。天下之人滞言而不悟，烦事而不约，故莫能知，莫能行。”认为言要心悟，事要简易。

［普及经文］**言有宗，事有君。**

［直译经文］我所知道的言和事都有其来源和根据，都是老祖宗传下来的宝贵经验。

如是我文：史家文化是中国百家文化的总源头。老子是经史文化的总代表。

［百家争鸣］

《文子》：《精诚》：“言有宗，事有本，失其宗本，技能虽多，不如寡言；害众者倕而使断其指，以明大巧之不可为也。”《微明》：“故至言去言，至为去为，浅知之人，所争者末矣。夫‘言有宗，事有君。夫惟无知，是以不吾知。’”反对没有宗本的智巧，认为如果没有宗本，技能越多，危害越大。

河上：“我所言有宗祖根本，事有君臣上下，世人不知者，非我之无德，心与我反也。”认为知与不知的最大区别，在于用心不同。

《淮南子》：《道应训》：“白公问于孔子曰：‘人可以微言？’孔子不应。白公曰：‘若以石投水中，何如？’曰：‘吴、越之善没者能取之矣。’曰：‘若以水投水，何如？’孔子曰：‘菑、渑之水合，易牙尝而知之。’白公曰：‘然则人固不可与微言乎？’孔子曰：‘何谓不可？唯知言之谓者乎？’

夫知言之谓者，不以言言也。争鱼者濡，逐兽者趋，非乐之也。故至言去言，至为无为，夫浅知之所争者，末矣。白公不得也，故死于浴室。故《老子》曰：'言有宗，事有君。夫唯无知，是以不吾知也。'白公之谓也。""齐人淳于髡以从说魏王，魏王辩之。约车十乘，将使荆，辞而行。又以为从未足也，复以衡说，其辞若然。魏王乃止其行而疏其身。失从之志，而又不能成衡之事。是其所以固也。夫'言有宗，事有本'；失其宗本，技能虽多，不若其寡也。"喻说解经。

严遵："夫圣人之言，宗于自然，祖于神明，常处其反，在默言之间，甚微以妙，归于自然。""其事始于自然，流于神明，常处其和，在为否之间。"认为言与事的本质，源于自然和神明。

王弼："宗，万物之宗也。君，万物之主也。"

唐玄宗："言者在理，理得而言忘，故言以无言为宗。事者在功，功成而不宰，故事以无事为君也。"化《庄子》语义而喻之。

［**普及经文**］**夫唯无知，是以不我知。知者稀，则我贵矣。是以圣人被褐而怀玉。**

［**直译经文**］正因为很少有人能知道、行道，所以世人很难了解我的价值。知道的人越少、了解我的人越少，我所掌握的道德价值就越珍贵，我的生存才更有意义。所以圣人要薄外而厚内，贱外而贵内。

如是我文：物以希为贵。匹夫无罪，怀璧其罪。既要把握道的权威性，又要学会保护自己。

［**百家争鸣**］

河上："夫唯世人之无知者，是我德之暗，不见于外，穷极微妙，故无知也。希，少也。惟达道者乃能知我，故为贵也。被褐者薄外，怀玉者厚内，匿宝藏德，不以示人也。"认为是不知我所藏之德。

严遵："夫世之莫我知者，非我道小而不足以知也，又非我之事薄而不足为也，又非世之好败恶成、喜祸乐患而故不我从也，天性与我反，情欲与我殊。""是故，众俗之所薄贱，而得道者之所独遵也。""颓然默默，魁然独存；薄外厚内，贱己卑名。去众离俗，与道为常。"首句经文稍有不同，认为众人不知我的绝言、止行的深意。

王弼："以其言有宗，事有君之故，故有知之人，不得不知之也。唯深，故知之者希也。知我益希，我亦无匹，故曰知我者希，则我贵也。被褐者，同其尘；怀玉者，宝其真也。圣人之所以难知，以其同尘而不殊，怀玉而不渝，故难知而为贵也。"所谓知之者希和知我益希，显然是对不同版本的折中诠释。

唐玄宗：“夫唯世人无了悟之知，是以不知我无言无事之教。了知我忘知之意者希少，法则我不言之教者至贵。被褐者，晦其外。怀玉者，明其内。故知我者希少耳。”认为知指了悟之知，知我忘知之心意者少。

［**意犹未尽**］

第 71 章（上）

［**普及经文**］**知不知，尚矣；不知不知，病矣。是以圣人之不病也：以其病病，是以不病。**

［**直译经文**］学会不知之术，就抓住了治民的关键；不懂得不知之术，治民就会遇到很大的麻烦。圣人深谙不知之术，所以在其治民时，很多问题都会迎刃而解。

如是我文：既要知道应该使百姓不知什么，又要知道如何使百姓不知。病病：重视其病。

［**百家争鸣**］

《文子》：《道原》："为无为，事无事，知不知也。"《符言》："时之行，动而从，不知道者福为祸。天为盖，地为轸，善用道者终无尽；地为轸，天为盖，善用道者终无害。陈彼五行必有胜，天之所覆无不称，故'知不知，上也；不知言知，病也'。"经文稍有不同，可为帛甲本经文佐证，"不知言知"正是"不知不知"的意思。"知不知"与"为无为，事无事"合说，有助对该经文的理解。

《吕氏春秋》：《别类》："'知不知，上矣。'过者之患，不知而自以为知。"认为自以为知而实不知，也是"不知不知"的意思。

《韩非子》：《喻老》："句践入宦于吴，身执干戈，为吴王洗马，故能杀夫差于姑苏。文王见詈于王门，颜色不变，而武王擒纣于牧野。故曰：'守柔曰强。'越王之霸也，不病宦；武王之王也，不病詈。故曰：'圣人之不病也，以其不病，是以无病也。'"喻说解经。与第 52 章经文合解。

河上："知道而言不知，是乃德之上。不知道而言知，是乃德之病。夫唯能病苦众人有强知之病，是以不自病也。圣人无此强知之病者，以其常苦众人有此病，以此非人，故不自病。夫圣人怀通达之知，托于不知者，欲使天下质朴忠正，各守纯性。小人不知道意，而妄行强知之事以自显著，内伤精神，减寿消年也。"认为要克服强知之病的办法，就是"托于不知"，也就是常说的揣着明白装糊涂，大智若愚。言不知而非真的不知。

《淮南子》：《道应训》："秦穆公兴师，将以袭郑。蹇叔曰：'不可。臣闻袭国者，以车不过百里，以人不过三十里，为其谋未及发泄也，甲兵未及锐弊也，粮食未及乏绝也，人民未及疲病也。皆以其气之高与其力之盛至，是以犯敌能威。今行数千里，又数绝诸侯之地以袭国，臣不知其可也。君重图之。'穆公不听。蹇叔送师，衰绖而哭之。师遂行，过周而东。郑贾人弦高矫郑伯之命，以十二牛劳秦师而宾之。三师乃惧而谋曰：'吾行数千里以袭人，未至而人已知之，其备必先成，不可袭也。’还师而去。当此之时，晋文公适薨，未葬。先轸言于襄公曰：‘昔吾先君与穆公交，天下莫不闻，诸侯莫不知，今君薨未葬，而不吊吾丧，而不假道，是死吾君而弱吾孤也。请击之！’襄公许诺。先轸举兵而与秦师遇于殽。大破之，擒其三帅以归。穆公闻之，素服庙临，以说于众。故《老子》曰：‘知而不知，尚矣；不知而知，病也。’”《说林训》：“足所碾者浅矣，然待所不知而后行；智所知者褊矣，然待所不知而后明。”《人间训》：“众人皆知利利而病病也。唯圣人知病之为利，知利之为病也。”“此所谓害之而反利之者也。”“此所谓欲利之而反害之者也。”“此能以知知矣，而未能以知不知也；能勇于敢，而未能勇于不敢也。”喻说解经。三处论不知。一处论病病。

严遵：“故道者以无为为治，而知者以多事为扰；婴儿以不知益，高年以多事损。”“知而绝知，不困于知；不知用知，亦不困于知。”“病故不病，以道相托。”认为无论知还是不知，都要不困于知，否则就是病。

王弼：“不知知之不足任，则病也。”认为知之不足任，就是尚有所不知。

唐玄宗：“了法性空，本非知法，于知忘知，是德之上。不知知法，本性是空，于知强知，是行之病。夫唯能病，能知之病，是以不为强知所病也。唯圣人所以不病病者，以其病众生强知之病，是以不病。”认为忘知是德，强知是病。

［**意犹未尽**］

第72章（上）

［**普及经文**］**民不畏畏，则大畏将至。**

［**直译经文**］如果百姓无所畏惧，对君王来说，国家就快有大畏惧、大祸害了。

如是我文：民若少所畏，君则多所畏；民若多所畏，君则少所畏。

［**百家争鸣**］

河上："威，害也。人不畏小害则大害至。大害者，谓死亡也。畏之者当爱精养神，承天顺地也。"认为积小恶必成大恶，不以小恶而为之。

严遵："太上畏道，其次畏天，其次畏地，其次畏人，其次畏身。昌衰吉凶，皆由己出，不畏于微，必畏于章，患大祸深，以至灭亡。"认为人有五畏，关键在于畏于微。

王弼："清静无为谓之居，谦后不盈谓之生。离其清静，行其躁欲，弃其谦后，任其威权，则物扰而民僻，威不能复制民。民不能堪其威，则上下大溃矣，天诛将至。故曰民不畏威，则大威至。无狎其所居，无厌其所生。言威力不可任也。"与下句合解，认为行躁欲、任威权的后果，只能是威力丧尽，徒使物扰民僻，再欲以威制民，则不能，威不能制民，则乱。君王切勿反其道而行之。

唐玄宗："有威而可畏，谓之威。言人于小不畏，扭于慎微，则至于大可畏也。"认为关键在于慎微。

［**普及经文**］**毋柙其所居，毋厌其所生；夫唯弗厌，是以不厌。**

［**直译经文**］不要使民之居有所柙限，民之生有所压制；只有满足百姓的需求，才能得到百姓的拥戴。

如是我文：国计民生是个大问题，国泰民安更是个大问题。人有所需，必有所求；人有所求，必有所畏。厌，一字二义：压迫也，厌恶也。

［**百家争鸣**］

河上："谓心居神，当宽柔，不当急狭也。人所以生者，以有精神。精神托空虚，喜清静；若饮食不节，忽道念色，邪僻满腹，为伐本厌神也。夫唯独不厌精神之人，洗心濯垢，恬泊无欲，则精神居之而不厌也。"强调心神的重要性。

严遵："故忧于己者，不恐于人；畏于己者，不制于彼；顺于小者，不惧于大；诫于近者，不悔于远。是以，不小其位，而居之以敏；不薄所处，而厚修其礼；不苦卑微，而革其大始；不厌困危，而绝其所以。乐穷如达，安死如寿，虽欲且留，亦不得久。”认为要忧于己、畏于己。关键在己不在人。

王弼：“不自厌也。不自厌，是以天下莫之厌。”认为关键在于不自恶。

唐玄宗：“神所居者，心也。无狭者，除情去欲，使虚而生白。身所生者，神也。无厌者，少思寡欲，使不劳倦。夫唯人不厌神，是以神亦不厌人。”认为讲的是神与人之间的关系，强调心术。

［**普及经文**］**是以圣人自知而不自见，自爱而不自贵。故去彼而取此。**

［**直译经文**］所以，圣主要有自知之明而不自我炫耀，自爱其德却不自贵其身。总之，要有所弃、有所取。

如是我文：正人先正己。欲使人有所畏，先要己有所畏；少威人，多畏己。

［**百家争鸣**］

河上：“自知己之得失，不自显见德美于外而藏之于内。自爱其身以保精气，不自贵高荣名于世。去彼自见、自贵，取此自知、自爱。”认为要自爱其身却不自贵其位。见与现通。

严遵：“身重天地而不自高，德大阴阳而不自彰。托微处寡，后下万民。”“成败存亡，求之于身。”强调君王要为后为下。

王弼：“不自见其所知，以耀光行威也。自贵，则物狎厌居生。”认为是对前句的总结，狎物所居、厌物所生就是自贵之举。

唐玄宗：“自知其身，防可畏之事，自爱其身，无厌神之咎，不自见其能以犯患，不自贵其身以聚怨也。去彼见贵，取此知爱。”强调去贵取爱的重要性，认为要自爱其身却不自贵其身。

［**意犹未尽**］

第 73 章（上）

［**普及经文**］**勇于敢则杀，勇于不敢则活。此两者：或利，或害。天之所恶，孰知其故？**

［**直译经文**］若勇与敢相结合，死亡的几率就高；若勇与不敢相结合，存活的几率就高。两种处理方式的结果，截然相反。谁能知道，上天为什么厌恶勇与敢相结合的作为呢？

如是我文：天有天之道，或活或杀；天有天之德，喜利恶害。《老子》多兵家之言。勇是气，强调志气、意气；敢是为，强调进取之为。勇气必不可缺；进取，却要有所敢、有所不敢。敢与不敢，源于欲。气强、为也强，则过。

［**百家争鸣**］

《文子》：《道德》："夫行道者，使人虽勇，刺之不入；虽巧，击之不中。夫刺之不入，击之不中，而犹辱也，未若使人虽勇不敢刺，虽巧不敢击。夫不敢者，非无其意也，未若使人本无其意。夫无其意者，未有爱利之心也。不若使天下丈夫、女子，莫不欢然，皆欲爱利之。若然者，无地而为君，无官而为长，天下莫不愿安利者，故'勇于敢则杀，勇于不敢则活'。"强调不敢。有所欲，必有所畏；欲安利，必有所不敢。

《列子》：《汤问》："始或为终，终或为始，恶知其纪？"《力命》："老聃语关尹曰：'天之所恶，孰知其故？'言迎天意，揣利害，不如其已。"认为与其揣摩天意，不如顺其自然。

河上："勇于敢有为，则杀其身。勇于不敢有为，则活其身。谓敢与不敢也。活身为利，杀身为害。恶有为也。谁能知天意之故而不犯之？"关键在于不敢有为，意思与第 3 章的不敢、不为同。

《淮南子》：《道应训》："惠孟见宋康王，康王蹀足謦欬，疾言曰：'寡人所说者，勇有力也，不说为仁义者也，客将何以教寡人？'惠孟对曰：'臣有道于此，使人虽勇，刺之不入；虽巧有力，击之不中。大王独无意邪？'宋王曰：'善。此寡人之所欲闻也。'惠孟曰：'夫刺之而不入，击之而不中，此犹辱也。臣有道于此，使人虽有勇弗敢刺，虽有力不敢击。夫不敢刺、不敢击，非无其意也。臣有道于此，使人本无其意也。夫无其意，未有爱利之心也。臣有道于此，使天下丈夫、女子，莫不欢然，皆欲爱利之心，此其贤于勇有力也，四累之上也。大王独无意邪！'宋王曰：'此寡人所欲得也。'惠孟对曰：'孔、墨是已。孔丘、墨翟，无地而为君，无官而为长。天下丈夫、女子，莫不延颈举踵，而愿安利之者。今大王，万乘之主也。诚有其志，则四境之内皆得其利矣。此贤于孔、墨也远矣。’宋王无以应。惠孟出。宋王谓左右曰：‘辩矣！客之以说胜寡人也。’故《老子》曰：‘勇于不敢则活。’由此观之，大勇反为不勇耳。”《人间训》：“此能以知知矣，而未能以知不知也；能勇于敢，而未能勇于不敢也。”喻说解经。勇与敢当属两个范畴。

严遵：“生为杀元，杀为生首，二者相形，吉凶著矣。”“故物或生之而为福，或生之而为祸；或杀之而为福，或杀之而为贼。二者深微，莫能穷测。故生之而为福者，天下之所佑；生之而为祸者，天下之所恶也。”“是故，敢于不敢者之敢。动，与天同符；静，与地同极。天心所恶，莫之能辨。”认为要知生、知杀，或生、或杀；知敢、知不敢，或敢、或不敢。常知则不用难之，严遵改经为“常知此两者”，一语道破天机，学道、为道之秘，就在于“常知两者”。

王弼：“必不得其死也。必齐命也。俱勇，而所施者异，利害不同，故曰或利或害也。孰，谁也。言谁能知天下之所恶意故邪？其唯圣人。”认为两者的勇相同，而所施者却不同，因此利害也不同。只有圣人才能知道天意之所恶为何。施：行也。

唐玄宗：“敢谓果敢，言人勇于果敢从事，则失于谦柔退让，必害于身，故云则杀。不敢者，则可以活身矣。两者，敢与不敢也。或，有也。能知不敢者有利，敢者有害，当须勇于不敢，此勇敢之人。动有灾害，乃天之所恶，孰能知其故哉？”认为能勇于不敢的人，才是真正的勇敢之人。勇于实则失于虚。果：实也。

［**普及经文**］**天之道：不战而善胜，不言而善应，不召而自来，战而善谋。天网恢恢，疏而不失。**

［**直译经文**］运用天道的规律指导战争：胜敌，不一定用战争手段；不得已而战，就要有缜密的庙算，运用不言之道，制定料敌、抗敌、降敌之策。总之，天道就像一张网，简单、合理，当得则得而不失，当失则失而不得。

如是我文：天道不言。不战而胜是克敌的最高境界，靠各个领域的各种手段相辅相成。战而善谋就是上兵伐谋。应：当也，料度也。召：以言曰召。来：至也。

［**百家争鸣**］

《韩非子》：《主道》：“人主之道，静退以为宝。不自操事而知拙与巧，不自计虑而知福与咎。是以不言而善应，不约而善增。”强调静与退的重要性。

河上：“天不与人争贵贱，而人自畏之。天不言，万物自动以应时。天不呼召，万物皆负阴而向阳。繟，宽也。天道虽宽博，善谋虑人事，修善行恶，各蒙其报也。天所网罗恢恢甚大，虽疏远，司察人之善恶，无有所失。”将“天”人格化。

严遵：“夫天地之道，一阴一阳。”“故，不争而无所不胜，不言而无所不应，不召而无所不来，寂然荡荡，无所不图。”“惚恍之罗设，而无状之网施。”“终始祸福，吉凶自反，非出天外，莫之能遁也。”认为只要按自然规律办事，则不用争、不用言、不用召。图：谋也。

王弼：“天唯不争，故天下莫能与之争。顺则吉，逆则凶，不言而善应也。处下则物自归。垂象而见吉凶，先事而设诚，安而不忘危，未召而谋之，故曰繟然而善谋也。”以经解经，以易解经。

唐玄宗：“此下言天道谦虚，以戒人事勇敢。天不与物争，四时盈虚，物无违者，故善于胜。天何言哉？福善而祸淫，曾无差忒，故云善应。天道不召物使从己，物不能违，自来顺天耳。天道玄远，繟然宽大，垂象示人，可则之，故云善谋也。天之网罗，虽恢恢疏远，刑淫赏善，毫分不失。”认为既要知天道，更要落实到人事上。

［**意犹未尽**］

第74章（上）

[普及经文] 民不畏死，奈何以杀惧之?

[直译经文] 如果百姓不怕死，那么再严苛的刑罚也无法震慑住他。

如是我文：民有所畏，然后刑法才有所用。以身试法者多，源于德不足，而非法不严。所以说，德与法二而一，要以德为主。畏：惧也。

[百家争鸣]

《尹文子》：《大道下》："《老子》曰：'民不畏死，如何以死惧之?'凡民之不畏死，由刑罚过；刑罚过，则民不赖其生；生无所赖，视君之威末如也。"认为民不畏死的根本原因就在于刑罚过。所以说，什么都不能过。

河上："治国者，刑罚酷深，民不聊生，故不畏死也。治身者，嗜欲伤神，贪财杀身，民不知畏之也。人君不宽刑罚，教民去其情欲，奈何设刑法以死惧之?"认为刑罚要适当，既要使民畏，更要使民知有所畏。

严遵："人之情性，不知而忠信，有知而诞谩；得意而安宁，失意而图非；穷困而轻死，安宁而爱身。""由此观之，民心不得，性命不全，则号令不能动也。忧愁惨怛，乐非轻死，则刑罚不能恐也。"认为人的情性是关键，得人心者得天下。

唐玄宗："纵放情欲，动之死地，习以为常，尝无畏者，人君当以清静化之，奈何更立刑法以诛杀恐惧之?"认为首先要靠道德教化，而不是只靠刑法震慑。

[普及经文] 若使民常畏死，而为奇者，吾将得而杀之，孰敢?

[直译经文] 如果使百姓多有畏死之由，奉公守法，一旦有犯法之人，就要受到相应的惩罚，赏罚分明，那么谁还敢做犯法之事?

如是我文：欲使民知有所畏，当导之以德，制之以刑，德威并施。

[百家争鸣]

河上："当除己之所残克，教民去利欲也。以道教化而民不从，反为奇巧，乃应王法执而杀之，谁敢有犯者?老子疾时王，不先以道德化之，而先刑罚也。"认为君王当以道德教化为先，使其有所畏惧，刑罚才会起作用。

严遵："故天下除嗜废欲、乐生恶死者，皆重其神而爱其身，故刑可制而势可禁也。是以，俊雄、英豪、达通之人，不敢作福，不敢起威。故法立而不用，赏设而不施。夫何故哉?身重天地，物轻鸿毛，法峻刑严，知不敢淫也。"认为关键在于要让百姓重神爱身，抓住百姓的心理，寻民之弱而治之。宗教的作用亦是如此。

王弼：“诡异乱群，谓之奇也。”认为奇指害群之马。

唐玄宗：“若使世人皆从清静之化，不敢溺情纵欲，常畏于死，而独为奇诈者，假令吾势得执杀此奇诈之人，孰敢即杀？故下文云。”认为首先要使民有所畏、有所不敢，大多数百姓就会奉公守法。对乱法之人，要采取刑罚措施。

［**普及经文**］**若民恒且必畏死，则常有司杀者。夫代司杀者杀，是代大匠斲。夫代大匠斲，则稀有不伤其手矣。**

［**直译经文**］即使有犯罪、甚至犯死罪之人，也要由执法机关的专职人员负责执掌刑罚。如果君王越俎代庖，就像拙夫代替巧手木匠雕饰木件，君王之手很少不被自己所伤。

如是我文：有执法者的监督和执行，法才能落实。不在其位，不谋其政；君行臣事，必伤其国。

［**百家争鸣**］

《文子》：《上仁》：“鲸鱼失水，则制于蝼蚁；人君舍其所守，而与臣争事，则制于有司。”“君臣相怨，百官烦乱而智不能解，非誉萌生而明不能明，非己之失而反自责，则人主愈劳，人臣愈佚，‘是代大匠斫。夫代大匠斫者，希有不伤其手矣。’”认为君臣的职责要分清，各守其位。

河上：“司杀者，天，居高临下，司察人过。天网恢恢，疏而不失也。天道至明，司杀有常，犹春生、夏长、秋收、冬藏，斗杓运移，以节度行之。人君欲代杀之，是犹拙夫代大匠斫木，劳而无功也。人君行刑罚，犹拙夫代大匠斫，则方圆不得其理，还自伤其手。代天杀者，失其纪纲；不得其纪纲，还受其殃也。”认为司杀者指天，人君不学拙夫，勿代天杀，不是自己的专长，必然缺乏专业人士的高素质。

《淮南子》：《主术训》：“不正本而反自然，则人主逾劳，人臣逾逸，是犹代庖宰剥牲而为大匠斲也。”《道应训》：“昔尧之佐九人，舜之佐七人，武王之佐五人。尧、舜、武王于九、七、五者，不能一事焉；然而垂拱受成功者，善乘人之资也。故人与骥逐走，则不胜骥；托于车上，则骥不能胜人。北方有兽，其名曰蹷，鼠前而兔后，趋则顿，走则颠，常为蛩蛩駏驉取甘草以与之。蹷有患害，蛩蛩駏驉必负而走。此以其能，托其所不能。故《老子》曰：‘夫代大匠斲者，希不伤其手。’”喻说解经。各有所能，各司其事。以其能，托其所不能。

严遵：“是故，帝王之道，无事无为。”“前后左右，各有所任，因应以督，安其成功。”“故人君有分，群臣有职，审分明职，不可相代，各守其圆，大道乃得，万事自明，寂然无事，无所不克。臣行君道，则灭其身；君行臣事，必伤其国。”认为君臣各有其职分，不可越权相代。

王弼：“为逆，顺者之所恶忿也。不仁者，人之所疾也。故曰常有司杀也。”一般认为此注有误，似继前章之顺、逆之注。

唐玄宗：“常有司杀者杀，如此奇诈之人，天网不失，是常有天之司杀者杀之也。人君好自执杀，必不得天理，是犹拙夫代大匠斲木。拙夫代斫，岂但伤材，亦自伤其手。人君任用刑法，代彼司杀，岂唯残害百姓，抑亦自丧天和也。”认为拙夫既伤材、伤手，又丧天和，人君不学。

［**意犹未尽**］

第75章（上）

［普及经文］**民之饥：以其上取食税之多，是以饥。**

［直译经文］百姓之所以闹饥荒，是因为为上者强收的赋税太多、给自己的俸禄太多。

如是我文：上多则下少，如何给民？治国之道，必先富民，关键在于财富的分配。

［百家争鸣］

河上："人民所以饥寒者，以其君上税食下太多，是以民皆化上为贪，叛道违德，故饥。"认为是有样学样，下学上之贪。上下皆贪，剩给国家的还有什么？

严遵："道德之生人也，有分；天地之足人也，有分；侯王之守国也，有分；臣下之奉职也，有分；万物之守身也，有分。""守分如常，与天地通。损己余分，与道俱行。祭祀不绝，后世繁昌。过分取大，身受不祥。重累相继，后世有殃。"认为任何事物都"有分"。正因为有分，道德、天地、侯王、臣下、万物等等，才能各守其名、皆修其德，才能忠信顺从、奉其分职。无论君上还是臣下，都不要失其分。

王弼："民之所以僻，治之所以乱，皆由上，不由其下也。民从上也。"认为乱皆由上，根子在上面。

唐玄宗："天下之民所以饥之不足者，以其君上食用、赋税之太多故耳。"理解平实。

［普及经文］**民之不治：以其上之有以为，是以不治。**

［直译经文］百姓之所以混乱失序，是因为为上者的欲望太多而胡作非为。

如是我文：上烦则下乱，如何治民？治国之道，在于安民。欲少则安。

［百家争鸣］

河上："民之不可治者，以其君上多欲，好有为也。是以其民化上有为，情伪难治。"认为以上贪治下贪，如何治？

严遵："以其淫主乱君，不睹自然，反情纵欲，违道去天，饰知创作，以顺其心也。以是淳消朴灭，巧故孳生。奇物日进，不可胜形。佞谄亲幸，邪伪者封。"认为上梁不正下梁歪，欲治百姓而不能治。

唐玄宗："天下之民所以难治化者，以其君上之有为，有为则多难，多难则诈兴，是以难治。"认为治之难，难在诈兴。

[普及经文] 民之轻死：以其上求生之厚，是以轻死。

[直译经文] 百姓之所以轻死，是因为为上者过分重视自己的生命；百姓命如草芥，何必畏死？

如是我文：治国之道，在于厚民。其上多食、多税、多欲望，目的不外乎就是要厚其生、贵其生。厚此必薄彼，其上必然会轻视百姓的生命。民重死则易治，轻死则难治。最大的失就是生命之失，如果百姓连死都不怕，国家还能不乱吗？

[百家争鸣]

河上："人民所以轻犯死者，以其求生活之事太厚，贪利以自危。以求生太厚之故，轻入死地也。"认为说的是百姓轻入死地。

严遵："民之所以细其命而大财宝，乘危狭，触重禁，赴白刃，冒流矢，不顾其身，得利为右者，以其欲名之荣而求生之厚也。"认为民重财，所以轻死。

唐玄宗："天下之人所以轻其死者，以其违分求生太厚之故，是以轻死。"认为说的是天下之人，既包括君，也包括民。

[普及经文] 夫唯无以生为者，是贤于贵生。

[直译经文] 圣王贵生，不能厚己生、贵己生、有以生为；无以生为才是贵生的最佳手段。

如是我文：如何善待生命？这是一个永恒的话题。上之生与下之生要一视同仁，都不能过分看重自己的生命。

[百家争鸣]

河上："夫唯独无以生为务者，爵禄不干于意，财利不入于身，天子不得臣，诸侯不得使，则贤于贵生也。"认为只要不以生为要务，就能贤于贵生。不以生为要务的人，既包括君王，也包括大众。

《淮南子》：《道应训》："昔孙叔敖三得令尹，无喜志；三去令尹，无忧色。延陵季子，吴人愿以为王而不肯。许由，让天下而弗受。晏子与崔杼盟，临死地不变其仪。此皆有所远通也。精神通于死生，则物孰能惑之！荆有佽非，得宝剑于干队，还返渡江，至于中流，阳侯之波，两蛟挟绕其船。佽非谓枻船者曰：'尝有如此而得活者乎？'对曰：'未尝见也。'于是佽非勃然瞋目，攘臂拔剑曰："武士可以仁义之礼说也，不可劫而夺也。此江中之腐肉朽骨，弃剑而全已，余有奚爱焉？"赴江刺蛟，遂断其头。船中人尽活，风波毕除，荆爵为执圭。孔子闻之，曰：‘夫善哉！不以腐肉朽骨弃剑者，佽非之谓乎？’故《老子》曰：‘夫唯无以生为者，是贤于贵生焉。’”喻说解经。惜命者反丧命，舍生忘死者反得生。

严遵：“无以民为，可以康宁；无以生为，可以长久。”“除分损已，至于无取。”认为为上者不能贪欲多，眼睛只盯在百姓身上，作“得之生而贵已生”的打算。

唐玄宗：“自然之分定则生全，若养过其分，分过则生亡矣。故夫唯无以厚其生为者，是贤于矜贵其生。”强调不过其分。

［**意犹未尽**］

第76章（上）

［普及经文］**人之生也柔弱，其死也坚强；万物草木之生也柔脆，其死也枯槁。**

［直译经文］人类始于生而终于死，自始至终，是一个从弱小到强大到僵硬的生理进程。万物中的草木之类，同样始于生而终于死，自始至终，也是一个从脆弱到强大到干枯的自然过程。

如是我文：论强与弱各自的位置和特点。有正确的认知，才会有正确的运用。

［百家争鸣］

河上："人生含和气，抱精神，故柔弱也。人死和气竭，精神亡，故坚强也。和气存也。和气去也。"强调和气的重要性。关键就在于一口气。

严遵："在物物存，去物物亡，无以名之，号曰神明。""是以，人始生也，骨弱筋柔，血气流行，心意专一，神气和平。""何则？神居之也。""及其死也，形槁容枯，舌缩体伸。何则？神去之也。草木之始生也，枝条润泽，华叶青青，丰茂畅美，柔弱以和。何则？阳气存也。""及其死也，根茎枯槁，枝条坚刚。何则？阳气去之也。"认为关键在于神明与阳气。

唐玄宗："生之柔弱，和气全也。死之坚强，和气散也。"认为关键在于和气的聚与散。

［普及经文］**故曰："坚强者，死之徒；柔弱者，生之徒。"**

［直译经文］由此可知，坚强之属的前面是尽路，柔弱之属的前面是进路。

如是我文：若以生与死为两极，始生与终死之间，弱的一方近"生"点，强的一方近"死"点。弱与强作比较，老子认为，柔弱的一方，总比刚强的一方更具有发展空间和前途。用弱，就是用其生之势。生：进也。死：尽也。徒：类也，途也。

［百家争鸣］

《文子》：《道原》："革强而裂，齿坚于舌先毙，故'柔弱者生之干，坚强者死之徒'。先唱者，穷之路；后动者，达之原。"喻说解经。认为强者多在先，距终点近，其发展空间不如后动之弱者。穷：尽也。达：通也。

《列子》：《黄帝》："天下有常胜之道，有不常胜之道。常胜之道曰柔，常不胜之道曰强。二者亦知，而人未之知。故上古之言：强，先不己若者；柔，先出于己者。先不己若者，至于若己，则殆矣。先出于己者，亡所殆矣。以此胜一身若徒，以此任天下若徒，谓不胜而自胜，不任而自任也。粥子曰：'欲刚，必以柔守之；欲强，必以弱保之。积于柔必刚，积于弱必强。观其所积，以知祸福之乡。强胜不若己，至于若己者刚；柔胜出于己者，其力不可量。'老聃曰：'兵强则灭，木强则折。柔弱者生之徒，坚强者死之徒。'"强调强与弱之间的关系及转换，分析透彻。强的前面无目标，弱的前面多目标；强的被追，弱的追前，二者的发展趋势和动力截然不同。

河上："以上二事观之，知坚强者死，柔弱者生也。"认为是由前二例而知之。

《淮南子》：《原道训》："革固则裂，齿坚于舌而先之敝，是故'柔弱者，生之干也，而坚强者，死之徒也'。先唱者，穷之路也；后动者，达之原也。"

严遵："故，神明、阳气，生物之根也；而柔弱，物之药也。柔弱和顺，长生之具而神明、阳气之所托也。万物随阳以和弱也。故坚强实满，死之形象也；柔弱滑润，生之区宅也。凡人之性，憎西邻之父者，以其强大也；爱东邻之儿者，以其小弱也；燔烧枯槁者，以其刚强也；簪珥荣华者，以其和淖也。"认为万物的本性，就是随阳以和弱；人的本性，就是憎彼强、怜彼弱。

唐玄宗："欲明守柔弱者，全生保年。为强梁者，亡身失性。"认为要守柔，不当强梁之人。

［**普及经文**］**是以兵强则不胜，木强则竞。故"强大处下，柔弱处上"。**

［**直译经文**］进一步用制作兵器的金属与树木作比较，又会发现，同样是强，金属质硬，过硬则不胜其力，太刚易折；树干质柔，越强壮则越能支撑起庞大的树冠，枝繁叶茂。由此可知，强与大者常处下势；柔与弱者常处上势。

如是我文：强与强作比较，老子认为弱中强、柔中刚，要优于强中强、刚中刚。用强，就是用其下之势。如何尽快脱强处弱，如何将强尽快转化为下一过程之新弱，如何适时将强技术性清零，是门学问。

［**百家争鸣**］

《文子》：《道原》："欲刚者，必柔守之；欲强者，必以弱保之。积柔即刚，积弱即强。观其所积，以知存亡。强胜不若己者，至于若己者而格；柔胜出于己者，其力不可量。故'兵强即灭，木强即折'。"强调要柔胜而不要强胜，因为柔的力量不可限量。折：断也。

河上："强大之兵，轻战乐杀，毒流怨结，众弱为一强，故不胜。本强大则枝叶共生其上。兴物造功，大木处下，小物处上。天道抑强扶弱，自然之效。"认为抑强扶弱是自然法则。共：众也。

《淮南子》：《原道训》："是故欲刚者，必以柔守之；欲强者，必以弱保之。

积于柔则刚，积于弱则强。观其所积，以知祸福之乡。强胜不若己者，至于若己者而同；柔胜出于己者，其力不可量。故‘兵强则灭，木强则折’。”与《文子》、《列子》相较，先与胜同，即与则同。

严遵：“夫何故哉？强大之兵，非以顺天地，本和弱，主慈爱，诛骄暴，救不足，破贪叨也。”“非独人事，万物然矣。夫巨木，高百寻，大连抱，头剖中门，尾判中户，不蒙华实，常在于下，千枝万木，舒条布叶，青青葱葱，共生其上者，以其形大而势强也。是故，神明之道，天地之理，小不载大，轻不载重。故强人不得为王，强木不得处上。何则？强人为王，万国忧愁；强木处上，则根本枯槁。众人为大，故居下；圣人为小，故居上。强大居下，小弱居上者，物自然也。”认为强人与强木所处的位置截然相反。

王弼：“强兵以暴于天下者，物之所恶也，故必不得胜。物所加也。木之本也。枝条是也。”认为强大指木本，所以处下；柔弱指枝条，所以处上。

唐玄宗：“见哀者胜，故知恃强者必败。木本强大，故处于下。枝条柔弱，共生于上。盖取其柔弱者在上，强梁者在下，故下文云。强大处下，柔弱处上。”以经解经。

［**意犹未尽**］

第 77 章（上）

［普及经文］**天之道，其犹张弓乎？高者抑之，下者举之；有余者损之，不足者益之。**

［直译经文］一切皆有规律可循，譬如张弓射箭，瞄准目标时，高了，就低一点儿；低了，就高一点儿；力大了，就小一点儿；力小了，就大一点儿；远近高低恰到好处，定能一箭中的。

如是我文：运用损益之法自我调节，在二者之间寻找均衡之点。道不同，寻找均衡之点的方法也不同。三坐标：损、益、和，两点定一点，小点定大点。

［百家争鸣］

河上："天道暗昧，举物类以为喻也。言张弓和调之，如是乃可用耳，夫抑高举下，损强益弱，天之道也。"认为天道的运用，就是调和，调二合一。

严遵："有物三立，一浊一清，清上浊下，和在中央。""弦高急者，宽而缓之；弦弛下者，摄而上之；其有余者，削而损之；其不足者，补而益之；弦质相任，上下相权，平正为主，调和为常。故弓可抨而矢可行也。"强调和的重要性。损有余也好，益不足也罢，无非是在寻求和，和则发矢中的。"有物三立"，就是坐标有三：清、浊、和。立：位也。

唐玄宗："天道玄远，非喻不明，故举张弓以彰其用耳。张弓如此，乃能命中，是犹天道亏盈益谦，欲令人君法天字人，故示抑高举下之道。"认为天道难言，非喻不明。所以，理解经文时，切忌主体、喻体相混淆。

［普及经文］**故天之道，损有余而益不足；人之道则不然，损不足而奉有余。**

［直译经文］天之道是损其多、益其少；人之道正相反，是损其少、益其多。

如是我文：天之道重视不足，强调失；人之道重视有余，强调得。天之道是使有余与不足双方尽量向中点靠拢，缩小其差；人之道是使双方尽量向两极靠拢，加大其差。天之道易平衡，人之道易失衡。天之道是反向操作，人之道是顺向操作。

［百家争鸣］

河上："天道损有余而益谦，常以中和为上。人道则与天道反，世俗之人损贫以奉富，夺弱以益强也。"举例说明何为人道。

严遵：“夫按高举下，损大益小，天地之道也。”“功尠赏微，劳大禄重，侯王之道。”“损小以益强，逆微顺显，以容其身，此众人之道也。”“天人交顺，神明是守。至人之道也。”认为人之道不止一种，有侯王之道、众人之道、至人之道，不可一概而论。尠：少也。

王弼：“与天地合德，乃能包之如天之道。如人之量，则各有其身，不得相均。如惟无身无私乎？自然，然后乃能与天地合德。”认为人道之所以与天道不同，正是源于人的本性。所以要学习天道，无身无私，崇尚自然。

唐玄宗：“天道平于，裒多益寡，人则违天，翻损不足。”认为人道与天道相对立。

［**普及经文**］**孰能有余而又以取奉于天者，唯有道者乎？是以圣人为而不恃，成而不居。若此：其不欲示贤也。**

［**直译经文**］身处人道有余之位，而奉行天道损有余之为，不是只有有道者才能做到吗？圣人效法自然之道，顺势而为，从不自以为是，事成有余也从不自居其有。这样做的目的，就是要尽量隐其善行以和天道。

如是我文：既和光同尘于人道，又以天道为心则。损己有余之举是善行，行善而不为人知才是至善。

［**百家争鸣**］

河上：“言谁能居有余之位，自省爵禄以奉天下不足者乎？唯有道之君能行之也。圣人为德施惠，不恃望其报也。功成事就，不处其位。不欲使人知己之贤，匿功不居荣名，畏天损有余也。”认为有道之君的诸般损余之举，就是惧怕天道损其有余。与其天损，不如自损。

严遵：“是以，圣人之动，无名为务，和弱为主。”“夫何故哉？惮道之殃，不敢见贤也。”认为重要手段就是和弱。欲达到和，就要从弱处入手。

王弼：“言唯能处盈而全虚，损有以补无，和光同尘，荡而均者，唯其道也。是以圣人不欲示其贤，以均天下。”认为重要手段就是均。均就是均衡，就是和。

唐玄宗：“谁能以己之有余，奉与天下之不足者乎？独有道者能耳。圣人法天，称物均施，施平于物，而不恃其功。推功于物，不处其成。圣人所以推功不处者，盖不欲令物见其贤能。”认为有道者欲保持彼与己的良好关系，要能做到损己而补彼。贤：多才也。

［**意犹未尽**］

第 78 章（上）

［普及经文］**天下柔弱莫过于水，而攻坚强者，莫之能先，以其无以易之。**

［直译经文］有形之物中，水最柔弱。水最能克胜坚强之物，谁也比不上它，也没有谁可以替代它。

如是我文：论强弱二者之间的关系。

［百家争鸣］

《文子》：《道原》："天下莫柔弱于水。"与第 43 章"驰骋天下之至坚"等经文合说，以水为例，论道的强弱法则。

河上："圆中则圆，方中则方，壅之则止，决之则行。水能怀山襄陵，磨铁消铜，莫能胜水而成功也。夫攻坚强者，无以易于水。"认为是对水性的形容。

严遵："水之所以能触石贯金，崩山溃堤，""以其形体柔弱，动静待时，不设首响，和淖润滑也。""攻坚陷大，非水不行。"

王弼："以，用也。其，谓水也。言用水之柔弱，无物可以易之也。"认为水虽柔弱，却谁也不敢轻视。

唐玄宗："以坚攻坚，必两坚俱损，柔制强者，则强损而柔全。故用攻坚强者，无以易于水者矣。"认为同性相斥，异性相吸，硬碰硬不符合二者之道，不是好办法。

［普及经文］**柔之胜刚，弱之胜强，天下莫不知而莫能行。**

［直译经文］柔能胜刚、弱能胜强的道理，天下人都知道，却很少有人能做到。

如是我文：人之性，喜己强不喜己弱，喜己得不喜己失；强断后方知柔弱的重要，得病时始有失之的渴望，所以人之修要从身心修起。"强行者有志。"

［百家争鸣］

河上："水能灭火，阴能消阳。舌柔齿刚，齿先舌亡。知柔弱者久长，刚强者折伤。耻谦卑，好强梁。"认为知柔弱之道却不能行的原因，在于耻谦卑、好强梁。

《淮南子》：《道应训》："越王勾践与吴战而不胜，国破身亡，困于会稽。忿心张胆，气如涌泉，选练甲卒，赴火若灭。然而请身为臣，妻为妾，亲执戈，为吴王先马，果禽之于干遂。故《老子》曰：'柔之胜刚也，弱之胜强也。天下莫不知，而莫之能行。'越王亲之，故霸中国。"喻说解经。

严遵："故水之灭火，砥之利金；角齿伤折，舌耳无患。""天下莫不知，世俗莫不闻；皆用私心不已，莫有能行。”认为知柔弱之道却不能行的原因，在于有私心。

唐玄宗：“柔弱之道，胜于刚强，天下之人，无不知者，知有此道，不能行也。”直译经文。

［**普及经文**］**是以圣人之言曰：“受国之诟，是谓社稷之主；受国之不祥，是谓天下之王。”正言若反。**

［**直译经文**］圣王告诫子孙：能够承受国家的诟耻和不祥，才能真正成为一国之主、天下之王。所以，一定要懂得正言若反、正与反二而一的道理。

如是我文：二而一之用，无处不在。正与反是二者之间的基本关系。

［**百家争鸣**］

《庄子》：《天下》：“人皆取先，己独取后，曰：‘受天下之垢。’”认为是例证如何取后，要与众人反其道而行之。

河上：“谓下事也。人君能受国之垢浊者，若江海不逆小流，则能长保其社稷，为一国君主也。人君能引过自与，代民受不祥之殃，则可以王天下。此乃正直之言，世人不知，以为反言。”认为世人不知是正话反说。

《淮南子》：《道应训》：“晋伐楚，三舍不止。大夫请击之。庄王曰：‘先君之时，晋不伐楚。及孤之身，而晋伐楚，是孤之过也，若何其辱群大夫？’曰：‘先臣之时，晋不伐楚。今臣之身，而晋伐楚，此臣之罪也。请击之。’王俯而泣，涕沾襟，起而拜群大夫。晋人闻之，曰：‘君臣争以过为在己，且轻下其臣，不可伐也。’夜还师而归。《老子》曰：‘能受国之垢，是谓社稷主。’”“宋景公之时，荧惑在心。公惧，召子韦而问焉，曰：‘荧惑在心，何也？’子韦曰：‘荧惑，天罚也；心，宋分野。祸且当君。虽然，可移于宰相。’公曰：‘宰相，所使治国家也，而移死焉，不祥。’子韦曰：‘可移于民。’公曰：‘民死，寡人谁为君乎？宁独死耳！’子韦曰：‘可移于岁。’公曰：‘岁，民之命。岁饥，民必死矣。为人君而欲杀其民以自活也，其谁以我为君者乎？是寡人之命固已尽矣，子无复言矣。’子韦还走，北面再拜，曰：‘敢贺君！天之处高而听卑。君有君人之言三，天必有三赏君。今夕星必徙三舍，君延年二十一岁。’公曰：‘子奚以知之？’对曰：‘君有君人之言三，故有三赏，星必三徙舍。舍行七星，星当一年，三七二十一，故君移年二十一岁。臣请伏于陛下以伺之；星不徙，臣请死之。’公曰：‘可。’是夕也，星果三徙舍。故《老子》曰：‘能受国之不祥，是谓天下王。’”喻说解经。要有勇于受过担责的心胸。

严遵：“何谓受国之垢？曰：食民所吐，服民所丑，居民所使，乐民所苦，务在顺民，不遑适己。”“何谓受国之不祥？曰：忍民所丑，受民所恶，当民大祸，不以为德，计在丧国，不失天心，虑在杀身，不失民福。”“是故，正言若反，莫之能覆；近而若远，莫之能测；求之大远，莫之能得。”认为务在顺民，为民担责。

唐玄宗：“引万方之罪，是受国之垢浊。称孤寡不穀，是受国之不祥。其德如此，则社稷有奉，故天下之人归往矣。受国之垢，为社稷主，受国之不祥，为天下王，是必正言初若反俗，故云正言若反。”认为始于反俗，终为正主。

［**意犹未尽**］

第79章（上）

［**普及经文**］**和大怨，必有余怨，可以为善。**

［**直译经文**］所谓大怨，必是怨多而有余，要增益善德以和之。

如是我文：天之道：欲减损彼怨之有余，必增益此善之不足；怨与善二而一，则和。化解社会中大大小小的矛盾，要从增益善德之行入手。“除其怨恶，同其好善。”同：和也。

［**百家争鸣**］

《文子》：《上德》：“夫有阴德者必有阳报，有隐行者必有昭名；树黍者不获稷，树怨者无报德。”《微明》：“和大怨必有余怨，奈何其为不善也？”经文有所不同，奈何其为不善，正是可以为善的意思。

河上：“杀人者死，伤人者刑，以相和报。任刑者失人情，必有余怨及于良人也。言一人吁嗟，则失天心，安可以和怨为善。”认为杀人者已偿命，伤人者已受刑，都是和的作为；然而，如果伤及第三者，即使有一人吁嗟，也不算和怨为善，所以任刑者不能失人情。绕来绕去，强调的还是为善。

严遵：“是故，正言若反，莫之能覆；近而若远，莫之能测；求之大远，莫之能得。”“当此之时，善人中罔，贤者陷刑，虽得名实，何可善焉？”将本章与上一章合为一段，认为正言若反指的就是此句，对为善的怀疑只是反说。

王弼：“不明理其契，以致大怨已至。而德和之，其伤不复，故有余怨也。”认为不按契信办事，就会有大怨发生；做到和之以下德，还不足以平复其伤，所以必有余怨。若要和之以德，就要和之以得。

唐玄宗：“与身为怨对之大者，情欲也。和谓调和也。言人君欲以言教调和百姓，使无情欲，故曰和大怨。立教化人，不能无迹，斯迹之弊，还与为怨，故曰必有余怨。既有余怨，则不可以为善。”认为有余怨者不为善。

［**普及经文**］**是以圣人执右契，而不以责于人。故有德司契，无德司彻。**

［**直译经文**］圣人有道，执债权之契，担自己之责，施而不望其报。执合同之契者，各担己责，有施有报，所以有德；行收税之法者，不贷而取，不施而强求其报，所以无德。

如是我文：三种人，三种法。有道之人，行慈善之法；上德之人，行合同之法；下德之人，行税赋之法。有德之得，靠协议合同；无德之得，靠赋税强征。处理好生产关系，少一相情愿，多两相情愿，怨如何有余？

［**百家争鸣**］

河上："古者圣人执左契，合符信也。无文书法律，刻契合符以为信也。但刻契为信，不责人以他事也。有德之君，司察契信而已。无德之君，背其契信，司人所失。"认为双方一旦刻契为信，就应该只以契为信，而不再以他事责人。彻：去也。

严遵："是以圣人，执道之符，操德之信，合之于我，不以责人。故有德之主，将欲有为，必稽之天，将欲有行，必验符信。""归祸于己，不怨于人。""无德之人，务适情意，不顾万民。政失乱生，不求于身。专司民失，督以严刑。"认为双方有契为信，各担其责，有祸则归已，不必怨人。

王弼："左契，防怨之所由生也。有德之人，念思其契，不念怨生而后责于人也。彻，司人之过也。"认为以契为准，即使有怨，也与他人无关。彻：过也。

唐玄宗："左契者，心也。心为阳藏，与前境契合，故谓之左契耳。圣人知立教则必有迹，有迹即是余怨，故执持此心，使令清静，下人化之，则无情欲，不烦诛责，自契无为。司，主也。彻，通也。言有德之君主司心契，则人自化。无德之主，则将立法以通于人，为法之弊，故未为善。"认为左契指心。

［**普及经文**］**天道无亲，常与善人。**

［**直译经文**］天道无亲无疏，总是相助善德之人。

如是我文：任人唯贤，不要任人唯亲。与：助也。

［**百家争鸣**］

河上："天道无有亲疏，唯与善人，则与司契同也。"认为与司契信一样，得天道者，不以人为标准，只以善为标准。

严遵："是故，天地之道，与人俱行。无适无莫，无疏无亲。""造恶与之否，行善与之通。"认为通天道者，要靠行善，不靠亲疏。

唐玄宗："司契则清静，立法则凋残，皇天无亲，唯德是辅，故人君者，常思淳化于无为，不可立法而生事。"反对立法。然而，立契信又为如何？契信的作用，难道不与法同？法有多种，合同法即是其一。

［**意犹未尽**］

第80章（上）

［**普及经文**］**小国，寡民。**

［**直译经文**］国要小，民要少。

如是我文：治国治民的理念之一，就是大要小之，多要少之。就行政区划而言，国要小，民要少，便于治理。小其国，寡其民，简其事，正是周天子立国、封建诸侯的总原则，也是便于治理的好经验。

［**百家争鸣**］

河上："圣人虽治大国，犹以为小，俭约不奢泰。民虽众，犹若寡少，不敢劳之也。"认为正是治大国若烹小鲜之义。

严遵："国有大小，地有险易，民有众寡，货有多少，形有高卑，途有远近，势有强弱，权有轻重。大胜小，易胜险，富胜贫，众胜寡，高胜卑，近胜远，强胜弱，轻胜重，物之理也。强弱在将，安危在相，得失在主，存亡在道。天无常与，民无常处，有德者归之，无德者见背，自然之道也。""唯有道者无所不制。""故，小国者，危亡之枢而安宁之机也。"认为国无大小，皆以道治。强调圣人重视治小国之道，是因为小国存乎大国之间，是天下安危的枢机关键。

王弼："国既小，民又寡，尚可使反古，况国大民众乎！故举小国而言也。"认为本章是以小国为例，论如何效法上古为国之道。反古之道，绝非反古之事。反：类及也。

［**普及经文**］**使有十百人之器而不用。使民重死而不远徙。**

［**直译经文**］要使百姓摒弃机巧之心和机巧之器。要使百姓爱惜生命、爱恋乡土而不迁徙到远方。

如是我文：以下是老子为古代中国基层社会设计的农业化村社结构蓝图，是老子心目中的百姓最佳社会生存环境和生存状态。

［**百家争鸣**］

《文子》：《符言》："得万人之兵，不如闻一言之当；得隋侯之珠，不如得事之所由；得和氏之璧，不如得事之所适。天下虽大，好用兵者亡；国家虽安，好战者危。故'小国寡民，虽有什伯之器而勿用'。"强调适当的重要性，议论精到。

河上："使民各有部曲什伯，贵贱不相犯也。器谓农人之器。而不用者，不徵召夺民良时也。君能为民兴利除害，各得其所，则民重死而贪生也。政令不烦，则民安其业，故不远迁徙，离其常处也。”断句稍有不同。认为此句以下讲的都是治国治民时，圣王之所为。

严遵：“当此之时，无钟鼓而万物足。百姓和洽，臣主相得。安土乐生，故死于同岩穴。迁徙去乡，利虽百倍，不离其国。”认为知足者常乐，知止者易安。

王弼：“言使民虽有什伯器，而无所用，何患不足也。使民不用，惟身是宝，不贪货赂。故各安其居，重死而不远徙也。”认为民以身为宝，足则不用。

唐玄宗：“什，仵也。伯，长也。此章明人君含其淳和，无所求及，适有人材器堪为什仵伯长者，亦无所用之矣。少思寡欲，不轻用其生，敦本无求，不远迁徙。”认为关键在于无所求，则无所用。

[**普及经文**] **虽有舟车，无所乘之。虽有甲兵，无所陈之。使民复结绳而用之。**

[**直译经文**] 百姓不远徙，则车舟无所用。国家无战事，则兵器无所用。做事只要有简单的工具以供使用，就足够了。

如是我文：可以不用，不能无备。简单化操作而已，只要有效，越简单越好。

[**百家争鸣**]

河上：“清静无为，不作烦华，不好出入游娱也。无怨恶于天下。去文反质，信无欺也。”强调清静无为。

严遵：“家有舟舆，无所运乘。户有甲兵，无所施力。何则？将相明知，人君有道，民务耕织，多积为好。鄙朴在上，柔弱为右，贵忠敬信，下力贱巧。”“损知弃为，复归太古。结绳而识期，素情而语事。”认为是复古之为。

王弼：“无所欲求。”一言以蔽之。

唐玄宗：“舟舆所以利迁徙，甲兵所以徇攻战，两者无欲，故无所乘陈。返朴还淳，复归于三皇结绳之用矣。”认为无欲则无用，复古之诸用。

[**普及经文**] **甘其食，美其服，安其居，乐其俗。**

[**直译经文**] 百姓的饮食要可口，服装要合身，居住要安逸，生活要快乐。

如是我文：老子的幸福指数和快乐指数。百姓最佳的生存状态，标准就是甜、美、安、乐。只要知足，再苦也甜；只要知止，再陋也安。需与产要和谐，为百姓提供的物质利益，要与其认知相适应，所以，对期望值的调整，是门学问。正所谓“彼一时，此一时也”。

[**百家争鸣**]

《庄子》：《胠箧》："子独不知至德之世乎？昔者容成氏，大庭氏、伯皇氏、中央氏、栗陆氏、骊畜氏、轩辕氏、赫胥氏、尊卢氏、祝融氏、伏牺氏、神农氏，当是时也，民结绳而用之，甘其食，美其服，乐其俗，安其居，邻国相望，鸡狗之音相闻，民至老死而不相往来。若此之时，则至治已。"认为经文所言，都是上古圣人贤君至治之所为。此处究竟是引老子经，还是庄子文？值得重视。

河上："甘其蔬食，不渔食百姓也。美其恶衣，不贵五色。安其茅茨，不好文饰之屋。乐其质朴之俗，不转移也。"认为以上九事，都是圣王所当为。

《史记》：《货殖列传》："《老子》曰：'至治之极，邻国相望，鸡狗之声相闻，民各甘食，美其服，安其俗，乐其业，至老死不相往来。'必用此为务，輓近世塗民耳目，则几无行矣。"所引经文，多了"至治之极"、"各"五字，傅奕本正与之同。对本章所言的最终评价是：晚近世，几无行。

严遵："蔬食藜羹，无味为甘。布衣鹿裘，无文为好。""安乐谣俗，便习水土。"认为知足点不同、知止点不同，甜、美、安、乐的标准也就不同。

唐玄宗："不食滋味，故所食常甘。不事文绣，故所服皆美。不饰栋宇，故所居则安矣。不浇淳朴，故其俗可乐也。"认为要使民不知山外有山，安于现状，享受生活。

[**普及经文**] **邻国相望，鸡犬之声相闻，民至老死不相往来。**

[**直译经文**] 国与国之间的距离虽然很近，鸡鸣狗叫都能听得见，而君臣百姓却甘愿长期无私交、不婚嫁，心满意足，自得其乐，保持各自的独立性。

如是我文：不相往来四字，有其特定内涵。十里不同俗，百里不通婚，正是典型的农耕社会特色。如韩非子所说：民不越乡而交，无百里之戚。如此村社架构，不是空想，而是几千年来的事实。中国封建制度为何能够独树一帜，起起落落，绵延不绝几千年？作为社会基础与物质基础，农业化村社结构超稳定的支撑，是其根本原因之一。

[**百家争鸣**]

《文子》：《自然》："是以邻国相望，鸡狗之音相闻，而足迹不接于诸侯之境，车轨不结于千里之外，皆安其居也。"认为治国治民的要旨就是安其居。户籍制度之重要，自古皆然。

河上："相去近也。其无情欲。"认为相去虽近，却互无情欲之交。

《淮南子》：《齐俗训》："是故邻国相望，鸡狗之音相闻，而足迹不接诸侯之境，车轨不结千里之外者，皆各得其所安。”

严遵：“接地邻境，各自保守。”“鸡狗之音相闻，民人薪菜，登山相视，涧溪共浴，相去甚近，君臣不相结，男女不相聚。自生至老，老而至死，非传主命，莫有来往。”认为不相往来指的是国与国之间、君臣之间无私交之谊，男女之间无婚嫁之事。

唐玄宗：“言其近也。彼此俱足，无求之至。”认为自己俱足，无求于彼，所以无须往来。做如此理解，后世某些帝王的闭关锁国之举，也就不足为怪了。数千年来，隐《老子》对历代帝王的正负影响，绝非常人所能知。

［**意犹未尽**］

第81章（上）

［**普及经文**］**信言不美，美言不信。**

［**直译经文**］文字记载，适用信言者，不用美言；适用美言者，不用信言。

如是我文：就显隐而言，信言多为明言，美言多为隐言；信言、美言，不可或缺。

［**百家争鸣**］

河上："信言者，如其实也。不美者，朴且质也。美言者，滋美之华辞。不信者，饰伪空虚也。"认为信言就是内实外朴之言，美言就是内虚外华之言。质：实也，朴也；既指内容，又指形式。

严遵："人怀自然之道，达人情之理，秉造化之元，明异同之纪，故言中适，淡淡和德，谓之信者。""甘言流说，众诺美大，谓之不信。何谓不信？言而不然，谓之不信。人而不信，德泽不立。"认为关键在于信或不信，要言而中适，不要言而不然。

王弼："实在质也。本在朴也。"认为信言之本在质，美言之本在朴；信言与美言，只是形式不同，本质同一。

唐玄宗："信言者，圣教也。信，实也，言不韵于俗，故不美。美言者，世教也。甘美之言，动合于俗，故不信。"从圣教与世教的角度诠释。至于韵于俗还是合于俗？似乎缺乏说服力。

［**普及经文**］**智者不博，博者不智。善者不多，多者不善。圣人无积。既以为人，己愈有；既以予人，己愈多。**

［**直译经文**］智者不索取，而不是相反。善者不苛求，而不是相反。圣人积德不积物。无论是智者、善者、还是圣者，处处为他人着想，自己则越有德；给予他人的越多，自己之德也就越多。

如是我文：对物质财富与精神财富的处理，智者有博有不博，善者有多有不多，圣者没有什么物质财富需要积蓄。物有所失，德必有所得。在物的得与失之中，智者、善者、圣者都是以失为主，更多看重整体的平衡和占有。

［**百家争鸣**］

《战国策》："魏公叔痤为魏将，而与韩、赵战浍北，禽乐祚。魏王悦，迎郊，以赏田百万禄之。公叔痤反走，再拜辞曰：'夫使士卒不崩、直而不倚、挠拣而不辟者，此吴起余教也，臣不能为也；前脉形地之险阻、决利害之备、使三军之士不迷惑者，巴宁、爨襄之力也；县赏罚于前、使民昭然信之于后者，王之明法也；见敌之可也，鼓之不敢怠倦者，臣也。王特为臣之右手不倦赏臣，何也？若以臣之有功，臣何力之有乎？'王曰：'善。'于是索吴起之后，赐之田二十万，巴宁、爨襄田各十万。王曰：'公叔岂非长者哉！既为寡人胜敌矣，又不遗贤者之后，不掩能士之迹。公叔何可无益乎？'故又与田四十万，加之百万之上，使百四十万。故《老子》曰：'圣人无积。尽以为人，己愈有；既以与人，己愈多。'公叔当之矣。"喻说解经。注意既与尽的对用。

河上："知者，谓知道之士。不博者，守一元也。博者，多见闻也。不知者，失要真也。善者，以道修身也。不辩者，不綵文也。辩者，谓巧言也。不善者，舌致患也。土有玉，掘其山；水有珠，浊其渊；辩口多言，亡其身。圣人积德不积财，有德以教愚，有财以与贫也。既以为人施设德化，己愈有德。既以财贿布施与人，而财益多，如日月之光，无有尽时。"强调积德不积财。

严遵："一以应万，要以制详，约守真一，谓之少闻。少闻故能知。何谓知？达人之情以及神明之谓知"。"心识万端，目窥人事，无所穷极，众臣分散，谓之博闻。博闻故不知。""四通博达，容疏言讷，谓之不辩"。"不识元首，不睹根本，诬天诬地，诬人诬鬼，属辞变意，故谓之辩。""空虚无积，与物俱变；无为为之，与物俱然。""既以为人，己愈佚；尽以治人，己益明；既以生人，己愈寿；尽以教人，己以益。"所引经文有所不同。对辩持批判态度。注意既与尽的对用。

王弼："极在一也。无私自有，唯善是与，任物而已。物所尊也。物所归也。"强调正一、无私、与人为善。

唐玄宗："知者了悟也。博者多闻也。善者在行，无辩说。空滞辩说，故不善。积者执言滞教，有所积聚也。圣人了言忘言，悟教遗教，一无执滞，故云不积。此明法性无尽。言圣人虽不积滞言教，然以法味诱导凡愚，尽以与人，于圣人清静之性，曾无减耗，唯益明了，故云愈有、愈多。有，明自性；多，明外益。"强调要学会了悟、遗忘，不钻牛角尖。积：滞也。

［**普及经文**］**天之道，利而不害；人之道，为而不争。**

［**直译经文**］行天道，互利共处而戒相害；行人道，各行其为而戒相争。

如是我文：既要行不争之为，更要为利不为害；天人合一，相得益彰。如何天人合一？隐《老子》告诉你。

［**百家争鸣**］

河上："天生万物，爱育之，令长大，无所伤害也。圣人法天所施为，化成事就，不与下争功名，故能全其圣功也。"所引经文稍有不同。认为圣人法天道。

严遵：“既阳且阴，阴而又阳，利而不害，与天地同。生而不杀，与神明通，建德流泽，常处显荣。辞巧让福，归于无名；为而不恃，与道俱行。”认为圣人之道就是天之道，为而不争就是为而不恃。

王弼：“动常生成之也。顺天之利，不相伤也。”认为人要顺天之利，互不相伤。

唐玄宗：“举天道利物不害者，将明圣人之道施为弘益，常以与人，故不争也。”认为两句是主、喻关系，为而不争就是利而不害。

[**意犹未尽**]

第三篇　隐本《老子》解构

第一章　《老子》的物质世界与精神世界

第一节　有“神”的物质世界

一、物的基本构成：质与神的有机混合体

01. 无：名万物之始；有：名万物之母。

02. 有无之相生也。

40. 天下万物：生于有，生于无。

二、物的基本特性：神的阴阳动静变化，决定物的一体两面性

01. 故常无欲，以观其妙；常有欲，以观其所徼。

06. 谷神不死，是谓“玄牝”。玄牝之门，是谓“天地之根”。绵绵若存，用之不尽。

29. 夫天下：神器也，非可为者也。

29. 凡物：或行或随，或嘘或吹，或强或羸，或培或堕。

三、物的基本分类：后天之物与先天之物

14. 视之不见，名之曰“微”；听之不闻，名之曰“希”；搢之不得，名之曰“夷”。三者不可至计，故混而为“一”。“一”者：其上不皦，其下不昧。寻寻兮不可命也，复归于无物，是谓“无状之‘状’”。

25. 有物混成，先天地生。寂寥、独立、不亥，可以为天地母。

25. 道大，天大，地大，生大。域中有四大，而生处其一。

第二节　有“道”的物质世界

一、道与物：模式与载体

01. 道何道也？非恒道也？名何名也？非恒名也？

25. 未知其名，字之曰“道”，吾强为之名曰“大”。大曰逝，逝曰远，远曰返。

21. 道之物，唯恍唯忽：忽兮恍兮，其中有象；恍兮忽兮，其中有物。幽兮冥兮，其中有情；其情甚真，其中有信。自古及今，其名不去，以顺终甫。吾何以知终甫之然哉？以此。

16. 万物并作，居以颁复；天道纭纭，各复其尽。

23. 希言，自然。飘风不终朝，骤雨不终日。孰为此？天地尚不能久，又况于人乎！

32. 俾道之在天下，犹小谷之与江海。

34. 道泛兮，其可左右也。成功遂事而不名有也。万物归焉而不为主，可名于小；万物归焉而不为主，可名于大。

41. 道隐无名。夫唯道，善始且善成。

62. 道者：万物之奥也。

二、道与神：客观之道与主观之神

01. 玄之又玄，众妙之门。

60. 以道莅天下，其鬼不神。非其鬼不神，其神不伤人。非其神不伤人，圣人亦弗伤也。夫两不相伤，故德交归焉。

三、道与象：思维模式是道的法象

04. 渊兮，似万物之宗；湛兮，似常存。吾不知其谁之子，象帝之先。

14. 无物之象，是谓“忽恍”。迎而不见其首，随而不见其后。

四、道与德：行为准则是道的实践

21. 孔德之容，唯道是从。

51. 道生之而德畜之，物形之而器成之。是以万物莫不尊道而贵德。道之尊，德之贵，夫莫之爵而常自然。道生之，德畜之；长之、遂之、亭之、毒之、养之、覆之。生而不有，为而不恃，长而不宰：是谓“玄德”。

65. 玄德深矣，远矣，与物反矣，乃至大顺。

第二章　《老子》的思维模式与思维之术

第一节　两大思维模式：二而一模式与三而一模式

01. 两者同出，异名同谓。

02. 天下皆知美之为美，斯恶已；皆知善，此其不善已。

20. 唯之与诃，相去几何？美之与恶，相去何若？

第二节 得一（无分）

28. 夫“大制无割”。

39. 昔之得“一”者：天得一以清，地得一以宁，神得一以灵，谷得一以盈，侯王得一以为天下正。其致之也。

08. 居善地。心善渊。予善天。言善信。政善治。事善能。动善时。

11. 三十辐共一毂；当其无，有车之用。埏埴以为器；当其无，有器之用。凿户、牖以为室；当其无，有室之用。故有之以为利，无之以为用。

22. “曲则全。”

22. 古之所谓“曲全”者，岂虚语哉！诚全归之。

第三节 耦处理（有分）

12.38.72. 故去彼而取此。

02. 难易之相成，长短之相型，高下之相倾，音声之相和，先后之相随；恒也。

04. 道：盅而用之，又不盈。

05. 天地之间，其犹橐、籥乎？虚而不屈，动而愈出。

07. “天长，地久。”天地之所以能长且久者，以其不自生，故能长久。

32. 天地相合，以降甘露。民莫之命而自均。

22. 枉则直。洼则盈。敝则新。少则得，多则惑。

27. 善行者无辙迹。善言者无瑕谪。善计者不以筹算。善闭者无关键而不可开。善结者无绳约而不可解。

42. 物：或损之而益，或益之而损。

43. 天下之至柔，驰骋于天下之至坚；无有入于无间；吾是以知无为之有益。

36. 将欲翕之，必故张之。将欲弱之，必故强之。将欲废之，必故兴之。将欲夺之，必故予之。是谓“微明”。

40. 反者，道之动；弱者，道之用。

41. 是以《建言》有之，曰：“明道若昧。进道若退。夷道若颣。上德若俗。大白若辱。盛德若不足。建德若揄。质贞若渝。大方不矩。大器免成。大音希声。大象无形。”

45. 大成若缺，其用不敝。大盈若盅，其用不穷。大直若屈。大巧若拙。

大辩若讷。

56. 故不可得而亲，亦不可得而疏；不可得而利，亦不可得而害；不可得而贵，亦不可得而贱。故为天下贵。

58. 祸兮：福之所倚；福兮：祸之所伏。孰知其极？其无正也：正复为奇，善复为妖。人之迷也，其日固久矣。

63. 为无为。事无事。味无味。大，小之。多少。

77. 天之道，其犹张弓乎？高者抑之，下者举之；有余者损之，不足者益之。

第四节　三 坐 标

42. 道生一，一生二，二生三，三生万物；万物负阴而抱阳，冲气以为和。

78. 正言若反。

第三章　《老子》的行为准则与修治之术

第一节　治人与治国

一、德治与法治

05. 天地不仁，以万物为刍狗；圣人不仁，以百姓为刍狗。

10. 爱民治国，能毋以知乎？

36. 鱼不可脱于渊，国之利器不可以示人。

65. 故曰："为道者，非以明民，将以愚之。"民之难治，以其知多。故以知治国，国之贼；以不知治国，国之德。常知此两者，亦稽式。常知稽式，是谓"玄德"。

70. 吾言甚易知、甚易行，而天下莫能知、莫能行。言有宗，事有君。夫唯无知，是以不我知。知者稀，则我贵矣。

71. 知不知，尚矣；不知不知，病矣。是以圣人之不病也：以其病病，是以不病。

32. 始制有名。名亦既有，夫亦将知止，知止所以不殆。

35. 执大象，天下往。往而不害，安平太。乐与饵，过客止。故道之出言，曰：淡乎其无味也；视之不足见，听之不足闻，而不可既也。

81. 信言不美，美言不信。

54. 善建者不拔，善保者不脱；子孙以其祭祀不绝。修之身，其德乃贞；修之家，其德有余；修之乡，其德乃长；修之国，其德乃丰；修之天下，其德乃博。以身观身，以家观家，以乡观乡，以国观国，以天下观天下。吾何以知天下之然哉？以此。

18. 故大道废，有仁义；六亲不和，有孝子；国家昏乱，有忠臣。

19. “绝知弃辨，民利百倍。绝伪弃诈，民复孝慈。绝巧弃利，盗贼无有。”三言以为使不足；或命之，或呼矣。“视素保朴，少私寡欲。”

46. 天下有道，却走马以粪；天下无道，戎马生于郊。

38. 上德无为而无以为。上仁为之而无以为。上义为之而有以为。上礼为之而莫之应，则让避而仍之。故失道而后德，失德而后仁，失仁而后义，失义而后礼。失礼者：忠信之薄而乱之首。前识者：道之华而愚之始。是以大丈夫居其厚而不居其薄，居其实而不居其华。故去彼而取此。

72. 民不畏畏，则大畏将至。毋柙其所居，毋厌其所生；夫唯弗厌，是以不厌。

74. 民不畏死，奈何以杀惧之？若使民常畏死，而为奇者，吾将得而杀之，孰敢？若民恒且必畏死，则常有司杀者。夫代司杀者杀，是代大匠斲。夫代大匠斲，则稀有不伤其手矣。

二、政事

60. 治大国若烹小鲜。

58. 其政闷闷，其民淳淳；其政察察，其国夬夬。

57. 吾何以知其然也？夫天多忌讳而民弥叛，民多利器而国家滋昏，人多知而奇物滋起，法物滋彰而盗贼多有。

80. 小国，寡民。使有十百人之器而不用。使民重死而不远徙。虽有舟车，无所乘之。虽有甲兵，无所陈之。使民复结绳而用之。甘其食，美其服，安其居，乐其俗。邻国相望，鸡犬之声相闻，民至老死不相往来。

三、农事

59. 给人事天莫若啬。夫唯啬，是以早备，是谓“重积德”。重积德则无不克；无不克，则莫知其极；莫知其极，可以有国；有国之母，可以长久。是谓“深根、固柢、长生、久视之道”。

四、兵事

31. 君子居则贵左，用兵则贵右。故曰：“兵者，不祥之器，不得已而用之，恬淡为上，勿美也。”若美之，是乐杀人。夫乐杀人者，不可以得志于天下。故吉事尚左，凶事尚右。是以偏将军居左，上将军居右，言以丧礼居之。故杀人众多，则以哀悲位之；战胜，则以丧礼居之。

67. 我有三宝，持而宝之：一曰慈，二曰俭，三曰不敢为天下先。夫慈，故能勇；俭，故能广；不敢为天下先，故能为成器长。今舍其慈，且勇；舍其俭，且广；舍其后，且先，则必死矣！夫慈，以战则胜，以守则固。天将建之，以慈卫之。

68. 故善为士者不武。善战者不怒。善胜敌者弗与。善用人者为之下。是谓“不争之德”。是谓“用人”。是谓“配天”。古之极也。

69. 用兵有言曰：“吾不敢为主而为客，不敢进寸而退尺。”是谓“行无行，襄无臂，执无兵”，乃无敌矣。祸莫大于无敌，无敌几亡吾宝。故抗兵相若，则哀者胜。

73. 天之道：不战而善胜，不言而善应，不召而自来，战而善谋。天网恢恢，疏而不失。

五、外事

57. 以正之国，以奇用兵。

61. 大国者：下流也，天下之牝也。天下之交，牝常以静胜牡。为其静也，故宜为下。大国以下小国，则取小国；小国以下大国，则取于大国。故或下以取，或下而取。大国不过欲，谦畜人；小国不过欲，入事人。两者皆得其欲，则大者宜为下。

第二节　为君与戒君

22. 是以圣人执一，以为天下牧。

02. 是以圣人处无为之事，行不言之教。

43. 不言之教，无为之益，天下希能及之。

47. 是以圣人不行而知，不见而明，无为而成。

72. 是以圣人自知而不自见，自爱而不自贵。

26. 是以君子终日行，不离其辎重。虽有环官，燕处则昭若。奈何万乘之王，而以身轻于天下？

48. 取天下也，恒无事；及其有事，不足以取天下。

57. 以无事取天下。

64. 圣人无为，故无败；无执，故无失。临事之纪，慎终若始，则无败事矣。民之从事，常于几成而败之。圣人欲不欲，不贵难得之货；教不教，复众之所过；能辅万物之自然而不敢为。

57. 是以圣人之言曰："我无为而民自化，我好静而民自正，我无事而民自富，我欲不欲而民自朴。"

03. 不尚贤，使民不争；不贵难得之货，使民不为盗；不见可欲，使民心不乱。

17. 太上，下知友之；其次，亲誉之；其次，威之；其下，侮之。

信不足，有不信。犹兮，其贵言也。成事遂功，而百姓皆曰"我自然"也。

49. 圣人恒无心，以百姓之心为心。

49. 圣人之在天下，歙歙焉为天下混其心。百姓皆注其耳目，圣人皆孩之。

07. 是以圣人退其身而身先，外其身而身存。非以其无私耶？故能成其私。

66. 江海所以为百谷王，以其能为百谷下，是以能为百谷王。圣人之在民前，以身后之；其在民上，以言下之。其在民上，民不重；其在民前，民不害。天下乐进而不厌，非以其无争耶？故天下莫能与之争。

67. 天下皆谓我大，大而不肖。夫唯不肖，故能大。若肖，久矣其细也夫！

34. 是以圣人之能成大：以其不自为大，故能成其大。

42. 人之所恶，唯"孤"、"寡"、"不谷"，而王公以自名。

39. 故必贵矣，而以贱为本；必高矣，而以下为基。是以侯王自谓"孤"、"寡"、"不谷"，此其贱之本耶？非也。故致数誉无誉。是故不欲琭琭如玉、硌硌如石。

78. 是以圣人之言曰："受国之诟，是谓社稷之主；受国之不祥，是谓天下之王。"

70. 是以圣人被褐而怀玉。

第三节　为官与戒官（社会人：在朝者）

13. 故贵为身于为天下，则可以托天下；爱以身为天下，则可以去天下。

30. 以道佐人主者，不欲以兵强于天下。善者果而已，不以取强。果而勿伐，果而勿骄，果而勿矜。是谓"果而不强，其事好长"。

53. 使我介有知：行于大道，唯池是畏。大道甚夷，民甚好解。朝甚除，田甚芜，仓甚虚。服文彩，带利剑，厌饮食而资财有余。是谓"盗"吁！非"道"也哉！

62. 故立天子，置三卿，虽有拱璧以先驷马，不善坐而进此。古之所以贵此者，何也？不谓“求以得，有罪以免”耶？故为天下贵。

第四节　为民与戒民（社会人：在野者）

03. 是以圣人之治：虚其心，实其腹，弱其志，强其骨；常使民无知、无欲；使夫知不敢、不为而已，则无不治矣。

75. 民之饥：以其上取食税之多，是以饥。民之不治：以其上之有以为，是以不治。民之轻死：以其上求生之厚，是以轻死。夫唯无以生为者，是贤于贵生。

第五节　修身与养心（自然人）

一、学道与法道

14. 执今之道，以御今之有；以知古始，是谓“道纪”。

16. 知常：明也。不知常：妄；妄作：凶。

16. 知常：容。容乃公，公乃王，王乃天，天乃道，道乃久。没身不殆。

23. 故从事而道者，同于道。得者同于得，失者同于失。同于得者，道亦得之；同于失者，道亦失之。

25. 人法地，地法天，天法道；道法：自然。

28. 朴散则，为成器；圣人用则，为官长。

32. 道恒无名，朴虽小，天地不敢臣；侯王若能守之，万物将自宾。

37. 道恒无为，侯王若能守之，万物将自化；化而欲作，吾将贞之以无名之朴。

47. 不出于户，以知天下；不窥于牖，以知天道。其出弥远，其知弥少。

41. 上士闻道，尽能行于其中；中士闻道，若存若亡；下士闻道，大疑之。不疑不足以为道。

48. 学者日益，为道者日损；损之又损，以至于无为。无为而无不为。继学无忧。

52. 天下有始，以为天下母。既得其母，以知其子；复守其母，没身不殆。

55. 物壮、则老，是谓“不道”；不道早已。

77. 故天之道，损有余而益不足；人之道则不然，损不足而奉有余。孰能有余而又以取奉于天者，唯有道者乎？

81. 天之道，利而不害；人之道，为而不争。

二、得善与得信

08. 上善若水。水：善利万物而有静，居众之所恶，故几于道。

27. 是以圣人常善救人，故无弃人；常善救物，故无弃物，是谓“袭明”。故善人者，善人之师；不善人者，善人之资。不贵其师，不爱其资，唯知乎？大迷是谓“眇要”。

49. 善者，善之；不善者，亦善之；得善也。信者，信之；不信者，亦信之；得信也。

62. 善，人之宝也；不善，人之所保也。美言可以市，尊行可以加。人人之不善，何弃之有？

38. 上德不德，是以有德；下德不失德，是以无德。

63. 报怨以德。

79. 和大怨，必有余怨，可以为善。是以圣人执右契，而不以责于人。故有德司契，无德司彻。天道无亲，常与善人。

81. 智者不博，博者不智。善者不多，多者不善。圣人无积。既以为人，己愈有；既以予人，己愈多。

三、守静与守柔

16. 至虚：极也；守静：督也。

16. 曰：静静；是谓复命。复命：常也。

45. 躁胜寒，静胜热。静静，为天下正。

26. 重为轻根，静为躁君。

26. 轻则失本，躁则失君。

36. 柔弱胜强。

42. 人之所教，我亦教人。“强良者，不得死。”我将以为学甫。

52. 守柔曰强。

76. 人之生也柔弱，其死也坚强；万物草木之生也柔脆，其死也枯槁。故曰：“坚强者，死之徒；柔弱者，生之徒。”是以兵强则不胜，木强则竞。故“强大处下，柔弱处上”。

78. 天下柔弱莫过于水，而攻坚强者，莫之能先，以其无以易之。柔之胜刚，弱之胜强，天下莫不知而莫能行。

四、慎言与慎行

29. 将欲取天下而为之，吾见其不得已。

29.64. 为之者败之，执之者失之。

33. 强行者有志。

52. 塞其兑，闭其门，终身不勤。启其兑，济其事，终身不来。

56. 知之者不言，言之者不智。

63. 图难于其易，为大于其细。天下之难必作于易，天下之大必作于细。轻诺必寡信。多易必多难。是以圣人犹难之，故终无难。

64. 其安，易持。其未兆，易谋。其脆，易判。其几，易後。为之于未有，治之于未乱。合抱之木，生于毫末；九层之台，起于累土；千里之行，始于足下。

73. 勇于敢则杀，勇于不敢则活。此两者：或利，或害。天之所恶，孰知其故?

五、谦退与不争

09. 功遂身退：天之道。

20. 人之所畏，亦不可以不畏人。

08. 夫唯不争，故无尤。

22. 不自见，故明。不自是，故彰。不自伐，故有功。不自矜，故能长。夫唯不争，故天下莫能与之争。

24. 跂者不立。自见者不明。自是者不彰。自伐者无功。自矜者不长。其在道，曰“馀食赘行”，物或恶之，故有欲者不居。

02. 万物作而不辞，为而不恃，成而不居。夫唯不居，是以不去。

77. 是以圣人为而不恃，成而不居。若此：其不欲示贤也。

58. 方而不割，谦而不刺，直而不肆，光而不耀。

六、知足与知止

33. 知足者富。

37. 夫亦将知足。知足以静，万物将自定。

44. 故知足不辱，知止不殆，可以长久。

46. 罪莫大于甚欲，咎莫大于欲得，祸莫大于不知足。知足之为足，此恒足矣。

七、戒过与戒盈

09. 持而盈之，何不若已？揣而群之，不可长保。金玉满堂，莫之能守；贵富而骄，自遗其咎。

15. 保此道者，不欲盈。

29. 是以圣人去甚，去奢，去泰。

39. 天毋已清将恐裂，地毋已宁将恐发，神毋已灵将恐歇，谷毋已盈将恐竭，侯王毋已贵高将恐蹶。

44. 甚爱必大费；厚藏必多亡。

八、养身与养心

10. 载营魄抱一，能毋离乎？抟气致柔，能如婴儿乎？修除玄鉴，能毋有疵乎？

10. 天门开阖，能为雌乎？明白四达，能毋以为乎？

13. “宠辱若缨，贵大患若身。”何谓“宠辱若缨”？宠之为下，得之若缨，失之若缨；是谓“宠辱若缨”。何谓“贵大患若身”？吾所以有大患者，为吾有身；及吾忘身，又何患？

44. 名与身孰亲？身与货孰多？得与亡孰病？

05. 多闻数穷，不如守于中。

33. 知人者智，自知者明。胜人者有力，自胜者强。

33. 不失其所者久。死而不妄者寿。

12. 五色使人目盲，五音使人耳聋，五味使人口爽，驰骋田猎使人心发狂，难得之货使人之行妨。是以圣人之治：为腹而不为目。

50. “出生入死。”生之徒，十有三；死之徒，十有三；民之生生，动皆之死地者，亦十有三。夫何故也？以其生生也。盖闻：“善执生者：陵行不避兕虎，入军不被甲兵。兕无所投其角，虎无所措其爪，兵无所容其刃。”夫何故也？以其无死地焉。

15. 古之善为士者，必微、弱、玄、达，深不可志。是以为之颂，曰：“豫兮，其若冬涉川；犹兮，其若畏四邻；严兮，其若客；望兮，其若怿；沌兮，其若朴；旷兮，其若谷；浑兮，其若浊。孰能浊以静之？将徐清；孰能安以动之？将徐生。”

20. “望兮：其未央哉！众人熙熙，如享太牢而春登台。我泊焉其未兆，若婴儿之未咳。傫兮：若无所归。众人皆有余，而我独遗。我愚人之心也哉！沌沌兮！俗人昭昭，我独若昏；俗人察察，我独闷闷。忽兮：其若海。望兮：若无所止。众人皆有以，我独顽似鄙。我欲独异于人，而贵食母。”

28. 知其雄，守其雌，为天下溪。为天下溪，恒德不离，复归于婴儿。

知其荣，守其辱，为天下谷。为天下谷，恒德乃足，复归于朴。

知其白，守其黑，为天下式。为天下式，恒德不忒，复归于无极。

52. 见小曰明。

52. 用其光，复归其明；毋遗身央，是谓“袭常”。

55. 含德之厚者，比于赤子。毒虫不螫，瞿鸟、猛兽不据。骨弱筋柔而握固。未知牝牡之合而朘怒，精之至也。终日号而不忧，和之至也。

55. 和曰常。知和曰明。益生曰祥。心使气曰彊。

56. 塞其兑，闭其门；挫其锐，解其纷；和其光，同其尘；是谓“玄同”。

说明：以上序号指该内容首见之八十一章中章节序号。

图书在版编目（CIP）数据

显隐《老子》：全2册/文三生著．—北京：中国农业出版社，2015.2
ISBN 978-7-109-20185-9

Ⅰ.①显… Ⅱ.①文… Ⅲ.①道家②《道德经》—研究 Ⅳ.①B223.15

中国版本图书馆CIP数据核字（2015）第032721号

中国农业出版社出版
（北京市朝阳区麦子店街18号楼）
（邮政编码100125）
责任编辑　张丽四

北京中兴印刷有限公司印刷　　新华书店北京发行所发行
2015年7月第1版　　2015年7月北京第1次印刷

开本：787mm×1092mm 1/16　　总印张：36.25
总字数：675千字
总定价：110.00元（共二册）